KB249676

TAX AFFAIRS

개정증보판

# 상업등기실무

김상균(변호사) 저

**SAMIL** | 삼일인포마인

**www.samili.com** 사이트 **제품몰** 코너에서 본 도서 **수정사항**을 클릭하시면
정오표 및 중요한 수정 사항이 있을 경우 그 내용을 확인하실 수 있습니다.

# 2024년판 머리말

우리나라의 신설법인 수는 매년 꾸준히 늘고 있다. 2008년 5만여 개이던 연간 신설법인 수는 10년이 지난 2018년 드디어 10만 개를 돌파했다. 창업을 장려하는 분위기 속에서 연간 신설법인 수는 앞으로도 늘어날 것으로 예상된다. 이에 발맞추어 상업등기에 관한 법률수요 역시 꾸준히 늘고 있다.

우리나라는 등기소에서 요구하는 상업등기 서류의 형식적 요건이 까다롭다. 이에 관하여 실무계는 불만이 많고 앞으로 법과 실무가 개선되어야 할 것이나, 일단 실무자로서 불필요한 보정이 발생하지 않도록 현재 통용되고 있는 법리와 실무를 정확히 숙지해야 할 것이다. 상업등기 관련 법령, 상업등기 선례뿐만 아니라 관련 지방세 법령도 숙지해야 할 것이다.

상업등기실무 2017년판을 발간한 이래 고견을 주신 많은 분들께 감사드린다. 또한 개정판을 꾸준히 낼 수 있도록 격려해 주시는 삼일인포마인의 이희태 대표이사님, 조원오 전무님 그리고 편집부 직원들에게 다시 한번 감사의 말씀을 전한다. 언제나 곁에서 힘이 되어주는 아내와 딸에게도 고마움을 전한다.

2024년 3월 저자

# 초판 머리말

　회사법에 있어 절차적 정의의 중요성은 아무리 강조해도 지나치지 않다. 우리나라의 상업등기실무는 단순히 기업공시업무에 그치는 것이 아니라 상업등기와 관련있는 회사법상 절차를 폭넓게 아우르는 실무로 발전해왔다. 이러한 의미에서 우리나라의 상업등기실무는 민사소송실무에 비견되는, '회사절차법실무'라고 보아도 될 정도이다.

　이 책은 저자가 그동안 수많은 상업등기업무를 수행하면서 실수를 되풀이하지 않고자 정리한 업무매뉴얼이 근간이 되었다. 따라서 실무상 중요한 사항, 간과하거나 실수하면 안 되는 사항, 업무노하우를 중심으로 책을 구성하였다. 등기소에 제출하는 신청서와 첨부서류뿐만 아니라 등기의 원인이 되는 법령과 계약에도 분량을 할애하였다.

　2년간 실무를 병행하면서 책을 쓰다 보니 가족과 함께해야 할 소중한 저녁과 주말을 책쓰는 데 활용할 수밖에 없었다. 집필을 응원해준 가족에게 미안하면서도 고마운 마음뿐이다. 두꺼운 원고를 검토해주신 고재연 변호사님, 진승진 국장님, 임재성 부장님과 삼일인포마인 송상근 대표이사님과 편집부 직원들에게도 감사의 말씀을 전한다. 아무쪼록 이 책으로 인해 불필요한 실수가 조금이나마 줄어들기를 바란다.

2017년 5월 저자

# 일러두기

1. 이 책은 2024년 1월 1일 현재를 기준으로 작성하였다.

2. 본문 중 인용하는 법령, 단행본, 논문은 정식명칭을 다 쓰는 것을 원칙으로 하되, 아래 경우는 약칭한다.

〈아래 법령은 약어로 인용한다〉

　대법원 등기예규 : 「등기예규」

〈아래 단행본은 저자와 서명으로 인용한다〉

　송옥렬, "상법강의" 제6판, 홍문사, 2016.

〈아래 단행본은 서명으로 인용한다〉

　"상업등기실무(Ⅰ)", 법원행정처, 2017.
　"상업등기실무(Ⅱ)", 법원행정처, 2017.

# 차 례

## 제1장 총 론

# Contents

# Contents

# Contents

# Contents

# 차 례

## 제2장 주주간계약과 M&A계약

Contents

# 차 례

## 제3장 주식회사 설립

# 차 례

Contents

# 차 례

Contents

제4장　주식회사 운영

# Contents

Contents

# Contents

# 제1장

# 총 론

## 제 1 절

# 서 론

## I 역사와 의의

　우리나라는 매년 신설 회사의 숫자가 꾸준히 늘고 있다. 과연 '회사'는 무엇이고 '등기'는 무엇인가? 먼저 용어를 정리하자. '주식회사', '회사', '법인'은 용어를 혼용하기도 하나 엄밀히 말해서 단어가 지칭하는 범위가 다르다. 회사는 그 정의가 영리사단법인이라는 점에서 알 수 있듯이 법인의 한 종류이다. 법인 중에 비영리 재단법인이나 비영리 사단법인은 회사가 아니다. 다음으로 주식회사는 상법에 규정된 5종류의 회사(주식회사, 유한회사, 유한책임회사, 합자회사, 합명회사) 중 하나이다. 따라서 법인 중 한 종류가 회사이고, 회사 중 한 종류가 주식회사이다. 이 책은 <u>주식회사와 유한회사의 등기</u>만을 다룬다.

　주식회사와 상업등기제도는 근대 서구문명의 산물이다. 먼저 주식회사가 무엇인지 알기 위해 ① 주식회사의 역사적 배경과 ② 개인사업자와 비교한 주식회사의 특징을 살펴본다.

　회사제도의 연원은 중세 이탈리아의 코멘다(commenda)계약에서 찾기도 하지만, 그 중에서 주식회사는 영국 동인도회사(East India Company, 1600년)와 네덜란드 동인도회사(Vereenigde Oost-Indische Compagnie, 1602년)에서 기원을 찾는 것이 일반적이다[1]. 네덜란드 동인도회사(이하 '동인도회사')의 설립은 아시아 향신료무역과 직접적인 관련이 있다. 향신료무역은 전형적인 고위험-고수익 사업이다. 적국 선박의 공격, 해적, 폭풍우, 질병은 항해에 큰 위협이 되었지만 향신료를 가지고 돌아오는 데 성공하면 어마어마한 이익을 냈다.

　16세기 아시아 향신료무역은 포르투갈이 독점하였다. 반면 네덜란드는 포르투갈로부터 구매한 향신료를 유럽 내에 유통하여 이익을 얻었기 때문에 굳이 위험한 향신료무역에 직접 뛰어들지는 않았다. 그러나 16세기 말부터 변화가 시작되었다. 향신료 수요가 증가하여 가격이 크게 올랐으나 네덜란드 상인들은 유럽 내 향신료 유통사업에서 점점 배제되었다. 푸거(Fugger) 가문이 주도한 컨소시엄이 향신료사업을 지배하면서 함부르크가 향신료 유

---

1) 이철송, "회사법강의" 제23판, 박영사, 2015, 14-15쪽

통망의 중심이 되었기 때문이다[2]. 이에 네덜란드는 아시아 향신료무역을 개척하기 시작하였다.

네덜란드의 항해가 하우트만(Cornelis de Houtman)은 1595년에 무역선 4척을 이끌고 자바의 무역항인 반탐(Banten)에 도달하여 그곳에서 포르투갈인 및 현지 부족과 충돌하여 절반만 살아 돌아왔음에도 큰 돈을 벌었다. 이후 1599년~1600년 사이 항해에 성공한 네덜란드 무역선은 이익률이 400%에 달했다[3].

네덜란드의 향신료무역은 초기에는 1회성 항해에 투자자를 모집하여 투자위험성이 컸다. 네덜란드 중앙정부는 이러한 위험성을 해결하고자 동인도회사를 만들었다. 동인도회사는 투자위험성을 2가지 방법으로 해결하였다. 첫 번째, 투자자가 1회성 항해에 투자하는 것이 아니라 계속하여 항해할 수 있는 조직에 투자하도록 하였다. 즉, 투자자(＝물적 자본)와 선장·선원(＝인적 자본)을 묶은 영구적인 조직인 동인도회사를 만든 것이다. 두 번째, 네덜란드는 동인도회사에 향신료무역에 대한 독점권을 주었다[4]. 동인도회사는 향신료무역을 독점하므로 설령 몇 차례 항해에 실패하더라도 장기적으로 투자자에게 이익을 가져다주었다.

동인도회사의 투자자는 오늘날 주주와 마찬가지로 주권을 받았고 이를 암스테르담 증권거래소에서 팔 수 있었으며 유한책임이 인정되었다. 유한책임이란 주주가 투자한 돈 이상을 책임지지 않는다는 뜻이다. 즉, 주식회사가 파산하더라도 주주는 투자한 돈을 날리는 것으로 끝나고 별도의 채무를 부담하지 않는다. 동인도회사는 수많은 투자자가 몰려들어 대성공을 거두었다. 동인도회사의 투자자장부에는 대상인뿐만 아니라 하녀, 제화공, 과부 등 소액투자자도 수없이 등장한다. 이렇게 모은 자본금 6,424,588길더는 당대 신기록이었다[5].

동인도회사는 주식회사의 특징을 고스란히 보여준다. 첫 번째, 주식회사는 대규모 자금을 편리하게 조달할 수 있다. 개인사업자라면 돈을 빌리는 방법으로 자금을 조달해야 하므로 원금과 이자를 반환해야 하는 부담이 있다[6]. 반면 주식회사는 주식이라는 소액의 표준

---

2) 주경철, "네덜란드 동인도 회사의 설립 과정", 「서양사연구」 제25집, 7쪽

3) Ricklefs, M.C., "A History of Modern Indonesia Since c.1300", London: MacMillan, 1991, p.27

4) 뿐만 아니라, 네덜란드는 동인도회사가 독점을 지킬 수 있도록 아시아에서의 조약체결, 전쟁선포, 요새와 상관 건설, 모병 등 국가의 기능도 동인도회사에 주었다. 동인도회사는 자본과 국가가 효율적으로 결합한 사례라 할 수 있다(주경철, "네덜란드 동인도 회사의 설립 과정", 「서양사연구」 제25집, 25쪽).

5) 주경철, "네덜란드 동인도 회사의 설립 과정", 「서양사연구」 제25집, 27쪽

6) 개인사업자도 익명조합(상법 78조부터 86조)계약으로 투자를 받는 방법은 있으나, 실무상 잘 활용되지 않는다.

화된 출자단위가 마련되어 있고 주주가 유한책임을 지기 때문에 대규모로 자금을 조달할 수 있다. 두 번째, 주식회사는 개인사업자와 달리 사업주의 위험을 투자자, 채권자에게 분산시킬 수 있다. 마지막으로, 주식회사는 분업을 통한 전문화의 이익을 누릴 수 있다[7].

주식회사 설립은 처음에는 동인도회사처럼 특허주의를 취하였으나 1844년 영국 합작주식회사법(Joint Stock Companies Act 1844)과 1861년 보통독일상법전(Allgemeines Deutsches Handelsgesetzbuch: ADHGB)에 이르러 준칙주의를 취하게 되어 누구나 법정요건을 갖추면 주식회사를 설립할 수 있게 되었다.

우리나라는 2016년도말 기준 가동 법인 726,701개 중 주식회사가 652,415개(89.8%)이고, 그 외에 유한회사 31,435개, 합자회사 3,726개, 합명회사 912개가 있다[8]. 일본 역시 2015년 기준 2,641,848개 법인 중 94.3%인 2,490,479개가 주식회사이다[9]. 반면, 독일은 2011년 1월 1일 기준 1,200,476개 회사 중 유한회사(GmbH)가 887,820개로 가장 많고, 그 다음으로 합자회사(KG) 207,127개, 미니회사(UG) 42,535개, 합명회사(OHG) 23,383개, 주식회사(AG) 17,968개 순이다[10]. 미국은 2015년 5,900,731개 기업 중 corporation이 994,609개를, S-corporation이 2,896,777개를 차지하고 있다[11].

다음으로 상업등기제도를 살펴보자. 기업과 거래하는 상대방은 자신의 이익을 보호하기 위해 상대 기업의 정보를 얻고자 한다. 또한, 기업도 기업활동을 수행하면서 주주나 거래 상대방에게 자발적으로 정보를 제공할 필요가 있다[12]. 이 같은 필요성을 바탕으로 상법상 거래안전을 보호하고자 회사의 일정한 중요정보를 공개하도록 하는 제도가 공시(公示)제도이다. 그 중에서도 상업등기(商業登記)는 회사의 권리주체성(법인격, 대표권 등)에 관한 중요정보를 다수에게 신속하고 효과적으로 전달할 수 있는 공시제도이다[13]. 모든 나라가 기업공시제도를 가지고 있으나 모든 나라가 상업등기제도를 가지고 있는 것은 아니다. 상업등

---

7) 송옥렬, 상법강의, 687쪽

8) "8-6-1 지역별 가동 법인수", 「국세통계」, 국세청, 2017.

9) "会社標本調査結果（平成27年度分）", 国税庁 長官官房 企画課, 平成 29年 3月, 14쪽

10) 이형규 외 3인, "회사법 제정을 위한 법정책적 연구", 법무부, 2014. 10., 124쪽

11) "Number of Firms, Number of Establishments, Employment, and Annual Payroll by Legal Form of Organization and Enterprise Employment Size for the United States, NAICS Sectors: 2015", United States Census Bureau, 2018. 1. 31.; S-corporation은 미국 연방세법상 분류로서 회사의 이익, 손실, 소득공제 및 세액공제를 주주에게 전가하는 corporation을 말한다.

12) 이상신, "주식회사 등기제도에 관한 법적 연구", 서울대학교, 2014, 7쪽

13) 이상신, "주식회사 등기제도에 관한 법적 연구", 서울대학교, 2014, 9쪽

기제도가 있는 나라는 우리나라, 독일, 프랑스, 이탈리아, 스페인, 포르투갈, 스위스, 벨기에, 오스트리아, 루마니아, 모로코, 남미국가 등[14]이고 학설에 따라서는 영국도 상업등기제도가 있다고 본다. 미국은 일반적인 상업등기제도가 있는 것은 아니지만 주(State)의 주무장관 (Secretary of State)에게 제출된 정관과 연차보고서가 상업등기와 유사한 역할을 한다.

우리나라의 상업등기제도는 가급적 회사의 실제 정보가 공개될 수 있도록 등기에 공시력 (상법 37조)을 부여하는 한편 등기를 게을리 할 경우 과태료 처분을 내리고(강제주의) 사실과 다른 내용의 등기(불실등기)를 하면 불이익을 준다. 반면, 등기관은 등기하려는 정보가 회사의 실제 정보와 일치하는지를 형식적 심사권의 범위에서만 조사할 수 있다는 한계가 있다[15]. 이 점은 공시되는 정보의 완전성 여부를 심사할 수 있는 자본시장과 금융투자업에 관한 법률에 따른 공시제도와 다르다.

우리나라의 상업등기실무는 단순히 기업공시업무에 그치는 것이 아니라 상업등기와 관련있는 회사법상 절차를 폭넓게 아우르는 실무로 발전해왔다. 따라서 우리나라의 회사법 절차에 관한 상당수 법률실무는 상업등기라는 카테고리로 분류된다. 이러한 의미에서 우리나라의 상업등기실무는 민사소송실무에 비견되는, '회사절차법실무'라고 보아도 될 정도이다.

상업등기제도는 중세 이탈리아의 상인단체원명부에 연원을 두고 있다. 상인단체원명부에는 단체원인 상인의 성명, 상인의 보조자, 도제, 상인이 사용하는 영업기호가 기재되어 있어 단체 밖의 자가 단체원에게 소를 제기할 때 근거로 사용되었다. 그러나 이탈리아의 동업자조합제도가 16세기에 쇠퇴하면서 상인단체원명부 제도도 소멸하였다. 반면, 독일은 중세 상공업자길드 명부의 전통을 바탕으로 거래보호를 위한 사법제도로서 17세기 말에 상인의 등기제도를 만들었고, 18세기에 이르러 회사의 사원관계를 명확하게 하고자 회사등기부, 대리인등기부 및 상호등기부 제도를 만들었으며, 마침내 1861년 보통독일상법전에서 근대적인 상업등기제도를 창설하였다[16]. 보통독일상법전의 상업등기제도는 독일의 1897년 상법전 (Handelsgesetzbuch: HGB)에 계수되었다가 1965년 9월 5일 주식법(Aktiengesetz)과 유한

---

14) 이상신, "주식회사 등기제도에 관한 법적 연구", 서울대학교, 2014, 17쪽 각주 36; 加藤 徹, "商業登記の效力", 成文堂, 1992, 3-5쪽

15) 등기관의 심사권한은 「제1장 총론」 「제5절 등기」 「V. 등기관의 형식적 심사권」 참고

16) 이상신, "주식회사 등기제도에 관한 법적 연구", 서울대학교, 2014, 17-18쪽 각주 37, 38; 加藤 徹, "商業登記の效力", 成文堂, 1992, 3쪽; 澁谷光子, "商業登記制度の發展", 「無體財産權と商事法の諸問題 (豊崎光衛先生追悼論文集)」, 有斐閣, 1981, 883쪽; 浜田道代, "企業と公示制度"「現代企業法講座 (1 · 企業法總論)」, 東京大學出版會, 1984, 154쪽 각주 16; Max Rintelen, "Untersuchungen uber die Entwicklung des Handelsregisters", 「Beilageheft zur ZHR」 75Band, 1914.

회사법이 상법에서 분리되어 현재에 이르게 되었다. 독일의 상업등기사건은 구법원(Amtsgericht)이 관할한다[17].

1861년 보통독일상법전의 상업등기규정은 1880년 일본 舊상법에 도입되었다. 이후 일본 舊상법의 상업등기규정은 1891년 비송사건수속법(非訟事件手續法)으로 들어왔다가 1963년 상업등기법으로 분리되었다[18]. 일본의 상업등기사건은 법원(재판소)이 아닌 법무성 산하 등기소가 관할한다[19].

영국은, 학설대립이 있으나 영국에 상업등기제도가 존재한다고 보는 견해에 따르면 1844년 합작주식회사법에 따라 광범위한 기업공시제도를 도입하였고[20], 현재 2006년 회사법(Companies Act 2006)에 따라 회사등록을 규율하고 있다. 1988년부터 무역산업부(Department of Trade and Industry) 산하 컴퍼니하우스(Companies House)가 회사 설립, 등록, 공시사무를 관할하고 있다[21].

미국은 연방증권법(Securities Act of 1933)에 따른 공시 말고는 상업등기제도가 없다는 점이 독일, 일본, 영국과 다르다. 미국은 회사법의 입법권한을 각 주(State)에 위임하였는데 각 주는 회사설립 유치에 방해가 되는 규제에 소극적이어서 상업등기제도를 두지 않는다고 한다[22]. 다만, 미국에 회사를 설립하려면 주무장관(Secretary of State)에게 정관을 제출해야 하고[23] 매년 회사법이나 세법에 따른 연차보고서(annual report)를 제출해야 하는데 일반인도 회사의 설립서류(Articles of Incorporation, Certificate of Incorporation), 정보보고서(Statement of Information), 상태증명서(Certificate of Status, Certificate of Good Standing)를 발급받을 수 있고 주정부가 제공하는 웹사이트에서 회사의 기초 정보를 확인할 수 있으므로[24] 이러한 공시가 상업등기와 유사한 역할을 한다[25].

---

17) 이상신, "주식회사 등기제도에 관한 법적 연구", 서울대학교, 2014, 21-22쪽
18) 이상신, "주식회사 등기제도에 관한 법적 연구", 서울대학교, 2014, 32-33쪽
19) 일본 상업등기법 1조의3
20) 이상신, "주식회사 등기제도에 관한 법적 연구", 서울대학교, 2014, 25쪽
21) Mayson, French, Ryan, "Company Law", Oxford University Press, 2006, pp.45-46
22) 이상신, "주식회사 등기제도에 관한 법적 연구", 서울대학교, 2014, 29쪽; 森田 章, "現代企業法入門", 有斐閣, 2002, 41-42쪽
23) 이형규 외 3인, "회사법 제정을 위한 법정책적 연구", 법무부, 2014. 10., 69쪽
24) 구연모, "미국의 등기제도 - 부동산 및 법인 등기", 「외국의 등기제도를 통해 본 우리나라 등기제도의 발전방향」, 2016. 11. 18., 58쪽; 델라웨어(icis.corp.delaware.gov/Ecorp/EntitySearch/NameSearch.aspx), 캘리포니아(businesssearch.sos.ca.gov), 뉴욕(www.dos.ny.gov/corps/bus_entity_search.html) 등 주마다 기업정보검색 웹사이트를 제공한다.

우리나라는 조선시대 중농억상(重農抑商)정책에도 불구하고 개성상인, 경강상인, 동래상인, 의주상인 등 상인집단이 활발히 활동하였다. 1876년 강화도조약 이후 부산, 원산, 인천이 차례로 개항하여 수출입물자가 폭주하자, 1883년 독일계 세창양행이 제물포에 지점을 개설하고 일본의 제1은행, 제18은행, 제58은행도 우리나라에 지점을 개설하는 등 외국자본이 우리나라에 침투하기 시작하였다. 우리나라 상인들도 개항장에 모여 정부의 허가 아래 상회, 상사, 회사 등을 조직하였다. 비록 회사법이 제정되지는 않았으나 우리나라의 회사제도는 개항 이후 자생적으로 설립된 각종 상회에서 싹텄다고 할 수 있다[26]. 1896년 우리나라 최초의 은행인 조선은행이 설립되었고[27] 뒤이어 1897년 한성은행, 1898년 부하철도회사, 1899년 대한천일은행 등이 설립되었다[28]. 1883년부터 1903년까지 만들어진 상회, 회사의 수는 약 130개에 이르렀다[29].

우리나라에 서양 회사제도를 처음으로 소개한 글은 1882년 유길준이 쓴 회사규칙과 1882년 10월 21일(음력) 한성순보에 기고한 회사설이라는 논설이다. 한편 한성순보는 1884년 1월 1일 제10호에서 '설고분표위해시전'이라는 논제 아래 서양에서 시작된 주식회사의 설립, 경영법을 설명하였다[30].

조선이 본격적으로 근대 상법학을 접한 것은 일본을 통해서였다. 1895년 도쿄법학원(東京法學院, 나중에 주오(中央)대학으로 개편)에 수학한 이면우(李冕宇), 안경선(安慶善), 유치학(兪致學, 兪致衡으로 개명) 등이 귀국 후 상법서적을 저술하였고[31], 특히 이면우는 1907년 회사법[32]을 저술하여 회사와 등기제도를 자세히 소개하였다. 이면우의 회사법은 주식회사라는 용어 대신 고본(股本)회사라는 용어를 사용한다.

회사에 관한 우리나라 최초의 법규는 1895년 4월 19일 농상공부고시 제1호 「각회사로부터 관허장정과 상업빙표를 환수하는 건」이다. 이후 1905년 12월 18일 법률 제6호 「사설철도조례」, 1906년

---

25) 이상신, "주식회사 등기제도에 관한 법적 연구", 서울대학교, 2014, 30쪽
26) 정희철, "조선조말기의 회사조직 - 그 태동과 추이", 「기업법의 행방」, 박영사, 1991, 94-95쪽
27) 김윤희, "1899년 대한천일은행의 설립배경과 목적", 「국사관논총」 제96집, 2001, 99-105쪽
28) 현재 한성은행은 신한은행으로, 대한천일은행은 우리은행으로 명맥을 잇고 있다.
29) 정희철, "조선조말기의 회사조직 - 그 태동과 추이", 「기업법의 행방」, 박영사, 1991, 92쪽
30) 최종고, "개화기의 한국상법학", 「법학」 26권 1호(16호), 1985, 218-219쪽
31) 황상익, "日 유학생의 '기구한' 운명, 목숨 잃고 패가망신!", 프레시안, 2010. 10. 28., (http://www.pressian.com/ezview/article_main.html?no=65554).
32) 1981년에 아세아문화사에서 재출간되었다.

3월 21일 칙령 제12호 「은행조례」와 제13호 「농공은행조례」, 1906년 10월 16일 칙령 제62호 「각종 인허의 효력·기한에 관한 건」 등을 차례로 제정하면서 회사제도를 법제화하였다[33].

이후 일제강점기 조선민사령(조선총독부제령 제7호, 1912. 3. 18. 제정)이 제정되어 일본의 상법, 상법 시행령, 상법시행조례 및 비송사건수속법이 1913년 4월 1일부터 조선에서 시행되었고, 상업등기취급규칙(조선총독부령 제30호, 1912. 3. 19. 제정)이 1912년 4월 1일부터 시행되어 일본의 회사제도와 상업등기제도가 우리나라에 이식되었다. 결과적으로 우리나라의 상법과 상업등기법은 일본을 통해 독일 상법을 계수한 셈이다[34].

해방 후 상법(법률 제1000호, 1962. 1. 20. 제정, 1963. 1. 1. 시행), 상업등기처리규칙(대법원규칙 제99호, 1962. 1. 20. 제정, 1962. 1. 20. 시행), 비송사건절차법(법률 제999호, 1962. 1. 20. 제정, 1962. 1. 20. 시행)이 각 제정·시행되었고[35] 수차례 법률개정을 거쳐 2008년 1월 1일 상업등기법(법률 제8582호, 2007. 8. 3. 제정)이 시행되면서 상법과 상업등기법은 100년에 걸쳐 우리법이 되었다.

##  법원(法源)과 상업등기선례

법원(法源)이란 법의 존재를 인식할 수 있는 근거를 뜻한다. 상업등기법의 법원(法源)은 실체법으로는 상법, 자본시장과 금융투자업에 관한 법률, 법인의 등기사항에 관한 특례법, 채무자 회생 및 파산에 관한 법률 등이 있고 절차법으로는 상업등기법, 비송사건절차법, 상업등기규칙 등이 있다[36]. 회사의 정관도 회사의 자치법규라는 점에서 법원(法源)으로 볼 수 있다[37].

법원(法源)은 아니지만 상업등기선례는 상업등기법 해석에 중요한 참고자료가 된다. 상업등기에 관한 의문사항은 법원행정처 사법등기국 사법등기심의관실에 서면질의할 수 있

---

33) 정희철, "고본회사", 「기업법의 행방」, 박영사, 1991, 104-105쪽

34) 이형규 외 3인, "회사법 제정을 위한 법정책적 연구", 법무부, 2014. 10., 124쪽; 손주찬, "독일상법이 한국상법에 미친 영향", 「한독법학」 14호, 2003., 395-400쪽

35) 신언숙, "우리나라 상업등기제도의 문제점과 개선방향", 「재판자료 44집(88.12) : 등기에 관한 제문제(하)」, 1988. 12., 641쪽

36) 상업등기실무(I), 8쪽

37) 송옥렬, 상법강의, 14쪽; 대법원 2000. 11. 24. 선고 99다12437 판결 [회장등선출무효확인등]

는데 사안에 따라 답변을 받기까지 1년 이상 걸리기도 한다. 법원행정처는 지금까지 답변한 내용 중 장래에 동일·유사한 사례에 참고가 될 만한 사례들을 상업등기선례, 등기선례라는 이름으로 정리하여 요지집을 발간하고[38] 법원 종합법률정보 웹사이트(glaw.scourt.go.kr)에 공개한다.

상업등기선례가 나온 배경은 등기 불복절차와 관련 있다. 등기관의 결정 또는 처분에 대해서는 관할 지방법원에 이의신청할 수 있고(상업등기법 82조)[39], 지방법원의 결정에 대해서는 항고(상업등기법 87조 2항)를, 항고법원의 결정에 대해서는 재항고(상업등기법 87조 2항, 비송사건절차법 23조, 민사소송법 442조)를 할 수 있다. 그러나 불복절차를 밟는 것보다, 이사회, 주주총회 등을 다시 열어 등기신청을 보정하거나, 기존 등기신청을 취하하고 다시 신청하는 것이 더 빠르므로 불복에 이르는 경우가 많지 않다. 따라서 상업등기에 관한 대법원 판례가 별로 없는 상황에서 법원행정처가 제공하는 상업등기선례는 판례와 유사한 역할을 한다.

다만, 상업등기선례는 구체적인 사안에 대한 답변이므로[40] 전제가 된 사안의 특수성을 고려하지 않고 지나치게 일반화할 수 없다는 점과 상업등기선례에 구속력에 없다는 점 때문에 등기관이 해당 상업등기선례를 다르게 해석하거나 축소해석하거나, 따르지 않는 경우도 실무상 종종 발생한다.

---

38) "상업등기선례 요지 및 주요선례 해설", 법원행정처, 2015.; "상업등기선례요지집", 법원행정처, 2006.

39) 당해 등기소에 이의신청서를 제출해야 한다(등기관의 처분에 대한 이의신청절차 등에 관한 업무처리지침 [등기예규 제1689호, 2020. 7. 21. 개정, 2020. 8. 5. 시행] 1조 1항).

40) 구체적인 사안을 전제하지 않은 질의도 가능하다. 그러나 대부분 구체적인 사안을 바탕으로 법령해석을 질의하므로 상업등기선례 역시 대부분 구체적인 사안에 대한 답변이다.

# 제2절

# 주식회사

## I  자본금

### 1. 의 의

회계학에서 자본(equity)이란 자산총액에서 부채총액을 차감한 잔액을 뜻한다. 즉, 기업이 소유권을 가진 자원(＝자산) 중에 채권자의 몫(＝부채)을 빼고 남은 것이 주주의 몫(＝자본)이라는 뜻이다. 여기서 자산(assets)은 현금, 토지, 건물, 기계장치, 비품, 매출채권 등을 포함하고, 부채(liabilities)는 은행차입금, 미지급급여, 매입채무 등을 포함한다. 자본을 다른 말로 순자산(net assets)이라고 하고, 자본 중에서도「발행주식의 총수 × 주당 액면금액」으로 계산한 금액을 자본금(capital stock)이라 한다[41].

### 2. 최저자본금 제도의 폐지

한때 상법에 최저자본금 제도를 둔 적도 있었으나 2009년 상법 개정 시[42] 이를 폐지하였다. 현재 주식회사의 자본금은 무액면주식을 발행할 경우 이론적으로 1원도 가능하다. 상법 개정 전에는 주식회사를 설립하려면 자본금이 최소 5천만원이 필요했기에 주식회사라고 하면 규모가 큰 회사라는 인상을 주었다. 비록 최저자본금 제도를 폐지하였다고는 하나 자본금이 지나치게 낮으면 거래상대방에게 불신을 줄 수도 있고 은행에서 법인 계좌 개설이 거부되기도 하므로 적절한 자본금을 책정하는 것이 좋다.

상법과 달리 각종 특별법에 최저자본금을 요구하는 경우가 있다. 예를 들어 은행업(자본금 1천억원 이상), 보험업(자본금 300억원 이상), 증권금융업(자기자본 500억원 이상) 등 금융·보험업은 대부분 최저자본금 규정을 두고 있다.

---

41) 액면주식과 달리 무액면주식의 자본금은 주식의 발행가액 중 자본금으로 계상하기로 정한 금액이다(상법 291조 3호, 416조 2의2호). 이익잉여금으로 취득한 자기주식을 소각할 경우 이 공식이 성립하지 않는다.
42) 법률 제9746호, 2009. 5. 28. 일부개정, 2010. 5. 29. 시행

## 3. 출 자

### (1) 의의

출자란 주주가 자신의 재산을 회사에 자본으로 내놓는 것을 뜻한다. 주주는 금전과 현물(부동산, 채권, 특허권, 다른 회사의 주식, 영업 자체 등)을 출자할 수 있다.

### (2) 현금출자

금전은 가장 대표적인 출자재산이다. 주식회사에 현금출자 시 은행, 기타 금융기관이 발급한 납입금 보관을 증명하는 서류를 등기신청서에 첨부해야 한다(상업등기규칙 129조 12호, 133조 4호). 납입금 보관을 증명하는 서류는 ① 잔고증명서(잔액증명서[43]) 또는 ② 주금납입보관증명서이다. 잔고증명서는 주금납입보관증명서보다 발급이 쉽고 비용도 저렴하므로 요건에 해당하면 잔고증명서를 발급받는 것이 좋다. 잔고증명서는 ① <u>자본금 총액이 10억원 미만인 주식회사를 발기설립하는 경우</u>(상법 318조 3항, 상업등기규칙 129조 12호 단서)와 ② <u>신주발행의 결과 주식회사의 자본금 총액이 10억원 미만인 경우</u>(상법 425조 1항, 318조, 상업등기규칙 133조 4호 단서)에 발급받을 수 있다. 그 밖의 경우는 주금납입보관증명서를 발급받아야 한다.

잔고증명서란 말 그대로 어느 계좌에 돈이 얼마가 남아있다는 증명서이다. 잔고증명서에는 잔액만 표시되고 입출금명세는 표시되지 않는다. 잔고증명서로 납입금 보관을 증명하려면 <u>계좌에 납입금액과 동일 또는 그 이상의 잔액이 있어야 하고 계좌가 압류·가압류되어서는 안 된다.</u>

잔고증명서 상에 「잔액을 증명하는 날짜」와 「잔고증명서 발급일」이 다를 경우 이 잔고증명서로 증명할 수 있는 납입기일은 「잔액을 증명하는 날짜」이다. 예를 들어 2016년 11월 1일의 잔액을 증명하는 2016년 11월 9일에 발급된 잔고증명서라면 이 잔고증명서를 통해 증명할 수 있는 사실은 2016년 11월 1일 당시의 은행계좌 잔액이지 2016년 11월 9일의 은행계좌 잔액이 아니다. 따라서 이 잔고증명서는 납입기일을 2016년 11월 1일로 정한 경우에만 납입금 보관을 증명하는 서류로서 사용할 수 있다.

<u>잔고증명서를 발급받으면 잔액을 증명하는 날짜의 자정까지 계좌 입출금이 정지된다.</u> 예를 들어 2016년 11월 1일의 잔액을 증명하는 잔고증명서를 2016년 11월 1일 발급받는다면,

---

43) 상법상 용어는 잔고증명서이지만 은행에서는 주로 잔액증명서라는 명칭으로 서류를 발급해준다.

2016년 11월 1일 자정까지 해당 계좌의 입출금이 정지된다. 반면, 2016년 11월 1일의 잔액을 증명하는 잔고증명서를 2016년 11월 9일 발급받는다면 2016년 11월 1일이 이미 지났기 때문에 해당 계좌는 입출금이 정지되지 않는다.

주식회사의 신주발행 시라면 법인계좌의 잔고증명서를 발급받아야 하나, 회사설립 시라면 아직 법인계좌의 잔고증명서를 발급받을 수 없다. 법인계좌는 회사를 설립하고 사업자등록을 한 뒤에야 개설할 수 있기 때문이다. 따라서 자본금 총액이 10억원 미만인 주식회사를 발기설립할 때는 <u>발기인(발기인이 여러 명이면 발기인대표)의 개인계좌로 자본금을 모아서 잔고증명서를 발급받는다.</u> 다만, 발기인(발기인이 여러 명이면 발기인대표) 명의로 잔고증명서를 발급받을 수 없는 특별한 사정이 있으면 이사 명의의 잔고증명서 제출도 가능하다[44]. 잔고증명서로 납입금 총액만 증명하면 되므로 발기인들의 입금명세는 등기신청서에 첨부하지 않는다. 발기인(발기인이 여러 명이면 발기인대표)의 개인계좌에 모아둔 납입금은 회사설립 후 신규개설한 법인계좌로 이체한다.

잔고증명서 발급요건에 해당하지 않는 주식회사는(주식회사 모집설립, 자본금 10억원 이상인 주식회사를 발기설립, 신주발행의 결과 주식회사의 자본금 총액이 10억원 이상인 경우) 은행에서 주금납입보관증명서를 발급받아야 한다.

주금납입보관은 일정 기간 동안 은행이 주식회사를 대신하여 납입금을 보관하는 것이다. 주식회사설립 시에는 발기인대표가, 신주발행 시에는 대표이사가 은행에 주금납입을 의뢰한다. 실무상 ① 주식회사설립 시에는 지정한 납입금 보관은행에 일반 계좌를 개설하여 납입금을 모은 뒤 납입금 총액을 한 번에 은행에 맡겨서 주금납입보관증명서를 발급받고, ② 신주발행 시에는 법인계좌에 주식인수인들의 납입금을 모은 뒤 납입금 총액을 한 번에 은행에 맡겨서 주금납입보관증명서를 발급받는다. 납입금은 보관기간이 끝난 후 법인계좌로 돌려받는다.

유한회사도 현금출자 시 출자 전액이 납입되었음을 증명하는 서류를 등기신청서에 첨부해야 하나(상업등기규칙 156조 2호, 157조 2호), 반드시 잔고증명서나 주금납입보관증명서일 필요는 없고 일반적으로 <u>대표자 명의의 출자금 영수증</u>을 첨부한다.

---

44) 상업등기실무(II), 110쪽; 예를 들어, 외국법인이 단독 발기인이 되어 주식회사를 발기설립하고자 할 때 발기인이 국내에 금융계좌가 없는 경우가 이에 해당한다.

## (3) 현물출자와 법인전환, 사후설립

현물출자는 금전이 아닌 재산을 출자하는 것이다. 재무상태표(대차대조표[45])의 자산에 기재할 수 있는 것이면 무엇이든 현물출자할 수 있다[46]. 개인사업자라면 기존 영업시설, 영업장임차권 등 영업 일체를 회사에 출자하는 것도 가능한데[47] 이를 개인사업자의 법인전환이라 한다. 주식회사에 대한 현물출자는 ① 현물의 가치를 금전으로 환산하고, ② 감정인 (공인회계사, 감정평가사 등)이 감정한 후[48], ③ 감정 결과를 법원에 보고해야 하므로(상법 299조의2, 310조) 시간이 오래 걸리고 감정인 선임비용이 추가로 든다. 다만 모집설립이 아니라면, 현물출자의 규모가 작거나(출자할 현물의 총액이 5천만원 이하이면서 자본금의 5분의 1 이하인 경우), 거래소에 시세가 있는 유가증권을 출자하는 경우(예: 한국거래소에 상장한 주식회사의 주권) 위와 같은 복잡한 절차를 거치지 않는다(상법 299조 2항, 상법 시행령 7조)[49]. 유한회사는 변태설립사항에 관하여 정관기재만으로 효력이 발생하므로(상법 544조) 유한회사에 대한 현물출자는 감정이나 법원 인가 같은 절차를 거치지 않는다[50].

법인전환을 장려하는 차원에서 법인전환 시 2021년 12월 31일까지 취득하는 사업용고정자산[51]에 대한 취득세를 75% 감면하고(지방세특례제한법 57조의2 4항, 조세특례제한법 32조 - 부동산 임대 및 공급업은 제외), 사업용고정자산에 대한 양도소득세 이월과세[52](조세특례제한법 32조)와 양도소득분 개인지방소득세 이월과세[53](지방세특례제한법 120조 1항), 수도권 과밀억제권

---

45) 상법상 용어는 대차대조표(상법 29조 1항, balance sheet: B/S)이나 한국채택국제회계기준(K-IFRS)은 재무상태표(statement of financial position)라는 용어를 사용한다.

46) 법인설립시 사무실 임차보증금 채권으로 현물출자를 할 수 있는지 여부 [상업등기선례 제1-85호, 1997. 4. 4. 제정]

47) 병존적 채무인수에 의한 현물출자 가능성 [상업등기선례 제1-209호, 2003. 5. 2. 제정]

48) 법원이 선임한 검사인이 현물출자를 조사하는 방법도 있으나(상법 299조, 310조, 422조 1항 1문), 실무상 공증인·감정인을 선임하는 것이 일반적이다(검사인의 조사보고서 등 처리 요령(재민 99-3) [대법원 재판예규 제719호, 1999. 5. 20. 제정, 1999. 5. 24. 시행] 참고).

49) 현물출자의 검사나 감정이 면제되는 경우 상업등기규칙 제133조 제7호의 정보를 제공하여야 하는지 여부 [상업등기선례 제201807-2호, 2018. 7. 27. 제정]

50) 합명회사, 합자회사, 유한책임회사 역시 현물출자 시 감정이나 법원 인가 절차를 거치지 않는다.

51) 당해 사업에 직접 사용하는 유형자산 및 무형자산을 뜻한다. 1981년 1월 1일 이후에 취득한 부동산으로서 기획재정부령이 정하는 법인의 업무와 관련이 없는 부동산의 판정기준에 해당되는 자산을 제외한다(조세특례제한법 31조 1항, 같은 법 시행령 28조 2항).

52) 양도소득세 이월과세란 개인이 해당 사업에 사용되는 사업용고정자산 등을 현물출자(現物出資) 등을 통하여 법인에 양도하는 경우 이를 양도하는 개인에 대해서는 소득세법 제94조에 따른 양도소득세를 과세하지 아니하고, 그 대신 이를 양수한 법인이 그 사업용고정자산 등을 양도하는 경우 개인이 사업용고정자산등을 그 법인에 양도한 날이 속하는 과세기간에 다른 양도자산이 없다고 보아 계산한 같은 소득세법 제104조에 따른 양도소득 산출세액 상당액을 법인세로 납부하는 것을 말한다(조세특례제한법 2조 1항 6호).

53) 양도소득분 개인지방소득세의 이월과세란 개인이 해당 사업에 사용되는 사업용고정자산 등을 현물출자(現

역 내의 법인등기에 대한 등록면허세 일반과세(지방세법 28조 2항 단서, 같은 법 시행령 44조, 26조 1항 10호, 같은 법 시행규칙 5조) 등의 세제혜택을 준다. 이러한 세제혜택은 <u>사업용 부동산을 소유한 개인사업자가 법인전환을 선택하는 주요 동기</u>가 된다.

위 세제혜택을 받으려면 현물출자를 하는 개인사업자가 취득하는 주식 또는 지분의 액면금액 합계액이 사업장의 순자산가액 이상이어야 한다(조세특례제한법 32조 2항, 같은 법 시행령 29조 5항, 28조 1항 2호).

나아가, 수도권 과밀억제권역 내에서 법인전환 시 법인등기에 대한 등록면허세를 일반과세로 적용받으려면 ① 과밀억제권역에서 부가가치세법 또는 소득세법에 따른 사업자등록을 하고 5년 이상 제조업(소득세법 19조 1항 3호에 따른 제조업)을 경영한 개인사업자가, ② 그 지역에서 법인으로 전환하고[54], ③ 법인전환에 따라 취득한 부동산의 가액(개별공시지가)이 법인전환 전의 부동산 가액을 초과하지 않아야 한다(지방세법 28조 2항 단서, 같은 법 시행령 44조, 26조 1항 10호, 같은 법 시행규칙 5조).

참고로, <u>사업포괄양수도(조세특례제한법 제32조) 및 사후설립(상법 375조) 방식을 이용하여 법인전환하면 주식회사로 법인전환 시 법원 인가 절차를 생략할 수 있다</u>[55]. 이 경우 세제혜택을 받으려면 법인설립일부터 3개월 이내에 개인사업자가 해당 법인에 사업에 관한 모든 권리와 의무를 포괄적으로 양도하면 된다(조세특례제한법 시행령 29조 2항). 그런데도 <u>사업포괄양수도 및 사후설립이 아닌 현물출자 방식으로 법인전환을 하는 이유는 현금이 부족하기 때문</u>이다. 사업포괄양수도 및 사후설립은 일단 현금출자로 법인을 설립한 뒤, 출자한 돈을 양도대금으로 하여 개인사업자에게 양도대금을 지급하고 영업을 양수해야 한다. 따라서 양도대금 상당의 현금이 없다면 사업포괄양수도 및 사후설립 방식으로 법인전환할 수 없고 현물출자 방식으로 법인전환해야 한다.

---

物出資) 등을 통하여 법인에 양도하는 경우 이를 양도하는 개인에 대해서는 지방세법 제103조에 따른 양도소득분 개인지방소득세를 과세하지 아니하고, 그 대신 이를 양수한 법인이 그 사업용고정자산 등을 양도하는 경우 개인이 사업용고정자산 등을 그 법인에 양도한 날이 속하는 과세기간에 다른 양도자산이 없다고 보아 계산한 지방세법 제103조의3에 따른 양도소득에 대한 개인지방소득세 산출세액 상당액을 법인지방소득세로 납부하는 것을 말한다(지방세특례제한법 2조 1항 14호).

54) 지방세특례제한법 제120조 제1항은 법인전환의 방법으로 현물출자와 사업양도·양수를 들고 있으나, 등록면허세를 규율하는 지방세법은 법인전환의 방법을 특정하지는 않는다.

55) 회사성립 후 소유권이전등기의 방법으로 현물출자를 완성하기로 약정하고 회사설립절차를 거쳐 현물출자가 이루어진 것이라면 재산인수에 해당하여 정관에 기재되지 않는 한 무효이나, <u>현물출자가 동시에 사후설립에 해당하고 이에 대하여 주주총회의 추인이 있었다면 회사는 현물출자로 인한 부동산의 소유권을 취득한다</u>(대법원 1992. 9. 14. 선고 91다33087 판결 [소유권이전등기말소]).

## (4) 출자전환

현물출자 중에서 특히 당해 회사에 대한 채권을 출자하는 것을 출자전환이라 한다. 당해 회사에 대한 채권이 회사 가수금계정에 계상된 경우가 많아서 실무상 가수금 증자라는 표현도 사용한다. 예를 들어 A 주식회사의 대표이사 갑이 A 주식회사에 1,000만원을 빌려주었다면 갑은 1,000만원을 A 주식회사로부터 돌려받는 대신 이를 그대로 A 주식회사에 출자할 수 있다. 이 경우, A 주식회사 이사회가 신주발행을 의결하고, A 주식회사와 갑이 상호합의하여 ① A 주식회사에 대한 갑의 주금납입채무와 ② 갑에 대한 A 주식회사의 대여금채무를 상계하는 방법으로 출자전환한다(상법 421조 2항 반대해석). 결국, 갑은 1,000만원에 관하여 채권자에서 주주로 지위가 전환된다.

주식회사가 신주를 발행하거나[56] 유한회사가 자본금을 늘릴 때, 주식회사의 주금납입채무 또는 유한회사의 출자금납입채무를 상계하려면 등기신청서에 아래 서류를 첨부한다(상업등기규칙 133조 5호, 157조 2호, 주금납입채무의 상계가 있는 경우 신주발행으로 인한 변경등기신청서에 첨부할 서면에 관한 예규[57] 3조). 주식회사의 신주인수인 또는 유한회사의 출자인수인이 회사에 채권이 있으나 계약서를 작성하지 않았다면 계정별원장(가수금, 단기차입금 등)을 참고하여 금전소비대차계약서를 작성한다.

> 1. 회사가 신주인수인(출자인수인)에 대하여 채무를 부담하고 있다는 사실을 증명하는 서면(소비대차계약서 등)
> 2. 회사가 상계를 한 경우에는 회사가 신주인수인(출자인수인)에 대하여 상계의 의사표시를 하였음을 증명하는 서면
> 3. 신주인수인(출자인수인)이 상계를 한 경우에는 신주인수인(출자인수인)이 회사에 대하여 상계의 의사표시를 하였음을 증명하는 서면과 회사가 그 의사표시에 대하여 동의를 하였음을 증명하는 서면
> 4. 세무사 또는 회계사가 날인한 가수금 계정별 원장[58]

---

56) 통상의 신주발행으로 인한 변경등기뿐만 아니라 주식매수선택권의 행사로 인한 변경등기 및 신주인수권부사채에 부여된 신주인수권의 행사로 인한 변경등기에도 적용된다(주금납입채무의 상계가 있는 경우 신주발행으로 인한 변경등기신청서에 첨부할 서면에 관한 예규 2조).

57) 등기예규 제1450호, 2012. 4. 24. 제정, 2012. 4. 24. 시행

58) 회사의 신주인수인에 대한 채무부담사실증명서면에 법인의 회계장부 등의 추가 제출요부 [상업등기선례 제202102-1호, 2021. 7. 20. 제정]

주금납입채무의 일부만을 상계하거나 신주인수인들 중 일부 신주인수인의 주금납입채무만을 상계하는 것도 가능하다. 이 경우 상계로 소멸하지 않는 부분은 주금납입을 해야 하므로 등기신청서에 해당 금액의 납입을 증명하는 서면(잔고증명서 등)을 첨부해야 한다[59].

**참고서식** **금전소비대차계약서 및 상계동의서**

① 금전소비대차계약서

---

### 금전소비대차계약서

대여인과 차용인은 다음과 같이 금전소비대차계약을 체결한다.

**제1조(금액)** 대여인은 차용인에게 금10,000,000원을 빌려주고 차용인은 이를 빌린다.

**제2조(변제기일)** 차용인은 위 차용원리금을 2016년 5월 1일까지 모두 갚기로 한다.

2016년 4월 1일

대여인: 갑 (인)
서울특별시 00구 00로 00

차용인: A주식회사 대표이사 갑 (인)
서울특별시 00구 00길 00-00

---

② 상계동의서

---

### 상계동의서

1. A 주식회사는 갑에게 금10,000,000원의 대여금을 지급할 의무를 부담하고 있고, 그 지급기한은 2016년 5월 1일이다.

2. 갑은 A 주식회사가 발행하는 신주를 인수하였으므로 2016년 7월 25일 납입해야 하는 대금이 금10,000,000원이다.

3. A 주식회사와 갑은 대여금채무와 주금납입채무를 대등액에 관하여 상계하는 데 동의한다.

2016년 7월 25일

대여금채무자: A 주식회사 대표이사 갑 (인)

주금납입채무자: 갑 (인)

---

59) 주금납입채무의 상계가 있는 경우 신주발행으로 인한 변경등기신청서에 첨부할 서면에 관한 예규 4조

현행 상법상 회생기업이나 work-out기업이 아니라도 채권자가 주금납입채무를 상계하는 방식으로 출자전환할 수 있다. 그런데 주금납입채무의 상계는 응용가능성이 커서 상법상 현물출자규정을 몰각하는 것이 아닌가 하는 의문이 든다. 예를 들어 신주인수인이 주식회사에 중장비를 현물출자할 것이 아니라 중장비를 주식회사에 양도한 뒤 주금납입채무와 주식회사의 양도대금채무(또는 양도대금채무를 바탕으로 체결한 준소비대차계약에 따른 채무)를 상계할 수 있기 때문이다. 세제혜택을 받을 사안이 아니라면 굳이 복잡한 현물출자 절차를 선택할 회사법적 실익이 없다. 물론, 세제혜택이 부동산을 현물출자하는 주요 동기이기는 하나, 기계, 특허권 등을 출자하는 경우라면 출자자와 주식회사가 매매계약을 체결하고 주금납입채무와 대금채무를 상계하는 것이 시간과 비용 측면에서 유리할 수 있다[60]. 그런데 이와 같은 해석은 상법의 현물출자규정을 사실상 몰각할 우려가 있어 주금납입채무를 상계할 수 있는 범위가 어디까지인지 앞으로 많은 연구가 필요할 것이다.

## (5) 노무출자

주식회사나 유한회사에 현금이나 현물을 출자하는 대신 노동력을 제공하는 대가로 지분을 받을 수 있는가? 주식회사와 유한회사는 소위 물적회사라고 하여 현금·현물을 출자하는 데 중점을 두기 때문에 원칙적으로 주식회사와 유한회사에 노무를 출자할 수 없다. 다만, 주식회사의 주식매수선택권(stock option)은 노무출자의 성격이 있다[61]. 임직원이 주식회사의 설립·경영 및 기술혁신에 기여하는 노동을 제공하는 대가로, (주식매수선택권 행사가액이 행사시점의 주식 시가가 낮다면) 주식을 시가보다 싸게 살 수 있는 권리를 얻기 때문이다. 주식매수선택권의 자세한 내용은 「제1장 총론」 「제2절 주식회사」 「II. 주식과 주주」 「5. 주식매수선택권(스톡옵션)」을 참고한다.

---

60) 염춘필, "상계에 의한 출자전환(신주발행) 컨설팅", 「법무사」, 2014. 10., 29쪽
61) 이창희, "세법강의" 제10판, 박영사, 2012, 551-552쪽

**Ⅱ 주식과 주주**

## 1. 주식과 주권의 구별

주식은 자본금을 구성하는 단위 또는 출자의 단위이다[62]. 주식을 가진 주주는 주주총회에서 1주당 1표를 행사하고 주식 수에 비례하여 이익금을 배당받을 수 있다. 주식과 구별해야 하는 개념이 주권이다. 주권은 주식 또는 주주권을 표창하는 <u>유가증권</u>이다. 여기서 표창이란 재산권이 증서와 결합하였다는 뜻이다. 따라서 <u>주식을 양도하려면 유가증권인 주권을 양수인에게 교부해야</u>(건네주어야) 한다(상법 336조 1항).

2014. 5. 20. 상법 개정 시 무기명식 주권 발행(구 상법 357조 1항)을 폐지하여 현재는 기명식 주권만 발행할 수 있다. 다만 2014. 5. 20. 상법 개정 전에 발행된 무기명식 주권은 유효하다[63].

주주가 주권불소지 신고(상법 358조의2)를 하지 않는 한, 주식회사는 회사설립 후 또는 신주의 납입기일 후 지체없이 주주에게 주권을 발행해 주어야 한다(상법 355조 1항). 주권에는 다음 사항을 기재하고 대표이사가 기명날인 또는 서명해야 한다(상법 356조).

1. 주권번호
2. 회사의 상호
3. 회사의 성립연월일
4. 회사가 발행할 주식의 총수
5. 액면주식을 발행하는 경우 1주의 금액
6. 회사의 성립 후 발행된 주식에 관하여는 그 발행연월일
7. 종류주식이 있는 경우에는 그 주식의 종류와 내용
8. 주식의 양도에 관하여 이사회의 승인을 얻도록 정한 때에는 그 규정

---

62) 송옥렬, 상법강의, 726쪽
63) 상법 부칙 [법률 제12591호, 2014. 5. 20.] 2조

참고  주권 견본 (위: 앞면, 아래: 뒷면)

| 주 주 | | | 귀 하 | 교 부 년월일 | | | |
|---|---|---|---|---|---|---|---|
| 등록년월일 | 주 주 명 | | 등록증인 | 등록년월일 | 주 주 명 | | 등록증인 |
| ① | | | | ⑤ | | | |
| ② | | | | ⑥ | | | |
| ③ | | | | ⑦ | | | |
| ④ | | | | ⑧ | | | |

그러나 상당수 비상장 주식회사들이 주주에게 주권을 발행해 주지 않고 일종의 증거증권[64]으로서 주권미발행확인서를 작성해 주는 것에 그친다. 주식회사 입장에서는 주권인쇄비용과 주권관리가 부담될 뿐만 아니라, 주권이 유통되어 경영진이 잘 모르는 외부인이 주주가 되어 회사운영을 간섭하게 되는 것을 꺼린다[65]. 주식회사가 주권을 발행하지 않다가 상장을 목표로 자본조달할 때에 이르러서야 비로소 통일규격증권(속칭 통일주권)[66]을 발행하기도 한다.

<u>주권미발행확인서는 유가증권이 아니다.</u> 주식을 양도하려면 양수인에게 주권미발행확인서가 아닌 주권을 넘겨주어야 한다. 다만, 주식회사성립 후(증자는 납입기일 후) 6개월이 지나도 주식회사가 주주에게 주권을 발행해 주지 않으면 주주는 지명채권양도 방식으로 주식을 양도할 수 있다(상법 335조 3항, 민법 450조)[67].

**참고서식** **주권미발행확인서**

---

## 주권미발행확인서

1. 주 주 명: 김철수 (주민등록번호: 000000-0000000)

2. 주    소: 서울특별시 양천구 00로 00, 102동 308호

3. 위 주주가 소유한 주식
   - 1주의 금액(액면가): 금1,000원
   - 주식의 종류: 보통주식
   - 소유주식 수: 10,000주

당 회사는 현재 상기 주주가 보유한 당 회사 주식의 주권을 발행하지 않았습니다. 당 회사는 상기 주주에게 주권을 발행해 드릴 것을 확인합니다.

0000년 00월 00일

주식회사 율도

대표이사 홍길동 (인)

---

64) 법률관계의 존부나 내용을 증명하기 위한 서면
65) 대다수 비상장 주식회사의 실제 운영행태는 합명·합자·유한회사 제도가 예정한 방식에 가깝다. 회사의 형식과 실질의 불일치는 앞으로 회사법이 풀어야 할 과제이다.
66) 한국예탁결제원 통일규격증권등취급규정 3조, 4조 1항, 5조
67) 「제1장 총론」 「제2절 주식회사」 「II. 주식과 주주」 「6. 주식양도」 참고

## 2. 전자등록주식, 주권불소지

주식시장에서 주식을 사고 팔 때 주권을 실제로 볼 수는 없다. 2019년 9월 16일부터 시행된 「주식·사채 등의 전자등록에 관한 법률」에 따라 일괄전자등록전환 대상으로 지정한 주식은 전자등록주식으로 전환되어 더 이상 실물 주권이 없다. 물론, 주식·사채 등의 전자등록에 관한 법률이 시행되기 전에도 상장회사 주권은 한국예탁결제원 금고에 보관되었기 때문에 주식시장에서 주식을 거래할 때 주권을 실제로 볼 수는 없었다[68].

주권불소지 제도는 주권을 발행하지 않는 제도이다. 주식회사가 정관에 명시적으로 주권불소지 제도를 배제하지 않는 한, 주주가 주권을 소지하지 않겠다는 뜻을 주식회사에 신고하면(주권불소지 신고 - 상법 358조의2 1항), 주식회사는 지체없이 주권을 발행하지 않는다는 뜻을 주주명부와 그 복사본에 기재하고 그 사실을 주주에게 통지해야 한다. 주주가 주권불소지 신고를 하면 주식회사는 그 주주의 주권을 발행할 수 없다(상법 358조의2 2항).

**참고서식** 주주명부 (주주가 주권불소지 신고를 함)

### 주 주 명 부

| 주주번호 | 주주이름 | 주민등록번호/사업자등록번호 | 주소 | 전자우편주소 | 주식의종류 | 주식의수 | 주식의취득연월일 | 주권번호 |
|---|---|---|---|---|---|---|---|---|
| 1 | 김철수 | 000000-0000000 | 서울 서초구 서초대로45길 22, 112호 (서초동, 대원빌딩) | cskim@gmail.com | 보통주식 | 1,000 | 0000년 00월 00일 | 주주의 주권불소지 신고에 따라 주권을 발행하지 않음 |
| 2 | 이영희 | 000000-0000000 | 서울 송파구 송파대로 25, 302동 504호 (가락동, 패밀리아파트) | yhlee@naver.com | 보통주식 | 2,000 | 0000년 00월 00일 | 제1회 발행 가제 000000호 |

1주의 금액(액면가): 5,000원
발행주식의 총수: 보통주식 3,000주

0000년 00월 00일
주식회사 율도
대표이사 홍길동 (인)

---

68) 주식 전자등록제도가 도입되기 전에는 상장회사 주주명부에 실질주주 대신 한국예탁결제원이 주주로 기재된 채, 실질주주 사이에 계좌부 기재변경만으로 주식을 양도하였다(대체결제방식). 이로 인해 실질주주명부를 별도로 관리해야 하는 부담이 있었다.

## 3. 종류주식

### (1) 의의

주주는 일반적으로 의결권, 소제기권, 신주인수권, 이익배당청구권, 잔여재산분배청구권을 행사할 수 있다. 이러한 일반적인 권한을 가진 주식을 보통주식이라 한다. 반면, 이익배당, 잔여재산분배, 주주총회 의결권, 상환, 전환 등에 관하여 내용이 다른 주식을 종류주식이라 한다(상법 344조 1항). 주식회사가 종류주식을 발행하려면 종류주식의 내용과 수를 정관에 정해야 한다(상법 344조 2항). 상법상 인정되는 종류주식은 이익배당 · 잔여재산분배에 관한 종류주식(상법 344조의2), 의결권의 배제 · 제한에 관한 종류주식(상법 344조의3 - 발행주식총수의 4분의 1을 초과하지 못한다), 주식의 상환에 관한 종류주식(상법 345조), 주식의 전환에 관한 종류주식(상법 346조)이며, <u>둘 이상의 종류주식을 결합하는 것도 가능</u>하다. 다만, 차등의결권을 가진 주식, 거부권부주식, 양도제한주식, 임원임면권부주식은 우리나라에 도입되지 않았다.

### (2) 상환전환우선주식

상환전환우선주식(redeemable convertible preferred stock: RCPS)은 자본요소와 부채요소가 결합한 메자닌 금융(mezzanine financing)의 일종이다[69]. 실무상 투자자 우위에서 발행한 상환전환우선주식은 상환청구권, 전환청구권, 배당우선권뿐만 아니라 잔여재산에 대한 우선분배권, 의결권, 신주인수권까지 부여된 경우가 많다. 이러한 상환전환우선주식을 발행하려면 정관에 다음 내용을 정해야 한다.

> 1. 종류주식의 내용과 수 (상법 344조 1항 · 2항)
> 2. 이익배당: 주주에게 교부하는 배당재산의 종류, 배당재산 가액의 결정방법, 이익을 배당하는 조건 등 이익배당에 관한 내용 (상법 344조의2 1항)
> 3. 잔여재산분배: 잔여재산의 종류, 잔여재산 가액의 결정방법, 그 밖에 잔여재산분배에 관한 내용 (상법 344조의2 2항)
> 4. 무의결권 또는 의결권제한주식: 의결권을 행사할 수 없는 사항과, 의결권행사 또는 부활의 조건을 정한 경우에는 그 조건 등 (상법 344조의3 1항)
> 5. 회사의 상환청구권: 상환가액, 상환기간, 상환의 방법과 상환할 주식의 수 (상법 345

---

[69] 상환전환우선주식은 한국회계기준(K-GAAP)에 따르면 자본으로 분류하나, 한국채택 국제회계기준(K-IFRS)에 따르면 회사의 상환의무, 전환 조건 등을 고려하여 주로 부채로 분류한다.

조 1항)

6. 주주의 상환청구권: 주주가 회사에 대하여 상환을 청구할 수 있다는 뜻, 상환가액, 상환청구기간, 상환의 방법 (상법 345조 3항)

7. 주주의 전환청구권: 전환의 조건, 전환의 청구기간, 전환으로 인하여 발행할 주식의 수와 내용 (상법 346조 1항)

8. 회사의 전환청구권: 전환의 사유, 전환의 조건, 전환의 기간, 전환으로 인하여 발행할 주식의 수와 내용 (상법 346조 2항)

상환전환우선주식을 비롯한 종류주식의 내용은 과거에는 등기부의 「기타사항」란에 기재하였으나 현재는 「종류주식의 내용」란에 기재한다. 기존에 「기타사항」란에 기재되어 있던 종류주식의 내용은 「종류주식의 내용」란으로 옮겨 기재하도록 이기신청할 수 있다(상업등기규칙 부칙 [대법원규칙 제2560호, 2014. 10. 2.] 2조, 종류주식의 등기에 관한 예규[70] 5조).

**참고서식** 상환전환우선주식을 발행하기 위한 투자계약서 조항 (의결권, 배당우선권, 잔여재산에 대한 우선분배권, 전환청구권, 상환청구권, 신주인수권 부여)

제0조 (의결권에 관한 사항) ① 상환전환우선주식(이하 '본건 우선주식'이라 한다)의 주주는 주식 1주당 보통주와 동일하게 1개의 의결권을 갖는다. 보통주로 전환되는 경우 전환 후의 보통주식은 1주당 1개의 의결권을 갖는다.
② 본건 우선주식에 불리한 주주총회 결의 등이 있는 때는 전체 주주총회와 별도로 그 안건에 대하여 본건 우선주식의 종류주주총회 결의를 거쳐야 한다.

제0조 (배당에 있어서 우선권에 관한 사항) ① 본건 우선주식은 참가적, 누적적 우선주로 인수인은 본건 우선주식을 보유하는 동안 1주당 발행가액 기준 연 [1]%의 배당을 누적적으로 우선 배당받고, 보통주의 배당률이 우선주의 배당률을 초과할 경우에는 초과하는 부분에 대하여 보통주와 동일한 배당률로 함께 참가하여 배당받는다.
② 주식배당의 경우, 우선주와 보통주를 합한 발행주식총수에 대한 비율에 따라, 같은 종류의 우선주 주식으로 배당받을 권리를 갖는다. 다만 단주가 발생하는 경우에는 현금으로 지급받는다.
③ 배당금의 지급시기를 주주총회에서 따로 정하지 아니한 경우 회사는 주주총회에서 이익잉여금처분계산서의 승인이 있는 날부터 [1]개월 이내에 본건 우선주식의 주주에게 배당금을 지급해야 한다. 회사는 위 사항에 대하여 주주총회의 승인을 얻어야 한다.

---

70) 등기예규 제1535호, 2014. 11. 5. 제정, 2014. 11. 21. 시행

④ 본건 우선주식의 전부 또는 일부에 대하여 전환권이 행사된 경우, 전환된 주식에 대하여 전환 전까지의 기간 동안 배당결의 되었으나 그 배당금이 지급되지 아니하였다면 동 미지급 배당금에 해당하는 금액을 회사가 당해 주식의 주주에게 별도로 지급하기로 한다.

제0조 (잔여재산분배에 관한 사항) ① 회사가 청산에 의하여 잔여재산을 분배하는 경우 본건 우선주식은 본건 우선주식의 주당 발행가액 및 이에 대한 연리(복리) 6%의 비율로 산정한 금액을 합한 금원에 대하여 보통주에 우선하여 잔여재산을 분배받을 권리가 있다.

② 회사가 청산 이전까지 본건 우선주식에 대하여 미지급한 배당금이 있는 경우 본건 우선주식은 동 금원에 대하여도 보통주에 우선하여 잔여재산을 분배받을 권리가 있다.

③ 본건 우선주식에 잔여재산분배를 한 후 보통주에 대한 주당 잔여재산분배금액이 본건 우선주식에 대한 주당 잔여재산분배금액을 초과하는 경우에 본건 우선주식은 초과하는 부분에 대하여 보통주와 동일한 분배율로 함께 참가하여 잔여재산을 분배받을 권리가 있다.

제0조 (전환권에 관한 사항) ① 전환기간: 본건 우선주식의 주주는 그 발행일 익일부터 [10]년 경과일 전일까지 언제든지 본건 우선주식을 보통주로 전환할 수 있는 권리를 갖는다. 본건 우선주식의 주주는 본건 우선주식의 존속기간 만료일까지 전환권을 행사하지 않는 경우에 본건 우선주식은 그 만료일에 보통주식으로 자동전환된다.

② 전환방법은 다음과 같다.

1. 본건 우선주식의 주주는 본건 우선주식을 보통주식으로 전환하기 위하여, 우선주식 전환청구서에 전환하고자 하는 주식의 종류, 수, 청구연월일을 기재하여 기명 또는 서명날인하고 주권을 첨부하여 회사에 제출한다.

2. 본건 우선주식의 주주가 전환에 의하여 보통주식을 부여받게 되는 경우 상기 제2호의 날짜를 기준으로 주주명부상의 주주로 간주한다.

3. 회사는 본건 우선주식의 주권을 인도받은 후, 가능한 한 신속하게 당해 본건 우선주식의 주주에게 그가 부여받을 권리가 있는 수만큼의 보통주식에 대한 주권을 발행하여 인도해야 한다.

③ 전환비율은 다음과 같다.

1. 본건 우선주식의 보통주로의 전환비율은 우선주 1주당 보통주 1주로 한다.

2. 회사의 IPO 공모단가의 [70]%에 해당하는 금액이 그 당시의 본건 우선주식의 전환가격을 하회하는 경우는 전환비율을 다음과 같이 조정한다.

조정 후 우선주 1주당 전환하는 보통주의 수 = 조정 전 우선주 1주당 전환되는 보

통주의 수 × 조정 전 본건 우선주식의 전환가격 / 회사의 IPO 공모단가의 [70]%에 해당하는 금액

3. 회사가 본건 우선주식의 전환 전에 그 당시의 본건 우선주식의 전환가격을 하회하는 발행가격으로 유상증자 또는 주식관련사채(전환사채, 신주인수권부사채 및 기타 주식으로 전환될 수 있는 종류의 사채)를 발행할 경우에는 전환가격은 그 하회하는 발행가격으로 조정한다.

4. 본건 우선주식의 발행 이후 주식배당, 무상증자 등으로 인해 발행주식수가 증가하는 경우, 본건 우선주식의 주주는 회사로부터 주주가 보유한 주식과 같은 조건 및 종류의 우선주식으로 무상지급을 받도록 하되 아래의 수식을 따른다.

$Ni = Bi × \{(Ac/Bc)-1\}$
Ni : 본건 우선주식의 주주에게 무상지급 되는 우선주식수
Bi : 발행 전 본건 우선주식의 주주 보유 우선주식수
Ac : 발행 후 회사 발행주식총수 (우선주와 보통주를 합한)
Bc : 발행 전 회사 발행주식총수 (우선주와 보통주를 합한)

5. 회사가 타사와 합병 시 교환비율 산정을 위한 평가가액이 그 당시의 본건 우선주식의 전환가격을 하회하는 경우, 본건 우선주식의 전환가격이 변경된 평가가액과 일치하도록 전환비율을 조정한다.

6. 회사의 주식을 분할 또는 병합하는 경우 전환비율은 그 분할 또는 병합의 비율에 따라 조정된다. 단주의 평가는 주식의 분할 또는 병합 당시 본건 우선주식의 전환가격을 기준으로 한다.

7. 회사가 전환 전에 무상감자를 할 경우에는 전환비율은 그 감자의 비율에 따라 조정한다. 단, 경영과실 등의 사유로 특정 주주에 대해서만 차등적으로 무상감자를 하는 경우는 전환비율을 조정하지 않기로 한다.

④ 미발행 수권주식의 유보: 본건 우선주식의 전환청구기간 만료시까지 회사가 발행할 수권주식의 총수에 본건 우선주식의 전환으로 발행가능한 주식수를 유보한다.

⑤ 기타 전환주식의 발행, 전환의 청구, 기타 전환에 관한 사항은 상법 제346조 내지 제351조의 규정을 따른다.

**제O조 (상환권에 관한 사항)** ① 상환청구권: 본건 우선주식의 주주(회사는 상환청구권을 보유하지 아니한다)는 본건 우선주식의 납입기일 다음날(발행일, 본건 우선주식의 효력발생일)로부터 [3]년이 경과한 날부터 회사에 대하여 본 조에 따라 본건 우선주식의 전부 또는 일부의 상환을 청구할 권리를 가지며, 회사는 법적으로 상환가능한 최대한의 자금으로 이를 상환해야 한다. 이후 본건 우선주식의 상환에 합법적으로 사용가능

한 추가 자금이 발생하는 때는 회사는 동 자금을 본건 우선주식의 주주가 상환청구하였으나 미상환된 주식을 상환하는데 우선적으로 사용해야 한다. 다만, 상환청구가 있었음에도 상환되지 아니한 경우에는 상환기간은 상환이 완료될 때까지 연장되는 것으로 한다. 상환청구권의 행사는 상환청구일까지 미지급 배당금의 청구에 영향을 미치지 아니한다.

② 상환조건: 본건 우선주식의 주주가 우선주식의 존속기간까지 본건 주식의 상환을 요청하는 경우, 회사는 감사보고서상의 이익잉여금(이익준비금 제외) 한도 내에서 상환하기로 한다.

③ 상환방법: 회사는 주주의 상환요구가 있는 날부터 [30]일 이내에 현금상환하기로 한다. 단, 주주의 서면요청이 있는 경우 예외적으로 현금 이외의 유가증권 및 기타 자산으로 상환할 수 있다.

④ 상환금액: 주당 상환가액은 (1) 본건 우선주식의 인수단가와 동 금액에 대하여 발행일부터 상환일까지 연리(복리) [8]%를 적용하여 산출한 이자 금액의 합계액 또는 (2) 상환 청구일 직전 사업연도의 주가수익률(PER)이 [6]이 되는 본건 우선주식의 1주당 가격과 상환 대상 본건 우선주식의 수를 곱한 금액의 합계액 중 큰 금액으로 하되 본건 우선주식 발행일부터 상환일까지 지급된 배당금이 있을 경우 차감하여 계산하기로 한다.

⑤ 지연배상금: 회사가 배당가능이익이 있음에도 불구하고 상환을 청구한 본건 우선주식의 주주에게 상환가액을 지급하지 아니하는 경우에는 회사는 3항에 따라 상환을 해야 하는 날의 다음날부터 실제 지급하는 날까지 상환가액에 대하여 연리(복리) [12]%의 이율에 의한 지연배상금을 지급해야 한다.

제0조 (신주인수권에 관한 사항) 본건 우선주식은 보통주와 동등한 신주인수권이 있으며, 무상증자의 경우에는 같은 종류의 우선주로, 유상증자의 경우에는 회사가 발행키로 한 종류의 주식으로 배정받을 권리가 있다.

## 4. 액면가, 발행가, 무액면주식

주식의 액면가(face value)란 주권에 표시된 가격을 뜻한다. 상법상 용어로는 '1주의 금액'이라 하고 100원 이상이어야 한다(상법 329조 3항). 주식회사의 자본금은 「발행주식의 총수 × 액면가」이다.

액면가는 실익이 없는 제도이다[71]. 일단 액면가는 주식의 시가가 아니다. 게다가 액면가 제도는 주식회사의 자금조달을 방해하기까지 한다. 예를 들어 액면가가 5,000원인 비상장 주식회사가 주식을 주당 4,000원에 발행하려면(액면미달발행) 설립한 지 2년이 지나야 하고, 주주총회 특별결의를 거친 뒤 법원의 인가를 받아야 한다(상법 417조 1항). 상장회사는 주주총회 특별결의만으로 주식을 액면미달발행할 수 있다(자본시장과 금융투자업에 관한 법률 165조의8). 회사 입장에서는 투자금이 조금이라도 들어오면 재무구조가 개선되는데도 액면 미달발행이라는 이유만으로 복잡한 절차를 거쳐야 한다. 액면가를 낮춘다고 해서 액면미달 발행의 문제점이 해소되는 것도 아니다. 예를 들어 액면가가 5,000원이고 발행주식의 총수가 90,000주인 주식회사가 어느 투자자에게 신주식 10,000주를 주당 4,000원에 배정한다고 가정해보자. 이 투자자는 투자 전 회사의 가치(pre-money valuation)를 3억 6천만원( = 90,000주 × 4,000원)으로 평가하는 것이다. 만약 회사가 투자를 받기 전에 주식을 분할하여(상법 329조의2) 액면가를 500원으로, 발행주식의 총수를 900,000주로 변경하더라도 투자자가 평가한 회사의 가치는 달라지지 않는다. 즉, 투자자는 여전히 신주식 100,000주를 주당 400원에 인수하고자 할 것이다. 상법은 자본충실의 원칙을 구현한다는 명목으로 액면가 제도를 두고 액면미달발행을 규제하였으나, 역설적으로 이러한 규제가 채권자보호에 도움이 되지 않고 회사의 자금조달만 방해하기 때문에 2011년 상법개정 시 액면가의 개념을 없앤 무액면주식 제도를 도입하였다.

무액면주식 자체는 좋은 제도이지만, 무액면주식 발행 시 주식 발행가액의 2분의 1 이상을 자본금에 넣도록 강제하는 것은 단점이다(상법 451조 2항). 예를 들어, 서울에 있는 자본금 5천만원인 A 주식회사(1,000원의 액면주식 발행)와 B 주식회사(무액면주식 발행)가 각자 투자자로부터 20억원을 투자받고 10만주를 발행한다면, A 주식회사는 자본금이 1억원 늘어나므로(10만주 × 1,000원) 증자등기 시 등록면허세 및 지방교육세로 144만원을 납부하고 자본금은 1억 5천만원이 된다. A 주식회사는 자본금이 여전히 10억원 미만이므로 상법상

---

71) 이창희, "세법강의" 제10판, 박영사, 2012, 549-551쪽

소규모 주식회사 특례를 적용받는다. 그러나 B 주식회사는 자본금을 10억원 이상 늘려야 하므로(20억원의 2분의 1 이상) 증자등기 시 등록면허세 및 지방교육세로 1,440만원 이상 납부해야 하고 자본금이 10억원 이상이 되어 더 이상 소규모 주식회사 특례를 적용받을 수 없다.

액면가와 달리 발행가는 인수인이 주식을 인수하기 위하여 주식회사에 실제로 납부해야 하는 1주당 금액이다. 액면가가 주권에 표시된 금액에 불과하다면 발행가는 주식의 시가에 가깝다. 예를 들어 주주가 액면가 500원짜리 보통주식 1만주를 발행가 2만원에 인수한다면, 주주는 회사에 주식 인수대금 2억원을 내야 한다. 이를 할증발행이라 하며 등기부와 회계장부에 다음과 같은 변화가 생긴다.

① 등기부: 「보통주식」과 「발행주식의 총수」 항목이 각 1만주씩 늘어나고, 「자본금의 액」[72] 항목은 500만원이 늘어나므로 이를 반영하는 변경등기를 한다.

② 분개장 (회계장부)

| 차변 | | 대변 | |
|---|---|---|---|
| 현  금 | 200,000,000 | 자 본 금 | 5,000,000 |
| | | 주식발행초과금 | 195,000,000 |

주식회사는 주식 전부를 무액면주식으로 발행하도록 정관에 정할 수 있다. 주식회사가 무액면주식을 발행하면 액면주식을 발행할 수 없다(상법 329조 1항). 주식회사 설립 시 무액면주식을 발행하려면 정관에 또는 발기인 전원의 동의로 ① 주식의 발행가액과 ② 주식의 발행가액 중 자본금으로 계상하는 금액을 정해야 한다(상법 291조 3호).

---

72) 회계학상 '자본'이 아니라 '자본금'을 의미함에 주의하자.

**참고서식** 주식발행사항동의서 (주식회사설립 시 무액면주식 발행 – 자본금 3천만원)

---

### 주식발행사항동의서

발기인 전원은 회사설립 시 아래와 같이 무액면주식을 발행하는 데 동의합니다.

1. 주식의 종류와 수: 보통주식 20,000주

2. 주식의 발행가액 및 자본금으로 계상하는 금액

　가. 1주당 발행가액: 금2,000원
　나. 1주당 자본금으로 계상하는 금액: 금1,500원

위 동의사항을 확실히 하기 위하여 발기인 전원이 기명날인합니다.

0000년 00월 00일

주식회사 율도

발기인 홍길동 (인)

발기인 김철수 (인)

발기인 이영희 (인)

---

위 무액면주식 발행은 다음과 같이 분개장(회계장부)에 분개한다.

| 차변 | | 대변 | |
|---|---|---|---|
| 현　　금 | 40,000,000 | 자　본　금 | 30,000,000 |
| | | 주식발행초과금 | 10,000,000 |

## 5. 주식매수선택권 (스톡옵션)

　주식매수선택권(stock option)은 주식을 특정 가격에 살 수 있는 권리이다. 주식매수선택권을 받은 사람은 주가가 오르면 보너스를 얻는 셈이므로 동기부여가 된다. 주식회사에 주식매수선택권 제도를 반드시 두어야 하는 것은 아니나, 임직원 등에게 주식매수선택권을 주려면 정관에 근거규정이 있어야 하고(상법 340조의2 1항), 이를 등기해야 한다(상법 317조 2항 3의3호, 317조 4항, 183조)[73]. 주식매수선택권을 부여받은 임직원은 원칙적으로 이를 부여

---

73) 「제4장 주식회사 운영」「제8절 주식매수선택권(스톡옵션) 신설 및 주식매수선택권 부여」 참고

한 주주총회 또는 이사회 결의일부터 2년 이상 재임·재직해야 주식매수선택권을 행사할 수 있다(상법 340조의4 1항, 542조의3 4항, 벤처기업육성에 관한 특별조치법 16조의5 1항).

**참고서식** **주식매수선택권을 부여하기 위한 정관 예문 (비상장 주식회사)**

제0조 (주식매수선택권) ① 본 회사는 주주총회 특별결의로 발행주식총수의 100분의 10 범위 내에서 임직원에게 주식매수선택권을 부여할 수 있다.

② 주식매수선택권의 행사로 교부할 주식(주식매수선택권의 행사가격과 시가와의 차액을 현금 또는 자기주식으로 교부하는 경우에는 그 차액의 산정기준이 되는 주식을 말한다)은 보통주식으로 한다. 단, 임원 또는 직원 1인에 대하여 부여하는 주식매수선택권은 발행주식총수의 100분의 10을 초과할 수 없다.

③ 주식매수선택권을 부여받을 자는 회사의 설립, 경영과 기술혁신 등에 기여하거나 기여할 수 있는 임직원으로 하되 다음 각호의 1에 해당하는 자는 제외한다.

1. 의결권 없는 주식을 제외한 발행주식총수의 100분의 10 이상의 주식을 가진 주주
2. 이사, 집행임원, 감사의 선임과 해임 등 회사의 주요 경영사항에 대하여 사실상 영향력을 행사하는 자
3. 제1호와 제2호에 규정된 자의 배우자와 직계존비속

④ 주식매수선택권은 이를 부여하는 주주총회 특별결의일부터 2년이 지난 날부터 3년 이내에 행사할 수 있다.

⑤ 다음 각호의 어느 하나에 해당하는 경우에는 이사회의 결의로 주식매수선택권의 부여를 취소할 수 있다.

1. 당해 주식매수선택권을 부여받은 자가 주식매수선택권을 부여받은 후 임의로 사임 또는 퇴직한 경우
2. 당해 주식매수선택권을 부여받은 자가 고의 또는 과실로 회사에 중대한 손해를 초래하게 한 경우
3. 기타 주식매수선택권 부여계약에서 정한 취소사유가 발생한 경우

주식매수선택권 부여결의부터 실제 주식매수선택권 행사에 이르기까지 기본적인 절차 흐름이 다음과 같다.

> ① 주주총회 특별결의(예외적으로 이사회 결의) → ② 주식매수선택권 부여계약 체결→
> ③ 주식매수선택권을 부여받은 자가 주주총회 특별결의일부터 2년 이상 근무[74] → ④
> 주식매수선택권 행사→⑤ 신주발행/자기주식 교부/차액지급

비상장 주식회사(이하 '비상장회사'), 상장 주식회사[75](이하 '상장회사'), 벤처기업 확인을 받은 주식회사[76](이하 '벤처기업')의 주식매수선택권 규정을 비교하면 다음과 같다.

| | 비상장회사 | 상장회사 | 벤처기업 |
|---|---|---|---|
| 주식매수선택권을 받을 수 있는 자 | 임직원 | 1. 임직원<br>2. 관계회사[77]의 임직원 | 1. 임직원<br>2. 인수된 기업[78]의 임직원<br>3. 벤처기업이 필요로 하는 분야에서 10년 이상의 실무경력을 갖춘 자[79]<br>4. 벤처기업이 필요로 하는 분야에서 박사학위를 취득한 자 또는 석사학위 취득 후 5년 이상의 실무경력을 갖춘 자[80] |

---

74) 상장회사는 본인의 책임이 아닌 사유로 퇴임·퇴직하는 경우 예외규정이 있고(상법 542조의3 4항, 상법 시행령 30조 5항), 벤처기업도 귀책사유 없이 퇴임·퇴직하는 경우 예외규정이 있다(벤처기업육성에 관한 특별조치법 16조의5 1항 및 같은 법 시행령 11조의4).

75) 증권시장에 상장된 주권을 발행한 주식회사(상법 542조의2 1항 및 같은 법 시행령 29조 1항, 자본시장과 금융투자업에 관한 법률 8조의2 4항 1호)

76) 중소기업기본법 2조에 따른 중소기업으로서 벤처기업육성에 관한 특별조치법 2조의2 및 3조의 요건에 해당하는 기업이다. 벤처기업은 상장회사일 수도 있고 비상장회사일 수도 있다. 벤처기업은 유형에 따라 한국벤처캐피탈협회, 기술보증기금 또는 중소기업진흥공단으로부터 벤처기업임을 확인받는다(벤처기업육성에 관한 특별조치법 25조 1항, 같은 법 시행령 18조의4).

77) 상법 542조의3 1항, 상법 시행령 30조 1항

78) 발행주식총수의 100분의 30 이상을 인수한 경우만 해당한다(벤처기업육성에 관한 특별조치법 16조의3 1항 2호).

79) 벤처기업육성에 관한 특별조치법 16조의3 1항 3호, 같은 법 시행령 11조의3 4항 1호

80) 벤처기업육성에 관한 특별조치법 16조의3 1항 3호, 같은 법 시행령 11조의3 4항 2호

81) 벤처기업육성에 관한 특별조치법 16조의3 1항 3호, 같은 법 시행령 11조의3 4항 3호, 같은 법 시행규칙 4조의3 1항

| | 비상장회사 | 상장회사 | 벤처기업 |
|---|---|---|---|
| | | | 5. 변호사, 공인회계사, 기술사, 공인노무사, 변리사, 세무사, 의사 등 전문자격사[81] |
| | | | 6. 자본금의 100분의 30 이상을 출자하고 최다출자자로 있는 외국법인의 임직원 등[82] |
| | | | 7. 국공립 연구기관 등[83] |
| 회사에 지배력을 가진 자 및 그 특수관계인에게 주식매수선택권 부여를 금지하는 규정 | 상법 340조의2 2항 | 상법 542조의3 1항 단서(상법 시행령 30조 2항, 상법 542조의8 2항 5호) | 벤처기업육성에 관한 특별조치법 16조의3 1항, 같은 법 시행령 11조의3 3항 및 4항 단서(상법 시행령 30조 2항, 상법 542조의8 2항 5호) |
| 주주총회 특별결의로 발행 또는 양도할 수 있는 주식 수 | 발행주식총수의 10%[84] | 발행주식총수의 15%[85] | 발행주식총수의 50%(위 1, 2에 해당하지 않는 경우 10%)[86] |
| 이사회 결의로 발행 또는 양도할 수 있는 주식 수 | 없음 | 발행주식총수의 1%(자본금 3천억원 이상인 법인) 또는 3%(자본금 3천억원 미만인 법인)[87] | 위 1, 2에 해당하지 않는 경우 자에게 주식매수선택권을 부여하는 경우 주주총회 특별결의로 이사회에 일부 위임 가능(주식매수선택권의 행사로 내줄 주식의 20%)[88] |

---

82) 벤처기업육성에 관한 특별조치법 16조의3 1항 3호, 같은 법 시행령 11조의3 4항 4호, 같은 법 시행규칙 4조의3 2항

83) 벤처기업육성에 관한 특별조치법 16조의3 1항 3호, 같은 법 시행령 11조의3 4항 5호, 같은 법 시행규칙 4조의3 3항

84) 상법 340조의2 3항

85) 상법 542조의3 2항, 상법 시행령 30조 3항

86) 벤처기업육성에 관한 특별조치법 16조의3 2항

87) 이사회 결의 후 처음으로 소집되는 주주총회의 승인을 받아야 한다(상법 542조의3 3항, 상법 시행령 30조 4항).

88) 이사회는 주식매수선택권을 부여받을 자의 성명, 부여대상자 별 부여주식의 종류와 수만을 정할 수 있을 뿐이며 이사회 결의 후 처음 소집되는 주주총회의 승인을 받아야 한다(벤처기업육성에 관한 특별조치법 16조의4 3항).

| | 비상장회사 | 상장회사 | 벤처기업 |
|---|---|---|---|
| 재임·재직 기간 | 주식매수선택권을 부여한 주주총회 결의일부터 2년 이상 (상법 340조의4 1항) | 주식매수선택권을 부여한 주주총회·이사회 결의일부터 2년 이상(상법 542조의3 4항) | 주식매수선택권을 부여한 주주총회·이사회 결의일부터 2년 이상(벤처기업육성에 관한 특별조치법 16조의5 1항 본문) 단, 위 1, 2에 해당하지 않는 자는 주주총회 결의일(또는 이사회에서 정한 날)부터 2년이 경과하고, 주식매수선택권 부여와 관련된 용역계약을 체결·이행해야 함[89] |
| 주식매수선택권 부여 결의 후 신고절차 | 없음 | 금융위원회와 거래소에 신고하고 인터넷 홈페이지 등에 공시[90] | 중소벤처기업부에 신고[91] |

　주식매수선택권은 저가(低價)발행하지 않도록 주의한다. 주식매수선택권의 행사가액은 「주식매수선택권의 부여일을 기준으로 한 주식의 실질가액」과 「주식의 권면액(券面額)」 중 높은 금액으로 정해야 한다(상법 340조의2 4항). 상장회사 주식의 실질가액은 자본시장과 금융투자업에 관한 법률 165조의5 3항 단서와 같은 법 시행령 176조의7 3항 1호[92]를 유추 적용하여 계산하면 될 것이다[93]. 비상장회사 주식의 실질가액 산정은 기업가치평가 문제로 귀결되어[94], 상속세 및 증여세법[95], 증권의 발행 및 공시 등에 관한 규정 시행세칙[96],

---

89) 벤처기업육성에 관한 특별조치법 16조의5 1항 단서, 같은 법 시행령 11조의4 3항
90) 자본시장과 금융투자업에 관한 법률 165조의17 1항, 같은 법 시행령 176조의18 1항
91) 벤처기업육성에 관한 특별조치법 16조의6 1항, 같은 법 시행령 11조의5
92) 다음 각 목의 방법에 따라 산정된 가격의 산술평균가격
　가. 이사회 결의일 전일부터 과거 2개월(같은 기간 중 배당락 또는 권리락으로 인하여 매매기준가격의 조정이 있는 경우로서 배당락 또는 권리락이 있은 날부터 이사회 결의일 전일까지의 기간이 7일 이상인 경우에는 그 기간)간 공표된 매일의 증권시장에서 거래된 최종시세가격을 실물거래에 의한 거래량을 가중치로 하여 가중산술평균한 가격
　나. 이사회 결의일 전일부터 과거 1개월(같은 기간 중 배당락 또는 권리락으로 인하여 매매기준가격의 조정이 있는 경우로서 배당락 또는 권리락이 있은 날부터 이사회 결의일 전일까지의 기간이 7일 이상인 경우에는 그 기간)간 공표된 매일의 증권시장에서 거래된 최종시세가격을 실물거래에 의한 거래량을 가중치로 하여 가중산술평균한 가격
　다. 이사회 결의일 전일부터 과거 1주일간 공표된 매일의 증권시장에서 거래된 최종시세가격을 실물거래에 의한 거래량을 가중치로 하여 가중산술평균한 가격
93) 송옥렬, 상법강의, 968쪽
94) 송옥렬, 상법강의, 968쪽

국유재산법[97], 감정평가에 관한 규칙[98] 등을 근거로 평가될 수 있다.

벤처기업은 주식매수선택권을 저가발행할 수 있는 특칙이 있다. 벤처기업은 주식매수선택권을 부여받는 자 1인당 「(주식매수선택권 부여일 기준 시가 − 주식매수선택권 행사가액) × 주식매수선택권 행사 대상 주식 수」로 계산한 금액이 5억원 이하이면 주식매수선택권을 시가보다 낮게 발행할 수 있다. 다만, 이 경우에도 주식매수선택권 행사가액은 주식의 권면액 이상이어야 한다(벤처기업육성에 관한 특별조치법 16조의3 4항, 같은 법 시행령 제11조의3 5항).

## 6. 주식양도

### (1) 방법

기명주식은 주권과 주주명부에 주주의 이름을 기재한 주식이다. 실물 주권이 발행된 기명주식을 양도하려면, ① 양도인과 양수인 사이에 주식양도계약을 체결하고 ② 양도인이 양수인에게 주권을 교부한 뒤(상법 336조 1항) ③ 주주명부에 기재된 양도인의 이름과 주소를 양수인의 것으로 변경해야 한다(상법 337조 - 이를 명의개서라 한다). 양수인은 양도인이 협력하지 않더라도 단독으로 주식회사에 명의개서를 청구할 수 있고[99], 설령 명의개서되지 않았더라도 주식회사에 대하여 자신이 적법하게 주식을 양수한 자로서 주주임을 주장할 수 있다[100].

무기명주식[101]은 주주명부에 주주의 이름과 주소가 기재되지 않으므로 위 절차 중 ③의 절차가 생략된다. 전자등록된 주식은 계좌간 대체로 양도한다(주식·사채 등의 전자등록에 관한 법률 30조, 35조 2항).

만약 주식이 전자등록되지 않았고 실물 주권도 발행되지 않았다면 어떻게 주식을 양도하는가? 주권발행 전에 한 주식양도는 주식회사에 대하여 효력이 없다. 그러나 주식회사성립

---

95) 상속세 및 증여세법 60조, 같은 법 시행령 49조·54조
96) 증권의 발행 및 공시 등에 관한 규정 시행세칙 제4조부터 제7조
97) 국유재산법 44조, 같은 법 시행령 44조, 같은 법 시행규칙 26조부터 29조
98) 감정평가에 관한 규칙 24조 1항 2호
99) 대법원 2000. 1. 28. 선고 98다17183 판결 [공유물분할]
100) 대법원 1995. 5. 23. 선고 94다36421 판결 [주주권확인]
101) 2014. 5. 20. 상법 개정 전에 무기명식 주권을 발행한 주식에 한한다(「제1장 총론」「제2절 주식회사」「Ⅱ. 주식과 주주」「1. 주식과 주권의 구별」참고).

후(증자는 납입기일 후) 6개월이 지나도 주식회사가 주권을 발행하지 않으면 주주는 지명채권양도 방식으로 주식을 양도하고 회사에 주식양도 효력을 주장할 수 있다(상법 335조 3항, 민법 450조). 이 경우 주식양도는 지명채권양도에 관한 일반원칙에 따라 당사자의 의사표시만으로 효력이 발생한다(예를 들어, 주식양수도계약 체결)[102]. 다만, 주식양도를 회사에 대항하려면 명의개서를 해야 하고(상법 337조 1항), 나아가 주식양도를 제3자(주식의 이중양수인 등)에게도 대항하려면 확정일자 있는 증서(내용증명우편 등)로 주식회사에 양도통지를 하거나, 확정일자 있는 증서(등기소나 공증사무소의 확정일자도장[103]을 찍은 승낙서 등)로 주식회사의 승낙을 받아야 한다[104].

주식회사성립 후 6개월 이내이고 주식회사가 주권을 발행하지 않은 상태에서 주주가 지명채권양도 방식으로 주식을 양도했더라도, 주식회사성립 후 6개월이 지나고 주식회사가 여전히 주권을 발행하지 않았다면 <u>하자가 치유</u>되어 회사에 대하여 유효한 주식양도가 된다[105].

**참고서식** **주식양도계약서 (지명채권양도 방식으로 주식을 양도하고 양수인에게 양도통지권한을 위임[106])**

---

# 주식양도계약서

양도인(이하 '갑'이라 한다)은 다음과 같이 양수인(이하 '을'이라 한다)에게 주식을 양도한다.

**제1조 (양도)** ① 갑은 을에게 주식회사 0000가 발행한 보통주식 10,000주를 1주당 금1,000원에 양도한다.

② 을은 계약일에 갑에게 양도대금 전액(금10,000,000원)을 지급한다.

③ 주식에 대한 모든 권리는 갑이 주식 양도대금을 전액 수령함과 동시에 을에게 이전된다.

**제2조 (해제, 손해배상)** 갑 또는 을이 본 계약을 이행하지 않은 경우 상대방은 계약을

---

102) 대법원 1995. 5. 23. 선고 94다36421 판결 [주주권확인]
103) 민법 부칙 [법률 제471호, 1958. 2. 22.] 3조, 사문서의 일자확정 업무처리에 관한 예규 [대법원 행정예규 제340호, 1998. 2. 14. 개정] 6조
104) 대법원 2010. 4. 29. 선고 2009다88631 판결 [영업등양도 · 양수계약무효확인]
105) 대법원 2002. 3. 15. 선고 2000두1850 판결 [부가가치세등부과처분취소]
106) 양도통지권한을 위임받은 양수인이 직접 주식회사에 내용증명(=확정일자 있는 증서)으로 주식양도사실을 통지할 수 있다(대법원 2004. 2. 13. 선고 2003다43490 판결 [양수금]).

해제할 수 있으며 상대방은 손해배상을 청구할 수 있다.

**제3조 (협조의무)** 갑은 본 주식을 양도한 후 을이 주주로서 모든 권리를 원만하게 행사할 수 있도록 명의개서를 비롯한 모든 절차에 적극 협조한다.

**제4조 (주식양도통지 권한 위임)** 본 주식에 대하여 주권이 발행되지 않은 경우 갑은 확정일자 있는 증서로 회사에 주식양도를 통지할 권한을, 을에게 위임한다.

**제5조 (권리 등의 양도 등 금지)** 갑과 을은 상대방의 서면동의 없이 본 계약상 일체의 권리 · 의무 등을 제3자에게 양도 · 증여 · 대물변제 · 대여하거나 담보로 제공할 수 없다.

**제6조 (기타)** 본 계약에 명시하지 아니한 사항은 일반주식 거래의 관계법령 및 상관례에 따른다.

　본 계약을 증명하기 위하여 본 계약서 2통을 작성하고 기명날인하여 갑, 을이 각 1통씩 보관한다.

0000년 00월 00일

1. 양도인(갑) : 000　(000000-0000000) (인)
　　　　　　　　서울특별시 서초구 서초대로 12

2. 양수인(을) : 000　(000000-0000000) (인)
　　　　　　　　서울특별시 강남구 테헤란로 345

---

**참고서식** **주식양도승낙서 (지명채권양도 방식으로 주식을 양도하고 주식회사가 주식양도를 승낙함)[107]**

# 주식양도승낙서

　당 회사의 주식에 관하여, 당 회사는 양도인 김철수와 양수인 이영희 간의 0000년 00월 00일 자 주식양도계약에 따른 주식양도를 승낙합니다.

0000년 00월 00일

주식회사 율도
대표이사 홍길동 (법인인감)

---

107) 가까운 등기소나 공증사무소를 방문하여 주식양도승낙서에 확정일자도장을 찍어야 한다.

주식을 양도하면 증권거래세(증권거래세법 2조, 3조), 양도소득세(소득세법 94조 1항 3호[108], 같은 법 시행령 157부터 158조) 및 지방소득세(지방세법 103조, 103조의10)를 내야 한다. 또한, 회사는 사업연도 종료일이 속하는 달의 말일부터 3개월 이내(12월 결산법인이라면 3월 31일까지)에 관할 세무서장에게 주식등변동상황명세서를 제출해야 한다(법인세법 119조, 같은 법 시행령 161조)[109].

상장회사는 공시의무에 주의해야 한다. 주식을 대량보유하게 된 자는 5일 이내에 금융위원회와 거래소에 보고해야 하고(소위 5%룰)[110], 회사의 임원과 주요주주는 특정 증권 등의 소유 및 변동사항을 5일 이내에 증권선물위원회와 거래소에 보고해야 하며[111], 최대주주 등은 소유주식 수에 변동이 있으면 그 변동내용을 지체없이 거래소에 제출해야 한다[112].

## (2) 주식양도의 제한

주식회사는 주식양도에 관하여 이사회의 승인을 받도록 정관에 정할 수 있다(상법 335조 1항 단서). 이 경우 이사회의 승인을 받지 않은 주식양도는 회사에 대하여 효력이 없다(상법 335조 2항). 즉, 주식양수인이 주식회사로부터 주주라고 인정받지 못한다.

상법과 별도로 주주간계약(shareholders' agreement)을 체결하여 주식양도를 제한하기도 한다. 예를 들어 주주 A가 주주 B의 동의 없이는 주식을 처분하지 못하도록 A와 B 사이에 주주간계약을 체결하는 것이다. 이러한 주주간계약은 A와 B 사이에 채권적 효력만 인정될 뿐이므로[113] A가 B의 동의 없이 주식을 처분하더라도 주식양수인은 주식을 취득할 수 있다. 다만, A는 B에게 채무불이행에 따른 손해를 배상해야 하고 위약금 또는 위약벌 약정을 했다면 B에게 위약금 또는 위약벌을 지급해야 한다.

주식양도를 제한하는 주주간계약이나 정관규정이 항상 유효한 것은 아니다. 주주가 투하한 자본의 회수가능성을 전면적으로 부정하는 수준이라면(예: 회사설립 후 5년간 일체의 주식양도를 금지) 주주간계약이든 정관 규정이든 무효이다[114].

---

108) 대주주의 주식 양도 등 일부 경우에만 양도소득세를 낸다.
109) 지배주주가 아닌 주주의 소유주식이나 소액주주의 소유주식 등에 대한 예외 규정은 법인세법 119조 2항·3항 참고
110) 자본시장과 금융투자업에 관한 법률 147조
111) 자본시장과 금융투자업에 관한 법률 173조 1항, 같은 법 시행령 200조
112) 유가증권시장 상장규정 83조
113) 대법원 2008. 7. 10. 선고 2007다14193 판결 [위약금] 참고

**참고서식** 주식양도에 대하여 이사회 승인을 받도록 하는 정관 예문

> 제0조 (주식양도의 제한) ① 주식은 이사회의 승인을 얻어 타인에게 양도할 수 있다.
> ② 제1항의 규정을 위반하여 이사회의 승인을 얻지 않은 주식의 양도는 회사에 대하여 효력이 없다.
> ③ 주식을 양도하고자 하는 주주는 회사에 대하여 양도의 상대방 및 양도하고자 하는 주식의 종류와 수를 기재한 서면으로 양도의 승인을 청구할 수 있다.
> ④ 회사는 제3항의 청구가 있는 날부터 1개월 이내에 주주에게 그 승인 여부를 서면으로 통지해야 하고 만일 회사가 위 기간 내에 주주에게 거부의 통지를 하지 않은 때는 주식의 양도에 관하여 이사회의 승인이 있는 것으로 본다.
> ⑤ 제4항의 양도승인거부 통지를 받은 주주는 통지를 받은 날부터 20일 내에 회사에 대하여 양도 상대방의 지정 또는 그 주식의 매수를 청구할 수 있다.
> ⑥ 주주가 제5항에 따라 양도 상대방을 지정하여 줄 것을 청구한 경우에는 이사회는 이를 지정하고, 그 청구가 있는 날부터 2주 내에 주주 및 지정된 상대방에게 서면으로 이를 통지해야 한다.
> ⑦ 이사회가 제6항의 기간 내에 주주에게 상대방지정의 통지를 하지 아니한 때는 주식의 양도에 관하여 이사회의 승인이 있는 것으로 본다.

## 7. 지분율에 따른 주주의 권리

## (1) 일반적인 권리

보통주식을 1주라도 가진 주주는 의결권(상법 369조 1항), 이익배당청구권(상법 462조)[115], 신주인수권(상법 418조 1항), 주주총회 하자에 대한 제소권(상법 376조, 380조)을 갖는다. 또한, 주주는 주식의 포괄적교환(상법 360조의5), 영업양도 등(상법 374조의2), 간이영업양도 등(상법 374조의3 3항), 합병(상법 522조의3)에 반대할 경우 각각 주식매수청구권을 행사할 수 있다.

주주는 정관, 주주총회 의사록, 주주명부, 사채원부(상법 396조), 이사회 의사록(상법 391조의3 3항), 재무제표, 영업보고서, 감사보고서(상법 448조 2항), 합병계약서(상법 522조의2 2항)를 열람·복사할 수 있고 주식매수선택권 부여계약서를 열람할 수 있다(상법 340조의3 4항). 회

---

114) 대법원 2000. 9. 26. 선고 99다48429 판결 [명의개서절차이행]

115) 주주가 주식회사에 배당결의를 해달라고 청구할 수는 없다. 주주총회 또는 이사회에서 이익배당결의를 해야(상법 462조 2항) 비로소 주주에게 구체적인 배당청구권이 생기기 때문이다. 다만, 주주총회결의를 좌우할 지분을 가진 대주주는 사실상 자신이 원하는 수준의 이익배당을 결정할 수 있다(송옥렬, 상법강의, 1168쪽).

사의 이사 등이 정당한 사유 없이 서류의 열람·등사, 등본·초본의 발급을 거부하면 과태료의 제재가 따른다(상법 635조 1항 4호).

주식회사는 주주에게 다음 사항을 통지해야 한다. 다만, 통지 대신 공고할 수 있는 경우도 있고, 주주 전원이 동의하면 통지를 생략할 수 있는 경우도 있다.

1. 주주총회 소집통지 (상법 363조 1항): 특히, 정관 변경, 자본금 감소, 제3자에게 전환사채 또는 신주인수권부사채 발행, 합병계약서 승인, 분할계획서·분할합병계약서 승인 시 소집통지서에 해당 의안의 요령을 기재해야 하고(상법 433조 2항, 438조 3항, 513조 4항, 516조의2 5항, 522조 2항, 530조의3 4항), 영업양도 등을 할 경우 소집통지서에 반대주주의 주식매수청구권 내용과 행사방법을 명시해야 한다(상법 374조 2항).
2. 실권예고부 청약최고 (상법 419조)
3. 제3자배정 시 신주발행사항 통지 (상법 418조 4항)
4. 간이주식교환 (상법 360조의9 2항)
5. 소규모 주식교환 (상법 360조의10 4항)
6. 간이영업양도 등 (상법 374조의3 2항)
7. 주식병합 (상법 440조)
8. 간이합병 (상법 527조의2 2항)
9. 소규모합병 (상법 527조의3 3항)

주주가 2주 이상 의결권을 가진 경우 이를 불통일하여 행사할 수 있다. 이 경우 주주는 주주총회일 3일 전까지 주식회사에 의결권을 불통일하여 행사하겠다는 뜻과 그 이유를 통지해야 한다(상법 368조의2 1항).

## (2) 지분율에 따라 추가로 얻는 권리

주주가 지분율(의결권 없는 주식을 제외한 발행주식총수 대비 지분율)에 따라 추가로 얻는 권리는 다음과 같다.

### (a) 1%

1%를 가진 주주는 지배주주의 전횡을 막고 소수파 주주의 이익을 보호하기 위한 권리를 가진다. 예를 들어 이사의 위법행위를 멈춰달라고 청구하거나(위법행위유지청구권 - 상법 402조), 이사의 책임을 묻는 주주대표소송(상법 403조)과 자회사 이사의 책임을 묻는 다중대표소송(상법 406조의2)을 제기할 수 있다. 상장회사는 요건이 완화되어 위법행위유지청구권은

0.5%, 주주대표소송은 0.01%의, 다중대표소송은 0.5%의 지분만 가지면 행사할 수 있다(상법 542조의6 5항·6항·7항).

### (b) 3%

3%를 가진 주주는 지배주주의 권한남용을 견제하는 권리를 추가로 확보한다. 예를 들어 주식회사의 회계장부 열람을 청구하거나(상법 466조 1항), 임시주주총회 소집을 청구하거나(상법 366조 1항), 주식회사의 업무집행·재산상태를 조사하기 위하여 법원에 검사인 선임을 청구할 수 있으며(상법 467조 1항), 주주총회의 목적사항을 제안할 수 있고(상법 363조의2), 이사·감사의 해임을 청구할 수 있다(상법 385조 2항, 415조). 상장회사는 요건이 완화되어 회계장부열람권은 0.1%, 주주총회소집청구권은 1.5%, 검사인선임청구권은 1.5%, 주주제안권은 1%(대통령령으로 정하는 상장회사는 0.5%), 이사·감사 해임청구권은 0.5%의 지분만 있으면 된다(상법 542조의6 1항부터 4항).

### (c) 25%

주주총회가 적법하게 소집되었다면, 설령 25%의 지분을 가진 주주만이 주주총회에 단독으로 출석하더라도 이사 선임, 이익배당, 재무제표의 승인 등 보통결의사항을 통과시킬 수 있다(상법 368조 1항).

### (d) 3분의 1

주주총회가 적법하게 소집되었다면, 설령 3분의 1 지분을 가진 주주만이 주주총회에 단독으로 출석하더라도 정관 변경, 회사의 합병, 이사 해임 등 특별결의사항을 통과시킬 수 있다(상법 434조).

### (e) 과반수 (50% 초과)

주주총회 보통결의사항이 첨예하게 대립하는 경우 주주 전원이 출석하더라도 표결로 이길 수 있는 지분율이다. 특히 이사 선임이 보통결의사항이기 때문에 우호지분을 포함하여 과반수지분을 확보해야 경영권을 방어할 수 있다. 주주총회에 출석하는 주주의 지분합계가 평균적으로 80% 정도라면 적어도 41%의 지분율을 확보해야 경영권을 지킬 수 있을 것이다.

### (f) 3분의 2

주주총회 특별결의사항이 첨예하게 대립하는 경우 주주 전원이 출석하더라도 표결로 이길 수 있는 지분율이다. 정관변경을 강행할 수 있는 지분율이다.

### (g) 100%

주주가 1명뿐인 주식회사이다. 소위 1인 회사라고 하며 다른 주주가 없으므로 주주총회 소집절차나 결의절차가 완화된다[116]. 즉, 유일한 주주가 주주총회에 출석하면 전원 총회로 서 성립하고 그 주주의 의사대로 결의가 될 것이 명백하므로 따로 총회소집절차가 필요 없 고, 실제로 총회를 개최한 사실이 없었다 하더라도 주주에 의하여 의결이 있었던 것으로 주주총회 의사록이 작성되었다면 특별한 사정이 없는 한 그 내용의 결의가 있었던 것으로 볼 수 있다[117].

## 8. 주식발행

### (1) 청약

등기신청서에는 주식청약을 증명하는 정보를 첨부해야 한다(상업등기규칙 133조 2호). 일반 적으로 주식청약서나 신주인수권증서를 첨부하나, 주식청약을 증명하는 확실한 서면으로 서 실체관계에 부합하는 서류라면 반드시 주식청약서나 신주인수권증서가 아니라도 가능 하다[118].

주식청약서는 ① 주식회사 모집설립 시 모집인이 주식을 인수하거나(발기설립이 아님에 주의), ② 주식회사 신주발행 시 주주 또는 제3자가 신주를 인수할 때 작성한다.

주식회사 모집설립 시 ① 발기인은 주식청약서에 아래 사항을 기재하고(상법 302조 2항), ② 모집인은 주식청약서 2통에 인수할 주식의 종류 및 수와 주소를 기재한 뒤 기명날인 또 는 서명해야 한다(상법 302조 1항).

> 1. 정관의 인증연월일과 공증인의 성명
> 2. 상법 제289조 제1항과 제290조에 게기한 사항
> 3. 회사의 존립기간 또는 해산사유를 정한 때에는 그 규정
> 4. 각 발기인이 인수한 주식의 종류와 수

---

116) 대법원 1966. 9. 20. 선고 66다1187,1188 판결 [주주총회결의무효확인등]; 대법원 1976. 4. 13. 선고 74다 1755 판결 [대표이사및이사직무집행정지및대행자선임가처분]
117) 대법원 2014. 1. 23. 선고 2013다56839 판결 [주주총회결의부존재확인]; 자본금 총액이 10억원 미만인 주식 회사는 상법 363조 4항·5항 참고
118) "상업등기선례 요지 및 주요선례 해설", 법원행정처, 2015, 230쪽

5. 상법 제291조에 게기한 사항
6. 주식의 양도에 관하여 이사회의 승인을 얻도록 정한 때에는 그 규정
7. 주주에게 배당할 이익으로 주식을 소각할 것을 정한 때에는 그 규정
8. 일정한 시기까지 창립총회를 종결하지 아니한 때에는 주식의 인수를 취소할 수 있다는 뜻
9. 납입을 맡을 은행 기타 금융기관과 납입장소
10. 명의개서대리인을 둔 때에는 그 성명·주소 및 영업소

주식회사 신주발행 시에도 ① 이사는 아래 사항이 기재된 주식청약서를 작성하고(상법 420조)[119], ② 신주인수인은 주식청약서 2통에 인수할 주식의 종류 및 수와 주소를 기재한 뒤 기명날인 또는 서명해야 한다(상법 425조 1항, 302조 1항). 신주청약이 지점의 영업에 속하는 경우, 지점 지배인이 영업주를 갈음하여 주식청약서에 기명날인할 수 있다[120].

| 기재사항 | 관련 조문 |
|---|---|
| 상호 | 상법 420조 1호 |
| 회사가 발행할 주식의 총수 | |
| 액면주식을 발행하는 경우 1주의 금액 | |
| 주주에게 배당할 이익으로 주식을 소각할 것을 정한 때에는 그 규정 | 상법 420조 2호 |
| 납입을 맡을 은행 기타 금융기관과 납입장소 | |
| 명의개서대리인을 둔 때에는 그 성명·주소 및 영업소 | |
| 신주의 종류와 수 | 상법 420조 3호 |
| 신주의 발행가액과 납입기일 | |
| 무액면주식의 경우에는 신주의 발행가액 중 자본금으로 계상하는 금액 | |
| 신주의 인수방법 | |
| 현물출자를 하는 자의 성명과 그 목적인 재산의 종류, 수량, 가액과 이에 대하여 부여할 주식의 종류와 수 | |
| 액면미달 발행(상법 417조)을 할 경우 그 발행조건과 미상각액 | 상법 420조 4호 |
| 주주에 대한 신주인수권의 제한에 관한 사항 또는 특정한 제삼자에게 이를 부여할 것을 정한 때에는 그 사항 | 상법 420조 5호 |
| 주식발행의 결의연월일 | 상법 420조 6호 |

119) 신주발행을 결의한 이사회(또는 주주총회) 의사록 및 등기사항전부증명서와 대조하여 정확하게 작성한다.
120) 신주발행으로 인한 변경등기신청시 첨부하여야 하는 주식의 청약을 증명하는 서면은 지배인이 작성한 것도 가능한지 여부(적극) [상업등기선례 제1-192호, 1999. 10. 21. 제정]

| 기재사항 | 관련 조문 |
|---|---|
| (전환주식을 발행할 경우)<br>1. 주식을 다른 종류의 주식으로 전환할 수 있다는 뜻<br>2. 전환의 조건<br>3. 전환으로 인하여 발행할 주식의 내용<br>4. 전환청구기간 또는 전환의 기간 | 상법 347조 |

신주인수권증서를 발행한다면 주식청약서가 아닌 신주인수권증서로 주식청약을 하므로 (상법 420조의5) 등기신청서에 주식청약서 대신 신주인수권증서를 첨부한다. 주주배정 시(주주배정은 다음 항에서 설명한다), 회사는 주주가 청구할 때만 신주인수권증서를 발행하기로 정할 수 있으나, 주권상장법인은 주주배정 시 반드시 신주인수권증서를 발행해야 한다 (자본시장과 금융투자업에 관한 법률 165조의6 3항).

주권상장법인이 일반공모증자 방식으로 신주를 배정하여 주식청약인이 매우 많다면 등기신청서에 주식청약서 대신 주식청약사무를 위탁받은 금융기관이 작성한 증명서(주식청약 취급증명서)를 첨부할 수 있다. 이 경우 증명서에는 주식청약인의 수, 청약주식의 종류와 수 등을 기재하고 주식청약서로 사용된 견본 용지를 첨부해야 한다[121]. 또한, 주권상장법인이 우리사주조합원에게 신주를 배정할 경우 조합원이 취득한 주식은 우리사주조합의 대표자 명의로 명의개서되므로(자본시장과 금융투자업에 관한 법률 시행령 176조의9 4항), 조합원이 실질주주라 하더라도 주식청약서는 우리사주조합 명의로 작성해야 한다[122].

기업이 해외에 주식을 발행하여 자금을 조달하기 위한 목적으로 주권을 대체하여 주식예탁증서(depository receipt: DR)를 발행한 경우, 그 신주발행으로 인한 변경등기신청서에는 주식을 발행하는 회사(이하 '발행회사')와 예탁기관[123] 간의 예탁계약서를 주식청약서 대신 첨부할 수 있다. 또는 주간사[124]와 발행회사 간의 주식예탁증서 발행에 관한 계약서를 첨부할 수도 있다. 다만, 위 계약서들에는 반드시 발행주식의 종류와 수가 나타나 있어야 하고, 주간사의 자격이나 지위에 대한 예탁기관의 증명이 있어야 한다[125].

---

121) 상업등기실무(Ⅱ) 256쪽; "상업등기선례 요지 및 주요선례 해설", 법원행정처, 2015, 233쪽

122) 상업등기실무(Ⅱ) 255쪽

123) 발행회사와 예탁계약을 체결하고 이에 따라 외국인 투자자에 대한 주식예탁증서 발행 및 그에 따른 권리행사 업무를 주로 수행하는 자를 말한다.

124) 주식예탁증서 발행의 사실상 주역으로서 발행회사와 협의하에 발행 전체의 기획을 담당하는 자인데, 주식예탁증서의 조건, 금액, 모집 방법 등에 대하여 해외 시장의 동향을 참작해 발행회사에 제안하고 최종적으로 발행회사와 발행 및 인수 조건을 합의한다.

  50명 이상에게 신주 청약을 권유한다면 주의가 필요하다. 대통령령으로 정하는 방법에 따라 산출한 50인 이상의 투자자에게 새로 발행하는 증권(주식 등)의 취득을 청약하도록 권유하는 것을 '모집'이라 한다(자본시장과 금융투자업에 관한 법률 9조 7항). 50명 이상의 투자자에게 청약을 권유하였다면 실제 청약한 자가 50명 미만이라도 모집에 해당한다. 해당 모집가액과 해당 모집일로부터 과거 1년 동안 증권신고서를 제출하지 않은 모집가액의 합계액이 10억원 이상이면, 원칙적으로 회사가 금융위원회에 증권신고서를 제출하고 금융위원회가 이를 수리한 뒤 15일(예외적으로 7일 또는 10일)이 지나야 회사가 투자자를 모집할 수 있다(자본시장과 금융투자업에 관한 법률 119조 1항, 120조 1항, 같은 법 시행규칙 12조 1항 2호)[126].

---

125) 주식예탁증서(DR)를 발행하는 경우의 주식 청약을 증명하는 서면 [상업등기선례 제2-43호, 2007. 6. 21. 제정]

126) 「제1장 총론」 「제2절 주식회사」, 「II. 주식과 주주」 「10. 증권신고서」 참고

**참고서식** 주식청약서 (신주발행시)

# 주 식 청 약 서

| | |
|---|---|
| 상호 | 주식회사 율도 |
| 인수할 주식의 종류와 수 | 보통주식 15,000주 |
| 1주의 금액 | 금1,000원 |
| 신주식의 발행가액 | 금2,500원 |
| 인수총액 | 금37,500,000원 |

　귀 회사의 정관과 이 청약서에 기재한 사항을 승낙하고 위 주식을 청약합니다.


2016년　4월　27일


주식청약인 홍길동 (인)

서울특별시 서초구 서초대로45길 22, 108동 1102호 (서초동, 삼일아파트)

| | |
|---|---|
| 상호 | 주식회사 율도 |
| 회사가 발행할 주식의 총수 | 1,000,000주 |
| 1주의 금액 | 금1,000원 |
| 신주의 발행결의일 | 2016. 4. 12. |
| 신주식의 종류와 수 | 보통주식 30,000주 |
| 신주식의 발행가액 | 금2,500원 |
| 납입을 맡을 금융기관과 납입장소 | 신한은행 (역삼역금융센터지점) |
| 명의개서대리인 | 없음 |
| 신주식의 인수방법 | 각 주주가 가진 주식 수의 비율에 따라 신주식을 배정함을 원칙으로 하되 주주는 인수권의 일부 또는 전부를 포기할 수 있으며, 이 경우 인수포기한 주식은 일반으로부터 공모하거나 다른 주주가 이를 인수할 수 있다. |
| 납입기일 | 2016. 4. 27. |

## (2) 배정

주주는 자신이 가진 주식 수에 비례하여 신주를 배정받을 권리가 있다(상법 418조 1항). 신주발행 시 기존 주주가 주식 수에 비례하여 신주를 배정받는 경우를 '주주배정' 방식이라 한다.

반면, 주식회사는 정관에 정하는 바에 따라 신기술의 도입, 재무구조의 개선 등 회사의 경영상 목적을 달성하기 위하여 필요한 경우, 기존 주주의 신주인수권을 인정하지 않고 특정인에게 신주를 배정할 수 있는데(상법 418조 2항) 이를 '제3자배정' 방식이라 한다. 기존 주주가 아닌 자에게 신주를 배정하는 경우뿐만 아니라 기존 주주 중에서 특정 주주에게만 신주를 배정하는 것도 제3자배정에 해당한다.

주식회사가 제3자배정을 하면 기존 주주에게 보유주식의 가치하락이나 회사지배권 상실 등 불이익을 끼칠 우려가 있다. 따라서 제3자배정은 신기술의 도입, 재무구조의 개선 등 회사의 경영상 목적을 달성하기 위하여 필요한 때에만 허용된다. 반면, 회사의 경영권 분쟁이 현실화된 상황에서 경영진의 경영권이나 지배권 방어라는 목적을 달성하기 위하여 제3자에게 신주를 배정하는 것은 상법 418조 2항을 위반하여 주주의 신주인수권을 침해하는 것으로서 허용되지 않는다[127].

제3자배정은 기존 주주의 이해관계에 큰 영향을 미치므로 제3자배정 시 납입기일의 2주 전까지 신주발행의 요점사항을 주주에게 미리 통지하거나 공고해야 한다(상법 418조 4항). 주권상장법인은 금융위원회에 제출한 주요사항보고서가 금융위원회와 거래소에 납입기일의 1주 전까지 공시되는 것으로 대체할 수 있다(자본시장과 금융투자업에 관한 법률 165조의9). 또한, 이렇게 통지하거나 공고하였음을 증명하는 서면을 등기신청서에 첨부해야 한다(상업등기규칙 133조 3호)[128].

제3자배정과 구별해야 하는 것이 '실권주배정' 방식이다. 실권주(失權株)는 주주에게 신주를 배정하였음에도 주주가 신주인수를 포기하였거나(상법 419조 3항)[129], 주주가 신주를 인수하였음에도 인수대금을 납입하지 않은 경우(상법 423조 2항)의 주식을 말한다[130]. 실권

---

127) 대법원 2009. 1. 30. 선고 2008다50776 판결 [신주발행무효]

128) 개정 상법(법률 제10600호, 2011. 4. 14. 공포, 2012. 4. 15. 시행)에 따른 등기사무처리지침 [등기예규 제1445호, 2012. 4. 3. 제정, 2012. 4. 15. 시행] 21조 2호

129) 주주의 신주인수권이란 어디까지나 권리이지 의무가 아니다.

130) 대법원 2009. 5. 29. 선고 2007도4949 전원합의체 판결 [특정경제범죄가중처벌등에관한법률위반(배임)(에

주는 이사회(또는 정관으로 정한 경우 주주총회) 결의로 기존 주주이든 아니든 상관 없이 특정인에게 임의로 배정할 수 있다. 실권주배정은 제3자배정과 달리 정관에 근거규정을 둘 필요가 없고 「신기술의 도입, 재무구조의 개선 등 회사의 경영상 목적을 달성하기 위하여 필요한 경우」라는 제한도 적용되지 않는다. 제3자배정이 아니므로 신주발행의 요점사항을 통지하거나 공고하였음을 증명하는 서면을 등기신청서에 첨부하지 않는다[131]. 다만, 주권상장법인은 실권주가 발생하면 원칙적으로 발행을 철회해야 하고, 예외적으로 일정 요건을 충족해야 실권주를 배정할 수 있다(자본시장과 금융투자업에 관한 법률 165조의6 2항, 같은 법 시행령 176조의8 1항부터 3항).

이 밖에도 주권상장법인은 일반공모증자 방식으로 신주를 배정할 수 있다(자본시장과 금융투자업에 관한 법률 165조의6 1항 3호). 이 경우 신기술의 도입이나 재무구조의 개선 등을 목적으로 하지 않아도 되지만(자본시장과 금융투자업에 관한 법률 165조의6 4항), 발행주식의 20%를 우리사주조합에 우선 배정해야 한다(자본시장과 금융투자업에 관한 법률 165조의7, 같은 법 시행령 176조의9).

**참고서식** **제3자배정을 위한 정관 예문 (비상장회사)**

> 제0조 (주식의 발행과 배정) ① 본 회사가 이사회의 결의로 신주를 발행하는 경우 다음 각호의 방식에 의한다.
>   1. 주주에게 그가 가진 주식 수에 따라서 신주를 배정하기 위하여 신주인수의 청약을 할 기회를 부여하는 방식
>   2. 신기술의 도입, 재무구조의 개선 등 회사의 경영상 목적을 달성하기 위하여 필요한 경우 제1호 외의 방법으로 특정한 자(이 회사의 주주를 포함한다)에게 신주를 배정하기 위하여 신주인수의 청약을 할 기회를 부여하는 방식
> ② 주주가 신주인수권을 포기 또는 상실하거나 신주배정에서 단주가 발생하는 경우에 그 처리방법은 이사회의 결의로 정한다.

---

버랜드 전환사채 발행 사건)]

131) 실권주를 제3자에게 재배정하여 신주를 발행한 경우 그 변경등기신청서에 「상법」 제418조 제4항에 따른 통지 또는 공고하였음을 증명하는 서면을 첨부해야 하는지 여부 [상업등기선례 제2-57호, 2012. 8. 20. 제정]

## (3) 인수

인수(subscription)는 주식청약과 배정에 의하여 성립하는 입사(入社)계약이므로[132], 신주인수권자가 주식회사에 주식 인수를 청약하고 이에 회사가 주식을 배정하면 주식 인수가 성립된다.

참고로,「자본시장과 금융투자업에 관한 법률」상 인수(underwriting)란 발행된 증권의 미매각 위험을 부담하는 행위를 의미하며 상법상 인수와 개념이 다르다.「자본시장과 금융투자업에 관한 법률」상 인수란 제3자에게 증권을 취득시킬 목적으로 ① 증권의 전부 또는 일부를 취득하거나 취득하는 것을 내용으로 하는 계약을 체결하거나(총액인수) ② 증권의 전부 또는 일부에 대하여 이를 취득하는 자가 없는 때에 그 나머지를 취득하는 것을 내용으로 하는 계약을 체결하는 것(잔액인수)을 말한다. 이러한 행위를 전제로 발행인 또는 매출인을 위하여 증권의 모집·사모·매출을 하는 것도 인수에 해당한다(자본시장과 금융투자업에 관한 법률 9조 11항). 제3자에게 증권을 취득시킬 목적 없이 단순 투자목적으로 신주를 취득한다면 이는「자본시장과 금융투자업에 관한 법률」상 인수가 아닌 상법상 인수에 해당한다[133].

주식을 배정받은 주주 중 일부가 신주인수를 포기한 경우, 회사는 미인수주식에 대하여 주식청약인을 추가모집하지 않고 납입완료된 신주에 대해서만 신주의 액면총액을 자본금총액으로 하여 변경등기를 신청할 수 있다[134]. 이 경우 이사의 인수담보책임(상법 428조)을 검토해야 하는데 이사의 인수담보책임은 변경등기의 외관(＝등기부상 늘어난 주식 수, 자본금액)에 대한 신뢰를 보호하기 위한 것이므로[135] 납입완료된 신주에 대해서만 변경등기 하였다면 이사는 인수담보책임이 없다고 보아야 할 것이다.

주식회사 설립등기신청서 및 신주발행으로 인한 등기신청서에는 주식의 인수를 증명하는 정보를 첨부해야 한다(상업등기규칙 129조 2호, 133조 1호). 주식의 인수를 증명하는 정보는 주식인수증뿐만 아니라 신주인수계약서, 주식배정표(주식인수인 별로 배정한 주식 수 등 주식배정상황에 관하여 대표자가 작성한 서면)도 가능하다[136]. 주식인수인이 많으면 주식

---

132) 송옥렬, 상법강의, 1109쪽

133) 임재연, "자본시장법", 박영사, 2018, 408-409쪽

134) 신주를 발행함에 있어 주주일부가 신주인수권을 포기한 경우 주식청약인을 모집하지 아니하고 주금납입이 완료된 주식에 대하여만 신주를 발행한 후 그에 따른 변경등기를 신청할 수 있는지 여부 [상업등기선례 제1-179호, 1990. 10. 31. 제정]

135) 송옥렬, 상법강의, 1111쪽

136) 신주발행으로 인한 변경등기의 신청서에 신주의 인수인별로 반드시 주식인수증을 첨부하여야 하는지 여부

인수인마다 주식인수증을 작성하는 것보다 주식배정표 1부를 작성하는 것이 편하다. 주식회사 설립등기 시 발기인이 현물출자를 하는 경우 현물출자를 하는 자(발기인)의 성명과 그 목적인 재산의 종류, 수량, 가격과 이에 대하여 부여할 주식의 종류와 수를 정관에 기재하고(상법 290조 2호) 발기인이 정관에 기명날인하기 때문에 주식인수증을 별도로 작성하지 않는다[137].

**참고서식** 주식인수증 (주식인수인마다 작성)

---

# 주 식 인 수 증

인수할 주식의 종류와 수: 보통주식 15,000주

1주의 금액: 1,000원

발행가액: 2,500원

위 인수 총액:  금37,500,000원

납입을 맡을 금융기관과 납입장소: 신한은행 (역삼역금융센터지점)

주주가 청약한 위의 주식을 인수합니다.

2016년 4월 27일

주주 홍길동

서울특별시 서초구 서초대로45길 22, 108동 1102호 (서초동, 삼일아파트)

주식회사 율도 귀하

---

[상업등기선례 제2-42호, 2007. 1. 10. 제정]
137) 상업등기실무(Ⅱ), 102쪽

참고서식 **주식배정표**

# 주 식 배 정 표

(단위: 주)

| 주식청약인 | 주식의 종류 | 구 주식수 | 배정주식수 | 포기주식수 | 인수주식수 | 현재주식수 |
|---|---|---|---|---|---|---|
| 홍길동 | 보통주식 | 30,000 | 15,000 | 0 | 15,000 | 45,000 |
| 김철수 | 보통주식 | 24,000 | 12,000 | 0 | 12,000 | 36,000 |
| 이영희 | 보통주식 | 6,000 | 3,000 | 0 | 3,000 | 9,000 |
| 포춘 인베스트먼트 주식회사 | 보통주식 | 20,000 | 10,000 | 0 | 10,000 | 30,000 |
| 주식회사 한강파트너스 | 보통주식 | 20,000 | 10,000 | 0 | 10,000 | 30,000 |
| 합계 | | 100,000 | 50,000 | 0 | 50,000 | 150,000 |

위와 같이 주식회사 율도의 신주식을 배정하고 각 인수를 완료하였습니다.

2016년  4월  27일

주식회사 율도
대표이사 홍길동

## (4) 납입

신주발행 시 주금납입절차에 관하여 「제1장 총론」, 「제2절 주식회사」, 「I. 자본금」, 「3. 출자」, 「(2) 현금출자」에서 살펴본 바 있다. 특히, 납입기일은 신주발행 시 중요한 의미가 있다. 신주인수인은 납입기일의 다음 날 오전 0시부터 주주로서 권리와 의무를 갖기 때문에 (상법 423조 1항), 신주발행에 따른 등기 '변경연월일'은 납입기일의 다음 날이 되고, 등기신청도 납입기일 다음 날부터 가능하다. 따라서 납입기일 전에 납입을 전부 완료하였더라도 신주발행의 효력은 원칙적으로 납입기일의 다음 날부터 발생한다[138].

---

138) 상업등기실무(II), 262-263쪽

납입기일은 토요일, 일요일, 공휴일도 가능하다[139]. 납입기일 또는 납입기일의 다음 날이 공휴일이더라도, 신주발행은 납입기일의 다음 날 오전 0시부터 효력이 생긴다[140]. 오전 0시부터 신주발행의 효력이 생기므로 납입기일의 다음 날은 초일로서 등기기간에 포함된다(민법 147조 단서).

납입기일은 신주발행을 위한 이사회(또는 정관으로 정한 경우 주주총회)에서 정한다. 납입기일이 지난 뒤 납입기일을 연기하는 것은 허용되지 않는다. 납입기일 전에는 주식청약을 한 자가 없다면 납입기일을 변경할 수 있으나 주식청약을 한 자가 1명이라도 있다면 그 자의 동의를 얻지 않고 납입기일을 변경할 수 없다. 다만, 납입기일 전에 신주 전액의 인수, 납입이 완료되었다면 신주발행 결정기관(이사회, 주주총회)의 결의로 납입기일을 앞당길 수 있다[141]. 실권주 발생을 막기 위해, 주식청약 시 청약증거금으로 발행가액의 100%를 예납받고 납입기일에 납입금으로 충당할 수도 있다.

## (5) 통지·공고 및 기간단축

### (a) 신주배정기준일 공고

주주배정을 하려면 먼저 신주인수권을 가진 자가 누구인지 확정해야 한다. 이를 위해 주식회사는 일정한 날(=신주배정기준일)을 정하여 그 날의 주주명부에 기재된 주주가 신주인수권을 가진다는 내용과 신주인수권을 양도할 수 있다면 그 취지를 신주배정기준일의 2주 전(D-15)까지 공고해야 한다. 그러나 신주배정기준일이 주주명부폐쇄 기간 중이면 주주명부폐쇄 기간 초일의 2주 전까지 공고해야 한다(상법 418조 3항). 신주배정기준일 공고는 신주발행을 위한 이사회(또는 정관으로 정한 경우 주주총회) 결의에 앞서 미리 할 수 있다[142]. 등기신청서에 신주배정기준일 공고문은 첨부하지 않는다[143].

### (b) 신주발행의 요점사항 통지·공고

제3자배정을 하려면 납입기일의 2주 전(D-15)까지 신주발행의 요점사항을 주주에게 통지하거나 공고해야 한다(상법 418조 4항). 주권상장법인은 금융위원회에 제출한 주요사항보

---

139) 상업등기실무(II), 239쪽
140) 상업등기실무(II), 262쪽
141) 상업등기실무(II), 240쪽
142) 「제4장 주식회사 운영」 「제1절 신주발행 (보통주식 주주배정)」 참고
143) 주주에게 신주발행하는 경우 법이 정한 첨부서면 [상업등기선례 제2-63호, 2013. 10. 25. 제정]

고서가 금융위원회와 거래소에 납입기일의 1주 전까지 공시되는 것으로 대체할 수 있다(자본시장과 금융투자업에 관한 법률 165조의9). 또한, 이렇게 통지하거나 공고하였음을 증명하는 서면을 등기신청서에 첨부해야 한다[144]. 제3자배정은 주주배정과 달리 공고뿐만 아니라 통지 방식도 허용한다. 신주발행의 요점사항은 다음과 같다.

> 1. 신주의 종류와 수
> 2. 신주의 발행가액과 납입기일
> 3. 무액면주식인 경우에는 신주의 발행가액 중 자본금으로 계상하는 금액
> 4. 신주의 인수방법
> 5. 현물출자인 경우 현물출자를 하는 자의 성명과 그 목적인 재산의 종류, 수량, 가액과 이에 대하여 부여할 주식의 종류와 수

### (c) 실권예고부 청약최고

주주배정 시 주주가 청약기일까지 주식인수를 청약하지 않으면 그 권리를 잃는다는 뜻과 인수권을 가지는 주식의 종류 및 수를 청약기일의 2주 전(D-15)까지 주주에게 통지해야 한다(상법 419조). 실무상 실권예고부 청약최고라 한다. 주주배정과 달리 제3자배정은 신주 인수인에게 실권예고부 청약최고를 하지 않는다[145].

### (d) 기간단축

실무상 상법에 정한 기간을 단축해야 할 경우가 빈번히 발생한다. 예를 들어 제3자배정 방식으로 투자를 유치하는 회사는 투자금 납입 직전까지도 투자자와 투자조건을 협상하기 때문에 사전에 이사회나 주주총회 소집을 통지할 여유가 없다. 그런데 주주에 대한 통지절 차는 주주의 이익을 보호하기 위한 절차이므로 주주 전원이 동의하면 통지절차를 생략할 수 있다[146]. 통지절차를 생략할 경우 실무상 주주 전원의 명의로 기간단축동의서 또는 총 주주동의서를 작성하여 등기신청서에 첨부한다. 반면, 공고는 주주뿐만 아니라 명의개서하지 않은 주식양수인, 채권자 등 이해관계인에게 회사의 중요사항을 알리려는 경우도 있으

---

144) 상업등기규칙 133조 3호, 개정 상법(법률 제10600호, 2011. 4. 14. 공포, 2012. 4. 15. 시행)에 따른 등기사무 처리지침 [등기예규 제1445호, 2012. 4. 3. 제정, 2012. 4. 15. 시행] 21조 2호

145) 제3자배정 신주발행 등기신청시 실권예고부 최고기간 단축동의서 첨부여부 [상업등기선례 제2-60호, 2013. 4. 17. 제정]

146) 주주 외의 자에게 신주를 배정하는 경우 총주주의 동의로 상법 제418조 제4항에 따른 통지 또는 공고를 생략하고 등기신청할 수 있는지 여부 [상업등기선례 제2-54호, 2012. 4. 23. 제정]; 상법 363조 4항

므로 주주 전원이 동의한다고 해서 언제나 생략할 수 있는 절차는 아니다.

같은 취지로, 주주배정 시 신주배정기준일 공고는 주식을 양수하고도 명의개서를 하지 않은 자로 하여금 명의개서를 하여 신주인수권을 행사할 수 있도록 하기 위한 것이므로 주주 전원이 동의하여도 생략할 수 없다[147]. 반면, 제3자배정 시 신주발행의 요점사항 통지 · 공고는 주주의 이익을 보호하기 위한 절차이므로 주주 전원이 동의하면 생략할 수 있다[148]. 이 경우 총주주동의서 또는 기간단축동의서를 등기신청서에 첨부한다.

다만, 주주배정 시 등기신청서에 신주배정기준일 공고문을 첨부하지는 않으므로, 신주발행을 위한 이사회(또는 정관으로 정한 경우 주주총회)의 결의일과 신주배정기준일까지의 기간이 2주가 안 된다 하더라도 등기관은 실제 신주배정기준일을 공고했는지 또는 2주의 기간을 준수했는지 여부를 알 수 없는바, 이 경우 적법한 신주배정기준일 지정공고를 하지 않았다는 이유로 신주발행에 따른 변경등기신청을 각하할 수 없다[149].

주주배정 시 실권예고부 청약최고기간은 주주의 이익을 보호하기 위한 절차이므로 신주인수권을 가진 주주 전원이 동의하면 기간을 단축할 수 있다[150]. 이 경우 등기신청서에 신주인수권을 가진 주주 전원의 기간단축동의서를 첨부한다(제3자배정은 실권예고부 청약최고를 하지 않는다).

> **참고서식** 기간단축동의서 (제3자배정 시 주주 전원이 동의하여 신주발행의 요점사항 통지 · 공고절차를 생략)

---

### 기간단축동의서

주식회사 0000가 신주를 발행하고 그 신주 전부를 제3자배정함에 있어 주주 전원은 상법 제418조 제2항 및 제4항에 따른 기간을 단축하고 통지 또는 공고를 생략함에 동의합니다.

0000년 00월 00일

---

147) 상업등기실무(II), 243쪽
148) 주주 외의 자에게 신주를 배정하는 경우 총주주의 동의로 상법 제418조 제4항에 따른 통지 또는 공고를 생략하고 등기신청할 수 있는지 여부 [상업등기선례 제2-54호, 2012. 4. 23. 제정]
149) 신주발행으로 인한 변경등기신청과 신주배정일 공고문의 첨부 여부 [상업등기선례 제1-171호, 1984. 10. 22. 제정]; 신주발행으로 인한 변경등기신청과 해태통지 여부 [등기예규 제599호, 1985. 10. 16. 제정] 각 참고
150) 상업등기실무(II), 244쪽

주식회사 0000

주주 000 (인)

주주 000 (인)

주주 000 (인)

**참고서식** 기간단축동의서 (주주배정 시 실권예고부 청약최고기간을 단축함)

## 기간단축동의서

본인은 주식회사 0000의 신주식을 발행함에 있어 상법 제419조에 따른 실권예고부 청약최고기간을 단축하여 즉시 청약하는 데 동의합니다.

0000년 00월 00일

신주인수인 000 (인)

주식회사 0000 귀중

## 9. 주주명부

### (1) 의의

주식회사의 주주명부는 주주의 이름과 주소, 주주가 가진 주식의 종류와 수 등을 기재한 문서로서(상법 352조 1항, 352조의2 2항) 회사가 작성·관리한다.

주식을 양수하였으나 아직 주주명부에 명의개서를 하지 않아 주주명부에는 양도인이 주주로 기재되어 있는 경우뿐만 아니라, 주식을 인수하거나 양수하려는 자가 타인의 명의를 빌려 회사의 주식을 인수하거나 양수하고 그 타인의 명의로 주주명부에 기재한 경우에도, 회사에 대한 관계에서는 주주명부상 주주만이 주주로서 의결권 등 주주권을 적법하게 행사할 수 있다. 회사는 특별한 사정이 없는 한 주주명부에 기재된 자의 주주권 행사를 부인하거나 주주명부에 기재되지 아니한 자의 주주권 행사를 인정할 수 없다. 주주명부에 기재를 마치지 않고도 회사에 대한 관계에서 주주권을 행사할 수 있는 경우는 주주명부 기재 또는 명의개서청구가 부당하게 지연되거나 거절되었다는 등의 극히 예외적인 사정이 인정되는 경우에 한한다[151].

주식회사는 주주명부를 본점에 비치해야 하고(상법 396조 1항), 주주와 회사채권자는 영업시간 내에 언제든지 주주명부(및 정관, 주주총회 의사록, 사채원부)를 열람·복사할 수 있다(상법 396조 2항).

회사의 등기임원명단은 등기사항이므로 누구나 등기사항전부증명서를 발급받아 명단을 확인할 수 있지만 주주명부는 등기사항이 아니므로 주주와 회사채권자만이 본점을 방문하여 열람·복사할 수 있다.

다만, 주권상장법인의 주식 등을 대량보유(소위 5%룰)하게 된 자는 그 날부터 5일 이내에 그 보유상황, 보유 목적, 그 보유주식 등에 관한 주요계약내용 등을 금융위원회와 거래소에 보고해야 하고, 그 보유주식 등의 수의 합계가 그 주식 등의 총수의 100분의 1 이상 변동된 경우에도 그 변동된 날부터 5일 이내에 그 변동내용을 대통령령으로 정하는 방법에 따라 금융위원회와 거래소에 보고해야 하며(자본시장과 금융투자업에 관한 법률 147조 1항), 보고서는 인터넷 홈페이지에 공시되므로(자본시장과 금융투자업에 관한 법률 149조), 주권상장법인의 대주주 명단과 지분명세는 사실상 공개된다.

주식회사는 정관으로 정하는 바에 따라 전자주주명부를 작성할 수 있다(상법 352조의2 1항). 전자주주명부에는 주주의 전자우편주소를 추가로 기재해야 한다(상법 352조의2 2항). 주주와 회사채권자는 영업시간 내에 서면 또는 파일의 형태로 전자주주명부에 기록된 사항을 열람·복사할 수 있다. 이 경우 다른 주주의 전자우편주소는 열람·복사 대상에서 제외된다(상법 352조의2 3항, 상법 시행령 11조 2항).

주식회사는 주주명부상의 주소로 또는 주주의 동의를 얻어 전자우편주소로 주주총회 소집통지서를 발송해야 한다(상법 363조 1항). 주주명부 기재는 주식양도의 대항요건이기도 하다(상법 337조 1항).

주주명부가 변경되면 회사(대통령령으로 정하는 조합법인 등은 제외한다)는 사업연도의

---

151) 대법원 2017. 3. 23. 선고 2015다248342 전원합의체 판결 [주주총회결의취소]

종료일이 속하는 달의 말일부터 3개월 이내에(12월 결산법인이라면 3월 31일까지) 관할 세무서장에게 주식등변동상황명세서를 제출해야 한다(법인세법 119조, 같은 법 시행령 161조)[152].

## (2) 기재사항

주주명부에 기재할 사항은 다음과 같다(상법 352조, 352조의2 2항, 법인세법 118조, 같은 법 시행령 160조).

| | 기재사항 |
|---|---|
| 1 | 주주의 성명과 주소(상법 352조 1항 1호). 주주가 법인이 아닌 단체인 경우 당해 단체를 대표하는 자의 성명과 주소를 기재하되, 그 단체가 부가가치세법에 의하여 고유번호를 부여받은 경우 단체명과 소재지를 기재한다. 또한, 주주가 외국인 및 외국단체인 경우 출입국관리법에 의한 등록외국인기록표 또는 외국단체등록대장에 기재된 성명·단체명·체류지를 기재하되, 외국인등록증이 발급되지 않은 경우는 여권 또는 신분증에 기재된 성명을 기재한다(법인세법 118조, 같은 법 시행령 160조 3호·4호). |
| 2 | 주주가 개인인 경우 주민등록번호(재외국민은 여권번호 또는 재외국민등록법상의 등록번호), 주주가 법인(국세기본법 13조 4항에 따라 법인으로 보는 단체를 포함)인 경우 사업자등록번호 또는 고유번호, 주주가 법인이 아닌 단체인 경우 당해 단체를 대표하는 자의 주민등록번호(다만, 부가가치세법에 의하여 고유번호를 부여받은 단체는 그 단체의 고유번호), 주주가 외국인 및 외국단체인 경우 출입국관리법에 의한 등록외국인기록표 또는 외국단체등록대장에 기재된 등록번호(다만, 외국인등록증이 발급되지 않은 경우 여권 또는 신분증에 기재된 번호) (법인세법 118조, 같은 법 시행령 160조) |
| 3 | 주주가 가진 주식의 종류와 그 수 (상법 352조 1항 2호) |
| 4 | 주주가 가진 주식의 주권을 발행한 때에는 그 주권의 번호 (상법 352조 1항 2의2호) |
| 5 | 주식의 취득연월일 (상법 352조 1항 3호) |
| 6 | 주주의 전자우편주소 (전자주주명부인 경우 - 상법 352조의2 2항) |
| 7 | 주주가 주권불소지 신고를 한 경우 주권을 발행하지 않는다는 뜻 (상법 358조의2 2항) |
| 8 | 전환주식을 발행할 경우 아래 사항 (상법 352조 2항, 347조)[153]<br>1) 주식을 다른 종류의 주식으로 전환할 수 있다는 뜻<br>2) 전환의 조건<br>3) 전환으로 인하여 발행할 주식의 내용<br>4) 전환청구기간 또는 전환의 기간 |

---

152) 지배주주가 아닌 주주의 소유주식이나 소액주주가 소유하는 주식 등에 대한 예외 규정은 법인세법 119조 2항·3항 참고

153) 「제4장 주식회사 운영」 「제4절 사업목적 변경 및 신주발행 (상환전환우선주식 제3자배정, 기간단축, 여러 등기사항의 일괄변경)」 「IV. 등기완료 후 절차」 「1. 주주명부 변경」 참고

참고서식  전자주주명부 (주권을 발행하지 않은 경우)

## 주 주 명 부

| 주주 번호 | 주주 이름 | 주민등록번호/ 사업자등록번호 | 주소 | 전자우편 주소 | 주식의 종류 | 주식의 수 | 주식의 취득 연월일 | 주권 번호 |
|---|---|---|---|---|---|---|---|---|
| 1 | 홍길동 | 000000-0000000 | 서울 서초구 서초대로 45길 22, 112호 (서초동, 대원빌딩) | hong@ gmail.com | 보통 주식 | 6,000 | 2016. 11. 9. | 주권 미발행 |
| 2 | 김철수 | 000000-0000000 | 서울특별시 영등포구 여의로 12, 101호 (여의도동, 세계오피스텔) | cskim@ naver.com | 보통 주식 | 4,000 | 2016. 11. 9. | 주권 미발행 |

1주의 금액(액면가): 1,000원
발행주식의 총수: 보통주식 10,000주

0000년 00월 00일

주식회사 율도
대표이사 홍길동

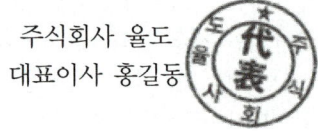

## 10. 증권신고서

### (1) 의의

발행인이 다수의 투자자에게 유가증권을 발행할 때「자본시장과 금융투자업에 관한 법률」은 공시주의를 근간으로 투자자를 보호한다. 공시주의란, 발행인에게 투자에 필요한 정보를 공시하도록 강제하되 유가증권의 내용이 투자대상으로서 적합한지 여부는 감독당국이 관여하지 않고 전적으로 투자자의 판단에 맡기는 방식이다(자본시장과 금융투자업에 관한 법률 120조 3항).

## (2) 모집, 매출

증권신고의 요건으로서 모집과 매출이라는 개념이 등장한다. '모집'이란 대통령령으로 정하는 방법에 따라 산출한 50인 이상의 투자자에게 새로 발행되는 증권을 취득하도록 청약을 권유하는 것이다[154]. 또한 '매출'이란 대통령령으로 정하는 방법에 따라 산출한 50인 이상의 투자자에게 이미 발행된 증권을 매도 또는 매수하도록 청약을 권유하는 것이다(자본시장과 금융투자업에 관한 법률 9조 7항·9항, 같은 법 시행령 11조, 증권의 발행 및 공시 등에 관한 규정 2-1조부터 2-2조의3). 50인 이상에게 청약을 권유하였다면 실제 청약한 자가 50인 미만이라도 모집·매출에 해당한다. 예를 들어, 투자자 50인에게 신주를 취득하도록 청약을 권유하면 신주 '모집'이 되고, 투자자 50인에게 구주를 매수하도록 청약을 권유하면 구주 '매출'이 된다.

청약을 권유받는 자가 50인 미만이라도 해당 증권이 발행일부터 1년 이내에 50인 이상에게 양도될 수 있는 경우로서 금융위원회가 정하여 고시하는 전매기준에 해당하는 경우에는 모집으로 본다(자본시장과 금융투자업에 관한 법률 시행령 11조 3항, 증권의 발행 및 공시 등에 관한 규정 2-2조, 2-2조의2). 예를 들어, 기업어음은 50매 미만으로 발행되더라도 만기가 365일 이상이거나 특정금전신탁에 편입되는 경우 모집으로 본다(증권의 발행 및 공시 등에 관한 규정 2-2조 1항 5호)[155].

## (3) 증권신고서 및 투자설명서 제출

① 모집 또는 매출하려는 증권(투자계약증권 등 제외)의 모집가액 또는 매출가액과 해당 모집일 또는 매출일부터 과거 1년 동안 이루어진 증권의 모집 또는 매출로서 그 신고서를 제출하지 않은 모집가액 또는 매출가액[소액출자자[156](그 증권의 발행인과 인수인은 제외)가 자본시장과 금융투자업에 관한 법률 시행령 178조 1항 1호에 따른 장외거래 방법에 따라 증권을 매출하는 경우에는 해당 매출가액은 제외] 각각의 합계액이 10억원 이상인 경

---

154) 반면, 새로 발행되는 증권을 취득하도록 청약을 권유하는 것으로서 모집에 해당하지 않으면(예를 들어 투자자 49명에게 신주청약을 권유) '사모(私募)'라 한다(자본시장과 금융투자업에 관한 법률 9조 8항).

155) 2013년 당시 자금난을 겪던 동양그룹이 1조원대의 기업어음, 회사채를 판매하여 투자자 4만명에게 피해를 입힌 '동양사태' 이후 기업어음에 대한 투자자보호가 강화되었다.

156) "소액출자자"란 해당 법인이 발행한 지분증권총수의 100분의 1에 해당하는 금액과 3억원 중 적은 금액 미만의 지분증권을 소유하는 자(자본시장과 금융투자업에 관한 법률 제159조 제1항 본문에 따른 사업보고서 제출대상 법인의 경우에는 지분증권총수의 100분의 10 미만의 지분증권을 소유하는 자를 말한다)를 말한다. 다만, 그 법인의 최대주주 및 그 특수관계인은 소액출자자로 보지 아니한다(자본시장과 금융투자업에 관한 법률 시행령 120조 2항).

우, ② 자본시장과 금융투자업에 관한 법률 시행령 11조 1항에 따른 합산 대상이 되는 모든 청약 권유 각각의 합계액이 10억원 이상인 경우, ③ 투자계약증권을 모집 또는 매출하려는 경우, ④ 금융소비자 보호에 관한 법률 18조 1항에 따라 적정성원칙이 적용되는 증권을 모집 또는 매출하려는 경우에는 발행인이 증권 모집 또는 매출 신고서를 금융위원회에 제출하여 신고서가 수리되지 않으면 발행인은 증권을 모집 또는 매출할 수 없다(자본시장과 금융투자업에 관한 법률 119조 1항, 같은 법 시행령 120조)[157]. 증권신고는 증권신고서가 금융위원회에 제출되어 수리된 날부터 일정 기간(5~15일)이 경과해야 효력이 발생한다(자본시장과 금융투자업에 관한 법률 120조 1항, 같은 법 시행규칙 12조, 증권의 발행 및 공시 등에 관한 규정 2-3조). 증권의 발행인·매출인과 그 대리인은 증권신고의 효력이 발생하지 않은 청약을 승낙해서는 안 된다(자본시장과 금융투자업에 관한 법률 121조 1항).

예를 들어, 회사가 일반투자자 50인을 대상으로 총 10억원 어치의 신주를 취득하도록 청약을 권유한다면(＝모집) 회사는 증권신고를 해야 한다. 회사가 일반투자자 50인을 대상으로 총 4억원 어치의 신주를 취득하도록 청약을 권유한다면 증권신고할 필요는 없으나 그로부터 1년 이내에 일반투자자 50인을 대상으로 총 6억원 어치의 신주를 취득하도록 청약을 권유한다면 두 번째 신주공모는 증권신고를 해야 한다.

같은 종류의 증권을 지속적으로 발행할 계획이라면 발행인은 증권을 모집·매출할 때마다 증권신고를 할 것이 아니라 발행예정기간을 정하여 발행예정증권을 미리 일괄신고할 수 있다. 발행인이 대통령령으로 정하는 기준과 방법에 따라 일정기간 동안 모집하거나 매출할 증권의 총액을 일괄하여 기재한 신고서(일괄신고서)를 금융위원회에 제출하여 신고서가 수리되면, 발행인은 발행예정기간 중에 그 증권을 모집·매출할 때마다 증권신고서를 따로 제출하지 않고 증권을 모집·매출할 수 있다. 다만, 대통령령으로 정하는 추가서류를 제출해야 한다(자본시장과 금융투자업에 관한 법률 119조 2항, 같은 법 시행령 121조, 122조, 증권의 발행 및 공시 등에 관한 규정 2-4조).

투자자보호를 위하여 발행인은 증권신고의 효력이 발생한 날에 투자설명서와 간이투자설명서를 금융위원회에 제출하고 일반인이 열람할 수 있도록 해야 한다(자본시장과 금융투자업에 관한 법률 123조). 원칙적으로, 투자자에게 투자설명서를 미리 교부하지 않으면 투자자에게 증권을 취득하게 해서는 안 된다(자본시장과 금융투자업에 관한 법률 124조). 발행인은 모집

---

157) 증권신고서 제출의무가 있는 증권의 범위 및 특례(국채증권, 온라인소액투자중개)에 관해서는 자본시장과 금융투자업에 관한 법률 118조, 119조 6항, 117조의10, 같은 법 시행령 124조의2, 118조의16 참고

또는 매출이 완료되면 증권발행실적보고서를 금융위원회에 제출해야 한다(자본시장과 금융투자업에 관한 법률 128조, 증권의 발행 및 공시 등에 관한 규정 2-19조).

법령에 따라 금융위원회, 증권선물위원회에 제출하는 공시서류와 「외부감사및회계등에 관한규정」 16조 2항의 감사계약체결보고서는 제출지원소프트웨어(DART편집기)를 통해 전자문서로 제출한다(자본시장과 금융투자업에 관한 법률 시행령 385조, 증권의 발행 및 공시 등에 관한 규정 6-3조, 같은 규정 시행세칙 10조). 공시서류 제출의무자는 사전에 DART접수시스템 웹사이트(filer.fss.or.kr)에 접속하여 전자문서제출인 등록을 한다(증권의 발행 및 공시 등에 관한 규정 시행세칙 12조).

## (4) 정정신고서

금융위원회는 증권신고서가 형식을 제대로 갖추지 않은 경우 또는 증권신고서 중 중요사항에 거짓의 기재 또는 표시가 있거나 중요사항이 기재 또는 표시되지 않은 경우를 제외하고는 증권신고서 수리를 거부해서는 안 된다(자본시장과 금융투자업에 관한 법률 120조 2항). 다만, 증권신고서가 형식을 제대로 갖추지 않았거나 중요사항에 거짓의 기재 또는 표시가 있거나 중요사항이 기재 또는 표시되지 않았거나 중요사항의 기재나 표시내용이 불분명하여 투자자의 합리적인 투자판단을 저해하거나 투자자에게 중대한 오해를 일으킬 수 있는 경우라면, 금융위원회는 증권신고서에 기재된 증권의 취득 또는 매수의 청약일 전일까지 이유를 제시하고 증권신고서의 기재내용을 정정한 정정신고서를 제출하도록 요구할 수 있다(자본시장과 금융투자업에 관한 법률 122조 1항).

금융위원회가 정정신고서 제출을 요구하면 해당 증권신고서는 금융위원회가 그 요구를 한 날부터 수리되지 않은 것으로 본다(자본시장과 금융투자업에 관한 법률 122조 2항). 증권신고서를 제출한 자는 증권신고서에 기재된 증권의 취득 또는 매수의 청약일 전일까지 정정신고서를 제출할 수 있다. 나아가 증권신고서 제출자는 대통령령으로 정하는 중요한 사항을 정정하고자 하는 경우 또는 투자자 보호를 위하여 증권신고서에 기재된 내용을 정정할 필요가 있는 경우로서 대통령령으로 정하는 경우에는 반드시 정정신고서를 제출하여야 한다(자본시장과 금융투자업에 관한 법률 122조 3항, 같은 법 시행령 130조, 증권의 발행 및 공시 등에 관한 규정 2-13조).

## (5) 증권신고 내용

증권신고서와 정정신고서는 금융감독원 전자공시시스템(dart.fss.or.kr)의 「공모게시판」 메뉴에서 볼 수 있다. 증권신고서 기재사항과 첨부서면은 「자본시장과 금융투자업에 관한 법률」 119조 1항·7항, 같은 법 시행령 125조부터 130조, 「증권의 발행 및 공시 등에 관한 규정」 2-5조부터 2-12조까지를 참고한다.

집합투자증권 및 유동화증권을 제외한 일반적인 내국법인의 증권신고서 기재사항과 첨부서면은 다음과 같다(자본시장과 금융투자업에 관한 법률 시행령 125조, 증권의 발행 및 공시 등에 관한 규정 2-5조, 2-6조).

① 자본시장과 금융투자업에 관한 법률 제119조 제1항에 따른 신고서(집합투자증권 및 유동화증권은 제외한다)에는 다음 각 호의 사항을 기재하여야 한다. 〈개정 2013. 8. 27.〉
1. 자본시장과 금융투자업에 관한 법률 제119조 제5항에 따른 대표이사 및 신고업무를 담당하는 이사의 제124조 각 호의 사항에 대한 서명
2. 모집 또는 매출에 관한 다음 각 목의 사항
   가. 모집 또는 매출에 관한 일반사항
   나. 모집 또는 매출되는 증권의 권리내용
   다. 모집 또는 매출되는 증권의 취득에 따른 투자위험요소
   라. 모집 또는 매출되는 증권의 기초자산에 관한 사항(파생결합증권 및 금융위원회가 정하여 고시하는 채무증권의 경우만 해당한다)
   마. 모집 또는 매출되는 증권에 대한 인수인의 의견(인수인이 있는 경우만 해당한다)
   바. 주권비상장법인(설립 중인 법인을 포함한다)이 인수인의 인수 없이 지분증권(지분증권과 관련된 증권예탁증권을 포함한다)의 모집 또는 매출(이하 "직접공모"라 한다)에 관한 신고서를 제출하는 경우에는 금융위원회가 정하여 고시하는 요건을 갖춘 분석기관(이하 이 조에서 "증권분석기관"이라 한다)의 평가의견. 다만, 금융위원회가 정하여 고시하는 경우에는 이를 생략할 수 있다.
   사. 자금의 사용목적
   아. 그 밖에 투자자를 보호하기 위하여 필요한 사항으로서 금융위원회가 정하여 고시하는 사항
3. 발행인에 관한 다음 각 목의 사항(설립 중인 법인의 경우에는 금융위원회가 정하여 고시하는 사항을 말한다)
   가. 회사의 개요
   나. 사업의 내용
   다. 재무에 관한 사항

　　라. 회계감사인의 감사의견

　　마. 이사회 등 회사의 기관 및 계열회사에 관한 사항

　　바. 주주에 관한 사항

　　사. 임원 및 직원에 관한 사항

　　아. 이해관계자와의 거래내용

　　자. 그 밖에 투자자를 보호하기 위하여 필요한 사항으로서 금융위원회가 정하여 고시
　　　　하는 사항

② 제1항에 따른 신고서에는 다음 각 호의 서류를 첨부해야 한다. 이 경우 금융위원회는
「전자정부법」 제36조 제1항에 따른 행정정보의 공동이용을 통하여 법인 등기사항증명서
를 확인해야 한다. 〈개정 2010. 5. 4., 2010. 11. 2., 2012. 6. 29., 2013. 6. 21., 2013. 8. 27.,
2021. 2. 9., 2021. 10. 21.〉

1. 정관 또는 이에 준하는 것으로서 조직운영 및 투자자의 권리의무를 정한 것

2. 증권의 발행을 결의한 주주총회(설립 중인 법인인 경우에는 발기인 총회를 말한다)
　　또는 이사회의사록(그 증권의 발행이 「상법」 제418조 제2항에 따른 발행인 경우에는
　　그 증권의 발행의 구체적인 경영상 목적, 그 주주 외의 자와 발행인과의 관계 및 그
　　주주 외의 자의 선정경위를 포함한다)의 사본, 그 밖에 증권의 발행결의를 증명할 수
　　있는 서류

3. 법인 등기사항증명서에 준하는 것으로서 법인 설립을 증명할 수 있는 서류(법인 등기
　　사항증명서로 확인할 수 없는 경우로 한정한다)

4. 증권의 발행에 관하여 행정관청의 허가·인가 또는 승인 등을 필요로 하는 경우에는
　　그 허가·인가 또는 승인 등이 있었음을 증명하는 서류

5. 증권의 인수계약을 체결한 경우에는 그 계약서의 사본

6. 다음 각 목의 증권을 증권시장에 상장하려는 경우에는 거래소로부터 그 증권이 상장
　　기준에 적합하다는 확인을 받은 상장예비심사결과서류(코넥스시장에 상장하려는 경
　　우에는 상장심사결과서류를 말한다)

　　가. 지분증권(집합투자증권은 제외한다)

　　나. 증권예탁증권(지분증권과 관련된 것만 해당한다)

　　다. 파생결합증권(증권시장이나 해외 증권시장에서 매매거래되는 가목 또는 나목의
　　　　증권의 가격이나 이를 기초로 하는 지수의 변동과 연계하여 미리 정하여진 방법에
　　　　따라 가목 또는 나목의 증권의 매매나 금전을 수수하는 거래를 성립시킬 수 있는
　　　　권리가 표시된 것만 해당한다)

7. 자본시장과 금융투자업에 관한 법률 제124조 제2항 제2호에 따른 예비투자설명서(이
　　하 "예비투자설명서"라 한다)를 사용하려는 경우에는 예비투자설명서

8. 자본시장과 금융투자업에 관한 법률 제124조 제2항 제3호에 따른 간이투자설명서를
　　사용하려는 경우에는 간이투자설명서

9. 직접공모의 경우에는 다음 각 목의 서류
　가. 증권분석기관의 평가의견서
　나. 가목의 평가와 관련하여 기밀이 새지 아니하도록 하겠다는 증권분석기관 대표자의 각서
　다. 자본시장과 금융투자업에 관한 법률 시행령 제137조 제1항 제3호의2에 따른 청약증거금관리계약에 관한 계약서 사본 및 같은 계약에 따라 청약증거금을 예치하기 위하여 개설한 계좌의 통장 사본
10. 그 밖에 투자자를 보호하기 위하여 필요한 서류로서 금융위원회가 정하여 고시하는 서류
③ 제1항에 따른 신고서를 제출하여야 하는 법인 중「주식회사 등의 외부감사에 관한 법률 시행령」제3조 제1항에 따른 종속회사가 있는 법인(이하 "연결재무제표 작성대상법인"이라 한다)의 경우에는 제1항 제3호 다목에 따른 재무에 관한 사항, 그 밖에 금융위원회가 정하여 고시하는 사항은「주식회사 등의 외부감사에 관한 법률」제2조 제3호에 따른 연결재무제표(이하 "연결재무제표"라 한다)를 기준으로 기재하되 그 법인의 재무제표를 포함하여야 하며, 제1항 제3호 라목에 따른 회계감사인의 감사의견은 연결재무제표와 그 법인의 재무제표에 대한 감사의견을 기재하여야 한다.

나아가 발행인은 증권신고서에 다음과 같이 미래의 재무상태나 영업실적 등에 대한 예측 또는 전망을 기재할 수 있다. 이 경우 기재내용이 예측정보라는 사실 및 예측치와 실제 결과치가 다를 수 있다는 주의문구를 기재하고, 예측·전망과 관련된 가정이나 판단의 근거를 밝혀야 한다(자본시장과 금융투자업에 관한 법률 119조 3항, 125조 2항 1호·2호·4호, 같은 법 시행령 123조).

1. 매출규모·이익규모 등 발행인의 영업실적, 그 밖의 경영성과에 대한 예측 또는 전망에 관한 사항
2. 자본금규모·자금흐름 등 발행인의 재무상태에 대한 예측 또는 전망에 관한 사항
3. 특정한 사실의 발생 또는 특정한 계획의 수립으로 인한 발행인의 경영성과 또는 재무상태의 변동 및 일정시점에서의 목표수준에 관한 사항
4. 자본시장과 금융투자업에 관한 법률 제119조 제3항 제1호부터 제3호까지의 규정에 따른 예측정보에 관하여 평가요청을 받은 경우에 그 요청을 받은 자가 그 예측정보의 적정성에 관하여 평가한 사항

## (6) 증권신고의무가 없는 모집, 매출

증권신고의무가 없는 모집, 매출이라 할지라도 모집과 매출은 다수의 투자자를 상대로 증권을 발행하는 것이므로 발행인은 투자자보호를 위하여 재무상태에 관한 사항을 공시하고 그 밖에 대통령령으로 정하는 조치를 해야 한다(자본시장과 금융투자업에 관한 법률 130조, 같은 법 시행령 137조, 증권의 발행 및 공시 등에 관한 규정 2-17조).

온라인소액투자중개의 방법으로 대통령령으로 정하는 금액 이하의 증권을 모집하는 경우는 증권신고를 하지 않고 「자본시장과 금융투자업에 관한 법률」 130조에 따른 공시도 하지 않는다. 다만, 투자자 보호를 위하여 온라인소액증권발행인은 증권의 발행조건과 재무상태, 사업계획서 및 그 밖에 대통령령으로 정하는 사항을 온라인소액투자중개업자가 개설한 홈페이지에 게재하고, 그 밖에 대통령령으로 정하는 조치를 하여야 한다(자본시장과 금융투자업에 관한 법률 117조의10, 같은 법 시행령 118조의16, 증권의 발행 및 공시 등에 관한 규정 2-2조의4, 2-2조의5).

## Ⅲ 기 관

### 1. 서 론

회사는 생명체가 아니므로 인간처럼 스스로 의사결정하거나 행동할 수 없다. 회사는 단지 상법에 규정된 기관(機關 – 일정한 역할과 목적을 위하여 설치된 기구나 조직)을 통해서만 의사결정하고 행동할 수 있을 뿐이다.

회사를 경영하려면 ① 어떠한 사업을 어떻게 수행할 것인지 의사결정하고(의사결정), ② 의사결정에 따라 실제로 업무를 집행하고(집행), ③ 업무집행이 적정하게 이루어졌는지 감독하는(감독) 3가지 기능이 필요하다. 이 3가지 기능을 서로 다른 기관에 맡겨서 각 기관이 견제하도록 하는 것이 기업활동의 적정성을 위해서 바람직하다[158]. 상법도 이러한 논리로 기관 분화를 설계하였으나 분화가 명확한 것은 아니다. 예를 들어 이사회는 집행기능과 감독기능을 모두 갖고 있는데 이는 우리나라 상법의 모태가 된 일본 상법에 독일법과 미국법

---

158) 송옥렬, 상법강의, 875쪽

이 혼재되었던 것에서 비롯한다[159].

## 2. 주주총회

주주총회는 주주 전원으로 구성되며 주식회사의 기본적 사항에 관하여 의사결정하고, 재무제표 등을 승인한다. 주주총회의 목적사항은 보고사항과 결의사항으로 나뉜다.

### (1) 보고사항

보고사항은 주주총회에서 심의·결정할 안건은 아니고, 심의·결정에 앞서 주주에게 충분한 정보를 제공하고자 이사, 감사 등이 주주에게 보고해야 하는 사항을 뜻한다. 보고사항에는 영업보고(상법 449조 2항), 감사보고(상법 413조), 흡수합병보고(상법 526조 1항), 외부감사인 선임보고(주식회사 등의 외부감사에 관한 법률 4조 3항) 등이 있다.

### (2) 결의사항

결의사항은 주주총회에서 심의·결정할 안건을 뜻하며 '의안'이라고도 한다. 상법 및 특별법상 주주총회 의사결정이 필요한 사항은 결의요건에 따라 ① 출석한 주주 의결권의 과반수와 발행주식총수의 4분의 1 이상이 찬성해야 하는 보통결의사항(상법 368조 1항)과 ② 출석한 주주 의결권의 3분의 2 이상과 발행주식총수의 3분의 1 이상이 찬성해야 하는 특별결의사항(상법 434조), ③ 특수한 결의사항(주주 전원이 동의해야 하는 사항 등)으로 나눌 수 있다. 또한, ④ 원래는 이사회 결의사항이지만 주주총회 결의사항으로 바꾸도록 정관에 정할 수 있는 사항이 있고 ⑤ 원래는 이사회 결의사항이지만 이사회가 설치되지 않은 경우 상법 383조 4항에 따라 주주총회 결의사항으로 바뀌는 사항이 있다[160].

감사 또는 자산총액 2조원 이상인 상장회사의 감사위원회 위원을 전자투표로 선임할 때 보통결의요건을 완화한 특칙이 있다. 즉, 회사가 전자투표를 실시하는 경우 발행주식총수의 4분의 1 이상의 찬성이라는 요건을 충족하지 못하더라도 출석한 주주 의결권의 과반수 찬성만으로 감사나 감사위원회 위원을 선임할 수 있다(상법 409조 3항, 542조의12 8항).

주주총회 보통결의는 정관으로 결의요건을 가중할 수 있으나 성격상 정관에서 정한 특별

---

159) 송옥렬, 상법강의, 876쪽
160) 「제1장 총론」, 「제2절 주식회사」, 「Ⅲ. 기관」, 「3. 이사와 이사회」, 「(2) 이사회」, 「(b) 결의사항」 참고

결의 수준보다 가중할 수는 없다. 또한, 주주총회 보통결의요건을 정관으로 완화할 수 없다는 견해가 다수설이다.

주주총회 특별결의는 정관으로 결의요건을 강화(이를 초다수결(supermajority)이라 한다)할 수 있으나 완화할 수 없다는 것이 통설이고, 나아가 주주 전원이 동의해야 하는 수준까지 강화할 수 있다는 것이 다수설이다[161]. 초다수결 요건의 효력에 관한 대법원 판례는 없으나 하급심 판결은 일부 주주에게 사실상 거부권을 주는 것과 마찬가지의 결과를 초래한다는 점에서 정관의 초다수결요건을 무효로 보았다[162].

주주총회 결의사항을 정리하면 다음과 같다.

### (a) 보통결의사항

| 결의사항 | 상법 조문 |
| --- | --- |
| 이사 · 감사의 선임 | 382조 1항, 409조 1항 · 3항 (전자투표로 감사 선임 시 요건 완화) |
| 이사 · 감사의 보수 결정 | 388조, 415조 |
| 재무제표의 승인 | 449조 1항 (정관으로 이사회결의로 정할 수 있음 - 상법 449조의2 요건 참고) |
| 이익배당 | 462조 2항 (다만, 상법 449조의2 1항에 따라 재무제표를 이사회가 승인하는 경우에는 이사회의 결의로 한다 - 상법 462조 2항) |
| 주식배당 | 462조의2 1항 |
| 배당금 지급 시기의 결정 | 464조의2 1항 |
| 상장회사의 주식매수선택권 부여에 대한 승인 | 542조의3 3항 |
| 자산총액 2조원 이상인 상장회사의 감사위원회 위원 선임 | 542조의12 1항 |
| 주주총회 의장 선임 | 366조의2 1항 (정관에 정하지 않은 경우) |
| 주주총회의 연기 또는 속행 | 372조 1항 |
| 자기주식 취득 | 341조 2항 (이사회 결의로 재무제표 등을 승인하는 경우 이사회 결의로 자기주식을 취득하도록 정관에 정할 수 있음[163]) |
| 지배주주의 소수주주에 대한 매도청구 승인 | 360조의24 3항 |

---

161) 송옥렬, 상법강의, 918쪽
162) 서울중앙지방법원 2008. 6. 2.자 2008카합1167 결정 [주주총회효력정지등]

| 결의사항 | 상법 조문 |
|---|---|
| 검사인 선임 | 366조 3항, 367조 |
| 결손 보전을 위한 자본금 감소 | 438조 2항 |
| 준비금 감소 | 461조의2 |
| 흡수합병의 합병보고총회 | 526조 1항 |
| 회사분할, 분할합병의 보고총회 | 530조의11 1항, 526조 1항 |
| 청산인의 선임 및 해임, 보수 결정 | 531조 1항 단서, 539조 1항, 542조 2항, 388조 |
| 청산시 재산목록, 재무상태표(대차대조표)의 승인 | 533조 |
| 청산중 회사의 정기총회에서 재무상태표(대차대조표)와 사무보고서를 승인 | 534조 5항 |
| 청산종결의 승인 | 540조 1항 |

재무제표 승인과 관련하여, 승인 대상인 재무제표는 재무상태표(대차대조표)와 손익계산서를 필수로 포함하고 자본변동표와 이익잉여금 처분계산서(또는 결손금 처리계산서) 중에 1개 이상을 포함한다. 일반적으로 주식회사는 정기주주총회에서 재무상태표(대차대조표), 손익계산서, 이익잉여금 처분계산서(또는 결손금 처리계산서)를 승인 대상으로 한다. 다만, 「주식회사 등의 외부감사에 관한 법률」 4조에 따른 외부감사 대상인 주식회사는 정기주주총회에서 재무상태표(대차대조표), 손익계산서, 이익잉여금 처분계산서(또는 결손금 처리계산서), 자본변동표, 현금흐름표 및 주석(註釋), 연결재무제표(지배회사인 경우)를 승인받아야 한다(상법 447조 1항, 같은 법 시행령 16조).

### (b) 특별결의사항

| 결의사항 | 상법 조문 |
|---|---|
| 정관변경 | 433조 1항, 434조 |
| 주식매수선택권 부여 | 340조의2 1항, 542조의3 |
| 영업의 전부 또는 중요한 일부의 양도 | 374조 1항 1호 |
| 영업 전부의 임대 또는 경영위임, 타인과 영업의 손익 전부를 같이 하는 계약, 그 밖에 이에 준하는 계약의 체결·변경 또는 해약 | 374조 1항 2호 |
| 회사의 영업에 중대한 영향을 미치는 다른 회사의 영업 전부 또는 일부의 양수 | 374조 1항 3호 |

---

163) 상법 341조 2항 단서, 상법 42조 2항 단서, 상법 449조의2 1항

| 결의사항 | 상법 조문 |
|---|---|
| 사후설립 | 375조 |
| 이사・감사의 해임 | 385조 1항, 415조 |
| 제3자에게 전환사채 또는 신주인수권부사채를 발행하는 경우 중요한 사항의 결정 | 513조 3항, 516조의2 4항 |
| 주식의 액면미달 발행 | 417조 1항 |
| 주식의 분할 | 329조의2 1항 |
| 자본금 감소 (결손 보전을 위한 자본금 감소는 보통결의사항) | 438조 1항 |
| 주식의 포괄적 교환 및 이전 | 360조의3 1항・3항, 360조의16 1항・2항 |
| 신설합병의 경우 설립위원의 선임 | 175조 2항 |
| 회사의 합병계약서 승인 | 522조 1항・3항 |
| 회사의 분할・분할합병 | 530조의3 1항・2항 |
| 회사의 물적 분할 | 530조의12, 530조의3 1항・2항 |
| 청산 중 회사, 파산선고를 받은 회사의 회생절차개시 신청 | 채무자 회생 및 파산에 관한 법률 35조 |
| 회사의 해산 | 518조 |
| 회사의 계속 | 519조, 520조의2 3항 |
| 자산총액 2조원 이상인 상장회사의 감사위원회 위원 해임 | 542조의12 3항 |

### (c) 특수한 결의사항

① 발기인, 이사, 감사, 청산인의 책임을 면제하려면 주주 전원이 동의해야 한다(상법 324조, 400조, 415조, 462조의3 6항, 542조 2항). 다만, 이사의 회사에 대한 손해배상책임을 면제하기 위해서 반드시 주주총회결의라는 형식으로 동의해야 하는 것은 아니고 묵시적 동의도 가능하다[164].

② 주식회사를 유한회사로 조직변경하려면 주주총회에서 의결권 없는 주식을 포함하여 주주 전원이 찬성해야 한다(상법 604조 1항).

---

164) 상법 제399조 소정의 이사의 책임은 상법 제400조의 규정에 따라 총주주의 동의로 이를 면제할 수 있는데, 이 때 총주주의 동의는 묵시적 의사표시의 방법으로 할 수 있고 반드시 명시적, 적극적으로 이루어질 필요는 없으며, 실질적으로는 1인에게 주식 전부가 귀속되어 있지만 그 주주 명부상으로만 일부 주식이 타인 명의로 신탁되어 있는 경우라도 사실상의 1인 주주가 한 동의도 총주주의 동의로 볼 것이다(대법원 2002. 6. 14. 선고 2002다11441 판결 [양수금]).

③ 주주총회의 특별결의 + 종류주주총회 결의 + 해당 주주 전원이 동의해야 하는 경우

| 결의내용 | 상법 조문 |
|---|---|
| 주식교환으로 인하여 주식교환에 관련되는 각 회사 주주의 부담이 가중되는 경우 | 360조의3 5항 |
| 주식이전으로 인하여 주식이전에 관련되는 각 회사 주주의 부담이 가중되는 경우 | 360조의16 4항 |
| 회사의 분할 또는 분할합병으로 인하여 분할 또는 분할합병에 관련되는 각 회사 주주의 부담이 가중되는 경우 | 530조의3 6항 |
| 물적 분할로 인하여 주주의 부담이 가중되는 경우 | 530조의12, 530조의3 6항 |

④ 신설합병의 창립총회

출석한 의결권의 3분의 2 이상이며 발행주식총수의 과반수로 의결해야 한다(상법 527조 3항, 309조).

⑤ 주식회사설립과 관련된 결의요건

| 결의사항 및 요건 | 상법 조문 |
|---|---|
| 설립 당시 주식발행사항의 결정: 발기인 전원이 동의 | 291조 |
| 발기설립 시 발기인총회: 의결권의 과반수 | 296조 |
| 모집설립 시 창립총회: 출석한 주식인수인 의결권의 3분의 2 이상이며, 인수된 주식총수의 과반수 | 309조 |

### (d) 정관에 의한 주주총회 결의사항

원래는 이사회 결의사항이지만 주주총회 결의사항으로 바꾸도록 정관에 정할 수 있는 사항이다.

| 결의사항 | 상법 조문 |
|---|---|
| 대표이사의 선임 | 389조 1항 단서 |
| 신주발행 | 416조 단서 |
| 준비금의 자본금 전입 | 461조 1항 단서 |
| 전환사채·신주인수권부사채 발행 | 513조 2항 단서, 516조의2 2항 단서 |

## (3) 의결권 행사방법, 표결방법

주주는 ① 주주총회에 직접 출석하여 의결권을 행사하거나, ② 대리인을 주주총회에 출석

시켜 의결권을 대리행사할 수 있다. 또한, ③ 주주는 정관이 정한 바에 따라 주주총회에 출석하지 않고 투표용지에 의결사항에 대한 찬반을 기재한 뒤 주식회사로 회신하여 의결권을 행사할 수 있고(서면투표 - 상법 368조의3), 나아가 ④ <u>자본금 총액이 10억원 미만인 주식회사는 주주 전원이 동의하면 실제 물리적인 주주총회를 개최하지 않더라도 서면결의나 서면동의로써 주주총회 결의를 갈음할 수 있다</u>(상법 363조 4항·5항). ⑤ 주식회사가 전자투표를 하면(상법 368조의4 1항) 주주는 한국예탁결제원이 제공하는 전자투표 웹사이트(evote.ksd.or.kr)에서 전자투표할 수 있다.

투자신탁재산 또는 투자익명조합재산에 속하는 지분증권(그 지분증권과 관련된 증권예탁증권을 포함한다)의 의결권 행사는 그 투자신탁 또는 투자익명조합의 집합투자업자가 수행해야 하며, 투자회사 등[165]의 집합투자재산에 속하는 지분증권의 의결권 행사는 그 투자회사 등이 수행해야 한다. 다만, 투자회사 등은 집합투자업자에게 의결권 행사를 위탁할 수 있다(자본시장과 금융투자업에 관한 법률 184조 1항).

주주총회 표결방법은, 의장이 "예", "아니오"로 대답을 구하거나 "이의 없습니까?"라고 묻고 "이의 없습니다"라는 대답을 들어 만장일치로 의안을 가결시키는 음성표결(구두표결), 주주 대부분이 찬성하는 분위기이면 의장이 주주들에게 박수를 부탁하여 가결시키는 박수표결, 거수표결, 기립표결, 좌석이동표결, 호명표결, 투표지에 의한 표결, 전자투표 등이 있다[166]. 첨예한 사항이 아니라면 음성표결과 박수표결이 대부분이다.

## (4) 발행주식의 총수 및 출석 주주의 의결권수 계산

의결권이 없거나 의결권이 제한되는 종류주식(상법 344조의3 1항), 독점규제 및 공정거래에 관한 법률 11조에 따라 의결권을 행사할 수 없는 주식[167], 주주명부폐쇄 기간 동안 전환된 주식(상법 350조 2항), 자기주식(상법 369조 2항)은 발행주식의 총수에 포함되지 않는다.

또한, 상호보유주식 중 자회사가 가지고 있는 주식(상법 369조 3항)도 발행주식의 총수에 포함되지 않는다. 즉, 아래처럼 B회사가 A회사 또는 A의 모회사의 주식을 가지고 있더라도 B회사는 A회사 또는 A의 모회사 주주총회에서 의결권을 행사할 수 없고 B회사가 가진

---

165) 투자회사·투자유한회사·투자합자회사·투자유한책임회사 및 투자합자조합(자본시장과 금융투자업에 관한 법률 182조 1항)

166) 한국회의법학회, "표준회의규칙" 증보판, 법률신문사, 2012, 160-162쪽

167) 독점규제 및 공정거래에 관한 법률 제11조에 따라 의결권을 행사할 수 없는 주식의 수를 주주총회의 결의요건에 관한 발행주식의 총수에 산입하여야 하는지 여부 [상업등기선례 제2-14호, 2011. 12. 1. 제정]

주식은 A회사 또는 A의 모회사의 발행주식의 총수에 포함되지 않는다.

| A회사가 | |
| --- | --- |
| A의 모회사가 | |
| A회사와 A의 모회사가 합하여 | B회사 발행주식총수의 10%를 초과하는 B회사 주식을 가지고 있는 경우 |
| A회사와 A의 모회사, A의 자회사가 합하여 | |
| A의 자회사가 | |
| A회사와 A의 자회사가 합하여 | |

발행주식의 총수에는 포함되나 해당 안건에 대한 출석 주주의 의결권수에 포함되지 않는 경우가 있다(상법 371조 2항). 예를 들어 총회결의에 관하여 특별한 이해관계가 있는 자(상법 368조 3항)는 의결권을 행사할 수 없고, 감사를 선임할 때 의결권 없는 주식을 제외한 발행주식총수의 3%를 초과하는 주식을 가진 주주는 그 초과하는 주식에 대하여 의결권을 행사할 수 없다(상법 409조 2항). 자산총액 2조원 이상인 상장회사 역시 감사나 '사외이사인 감사위원회 위원'을 선임·해임할 때 회사의 의결권 없는 주식을 제외한 발행주식총수의 100분의 3을 초과하는 주식을 가진 주주는 그 초과하는 주식에 관하여 의결권을 행사하지 못한다(상법 542조의12 4항). 특히 자산총액 2조원 이상인 상장회사의 최대주주는 감사나 '사외이사가 아닌 감사위원회 위원'을 선임·해임할 때 최대주주 본인 뿐만 아니라 특수관계인(상법 시행령 34조 4항), 최대주주 또는 그 특수관계인의 계산으로 주식을 보유하는 자, 최대주주 또는 그 특수관계인에게 의결권(의결권의 행사를 지시할 수 있는 권한을 포함한다)을 위임한 자(해당 위임분만 해당한다)들이 소유하는 상장회사의 의결권 있는 주식의 합계가 그 회사의 의결권 없는 주식을 제외한 발행주식총수의 100분의 3을 초과하는 경우 초과하는 주식에 관하여 의결권을 행사하지 못한다(상법 542조의12 4항·7항, 상법 시행령 38조 1항). 정관에 이보다 엄격한 제한비율을 정할 수도 있다(상법 542조의12 4항).

## (5) 소집절차

### (a) 서론

주식회사의 정기주주총회는 매년 1회 일정한 시기에 소집한다(상법 365조 1항). 연 2회 이상 결산기를 정한 주식회사라면 매기마다 정기주주총회를 소집해야 한다(상법 365조 2항). 임시주주총회는 필요한 때마다 수시로 소집한다(상법 365조 3항). 원칙적으로 이사회가 주주총회소집을 결정하면(상법 362조) 대표이사가 구체적인 소집절차를 집행한다. 다만, 자본금 총액이 10억원 미만인 주식회사는 주주 전원이 동의하면 소집절차 없이 주주총회를 개최할 수 있다(상법 363조 4항). 소수주주 또는 감사는 법원의 허가를 받아 주주총회를 소집할 수 있다(상법 366조, 542조의6 1항, 412조의3).

**참고서식** 이사회 의사록 (임시주주총회 소집)

# 이사회 의사록

주식회사 율도는 2016. 6. 29. 오전 10시 이사와 감사 전원이 동의하여 상법 제390조 제4항의 규정에 따라 소집절차를 생략하고 본점 회의실에서 이사회를 개최하다.

총이사 수: 3명,　출석 이사 수: 3명

총감사 수: 0명,　출석 감사 수: 0명

의장은 위와 같이 성원이 되었음을 알리고 의안 심의에 들어갈 것을 제의하다.

### 제1호 의안: 임시주주총회 소집의 건

의장은 다음과 같은 안건의 처리를 위하여 본 회사의 임시주주총회를 개최할 것을 부의한바 이사들은 다음과 같이 임시주주총회를 개최할 것을 만장일치로 가결하다.

1) 총회 일자: 2016. 7. 14.　10시

2) 총회 장소: 본점 회의실

3) 회의 목적사항
제1호 의안　목적 변경의 건

| 정관 신구조문대비표 | |
|---|---|
| 변경 전 | 변경 후 |
| 제2조 (목적) 본 회사는 다음 사업을 경영함을 목적으로 한다.<br><br>(변경 없는 부분 생략)<br><br>1. 각 호에 관련된 부대사업 일체 (삭제) | 제2조 (목적) 본 회사는 다음 사업을 경영함을 목적으로 한다.<br><br>(변경 없는 부분 생략)<br><br>1. 광고물 작성업 (추가)<br>1. 부동산 임대업 (추가)<br>1. 각 호에 관련된 부대사업 일체(추가) |

의장은 이상으로 의안 심의를 전부 종료하였으므로 폐회를 선언하다(회의 종료시각 11시). 위 의사의 경과요령과 결과를 명확히 하기 위하여 이 의사록을 작성하고 의장과 출석한 이사 및 감사가 기명날인하다.

2016. 6. 29.

주식회사 율도

의장 대표이사 홍길동

사내이사 김철수

사내이사 정갑동

회사는 일정한 기간을 정하여 그 기간의 영업실적을 평가하고 재무제표를 작성하는데 이 기간을 사업연도(영업연도, 회계연도, fiscal year)라 한다. 일반적으로 사업연도는 매년 1월 1일부터 같은 해 12월 31일까지로 정한다(소위 12월 결산법인). 내국법인은 사업연도 종료일이 속하는 달의 말일부터 3개월 이내에(12월 결산법인은 3월 31일까지) 법인세를 신고해야 하고(법인세법 60조 1항) 주주명부 폐쇄기간이 3개월을 초과하지 못하는 점(상법 354조 2항)도 감안하여, 주식회사는 일반적으로 사업연도 종료 후 3개월 이내에, 즉, 12월 결산법인은 다음 해 1월 1일부터 3월 31일까지 중 하루를 잡아 정기주주총회를 소집한다.

**참고서식** **사업연도 및 주주총회 소집시기에 관한 정관 예문**

> 제0조 (사업연도) 이 회사의 사업연도는 매년 1월 1일부터 12월 31일까지로 한다.
>
> 제0조 (소집시기) ① 이 회사의 주주총회는 정기주주총회와 임시주주총회로 한다.
> ② 정기주주총회는 매 사업연도 종료 후 3개월 이내에, 임시주주총회는 필요에 따라 소집한다.

## (b) 순서

> 주주총회는 ① 주주명부폐쇄 및 기준일 공고→② 이사회의 주주총회 소집결정→③ 소집통지 또는 소집공고→④ 주주총회 개최의 순으로 진행된다.

위 절차는 생략할 수 있다. 즉, ①의 절차는 필수가 아니고, ②, ③의 절차는 자본금 총액이 10억원 미만인 경우 주주 전원이 동의하면 생략할 수 있다. ④의 주주총회는 자본금 총액이 10억원 미만이고 주주 전원이 동의하면 물리적인 주주총회를 열지 않고 서면결의나 서면동의로 대체할 수 있다.

### (c) 주주명부폐쇄와 기준일 지정

주주명부폐쇄는 일정 기간 동안 주주명부의 변경을 막는 제도이고, 기준일 지정은 일정한 날(＝기준일)에 주주명부에 기재된 주주를 권리를 행사할 주주로 간주하는 제도이다(상법 354조 1항). 주주명부폐쇄와 기준일 지정은 주식회사의 주식업무 수행에 편의를 주려는 제도일 뿐이므로 주주총회를 개최할 때 반드시 주주명부를 폐쇄하거나 기준일을 지정해야 하는 것은 아니다[168].

예를 들어 2016년 7월 20일에 개최하는 임시주주총회에서 의결권을 행사할 자를 확정하기 위하여 기준일은 2016년 6월 22일로 지정하고 주주명부폐쇄 기간을 2016년 6월 23일부터 2016년 6월 27일까지로 정하여 공고하였다면, 2016년 7월 20일에 임시주주총회에서 의결권을 행사할 수 있는 주주는 2016년 6월 22일에 주주였던 자이다. 또한, 2016년 6월 23일부터 2016년 6월 27일까지는 주주명부의 변경이 정지된다.

실무상 이익배당을 할 때 주주명부폐쇄와 기준일 지정 제도를 활용할 수 있다. 예를 들어 2017년 3월 6일에 열리는 12월 결산법인의 주주총회에서 의결권을 행사하는 자와 이익배당을 받는 자를 모두 결산기 말(2016년 12월 31일)의 주주로 일치시키기 위해 2016년 12월 31일을 기준일로 정하고 2017년 1월 1일부터 2017년 3월 6일까지 주주명부를 폐쇄하는 것이다.

주주명부폐쇄 기간이 길면 주주의 권리행사를 부당하게 제약하게 되므로 주주명부폐쇄 기간은 3개월을 초과할 수 없다(상법 354조 2항). 주주명부를 폐쇄하거나 기준일을 지정하려면 주주나 주식양수인, 채권자 등에게 명의개서나 질권등록을 할 수 있는 시간을 충분히 주어야 하므로 주주명부폐쇄 기간 또는 기준일의 2주 전(D-15)까지 주주명부폐쇄 기간과 지정된 기준일을 공고해야 한다(상법 354조 4항).

주식회사가 정관에 주주명부폐쇄 기간이나 기준일을 정하면 별도로 공고할 필요 없다. 일반적으로 정기주주총회 개최 시 공고절차를 피하고자 정관에 주주명부폐쇄 기간과 기준

---

168) 김교창, "주주총회의 운영" 제3개정판, 육법사, 2010, 73쪽

일을 정한다. 다만, 금융감독원의 해석에 따르면 상장회사가 정관에 주주명부폐쇄 기간을 정하여 주주명부폐쇄를 공고하지 않으면 정기주주총회에서는 보통결의만 할 수 있고, 상장회사가 정기주주총회에서 자본금 감소, 합병, 분할 등을 결의하려면 주주의 이익보호를 위해 주주명부폐쇄 개시일의 2주 전까지 별도로 주주명부폐쇄를 공고해야 한다[169].

**참고서식** 정기주주총회를 위해 주주명부를 폐쇄하고 기준일을 지정하는 정관 예문

> 제0조(주주명부의 폐쇄 및 기준일) ① 이 회사는 매년 1월 1일부터 1월 15일까지 권리에 관한 주주명부의 기재변경을 정지한다.
> ② 이 회사는 매년 12월 31일 최종의 주주명부에 기재되어 있는 주주를 그 결산기에 관한 정기주주총회에서 권리를 행사할 주주로 한다.

**참고서식** 주주명부폐쇄 및 기준일 공고

> # 주주명부폐쇄 및 기준일 공고
>
> 당사는 2016년 8월 8일 개최되는 임시주주총회에서 의결권을 행사할 주주를 확정하기 위하여 2016년 7월 18일 현재 주주명부에 기재되어 있는 주주에게 의결권을 부여하며, 2016년 7월 19일부터 2016년 7월 22일까지 주식의 명의개서와 질권의 등록 및 말소 또는 신탁재산의 표시 및 말소 등 주주명부 기재사항 변경을 정지하오니 양해하시기 바랍니다.
>
> 2016년 7월 3일
>
> 주식회사 율도
> 대표이사 홍길동
>
> 명의개서대리인 주식회사 국민은행
> 은행장 윤종규

앞서 살펴본 바와 같이 주주총회를 개최하기 위해 반드시 주주명부를 폐쇄하거나 기준일을 지정해야 하는 것은 아니므로 주주의 권리를 침해하지 않는다면 정기주주총회를 위한 주주명부폐쇄 기간 동안에도 임시주주총회를 소집할 수 있다[170].

---

169) 염춘필, "주주총회와 관련한 실무상 쟁점에 관한 소고", 「법무사」, 2012. 2., 26쪽
170) 김교창, "주주총회의 운영" 제3개정판, 육법사, 2010, 112쪽; 염춘필, "주주총회와 관련한 실무상 쟁점에

정기주주총회를 위한 주주명부폐쇄 기간 동안 신주발행(주주배정 방식)을 위한 이사회를 소집하려면 주의가 필요하다. 주주배정 방식으로 신주를 발행하려면, 주식회사는 신주배정기준일의 2주 전까지 신주배정기준일을 공고해야 한다. 그리고 공고일이 주주명부폐쇄 기간 중이면 주주명부폐쇄 기간 초일의 2주 전까지 공고해야 한다(상법 418조 3항 단서). 예를 들어 신주배정기준일이 2017년 2월 10일이라면 2주 전인 2017년 1월 26일까지 공고하면 되지만, 정관에 2017년 1월 1일부터 정기주주총회일(예: 2017년 3월 15일)까지 주주명부를 폐쇄한다고 되어 있으면 주주명부폐쇄 기간의 초일(2017년 1월 1일)의 2주 전인 2016년 12월 17일까지 공고해야 한다. 만약 2017년 1월 초에 갑자기 신주를 발행해야 할 일이 생겼다면 이미 공고일을 놓친 것이다. 비상장 주식회사의 정관은 「매년 1월 1일부터 정기주주총회일까지」 주주명부를 폐쇄하도록 정한 경우가 많으나 이러한 문제에 대비하려면 정기주주총회를 위한 주주명부폐쇄 기간을 1개월 이내로 정하는 것이 적절하다. 실제로 상장회사의 정관은 대부분 「매년 1월 1일부터 1월 15일까지」 또는 「매년 1월 1일부터 1개월 간」 주주명부를 폐쇄하도록 정하고 있다.

### (d) 소집장소

주주총회는 본점소재지 또는 이에 인접한 곳에서 열어야 한다(상법 364조). 본점소재지는 본점이 소재하는 최소행정구역(특별시, 광역시, 시, 군)이고 이에 인접한 곳은 본점소재지에 인접한 최소행정구역이다[171]. 정관에 소집장소(최소행정구역)를 추가할 수 있다(상법 364조).

### (e) 소집통지 또는 소집공고

주주에게 주주총회에 출석할 기회와 준비시간을 주려면 의결권 있는 기명주주에게는 소집통지를, 무기명주주에게는 소집공고를 해야 한다(상법 363조, 289조 3항). 주식회사는 주주총회일의 2주 전(D-15)까지(자본금 총액이 10억원 미만이면 D-11까지) 주주에게 소집통지서를 서면으로 발송하거나, 주주의 동의를 받아 통지내용을 전자우편으로 발송해야 한다(상법 363조 1항). 구두·전화·휴대폰문자메시지 통지는 주주총회 소집통지로서 효력이 없다.

소집통지는 도달주의가 아닌 발신주의가 적용된다(상법 353조 2항, 304조 2항). 소집통지서

---

관한 소고", 「법무사」, 2012. 2., 26쪽
171) 김교창, "주주총회의 운영" 제3개정판, 육법사, 2010, 70쪽

발송 시 일반적으로 회사와 주주의 편의를 위하여 참석장과 위임장을 동봉한다. 참석장은 주주 본인이 주주총회에 참석할 때 총회장 접수처에 제출하는 서류로서 회사가 주주의 출석현황을 파악하는 용도로 쓰인다[172].

  의결권이 없는 주식은 발행주식의 총수에 포함되지 않으므로(상법 371조 1항) 의결권이 없는 주주에게는 주주총회 소집통지를 할 필요 없다. 다만, 발행주식의 총수에 포함되나 해당 안건에 대한 출석 주주의 의결권수에만 포함되지 않는 경우라면 주주총회 소집통지를 해야 한다. 예를 들어 총회 결의에 관하여 특별한 이해관계가 있는 자(상법 368조 3항)는 의결권을 행사할 수 없고, 감사 또는 자산총액 2조원 이상인 상장회사의 감사위원회 위원을 선임할 때 의결권 없는 주식을 제외한 발행주식총수의 3%를 초과하는 주식을 가진 주주(상장회사는 특칙이 있다)는 그 초과하는 주식에 대하여 의결권을 행사할 수 없다 하더라도 이 경우는 발행주식의 총수에 포함되나 해당 안건에 대한 출석 주주의 의결권수에 포함되지 않을 뿐이므로(상법 371조 2항) 당연히 주주총회 소집통지를 해야 한다.

**참고서식** 전자우편 소집통지 동의서

---

# 전자우편 소집통지 동의서

본인은 회사가 주주명부에 등재된 본인의 아래 전자우편주소로 주주총회 소집통지서를 발송하는 데 동의합니다.

전자우편주소: hong@gmail.com

0000년 00월 00일

주주 0 0 0 (인)

주식회사 00 귀중

---

172) 참석장에 날인이 없더라도 참석장 소지인이 주주로 판명되면 본인출석을 인정해야 한다(김교창, "주주총회의 운영" 제3개정판, 육법사, 2010, 87-89쪽).

주주총회 소집통지절차에 특칙이 있다. 먼저, 3년간 통지가 도달하지 않은 주주에게는 소집통지를 생략할 수 있다(상법 363조 1항 단서). 또한, 자본금 총액이 10억원 미만인 주식회사는 소집통지기간이 2주(D-15)에서 10일(D-11)로 줄어들고(상법 363조 3항) 주주 전원이 동의하면 소집절차 없이 주주총회를 개최할 수 있다(상법 363조 4항). 상장회사는 2개 이상의 일간신문에 2회 이상 공고하거나 금융감독원 또는 한국거래소의 전자공시시스템에 공고하는 것으로써 소액주주에 대한 소집통지를 갈음할 수 있다(상법 542조의4 1항, 상법 시행령 31조 2항).

### (f) 비상장회사의 정기주주총회

정기주주총회는 주식회사가 주주에게 한 해의 영업성과를 보고하고 주주로부터 재무제표를 승인받아야 하므로 임시주주총회보다 절차가 복잡하다. 2016년 3월 18일에 정기주주총회를 개최하는 비상장 주식회사(12월 결산법인)는 주주명부폐쇄부터 배당금 지급까지 다음과 같은 일정으로 절차를 진행할 수 있다.

| 순서 | 업무 내용 | 일자 | 관련 기관 |
|---|---|---|---|
| 1 | (주주명부폐쇄 및 기준일 공고/신고)[173] | 2015. 12. 16.까지 | 신문사, 거래소 |
| 2 | 주주명부폐쇄 기준일 | 2015. 12. 31. | |
| 3 | 주주명부폐쇄 | 2016. 1. 1.부터 | 대행기관 |
| 4 | 재무제표 및 영업보고서 작성 | | 회계팀 |
| 5 | 결산 이사회 (재무제표 및 영업보고서 승인)[174] | 2016. 2. 4.(D-43)까지 | |
| 6 | 감사의뢰[175] | 2016. 2. 4.(D-43)까지 (주주총회일의 6주 전) | 감사 |
| 7 | (외부감사 전 회사작성 재무제표 제출[176]) | 2016. 2. 4.(D-43)까지 (주주총회일의 6주 전) | 감사인, 증권선물위원회 |
| 8 | (필요하면 전자투표 요청)[177] | 2016. 2. 22.(D-25) | 한국예탁결제원 |

---

173) 대부분의 비상장 주식회사는 정관에 주주명부폐쇄 기간과 기준일을 정하고 있으므로 별도로 공고할 필요 없다.

174) 상법 447조 1항, 447조의2 1항

175) 상법 447조의3

176) 비상장 주식회사라 하더라도 해당 사업연도 또는 다음 사업연도 중에 주권상장법인이 되려는 회사, 직전 사업연도 말의 자산총액이 500억원 이상인 회사 등은 주식회사로부터 독립된 외부 감사인에 의한 회계감사를 받아야 한다(주식회사 등의 외부감사에 관한 법률 4조 1항, 같은 법 시행령 5조 1항). 이 경우 회사는 재무제표를 정기주주총회일(사업보고서 제출대상법인은 사업보고서 제출기한)의 6주 전까지, 연결재무제

| 순서 | 업무 내용 | 일자 | 관련 기관 |
|---|---|---|---|
| 9 | 주주총회 소집을 위한 이사회 (주주총회 일시, 장소, 안건 등을 결의함) | 2016. 2. 29. | |
| 10 | 주주총회 소집통지서 및 참석장 등 인쇄 의뢰 | 2016. 2. 29. | 대행기관, 인쇄소 |
| 11 | 주주총회 소집통지서 발송 | 2016. 3. 3.(D-15)까지(자본금 총액이 10억원 미만이면 D-11까지) | 대행기관, 신문사/홈페이지 |
| 12 | 감사보고서(및 외부감사보고서) 수령 | 2016. 3. 10.(D-8)까지 | 감사, 외부감사인 |
| 13 | 재무제표, 영업보고서, 감사보고서 비치·공시[178] | 2016. 3. 10.(D-8)부터 | 주주, 채권자 |
| 14 | 주주총회 유인물 인쇄 및 주주총회 예행연습 | 2016. 3. 15.(D-3)까지 | 인쇄담당 부서 |
| 15 | 주주총회 개최 | 2016. 3. 18.(D) | |
| 16 | 주주총회 의사록 작성 | 2016. 3. 18.(D) | 담당 부서 |
| 17 | 재무상태표(대차대조표) 공고[179] | 2016. 3. 19. | 신문사/홈페이지 |
| 18 | (사업보고서 제출)[180] | 2016. 3. 30.까지(사업연도 경과 후 90일 이내) | 거래소 금융위원회 |
| 19 | 주주총회 결과 등기[181] | 본점: 2016. 4. 1.(D+14)까지 지점: 2016. 4. 8.(D+21)까지 | 등기소 |
| 20 | 배당금 지급통지 및 지급[182] | 2016. 4. 18.(D+1개월)까지 | 대행기관, 주주 |

표를 정기주주총회일(사업보고서 제출대상법인은 사업보고서 제출기한)의 4주 전까지(한국채택국제회계기준을 적용하는 경우) 감사인과 증권선물위원회에 제출해야 한다(주식회사 등의 외부감사에 관한 법률 6조 4항, 같은 법 시행령 8조).

177) 이사회가 전자투표(상법 368조의4 1항)를 하기로 결의한 경우 주식회사는 주주총회 소집통지서에 주주가 전자투표를 할 수 있다는 내용을 통지해야 한다(상법 368조의4 2항). 주식회사가 한국예탁결제원과 전자투표관리서비스 위탁계약을 체결하면 주주는 한국예탁결제원이 제공하는 전자투표 홈페이지(evote.ksd.or.kr)에서 전자투표할 수 있다.

178) 상법 448조 1항

179) 상법 449조 3항

180) 주권상장법인이 아니더라도 일정 요건을 충족하는 경우 사업보고서 제출의무가 있다(자본시장과 금융투자업에 관한 법률 159조 1항, 같은 법 시행령 167조 1항).

181) 본점소재지에서는 2주 내에, 지점소재지에서는 3주 내에 변경등기를 신청한다(상법 317조 4항, 183조).

182) 주식회사가 이익배당을 할 경우 주주총회 결의일부터 1개월 내에 배당금을 지급해야 한다. 다만, 주주총회 또는 이사회에서 배당금의 지급시기를 따로 정한 경우에는 그러하지 아니하다(상법 464조의2 1항).

　다만, 정관에 주주명부폐쇄 기간과 기준일을 정하였고 주식회사 등의 외부감사에 관한 법률이 적용되지 않으며 배당 계획이 없고 자본금 총액이 10억원 미만인 주식회사로서 주주 전원이 동의하여 소집절차를 생략한다면 다음과 같이 일정을 단축할 수 있다.

| 순서 | 업무내용 | 일자 | 관련기관 |
|---|---|---|---|
| 1 | 주주명부폐쇄 기준일 | 2015. 12. 31. | |
| 2 | 주주명부폐쇄 | 2016. 1. 1.부터 | |
| 3 | 재무제표 및 영업보고서 작성 | | 회계팀 |
| 4 | 결산 이사회 (재무제표 및 영업보고서 승인)[183] | 2016. 2. 4.(D-43)까지 | |
| 5 | 감사의뢰 | 2016. 2. 4.(D-43)까지(주주총회일의 6주 전) | 감사 |
| 6 | 감사보고서 수령 | 2016. 3. 10.(D-8)까지 | 감사 |
| 7 | 재무제표, 영업보고서, 감사보고서 비치·공시 | 2016. 3. 10.(D-8)부터 | 주주, 채권자 |
| 8 | 주주총회 유인물 인쇄 및 주주총회 예행연습 | 2016. 3. 15.(D-3)까지 | 인쇄담당 부서 |
| 9 | 주주총회 개최 (주주 전원이 동의하여 소집절차를 생략함) | 2016. 3. 18.(D) | |
| 10 | 주주총회 의사록 작성 | 2016. 3. 18.(D) | 담당 부서 |
| 11 | 재무상태표(대차대조표) 공고 | 2016. 3. 19. | 신문사/홈페이지 |
| 12 | 주주총회 결과 등기 | 본점: 2016. 4. 1.(D+14)까지 지점: 2016. 4. 8.(D+21)까지 | 등기소 |

### (g) 상장회사의 정기주주총회

　상장회사의 주주총회, 특히 정기주주총회는 각종 공시규정으로 인해 절차가 복잡하다. 2016년 3월 18일에 정기주주총회를 개최하는 상장회사(12월 결산법인)는 주주명부폐쇄부터 배당금 지급까지 다음과 같은 일정으로 절차를 진행할 수 있다.

---

183) 이사회가 설치되지 않은 주식회사라면 결산 이사회도 생략된다.

| 순서 | 업무내용 | 일자 | 관련기관 |
|---|---|---|---|
| 1 | 주주명부폐쇄 및 기준일 공고/신고[184] | 2015. 12. 16.까지 | 신문사, 거래소 |
| 2 | 주식배당을 예정하는 경우 주식배당 신고[185] | 2015. 12. 20.(사업연도 말 10일 전)까지 | 거래소 |
| 3 | 주주명부폐쇄 기준일 | 2015. 12. 31. | |
| 4 | 주주명부폐쇄 | 2016. 1. 1.부터 | 대행기관 |
| 5 | 재무제표 및 영업보고서 작성 | | 회계팀 |
| 6 | 결산실적 공시 사전예고[186] | 2016. 1. 31.까지(결산 이사회 3일 전) | 거래소 |
| 7 | 결산 이사회 (재무제표 및 영업보고서 승인)[187] | 2016. 2. 4.(D-43)까지 | |
| 8 | 감사의뢰[188] 및 외부감사 전 회사작성 재무제표 제출[189] | 2016. 2. 4.(D-43)까지(주주총회일의 6주 전) | 감사, 감사인, 증권선물위원회 |
| 9 | 결산실적 공정공시[190] | 2016. 2. 4. | 거래소 |
| 10 | 손익구조 변경공시[191] | 2016. 2. 4. | 거래소 |
| 11 | 현금·현물 배당결정[192] 신고 | 배당결정일 당일 | 거래소 |
| 12 | (필요하면 전자투표 요청)[193] | 2016. 2. 22.(D-25) | 한국예탁결제원 |
| 13 | 주주총회 소집을 위한 이사회 결의 (주주총회 일시, 장소, 안건 등을 결의함) | 2016. 2. 29. | |
| 14 | 주주총회소집 결의내용 신고[194] | 2016. 2. 29. (이사회 당일) | 거래소, 대행기관 |
| 15 | 주주총회 소집통지서 및 참석장 등 인쇄 의뢰 | 2016. 2. 29. | 대행기관, 인쇄소 |

---

184) 대부분의 상장회사는 정관에 주주명부폐쇄 기간과 기준일을 정하고 있으므로 별도로 공고할 필요 없으나, 금융감독원의 해석에 따르면 정기주주총회에서 보통결의사항이 아닌 자본금 감소, 합병, 분할 등을 결의하려면 상장회사는 주주의 이익을 보호하기 위하여 주주명부폐쇄를 공고해야 한다.

185) 유가증권시장 주권상장법인은 주식배당에 관한 결정이 있으면 사업연도 말 10일 전까지 그 예정내용을 거래소에 신고하여야 한다(유가증권시장 공시규정 7조 1항 2호 마목 (4)). 코스닥시장 상장법인도 마찬가지이다(코스닥시장 공시규정 6조 1항 2호 마목 (4)).

186) 사전에 재무제표 승인을 위한 이사회 일정이 잡히면 '이사회 종료 후 회사실적을 공표'한다는 사실을 예고하되 그 예고시점은 가능한 한 이사회 예정일로부터 3일 이상 전에 하는 것이 바람직하다. 사전예고는 증권선물거래소 공시시스템, 언론매체 등을 이용할 수 있다(임태경, "결산실적 발표 시기 및 방법 등에 관한 가이드라인", 「한국IR협의회 회보」 제59호, 2005, 5쪽).

187) 상법 447조, 447조의2

188) 상법 447조의3

189) 주식회사 등의 외부감사에 관한 법률상 외부감사 대상인 주식회사는 재무제표를 정기주주총회일(사업보

| 순서 | 업무내용 | 일자 | 관련기관 |
|---|---|---|---|
| 16 | 주주총회 소집통지서 발송 또는 공고[195] | 2016. 3. 3.(D-15)까지 | 대행기관, 신문사/홈페이지, 거래소 |
| 17 | 감사보고서 및 외부감사보고서 수령 | 2016. 3. 10.(D-8)까지 | 감사, 외부감사인 |
| 18 | 경영 참고사항(재무제표, 영업보고서, 감사보고서 등) 비치·공시, 의결권대리행사 권유를 위한 참고서류 교부[196] | 2016. 3. 10.(D-8)부터 | 주주, 채권자 |
| 19 | 주식분포상황표 제출[197] | 2016. 3. 15.(사업보고서 제출일의 2주 전까지) | 거래소 |
| 20 | 주주총회 유인물 인쇄 및 주주총회 예행연습 | 2016. 3. 15.까지 | 인쇄담당 부서 |
| 21 | 주주총회 개최 | 2016. 3. 18.(D) | |

고서 제출대상법인은 사업보고서 제출기한)의 6주 전까지, 연결재무제표를 정기주주총회일(사업보고서 제출대상법인은 사업보고서 제출기한)의 4주 전까지(한국채택국제회계기준을 적용하는 경우) 감사인과 증권선물위원회에 제출해야 한다(주식회사 등의 외부감사에 관한 법률 6조 4항, 같은 법 시행령 8조).

190) 유가증권시장 공시규정 15조부터 20조, 코스닥시장 공시규정 12조부터 18조

191) 유가증권시장 공시규정 7조 1항 2호 마목 (3), 코스닥시장 공시규정 6조 1항 2호 마목 (3)

192) 현금·현물배당에 관한 이사회 결의(또는 대표이사 그 밖에 사실상의 권한이 있는 임원·주요주주 등의 결정)를 뜻한다(유가증권시장 공시규정 7조 1항 2호 마목 (5), 코스닥시장 공시규정 6조 1항 2호 마목 (5)).

193) 이사회가 주주총회결의를 전자투표(상법 368조의4 1항)로 하기로 결의한 경우 주식회사는 주주총회 소집통지서에 주주가 전자투표를 할 수 있다는 내용을 통지해야 한다(상법 368조의4 2항). 주식회사가 한국예탁결제원과 전자투표관리서비스 위탁계약을 체결하면 주주는 한국예탁결제원이 제공하는 전자투표 홈페이지(evote.ksd.or.kr)에서 전자투표할 수 있다.

194) 유가증권시장 주권상장법인은 주주총회소집을 위한 이사회결의 또는 주주총회결의가 있는 경우 그 결정 내용을 사유 발생일 당일에 거래소에 신고해야 한다(유가증권시장 공시규정 7조 1항 3호 라목). 코스닥시장 상장법인 또한 마찬가지이다(코스닥시장 공시규정 6조 1항 3호 라목).

195) 상법 363조, 542조의4 1항

196) 이사는 정기주주총회일의 1주 전부터 재무제표, 영업보고서와 감사보고서를 본점에 5년간, 그 등본을 지점에 3년간 비치해야 한다(상법 448조). 또한, 상장회사가 주주총회 소집을 통지 또는 공고를 하는 경우에는 사외이사 등의 활동내역과 보수에 관한 사항, 사업개요 등 대통령령으로 정하는 사항(상법 시행령 31조 4항 각호)을 통지 또는 공고해야 한다. 다만, 상장회사가 그 사항을 회사의 인터넷 홈페이지에 게재하고 지정장소(본점 또는 지점, 명의개서대행회사, 금융위원회, 거래소)에 두어 일반인이 열람할 수 있도록 하는 경우에는 통지 또는 공고하지 않아도 된다(상법 542조의4 3항). 경영 참고자료는 지정장소에 비치하는 것이 일반적이다. 의결권 대리행사를 권유할 경우에도 의결권 대리행사 권유의 개요, 주주총회의 각 목적사항 및 의결권대리행사를 권유하는 취지를 기재한 참고서류를 교부해야 한다(자본시장과 금융투자업에 관한 법률 152조 1항·6항, 같은 법 시행령 160조, 163조, 증권의 발행 및 공시 등에 관한 규정 3-15조).

197) 유가증권시장의 보통주권 상장법인은 주식분포상황표를 해당 사업보고서 제출일의 2주 전까지 거래소에 제출해야 한다(유가증권시장 상장규정 시행세칙 42조 4항).

| 순서 | 업무내용 | 일자 | 관련기관 |
|---|---|---|---|
| 22 | 주주총회 의사록 작성 | 2016. 3. 18. | 담당 부서 |
| 23 | 주주총회 결과 신고 및 통보[198] | 2016. 3. 18. | 거래소, 대행기관 |
| 24 | 재무상태표(대차대조표) 공고[199] | 2016. 3. 19. | 신문사/홈페이지 |
| 25 | 사외이사(감사위원회 위원인 사외이사 포함) 선·해임, 중도퇴임 신고[200] | 사유발생일 다음 날까지 | 금융위원회, 거래소 |
| 26 | 사업보고서 및 업종 심사자료 제출[201] | 2016. 3. 30.까지(사업연도 경과 후 90일 이내) | 거래소, 금융위원회 |
| 27 | 주주총회 결과 등기[202] | 본점: 2016. 4. 1. (D+14)까지<br>지점: 2016. 4. 8. (D+21)까지 | 등기소 |
| 28 | 배당금 지급통지 및 지급[203] | 2016. 4. 18.(D+1개월)까지 | 대행기관, 주주 |

## (6) 소집통지내용

주주총회 소집통지서 또는 공고문에는 주주총회의 일시, 장소뿐만 아니라 회의 목적사항도 기재해야 한다.

### (a) 장소

주주가 총회 장소를 찾아오는 데 어려움이 없도록 소집통지서에 건물명, 회의장 명칭, 호수 등을 구체적으로 기재한다.

### (b) 회의 목적사항

소집통지서에 주주총회에서 심의·결의할 안건(=결의사항)을 세부적으로 기재해야 하는 것은 아니고 「이사 선임의 건」, 「재무제표 승인의 건」처럼 무엇을 결의, 보고하는지 알

---

198) 유가증권시장 주권상장법인(유가증권시장 공시규정 7조), 코스닥시장 상장법인(코스닥시장 공시규정 6조)
199) 상법 449조 3항
200) 자본시장과 금융투자업에 관한 법률 165조의17 3항
201) 자본시장과 금융투자업에 관한 법률 159조
202) 본점소재지에서는 2주 내에, 지점소재지에서는 3주 내에 변경등기를 신청등기한다(상법 317조 4항, 183조).
203) 주식회사는 주주총회 결의일부터 1개월 내에 이익배당을 해야 한다. 다만, 주주총회 또는 이사회에서 배당금의 지급시기를 따로 정한 경우에는 그러하지 아니하다(상법 464조의2 1항).

수 있을 정도로만 즉, 안건의 제목(＝의제)만 기재하면 된다[204]. 다만 <u>정관 변경, 자본금 감소, 제3자에게 전환사채 또는 신주인수권부사채 발행, 합병계약서 승인, 분할계획서·분할합병계약서 승인 등은 해당 의안의 요령을 기재해야 하고</u>(상법 433조 2항, 438조 3항, 513조 4항, 516조의2 5항, 522조 2항, 530조의3 4항), <u>이사를 2명 이상 선임할 경우「이사 O인 선임의 건」처럼 그 인원수를 표기</u>해야 한다[205]. 또한, 영업양도 등을 할 경우 소집통지서에 반대주주의 주식매수청구권 내용 및 행사방법을 명시해야 한다(상법 374조 2항).

상장회사의 소집통지서 또는 공고문에는 이사·감사 선임 시 후보자 인적사항(상법 542조의4 2항, 상법 시행령 31조 3항), 사외이사 등의 활동내역과 보수에 관한 사항, 사업개요, 사외이사·그 밖에 해당 회사의 상무에 종사하지 아니하는 이사의 이사회 출석률, 이사회 의안에 대한 찬반 여부 등 활동내역과 보수에 관한 사항, 상법 제542조의9 제3항 각호에 따른 거래의 내역, 영업 현황 등 사업개요와 주주총회의 목적사항별로 금융위원회가 정하는 방법에 따라 작성한 참고사항 등을 기재해야 한다(상법 542조의4 3항, 상법 시행령 31조 4항).「자본시장과 금융투자업에 관한 법률」제159조에 따른 사업보고서와「주식회사 등의 외부감사에 관한 법률」제23조 제1항 본문에 따른 감사보고서는 주주총회 개최 1주 전까지 전자문서로 발송하거나 회사 홈페이지에 게재하는 것으로 갈음할 수 있다(상법 시행령 31조 4항 4호).

회의 목적사항은 보고사항과 결의사항을 순차적으로 기재한다. 의안이 여러 개 있으면 제1호 의안, 제2호 의안 등으로 순번을 붙인다.

---

204) 송옥렬, 상법강의, 890쪽
205) 서울고등법원 2010. 11. 15.자 2010라1065 결정

**참고서식** 임시주주총회 소집통지서 (비상장회사)

# 임시주주총회 소집통지

주주님의 건승과 댁내 평안을 기원합니다. 당사는 상법 및 정관 규정에 따라 아래와 같이 임시주주총회를 개최하오니 참석하여 주시기 바랍니다.

## 아 래

1. 일시 : 2016년 5월 10일 오전 9시

2. 장소 : 서울특별시 서초구 서초대로 20, 2층 (서초동, 영산빌딩) 본점 회의실

3. 회의 목적사항
제1호 의안) 사외이사 선임의 건
제2호 의안) 상호 변경의 건

| 정관 신구조문대비표 | |
| --- | --- |
| 변경 전 | 변경 후 |
| 제1조 (상호) 이 회사의 상호는 '주식회사 부천기계'라 한다. | 제1조 (상호) 이 회사의 상호는 '퓨처인더스트리 주식회사'라 한다. |

주주님께서는 총회에 참석하여 의결권을 직접 행사하시거나 위임장에 따라 의결권을 간접행사하실 수 있습니다.

2016년 4월 25일

주식회사 부천기계
대표이사 홍길동

참고서식 정기주주총회 소집통지서 (비상장회사)

# 정기주주총회(26기) 소집통지

주주님의 건승과 댁내 평안을 기원합니다. 당사는 제26기 (2016.1.1-2016.12.31) 정기
주주총회를 아래와 같이 개최하오니 참석하여 주시기 바랍니다.

## 아 래

1. 일시 : 2017년 3월 8일 오전 9시

2. 장소 : 서울특별시 서초구 서초대로 20, 2층 (서초동, 영산빌딩) 본점 회의실

3. 회의 목적사항
가. 보고사항
　제1호 영업보고
나. 결의사항
　제1호 의안) 제26기(2016.1.1-2016.12.31) 재무제표 승인의 건
　제2호 의안) 이익배당의 건
　제3호 의안) 사내이사 2인 선임의 건

주주님께서는 총회에 참석하여 의결권을 직접 행사하시거나 위임장에 따라 의결권을
간접행사하실 수 있습니다.

2017년 2월 21일
퓨처인더스트리 주식회사
대표이사 홍길동

참고서식 **정기주주총회 소집공고 (상장회사)**

# 주주총회 소집공고
### (제36기 정기)

2016년 2월 19일

회 사 명 : 바른전자 주식회사
대표이사 : 박영호
본점소재지: 서울특별시 서초구 서초대로 23 (서초동, 바른전자빌딩)
　　　　　 (전화) 02-528-3392

작성책임자: (직책) IR팀장 (성명) 김승환
　　　　　 (전화) 02-528-3374

주주총회 일시: 2016년 3월 8일 (화) 오전 9시
주주총회 장소: 서울특별시 서초구 서초대로 23, 15층 (서초동, 바른전자빌딩)


## 목　　차

I. 사외이사 등의 활동내역과 보수에 관한 사항
1. 사외이사 등의 활동내역
　가. 이사회 출석률 및 이사회 의안에 대한 찬반 여부
　나. 이사회 내 위원회에서의 사외이사 등의 활동내역
2. 사외이사 등의 보수현황

II. 최대주주등과의 거래내역에 관한 사항
1. 단일 거래규모가 일정규모 이상인 거래
2. 해당 사업연도 중에 특정인과 당해 거래를 포함한 거래총액이 일정규모 이상인 거래

III. 경영참고사항
1. 사업의 개요
　가. 업계의 현황
　나. 회사의 현황
2. 주주총회 목적사항별 기재사항
1호 의안) 제 36기 (2015.1.1-2015.12.31) 재무상태표(대차대조표), 손익계산서 및 이익잉
　　　　　 여금처분계산서(안) 등 재무제표 승인의 건

  1) 연결 재무제표
  2) 별도 재무제표
2호 의안) 이사 선임의 건
  1) 사외이사 선임의 건
  2) 감사위원회 위원 선임의 건
3호 의안) 이사의 보수 한도 승인의 건

I. 사외이사 등의 활동내역과 보수에 관한 사항
1. 사외이사 등의 활동내역
가. 이사회 출석률 및 이사회 의안에 대한 찬반 여부

| 회차 | 개최 일자 | 의안내용 | 사외이사의 성명 (출석률) | | |
|---|---|---|---|---|---|
| | | | 홍길동 (100%) | 김철수 (100%) | 이영희 (50%) |
| | | | 찬반 여부 | | |
| 1 | '15. 1. 24. | ① 2014년(제35기) 재무제표 및 영업보고서 승인의 건 | 찬성 | 찬성 | 찬성 |
| | | ② 2015년 경영계획 승인의 건 | 찬성 | 찬성 | 찬성 |
| | | ③ 제35기 정기주주총회 소집결정의 건 | 찬성 | 찬성 | 찬성 |
| | | ④ 제35기 정기주주총회 회의 목적사항 결정의 건 | 찬성 | 찬성 | 찬성 |
| 2 | '15. 6. 3. | ① 기술자산 매각의 건 | 찬성 | 찬성 | 불참 |
| | | ② 특수관계인과의 거래 승인의 건 | 찬성 | 찬성 | 불참 |

나. 이사회 내 위원회에서의 사외이사 등의 활동내역

| 위원회명 | 구성원 | 활동내역 | | |
|---|---|---|---|---|
| | | 개최일자 | 의안내용 | 가결 여부 |
| 감사위원회 | 홍길동 (위원장) 김철수 이영희 | '15. 1. 23. | -제35기 재무제표 및 영업보고서 보고<br>-'14년 내부회계관리제도 운영실태 보고<br>-'14년 감사실적 보고 | -<br>-<br>- |
| | 홍길동 (위원장) 김철수 이영희 | '15. 2. 18. | -외부감사인 선임 심의 및 승인 | 가결 |

## 2. 사외이사 등의 보수현황

(단위: 백만원)

| 구분 | 인원수 | 주총승인금액 | 지급총액 | 1인당<br>평균지급액 | 비고 |
|------|--------|--------------|----------|---------------------|------|
| 사외이사 | 3 | 5,000 | 300 | 100 | - |

## II. 최대주주 등과의 거래내역에 관한 사항

### 1. 단일 거래규모가 일정규모 이상인 거래

(단위: 억원)

| 거래종류 | 거래상대방<br>(회사와의 관계) | 거래기간 | 거래금액 | 비율(%) |
|----------|------------------------------|----------|----------|---------|
| - | - | - | - | - |

### 2. 해당 사업연도 중에 특정인과 해당 거래를 포함한 거래총액이 일정규모 이상인 거래

(단위: 억원)

| 거래상대방<br>(회사와의 관계) | 거래종류 | 거래기간 | 거래금액 | 비율(%) |
|------------------------------|----------|----------|----------|---------|
| Barun LLC.<br>(해외법인) | 네트워크장비 매출 | 2015. 1. ~<br>2015. 12. | 18,292 | 15.2 |

※ 상기 비율은 2014년도 자산총액대비 비율임.

## III. 경영참고사항

### 1. 사업의 개요

#### 가. 업계의 현황

당사는 본사를 거점으로 한국 및 9개의 해외 생산·판매법인으로 구성된 글로벌 전자 기업입니다. 당사의 주력인 TV산업은 1926년 흑백 TV 개발, 1954년 RCA사가 Color TV(21")양산판매를 시작한 이래로 트리니트론 브라운관(1967년), 완전평면 브라운관(1996년) 개발 등 기술적인 발전을 거듭해 왔으나, 주요 국가 보급률이 90%를 넘어서면서 브라운관 TV사업의 성장은 정체되었습니다.

(중략)

#### 나. 회사의 현황

당사는 2007년 이후 2015년까지 9년 연속으로 TV 전체, FPTV, LCD-TV 세계 1위 등 Triple Crown을 지속 달성하였습니다.

(중략)

### 2. 주주총회 목적사항별 기재사항

1호 의안) 제36기(2015.1.1-2015.12.31) 대차대조표, 손익계산서 및 이익잉여금처분계산서 (안) 등 재무제표 승인의 건

가. 해당 사업연도의 영업상황의 개요

Ⅲ. 경영참고사항의 1. 사업의 개요의 나. 회사의 현황 참조

나. 해당 사업연도의 재무상태표(대차대조표) · 손익계산서(포괄손익계산서) · 자본변동표 · 이익잉여금처분계산서(안) · 현금흐름표

1) 연결 재무제표

(중략)

2) 별도 재무제표

(중략)

2호 의안) 이사 선임의 건

2-1호 의안) 사외이사 선임의 건

가. 후보자의 성명, 생년월일, 사외이사후보자 여부, 최대주주와의 관계, 추천인

| 후보자 성명 | 생년월일 | 사외이사 후보자 여부 | 최대주주와의 관계 | 추천인 |
|---|---|---|---|---|
| 홍길동 | 1948. 11. 2. | 사외이사 | 없음 | 사외이사후보추천위원회 |
| 총 ( 1 ) 명 | | | | |

나. 후보자의 주된 직업, 약력, 해당 법인과의 최근 3년간 거래내역

| 후보자 성명 | 주된 직업 | 약력 | 해당 법인과의 최근 3년간 거래내역 |
|---|---|---|---|
| 홍길동 | 성균관대학교 교수 | - 사외이사 (2013년 ~ 현재)<br>- 성균관대학교 교수 (2001년 ~ 현재) | 없음 |

2-2호 의안) 감사위원회 위원 선임의 건

가. 후보자의 성명, 생년월일, 사외이사후보자 여부, 최대주주와의 관계, 추천인

| 후보자 성명 | 생년월일 | 사외이사 후보자 여부 | 최대주주와의 관계 | 추천인 |
|---|---|---|---|---|
| 홍길동 | 1948. 11. 2. | 사외이사 | 없음 | 사외이사후보추천위원회 |
| 총 ( 1 ) 명 | | | | |

나. 후보자의 주된 직업, 약력, 해당 법인과의 최근 3년간 거래내역

| 후보자<br>성명 | 주된 직업 | 약력 | 해당 법인과의<br>최근 3년간 거래내역 |
|---|---|---|---|
| 홍길동 | 성균관대학교 교수 | - 사외이사 (2013년 ~ 현재)<br>- 성균관대학교 교수(2001년 ~ 현재) | 없음 |

3호 의안) 이사 보수 한도 승인의 건

가. 이사의 수, 보수총액 내지 최고 한도액

| 구 분 | 37기 | 36기 |
|---|---|---|
| 이사의 수(사외이사수) | 5(3) | 5(3) |
| 보수총액 내지 최고 한도액 | 60억 | 50억 |

\* 37기 보수 한도 총액 60억: 일반보수 40억, 장기성과보수 20억<br>　36기 보수 한도 총액 50억: 일반보수 30억, 장기성과보수 20억

**참고서식** 참석장

# 참 석 장

| 주주번호 | 00028-01-03020-0006989 |
|---|---|

소유주식 현황

| 소유주식 수 | 보통주식 50주 |
|---|---|
| 의결권 있는 주식 수 | 보통주식 50주 |

주주 본인은 귀사의 아래 주주총회에 참석합니다.

총회의 명칭: 정기주주총회<br>일시: 2016년 3월 8일 (화) 오전 9시<br>장소: 서울특별시 서초구 서초대로 23, 15층 (서초동, 바른전자빌딩)

2016년 3월 8일

성명 이승호 (인)<br>바른전자 주식회사　귀중

## (7) 대리

주주는 대리인에게 의결권을 위임할 수 있다. 주주는 대리인에게 구체적이고 개별적인 사항에 한하여 의결권을 위임할 수도 있고 포괄적으로 의결권을 위임할 수도 있다[206]. 대리인은 특별한 사정이 없는 한 그 의결권 행사의 취지에 따라 제3자에게 의결권 행사를 재위임할 수 있다[207].

대리인은 대리권을 증명하는 위임장을 주주총회에 제출해야 한다(상법 368조 2항). 위임장은 원칙적으로 위·변조 여부를 쉽게 식별할 수 있도록 원본이어야 하나, 위임장이 사본이라 하더라도 주주가 의결권을 위임하였다는 사실이 충분히 증명되면 회사가 의결권 대리행사를 제한해서는 안 된다[208].

**참고서식** 위임장 (목적사항 항목별로 찬반을 명시함)

---

### 위 임 장

본인은 2016년 3월 8일에 개최하는 바른전자 주식회사 제36기 정기주주총회(그 속회, 연회 포함)에서 아래 사람을 대리인으로 정하고 다음과 같이 찬반표시에 따라 의결권을 행사할 것을 위임합니다.

다    음

| 주주번호 | 00028-01-03020-0006989 |
|---|---|

소유주식 현황

| 소유주식 수 | 보통주식 50주 |
|---|---|
| 의결권 있는 주식 수 | 보통주식 50주 |
| 위임할 주식 수 | 보통주식 50주 |

1. 대리인: 김상균 (000000-0000000)

2. 주주총회 목적사항 및 목적사항별 찬반 여부

---

206) 대법원 2014. 1. 23. 선고 2013다56839 판결 [주주총회결의부존재확인]
207) 대법원 2014. 1. 23. 선고 2013다56839 판결 [주주총회결의부존재확인]
208) 대법원 1995. 2. 28. 선고 94다34579 판결 [신주발행무효]

| 번호 | 주주총회 목적사항 | 찬성 | 반대 |
|------|------------------|------|------|
| 제1호 | 제36기(2015.1.1~2015.12.31) 재무상태표(대차대조표), 손익계산서 및 이익잉여금처분계산서(안) 등 재무제표 승인의 건 | O | |
| 제2호 | 이사 선임의 건 | | |
| 제2-1호 | 사외이사 선임의 건 | O | |
| 제2-3호 | 감사위원회 위원 선임의 건 | O | |
| 제3호 | 이사 보수 한도 승인의 건 | | O |

3. 새로 상정된 안건이나 변경·수정 안건 등에 대한 의결권의 행사위임

　주주총회 시 새로 상정된 안건이나 각호 의안에 대한 수정안이 상정될 경우 대리인에게 의결권을 포괄적으로 위임합니다.

2016년 3월 7일

주주 김철수 (000000-0000000) (인)

## (8) 주주총회 의사록 작성

　주주총회를 열면 주주총회 의사록을 작성해야 한다(상법 373조 1항). 의사록에는 의사의 경과요령과 그 결과를 기재하고 의장과 출석한 이사가 기명날인 또는 서명해야 한다(상법 373조 2항). 의사록을 인증할 예정이라면 <u>의장은 의사록에 (개인)인감도장과 (법인)인감도장을 함께 찍고, 출석한 이사는 의사록에 (개인)인감도장을 찍는다</u>[209]. 기존 공증실무는 의사록에 의장은 (법인)인감도장만을 찍고 출석한 이사는 막도장을 찍는 것을 허용했으나, 법무부는 의사록에 의장은 (법인)인감도장과 (개인)인감도장을 함께 찍고, 출석한 이사는 (개인)인감도장을 찍도록(막도장을 찍지 않도록) 행정지도하고 있다. 다만, 의사록을 인증하지 않는다면(등기사항 변경이 없다면) 의장은 의사록에 (법인)인감도장 또는 사용인감도장만을 찍고 출석한 이사는 막도장을 찍어도 된다.

　주주총회 도중에 전임 이사의 임기가 종료되고 후임 이사가 취임승낙하여 임기가 개시되었다면 전임·후임 이사 모두가 주주총회 의사록에 기명날인 또는 서명해야 한다. 후임 이사가 아직 등기되지 않았더라도 등기는 제3자에게 대항하기 위한 요건일 뿐이므로 주주총

---

209) 사회복지법인의 이사회 회의록에 기명날인하는 방법 등 [상업등기선례 제1-384호, 1998. 6. 25. 제정]

회에서 선임되고 즉시 취임승낙한 후임 이사는 주주총회 도중에 임기가 개시된다. 반면, 후임 이사의 임기가 주주총회 종결 이후부터 개시되었다면 후임 이사는 아직 이사의 자격이 없어 주주총회 의사록에 기명날인을 할 수 없다[210].

주주총회 의사록이 2장 이상이면 장마다 간인한다. 장마다 앞장을 반 접어서 앞장의 뒷면과 뒷장의 앞면의 경계선에 도장을 찍는다[211]. 감사는 주주총회에 출석하더라도 주주총회 의사록에 기명날인 또는 서명할 의무가 없고, 설령 감사가 주주총회 의사록에 기명날인 또는 서명하더라도 의사록의 효력에 영향을 미치지 않는다.

의사록은 속기록을 작성하듯이 대화 내용을 빠짐없이 기재하는 것은 아니고 다음과 같은 순서로 주요 내용을 기재한다[212].

1. 총회의 명칭
2. 총회의 개최연월일, 개최시각과 개최장소[213]
3. 총주주의 수와 총주식 주(의결권 있는 주식은 별도 표시), 출석 주주의 수(본인 출석과 대리출석을 구별하여 기재)[214]와 출석 주주의 주식 수
4. 의장의 개회선언
5. 안건 상정, 제안이유 설명, 의안에 대한 질의응답 및 토론, 수정안에 대한 설명
6. 결의 내용: 주주총회 의사록은 그 기재내용 자체로 의사의 결과를 판명할 수 있어야 한다. 재무제표 승인의 건은 「제0기 재무제표 승인의 건」이라는 기재만으로는 부족하고 재무제표의 내용을 기재하거나 재무제표를 주주총회 의사록에 별첨해야 한다. 주주총회 의사록에 선임된 임원의 주민등록번호를 반드시 기재해야 하는 것은 아니다. 다만, 의사록에 총회에서 선임된 임원의 성명만이 기재되어 있어 등기관이 그 임원과 다른 첨부서면(취임승낙서 등)에 기재된 임원과의 동일성 확인을 위하여 필요하다고 판단하는 경우 등기관은 주민등록번호나 생년월일 또는 주소 등이 기재된 의사록을 요구할 수 있다[215].

---

210) 주주총회, 이사회의 의사록에 기명날인을 할 이사 및 감사 [상업등기선례 제1-74호, 1994. 4. 1. 제정]
211) 간인 방법은 「제1장 총론」 「제5절 등기」 「II. 등기신청」 「4. 인감, 서류의 날인과 간인」 참고
212) 대법원 2011. 10. 27. 선고 2010다88682 판결 [대의원회결의무효확인] 참고
213) 주주총회를 특정하기 위해 개최연월일과 개최장소를 기재한다. 필요한 경우 개최시각도 기재한다.
214) 출석 주주의 수를 반드시 기재해야 하는 것은 아니나 이를 기재하는 것이 바람직하고, 본인출석과 대리출석자를 구별하여 각각 그 인원과 주식수의 합계를 기재한다(전계원, "주주총회의 결의와 그 의사록의 작성방법", 「법무사」, 2002. 8., 11쪽).
215) 주식회사 발기설립시 설립경과의 조사보고자와 주주총회의사록의 임원의 기재방법 [상업등기선례 제201804-4호, 2018. 4. 18. 제정]

7. 결의방법: 기명·무기명투표, 구두·박수·거수·기립표결, 투표지에 의한 표결, 집중투표 등
8. 결의결과: 표결 결과는 만장일치, 다수 찬성 여부를 명백히 기재하되, 「과반수로 찬성하였다」 또는 「만장일치로 가결하였다」라고 기재해도 무방하다. 특별결의사항은 출석한 주주 의결권의 3분의 2 이상이 찬성하였음을 알 수 있게 기재해야 한다. 이사나 감사를 선임하여 피선자들이 즉석에서 취임을 승낙하였다면 그 사실도 기재한다.
9. 폐회선언 및 폐회시각
10. 의사록 작성연월일
11. 의장과 출석한 이사가 기명날인 또는 서명(상법 373조 2항)

**참고서식** 임시주주총회 의사록

# 임시주주총회 의사록

주식회사 부천기계는 서기 2016. 7. 20. 10시 본점 회의실에서 임시주주총회를 개최하다.

총주주 수: 2명     총주식 수: 10,000주 (의결권 있는 주식 수: 10,000주)
출석 주주 수: 2명(대리출석: 0명)     출석 주주의 주식 수: 10,000주

의장 대표이사 홍길동은 정관규정에 따라 이 회의 진행을 위하여 의장석에 등단하여 위와 같이 법정수에 달하는 주식 수를 보유한 주주가 출석하였으므로 본 총회가 적법히 성립되었음을 알리고 개회를 선언한 후 다음 의안을 부의하고 심의를 구하다.

### 제1호 의안: 상호변경의 건
의장은 본 회사의 상호를 다음과 같이 변경할 필요가 있음을 설명하고 그 가부를 물은바, 주주들은 해당 정관을 다음과 같이 변경할 것을 박수로 찬성하여 만장일치로 가결하다.

제1조 (상호) 이 회사의 상호는 '퓨처인더스트리 주식회사'라 한다.

| 정관 신구조문대비표 | |
|---|---|
| 변경 전 | 변경 후 |
| 제1조 (상호) 이 회사의 상호는 '주식회사 부천기계'라 한다. | 제1조 (상호) 이 회사의 상호는 '퓨처인더스트리 주식회사'라 한다. |

**제2호 의안: 임원변경의 건**

　의장은 본 회사의 발전을 위하여 사외이사를 선임할 필요가 있음을 설명하고 의견을 구한바 주주들은 다음 사람을 사외이사로 선임하는 것을 박수로 찬성하여 만장일치로 가결하였다.

　사외이사 정갑동 (000000-0000000)

　위 피선자는 즉석에서 취임을 승낙하다.

　의장은 이상으로 의안 심의를 전부 종료하였으므로 폐회한다고 선언하다(회의 종료시 각 11시). 위 의사의 경과요령과 결과를 명확히 하기 위하여 이 의사록을 작성하고 의장과 출석한 이사가 기명날인 또는 서명하다.

2016. 7. 20.
퓨처인더스트리 주식회사
(변경 전 상호: 주식회사 부천기계)

의장 대표이사 홍길동

사내이사 김철수

사외이사 정갑동

## (9) 서면투표와 서면결의, 서면동의

　정관으로 정한 바에 따라, 주주총회를 개최하되 주주가 주주총회에 출석하지 않고 투표용지에 의결사항에 대한 찬반을 기재한 후 주식회사로 회신하여 의결권을 행사할 수 있는데 이를 '서면투표'라 한다(상법 368조의3). 나아가 자본금 총액이 10억원 미만인 주식회사는 주주 전원이 동의하면 실제 주주총회를 개최하지 않더라도 서면에 의한 결의로써 주주총회 결의를 갈음할 수 있는데 이를 '서면결의'라 한다(상법 363조 4항 1문 후단). 자본금 총액이 10억원 미만인 주식회사는 주주 전원이 결의 목적사항을 서면으로 동의하면 서면결의가 있는 것으로 간주하는데 이를 '서면동의'라 한다(상법 363조 4항 후문).

서면결의나 서면동의 시 동의방식은 제한이 없으나[216] 결의·동의한 사항을 등기신청하려면 주주 전원이 동의하였음을 증명하는 서면을 등기신청서에 첨부해야 한다(상업등기규칙 128조 1항). 실무상 서면결의는 ① 주주 전원이 서면결의동의서에 인감도장을 찍고, ② 의결 정족수 이상의 주주들이 서면결의서에 인감도장을 찍고 ③ 주주명부(대표자가 (법인)인감 도장을 찍음)와, ④ 주주 전원의 인감증명서를 첨부한다. 서면동의는 ① 주주 전원이 서면 동의서에 인감도장을 찍고, ② 주주명부(대표자가 (법인)인감도장을 찍음)와, ③ 주주 전 원의 인감증명서를 첨부한다[217].

서면결의나 서면동의는 주주총회에 관한 규정을 준용하나(상법 363조 6항), 주주총회를 물리적으로 개최한 것은 아니므로 소집통지 및 공고(상법 363조 1항부터 3항), 소집지(상법 364조), 총회의 연기·속행(상법 372조) 등 실제 회의를 전제로 한 규정은 준용될 여지가 없다. 그러나 회의를 전제로 하지 않는 규정, 즉 의결권을 포함한 결의요건(상법 368조 1항·3항, 368 조의2, 369조, 371조), 소제기(상법 376조부터 381조까지 - 소집절차상의 흠은 제외) 규정 등은 준용된다[218].

서면동의서는 의사록이 아니므로 공증인으로부터 인증받지 않는다. 다만, 경영권 분쟁 등의 사유로 주주명부의 진정성에 의심이 드는 경우(대표자 해임 등) 등기소에 서면동의서 /서면결의서가 아닌 공증인의 인증을 받은 의사록을 제출해야 하는 것이 실무이다[219].

---

216) 상업등기실무(II), 26쪽

217) 소규모 주식회사에서 서면결의 등이 이루어진 경우 첨부정보 [상업등기선례 제201809-3호, 2018. 9. 14. 제정]

218) 상업등기실무(II), 26-27쪽

219) 소규모 주식회사에서 서면결의 등이 이루어진 경우 첨부정보 [상업등기선례 제201809-3호, 2018. 9. 14. 제정]; 1인 주주 주식회사 임원 해임을 위한 주주총회 [상업등기선례 제201901-2호, 2019. 1. 31. 제정]

**참고서식** 서면동의서 (주주명부와 주주 전원의 인감증명서를 첨부한다)

# 서면동의서

주식회사 율도의 주주 전원은 상법 제363조 제4항에 따라 서면에 의한 결의로써 임시 주주총회 결의를 갈음한다.

총주주 수: 3명　　총주식 수: 10,000주 (의결권 있는 주식 수: 10,000주)
서면동의한 주주 수: 3명　　서면동의한 주주의 주식 수: 10,000주

## 제1호: 목적 변경의 건

주식회사 율도는 목적을 추가하기 위하여 정관의 해당 조문을 다음과 같이 변경한다.

| 정관 신구조문대비표 | |
|---|---|
| 변경 전 | 변경 후 |
| 제2조 (목적) 본 회사는 다음 사업을 경영함을 목적으로 한다.<br><br>〈변경 없는 부분 생략〉<br><br>1. 각 호에 관련된 부대사업 일체 [삭제] | 제2조 (목적) 본 회사는 다음 사업을 경영함을 목적으로 한다.<br><br>〈변경 없는 부분 생략〉<br><br>1. 컴퓨터 및 주변장치, 소프트웨어 도매업 [추가]<br>1. 컴퓨터 및 주변장치, 소프트웨어 소매업 [추가]<br>1. 각 호에 관련된 통신판매업 및 전자상거래업 [추가]<br>1. 각 호에 관련된 무역업 [추가]<br>1. 각 호에 관련된 부대사업 일체 [추가] |

주주 전원은 위 의안에 모두 찬성하며 동의내용을 명확히 하기 위하여 이 동의서를 작성하고 주주 전원이 기명날인한다.

### 첨 부 서 류

1. 주주명부
2. 주주 전원의 인감증명서

2016년 5월 12일
주식회사 율도

주주 000 **(인감도장 날인)**

주주 000 **(인감도장 날인)**

주주 000 **(인감도장 날인)**

## (10) 주주총회 결의의 하자

### (a) 서론

민법상 사단법인 사원총회 결의는 내용이나 절차에 하자가 있으면 당연무효이다. 반면, 상법은 주주총회 결의의 법적 안정성을 도모하고자 원칙적으로 소송을 통해서만 하자를 주장할 수 있도록 하였다. 하자에 대한 소송은 하자의 경중과 유형에 따라 ① 결의취소의 소(상법 376조), ② 결의 무효확인·부존재확인의 소(상법 380조) 및 ③ 부당결의취소·변경의 소(상법 381조)로 나뉜다. 무효확인의 소와 부당결의취소·변경의 소는 거의 이용되지 않는다. 주주총회 결의의 하자에 대한 소송을 비교하면 다음과 같다[220].

| | 취소의 소 | 무효확인의 소 | 부존재확인의 소 | 취소·변경의 소 |
|---|---|---|---|---|
| 소의 원인 | 절차의 하자<br>내용의 정관위반 | 내용의 법령위반 | 절차의 중대한 하자 | 내용의 하자 |
| 소의 성질 | 형성의 소 | 확인의 소 v. 형성의 소 (학설대립) | | 형성의 소 |
| 원고 | 주주·이사·감사 | 소의 이익이 있는 자 | | 특별이해관계인 |
| 피고 | 회사 | | | |
| 제소 기간 | 결의일부터 2개월 | 제한 없음 | | 결의일부터 2개월 |
| 소의 절차 | 전속관할, 소제기공고, 병합심리, 담보제공의무, 등기 등 모두 동일 | | | |
| 재량기각 | 가능 | 불가능 | | |
| 판결의 효력 | 대세효, 소급효, 패소원고의 책임은 동일 | | | |

### (b) 취소 사유

#### ① 소집절차상의 하자

주주총회를 소집하기로 한 이사회결의가 없는 경우[221], 대표이사 아닌 자가 이사회 소집결의에 따라 주주총회를 소집한 경우[222], 일부 주주에게 소집통지를 하지 않았거나 법정통지기간을 준수하지 못한 경우(하자가 경미한 경우에 한함)[223], 구두로 소집통지한 경우[224], 소집통지서에 기재된 목적사항 외의 안건을 부의하여 결의한 경우[225], 개회시각을

---

220) 송옥렬, 상법강의, 936쪽

221) 대법원 1980. 10. 27. 선고 79다1264 판결 [주주총회결의취소]

222) 대법원 1993. 9. 10. 선고 93도698 판결 [공정증서원본불실기재, 동행사]

223) 대법원 1993. 10. 12. 선고 92다21692 판결 [주주총회결의등부존재확인]

224) 대법원 1987. 4. 28. 선고 86다카553 판결 [물품인도]

225) 대법원 1979. 3. 27. 선고 79다19 판결 [주주총회결의취소]

사실상 부정확하게 만들고 소집통지된 시각에 주주들의 참석을 사실상 기대하기 어려워 주주들의 참석권을 침해한 경우[226] 등이 있다.

② 결의방법의 하자

주주총회가 적법하게 소집되어 개회되었으나 의결권 없는 자가 의결권을 행사하였으며 동인이 의결권을 행사한 주식 수를 제외하면 의결정족수에 미달하는 경우[227], 사실상 주주 2인으로 구성된 주식회사의 일방 주주 측이 다른 주주의 회의장 입장을 부당하게 방해한 경우[228] 등이 있다.

### (c) 무효, 부존재 사유

주주총회 결의의 내용이 법령을 위반하면 주주총회 결의 무효사유가 된다. 예를 들어 주주평등의 원칙에 반하는 결의, 주주의 유한책임원칙에 반하는 결의, 배당가능이익을 초과하는 이익배당결의, 주주총회 권한이 아닌 사항에 관한 결의, 주주총회의 전속적 결의사항을 타인에게 위임하는 결의, 선량한 풍속 기타 사회질서를 위반하는 결의 등이 있다[229].

주주총회 부존재 사유는 취소 사유와 비교하여 소집절차 또는 결의방법의 하자가 심하여 사실상 주주총회 결의가 존재하지 않는다고 볼 수 있는 경우이다[230]. 예를 들어 주주 전부 또는 대부분의 주주에게 소집통지서를 발송하지 않은 경우[231], 일부 주주에게만 구두로 주주총회 소집통지를 하였는데 그 총회 소집이 이사회에서 결정된 것이 아니고 또 그 소집통지가 권한 있는 자에 의한 것이 아닌 경우[232], 주주총회 당일, 소란으로 인하여 사회자가 주주총회의 산회 선언을 하였는데 그 후 주주 3인이 별도의 장소에 모여 결의를 한 경우[233], 주주총회를 소집할 권한이 없는 자가 이사회의 주주총회 소집결정도 없이 주주총회를 소집하여 결의한 경우[234], 주식의 소유가 실질적으로 분산되어 있는데도 실제의 소집절

---

226) 대법원 2003. 7. 11. 선고 2001다45584 판결 [주식매수선택권부여결의등부존재확인]

227) 대법원 1983. 8. 23. 선고 83도748 판결 [자격모용사문서위조 · 자격모용사문서위조행사 · 공정증서원본불실기재 · 공정증서원본불실기재행사]

228) 대법원 1996. 12. 20. 선고 96다39998 판결 [주주총회결의무효확인]

229) 송옥렬, 상법강의, 939쪽

230) 송옥렬, 상법강의, 940쪽

231) 대법원 1978. 11. 14. 선고 78다1269 판결 [주주총회결의무효확인]

232) 대법원 1973. 6. 29. 선고 72다2611 판결 [주주총회결의부존재확인]

233) 대법원 1993. 10. 12. 선고 92다28235 판결 [임시주주총회결의부존재확인등, 주주총회결의부존재확인]

234) 대법원 2010. 6. 24. 선고 2010다13541 판결 [주주총회결의무효확인등]; 대법원 2022. 11. 10. 선고 2021다271282 판결 [임시주주총회결의무효확인의소]

차와 결의절차를 거치지 아니한 채 주주총회 결의가 있었던 것처럼 주주총회 의사록을 허위로 작성한 경우[235] 등이 있다.

### 3. 이사와 이사회

## (1) 이사

이사는 이사회의 구성원으로서 회사의 의사결정에 참여하고 이사회를 통하여 대표이사 등의 직무집행을 감독한다[236]. 이사는 실제로 의사결정에 참여하고 직무집행을 감독해야 하므로 자연인이어야 한다는 것이 다수설이다[237]. 이사는 주주총회에서 선임하므로(상법 382조 1항) 주주총회 선임절차를 거치지 않은 채 단지 회사로부터 이사라는 직함을 형식적·명목적으로 부여받은 것에 불과한 자(속칭 비등기이사)는 상법상 이사의 권한을 행사할 수 없다[238].

주식회사의 이사는 3명 이상이어야 하나 자본금 총액이 10억원 미만인 주식회사는 이사를 1명 또는 2명만 둘 수 있다(상법 383조 1항). 이사가 1명 또는 2명이면 이사는 모두 사내이사이어야 한다(이사와 집행임원의 등기신청방법에 관한 예규[239] 3조 2항 1호·2호)[240]. 회사와 이사는 위임관계이므로(상법 382조 2항) 회사와 이사는 근로계약서가 아닌 위임계약서를 작성한다.

이사는 ① 사내이사, ② 사외이사, ③ 그 밖에 상무에 종사하지 않는 이사(기타비상무이사)로 구분한다(상법 317조 2항 8호).

---

235) 대법원 2007. 2. 22. 선고 2005다73020 판결 [손해배상(기)]

236) 송옥렬, 상법강의, 952쪽

237) 이러한 의미에서 법인이 이사, 감사가 될 수 있는 협동조합 기본법의 임원 규정(협동조합 기본법 34조 4항)이나 자본시장과 금융투자업에 관한 법률의 법인이사 규정(자본시장과 금융투자업에 관한 법률 197조, 198조)은 이례적이다.

238) 대법원 2003. 9. 26. 선고 2002다64681 판결 [퇴직금]

239) 등기예규 제1538호, 2014. 11. 5. 제정, 2014. 11. 21. 시행

240) 자본금 10억 미만인 소규모주식회사에서 이사가 2인인 경우 등기방법 [상업등기선례 제201804-1호, 2018. 4. 3. 제정]

|  | 사내이사 | 사외이사 | 기타비상무이사 |
|---|---|---|---|
| 회사에 상근 | O | X | X |
| 결격사유 규정 | X | 1. 비상장회사: 상법 382조 3항<br>2. 상장회사: 상법 382조 3항, 542조의8 2항, 상법 시행령 34조 | X |

사내이사는 주식회사에 상근(常勤)한다는 점에서 다른 이사와 다르다. 사외이사와 기타 비상무이사는 비상근이라는 점은 같으나 결격사유로 구별된다. 예를 들어 모회사의 이사는 자회사의 사외이사가 될 수 없으나(상법 382조 3항 5호) 자회사의 기타비상무이사는 될 수 있다.

비상장 주식회사의 사외이사 결격사유는 다음과 같다(상법 382조 3항).

1. 회사의 상무에 종사하는 이사·집행임원 및 피용자 또는 최근 2년 이내에 회사의 상무에 종사한 이사·감사·집행임원 및 피용자
2. 최대주주가 자연인인 경우 본인과 그 배우자 및 직계 존속·비속
3. 최대주주가 법인인 경우 그 법인의 이사·감사·집행임원 및 피용자
4. 이사·감사·집행임원의 배우자 및 직계 존속·비속
5. 회사의 모회사 또는 자회사의 이사·감사·집행임원 및 피용자
6. 회사와 거래관계 등 중요한 이해관계에 있는 법인의 이사·감사·집행임원 및 피용자
7. 회사의 이사·집행임원 및 피용자가 이사·집행임원으로 있는 다른 회사의 이사·감사·집행임원 및 피용자

또한, 상장회사의 사외이사 결격사유는 다음과 같다(상법 382조 3항, 542조의8 2항, 상법 시행령 34조 5항).

1. 회사의 상무에 종사하는 이사·집행임원 및 피용자 또는 최근 2년 이내에 회사의 상무에 종사한 이사·감사·집행임원 및 피용자
2. 최대주주가 자연인인 경우 본인과 그 배우자 및 직계 존속·비속
3. 최대주주가 법인인 경우 그 법인의 이사·감사·집행임원 및 피용자
4. 이사·감사·집행임원의 배우자 및 직계 존속·비속

5. 회사의 모회사 또는 자회사의 이사·감사·집행임원 및 피용자

6. 회사와 거래관계 등 중요한 이해관계에 있는 법인의 이사·감사·집행임원 및 피용자

7. 회사의 이사·집행임원 및 피용자가 이사·집행임원으로 있는 다른 회사의 이사·감사·집행임원 및 피용자

8. 미성년자, 금치산자 또는 한정치산자

9. 파산선고를 받고 복권되지 아니한 자

10. 금고 이상의 형을 선고받고 그 집행이 끝나거나 집행이 면제된 후 2년이 지나지 아니한 자

11. 대통령령으로 별도로 정하는 법률을 위반하여 해임되거나 면직된 후 2년이 지나지 아니한 자

12. 상장회사의 주주로서 의결권 없는 주식을 제외한 발행주식총수를 기준으로 본인 및 그와 대통령령으로 정하는 특수한 관계에 있는 자(이하 "특수관계인"이라 한다)가 소유하는 주식의 수가 가장 많은 경우 그 본인(이하 "최대주주"라 한다) 및 그의 특수관계인

13. 누구의 명의로 하든지 자기의 계산으로 의결권 없는 주식을 제외한 발행주식총수의 100분의 10 이상의 주식을 소유하거나 이사·집행임원·감사의 선임과 해임 등 상장회사의 주요 경영사항에 대하여 사실상의 영향력을 행사하는 주주(이하 "주요주주"라 한다) 및 그의 배우자와 직계 존속·비속

14. 해당 상장회사의 계열회사의 상무에 종사하는 이사·집행임원·감사 및 피용자이거나 최근 3년 이내에 계열회사의 상무에 종사하는 이사·집행임원·감사 및 피용자였던 자

15. 다음 각 목의 법인 등의 이사·집행임원·감사 및 피용자[사목에 따른 법무법인, 법무법인(유한), 법무조합, 변호사 2명 이상이 사건의 수임·처리나 그 밖의 변호사 업무수행 시 통일된 형태를 갖추고 수익을 분배하거나 비용을 분담하는 형태로 운영되는 법률사무소, 합작법무법인, 외국법자문법률사무소의 경우에는 해당 법무법인 등에 소속된 변호사, 외국법자문사를 말한다]이거나 최근 2년 이내에 이사·집행임원·감사 및 피용자였던 자

  가. 최근 3개 사업연도 중 해당 상장회사와의 거래실적의 합계액이 자산총액(해당 상장회사의 최근 사업연도 말 현재의 대차대조표상의 자산총액을 말한다) 또는 매출총액(해당 상장회사의 최근 사업연도 말 현재의 손익계산서상의 매출총액을 말한다. 이하 이 조에서 같다)의 100분의 10 이상인 법인

  나. 최근 사업연도 중에 해당 상장회사와 매출총액의 100분의 10 이상의 금액에 상당하는 단일의 거래계약을 체결한 법인

  다. 최근 사업연도 중에 해당 상장회사가 금전, 유가증권, 그 밖의 증권 또는 증서를 대여하거나 차입한 금액과 담보제공 등 채무보증을 한 금액의 합계액이 자본금

(해당 상장회사의 최근 사업연도 말 현재의 대차대조표상의 자본금을 말한다)의 100분의 10 이상인 법인

라. 해당 상장회사의 정기주주총회일 현재 그 회사가 자본금(해당 상장회사가 출자한 법인의 자본금을 말한다)의 100분의 5 이상을 출자한 법인

마. 해당 상장회사와 기술제휴계약을 체결하고 있는 법인

바. 해당 상장회사의 감사인으로 선임된 회계법인

사. 해당 상장회사와 주된 법률자문·경영자문 등의 자문계약을 체결하고 있는 법무법인, 법무법인(유한), 법무조합, 변호사 2명 이상이 사건의 수임·처리나 그 밖의 변호사 업무수행 시 통일된 형태를 갖추고 수익을 분배하거나 비용을 분담하는 형태로 운영되는 법률사무소, 합작법무법인, 외국법자문법률사무소, 회계법인, 세무법인, 그 밖에 자문용역을 제공하고 있는 법인

16. 해당 상장회사 외의 2개 이상의 다른 회사의 이사·집행임원·감사로 재임 중인 자

17. 해당 상장회사에 대한 회계감사 또는 세무대리를 하거나 그 상장회사와 법률자문·경영자문 등의 자문계약을 체결하고 있는 변호사(소속 외국법자문사를 포함한다), 공인회계사, 세무사, 그 밖에 자문용역을 제공하고 있는 자

18. 해당 상장회사의 발행주식총수의 100분의 1 이상에 해당하는 주식을 보유(「자본시장과 금융투자업에 관한 법률」 제133조 제3항에 따른 보유를 말한다)하고 있는 자

19. 해당 상장회사와의 거래(「약관의 규제에 관한 법률」 제2조 제1호의 약관에 따라 이루어지는 해당 상장회사와의 정형화된 거래는 제외한다) 잔액이 1억원 이상인 자

20. 해당 상장회사에서 6년을 초과하여 사외이사로 재직했거나 해당 상장회사 또는 그 계열회사에서 각각 재직한 기간을 더하면 9년을 초과하여 사외이사로 재직한 자

사내이사와 기타비상무이사는 상법에 결격사유 규정은 없으나 다른 회사에서 이미 일하고 있는지 확인해야 한다. 예를 들어 갑이라는 사람이 이미 A 주식회사에서 직원으로 일하면서 A 주식회사의 동의없이 투잡(two-jobs) 형식으로 B 주식회사의 사내이사가 되고자 한다면 갑은 A 주식회사와의 근로계약을 위반할 가능성이 크다. 만약 갑이 A 주식회사의 사내이사로 선임된 상태라면 갑은 A 주식회사 이사회의 승인 없이는 같은 업종에 속하는 다른 회사의 이사가 될 수 없다(상법 397조 1항). A 주식회사 이사회의 승인없이 갑이 같은 업종인 B 주식회사에 사내이사로 선임된다면 선임 자체는 유효하나 갑은 A 주식회사에 손해배상책임을 지거나 A 주식회사에서 해임될 수 있다. 그 밖에도 A 주식회사는 개입권(상법 397조 2항)을 행사할 수 있다.

대통령령으로 정하는 경우(상법 시행령 34조 1항 각호)를 제외하고, 상장회사는 이사 총수의

4분의 1 이상을 사외이사로 뽑아야 한다(상법 542조의8 1항, 상법 시행령 34조 1항). 나아가 자산총액이 2조원 이상인 상장회사는 사외이사를 3명 이상, 이사 총수의 과반수가 되도록 뽑아야 한다(상법 542조의8 1항 단서, 상법 시행령 34조 2항).

## (2) 이사회

### (a) 구성 및 설치

이사회는 이사로 구성되며 회사 업무집행에 관하여 의사결정하고 이사의 직무집행을 감독한다[241]. 이사회는 이사가 3명 이상일 때만 설치된다. 이사회는 주주총회에서 선임된 이사들로 구성되나 주주총회의 하부기관이 아니다[242]. 따라서 이사회 결의사항을 주주총회 결의로 번복하거나 무효로 할 수 없다. 이사는 3개월에 1번 이상 업무집행상황을 이사회에 보고해야 하므로(상법 393조 4항) 이사회는 적어도 3개월에 1번은 개최해야 한다.

이사가 1명 또는 2명이면 이사는 모두 사내이사이어야 한다(이사와 집행임원의 등기신청방법에 관한 예규 3조 2항 1호·2호). 이사가 3명 이상이면 사내이사는 몇 명 이상이어야 하는가? 「이사와 집행임원의 등기신청방법에 관한 예규」 3조 2항 2호를 유추 적용하여 이사가 3명 이상일 때도 사내이사를 2명 이상 선임해야 한다는 견해도 있으나, 지배주주로부터 독립적인 사외이사의 숫자를 늘려 이사회의 감독기능을 강화하는 것이 상법의 취지에 부합하고 자산총액이 2조원 이상인 상장회사는 사외이사를 3명 이상, 이사 총수의 과반수로 선임해야 하는 점을 고려한다면 이사가 3명 이상인 경우 사내이사를 1명만 선임하는 것이 가능하다고 보아야 할 것이다.

### (b) 결의사항

우리나라 회사법은 이사회 중심주의이기 때문에 이사회는 주주총회나 대표이사보다 포괄적인 권한을 갖는다. 즉, 이사회는 ① 법령이나 정관에 이사회 권한으로 정한 사항에 대하여 의사결정권을 가질 뿐만 아니라 ② 법령이나 정관에 주주총회 또는 이사회 권한으로 정하지 않았더라도 중요한 업무라면 의사결정권을 가진다. 반면, 법령이나 정관에 주주총회 또는 이사회 권한으로 정하지 않은 사항 중 일상업무는 대표이사가 의사결정권을 갖는다.

법령이나 정관에 주주총회 또는 이사회 권한으로 정한 사항은 대표이사에게 위임할 수 없

---

241) 송옥렬, 상법강의, 970쪽
242) 남상우, "의사록·정관 인증 개선방안에 관한 연구", 법무부, 2014. 7., 57쪽

다[243]. 반면, 법령이나 정관에 주주총회 또는 이사회의 권한으로 정하지 않은 사항은, 중요한 업무라면 이사회가 결정권을 가지고 일상업무라면 대표이사가 결정권을 가지지만, 이사회는 중요한 업무라도 일반적·구체적으로 대표이사에게 결정권한을 위임할 수 있다[244].

주주총회는 주주 대신 대리인이 출석할 수 있으나, 이사회는 원칙적으로 이사 자신이 직접 출석하여 결의에 참여해야 하므로 대리인에 의한 출석 및 의결은 인정되지 않는다[245].

이사회 결의는 이사의 과반수(50% 초과)가 출석하고 출석 이사의 과반수(50% 초과)가 찬성해야 한다(상법 391조 1항 본문). 정관으로 결의요건을 강화할 수도 있다(상법 391조 1항 단서). 감사는 이사회에 출석하여 의견을 진술할 권리는 있으나(상법 391조의2 1항) 의결권은 없다[246].

예를 들어 주식회사의 이사가 3명이고 감사가 1명인 경우, 이사 총수의 과반수인 2명의 이사가 출석하고 출석 이사의 과반수인 2명이 찬성하면 결의사항이 통과된다. 찬성과 반대가 동수이면 부결이고, 대표이사가 캐스팅보트(casting vote, 가부동수시 결정권한)를 행사할 수 없다[247]. 회사기회이용의 승인(상법 397조의2 1항), 이사 등과 회사 간 거래의 승인(상법 398조), (자산총액 2조원 미만인 회사의) 감사위원회 위원의 해임(상법 415조의2 3항) 등은 이사 총수의 3분의 2 이상이 찬성해야 한다. 이사회 결의에 특별한 이해관계가 있는 이사는 해당 이사회 결의사항에 의결권을 행사하지 못한다(상법 391조 3항, 368조 3항).

주식회사에 이사회가 설치되지 않으면 이사회 결의사항 중 중요한 사항은 주주총회에서 의결하고(상법 383조 4항), 덜 중요한 사항은 이사 각자가(대표이사를 정한 경우는 대표이사가) 결정한다(상법 383조 6항). 다만, 등기실무는 이사가 2명 뿐이라서 이사회가 설치되지 않은 경우 정관에 '대표이사는 이사들의 합의로 정한다'는 내용의 규정이 있으면 (주주총회가 아닌) 이사 2명의 합의로 대표이사를 선임하는 것을 허용한다[248]. 법령상 이사회 결의사항은 다음과 같다.

---

243) 송옥렬, 상법강의, 971쪽
244) 대법원 1997. 6. 13. 선고 96다48282 판결 [건물소유권이전등기]
245) 대법원 1982. 7. 13. 선고 80다2441 판결 [채권확인등]
246) 주식회사의 이사회에 감사가 불출석한 경우 이사회의사록 작성 가부 [상업등기선례 제1-75호, 1997. 11. 24. 제정]
247) 대법원 1995. 4. 11. 선고 94다33903 판결 [채권확정] 참고
248) 이사 2명인 소규모 주식회사에서 대표이사를 정하는 방법 [법인등기선례 제201709-2호, 2017. 9. 27. 제정]

| 이사회 권한 | 이사회가 설치되지 않은 경우 |
|---|---|
| 주식양도를 제한하는 경우 양도승인 (상법 335조 1항 단서 및 2항) | 주주총회의 권한 |
| 주식매수선택권 부여를 취소 (상법 340조의3 1항 5호) | |
| 이사의 경업 승인, 개입권 행사 (상법 397조 1항·2항) | |
| 회사기회이용의 승인 (상법 397조의2 1항) | |
| 이사 등과 회사 간 거래의 승인 (상법 398조) | |
| (정관에 정하지 않은 경우) 자기주식 처분 (상법 342조)[249] | |
| 무액면주식을 발행할 때 자본금으로 계상하는 금액 결정 (상법 416조 2호의2, 451조 2항) | |
| 중간배당 (상법 462조의3 1항)[250] | |
| 사채발행 (상법 469조 1항) | |
| 정관으로 정하는 바에 따라 대표이사에게 사채발행을 위임 (상법 469조 4항) | |
| 배당금 지급시기의 결정 (상법 464조의2 1항) | |
| 주주총회의 주식교환계약서 승인사항에 관한 이사회결의 (상법 360조의5 1항) | |
| 주주총회의 주식이전계획서 승인사항에 관한 이사회결의 (상법 360조의22, 360조의5 1항) | |
| 주주총회의 합병계약서 승인사항에 관한 이사회결의 (상법 522조의3 1항) | |
| 주주총회의 분할합병계약서 승인사항에 관한 이사회결의 (상법 530조의11 2항, 522조의3 1항) | |
| 물적분할시 분할계획서 승인사항에 관한 이사회결의 (상법 530조의12, 530조의11 2항, 522조의3 1항) | |
| 주권상장법인의 조건부자본증권 발행 (자본시장과 금융투자업에 관한 법률 165조의11) | |
| 대표이사, 공동대표이사의 선임 (상법 389조) | 정관에 규정이 있으면 주주총회에서 대표이사 및 공동대표이사를 선임. 다만, 등기실무는 정관에 '대표이사는 이사들의 합의로 정한다'는 내용의 규정이 있으면 이사가 2명뿐이라도 이사들이 합의하여 대표이사를 정하는 것을 허용 |

---

249) 이사의 수가 2인 이하인 소규모 주식회사의 의사결정기관 [상업등기선례 제201702-1호, 2017. 2. 14. 제정]

250) 자본금 총액이 10억원 미만인 주식회사로서 이사가 1명 또는 2명인 경우 상법 462조의3 1항(중간배당)의

| 이사회 권한 | 이사회가 설치되지 않은 경우 |
|---|---|
| 준비금의 자본금 전입 (상법 461조 1항 본문) | 이사회가 설치되지 않는 경우 주주총회의 권한이 되며, 이사회가 설치된 경우에도 정관규정에 따라 주주총회의 권한으로 할 수 있음 |
| 신주발행 (상법 416조) | |
| 전환사채 발행 (상법 513조 2항 본문), 신주인수권부사채 발행 (상법 516조의2 2항 본문) - 다만, 정관에 신주발행 및 인수는 주주총회에서 결정하고, 자본의 증가 및 감소는 주주총회 특별결의로 하도록 규정하였다면 전환사채 발행과 신주인수권부사채 발행도 주주총회 특별결의로 해야 한다[251]. | |
| 회사가 보유하는 자기주식을 소각 (상법 343조 1항 단서) | 이사 각자(또는 대표이사)의 권한 |
| 전환주주에 대한 통지 및 공고 (상법 346조 3항) | |
| 주주총회 소집결정 (상법 362조) | |
| 주주제안에 따른 주주총회의 목적사항 변경 (상법 363조의2 3항) | |
| 소수주주의 임시주주총회 소집청구서 수령 (상법 366조 1항) | |
| 감사의 이사회 소집청구서 수령 (상법 412조의3 1항) | |
| 주주총회 전자투표 채택 (상법 368조의4 1항) | |
| 중요한 자산의 처분 및 양도, 대규모 재산의 차입, 지배인의 선임 또는 해임과 지점의 설치 · 이전 또는 폐지 등 회사의 업무집행 (상법 393조 1항) | |
| 주주총회의 승인이 필요한 사항을 제안 (상법 393조의2 2항 1호) | |
| 자기주식 취득 결의 후 자기주식 취득 조건의 결정[252] (상법 시행령 10조 1호) | |
| 이사, 피용자, 회사업무에 대한 감독 (상법 393조 2항부터 4항) | 규정을 적용하지 않음 |
| 이사회 내 위원회 위원의 선임 및 해임, 이사회 내 위원회에 대한 권한의 위임 (상법 393조의2 2항) | |
| 이사회 내 위원회의 결의사항에 대한 재결의 또는 번복결의(상법 393조의2 4항) | |
| 집행임원과 관련된 이사회 규정 (상법 408조의2 3항 · 4항, 408조의4 2호, 408조의5 1항, 408조의6) | |

이사회 결의는 주주총회 결의로 한다(상법 383조 4항). 상법 383조 6항에서 상법 462조의3 1항을 다시 언급한 것은 입법상의 오류로 보인다.

251) 대법원 1999. 6. 25. 선고 99다18435 판결 [이사회결의무효확인]

252) 자기주식취득 결의(상법 341조)에 따라 정해진 자기주식 총액 범위 내에서 이사회가 자기주식 취득 조건 등 구체적인 사항을 결의함을 뜻한다.

| 이사회 권한 | 이사회가 설치되지 않은 경우 |
|---|---|
| 이사회가 재무제표를 승인한 경우(상법 449조의2 1항) 이익배당 결의 (상법 462조 2항 단서) | 규정을 적용하지 않음 |
| 이사회 소집이사 결정 (상법 390조 1항) | |
| (정관에 정한 경우를 제외하고) 원격통신수단회의 허용 (상법 391조 2항) | |
| 이사회의 연기·속행 (상법 392조, 372조) | |
| 재무제표의 승인 (상법 447조) | |
| 재무제표 승인에 대한 특칙 (상법 449조의2) | |
| 흡수합병보고 총회를 갈음하는 이사회 공고 (상법 526조 3항) | |
| 신설합병보고 총회를 갈음하는 이사회 공고 (상법 527조 4항) | |
| 간이합병 소멸회사의 이사회 승인 (상법 527조의2 1항) | |
| 분할합병 시 소멸회사가 간이합병요건을 충족할 경우 이사회 승인 (상법 530조의11 2항, 527조의2 1항) | |
| 소규모합병 존속회사의 이사회 승인 (상법 527조의3 1항) | |
| 채권자보호절차에 관한 이사회 승인 (상법 527조의5 2항) | |
| 간이주식교환의 승인 (상법 360조의9 1항) | |
| 소규모주식교환의 승인 (상법 360조의10 1항) | |
| 정관 규정에 따른 상장회사의 주식매수선택권 부여 (상법 542조의3 3항) | |
| 자산총액 2조원 미만인 회사에서 감사위원회 위원의 선임·해임 (상법 415조의2 1항·3항) | |
| 주요주주 등 이해관계자와의 거래 승인 (상법 542조의9 3항·5항) | |
| 준법지원인 임면 및 준법지원인에 대한 보고 요구 (상법 542조의13 3항·4항) | |

법령과 정관에 이사회 결의사항으로 명시하지 않더라도 아래 사항은 주식회사의 중요한 업무로서 이사회 결의가 필요하다[253].

1. 명의개서대행회사의 선정 (상법 337조 2항)
2. 특정 목적 자기주식 취득 (상법 341조의2)
3. 상환주식의 상환통지 결의 (상법 345조 2항)

---

253) 남상우, "의사록·정관 인증 개선방안에 관한 연구", 법무부, 2014. 7., 57-59쪽

> 4. 주주명부폐쇄 및 기준일의 설정 (상법 354조 1항)
> 5. 사채관리회사 지정·위탁, 해임청구, 사무승계자 선정 (상법 480조의2, 482조, 483조 1항)
> 6. 주식의 포괄적 교환(상법 360조의2, 360조의3)·합병(상법 522조, 522조의3 1항)·주식의 포괄적 이전에 의한 완전모회사의 설립(상법 360조의15)·분할·분할합병(상법 530조의2)·물적 분할(상법 530조의12)에 관한 주주총회에 앞서 이사회 결의

주식회사의 본점이전 결정권한은 조금 복잡하다. 본점이전은 ① 같은 등기소 관할 내에서 이전하는 경우와 ② 다른 등기소 관할지역으로 이전하는 경우를 나누어 검토해야 한다. 주식회사 정관은 일반적으로 본점 주소를 구체적으로 기재하는 것은 아니고 <u>본점을 관할하는 등기소의 관할행정구역을 기재한다</u>(예: '이 회사의 본점은 서울특별시에 둔다')[254]. 예를 들어 「서울특별시 서초구 서초대로 25」에 소재한 본점을 「서울특별시 노원구 공릉로 35」로 옮긴다면 위 ①의 상황에 해당하여 정관을 변경하지 않고 이사회 결의만으로 본점을 이전할 수 있고[255] 이사회가 없다면 이사 각자(또는 대표이사)가 본점이전을 결정할 수 있다[256]. 반면, 「서울특별시 서초구 서초대로 25」에 소재한 본점을 「경기도 성남시 분당구 동판교로 123」으로 옮긴다면, 위 ②에 해당하여 먼저 주주총회 특별결의로 정관을 변경해야 하고('이 회사의 본점은 성남시에 둔다'라고 변경함)[257] 뒤이어 이사회 결의로 구체적인 본점 주소를 정한다. 마찬가지로 이사회가 없다면 이사 각자(또는 대표이사)가 구체적인 본점 주소를 정한다.

### (c) 소집절차

이사회는 이사 각자가 소집할 수 있으나 이사회 결의로 소집할 이사를 정하면(예: 대표이사만이 이사회를 소집할 수 있다고 정한 경우) 그 이사만이 이사회를 소집할 수 있다(상법 390조 1항). 이사회를 소집하려면 이사회일의 1주일 전(D-8일)까지 이사와 감사에게 소집통지해야 한다(상법 390조 3항 본문). 이사회 소집통지도 주주총회와 마찬가지로 발신주의가 적용된다. <u>소집통지기간은 정관으로 단축할 수 있다</u>(상법 390조 3항 단서). 이사회 소집통지 방법은

254) 본점소재지의 소재지번 경정·변경, 복수의 행정구역 등기가부 등 [상업등기선례 제1-136호, 2004. 2. 6. 제정]
255) 주식회사의 본점이전에서 구체적인 이전장소나 이전일자에 관한 결의를 주주총회에서 할 수 있는지 여부 [상업등기선례 제1-130호, 2001. 11. 1. 제정]
256) 이사가 1인인 회사의 최소 행정구역 내 본점 이전으로 인한 변경등기 신청시 첨부서면 [상업등기선례 제2-24호, 2007. 7. 24. 제정]
257) 변경된 정관을 등기신청서에 첨부하지는 않는다(회사의 본점이전등기신청과 정관의 첨부 여부 등 [상업등기선례 제1-117호, 1988. 7. 15. 제정]).

제한이 없으므로 반드시 서면이나 전자우편으로 할 필요는 없고 <u>구두통지도 가능하다</u>[258]. 또한, 이사와 감사 전원이 동의하면 소집통지절차를 생략하고 언제든지 이사회를 개최할 수 있다(상법 390조 4항). 이사회 소집통지서에 회의 목적사항을 반드시 기재해야 하는 것은 아니나[259], 원활한 회의진행을 위해 회의 목적사항을 사전에 통지하는 것이 바람직하다.

**참고서식** 이사회 소집통지서

---

# 이사회 소집통지

이사, 감사님의 건승과 댁내 평안을 기원합니다. 당사는 상법 및 정관 규정에 따라 아래와 같이 이사회를 개최하오니 참석하여 주시기 바랍니다.

아 래

1. 일시: 2016년 7월 12일 오전 10시

2. 장소: 서울특별시 서초구 서초대로 20, 2층 (서초동, 영산빌딩) 본점 회의실

3. 의안: 제1호 의안 본점이전의 건
　　　　제2호 의안 신주발행의 건
　　　　제3호 의안 신주인수권증서 발행의 건

2016년 7월 4일

퓨처인더스트리 주식회사
대표이사 홍길동

---

### (d) 집중투표

집중투표제는 지배주주가 모든 이사를 선임하는 것을 견제하는 제도이다(상법 382조의2). 집중투표제가 아닌 단순투표제에서는 이사마다 선임 찬반투표를 하므로 몇 명의 이사를 선임하든 51%의 지분을 가진 지배주주가 모든 이사를 마음대로 선임할 수 있다. 반면, 집중투표제를 채택하면 이사마다 선임 투표를 하는 것이 아니라 모든 이사에 대하여 한 번의

---

258) 송옥렬, 상법강의, 973쪽
259) 대법원 2011. 6. 24. 선고 2009다35033 판결 [손해배상(기)]

선임투표를 한다. 임시주주총회에서 3명의 이사를 선임할 예정이라면 한 번의 투표로 이사 후보 중 3등까지 이사로 선임하는 것이다. 예를 들어 주식회사의 주주가 A(지분 60%)와 B(지분 40%)이고 임시주주총회에서 이사 3명 선임해야 하는데 A가 추천한 후보 3명과 B가 추천한 후보 3명이 있다면 B가 추천한 후보 중 적어도 1명은 이사가 될 수 있다. 다만, 집중투표제는 정관으로 배제할 수 있고(상법 382조의2 1항) 실제로 대부분의 주식회사가 정관으로 집중투표제를 배제하고 있다.

> **참고서식** 집중투표제를 배제하는 정관 예문
>
> 제0조 (이사와 감사의 원수 및 선임) ① 본 회사의 이사는 3명 이상으로 하고 감사는 1명 이상으로 한다. 단, 본 회사의 자본금 총액이 10억원 미만인 경우 이사는 1명 또는 2명으로 할 수 있으며 감사는 선임하지 않을 수 있다.
> ② 이사와 감사는 주주총회에서 선임한다. 단, 의결권 없는 주식을 제외한 발행주식총수의 100분의 3을 초과하는 주식을 가지는 주주는 그 초과하는 주식에 관하여는 감사선임 의결권을 행사하지 못한다.
> ③ 2명 이상의 이사를 선임하는 경우 상법 제382조의2에서 규정하는 집중투표제는 적용하지 아니한다.

### (e) 이사회 의사록 작성

이사회 의사에 관하여는 의사록을 작성해야 한다(상법 391조의3 1항). 이사회 의사록에는 의사의 안건, 경과요령, 그 결과, 반대하는 자와 그 반대이유를 기재하고 출석한 이사와 감사가 기명날인 또는 서명해야 한다(상법 391조의3 2항). 이사회 의사록을 공증인으로부터 인증받을 예정이라면 의장은 이사회 의사록에 (개인)인감도장과 (법인)인감도장을 함께 찍고, 출석한 이사와 감사는 이사회 의사록에 (개인)인감도장을 찍는다. 이사회 의사록을 공증인으로부터 인증받지 않는다면(등기사항 변경이 없다면) 의장은 이사회 의사록에 (법인)인감도장 또는 사용인감도장만을 찍고 출석한 이사·감사는 막도장을 찍어도 된다.

이사회 의사록은 속기록을 작성하듯이 대화 내용을 빠짐없이 기재하는 것이 아니고 다음과 같은 순서로 주요 내용을 기재하면 된다.

1. 이사회의 개최 연월일시 및 장소
2. 총이사의 수와 출석 이사의 수, 총감사의 수와 출석 감사의 수
3. 의안에 관한 질의 및 의견
4. 결의의 성립과정
5. 결의의 내용
6. 반대하는 이사와 그 반대이유

참고서식  **이사회 의사록**

# 이사회 의사록

주식회사 율도는 서기 2016. 7. 8. 10시 본점 회의실에서 이사회를 개최한다.

총이사 수: 4명　　　　　　　총감사 수: 1명
출석 이사 수: 3명　　　　　　출석 감사 수: 0명

### 제1호 의안: 본점이전의 건

의장은 본 회사의 본점을 다음 장소로 이전할 필요가 있다고 설명하고 그 가부를 물은 바, 이사들은 만장일치로 가결하다.

본점이전장소: 서울특별시 종로구 세종대로 275, 202호 (세종로, 대왕빌딩)
이전연월일: 2016.  7.  8.

### 제2호 의안: 신주식 발행의 건

의장은 본 회사가 신주식을 발행하여 자본을 증가할 필요가 있음을 설명하고 신주식발행에 대한 의견을 구한바 이사들은 신중히 논의한 끝에 다음과 같이 신주식을 발행할 것을 만장일치로 가결하다.

1) 신주식의 종류와 수: 보통주식 200,000주
2) 신주식의 발행가액: 1주 금5,000원
3) 납입기일: 2016.  7.  25.
4) 납입을 맡을 금융기관과 납입장소: 우리은행 (강남역지점)
5) 신주식의 인수방법: 각 주주가 가진 주식 수의 비율에 따라 신주식을 배정함을 원칙으로 하되 주주는 인수권의 일부 또는 전부를 포기할 수 있으며, 이 경우 인수포기한 주

식은 일반으로부터 공모하거나 다른 주주가 이를 인수할 수 있다.

6) 실권주의 처리: 청약기일 이후에 발생할 수 있는 실권주는 별도의 이사회결의를 거쳐서 처리한다.

7) 기타 신주발행에 필요한 절차사항은 대표이사에게 일임한다.

### 제3호 의안: 신주인수권증서 발행의 건

의장은 신주발행과 더불어 회사가 기존 주주에게 상법 제420조의2 규정에 의한 신주인수권증서를 발행해야 하나 절차상의 업무번잡을 피하여 이 증서의 발행을 요구하는 주주에 한하여 이를 발행하는 것이 좋겠다고 설명하고 이에 대한 가부결의를 구한바 이사들은 주주의 청구가 있는 경우에만 이를 발행하기로 만장일치로 가결하다.

의장은 이상으로 의안 심의를 전부 종료하였으므로 폐회를 선언하다(회의 종료시각 11시). 위 의사의 경과 요령과 결과를 명확히 하기 위하여 이 의사록을 작성하고 의장과 출석한 이사가 기명날인하다.

2016. 7. 8.
주식회사 율도

의장 대표이사 홍길동

사내이사 김철수

사외이사 정갑동

## (f) 이사회 결의의 하자

상법은 주주총회 결의의 하자에 대하여 유형에 따라 결의취소·무효확인·부존재확인·취소변경의 소를 제기하도록 하고 있으나, 이사회 결의의 하자에 대해서는 따로 규정하지 않았다. 따라서 민법의 일반원칙에 따라 어떠한 하자든 상관없이 결의가 무효가 된다는 것이 통설·판례이다[260].

---

260) 송옥렬, 상법강의, 977쪽; 대법원 1982. 7. 13. 선고 80다2441 판결 [채권확인등]

## 4. 대표이사

### (1) 대표이사와 대표권

대표이사는 회사의 업무를 집행하고 일상업무사항을 결정하며 회사를 대표한다. 여기서 '대표'란 회사를 위해 계약을 체결하고 소송을 하는 권한을 뜻한다(상법 389조 3항, 209조). 앞서 살펴본 바와 같이, 법령이나 정관에 주주총회 또는 이사회의 권한으로 정하지 않은 사항은, 중요한 업무라면 이사회가 결정권을 가지고 일상업무라면 대표이사가 결정권을 가지지만, 이사회는 중요한 업무라도 일반적 · 구체적으로 대표이사에게 결정권한을 위임할 수 있다.

대표이사는 이사의 지위를 전제로 하며[261] 사내이사 중에서 뽑아야 한다. 사외이사나 기타비상무이사는 대표이사가 될 수 없다. 따라서 특수목적법인(special purpose company : SPC)이 설령 법령 또는 정관에 상근임원을 두지 못하도록 규정돼 있어도 대표이사를 선임하려면 상근임원인 사내이사들을 먼저 선임하고 그 중에 대표이사를 선임해야 한다[262]. 대표이사가 사내이사직을 사임하거나 사내이사직 임기가 만료되거나 주주총회에서 사내이사직이 해임될 경우 대표이사직도 당연히 상실한다. 대표이사의 선임은 등기하여야 하나 등기는 대항요건일 뿐이므로, 등기 전이라도 선임결의와 피선임자의 동의가 있으면 대표이사의 지위가 발생한다[263].

**참고서식** 계약서의 당사자 표시 (주식회사 율도의 대표이사가 1명)

---

### 물품공급 계약서

갑과 을은 다음과 같이 물품공급 계약을 체결한다.

(중략)

0000년 00월 00일

---

261) 대표이사의 자격 [상업등기선례 제201602-1호, 2016. 2. 16. 제정]
262) 상근임원을 둘 수 없는 주식회사도 대표이사를 사내이사 중에 선임하여 등기 신청하여야 하는지 여부 [상업등기선례 제2-33호, 2010. 12. 27. 제정]
263) 주식회사에서 대표이사의 지위를 취득하는 시기 [법인등기선례 제201708-1호, 2017. 8. 1. 제정]

갑: 주식회사 율도
　　서울특별시 서초구 서초대로 24
　　대표이사 홍길동 (법인인감도장 날인)


을: 주식회사 0000
　　서울특별시 강남구 테헤란로 217
　　대표이사 000 (법인인감도장 날인)

**참고서식** 소송문서의 당사자 표시 (주식회사 율도의 대표이사가 1명)

# 소 장

원 고　주식회사 율도
　　　　서울특별시 서초구 서초대로 24
　　　　대표이사 홍길동
　　　　전화번호: 00-000-0000, 휴대폰: 000-0000-0000, 이메일: hong@gmail.com

피 고　주식회사 0000
　　　　서울특별시 강남구 테헤란로 217
　　　　대표이사 000
　　　　전화번호: 00-000-0000, 휴대폰: 000-0000-0000, 이메일: 000@naver.com

물품대금 청구의 소

(중략)

0000년 00월 00일

원고 대표이사 홍길동 (법인인감도장 날인)

**서울중앙지방법원 귀중**

　대표이사는 원칙적으로 이사회에서 선임하나, 주주총회에서 대표이사를 선임하도록 정관에 정하였다면 주주총회에서 대표이사를 선임한다(상법 389조 1항 단서). 앞서 살펴본 바와 같이 등기실무는 이사가 2명뿐이라서 이사회가 설치되지 않은 경우 정관에 '대표이사는 이사들의 합의로 정한다'는 내용의 규정이 있으면 (주주총회가 아닌) 이사 2명의 합의로 대표이사를 선임하는 것을 허용한다.

주식회사의 이사가 사내이사가 1명뿐이면 대표이사를 별도로 선임하지 않고 사내이사가 주식회사를 대표한다. 주식회사의 이사가 사내이사 2명뿐이면 ① 이사들이 합의하여 대표이사를 정하도록 정관에 정하고 이사들의 합의로 선임된 대표이사 1명이 주식회사를 대표하거나, ② 주주총회에서 대표이사를 선임하도록 정관에 정하고 사내이사 중 1명이 주주총회에서 대표이사로 선임되어 주식회사를 대표하거나, ③ 주주총회에서 공동대표이사를 선임하도록 정관에 정하고 사내이사 2명이 주주총회에서 모두 공동대표이사로 선임되어 주식회사를 공동으로 대표하거나, ④ 사내이사 2명이 주식회사를 각자 대표한다. '공동대표'와 '각자대표'의 차이점은 추후 설명한다. 주식회사의 이사가 3명 이상이면 이사회(또는 정관으로 정한 경우 주주총회)에서 대표이사(들) 또는 공동대표이사들을 선임하고, ① 대표이사 1명이 주식회사를 대표하거나, ② 대표이사들이 주식회사를 각자대표하거나, ③ 공동대표이사들이 회사를 공동대표한다.

**참고서식** 계약서의 당사자 표시 (주식회사 율도의 이사가 사내이사가 1명뿐)

---

## 물품공급 계약서

갑과 을은 다음과 같이 물품공급 계약을 체결한다.

(중략)

0000년 00월 00일

갑: <u>주식회사 율도</u>
　　서울특별시 서초구 서초대로 24
　　<u>대표자 사내이사 홍길동</u> **( 법인인감도장 날인)**

을: 주식회사 0000
　　서울특별시 강남구 테헤란로 217
　　대표이사 000 ( 법인인감도장 날인)

---

**참고서식** 소송문서의 당사자 표시 (주식회사 율도의 이사가 사내이사가 1명뿐)

# 소 장

원 고  주식회사 율도
　　　서울특별시 서초구 서초대로 24
　　　대표자 사내이사 홍길동
　　　전화번호: 00-000-0000, 휴대폰: 000-0000-0000, 이메일: hong@gmail.com

피 고  주식회사 0000
　　　서울특별시 강남구 테헤란로 217
　　　대표이사 000
　　　전화번호: 00-000-0000, 휴대폰: 000-0000-0000, 이메일: 000@naver.com

물품대금 청구의 소

(중략)

0000년 00월 00일

원고 대표자 사내이사 홍길동 (**법인인감도장 날인**)

**서울중앙지방법원 귀중**

## (2) 각자대표와 공동대표

　회사가 대표이사를 2명 이상 선임하면 원칙적으로 대표이사 각자가 단독으로 회사를 대표한다. 예를 들어 주식회사 율도의 대표이사가 홍길동과 김철수 2명이라면 계약서에 「주식회사 율도 대표이사 홍길동 (인)」이라 기재하고 홍길동의 (법인)인감도장을 찍든, 「주식회사 율도 대표이사 김철수 (인)」이라 기재하고 김철수의 (법인)인감도장을 찍든 모두 유효하다. 이를 '각자대표'라 한다. 각자대표의 전형적인 예는 주식회사의 이사가 사내이사 2명뿐이고 대표이사를 별도로 선임하지 않은 경우이다. 이 경우 사내이사 2명이 주식회사를 각자 대표한다.

반면 공동대표이사(상법 389조 2항)는 단독으로 대표권을 행사할 수 없고 <u>공동대표이사 전원이 함께 대표권을 행사해야</u> 한다. 예를 들어 주식회사 율도의 공동대표이사가 홍길동과 김철수 2명이라면 계약서에 「주식회사 율도 공동대표이사 홍길동 (인), 공동대표이사 김철수 (인)」이라 기재하고 2개의 (법인)인감도장을 모두 찍어야 한다. 따라서 공동대표이사 1명이 다른 공동대표이사의 동의 없이 단독으로 대표행위를 하면 무효가 된다. 반면, 상대방이 회사에 의사표시를 할 때는 공동대표이사 중 1명에게만 의사표시를 해도 된다(상법 389조 3항, 208조 2항).

다만, 공동대표이사가 단독으로 대표행위를 하였더라도 다른 공동대표이사는 이를 추인할 수 있고, 나아가 회사가 공동대표이사에게 대표이사라는 명칭을 사용하여 법률행위하는 것을 용인 또는 방임한 경우라면 설령 공동대표이사가 단독으로 대표행위를 하였더라도 회사는 상법 395조에 따라 표현책임을 진다[264]. 예를 들어 공동대표이사가 대표이사라는 직함으로 계약서에 도장을 찍었다면 계약상대방은 계약의 유효를 주장할 수 있다.

대표이사 또는 공동대표이사가 여러 명이면 대표이사(공동대표이사)마다 다른 모양의 (법인)인감도장을 등기소에 신고하고[265] 각 대표이사(공동대표이사)마다 인감카드를 발급받는다. 특히 공동대표이사는 반드시 공동대표이사마다 (법인)인감도장을 등기소에 신고하고 인감카드를 발급받아야 한다.

**참고서식** **계약서의 당사자 표시 (주식회사 율도의 공동대표이사가 2명)**

---

# 물품공급 계약서

갑과 을은 다음과 같이 물품공급 계약을 체결한다.

(중략)

0000년 00월 00일

---

264) 대법원 1992. 10. 27. 선고 92다19033 판결 [소유권이전등기]
265) 인감의 제출·관리 및 인감증명서 발급에 관한 업무처리지침 [등기예규 제1712호, 2020. 11. 24. 개정, 2020. 12. 10. 시행] 2. 나.

갑: 주식회사 율도
　　서울특별시 서초구 서초대로 24
　　공동대표이사 홍길동 (법인인감도장1 날인)

　　공동대표이사 김철수 (법인인감도장2 날인)


을: 주식회사 0000
　　서울특별시 강남구 테헤란로 217
　　대표이사 000 (법인인감도장 날인)


**참고서식** **소송문서의 당사자 표시 (주식회사 율도의 공동대표이사가 2명)**

# 소 장

원 고　주식회사 율도
　　　　서울특별시 서초구 서초대로 24
　　　　공동대표이사 홍길동, 김철수
　　　　전화번호: 00-000-0000, 휴대폰: 000-0000-0000, 이메일: hong@gmail.com

피 고　주식회사 0000
　　　　서울특별시 강남구 테헤란로 217
　　　　대표이사 000
　　　　전화번호: 00-000-0000, 휴대폰: 000-0000-0000, 이메일: 000@naver.com

물품대금 청구의 소

(중략)

0000년 00월 00일

원고 공동대표이사 홍길동 (**법인인감도장1**)

공동대표이사 김철수 (**법인인감도장2**)

**서울중앙지방법원 귀중**

## 5. 감사와 감사위원회

## (1) 감사

감사는 주식회사의 업무와 회계를 감독한다(상법 412조). 모회사의 감사는 자회사도 조사할 수 있다(상법 412조의5). 감사는 이사가 법령, 정관을 위반하는 행위를 하거나 할 염려가 있으면 이사회에 보고해야 하고(상법 391조의2 2항), 이사 역시 회사에 현저하게 손해를 끼칠 염려가 있는 사실을 발견하면 즉시 감사에게 보고해야 한다(상법 412조의2). 또한, 이사는 정기주주총회일의 6주 전(D-43)까지 감사에게 재무제표와 영업보고서를 제출해야 하고(상법 447조의3), 감사는 이를 받은 날부터 4주 이내에 이사에게 감사보고서를 제출해야 한다(상법 447조의4 1항). 감사는 이사가 주주총회에 제출할 의안과 서류를 조사하여 법령, 정관을 위반하거나 현저하게 부당한 사항이 있는지를 주주총회에서 진술해야 한다(상법 413조). 감사는 이사회에 출석하여 의견을 진술할 권리는 있으나(상법 391조의2 1항) 이사회 의결권은 없다.

상법상 회사 중 주식회사와 유한회사만이 감사를 둘 수 있으나, 유한회사는 감사를 두지 않아도 되고, 주식회사도 자본금 총액이 10억원 미만이면 감사를 두지 않아도 된다(상법 409조 4항).

다만, 실무상 주식회사설립 시에는 조사보고서 작성을 위하여 지분 없는 이사 또는 감사를 1명 선임한다. 주식회사설립 시 이사와 감사는 취임 후 지체없이 회사설립에 관한 모든 사항이 법령과 정관 규정에 부합하는지를 조사·보고해야 하는데(상법 298조 1항, 313조 1항), 이사와 감사 중 발기인이었던 자·현물출자자 또는 회사설립 후 양수할 재산의 계약당사자인 자는 조사보고자가 될 수 없다(상법 298조 2항, 313조 2항). 만약 이사와 감사 전원이 이에 해당하면 공증인이 조사·보고해야 하나(상법 298조 3항, 313조 2항), 실무상 공증인 선임비용(100~300만원)[266]을 아끼기 위해 <u>지분 없는 감사 또는 지분 없는 이사를 1명이라도 선임하여 그의 명의로 조사보고서를 작성한다</u>[267]. 자본금 총액이 10억원 미만인 주식회사는 설립등기가 완료된 뒤 감사가 사임할 수 있고 이사도 유일한 이사가 아니면 사임할 수 있다. 사임하지 않더라도 시간이 흘러 임기가 만료되면 후임자를 선임하지 않고 퇴임할 수 있다.

---

266) 공증인 수수료 규칙 19조의2

267) 발기인이 회사인 경우 그 회사의 임원이, 설립하는 회사의 지분 없는 이사 또는 감사로 취임한다면 그 이사 또는 감사는 조사보고서를 작성할 수 있다(발기인이었던 회사의 대표이사가 설립중인 회사의 이사 또는 감사에 취임한 경우 설립경과의 조사보고자에 해당하는지 여부 [상업등기선례 제2-17호, 2012. 6. 25. 제정]); 주식회사 발기설립시 설립경과의 조사보고자와 주주총회의사록의 임원의 기재방법 [상업등기선례 제201804-4호, 2018. 4. 18. 제정]

다만, 사임, 퇴임에 따른 변경등기절차는 거쳐야 한다.

감사는 주주총회 보통결의로 선임한다(상법 409조 1항). 다만, 전자투표 방식으로 감사를 선임할 경우 발행주식총수의 4분의 1 이상 찬성이라는 요건을 충족하지 못하더라도 출석한 주주 의결권의 과반수 찬성만으로 감사를 선임할 수 있다(상법 409조 3항).

감사선임 결의 시 의결권 없는 주식을 제외한 발행주식총수의 100분의 3을 초과하는 주식을 가진 주주는 그 초과하는 주식에 관하여 의결권을 행사하지 못한다(상법 409조 2항). 예를 들어 A 주식회사의 발행주식총수가 10,000주이고 주주 갑이 8,800주, 주주 을이 300주, 주주 병이 300주, 주주 정이 300주, 주주 무가 300주를 가지고 있다고 가정해보자. 감사 선임 결의 시 갑은 8,800주 중에서 300주만을 행사할 수 있으므로 의결권 있는 주식을 모두 더하면 1,500주가 된다. 갑은 비록 전체 주식의 88%를 소유하고 있으나 감사 선임 시 의결권 있는 주식의 20%밖에 확보하지 못한다.

또한, 상장회사는 최대주주, 최대주주의 특수관계인(상법 시행령 34조 4항), 최대주주 또는 그 특수관계인의 계산으로 주식을 보유하는 자, 최대주주 또는 그 특수관계인에게 의결권(의결권의 행사를 지시할 수 있는 권한을 포함한다)을 위임한 자(해당 위임분만 해당한다)들이 소유하는 상장회사의 의결권 있는 주식의 합계가 그 회사의 의결권 없는 주식을 제외한 발행주식총수의 100분의 3을 초과하는 경우 감사를 선임·해임할 때 초과하는 주식에 관하여 의결권을 행사하지 못한다. 정관에 이보다 엄격한 제한비율을 정할 수도 있다(상법 542조의12 7항·4항, 상법 시행령 38조 1항).

## (2) 감사위원회

감사는 주식회사의 업무와 회계를 감독하므로 지배주주로부터 독립적인 인사를 선임하는 것이 바람직하겠으나 실제로는 지배주주의 가족, 지인을 선임하는 경우가 많다. 감사는 회사와 자회사의 이사 또는 지배인, 기타 사용인의 직무를 겸하지 못할 뿐이고(상법 411조), 사외이사처럼 최대주주의 배우자나 직계존비속을 감사 결격사유로 규정하고 있지 않기 때문이다(상법 382조 3항 참고).

반면, 이사회에 감사위원회(상법 415조의2)를 설치하면 감사를 선임할 수 없고 나아가 사외이사가 감사위원회 위원 총수의 3분의 2 이상 되어야 한다(상법 415조의2 2항). 자산총액 2조원 이상 등 일정 요건에 해당하는 상장회사는 의무적으로 감사위원회를 설치해야 한다

(상법 542조의11 1항, 상법 시행령 37조 1항). 감사위원회는 3명 이상의 이사로 구성되며 이사회 결의로 감사위원회 위원을 선임 또는 해임한다. 다만, 자산총액이 2조원 이상인 상장회사는 주주총회에서 감사위원회 위원을 선임 또는 해임한다(상법 542조의12 1항). 이 경우 주주총회에서 먼저 이사를 선임한 뒤 선임된 이사 중에서 다시 감사위원회 위원을 선임해야 한다. 특히 감사위원회 위원 중 1명(정관에서 2명 이상으로 정할 수 있으며, 정관으로 정한 경우에는 그에 따른 인원으로 한다)은 주주총회 결의로 다른 이사들과 분리하여 감사위원회 위원이 되는 이사로 선임하여야 한다(상법 542조의12 2항). 감사위원회 위원 선임 시(이사 선임이 아님에 주의하자) 감사의 경우와 마찬가지로 3%를 초과하는 주식의 의결권을 제한한다(상법 542조의12 4항, 상법 시행령 38조). 자산총액 2조원 이상인 상장회사가 전자투표 방식으로 감사위원회 위원을 선임할 경우 발행주식총수의 4분의 1 이상 찬성이라는 요건을 충족하지 못하더라도 출석한 주주 의결권의 과반수 찬성만으로 감사를 선임할 수 있다(상법 542조의12 8항).

# 6. 임 기

## (1) 이사의 임기

주식회사 이사의 임기는 3년을 초과하지 못한다(상법 383조 2항). 다만, 이사의 임기는 정관으로 그 임기 중 최종 결산기에 관한 정기주주총회 종료시점(종료일이 아님)까지 연장할 수 있다(상법 383조 3항). 만약 정기주주총회가 적시에 개최되지 않았다면 정기주주총회가 개최되었어야 할 마지막 날(12월 결산법인이라면 3월 31일)까지만 임기가 연장된다[268].

판례는 위 임기연장 규정에 관하여 이사의 임기가 최종 결산기의 말일과 당해 결산기에 관한 정기주주총회 사이에 만료되는 경우에만 정관으로 임기를 정기주주총회 종료시점까지 연장할 수 있다고 해석한다[269]. 그런데 상업등기선례는 이 판례에 관하여 이사의 임기 만료일과 결산기 만료일(12월 결산법인이라면 12월 31일)이 같은 경우도 임기를 연장할 수 있다고 해석한다[270].

---

268) 상업등기실무(Ⅱ), 167쪽: 감사의 임기가 만료된 경우 상법 제410조에서 규정하는 최종의 결산기에 관한 정기주주총회에서 새로운 감사를 선임하지 않고 그 이후에 정기총회 또는 임시총회를 개최하여 감사를 선임한 경우, 그 선임행위가 유효한지 그리고 유효하다면 전임 감사의 임기만료일을 언제로 볼 것인지 여부 [상업등기선례 제1-162호, 2001. 11. 1. 제정]; 이사 및 감사의 임기만료일 [상업등기선례 제2-25호, 2005. 8. 29. 제정] 각 참고

269) 대법원 2010. 6. 24. 선고 2010다13541 판결 [주주총회결의무효확인등]

예를 들어 A 주식회사는 사업연도가 1월 1일부터 12월 31일까지이고 이사의 임기는 3년이며 정관에 임기연장규정이 있다고 가정해보자. A 주식회사는 정기주주총회를 2015년 3월 31일과 2016년 3월 31일에 개최하였다. 갑이 2012년 12월 30일에 A 주식회사의 사내이사에 선임되었다면 임기는 2015년 12월 30일에 끝나지만, 갑이 2012년 12월 31일에 선임되었다면 임기는 2016년 3월 31일 정기주주총회의 종료시점까지 연장된다.

주식회사 형태로 설립한 투자회사(자본시장과 금융투자업에 관한 법률 9조 18항 2호)는 이사 임기에 관한 상법 383조가 적용되지 않으므로, 3년을 초과하는 임기를 정관에 또는 주주총회 결의로 정할 수 있다(자본시장과 금융투자업에 관한 법률 206조 2항). 유한회사 역시 상법 383조를 준용하지 않으므로 종신임기를 포함하여 임기를 정관에 또는 사원총회 결의로 자유롭게 정할 수 있다.

> **참고서식** **이사의 임기를 연장하는 정관 예문**
>
> 제O조 (이사 및 감사의 임기) ① 이사의 임기는 3년으로 하되, 그 임기 중의 최종의 결산기에 관한 정기주주총회의 종결에 이르기까지 연장된다.
> ② 감사의 임기는 취임 후 3년 내의 최종의 결산기에 관한 정기주주총회의 종결시까지로 한다.

## (2) 감사의 임기

감사의 임기는 이사와 다르다. 감사의 임기는 취임 후 3년 내의 최종 결산기에 관한 정기총회 종결 시까지로 한다(상법 410조). 감사 선임 시 주주의 의결권이 제한되는 취지에 비추어 감사의 임기는 정관 또는 주주총회 결의로 단축하거나 연장할 수 없다[271].

예를 들어 위 A 주식회사의 경우 을이 2012년 12월 30일에 감사로 선임되었다면, 「취임 후 3년 내의 최종의 결산기」는 「2014년 1월 1일부터 2014년 12월 31일까지」를 뜻하고 이에 대한 정기주주총회 종결 시는 2015년 3월 31일에 개최된 정기주주총회의 종료시점을 뜻한다. 따라서 을의 임기는 2015년 3월 31일 정기주주총회 종료시점에 끝난다[272]. 반면, 을이

---

270) 임기 만료일과 결산기 만료일이 같은 경우의 이사 임기 연장 [상업등기선례 제201612-1호, 2016. 12. 27. 제정]

271) 송옥렬, 상법강의, 1081쪽

272) 이사 및 감사의 임기만료일 [상업등기선례 제2-25호, 2005. 8. 29. 제정]

2012년 12월 31일에 감사로 선임되었다면 임기는 2016년 3월 31일 정기주주총회 종료시점 까지 연장된다.

A 주식회사의 예를 통해 이사와 감사의 임기를 비교해보자. ① 2012년 12월 30일에 선임된 이사는 임기가 2015년 12월 30일에 끝나지만, 같은 날 선임된 감사는 임기가 2015년 3월 31일 정기주주총회 종결시점에 일찍 끝난다. ② 그러나 하루 늦은 2012년 12월 31일에 선임된 이사와 감사의 임기는 2016년 3월 31일 정기주주총회 종결시점까지 연장된다. 결과적으로 2012년 12월 30일에 선임된 감사는 2012년 12월 31일에 선임된 이사, 감사보다 임기가 1년 일찍 끝난다.

## (3) 대표이사의 임기

상법에 대표이사 임기에 관한 규정은 없으나 정관에 또는 선임기관(이사회 또는 주주총회)의 결의로 대표이사 임기를 정할 수 있다. 만약 정관에 또는 선임기관의 결의로 대표이사 임기를 정하지 않았다면 대표이사는 이사의 자격을 전제로 하므로(상법 389조 1항 본문) 대표이사 임기도 이사 임기를 따른다[273]. 따라서 대표이사가 이사의 지위를 잃으면 대표이사 임기도 당연히 종료한다.

## (4) 보결

보결로 선임된 임원의 임기는 정관에 별도로 규정하지 않으면 원칙적으로 임원 본래의 임기를 따른다. 정관에 보결 또는 증원으로 선임된 이사의 임기는 전임자의 잔여임기 또는 다른 이사의 잔여임기와 같이한다는 규정이 있으면 규정을 따르되, 이러한 규정은 임원진에 일부 결원이 생길 때만 적용될 뿐이므로 이사 전원을 새로 선임한다면 이사 본래의 임기를 따라야 한다[274].

## (5) 임기의 시작과 만료

회사설립 시 선임된 임원의 임기는 회사성립연월일부터 시작한다. 반면, 회사설립 후 선

---

273) 상업등기실무(II), 181쪽

274) 이사 전원을 선임한 주주총회결의가 취소된 후 이사 전원이 정기주주총회에서 다시 선임된 경우 새로이 선임된 이사의 임기 여하 [상업등기선례 제1-155호, 1999. 4. 21. 제정]; 정관에 보궐 또는 증원에 의하여 선임된 이사의 임기는 다른 이사의 잔여임기와 같이한다는 규정이 있는 회사의 주주총회에서 이사 전원을 보선한 경우 이사의 임기 [상업등기선례 제1-165호, 2003. 6. 10. 제정]

임된 임원은 임기개시일을 별도로 정하지 않는 한 ① 선임결의를 한 주주총회일과 ② 피선자의 취임승낙일 중에서 늦은 때부터 임기가 시작한다[275]. 임원 선임은 주주총회의 선임결의와 피선자의 취임승낙으로 완성되기 때문이다[276]. 즉, 주주총회 선임결의 후 임원이 취임승낙을 하였다면 취임승낙일부터 임기가 시작될 것이고, 임원이 회사에 미리 취임승낙서를 제출한 뒤 주주총회에서 선임결의를 하였다면 주주총회일부터 임기가 시작될 것이다.

임원중임 시 임원의 임기만료일에 맞추어 주주총회를 개최할 수도 있으나 등기실무는 임기만료 전이라도 임기만료까지 남은 기간이 비교적 단기간이면 임원의 임기만료일 전에 주주총회를 열어서 해당 임원을 중임하거나 후임 임원을 선임하는 것을 허용하는데 이를 예선(豫選)이라 한다[277]. 예를 들어 사내이사 갑이 2016년 4월 7일 24시에 임기가 만료되더라도, 2016년 3월 31일 정기주주총회에서 사내이사 갑의 중임을 미리 의결할 수 있다. 임원을 예선하면 중임예정일에 임기가 시작하므로 중임예정일부터(위 사례의 경우 2016년 4월 8일부터) 등기신청서를 등기소에 제출할 수 있다.

취임일에 관한 특별한 약정이 없다면 임원의 임기도 민법의 기간계산 규정이 적용되므로 임기의 초일은 원칙적으로 기간에 포함하지 않고 임기가 오전 0시부터 시작된 경우에만 초일을 기간에 포함한다(민법 157조). 임기의 말일이 토요일 또는 공휴일이면 그 다음날로 임기가 만료된다(민법 161조)[278].

주식회사 율도의 정관이 아래인 경우를 예로 살펴보자.

> 제0조 (이사의 임기) 이사의 임기는 3년으로 한다. 그러나 그 임기가 최종의 결산기 종료 후 당해 결산기에 관한 정기주주총회 전에 만료될 경우에는 그 총회의 종결시까지 그 임기를 연장한다.

주식회사 율도의 사내이사 홍길동은 2013년 3월 5일 오전 10시에 개최된 정기주주총회에서 사내이사로 선임되었고 당일 취임승낙서를 제출하였다. 주식회사 율도는 2016년 3월 25

---

275) 주식회사 임원의 등기부상 퇴임일과 취임일 [상업등기선례 제1-169호, 2005. 3. 15. 제정]
276) 대법원 2017. 3. 23. 선고 2016다251215 전원합의체 판결 [이사 및 감사 지위 확인]; 주식회사에서 대표이사의 지위를 취득하는 시기 [법인등기선례 제201708-1호, 2017. 8. 1. 제정] ; 법인에서 대표자의 지위를 취득하는 시기 [상업등기선례 제201907-1호, 2019. 7. 16. 제정]
277) 주식회사 이사변경등기의 등기기간 기산점 [상업등기선례 제1-152호, 1998. 10. 8. 제정]
278) 주식회사 사내이사의 중임일 [상업등기선례 제201505-1호, 2015. 5. 18. 제정]

일 오전 9시부터 11시까지 정기주주총회를 열었다. 사내이사 홍길동의 임기는 정기주주총회 종결시점(2016년 3월 25일 오전 11시)까지이므로 만약 사내이사 홍길동이 임기를 마치고 퇴임한다면 퇴임일은 2016년 3월 25일이 된다. 반면, 사내이사 홍길동이 정기주주총회에서 사내이사로 중임되어 같은 날 취임승낙서를 제출한다면 사내이사 홍길동의 임기는 2016년 3월 25일 오전 11시부터 시작되므로 중임일은 2016년 3월 25일 된다.

주식회사 율도의 사내이사 김철수는 2013년 5월 11일 오전 9시에 개최된 임시주주총회에서 사내이사로 선임되었고 당일 취임승낙서를 제출하였다. 따라서 사내이사 김철수의 임기는 2016년 5월 11일 (수) 24시까지이다(초일불산입). 만약 사내이사 김철수가 임기를 마치고 퇴임한다면 퇴임일은 2016년 5월 11일이 된다. 반면, 사내이사 김철수가 2016년 5월 11일 (수) 오전 9시에 개최된 임시주주총회에서 사내이사로 중임되어 당일 취임승낙서를 제출하였다면 사내이사 김철수의 임기는 2016년 5월 12일 (목) 0시부터 시작[279]되므로 중임일은 2016년 5월 12일이 된다. 사내이사 김철수의 임기만료에 앞서 2016년 4월 29일 임시주주총회를 열어 사내이사 김철수의 중임을 예선하고 사내이사 김철수가 취임승낙서를 제출하였더라도, 중임일은 마찬가지로 2016년 5월 12일이다.

위 사례에서 중임된 사내이사 김철수의 임기는 2016년 5월 12일 (목) 0시에 시작하여(초일산입) 2019년 5월 11일 (토) 24시에 종료하는데, 기간의 말일이 토요일이므로 임기는 2019년 5월 13일 (월) 24시에 만료된다. 만약 사내이사 김철수가 임기를 마치고 퇴임한다면 퇴임일은 2019년 5월 13일이 된다. 반면, 사내이사 김철수가 2019년 5월 13일 오전 9시에 개최된 임시주주총회에서 중임한다면 사내이사 김철수의 중임일은 2019년 5월 14일이 된다.

사내이사 김철수가 2019년 5월 13일 24시에 임기가 만료됨에도 시기를 놓쳐, 2019년 6월 13일 임시주주총회를 개최하여 김철수를 사내이사로 선임하고 당일 김철수가 취임을 승낙하였다면, 사내이사 김철수의 퇴임등기(2019년 5월 13일)와 취임등기(2019년 6월 13일)를 함께 해야 한다.

그런데 등기관 입장에서는 중임하는 이사의 임기가 주주총회일 당일부터 시작하는지 아니면 그다음 날 오전 0시부터 시작하는지 알 수 없으므로 설령 실제 임기시작일보다 하루 앞선 날짜를 중임일로 하여 등기신청하더라도 형식적 심사권만 가진 등기관은 이를 허용할 수밖에 없다[280].

---

279) 이사 임기만료일 및 중임일 [상업등기선례 제2-32호, 2009. 9. 9. 제정]

## 7. 임원의 보수와 퇴직금

임원의 보수는 정관으로 또는 주주총회 결의로 정한다(상법 388조, 415조). 임원의 퇴직금도 근로기준법 소정의 퇴직금이 아니라 보수의 일종으로 보기 때문에[281] 마찬가지로 정관으로 또는 주주총회 결의로 정한다. 정관 또는 주주총회에서 임원의 보수 총액 또는 한도액만을 정하고 개별 이사에 대한 지급액 등 구체적인 사항을 이사회에 위임하는 것은 가능하지만, 이사의 보수에 관한 사항을 이사회에 포괄적으로 위임하는 것은 허용되지 않는다[282]. 주주총회에서 임원의 보수를 정할 경우, 실무상 개별 임원의 보수를 정하는 것은 아니고 전체 임원의 보수한도를 정하거나 임원보수 지급규정을 승인한다. 임원의 퇴직금 또한 실무상 주주총회에서 임원퇴직금 지급규정을 승인한다.

법인이 임원에게 지급하는 퇴직급여는 임원이 현실적으로 퇴직하는 경우에 지급하는 것에 한하여 이를 법인세법상 손금에 산입한다(법인세법 시행령 44조 1항). 또한, 정관에 퇴직급여(퇴직위로금 등을 포함한다)로 지급할 금액이 정해진 경우에는 정관에 정해진 금액을 한도로, 정관에서 위임된 퇴직급여 지급규정이 있는 경우에는 해당 규정에 의한 금액을 한도로 퇴직급여를 법인세법상 손금에 산입한다(법인세법 시행령 44조 4항 1호, 44조 5항). 따라서 정관에 정한 퇴직급여가 있거나 정관에서 위임된 퇴직급여 지급규정이 있다면, 규정이 없는 경우 법령에 따라 계산한 퇴직급여(법인세법 시행령 44조 4항 2호, 법인세법 시행규칙 22조 5항)보다 많은 금액을 법인세법상 손금에 산입할 수 있다.

이사가 회사에 제공하는 직무와 그 지급받는 보수 사이에는 합리적 비례관계가 유지되어야 하고, 회사의 채무상황이나 영업실적에 비추어 합리적인 수준을 벗어나서 현저히 균형성을 잃을 정도로 과다해서는 안된다. 이를 위반하면 설령 주주총회 결의로 임원의 보수와 퇴직금을 정했더라도 유효하지 않다[283].

280) 주식회사 사내이사의 중임일 [상업등기선례 제201505-1호, 2015. 5. 18. 제정]
281) 대법원 2003. 9. 26. 선고 2002다64681 판결 [퇴직금]
282) 대법원 2020. 6. 4. 선고 2016다241515, 241522 판결 [손해배상등·퇴직금]
283) 대법원 2016. 1. 28. 선고 2014다11888 판결 [퇴직금등]

**임원보수 및 임원퇴직금 지급규정을 승인하는 주주총회 의사록**

# 임시주주총회 의사록

### 주식회사 율도

위 회사는 서기 2016. 5. 27. 9시 본점 회의실에서 주주 전원이 동의하여 주주총회 소집절차를 생략하고 임시주주총회를 개최하다.

총주주 수: 3명　　총주식 수: 30,000주 (의결권 있는 주식 수: 30,000주)
출석 주주 수: 3명 (대리출석: 0명) 출석 주주의 주식 수: 30,000주

대표이사(홍길동)는 정관규정에 따라 이 회의 진행을 위하여 의장석에 등단하여 위와 같이 법정수에 달하는 주식 수를 보유한 주주 전원이 출석하였으므로 본 총회가 적법히 성립되었음을 알리고 개회를 선언한 후 다음 의안을 부의하고 심의를 구하다.

### 제1호 의안: 임원보수 지급규정 승인의 건

의장은 회사의 목표실적을 달성하기 위해서는 임원들의 노력을 끌어낼 수 있는 동기부여가 필요함을 설명하고 [별지1] 임원보수 지급규정을 조항별로 설명한바 주주들은 박수로 찬성하여 [별지1] 임원보수 지급규정을 만장일치로 승인, 가결하다.

### [별지1] 임원보수 지급규정 참조

### 제2호 의안: 임원퇴직금 지급규정 승인의 건

의장은 회사의 성장을 위하여 노력을 아끼지 않은 임원들의 안정적인 노후생활 보장이 필요함을 설명하고 [별지2] 임원퇴직금 지급규정을 조항별로 설명한바 주주들은 박수로 찬성하여 [별지2] 임원퇴직금 지급규정을 만장일치로 승인, 가결하다.

### [별지2] 임원퇴직금 지급규정 참조

의장은 이상으로 의안 심의를 전부 종료하였으므로 폐회한다고 선언하다(회의 종료시각 10시). 위 의사의 경과요령과 결과를 명확히 하기 위하여 이 의사록을 작성하고 의장과 출석한 이사가 기명날인 또는 서명하다.

2016. 5. 27.
주식회사 율도

의장 대표이사 홍길동

사내이사 김철수

사내이사 이영희

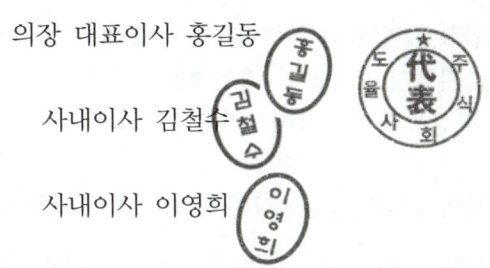

[별지1]

# 임원보수 지급규정

**제1조 (목적)** 이 규정은 임원의 보수에 관한 사항을 규정함을 목적으로 한다.

**제2조 (정의)** 이 규정에서 사용하는 용어의 뜻은 다음과 같다.

1. "기본연봉"이란 직위에 따른 급여의 연간 총액을 말한다.
2. "경영성과급"이란 임원의 경영실적과 능력에 따라 지급되는 보수를 말한다.

**제3조 (적용범위)** 임원의 보수는 다른 법령과 정관 및 위임계약서에서 따로 정하고 있는 경우를 제외하고는 이 규정이 정하는 바에 의한다.

**제4조 (보수의 종류)** ① 임원의 보수는 기본연봉과 경영성과급으로 구성되며 기본연봉액은 다음과 같다.

| 구분 | 기본연봉 (원) |
|---|---|
| 대표이사, 공동대표이사, 대표권 있는 사내이사 | 10억원 이하 |
| 그 외의 이사 | 7억원 이하 |
| 감사 | 3억원 이하 |

② 제1항의 기본연봉에는 제수당 및 급여성 복리후생비가 포함된 것으로 본다.

③ 사외이사, 기타비상무이사에게는 월 2,000,000원의 직무수당을 지급할 수 있다.

**제5조 (경영성과급)** ① 경영성과급은 평가연도 기본연봉액에 다음 지급률을 곱한 한도액 범위 내에서 대표이사(또는 공동대표이사들이나 대표권 있는 사내이사)가 정하는 경영성과 평가방법 및 결과에 의해 산정한 금액으로 한다.

| 구분 | 지급률 |
|---|---|
| 대표이사, 공동대표이사, 대표권 있는 사내이사 | 300% |
| 그 외의 이사 | 300% |
| 감사 | 300% |

② 사외이사와 기타비상무이사에게는 경영성과급을 지급하지 아니한다.

제6조 (지급시기) ① 임원의 기본연봉은 이를 12등분 하여 매월 25일에 정기적으로 지급한다. 다만, 지급일이 휴일인 경우에는 그 전일에 지급한다.
② 임원의 경영성과급은 당해 사업연도 종료일부터 3개월 이내에 지급하는 것을 원칙으로 한다.
③ 사외이사와 기타비상무이사의 직무수당은 매월 임원의 보수 지급일에 지급한다.

제7조 (지급방법) ① 신규 선임된 임원의 보수는 기본연봉 월액을 일할계산하여 지급한다.
② 임원이 재직 중 퇴임하는 경우에는 그달의 기본연봉 월액을 일할계산하여 지급한다.
③ 임원이 사업연도 중에 선임되는 경우의 경영성과급 적용은 선임 일자로부터 기산하여 일할계산하여 지급한다.
④ 임원이 사업연도 중에 퇴임하는 경우 미지급된 전년도 경영성과급은 전액을 지급하며, 퇴임일이 속한 당해 사업연도의 성과급은 퇴임일이 속하는 당해 사업연도 종료일부터 3개월 이내에 지급한다.

제8조 (휴직기간 중의 보수) 휴직기간 중의 보수는 지급하지 아니한다. 다만 신체 정신상의 장애로 인한 1년 이하의 휴직에 대해서는 기본연봉 월액의 50%를 지급한다.

## 부　　칙

제1조 (시행일) 이 규정은 2016년 5월 27일부터 시행한다.

[별지2]

# 임원퇴직금 지급규정

제1조 (목적) 이 규정은 임원의 퇴직금 지급에 관한 사항을 규정함을 목적으로 한다.

제2조 (정의) 이 규정에서 사용하는 용어의 뜻은 다음과 같다.
1. "임원"이란 등기임원 중 대표이사, 공동대표이사, 사내이사, 감사를 말한다.

제3조 (지급사유) ① 임원의 퇴직금은 다음 각호의 사유가 발생하였을 때 지급한다.
1. 임기만료 퇴직
2. 사임
3. 재임 중 사망
4. 본 회사의 조직변경·합병·분할 또는 사업양도에 의한 퇴직
5. 해임
6. 기타 위 각호에 준하는 사유로 면직할 경우
② 임원의 퇴직금은 다음 각호에 해당하는 사유가 발생하였을 때 중간정산하여 지급할

수 있다[284].

1. 중간정산일 현재 1년 이상 주택을 소유하지 아니한 세대의 세대주인 임원이 주택을 구입하려는 경우(중간정산일부터 3개월 내에 해당 주택을 취득하는 경우만 해당한다)
2. 임원(임원의 배우자 및 소득세법 제50조 제1항 제3호에 따른 생계를 같이 하는 부양가족을 포함한다)이 3개월 이상의 질병 치료 또는 요양을 필요로 하는 경우
3. 천재·지변, 그 밖에 이에 준하는 재해를 입은 경우

**제4조 (근속연수의 계산)** ① 근속연수는 휴직기간 및 정직기간을 포함하여 임원 선임일부터 실 퇴직일까지를 역년으로 계산하되 6개월 이상 1년 미만의 기간은 1년으로 보고, 6개월 미만의 기간은 포함하지 않는다.

② 퇴직금을 중간정산한 경우 근속연수는 중간정산시점부터 새로 기산한다.

**제5조 (퇴직금의 계산)** ① 퇴직금은 퇴직 당시의 [평균급여액 × 근속연수 × 퇴직금 지급률]로 계산한다.

② 평균급여액은 임원이 퇴직하는 날로부터 소급하여 1년 동안 해당 임원에게 지급한 총급여액의 10분의 1에 상당하는 금액으로 한다.

③ 퇴직금 지급률은 다음과 같다.

| 직위 | 퇴직금 지급률 |
|---|---|
| 대표이사, 공동대표이사, 대표권 있는 사내이사 | 100% |
| 대표권 없는 사내이사 | 100% |
| 감사 | 100% |

④ 임원이 대표이사, 공동대표이사, 사내이사, 감사 등 직위를 변경하여 근속하였을 때는 평균급여액에 각 직위 별 근속연수와 퇴직금 지급률을 곱하여 합산한 금액으로 한다.

**제6조 (퇴직금 지급의 특례)** ① 업무상 질병 또는 공상으로 퇴직하거나 순직으로 퇴직한 자에 대하여는 다음 각호에 해당하는 지급률 범위 내에서 퇴직금을 가산 지급할 수 있다.

1. 업무상 부상 또는 질병으로 퇴직한 자: 퇴직금 지급률의 30%
2. 순직으로 퇴직한 자 : 퇴직금 지급률의 100%

② 업무와 관련하여 고의 또는 중대한 과실에 의한 불법행위로 징계·면직, 해임되었을 경우의 이사회 결의로 퇴직금을 감액하거나 지급하지 않을 수 있다.

### 부　　칙

**제1조 (시행일)** 이 규정은 2016년 5월 27일부터 시행한다.

---

284) 법인세법 시행령 44조 2항 5호, 법인세법 시행규칙 22조 3항 참고

## 8. 임원의 취임(중임)승낙, 사임, 공증 시 준비서류

회사의 이사, 대표이사, 감사, 집행임원, 감사위원회 위원은 성명과 주민등록번호를 등기해야 하고(상법 317조 2항 8호·12호), 회사를 대표할 이사 또는 집행임원은 주소도 등기해야 한다(상법 317조 2항 9호). 이사, 대표이사, 집행임원, 대표집행임원, 청산인, 대표청산인, 감사, 감사위원회 위원이 등기소에 제출하는 취임승낙서, 중임승낙서, 사임서(이하 '취임승낙서 등')에는 ① 취임승낙서 등에 (개인)인감도장을 찍고 (개인)인감증명서를 첨부하거나, ② 취임승낙서 등에 서명하고 본인서명사실확인서를 첨부하거나, ③ 취임승낙서 등에 기명날인 또는 서명하고 공증인으로부터 인증받아야 한다(상업등기규칙 154조 2항, 104조 1항).

이사 취임승낙서, 대표이사 취임승낙서, 감사위원회 위원 취임승낙서, 대표집행임원 취임승낙서는 모두 별도 서면으로 제출하되, 동일 서면으로 제출할 경우 이사, 대표이사, 감사위원회 위원, 대표집행임원의 지위에 대한 취임승낙 취지는 모두 별도로 표시한다[285].

등기소에 (법인)인감을 신고한 대표자가 중임 또는 사임할 때는 <u>중임승낙서 또는 사임서에 (법인)인감도장만 찍어도 된다</u>(상업등기규칙 154조 2항, 104조 1항 단서, 상업등기법 25조 1항). 그러나 동일인이 대표이사와 사내이사를 모두 사임하면서 업무 편의상 동일서면으로 사임주체를 "대표이사 겸 사내이사"로 표시하여 사임서를 작성할 경우 사임서에 (개인)인감도장을 찍고 (개인)인감증명서를 첨부하는 등 일반적인 방식으로 첨부서류를 준비해야 한다[286].

또한, 상업등기선례[287]에 따르면 이사·감사가 취임·중임할 때 주주총회 의사록에 피선임자가 취임(중임) 승낙함을 기재하고 피선임자가 주주총회 의사록에 도장을 찍은 뒤 주주총회 의사록을 공증인으로부터 인증받으면 등기신청 시 별도로 피선임자의 취임(중임) 승낙서와 (개인)인감증명서를 제출할 필요 없고, 이사·감사가 사임하는 경우에도 주주총회 의사록에 사임함을 기재하고 이사·감사가 주주총회 의사록에 도장을 찍으면 등기신청 시 별도로 사임서와 (개인)인감증명서를 제출할 필요 없다. <u>그러나 등기실무는 여기서 한발 더 나아가 인증서에 취임, 중임, 사임하는 임원이 기명날인 또는 서명하였다는 사실을</u>

---

285) 상업등기실무(II), 211-212쪽

286) 동일인이 대표이사와 사내이사를 모두 사임하는 경우 사임서 작성방법과 날인하는 인감 [법인등기선례 제201711-1호, 2017. 11. 14. 제정]

287) 공증받은 의사록에 선임기관의 선임결의와 피선임자인 이사의 취임승낙의 의사표시가 모두 있는 경우 별도의 취임승낙서가 첨부되어야 하는지 여부 [상업등기선례 제201507-4호, 2015. 7. 22. 제정]: 주식회사의 대표권 없는 이사의 취임 또는 사임으로 인한 변경등기와 취임승낙 또는 사임을 증명하는 서면 [상업등기선례 제1-159호, 2000. 1. 14. 제정]

확인하는 내용이 기재될 것을 요구한다[288].

임원은 주민등록번호를 증명하는 서면으로 등기소에 주민등록등본 또는 초본을 제출해야 한다(상업등기규칙 52조 1항 3호)[289]. 다만, 등기부에 주민등록번호가 기재된 임원이 중임할 때는 해당 임원의 주민등록번호를 증명하는 서면을 제출하지 않아도 된다[290].

회사를 대표할 이사 또는 집행임원은 주소도 등기해야 하므로 등기소에 주소를 증명하는 서면으로 주민등록등본 또는 초본을 제출한다(상업등기규칙 52조 1항 3호). 결과적으로 회사를 대표할 이사 또는 집행임원은 주민등록번호 및 주소를 증명하는 서면으로 주민등록등본 또는 초본을 제출하는 것이다. 주소변동에 따른 변경등기사항이 발생할 수도 있으므로, 회사를 대표할 이사 또는 집행임원은 가급적 과거주소 변동사항과 전입일자, 주민등록번호가 모두 표시된 주민등록초본을 발급받는 것이 좋다.

주식회사의 임원이 대리인을 선임하여 의사록을 인증(청문인증 방식)할 경우, 공증위임장에 ① 임원의 (개인)인감도장을 찍고 (개인)인감증명서를 첨부하거나 ② 임원이 서명하고 본인서명사실확인서를 첨부해야 한다(공증인법 31조 2항).

외국인 임원이 등기신청과 공증 시 준비해야 할 서면은 「제1장 총론」, 「제8절 외국인 임원, 외국인 투자」, 「I. 외국인 임원」을 참고한다.

인감증명서, 본인서명사실확인서, 주민등록등본·초본 등을 등기소나 공증사무소에 제출하려면 서류를 제출하는 날을 기준으로 최근 3개월 이내에 발행된 서류여야 한다(상업등기규칙 35조 2항, 52조 4항, 본인서명사실 확인 등에 관한 법률에 따른 등기사무처리지침 9조). 예를 들어 등기소나 공증사무소에 위 서류를 제출한 날이 2017년 5월 9일이라면 위 서류는 2017년 2월 10일을 포함하여 그 이후에 발행된 서류여야 한다.

---

288) "상업등기실무", 법원공무원교육원, 2016, 321쪽 각주 21; 의사록을 청문인증 방식으로 인증하면 표지(별지 33호 서식), 의사록, 인증문(별지 37호 서식) 순서로 편철하여 의사록 인증서가 작성되는데 이 중 인증문에 기명날인 또는 서명이 본인의 것임을 확인하는 내용이 기재된다(공증서식의 사용 등에 관한 규칙 29조 1항).

289) 유한(주식)회사 설립 또는 임원변경등기 신청시 이사, 감사 등 임원의 주민등록번호 또는 주소를 증명하는 서면으로 인감증명서를 제출해서는 안 되는지 여부 [상업등기선례 제1-94호, 2003. 2. 18. 제정]

290) 법인등의등기사항에관한특례법시행규칙에 따른 사무처리지침(등기예규 제666-1항) [등기예규 제943호, 1998. 9. 8. 개정] 5. 나.

**정 관**

## 1. 서 론

정관은 회사의 조직과 활동에 대한 근본규칙이다. 통설·판례는 정관은 이를 작성한 주주뿐만 아니라 정관 작성 후에 참여한 주주와 기관을 구속하고 정관 변경에 반대하는 주주도 구속한다는 점에서 회사의 자치법규로 본다[291]. 주식회사설립 시 발기인은 정관을 작성하고(상법 288조) 정관에 기명날인 또는 서명해야 한다(상법 289조 1항). 법인설립 시 최초로 작성한 정관을 원시(原始) 정관이라 한다.

주식회사 정관은 원칙적으로 공증인으로부터 인증받아야 효력이 생기지만 자본금 총액이 10억원 미만인 주식회사를 발기설립하는 경우, 각 발기인이 정관에 기명날인 또는 서명하면 공증인으로부터 인증받지 않더라도 효력이 생긴다(상법 292조). 이 규정은 유한회사에 준용되므로 유한회사 정관도 원칙적으로 공증인으로부터 인증받아야 효력이 생기지만 자본금 총액이 10억원 미만인 유한회사를 설립하는 경우, 사원이 정관에 기명날인 또는 서명하면 공증인으로부터 인증받지 않더라도 효력이 생긴다(상법 543조 2항·3항).

## 2. 정관의 기재사항

정관의 기재사항은 ① 정관에 반드시 기재해야 하고 만일 누락되거나 위법하면 정관이 무효가 되어 결과적으로 회사설립 자체가 무효가 되는 '절대적 기재사항', ② 기재가 누락되더라도 정관의 효력에 영향이 없지만 당해 내용이 구속력을 가지려면 반드시 정관에 기재해야 하는 '상대적 기재사항', ③ 정관에 기재해야 하는 사항은 아니나 정관에 기재할 경우 기재된 대로 효력이 발생하는 '임의적 기재사항'으로 나눌 수 있다.

「정관의 기재사항」과 「등기사항」[292]을 구별하자. 등기사항은 상법 등 법령에 따라 상업등기부에 기재하고 공개하도록 정한 사항이다. 이사·감사의 성명, 대표자의 주소 등은 등기사항이지만 정관의 기재사항이 아니다. 반면 발기인의 성명·주민등록번호 및 주소 등은 등기사항은 아니지만 원시 정관의 절대적 기재사항이다. 한편, 주식회사의 목적, 상호, 회사

---

291) 대법원 2000. 11. 24. 선고 99다12437 판결 [회장등선출무효확인등]
292) 「제1장 총론」 「제5절 등기」 「Ⅱ. 등기신청」 「1. 등기사항」 참고

가 발행할 주식의 총수, 공고방법 등은 등기사항이자 정관의 절대적 기재사항이다. 정관의 기재사항은 다음과 같다.

## (1) 절대적 기재사항 (상법 289조 1항 각호)

1. 목적
2. 상호
3. 회사가 발행할 주식의 총수
4. 액면주식을 발행하는 경우 1주의 금액
5. 회사의 설립 시에 발행하는 주식의 총수
6. 본점의 소재지
7. 회사가 공고를 하는 방법
8. 발기인의 성명·주민등록번호 및 주소

## (2) 상대적 기재사항

1. 변태설립사항 (상법 290조 각호)
   1) 발기인이 받을 특별이익과 이를 받을 자의 성명
   2) 현물출자를 하는 자의 성명과 그 목적인 재산의 종류, 수량, 가격과 이에 대하여 부여할 주식의 종류와 수
   3) 회사성립 후에 양수할 것을 약정한 재산의 종류, 수량, 가격과 그 양도인의 성명
   4) 회사가 부담할 설립비용과 발기인이 받을 보수액

2. 주식에 관한 사항
   1) 주식회사 설립 당시의 주식발행사항 (상법 291조)
   2) 무액면주식의 발행, 액면주식과 무액면주식 사이의 전환 (상법 329조)
   3) 주식의 양도에 관한 이사회의 승인 (상법 335조 1항)
   4) 명의개서대리인의 설치 (상법 337조 2항)
   5) 주식매수선택권의 부여 (상법 340조의2, 340조의3)
   6) 자기주식취득의 주주총회 결의를 이사회 결의로 갈음[293] (상법 341조 2항 단서)
   7) 자기주식처분의 내용 (상법 342조)
   8) 종류주식을 발행하는 경우 각종 주식의 내용과 수 (상법 344조 2항), 이익배당, 잔여재산분배에 관한 종류주식 (상법 344조의2), 의결권의 배제·제한에 관한 종류주식 (상법 344조의3), 주식의 상환에 관한 종류주식 (상법 345조), 주식전환에 관한 종류

주식 (상법 346조)

9) 전환에 의하여 발행된 주식의 이익배당 (상법 350조 3항)

10) 전자주주명부의 작성 (상법 352조의2 1항)

11) 주주명부폐쇄 기간과 기준일의 지정 (상법 354조 4항)

12) 주식의 전자등록 (상법 356조의2)

13) 주권불소지 제도의 배제 (상법 358조의2 1항)

14) 신주발행을 이사회가 아닌 주주총회의 권한으로 정함 (상법 416조 1항 단서)

15) 제3자에 대한 신주인수권 부여 (상법 418조 2항)

16) 신주인수권의 전자등록 (상법 420조의4)

17) 신주인수권증권 전자발행 (상법 516조의7)

3. 주주총회에 관한 사항

1) 법정 결의사항 이외의 사항을 주주총회 결의사항으로 정함 (상법 361조)

2) 본점소재지 또는 그 인접지 이외의 장소에서 주주총회를 소집할 수 있도록 소집지
를 정함 (상법 364조)

3) 주주총회 의장에 관한 사항 (상법 366조의2 1항)

4) 정족수 배제 기타 총회 결의방법에 관한 다른 규정 (상법 368조 1항)

5) 주주의 서면투표 (상법 368조의3)

4. 이사 · 감사 · 집행임원 · 청산인에 관한 사항

1) 집중투표제 배제 (상법 382조의2 1항)

2) 이사의 임기연장 (상법 383조 3항)

3) 2명의 이사를 둔 소규모 주식회사의 대표이사 선정 여부와 방법 (상법 383조 6항)

4) 이사의 자격주에 관한 사항 (상법 387조)

5) 이사의 보수 (상법 388조)

6) 주주총회에 의한 대표이사 선정 (상법 389조 1항)

7) 이사회(청산인회)의 소집통지기간 단축 (상법 390조 3항, 542조 2항)

8) 이사회(청산인회)의 결의요건 가중 (상법 391조 1항, 542조 2항)

9) 동영상 및 음성 통신수단에 의한 이사회 결의방법 배제 (상법 391조 2항)

10) 이사회 내 위원회의 설치 (상법 393조의2 1항)

11) 이사회 내 위원회에 이사회 권한위임을 배제 (상법 393조의2 2항)

12) 이사의 회사에 대한 책임감경 (상법 400조 2항)

13) 집행임원의 보수 (상법 408조의2 3항 6호)

14) 집행임원 설치회사의 이사회 의장 선임 (상법 408조의2 4항)

15) 집행임원의 임기연장 (상법 408조의3)

16) 집행임원에게 위임한 권한 (상법 408조의4 2호)

17) 감사선임 시 의결권 행사의 제한비율 강화 (상법 409조 2항)

18) 감사위원회 설치 (상법 415조의2)

5. 회계에 관한 사항

1) 재무제표의 이사회 승인 (상법 449조의2)

2) 준비금의 자본금 전입을 이사회가 아닌 주주총회에서 결정 (상법 461조 1항 단서)

3) 중간배당에 관한 규정 (상법 462조의3 1항)

4) 현물배당 결정 (상법 462조의4)

6. 사채에 관한 사항

1) 이사회가 사채의 발행을 대표이사에게 위임 (상법 469조 4항)

2) 사채권 전자등록 (상법 478조 3항)

3) 전환사채, 신주인수권부사채를 이사회가 아닌 주주총회에서 발행 (상법 513조 2항, 516조의2 2항)

4) 제3자에게 전환사채, 신주인수권부사채를 발행하는 경우 일정 사항 결정 (상법 513조 3항, 516조의2 4항)

7. 해산 및 청산에 관한 사항

1) 회사의 존립기간 또는 해산사유 (상법 517조 1호, 227조 1호)

2) 청산인 지정 (상법 531조 1항 단서)

8. 상장회사 특례

1) 이사회 결의에 의한 주식매수선택권 부여 (상법 542조의3 3항)

2) 소수주주에 대한 주주총회 소집통지방법 (상법 542조의4 1항)

3) 소수주주권 행사요건 완화 (상법 542조의6 7항)

4) 집중투표제 배제를 위한 의결권 행사 제한비율 강화 (상법 542조의7 3항 단서)

5) 자산총액 2조원 이상인 상장회사의 감사 또는 감사위원회 위원을 선임하거나 해임할 때 의결권 행사 제한비율 강화 (상법 542조의12 4항·7항)

6) 사외이사인 감사위원회 위원 선임 시 의결권 행사 제한비율 강화 (상법 542조의12 4항 단서)

7) 신주공모 시 신주배정방식 (자본시장과 금융투자업에 관한 법률 165조의6 4항)

8) 조건부자본증권의 발행 (자본시장과 금융투자업에 관한 법률 165조의11)

9) 중간배당 특례 (자본시장과 금융투자업에 관한 법률 165조의12)

9. 벤처기업 특례
 1) 외국인 또는 외국법인등에 의한 벤처기업의 주식 취득제한 (벤처기업육성에 관한 특별조치법 9조 2항)
 2) 벤처기업의 전략적 제휴를 위한 주식교환 및 주주총회 승인을 이사회 승인으로 갈음 (벤처기업육성에 관한 특별조치법 15조의6 1항, 15조 1항, 15조의4 1항)
 3) 벤처기업의 영업을 양도할 때 양수회사의 주주총회 승인을 이사회 승인으로 갈음 (벤처기업육성에 관한 특별조치법 15조의8 1항)
 4) 벤처기업의 주식매수선택권 (벤처기업육성에 관한 특별조치법 16조의3 1항·2항)

## (3) 임의적 기재사항

정관의 임의적 기재사항은 ① 주권의 종류, ② 정기주주총회 소집시기, ③ 이사와 감사의 수, ④ 회사의 사업연도, ⑤ 이사·보선이사의 임기, ⑥ 준비금·배당금의 청구기간, ⑦ 이익의 처분방법, ⑧ 주식 명의개서절차에 관한 사항 등이 있다.

## 3. 정관 제출

회사 설립등기신청서에는 발기인이 기명날인한 원시 정관을 첨부해야 한다(상법 289조 1항, 상업등기규칙 98조 1호, 120조 1호, 129조 1호, 156조 1호). 자본금 총액이 10억원 미만인 주식회사를 발기설립하거나 자본금 총액이 10억원 미만인 유한회사를 설립하는 경우가 아니라면, 주식회사나 유한회사의 원시 정관은 공증인의 인증을 받아야 한다(상법 292조, 543조 3항, 공증인법 63조). 그 밖의 등기신청서에 첨부하는 정관은 공증인의 인증을 받지 않아도 되고 사본을 제출해도 된다.

상호의 가등기(상업등기규칙 80조 2항 및 3항 2호), 정관에 정한 사유의 발생으로 인한 해산등기(상업등기규칙 106조 2항), 청산인등기(상업등기규칙 107조), 합병으로 인한 설립등기(상업등기규칙 112조), 조직변경으로 인한 설립등기(114조 1호, 117조, 126조 1호, 152조 1호, 161조 1호) 시에도 등기신청서에 정관 원본 또는 사본을 첨부해야 한다.

---

293) 상법 제449조의2 제1항에 따라 이사회가 재무제표를 승인하는 경우 이사회 결의로 이익배당을 정할 수 있다(상법 제462조 제2항 단서). 이 경우 이사회 결의로 이익배당을 할 수 있다고 정관에 기재하면 주주총회가 아닌 이사회의 결의로써 취득할 수 있는 주식의 종류 및 수, 취득가액 총액의 한도, 자기주식 취득 기간을 정할 수 있다(상법 제341조 제2항 단서).

이밖에 정관에 법령과 다른 절차, 다른 규정에 따르도록 정하였고 그 절차, 규정에 따라 등기신청을 한다면 등기신청서에 정관 원본 또는 사본을 첨부해야 한다. 아래의 경우가 이에 해당이다.

| 내 용 | 상법 조항 |
|---|---|
| 주주총회 결의요건을 강화 | 368조 1항 |
| 본점소재지나 인접지 이외의 장소를 주주총회의 개최장소로 정함 | 364조 |
| 이사회 소집기간을 단축 | 390조 3항 |
| 이사회 결의요건을 강화 | 391조 1항 단서 |
| 제3자배정으로 신주를 발행함[294] | 418조 2항 |
| 신주 발행을 주주총회의 권한으로 정함 | 416조 단서 |
| 전환사채 발행을 주주총회의 권한으로 정함 | 513조 2항 단서 |
| 신주인수권부사채 발행을 주주총회의 권한으로 정함 | 516조의2 2항 단서 |
| 주주총회 결의요건을 강화 | 368조 1항 |
| 주주총회에서 대표이사 또는 공동대표이사를 선임, 해임[295] | 389조 1항 단서 |
| 소규모 주식회사에서 사내이사 2명 중 1명을 대표이사로 선정하거나 2명을 공동대표이사로 선임[296] | |
| 주주총회 결의로 준비금을 자본금 전입 | 461조 1항 단서 |
| 감사에 갈음하여 감사위원회를 설치 | 415조의2 1항 |
| 명의개서대리인을 둠 | 337조 2항 |
| 새로운 이사·감사의 취임없이 기존 이사·감사가 퇴임[297] | |

공증절차에서는, ① 의사록 인증 시 정관 사본 1부를 제출하고(공증서식의 사용 등에 관한 규칙 29조 2항), ② 주식회사 또는 유한회사 설립에 따른 원시 정관 인증 시 정관 원본 2부를 제출한다(공증인법 63조, 공증서식의 사용 등에 관한 규칙 30조 1항). 또한, ③ 회사설립 후 변경된 정관을 사서증서로 보아 인증받으면 정관 원본 1부를 제출한다.

정관 사본을 공증사무소에 제출할 때 정관의 첫 장부터 마지막 장까지 (법인)인감도장으

---

294) 상업등기실무(II), 254쪽
295) "상업등기실무", 법원공무원교육원, 2016, 382쪽
296) 이사 2명인 소규모 주식회사에서 대표이사를 정하는 방법 [법인등기선례 제201709-2호, 2017. 9. 27. 제정]; 상업등기실무(II), 47쪽
297) 상업등기실무(II), 47쪽; 반면 변경등기 후 임원수가 동일하거나 늘어나는 경우라면 정관을 첨부할 필요 없다.

로 간인한 뒤, 정관 마지막 장에 '원본대조필' 문구를 기재하고 (법인)인감도장을 찍는다. 반면, 정관 사본을 등기소에 제출할 때는 (법인)인감도장을 간인 · 날인하지 않아도 된다.

---

# 정 관

2016. 11. 9. 제정

### 제 1 장 총    칙

제1조 (상호) 본 회사는 '주식회사 율도'라 한다. 영문으로는 'Yuldo, Inc.'라 표기한다.

(중략)

<u>0000년 00월 00일</u> **원본대조필**

<u>주식회사 율도</u>
<u>대표이사 홍길동</u>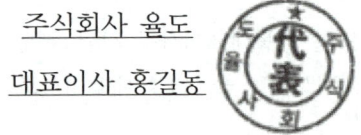

---

## 4. 비상장 주식회사 정관 사례

상장회사의 정관은 전자공시시스템(dart.fss.or.kr)에서 확인할 수 있다[298]. 또한, 상장회사협의회(www.klca.or.kr)에서 제공하는 상장회사 표준정관을 참고할 수도 있다. 비상장 주식회사의 정관은 표준정관이 있는 것은 아니지만 다음과 같은 형태로 구성될 수 있다.

**참고서식** 비상장 주식회사 정관 (변태설립사항이 없는 경우)

| 정관 조문 | 설 명 |
|---|---|
| **제 1 장 총    칙** | |
| 제1조 (상호) 본 회사는 '주식회사 율도'라 한다. 영문으로는 'Yuldo, Inc.'라 표기한다. | 정관의 절대적 기재사항(상법 289조 1항 2호)이자, 등기사항(상법 317조 2항 1호, 317조 4항, 183조)이다. |

---

298) 공시서류검색 메뉴 중 「첨부서류검색」 기능으로 정관을 검색할 수 있다.
299) 「제1장 총론」 「제5절 등기」 「IV. 관할」 참고

| 정관 조문 | 설 명 |
|---|---|
| **제2조 (목적)** 본 회사는 다음 사업을 경영함을 목적으로 한다.<br>1. 컴퓨터 프로그래밍, 시스템 통합 및 관리업<br>1. 영상, 오디오 기록물 제작 및 배급업<br>1. 데이터베이스 및 온라인정보 제공업<br>1. 광고대행업<br>1. 각 호에 관련된 부대사업 일체 | 정관의 절대적 기재사항(상법 289조 1항 1호)이자, 등기사항(상법 317조 2항 1호, 317조 4항, 183조)이다.<br><br>목적의 마지막은 일반적으로「각 호에 관련된 부대사업 일체」라고 기재한다. |
| **제3조 (본점의 소재지)** 본 회사의 본점은 서울특별시내에 둔다. 단, 이사회의 결의로 각지에 지점 및 영업소를 둘 수 있다. | 정관의 절대적 기재사항(상법 289조 1항 6호)이자, 등기사항(상법 317조 2항 1호, 317조 4항, 183조)이다.<br><br>본점소재지는 등기소의 관할행정구역[299]을 기준으로 기재한다. 예를 들어 판교에 소재한 법인이라면 성남지원 등기과가 성남시 전체의 상업등기를 관할하므로「본 회사의 본점은 성남시에 둔다」라고 기재한다.<br><br>지점소재지는 등기사항이나(상법 317조 2항 3의4, 317조 4항, 183조) 정관의 기재사항은 아니다. 지점소재지의 관할등기소가 본점소재지의 관할등기소와 다를 경우, 지점설치 시 별도의 지점등기부가 개설된다. |
| **제4조 (공고방법)** 본 회사의 공고는 서울특별시에서 발행하는 일간 매일경제신문에 게재한다.<br><br>또는<br><br>**제4조 (공고방법)** 본 회사의 공고는 회사의 인터넷 홈페이지(yuldo.co.kr)에 게재한다. 다만, 전산장애 또는 그 밖의 부득이한 사유로 회사의 인터넷 홈페이지에 공고할 수 없을 때는 서울특별시에서 발행하는 일간 매일경제신문에 한다. | 정관의 절대적 기재사항(상법 289조 1항 7호, 289조 3항, 상법 시행령 6조 2항·4항)이자, 등기사항(상법 317조 2항 1호, 317조 4항, 183조)이다[300]. |

---

300) 회사가 공고를 하는 방법에서 발행지 특정의 의미 [상업등기선례 제2-71호, 2014. 5. 12. 제정]

| 정관 조문 | 설 명 |
|---|---|
| **제 2 장 주식과 주권** | |
| 제5조 (회사가 발행할 주식의 총수) 본 회사가 발행할 주식의 총수는 1,000,000주로 한다. | 정관의 절대적 기재사항(상법 289조 1항 3호)이자, 등기사항(상법 317조 2항 1호, 317조 4항, 183조)이다. |
| 제6조 (1주의 금액) 본 회사가 발행하는 주식 1주의 금액은 금100원으로 한다.<br><br>또는<br><br>제6조 (무액면주식의 발행) ① 본 회사가 발행하는 주식은 무액면주식으로 한다.<br>② 신주를 발행하는 경우에는 신주의 발행가액 중 자본금으로 계상하는 금액은 발행시 이사회가 정한다. | 액면주식을 발행하는 경우, 정관의 절대적 기재사항(상법 289조 1항 4호)이자, 등기사항(상법 317조 2항 1호, 317조 4항, 183조)이다.<br><br>무액면주식을 발행하는 경우, 정관의 상대적 기재사항(상법 329조 1항)이다. 주식회사는 정관으로 정하여 주식 전부를 무액면주식으로 발행할 수 있다. 무액면주식을 발행하면 액면주식을 발행할 수 없다. |
| 제7조 (회사설립시 발행하는 주식의 총수) 본 회사가 회사설립시에 발행하는 주식의 총수는 100,000주로 한다.<br><br>또는<br><br>제7조 (회사설립시 주식발행사항) 본 회사가 회사설립시에 발행하는 주식의 총수는 보통주식 100,000주로 하고 1주당 금100원에 발행한다. | 정관의 절대적 기재사항(상법 289조 1항 5호)이자, 등기사항(상법 317조 2항 3호, 317조 4항, 183조)이다.<br><br>회사설립 시 발행할 주식의 종류와 수, 1주당 발행가 등 주식발행사항을 정관에 기재하면 주식발행사항동의서를 별도로 작성하지 않아도 된다(상법 291조). |
| 제8조 (주식의 종류) ① 본 회사가 발행할 주식은 보통주식과 종류주식으로 한다.<br>② 본 회사가 발행하는 종류주식은 이익배당 또는 잔여재산분배에 관한 우선주식, 의결권 배제 또는 제한에 관한 주식, 상환주식, 전환주식 및 이들의 전부 또는 일부를 혼합한 주식으로 한다. | 발행주식의 종류와 수, 각종 주식의 내용과 수는 등기사항(상법 317조 2항 3호, 317조 4항, 183조)이다. |
| 제8조의2 (이익배당, 잔여재산분배, 의결권 배제·제한, 주식의 상환 및 전환에 관한 종류주식) ① 본 회사는 이사회의 결의로 이익배당, 잔여재산분배, 의결권 배제 또는 제한, 주식의 | 「제1장 총론」, 「제2절 주식회사」, 「Ⅱ. 주식과 주주」, 「3. 종류주식」, 「(1) 상환전환우선주식」에서 예시로 살펴본 상환전환우선주식을 발행하기 위한 정관규정이다. 신주인수계약서 |

| 정관 조문 | 설 명 |
|---|---|
| 상환 및 전환에 관한 종류주식 및 이들의 전부 또는 일부를 혼합한 종류주식(이하 본 조에서 '종류주식'이라 한다)을 발행할 수 있다.<br>② 이 정관 제5조의 회사가 발행할 주식의 총수 중 종류주식의 발행한도는 500,000주로 한다. 단, 의결권 배제 또는 제한에 관한 종류주식은 발행주식총수의 4분의 1을 초과하지 못한다.<br>③ 본 회사는 이사회 결의로 우선배당권이 있는 종류주식을 발행할 수 있다.<br>1. 우선배당권 있는 종류주식에 대한 현금 배당은 1주당 발행가액을 기준으로 연 0% 이상 10%(복리) 이내에서 발행시에 이사회가 정한 배당률에 따라 지급한다.<br>2. 보통주의 배당률이 제1호에 따른 우선배당률을 초과할 경우에는 초과하는 부분에 대하여 우선배당권이 있는 종류주식은 보통주와 동일한 배당률로 함께 참가하여 배당받는다.<br>3. 주식 배당은 우선주와 보통주를 합한 발행주식총수에 대한 비율에 따라, 같은 종류의 우선주 주식으로 배당을 받을 권리를 갖는다. 다만 단주가 발생하는 경우에는 현금으로 지급받는다.<br>④ 본 회사는 이사회 결의로 청산시 잔여재산 우선분배권이 있는 종류주식을 발행할 수 있다.<br>1. 우선분배권이 있는 종류주식은 주당 발행가액 및 이에 대하여 이사회에서 정한 연리(복리) 8% 이하의 비율로 산정한 금액을 합한 금원에 대하여 보통주에 우선하여 잔여재산을 분배받을 권리가 있다.<br>2. 본 회사가 청산 이전까지 미지급 배당금이 있는 경우 동 금원에 대하여도 우선분배권이 있는 종류주식은 보통주에 우선하여 잔여재산을 분배받을 권리가 있다. | 의 상환전환우선주식 관련 조항을 거의 그대로 정관에 기재해도 된다.<br><br>주식회사가 이익배당, 잔여재산분배, 의결권, 상환 및 전환 등에 관하여 내용이 다른 주식(종류주식)을 발행하려면 정관에 각 종류주식의 내용과 수를 정해야 한다(정관의 상대적 기재사항 – 상법 344조 1항·2항).<br><br>종류주식은 ① 이익배당에 관한 우선주식, ② 잔여재산분배에 관한 우선주식, ③ 무의결권 또는 의결권제한주식, ④ 상환주식, ⑤ 전환주식, ⑥ 이들의 전부 또는 일부를 혼합한 주식으로 나눌 수 있으며 혼합방법에 따라 다양한 종류주식을 만들 수 있다. 종류주식은 정관의 상대적 기재사항이다(상법 344조의2, 344조의3, 345조, 346조).<br><br>즉, ① 이익배당에 관한 우선주식은 정관에 그 주식의 주주에게 교부하는 배당재산의 종류, 배당재산의 가액의 결정방법, 이익을 배당하는 조건 등 이익배당에 관한 내용을 정해야 하고(상법 344조의2 1항),<br><br>② 잔여재산분배에 관한 우선주식은 정관에 잔여재산의 종류, 잔여재산의 가액의 결정방법, 그 밖에 잔여재산분배에 관한 내용을 정해야 하며(상법 344조의2 2항),<br><br>③ 무의결권 또는 의결권제한주식은 정관에 의결권을 행사할 수 없는 사항과 의결권행사 또는 부활의 조건을 정한 경우에는 그 조건 등을 정해야 한다. 무의결권 또는 의결권제한주식은 발행주식총수의 4분의 1을 초과하지 못한다(상법 344조의3 2항). |

| 정관 조문 | 설 명 |
|---|---|
| 3. 우선분배권이 있는 종류주식에 대한 분배를 한 후 보통주에 대한 주당 분배금액이 우선분배권이 있는 종류주식에 대한 주당 분배금액을 초과하는 경우에 우선분배권이 있는 종류주식은 초과하는 부분에 대하여 보통주와 동일한 분배율로 함께 참가하여 잔여재산을 분배받을 권리가 있다.<br>⑤ 의결권이 없는 종류주식은 종류주식에 대하여 제3항에 따른 배당을 하지 아니한다는 결의가 있는 주주총회의 다음 주주총회부터 그 우선배당을 한다는 결의가 있는 주주총회의 종료시까지는 의결권이 있다.<br>⑥ 본 회사는 이사회 결의로 주주의 상환청구 또는 회사의 선택에 따라 회사의 이익으로써 소각할 수 있는 종류주식(이하 본 조에서 '상환주식'이라 한다)을 발행할 수 있다.<br>1. 상환주식을 회사의 선택으로 상환하는 경우에는 회사는 이사회 결의로 상환주식 전부를 일시에 또는 분할하여 상환할 수 있다.<br>2. 주주에게 상환청구권이 부여된 경우 주주는 자신의 선택으로써 상환주식 전부를 일시에 또는 분할하여 상환해 줄 것을 청구할 수 있다. 이 때 주주는 상환할 뜻 및 상환 대상주식을 회사에 통지해야 한다. 단, 회사는 현존 이익으로 상환 대상주식 전부를 일시에 상환하기 충분하지 않을 경우 이를 분할하여 상환할 수 있다.<br>3. 상환가액은 발행가액 또는 이에 가산금액을 더한 금액으로 하며 가산금액은 이자율, 시장상황 기타 상환주식의 발행에 관련된 제반 사정을 고려하여 상환주식의 발행시에 이사회 결의로 정한다. 다만, 상환가액을 조정하려는 경우 이사회에서 조정할 수 있다는 뜻, 조정사유, 조정방법 등을 정해야 한다. | 또한, ④ 상환주식은 회사의 상환청구권에 대하여는 정관에 상환가액, 상환기간, 상환의 방법과 상환할 주식의 수(상법 345조 1항)를, 주주의 상환청구권에 대하여는 정관에 주주가 주식회사에 대하여 상환을 청구할 수 있다는 뜻, 상환가액, 상환청구기간, 상환의 방법(상법 345조 3항)을 정해야 하고,<br><br>⑤ 전환주식은 회사의 전환청구권에 대하여는 정관에 전환의 조건, 전환의 청구기간, 전환으로 인하여 발행할 주식의 수와 내용(상법 346조 1항)을, 주주의 전환청구권에 대하여는 정관에 전환의 사유, 전환의 조건, 전환의 기간, 전환으로 인하여 발행할 주식의 수와 내용(상법 346조 2항)을 정해야 한다. |

| 정관 조문 | 설 명 |
|---|---|
| 4. 상환기간(또는 상환청구기간)은 종류주식의 발행 후 1개월이 경과한 날부터 10년이 되는 날의 범위 내에서 발행시 이사회 결의로 정한다. 단, 다음 각목의 1에 해당하는 사유가 발생하는 경우에는 그 사유가 해소될 때까지 상환기간은 연장된다.<br>　가. 상환주식에 대하여 우선적 배당이 완료되지 아니한 경우<br>　나. 회사의 이익이 부족하여 상환기간 내에 상환하지 못한 경우<br>5. 회사는 주식 취득의 대가로 현금 이외의 유가증권이나(다른 종류의 주식은 제외한다) 그 밖의 자산을 교부할 수 있다.<br>6. 기타 세부적인 상환가액, 상환방법, 상환기간(상환청구기간), 상환할 주식수는 발행시 이사회 결의로 정한다.<br>⑦ 본 회사는 이사회 결의로 주주 또는 회사의 선택에 따라 보통주로 전환되는 종류주식(이하 본 조에서 '전환주식'이라 한다)을 발행할 수 있다.<br>1. 전환비율은 종류주식 1주 당 보통주식 1주로 하되, 다음 사유 발생시 전환비율을 조정할 수 있다.<br>　가. 주식분할 또는 병합, 주식배당, 무상증자, 무상감자 기타 법률이 허용하는 조정 사유가 발생하는 경우<br>　나. 회사의 IPO 공모단가에 발행시 이사회에서 정한 비율을 곱한 금액이 그 당시의 발행시 전환가격을 하회하는 경우<br>　다. 전환주식의 전환 전에 해당 전환주식의 전환가격을 하회하는 발행가격으로 유상증자 또는 주식관련사채(전환사채, 신주인수권부사채 및 기타 주식으로 전환될 수 있는 종류의 사채)를 발행할 경우 | |

| 정관 조문 | 설 명 |
|---|---|
| 라. 회사가 타사와 합병 시 교환비율 산정을 위한 평가가액이 전환가격을 하회하는 경우 <br> 2. 전환기간(또는 전환청구기간)은 종류주식 발행일 익일부터 10년 이내 범위에서 발행시 이사회가 정하며 주주 또는 회사가 전환청구하지 않더라도 전환기간(또는 전환청구기간) 만료일에 보통주식으로 자동전환된다. <br> 3. 기타 세부적인 전환사유, 전환조건, 전환기간(전환청구기간), 전환으로 인하여 발행할 주식의 수 등은 발행시 이사회 결의로 정한다. <br> ⑧ 본 회사가 신주를 발행하는 경우 종류주식에 대한 신주의 배정은 유상증자 및 주식배당을 할 경우에는 보통주식에 배정하는 주식과 동일한 주식으로, 무상증자의 경우에는 그와 같은 종류의 주식으로 한다. 다만, 이사회가 발행시에 이와 다르게 정할 수 있다. | |
| 제9조 (주권) 본 회사 주식의 주권은 1주권, 5주권, 10주권, 50주권, 100주권, 500주권, 1,000주권, 10,000주권의 8종으로 한다. | |
| 제10조 (주식의 발행과 배정) ① 본 회사가 이사회의 결의로 신주를 발행하는 경우 다음 각 호의 방식에 의한다. <br> 1. 주주에게 그가 가진 주식 수에 따라서 신주를 배정하기 위하여 신주인수의 청약을 할 기회를 부여하는 방식 <br> 2. 신기술의 도입, 재무구조의 개선 등 회사의 경영상 목적을 달성하기 위하여 필요한 경우 제1호 외의 방법으로 특정한 자(이 회사의 주주를 포함한다)에게 신주를 배정하기 위하여 신주인수의 청약을 할 기회를 부여하는 방식 <br> ② 본 회사가 벤처기업육성에 관한 특별조치법에 따라 벤처기업으로 확인받은 경우, 본 회사는 전략적 제휴를 위하여 주주총회 특별결의로 | 원칙적으로 주주는 그가 가진 주식 수에 비례하여 신주를 배정받을 권리가 있다(상법 418조 1항). 주식회사가 제3자에게 신주를 배정하려면(주주 중 특정인에게만 배정하는 경우도 포함한다) 상법 418조 2항에 따라 정관에 근거규정을 두어야 한다. <br><br> 주식회사인 벤처기업은 전략적 제휴를 위하여 정관으로 정하는 바에 따라 신주를 발행하여 다른 주식회사의 주요주주의 주식이나 주식회사인 다른 벤처기업의 주식과 교환할 수 있다(벤처기업육성에 관한 특별조치법 15조의4 1항). <br><br> 신주발행을 주주총회 권한으로 정관에 정할 |

| 정관 조문 | 설 명 |
|---|---|
| 신주를 발행하여 다른 주식회사의 주요주주의 주식이나 주식회사인 다른 벤처기업의 주식과 교환할 수 있다.<br>③ 주주가 신주인수권을 포기 또는 상실하거나 신주배정에서 단주가 발생하는 경우에 그 처리방법은 이사회의 결의로 정한다. | 수도 있다(상법 416조 단서). |
| 제10조의2 (주식매수선택권) ① 본 회사는 주주총회 특별결의로 발행주식총수의 100분의 10 범위 내에서 임직원에게 주식매수선택권을 부여할 수 있다.<br>② 주식매수선택권의 행사로 교부할 주식(주식매수선택권의 행사가격과 시가와의 차액을 현금 또는 자기주식으로 교부하는 경우에는 그 차액의 산정기준이 되는 주식을 말한다)은 보통주식으로 한다. 단, 임원 또는 직원 1인에 대하여 부여하는 주식매수선택권은 발행주식총수의 100분의 10을 초과할 수 없다.<br>③ 주식매수선택권을 부여받을 자는 회사의 설립, 경영과 기술혁신 등에 기여하거나 기여할 수 있는 임직원으로 하되 다음 각호의 1에 해당하는 자는 제외한다.<br>1. 의결권 없는 주식을 제외한 발행주식총수의 100분의 10 이상의 주식을 가진 주주<br>2. 이사, 집행임원, 감사의 선임과 해임 등 회사의 주요 경영사항에 대하여 사실상 영향력을 행사하는 자<br>3. 제1호와 제2호에 규정된 자의 배우자와 직계존비속<br>④ 주식매수선택권은 이를 부여하는 주주총회 특별결의일부터 2년이 지난 날부터 3년 이내에 행사할 수 있다.<br>⑤ 다음 각호의 어느 하나에 해당하는 경우에 | 주식매수선택권 규정을 두려면 정관에는 다음 각호의 사항을 기재해야 하므로 정관의 상대적 기재사항이다(상법 340조의3 1항).<br>1. 일정한 경우 주식매수선택권을 부여할 수 있다는 뜻<br>2. 주식매수선택권의 행사로 발행하거나 양도할 주식의 종류와 수<br>3. 주식매수선택권을 부여받을 자의 자격요건<br>4. 주식매수선택권의 행사기간<br>5. 일정한 경우 이사회결의로 주식매수선택권의 부여를 취소할 수 있다는 뜻<br><br>등기사항(상법 317조 2항 3의3, 317조 4항, 183조)이다.<br><br>벤처기업 또는 상장회사의 경우 주식매수선택권을 받을 수 있는 자의 범위나 주식매수선택권의 수가 확대되므로[301], 이를 정관에 반영해야 한다. |

---

301) 「제1장 총론」, 「제2절 주식회사」, 「Ⅱ. 주식과 주주」, 「5. 주식매수선택권(스톡옵션)」

| 정관 조문 | 설 명 |
|---|---|
| 는 이사회의 결의로 주식매수선택권의 부여를 취소할 수 있다.<br>1. 당해 주식매수선택권을 부여받은 자가 주식매수선택권을 부여받은 후 임의로 사임 또는 퇴직한 경우<br>2. 당해 주식매수선택권을 부여받은 자가 고의 또는 과실로 회사에 중대한 손해를 초래하게 한 경우<br>3. 기타 주식매수선택권 부여계약에서 정한 취소사유가 발생한 경우 | |
| 제11조 (주권의 명의개서 등) ① 주식의 양도로 인하여 명의개서를 청구할 때는 본 회사 소정의 청구서에 주권을 첨부하여 제출해야 한다. 상속, 유증 기타 계약 이외의 사유로 인하여 명의개서를 청구할 때는 본 회사 소정의 청구서에 주권 및 취득원인을 증명하는 서류를 첨부하여 제출해야 한다.<br>② 본 회사는 주주명부의 기재에 관한 사무를 처리하기 위하여 명의개서대리인을 둘 수 있다. 명의개서대리인은 이사회의 결의에 의하여 선정한다. | 주권 명의개서절차는 정관의 임의적 기재사항이다.<br><br>이사회 결의로 명의개서대리인을 정하면 명의개서대리인의 상호와 본점소재지는 등기사항이다(상법 317조 2항 11호, 317조 4항, 183조). |
| 제12조 (질권의 등록 및 신탁재산의 표시) 본 회사의 주식에 질권의 등록 또는 신탁재산의 표시를 청구하려면 본 회사가 정하는 청구서에 당사자가 기명날인하고 주권을 첨부하여 제출해야 한다. 그 등록 또는 표시의 말소를 청구할 때도 같다. | |
| 제13조 (주권의 재발행) ① 주권의 분할, 병합, 오손 등의 사유로 인하여 주권의 재발행을 청구하려면 본 회사가 정하는 청구서에 기명날인하고 구주권을 첨부하여 제출해야 한다.<br>② 주권의 상실로 인하여 그 재발행을 청구하려면 본 회사가 정하는 청구서에 기명날인하고 이에 제권판결의 정본 또는 등본을 첨부하여 | |

| 정관 조문 | 설 명 |
|---|---|
| 제출해야 한다. | |
| **제14조 (수수료)** 제11조부터 제13조에서 정하는 청구를 하는 자는 본 회사가 정하는 수수료를 납부해야 한다. | |
| **제14조의2 (전자주주명부)** ① 본 회사는 전자문서로 주주명부를 작성한다.<br>② 주주명부에 다음 사항을 기재한다.<br>1. 주주의 성명과 주소<br>2. 각 주주가 가진 주식의 종류와 그 수<br>3. 각 주주가 가진 주식의 주권을 발행한 때는 그 주권의 번호<br>4. 각주식의 취득연월일<br>5. 각 주주의 전자우편주소<br>③ 본 회사의 주주와 채권자는 영업시간 내에 언제든지 서면 또는 파일의 형태로 주주명부에 기록된 사항의 열람 또는 복사를 청구할 수 있다. 이 경우 다른 주주의 전자우편주소는 열람 또는 복사의 대상에서 제외된다. | 주식회사는 정관으로 정하는 바에 따라 전자문서로 주주명부(전자주주명부)를 작성할 수 있다(상법 352조의2 1항). 전자주주명부를 작성하면 일반적인 주주명부 기재사항(상법 352조) 외에 각 주주의 전자우편주소를 기재해야 한다(상법 352조의2 2항). |
| **제15조 (주주명부의 폐쇄 및 기준일)** ① 본 회사는 매년 1월 1일부터 1월 15일까지 권리에 관한 주주명부의 기재변경을 정지한다.<br>② 본 회사는 매년 12월 31일 최종의 주주명부에 기재되어 있는 주주를 그 결산기에 관한 정기주주총회에서 권리를 행사할 주주로 한다.<br>③ 본 회사는 임시주주총회의 소집 기타 필요한 경우 이사회의 결의로 3개월을 경과하지 아니하는 일정한 기간을 정하여 권리에 관한 주주명부의 기재변경을 정지하거나 이사회의 결의로 정한 날에 주주명부에 기재되어 있는 주주를 그 권리를 행사할 주주로 할 수 있으며, 이사회가 필요하다고 인정하는 경우에는 주주명부의 기재변경 정지와 기준일의 지정을 함께 할 수 있다. 회사는 이를 2주간 전에 공고해야 한다. | 주주총회를 개최할 때 반드시 주주명부를 폐쇄하거나 기준일을 정해야 하는 것은 아니다.<br><br>정관의 상대적 기재사항(상법 354조 4항 단서)이다. |

| 정관 조문 | 설 명 |
|---|---|
| 제16조 (주주의 주소 등의 신고) 본 회사의 주주 및 등록된 질권자 또는 그 법정대리인이나 대표자는 본 회사가 정하는 서식에 의하여 그의 성명, 주소와 인감을 본 회사에 신고해야 한다. 신고사항에 변경이 있는 때에도 또한 같다. | |

### 제 3 장 사　채

| 정관 조문 | 설 명 |
|---|---|
| 제17조 (사채의 발행) 본 회사는 이사회의 결의로 주주 및 주주 외의 자에게 사채를 발행할 수 있다. | |
| 제18조 (전환사채의 발행) ① 본 회사가 이사회의 결의로 전환사채를 발행하는 경우 다음 각 호의 방식에 의한다.<br>1. 주주에게 그가 가진 주식의 수에 따라서 전환사채를 배정하는 방식<br>2. 사채의 액면총액이 50억원을 초과하지 않는 범위 내에서 신기술의 도입, 재무구조의 개선 등 회사의 경영상 목적을 달성하기 위하여 필요한 경우 특정한 자(이 회사의 주주를 포함한다)에게 사채를 배정하기 위하여 사채인수의 청약을 할 기회를 부여하는 방식<br>② 전환사채의 발행에 관하여 상법 제513조 제2항 각호의 사항은 이사회의 결의로 정한다.<br>③ 제1항의 전환사채에 있어서 이사회는 그 일부에 대하여만 전환권을 부여하는 조건으로도 이를 발행할 수 있다.<br>④ 전환으로 인하여 발행하는 주식은 보통주식으로 하고 전환가액은 주식의 액면금액 또는 그 이상의 가액으로 사채발행시 이사회가 정한다.<br>⑤ 전환을 청구할 수 있는 기간은 당해 사채의 발행일후 1년이 경과하는 날로부터 그 상환기일의 직전일까지로 한다. 그러나 위 기간 내에서 이사회의 결의로써 전환청구기간을 조정할 수 있다. | 이사회 결의로 주주 외의 자에게 전환사채를 발행하려면, 발행할 수 있는 전환사채의 액, 전환의 조건, 전환으로 인하여 발행할 주식의 내용과 전환을 청구할 수 있는 기간을 이사회에서 정할 수 있도록 정관에 정해야 한다(정관의 상대적 기재사항 - 상법 513조 3항).<br><br>정관에 「전환가액은 주식의 액면금액 또는 그 이상의 가액으로 사채발행시 이사회가 정한다」라고 규정하고 있는 경우, 이는 전환가액에 관하여는 주식의 액면금액 이상이라는 일응의 기준을 정하되 구체적인 전환가액은 전환사채의 발행시마다 이사회에서 결정하도록 위임하고 있는 것이라고 할 것인데 전환가액 등 전환의 조건의 결정방법과 관련하여 고려되어야 할 특수성을 감안할 때, 이러한 정관의 규정은 상법 제513조 제3항이 요구하는 최소한도의 요건을 충족한다(대법원 2004. 6. 25. 선고 2000다37326 판결[전환사채발행무효]).<br><br>전환사채발행 시 전환사채의 총액을 비롯하여 상법 514조의2 2항 각호의 사항을 등기해야 한다. 전환사채발행을 주주총회 권한으로 정관에 정할 수도 있다. |

| 정관 조문 | 설 명 |
|---|---|
| 제19조 (신주인수권부사채의 발행) ① 본 회사가 이사회의 결의로 신주인수권부사채를 발행하는 경우 다음 각호의 방식에 의한다.<br>1. 주주에게 그가 가진 주식의 수에 따라서 신주인수권부사채를 배정하는 방식<br>2. 사채의 액면총액이 50억원을 초과하지 않는 범위 내에서 신기술의 도입, 재무구조의 개선 등 회사의 경영상 목적을 달성하기 위하여 필요한 경우 특정한 자(이 회사의 주주를 포함한다)에게 사채를 배정하기 위하여 사채인수의 청약을 할 기회를 부여하는 방식<br>② 신주인수권부사채의 발행에 관하여 상법 제516조의2 제2항 각호의 사항은 이사회의 결의로 정한다.<br>③ 신주인수를 청구할 수 있는 금액은 사채의 액면총액을 초과하지 않는 범위 내에서 이사회가 정한다.<br>④ 신주인수권의 행사로 발행하는 주식은 보통주식으로 하고 그 발행가액은 액면금액 또는 그 이상의 가액으로 사채발행시 이사회가 정한다.<br>⑤ 신주인수권을 행사할 수 있는 기간은 당해 사채발행일후 1년이 경과한 날로부터 그 상환기일의 직전일까지로 한다. 그러나 위 기간 내에서 이사회의 결의로써 신주인수권의 행사기간을 조정할 수 있다. | 이사회 결의로 주주 외의 자에게 신주인수권부사채를 발행하려면 발행할 수 있는 신주인수권부사채의 액, 신주인수권의 내용과 신주인수권을 행사할 수 있는 기간을 이사회에서 정할 수 있도록 정관에 정해야 한다(정관의 상대적 기재사항 – 상법 516조의2 4항).<br><br>상법 516조의8 1항 각호의 사항을 등기해야 한다. 신주인수권부사채 발행을 주주총회 권한으로 정관에 정할 수도 있다. |
| 제20조 (사채발행에 관한 준용규정) 이 정관에서 정한 명의개서, 주주명부 폐쇄 및 기준일, 주주의 성명 및 인감신고 등의 규정은 사채발행의 경우에 준용한다. | |

## 제 4 장  주 주 총 회

| | |
|---|---|
| 제21조 (소집) ① 본 회사의 정기주주총회는 매 사업연도 종료 후 3개월 이내에 소집하고 임시주주총회는 필요한 경우에 수시 소집한다. | |

| 정관 조문 | 설 명 |
|---|---|
| ② 주주총회의 소집은 법령에 다른 규정이 있는 경우를 제외하고는 이사회의 결의에 의하여 대표이사가 소집한다.<br>③ 감사는 회의의 목적사항과 소집의 이유를 기재한 서면을 이사회에 제출하여 임시주주총회의 소집을 청구할 수 있다.<br>④ 대표이사의 유고시 이사회의 결의에 의하여 정한 이사가 주주총회를 소집한다. | |
| 제22조 (소집통지) ① 주주총회를 소집할 때는 주주총회일의 2주 전에(본 회사의 자본금 총액이 10억원 미만인 경우 주주총회일의 10일 전에) 각 주주에게 서면으로 통지를 발송하거나 각 주주의 동의를 얻어 전자문서로 통지를 발송해야 한다. 다만, 그 통지가 주주명부상 주주의 주소에 계속 3년간 도달하지 아니한 경우에는 회사는 해당 주주에게 주주총회의 소집을 통지하지 아니할 수 있다.<br>② 제1항의 기간은 주주총회 전에 모든 주주의 서면, 전신 또는 전자문서에 의한 동의로 단축할 수 있으며, 주주 전원의 동의가 있는 때는 소집절차 없이 주주총회를 개최할 수 있다. | 비상장회사가 주주총회를 소집하려면 개별 주주에게 소집통지를 해야 한다(상법 363조). 반면 상장회사는 정관으로 정하는 바에 따라 발행주식총수의 100분의 1 이하의 주식을 소유한 주주에 대하여 통지 대신 공고를 할 수 있다(상법 542조의4 1항, 상법 시행령 31조 1항). |
| 제23조 (의장) 대표이사는 주주총회의 의장이 된다. 그러나 대표이사 유고시에는 이사회에서 선임한 다른 이사가 의장이 된다. | |
| 제24조 (의장의 질서유지권 등) ① 주주총회의 의장은 주주총회에서 의사진행을 고의로 방해하기 위한 발언, 기타 유형력의 행사로 질서를 문란하게 하는 자에게 그 발언의 정지 또는 퇴장을 명할 수 있다.<br>② 주주총회의 의장은 원활한 의사진행을 위하여 필요하다고 인정할 때는 주주의 발언 시간과 횟수를 제한할 수 있다. | |
| 제25조 (주주총회의 결의 및 의결정족수) ① | 주주총회 보통결의는 정관으로 결의요건을 |

| 정관 조문 | 설 명 |
|---|---|
| 주주총회의 결의는 이 정관 및 법률에 다른 정함이 있는 경우를 제외하고 출석한 주주의 의결권의 과반수와 발행주식총수의 4분의 1 이상의 수로 한다.<br>② 의결권 없는 주식은 발행주식총수에 포함하지 아니한다.<br>③ 다음 주식의 의결권 수는 출석한 주주의 의결권의 수에 포함하지 아니한다.<br>1. 주주총회의 결의에 관하여 특별한 이해관계가 있는 자(상법 제368조 제3항)의 주식<br>2. 감사 선임시 의결권 없는 주식을 제외한 발행주식총수의 100분의 3을 초과하는 수의 주식을 가진 주주의 그 초과하는 주식(상법 제409조 제2항)<br>④ 다음 사항은 출석한 주주의 의결권의 3분의 2 이상의 수와 발행주식총수의 3분의 1 이상의 수로 해야 한다.<br>1. 정관변경<br>2. 수권자본의 증가<br>3. 회사의 합병, 분할, 분할합병, 해산, 청산<br>4. 본 회사의 영업 및 자산의 전부 또는 2분의 1 이상의 양도, 또는 다른 회사의 영업 및 자산의 전부 또는 2분의 1 이상의 양수<br>5. 이사, 감사 및 청산인의 해임<br>6. 자본금 감소(결손의 보전을 위한 자본금의 감소는 제외한다)<br>7. 주식매수선택권을 부여받을 자의 성명, 주식매수선택권의 부여방법, 주식매수선택권의 행사가격 및 행사기간, 주식매수선택권을 부여받을 자 각각에 대하여 주식매수선택권의 행사로 교부할 주식의 종류 및 수<br>8. 기타 법령의 규정에 의한 경우<br>⑤ 주주총회의 결의는 주주 전원의 서면결의로써 갈음할 수 있다. 주주 전원이 결의의 목적사 | 가중할 수 있으나 성격상 정관에서 정한 특별결의 수준보다 가중할 수는 없다. 또한, 주주총회 보통결의요건을 완화할 수 없다는 견해가 다수설이다.<br><br>주주총회 특별결의는 정관으로 결의요건을 강화(초다수결)할 수 있으나 완화할 수 없다는 것이 통설이고, 나아가 총주주가 동의해야 하는 수준까지 강화할 수 있다는 것이 다수설이다. 정관의 초다수결요건의 효력에 대한 대법원 판례는 없으나 하급심 판결은 일부 주주에게 사실상 거부권을 주는 것과 마찬가지의 결과를 초래한다는 점에서 정관의 초다수결요건을 무효로 보았다.<br><br>감사 또는 자산총액 2조원 이상인 상장회사의 감사위원회 위원을 전자투표로 선임하는 경우 발행주식총수의 4분의 1 이상 찬성이라는 요건을 충족하지 못하더라도 출석한 주주 의결권의 과반수 찬성만으로 감사나 감사위원회 위원을 선임할 수 있다(상법 409조 3항, 542조의12 8항). |

| 정관 조문 | 설명 |
|---|---|
| 항에 대하여 서면으로 동의를 한 때는 서면에 의한 결의가 있는 것으로 본다.<br>⑥ 본 회사가 전자적 방법으로 의결권을 행사할 수 있도록 한 경우에는 본조 제1항에도 불구하고 출석한 주주의 의결권의 과반수로써 감사의 선임을 결의할 수 있다. | |
| 제26조 (의결권 등) ① 주주의 의결권은 1주마다 1개로 한다.<br>② 주주는 대리인이 의결권을 행사하게 할 수 있다. 대리인이 의결권을 행사함에는 표결 전에 그 권한을 증명하는 서면을 의장에게 제출해야 한다. | |
| 제27조 (총회의 의사록) 주주총회 의사록에는 의사의 경과 요령과 그 결과를 기재하고 의장과 출석한 이사가 기명날인 또는 서명하여 본점에 보존, 비치한다. | |
| **제 5 장  임    원** | |
| 제28조 (이사와 감사의 원수 및 선임) ① 본 회사의 이사는 3명 이상으로 하고 감사는 1명 이상으로 한다. 단, 본 회사의 자본금 총액이 10억원 미만인 경우 이사는 1명 또는 2명으로 할 수 있으며 감사는 선임하지 않을 수 있다.<br>② 이사와 감사는 주주총회에서 선임한다. 단, 의결권 없는 주식을 제외한 발행주식총수의 100분의 3을 초과하는 주식을 가지는 주주는 그 초과하는 주식에 관하여는 감사 선임 의결권을 행사하지 못한다.<br>③ 2명 이상의 이사를 선임하는 경우 상법 제382조의2에서 규정하는 집중투표제는 적용하지 아니한다. | 이사와 감사의 성명과 주민등록번호는 등기사항이고(상법 317조 2항 8호, 317조 4항, 183조) 사내이사가 대표권을 가진 이사라면 사내이사의 주소도 등기사항이다(상법 317조 2항 9호, 317조 4항, 183조). 이사와 감사의 성명과 주민등록번호, 주소는 정관 기재사항이 아니다.<br><br>집중투표제를 배제하는 조항은 정관의 상대적 기재사항(상법 382조의2 1항)이다. |
| 제29조 (이사 및 감사의 임기) ① 이사의 임기는 3년으로 하되, 그 임기 중의 최종의 결산기에 관한 정기주주총회의 종결에 이르기까지 연장된다. | 이사의 임기 자체는 정관의 임의적 기재사항이나, 그 임기는 3년을 초과할 수 없다(상법 383조 2항). 다만 이사의 임기는 정관으로 이사의 임기 중의 최종결산기에 관한 정기주주 |

| 정관 조문 | 설 명 |
|---|---|
| ② 감사의 임기는 취임 후 3년 내의 최종의 결산기에 관한 정기주주총회의 종결시까지로 한다. | 총회의 종결시까지 연장할 수 있다(상법 383조 3항). |
| 제30조 (임원의 보선) 이사 또는 감사가 결원되었을 때는 임시주주총회를 소집하여 보결 선임한다. 그러나 잔여 임원의 법정원수가 충족되고 또한 업무집행상 지장이 없을 때는 보결 선임을 보류하거나 다음 정기주주총회시까지 연기할 수 있다. | 보결로 선임된 임원의 임기도 원칙적으로 임원 본래의 임기에 의한다. 정관에 보결 또는 증원에 의하여 선임된 이사의 임기를 전임자의 잔여임기 또는 다른 이사의 잔여임기와 같이한다는 규정이 있는 경우에는 그에 따르더라도, 이는 이사의 일부에만 결원이 생긴 경우에 적용될 뿐이고 이사 전원을 새로 선임하는 경우에는 이사 본래의 임기를 따른다. |
| 제31조 (대표이사) 대표이사는 본 회사를 대표하고 대표이사가 수 명일 때는 각자 회사를 대표하되 이사회의 결의로 공동대표이사를 정할 수 있다. | 대표이사 또는 공동대표이사의 성명·주민등록번호 및 주소는 등기사항이나(상법 317조 2항 9호, 317조 4항, 183조) 정관 기재사항은 아니다. |
| 제32조 (대표이사 또는 공동대표이사의 선임) 대표이사 또는 공동대표이사는 이사회에서 선임한다. | 이사회가 설치하지 않은 경우 대표이사 또는 공동대표이사는 정관 규정에 따라 주주총회에서 선임할 수 있다(정관의 상대적 기재사항 - 상법 383조 6항, 389조 2항 단서). 이사가 사내이사 2명 뿐인 경우 정관 규정에 따라 이사들이 합의하여 대표이사를 정할 수도 있다. 이 정관 50조 참고. |
| 제33조 (업무집행) ① 대표이사는 본 회사의 업무를 통할하고 전무이사 또는 상무이사는 대표이사를 보좌하여 그 업무를 분담한다. ② 대표이사 유고시에는 이사회에서 정한 순서에 따라 전무이사 또는 상무이사 등이 대표이사의 직무를 대행한다. | |
| 제34조 (이사의 의무) ① 이사는 법령과 정관의 규정에 따라 선량한 관리자의 주의로서 회사를 위하여 그 직무를 수행해야 한다. ② 이사는 회사에 현저하게 손해를 미칠 염려가 있는 사실을 발견한 때는 즉시 이를 감사에게 보고해야 한다. | |
| 제35조 (임원의 보수와 퇴직금) ① 임원의 보 | 이사의 보수는 정관에 또는 주주총회 결의로 |

| 정관 조문 | 설 명 |
|---|---|
| 수는 주주총회의 결의로 정하거나 주주총회의 결의를 거친 임원보수 지급규정에 의한다.<br>② 임원의 퇴직금은 주주총회의 결의를 거친 임원퇴직금 지급규정에 의한다. | 정한다(정관의 상대적 기재사항 - 상법 388조). 임원의 퇴직금은 근로기준법 소정의 퇴직금이 아니라 보수의 일종으로 보기 때문에 마찬가지로 정관에 또는 주주총회 결의로 정한다. |

**제 6 장 이 사 회**

| | |
|---|---|
| **제36조 (이사회)** ① 본 회사의 이사는 이사회를 조직하여 매 4분기 최초의 월요일에 정기이사회를 개최함을 원칙으로 하고, 필요에 따라 수시로 임시이사회를 개최할 수 있다.<br>② 이사회는 대표이사 1명을 사장에 보하고 필요할 때는 대표이사 1명을 더 선임하여 회장에 보하고 전무이사, 상무이사를 임명할 수 있다.<br>③ 이사회는 동영상과 음성을 동시 송수신하는 통신수단으로 개최할 수 있다. | |
| **제37조 (이사회내의 위원회)** ① 본 회사는 필요시 이사회 내에 3인 이상의 이사로 구성되는 위원회를 둘 수 있다.<br>② 이사회는 다음 각호의 사항을 제외하고 그 권한을 위원회에 위임할 수 있다.<br>1. 주주총회의 승인이 필요한 사항<br>2. 대표이사의 선임 및 해임<br>3. 위원회의 설치 및 그 위원의 선임 및 해임 | 감사위원회 설치 시 감사위원회 위원의 성명 및 주민등록번호는 등기사항이나(상법 317조 2항 12호, 317조 4항, 183조) 정관 기재사항은 아니다. |
| **제38조 (이사회의 소집)** 이사회는 대표이사(또는 이사회에서 따로 정한 이사가 있는 때는 그 이사)가 회일의 1일 전에 각 이사 및 감사에게 통지하여 소집한다. 그러나 이사 및 감사 전원이 동의하면 소집절차를 생략할 수 있다. | 이사회를 소집하려면 회일을 정하고 그 1주 전(D-8)에 각 이사 및 감사에게 통지를 발송해야 한다. 그러나 소집기간은 정관으로 단축할 수 있다(상법 390조 3항). |
| **제39조 (이사회 의결사항)** 이사회는 다음 사항을 의결한다.<br>1. 최초사업계획의 수정<br>2. 연간사업계획, 예산, 결산에 관한 사항<br>3. 정관변경안의 채택<br>4. 대표이사 및 지배인의 선임과 해임 | 이사회 결의요건은 정관으로 가중할 수 있다(상법 391조 1항 단서).<br><br>정관변경의 경우, 이사회는 정관변경안의 채택을 의결할 수 있을 뿐이고, 정관변경 자체는 주주총회 특별결의로 한다. |

| 정관 조문 | 설 명 |
|---|---|
| 5. 지점, 사무소의 설치 및 폐쇄, 자회사의 설립 | |
| 6. 자금의 차입. 단, 일정범위를 별도규정으로 정하여 대표이사에게 위임할 수 있다. | |
| 7. 주요 사규의 제정 및 개폐에 관한 사항 | |
| 8. 주주총회의 소집 및 제출안건에 관한 사항 | |
| 9. 자본금 증가에 관한 사항 | |
| 10. 주요 자산의 취득 및 처분에 관한 사항 | |
| 11. 주요 소송의 제기 및 화해에 관한 사항 | |
| 12. 이사의 겸업허용 | |
| 13. 주식매수선택권 부여의 취소 | |
| 14. 이사회 내 위원회의 설치와 그 위원의 선임 및 해임 | |
| 15. 상법 제398조의 이사 등과 회사 간의 거래에 대한 승인 | |
| 16. 상법 제397조의2의 회사의 기회 및 자산의 유용에 대한 승인 | |
| 17. 기타 이 정관에서 별도로 정하지 아니한 사항 중 상법, 기타 법률에 따라 이사회의 권한으로 정한 사항 | |
| 18. 기타 중요하다고 인정되는 사항 | |
| **제40조 (이사회의 결의)** ① 이사회의 결의방법은 이사 과반수의 출석과 출석이사 과반수로 한다.<br>② 상법 제397조의2, 제398조, 제415조의2 제3항의 이사회 승인 또는 결의는 이사 3분의 2 이상의 수로 해야 한다.<br>③ 이사회결의에 특별한 이해관계가 있는 이사는 의결권을 행사하지 못한다. | |
| **제41조 (이사회의사록)** ① 이사회의 의사에 관하여는 의사록을 작성해야 한다.<br>② 이사회의사록에는 의장과 출석한 이사 및 감사가 기명날인 또는 서명한다. | |
| **제42조 (감사의 직무)** ① 감사는 본 회사의 업무 및 회계를 감사한다.<br>② 감사는 언제든지 이사에 대하여 영업에 관 | |

| 정관 조문 | 설 명 |
|---|---|
| 한 보고를 요구하거나 회사의 영업과 재산상태를 조사할 수 있다.<br>③ 감사는 그 직무를 수행하기 위하여 필요한 때는 자회사에 대하여 영업의 보고를 요구할 수 있다.<br>④ 감사는 제3항의 경우에 자회사가 지체 없이 보고하지 아니할 때 또는 그 보고의 내용을 확인할 필요가 있는 때는 자회사의 업무와 재산상태를 조사할 수 있다.<br>⑤ 감사는 본 회사의 비용으로 전문가의 도움을 구할 수 있다. | |
| **제 7 장　계　산** | |
| **제43조 (사업연도)** 본 회사의 사업연도는 매년 1월 1일부터 12월 31일까지로 한다. | |
| **제44조 (재무제표, 영업보고서의 작성비치)** ① 대표이사는 정기주주총회의 6주 전에 다음 서류 및 그 부속명세서와 영업보고서를 작성하여 이사회의 승인을 얻어야 한다.<br>1. 재무상태표(대차대조표)<br>2. 손익계산서<br>3. 이익금 처분계산서 또는 결손금 처리계산서<br>4. 영업보고서 및 재산목록<br>② 대표이사는 정기주주총회의 6주 전에 제1항의 서류를 감사에게 제출해야 한다.<br>③ 감사는 정기주주총회의 1주 전까지 감사보고서를 대표이사에게 제출해야 한다.<br>④ 대표이사는 제1항의 서류와 감사보고서를 정기주주총회의 1주 전부터 5년간 본점에 비치해야 하고(지점은 위 서류를 정기주주총회의 1주 전부터 3년간 비치), 주주총회의 승인을 얻었을 때는 재무상태표(대차대조표)를 지체없이 공고해야 한다. | |
| **제45조 (이익금의 처분)** 매 결산기 총수익금에서 총지출금을 공제한 잔액을 이익금으로 하여 | |

| 정관 조문 | 설 명 |
|---|---|
| 이를 다음과 같이 처분한다.<br>1. 이익준비금: 자본금의 2분의 1이 될 때까지 매 결산기 금전에 의한 이익배당액의 10분의 1 이상<br>2. 별도적립금 약간<br>3. 주주배당금 약간<br>4. 후기이월금 약간<br>5. 임의 적립금 | |
| **제46조 (이익 배당)** 이익배당은 금전 또는 주식으로 하며, 매 결산기 말일 현재 주주명부에 기재된 주주 또는 질권자에게 지급한다. | 금전 외의 재산을 배당하려면 정관에 근거규정이 필요하다(정관의 상대적 기재사항 - 상법 462조의4). |
| **제47조 (중간배당)** ① 본 회사는 6월 30일 0시 현재의 주주에게 상법 제462조의3에 의한 중간배당을 할 수 있다. 단, 당해 결산기의 재무상태표(대차대조표)상의 순자산액이 상법 제462조 제1항 각호의 금액의 합계액에 미치지 못할 우려가 있는 때는 중간배당을 할 수 없다.<br>② 제1항의 중간배당은 이사회의 결의로 하되, 그 결의는 제1항의 기준일 이후 45일 내에 해야 한다.<br>③ 중간배당은 직전결산기의 재무상태표(대차대조표)상의 순자산액에서 다음 각호의 금액을 공제한 액을 한도로 한다.<br>1. 직전 결산기의 자본금의 액<br>2. 직전 결산기까지 적립된 자본준비금과 이익준비금의 합계액<br>3. 직전 결산기의 정기주주총회에서 이익으로 배당하거나 지급하기로 정한 금액<br>4. 중간배당에 따라 당해 결산기에 적립해야 할 이익준비금 | 중간배당을 하려면 정관에 근거규정이 필요하다(정관의 상대적 기재사항 - 상법 462조의3 1항). |
| **제48조 (배당금지급청구권 소멸시효)** 배당금지급청구권은 5년간 이를 행사하지 아니하면 소멸시효가 완성한다. 소멸시효 완성으로 인한 배당금은 본 회사에 귀속한다. | |

| 정관 조문 | 설 명 |
|---|---|
| **부 칙** | |
| **제49조 (내부 규정)** 본 회사는 필요에 따라 이사회의 결의로 업무수행 및 경영상 필요한 세칙 등 내규를 정할 수 있다. | |
| **제50조 (이사회에 관한 소규모회사 특례)** ① 본 회사의 자본금 총액이 10억원 미만으로서 이사가 1인 또는 2인인 경우 이사회를 두지 아니한다.<br>② 제1항의 경우 이 정관 (제6조 제2항, 제8조의2) 제10조, 제17조부터 제19조, 제23조, 제31조부터 제33조, 제36조 제2항, 제47조 제2항의 이사회 의결사항은 주주총회 결의(제18조 제1항 제2호 및 제19조 제1항 제2호의 경우는 주주총회 특별결의)로 한다.<br>③ 제1항의 경우 이 정관 제3조, 제11조 제2항, 제15조 제3항, 제49조의 이사회 의결사항은 대표이사(대표이사가 없는 경우 사내이사 각자)가 결정한다.<br>④ 제1항의 경우 이 정관 제44조 제1항의 이사회 승인은 적용하지 아니한다.<br>⑤ 제1항부터 제4항까지 정한 것 외에 이 정관 또는 법령상 이사회 의결사항은 상법 제383조 제4항부터 제6항을 준용한다. | 이사회가 설치되지 않으면 이사회의 권한은 중요도에 따라, ① 중요한 권한은 주주총회로 이전되고 ② 덜 중요한 권한은 각 이사(또는 대표이사를 선임한 경우 대표이사)에게 이전된다(상법 383조 4항부터 6항).<br><br>이 정관 50조 2항에 다음과 같은 단서를 추가할 수 있다.<br>'다만, 본 회사의 자본금 총액이 10억원 미만으로서 이사가 2인인 경우 대표이사는 이사들이 합의하여 정한다.' |
| **제51조 (감사에 관한 소규모회사 특례)** ① 본 회사의 자본금 총액이 10억원 미만으로서 감사를 선임하지 않은 경우 이 정관 제34조 제2항, 제42조의 '감사'는 각각 '주주총회'로 본다.<br>② 본 회사의 자본금 총액이 10억원 미만으로서 감사를 선임하지 않은 경우 이 정관 제21조 제3항, 제44조 제2항 및 제3항은 적용하지 않는다. | 상법 409조 6항 참고 |
| **제52조 (최초의 사업연도)** 본 회사의 최초의 사업연도는 회사설립일부터 당해 연도 12월 31일까지로 한다. | |

| 정관 조문 | 설 명 |
|---|---|
| 이상과 같이 정관을 작성하고 발기인이 이에 서명 또는 기명날인한다.<br><br>0000년 00월 00일<br><br>발기인 홍길동 (000000-0000000) (인)<br>서울특별시 서초구 서초대로45길 22, 108동 1102호 (서초동, 삼일아파트)<br>인수주식 수: 보통주식 60,000주<br><br>발기인 김철수 (000000-0000000) (인)<br>서울특별시 영등포구 여의로 12, 101호 (여의도동, 세계오피스텔)<br>인수주식 수: 보통주식 30,000주<br><br>발기인 이영희 (000000-0000000) (인)<br>서울특별시 마포구 신촌로 22, 1층 (상수동)<br>인수주식 수: 보통주식 10,000주 | 발기인은 정관을 작성하고 정관에 기명날인 또는 서명한다(상법 228조, 289조 1항). 발기인의 성명, 주민등록번호 및 주소는 주식회사 설립 시 정관의 절대적 기재사항이다(상법 289조 1항 8호).<br><br>주식회사설립 시 정관은 공증인의 인증을 받아야 효력이 생긴다. 다만, 자본금 총액이 10억원 미만인 주식회사를 발기설립할 때는 각 발기인이 정관에 기명날인 또는 서명하면 공증인의 인증을 받지 않더라도 효력이 생긴다(상법 292조). 발기인은 정관의 모든 장마다 간인하되, 날인·간인하는 도장은 인감도장이 아니어도 무방하다.<br><br>발기인이 인수한 주식의 종류와 수를 정관에 기재하면 주식회사 설립등기신청서에 발기인의 주식인수증을 첨부하지 않아도 된다. |

# 제3절

# 유한회사

유한회사(Gesellschaft mit beschrankter Haftung: GmbH, 상법 543조 이하)는 소규모 사업을 영위하기 위한 목적으로 1892년에 독일에서 만들어진 회사제도이다[302]. 현재도 독일은 회사 중에서 유한회사가 가장 많다. 주식회사와 유한회사를 비교하면 다음과 같다(유한회사의 사원은 주식회사의 주주에 해당한다).

| | 주식회사 | 유한회사 |
|---|---|---|
| 주주, 사원의 책임 | 유한책임 | 유한책임 (상법 553조) |
| 주주, 사원의 수 | 1인 이상 | 1인 이상 |
| 최저 자본금 | 액면주식 발행 시 100원, 무액면주식 발행 시 1원 | 100원 (상법 546조) |
| 변태설립사항에 대한 절차 | 정관 기재, 법원이 선임한 검사인 또는 공증인·공인된 감정인이 조사보고서 제출. 법원(발기설립) 또는 창립총회(모집설립)에서 변경처분할 수 있음 | 정관 기재 (상법 544조) |
| 출자금 납입증명, 자본금 증가시 납입증명 | 잔고증명서(자본금 총액이 10억원 미만인 회사를 발기설립 하는 경우, 신주발행의 결과 자본금 총액이 10억원 미만 경우) 또는 주금납입보관증명서 | 출자금영수증[303] (상업등기규칙 156조 2호, 157조 2호) |
| 증자등기의 효력 | 공시력 | 창설적 효력 (상법 591조, 592조) |
| 인수인 공모 | 가능 | 불가 (상법 589조 2항) |

---

302) 유주선, "독일 유한회사법상 자본규정의 변화 : 2008 개정 유한회사법을 중심으로", 「영산법률논총」 6권 1호, 2009. 9., 121쪽

303) 주식회사 설립등기 시 주금의 납입을 맡은 은행. 그 밖의 금융기관의 납입금 보관을 증명하는 정보(자본금 총액이 10억원 미만인 회사를 발기설립하는 경우에는 은행이나 그 밖의 금융기관의 잔고를 증명하는 정보)를 제공해야 한다(상업등기규칙 129조 12호). 반면, 유한회사 설립등기 시 출자 전액 납입 또는 현물출자의 목적인 재산 전부의 급여가 있음을 증명하는 정보만 제공하면 되므로(상업등기규칙 156조 2호) 일반적으로 사원이 유한회사에 현금을 출자할 경우 등기신청서에는 유한회사가 작성한 영수증을 첨부한다.

| | 주식회사 | 유한회사 |
|---|---|---|
| 초대 임원 선임 | 발기인회 또는 창립총회 (이사회가 구성된 주식회사는 이사회에서 대표이사 선임) | 정관, 사원총회(상법 547조 1항, 468조 2항) 또는 총사원의 서면동의[304] |
| 원시 정관의 공증 | 원칙적으로 원시 정관을 공증인으로부터 인증받되, 자본금 총액이 10억원 미만인 회사를 발기설립하는 경우 불필요 | 원칙적으로 원시 정관을 공증인으로부터 인증받되, 자본금 총액이 10억원 미만인 유한회사를 설립하는 경우 불필요 (상법 543조 3항, 292조 단서) |
| 의결권 | 1주당 1의결권. 다만, 의결권이 없는 종류주식 발행 가능 | 1좌당 1의결권. 다만, 정관으로 변경 가능 (상법 575조 단서)[305]. |
| 주식, 지분양도 | 자유. 다만, 이사회의 승인을 받도록 정관으로 제한 가능 | 자유[306]. 지분 양도는 정관으로 제한 가능 (상법 556조) |
| 보통결의사항 | 출석한 주주 의결권의 과반수와 발행주식총수의 4분의 1 이상 찬성해야 함. | 정관 또는 상법에 다른 규정 없다면 총사원의 의결권의 과반수를 가지는 사원이 출석하고 그 의결권의 과반수가 찬성해야 함 (상법 574조). |
| 특별결의사항 | 출석한 주주 의결권의 3분의 2 이상과 발행주식총수의 3분의 1 이상 찬성해야 함. | 총사원의 반수 이상이며 총사원의 의결권의 4분의 3 이상을 가지는 자가 찬성해야 함 (상법 585조 1항). |
| 주주, 사원 의결권의 대리행사 | 가능 | 가능 (상법 578조, 368조 2항) |
| 주주총회·사원총회에 특별한 이해관계가 있는 자의 의결권, 자기주식의 의결권 | 의결권 없음 | 의결권 없음 (상법 578조, 368조 3항, 369조 2항) |

---

304) 유한회사의 초대 이사 및 대표이사를 정관으로 정하지 아니한 때에는 회사 설립전에 사원총회를 열어 이를 선임하여야 하는 바, 초대 이사 및 대표이사의 선임에 관하여 총사원이 서면으로 동의한 경우에는 사원총회의사록이 아닌 총사원동의서를 첨부하여 설립등기를 신청할 수 있다(유한회사의 초대 이사 및 대표이사를 정관으로 정하지 아니한 경우 사원총회가 아닌 총사원의 서면동의로 위 임원을 선임할 수 있는지 여부 (적극) [상업등기선례 제1-284호, 2002. 8. 26. 제정]).

305) 일정 좌수 이상을 가진 사원의 의결권을 제한하거나, 1좌에 복수의결권을 부여하는 것도 가능하다. 다만, 사원의 의결권을 완전히 박탈하는 것은 허용되지 않는다(송옥렬, 상법강의, 1243쪽).

306) 유한회사 설립 시 사원의 성명, 주민등록번호, 주소, 출자좌수가 정관의 절대적 기재사항이기는 하나(상법 543조 2항 1호 및 4호, 179조 3호), 지분을 자유롭게 양도할 수 있도록 상법 556조를 개정한 취지 상 지분양도 시 정관변경 절차를 거치지 않고 지분을 양도할 수 있다고 해석하는 것이 타당하다. 유한회사에서 사원의 성명 등을 정관의 절대적 기재사항으로 남겨 둔 것은 입법 미비로 보인다(송옥렬, 상법강의, 1242쪽).

| | 주식회사 | 유한회사 |
|---|---|---|
| 상호보유주식의 의결권 | 의결권 없음 | 의결권 있음 (상법 369조 3항을 준용하지 않음) |
| 주주총회·사원총회 소집통지서 발송기한 | D-15 (자본금 총액이 10억원 미만인 회사는 D-11) | D-8 (상법 571조 2항) |
| 전자우편으로 소집통지 | 주주가 동의하면 가능 | 사원이 동의하면 가능 (상법 571조 2항) |
| 주주총회·사원총회 소집절차 생략 | 자본금 총액이 10억원 미만인 회사는 주주 전원이 동의하면 가능 | 자본금 총액에 관계없이 사원 전원이 동의하면 가능 (상법 573조) |
| 서면결의, 서면동의 | 자본금 총액이 10억원 미만인 회사는 주주 전원이 동의하면 가능 | 자본금 총액에 관계없이 사원 전원이 동의하면 가능[307] (상법 577조) |
| 무기명 지분증권 발행 | 불가 | 불가 (상법 555조) |
| 사채발행 | 가능 | 불가 (상법 600조 2항) |
| 이사의 수 | 3명 이상. 다만, 자본금 총액이 10억원 미만인 경우 2명 이하 가능 | 1명 이상 (상법 561조) |
| 이사의 종류 | 사내이사, 사외이사, 기타비상무이사 | 이사 (상법 561조) |
| 감사의 수 | 1명 이상. 다만, 감사위원회를 설치할 경우 감사를 둘 수 없고 자본금 총액이 10억원 미만이면 감사를 선임하지 않아도 됨 | 둘 수 있음 (상법 568조 1항) |
| 임원의 종신임기 | 불가능 | 가능 (상법 383조 2항, 410조를 준용하지 않음) |
| 이사회 | 이사가 3명 이상이면 이사회가 설치됨 | 이사회가 없으나, 정관에 다른 정함이 없으면 회사의 업무집행, 지배인의 선임 또는 해임과 지점의 설치·이전 또는 폐지는 이사 과반수로 결의함 (상법 564조 1항) |
| 주주·사원 및 회사채권자에 대한 재무제표, 감사보고서 등 비치·공시 | 비치·공시의무 | 비치·공시의무 (상법 579조의3, 448조 2항) |

---

307) 유한회사에서 총회결의의 목적사항에 대하여 총사원이 서면으로 동의한 경우에는 총회의 결의와 동일한 효력이 있으므로, 유한회사의 자본감소에 관하여 총사원이 동의한 경우에는 사원총회의사록이 아닌 총사원동의서를 첨부하여 변경등기를 신청할 수 있다(유한회사의 감자결의시 사원총회의 결의를 거치지 않고 총사원동의서를 첨부하여 변경등기를 신청할 수 있는지 여부 [상업등기선례 제1-283호, 2002. 6. 24. 제정]).

| | 주식회사 | 유한회사 |
|---|---|---|
| 재무상태표(대차대조표) 공고 | 공고의무 | 공고의무 없음 (상법 449조 3항을 준용하지 않음) |
| 주식회사 등의 외부감사에 관한 법률 | 적용 | 2019. 11. 1. 이후 시작되는 사업연도부터 적용[308] |

주식회사와 비교하여 유한회사는 중소 규모의 폐쇄회사, 가족회사에 알맞은 법인이다. 유한회사는 변태설립사항에 관하여 정관기재만으로 효력이 발생하고(상법 544조), 현금출자 시 잔고증명서를 발급받을 필요가 없어 설립절차가 단순하다(상업등기규칙 156조 2호, 157조 2호). 또한 재무상태표(대차대조표)를 공시할 의무가 없다는 점(유한회사는 상법 449조 3항을 준용하지 않음), 회사의 규모가 커져도 임원수를 최소화할 수 있고(상법 561조) 종신임기제를 둔다면 임원 중임을 위한 사원총회를 열지 않아도 된다는 점(유한회사는 상법 383조 2항, 410조를 준용하지 않음), 이사회가 없으므로(상법 564조 1항) 이사결정서를 공증할 필요가 없다는 점 등에서 이점이 있다. 나아가 유한회사 정관에 사원의 의결권수를 제한하고(상법 575조 단서) 이사의 종신임기 규정을 둔다면 대표자의 경영권 방어에 유리하다. 반면 유한회사는 인수인을 공모할 수 없어(상법 589조 2항) 사실상 증권거래소 상장이 어렵고, 사채 발행이 금지된다는 단점이 있다(상법 600조 2항).

우리나라는 주식회사에 대한 선호가 높아서 유한회사 설립이 알맞은 경우조차 주식회사를 설립하는 비율이 높다. 주식회사 발기설립 시 현금만 출자한다면 절차가 정형화되어 설립이 어렵지 않고, 주식회사가 재무상태표(대차대조표) 공시의무를 지키지 않더라도 재무상태표(대차대조표)는 등기사항이 아니라서 공시의무 위반을 적발하기 어렵다. 다만, 주식회사는 유한회사와 달리 임원의 종신임기제를 둘 수 없어 주기적으로 임원 중임·선임·퇴임 등기를 해야 하는데 그 시기를 놓쳐서 등기 해태 과태료를 무는 경우가 많다.

실무상 유한회사를 설립하는 경우는 주로 외국계 회사, 투자회사, 대부업체 등이다. 외국(일본 제외)은 주식회사의 선호도가 우리나라만큼 높지 않아서 외국 회사가 국내 자회사의 지분을 100% 가지고 있고 국내 증권거래소에 자회사를 상장할 계획이 없다면 굳이 자회사를 주식회사 형태로 설립하지 않는다. 또한 투자회사, 대부업체는 낮은 지분율을 가진 대표자가 경영권을 방어하기 위해 유한회사를 선택할 실익이 있다.

---

308) 주식회사 등의 외부감사에 관한 법률 [법률 제15022호, 2017. 10. 31. 전부개정, 2018. 11. 1. 시행] 4조 1항 3호, 부칙 2조

## 제**4**절

# 특수목적법인

## Ⅰ 의 의

special purpose company(SPC)는 우리말로 특수목적회사, 특수목적법인 등으로 부른다 (이하 '특수목적법인'이라 한다). 특수목적법인은 법령상 개념은 아니고 강학상 또는 실무 상 개념으로서 1997년 외환위기 이후 이를 극복하는 과정에서 유동화전문회사 등 여러 형 태로 우리나라에 도입되었다. 특수목적법인은 법인 자체의 존립에 의의가 있는 것이 아니 라, 자산유동화, 기업구조조정, 부동산투자, 집합투자 등 특수한 목적 달성을 위해 법인을 중심으로 이해관계인들을 연결하는 구조를 제공하는데 의의가 있다[309].

예를 들어, A회사가 부동산 개발을 위해 투자자를 유치한다고 가정해보자. 투자자가 A 회사의 재무구조를 불안해 하고 A회사가 투자금을 엉뚱한 곳에 쓰지 않을까 걱정한다면 A회사는 투자자가 A회사에 직접 투자하는 대신 부동산 개발을 목적으로 하는 특수목적법 인에 투자하도록 하여 이러한 우려를 불식시킬 수 있다. 부동산 개발이 완료되면 투자자는 특수목적법인을 청산하여 투자금을 회수한다. 자산 매각에도 특수목적법인이 활용된다. 아 무리 좋은 회사라도 금방 팔리기 어렵기 때문에 특수목적법인(유동화전문회사)이 매각 대 상인 자산을 양수하고 이 자산을 기초로 유동화증권(asset backed securities: ABS)을 발 행하여 신속하게 현금을 마련한다.

특수목적법인은 협의로는 「자산유동화에 관한 법률」상 유동화전문회사를 비롯한 법령 에 근거한 특수목적법인을 가리킨다. 광의로는 개별 법률이 마련되지 못한 프로젝트 회사 (project financing vehicle), 역외금융·조세회피·국내법 적용 배제 등을 목적으로 실체 없이 설립된 명목회사(paper company)를 포함하기도 한다[310].

---

309) 김중곤, "특수목적법인(SPC)의 권리능력", 「BFL」 제13호, 2005. 9., 74쪽
310) 김중곤, "특수목적법인(SPC)의 권리능력", 「BFL」 제13호, 2005. 9., 74-75쪽

**Ⅱ 종 류**

특수목적법인의 종류는 다음과 같다.

| 종류 | 상법상 회사형태 | 목적 | 관련 법령 |
|---|---|---|---|
| 유동화전문회사 | 유한회사 | 자산유동화업무 영위 | 자산유동화에 관한 법률 2조 5호 |
| 투자회사 | 주식회사 | 집합투자 수행 | 자본시장과 금융투자업에 관한 법률 9조 18항 2호부터 4호의2 |
| 투자유한회사 | 유한회사 | | |
| 투자합자회사 | 합자회사 | | |
| 투자유한책임회사 | 유한책임회사 | | |
| 투자목적회사 | 주식회사, 유한회사 | 경영참여형 사모집합투자기구(private equity fund: PEF)[311]의 집합투자재산 운용 | 자본시장과 금융투자업에 관한 법률 249조의13 |
| 기업구조조정투자회사 | 주식회사 | 기업의 경영정상화를 도모하는 것을 목적으로 기업에 투자하거나 기업자산을 매입하는 등의 방법으로 자산을 운영하여 그 수익을 주주에게 배분 | 기업구조조정투자회사법 2조 3호 |
| 위탁관리 부동산투자회사 | 주식회사 | 부동산 투자, 운용 | 부동산투자회사법 2조 1호 나목, 3조 1항 |
| 기업구조조정 부동산투자회사 | | 주로 기업구조조정을 위해 부동산 투자, 운용 | 부동산투자회사법 2조 1호 다목, 3조 1항 |
| 선박투자회사 | 주식회사 | 자산을 선박에 투자하여 그 수익을 주주에게 분배 | 선박투자회사법 2조 1호 |
| 임대사업 투자회사 | 주식회사 | 임대사업 | 법인세법 51조의2 1항 6호, 법인세법 시행령 86조의3 2항, 민간임대주택에 관한 특별법 시행령 4조 2항 3호 다목, 조세특례제한법 104조의31 1항, 조세특례제한법 시행령 104조의28 |

| 종류 | 상법상 회사형태 | 목적 | 관련 법령 |
|---|---|---|---|
| 해외자원개발투자회사 | 주식회사 | 해외자원개발사업 등에 자산을 투자하여 그 수익을 주주에게 배분 | 해외자원개발 사업법 13조 1항부터 3항 |
| 해외자원개발투자전문회사 | 합자회사 | | |
| 문화산업전문회사 | 주식회사, 유한회사 | 회사의 자산을 문화산업의 특정 사업에 운용하고 그 수익을 투자자·사원·주주에게 배분 | 문화산업진흥 기본법 2조 21호 |

특수목적법인은 법인 자체의 존립에 의의를 두지 않으므로 대부분 지점·영업소 설치, 직원 고용, 법인존속기간, 상근임원 선임 등에 제한을 두고 있다. 법령 또는 정관에 정한 법인존속기간이 만료되면 특수목적법인은 해산한다.

다만, 주식회사의 대표이사는 개념상 상근임원인 사내이사 중에서 선임해야 하므로 주식회사 형태의 특수목적법인이 대표이사를 선임하려면 설령 법령 또는 정관에 상근임원을 두지 못하도록 규정돼 있어도 사내이사들을 선임하고 그 중에 대표이사를 선임하여 등기신청해야 한다[312].

| 종류 | 지점설치, 직원고용 | 상근임원 선임 | 법인존속기간 | 관련 법령 |
|---|---|---|---|---|
| 유동화전문회사 | X | O | | 자산유동화에 관한 법률 20조 2항 |
| 투자회사<br>투자유한회사<br>투자합자회사<br>투자유한책임회사 | X | X | | 자본시장과 금융투자업에 관한 법률 184조 7항 |
| 투자목적회사 | X | X | | 자본시장과 금융투자업에 관한 법률 249조의13 1항 5호 |

---

311) 경영권 참여, 사업구조 또는 지배구조의 개선 등을 위하여 지분증권 등에 투자·운용하는 투자합자회사인 사모집합투자기구이다(자본시장과 금융투자업에 관한 법률 9조 19항 1호). 투자기업에 대한 적극적인 경영권 참여 및 구조개선 등을 통해 기업가치를 제고하는 Buy-out 성격의 펀드이다(금융감독원, "경영참여형 사모집합투자기구 실무안내", 2016. 12., 12쪽).

312) 상근임원을 둘 수 없는 주식회사도 대표이사를 사내이사 중에 선임하여 등기 신청하여야 하는지 여부 [상업등기선례 제2-33호, 2010. 12. 27. 제정]

| 종류 | 지점설치, 직원고용 | 상근임원 선임 | 법인존속기간 | 관련 법령 |
|---|---|---|---|---|
| 기업구조조정투자회사 | X | X | 5년 이내, 주주총회의 결의로 1년 범위 내에서 연장 가능 | 기업구조조정투자회사법 7조 1항, 3조 2항 |
| 위탁관리 부동산투자회사 | X | X | | 부동산투자회사법 11조의2 |
| 기업구조조정 부동산투자회사 | X | X | | 부동산투자회사법 49조의2 4항, 11조의2 |
| 선박투자회사 | X | X | 정관으로 정하되 인가받은 날부터 3년 이상 | 선박투자회사법 3조 5항, 6조 |
| 임대사업 투자회사 | X | X | 2년 이상 | 조세특례제한법 104조의31 1항 |
| 해외자원개발투자회사 | X | X | 해외자원개발투자회사 등으로 등록된 날부터 20년 이내에서 정관으로 정하며 연장 가능 | 해외자원개발 사업법 13조 3항, 13조의4, 자본시장과 금융투자업에 관한 법률 184조 7항 |
| 해외자원개발투자전문회사 | | | | |
| 문화산업전문회사 | X | X | | 문화산업진흥 기본법 47조 2항 |

## Ⅲ 세법상 처리

특수목적법인도 원칙적으로 별개의 납세주체로 보아 세법을 적용한다. 다만, 상당수 특수목적법인이 법인의 이윤을 주주들에게 배분하는 도관(導管, pipeline)에 불과하기 때문에 법인세법은 지급배당소득 공제제도 등을 두어 특수목적법인의 법인세 부담을 경감·면제하고 있다. 즉, 다음 각 호의 어느 하나에 해당하는 내국법인이 대통령령으로 정하는 배당가능이익의 100분의 90 이상을 배당한 경우 그 금액을 해당 사업연도의 법인세법 상 소득금액에서 공제한다(법인세법 51조의2, 법인세법 시행령 86조의3).

1. 「자산유동화에 관한 법률」에 따른 유동화전문회사
2. 「자본시장과 금융투자업에 관한 법률」에 따른 투자회사, 투자목적회사, 투자유한회사, 투자합자회사(같은 법 제9조 제19항 제1호의 기관전용 사모집합투자기구는 제외한다) 및 투자유한책임회사
3. 「기업구조조정투자회사법」에 따른 기업구조조정투자회사
4. 「부동산투자회사법」에 따른 기업구조조정 부동산투자회사 및 위탁관리 부동산투자회사
5. 「선박투자회사법」에 따른 선박투자회사
6. 「민간임대주택에 관한 특별법」 또는 「공공주택 특별법」에 따른 특수 목적 법인 등으로서 대통령령으로 정하는 법인
7. 「문화산업진흥 기본법」에 따른 문화산업전문회사
8. 「해외자원개발 사업법」에 따른 해외자원개발투자회사

특수목적법인에 대한 등록면허세 중과세 예외는 「제1장 총론」 「제6절 등기신청수수료와 세금」 「II. 세금」 「3. 등록면허세 중과세 및 예외」 「(2) 예외」 「(d) 특수목적법인」을 참고한다(지방세특례제한법 180조의2 2항).

제**5**절

# 등 기

## I  등기사항전부증명서

### 1. 발급방법

법인의 등기사항전부증명서는 가까운 등기소를 방문하여 창구에서 발급받거나 무인발급기로 발급받으며 인터넷 발급도 가능하다. 인터넷 발급은 인터넷등기소(www.iros.go.kr) 웹사이트에 접속하여 「등기열람/발급」 → 「법인」 → 「발급하기(출력)」 메뉴를 선택하여 발급받는다. 「열람하기」를 선택하여 출력한 등기사항전부증명서는 공증사무소에 제출할 수 없다. 참고로, '영문' 등기사항전부증명서는 존재하지 않는다.

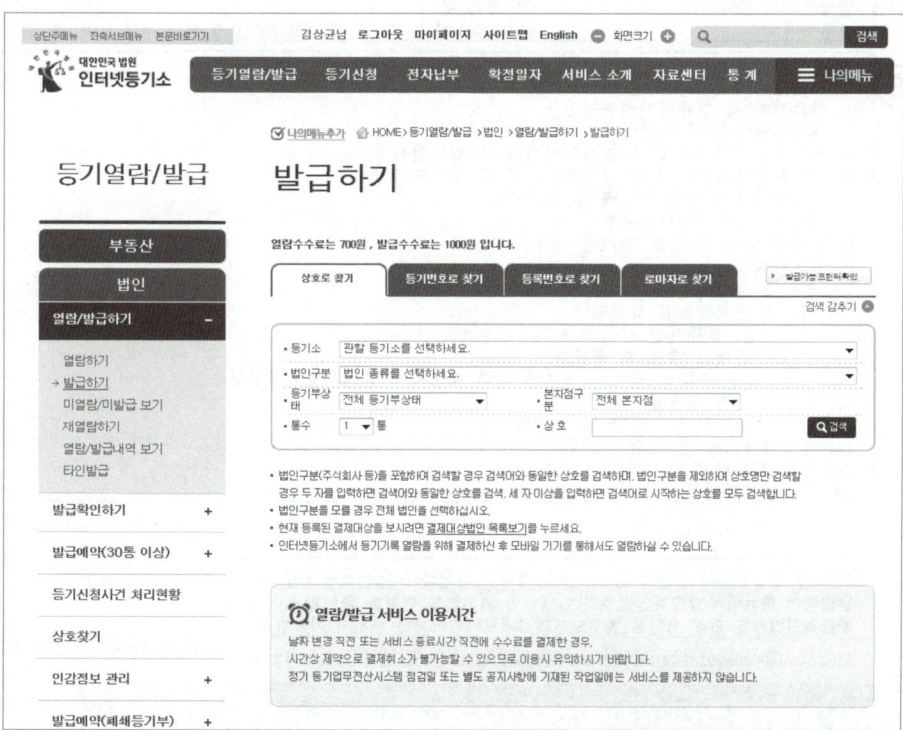

**인터넷등기소(www.iros.go.kr) 웹사이트의 등기사항전부증명서 발급화면**

## 2. 등기사항전부증명서 보는 법

로켓배송 서비스로 유명한 쿠팡 주식회사의 등기사항전부증명서를 살펴보자.

### 등기사항전부증명서(현재 유효사항)[제출용]

| | | | |
|---|---|---|---|
| 등기번호 | 506771 | | |
| 등록번호 | 110111-5067718 | | |

**①** 상 호 쿠팡 주식회사 (Coupang Corp.) 　　2017.03.27 변경 / 2017.03.28 등기

**②** 본 점 서울특별시 송파구 송파대로 570, 18층(신천동) 　　2017.03.27 변경 / 2017.03.28 등기

**③** 공고방법 회사의 인터넷 홈페이지(www.coupang.com)에 한다. 다만, 전산장애 또는 그 밖의 부득이한 사유로 회사의 인터넷 홈페이지에 공고를 할 수 없는 때에는 서울특별시에서 발행되는 일간지 매일경제신문(합병 또는 개칭이 있는 경우 그 승계신문)에 게재한다.　　. .

**④** 1주의 금액　금 50,000 원　　. .

**⑤** 발행할 주식의 총수　2,000,000 주　　. .

| ⑥ 발행주식의 총수와 그 종류 및 각각의 수 | | ⑦ 자본금의 액 | 변경연월일 / 등기연월일 |
|---|---|---|---|
| 발행주식의 총수 | 240,645 주 | | 2019.09.24 변경 |
| 보통주식 | 240,645 주 | 금 12,032,250,000 원 | 2019.09.24 등기 |

**⑧**　　　　　　　목　　　적
1. 소프트웨어 자문, 개발 및 공급업
2. 자료처리 및 컴퓨터시설관리업
3. 데이터베이스 및 온라인 정보제공업
4. 전기통신사업법에 의한 전기통신사업 중 별정통신업
5. 전기통신사업법에 의한 전기통신사업 중 부가통신업
6. 전자상거래에 의한 도소매 및 수출입업
7. 전자상거래에 의한 금융업
8. 인터넷 경매 및 상품 중개업
9. 통신판매업
10. 인터넷 광고업
11. 인터넷 전자상품권 발행업
12. 결제관련, 물류관련 서비스 사업
13. 인터넷 컨텐츠 개발 및 공급업
14. 물류, 신용판매 등 결제 시스템에 대한 네트웍 구성 및 정보제공업
15. 인터넷 여행 중개업
16. 인터넷 부가서비스 개발 및 공급업
17. 컴퓨터시스템 설계 및 자문업
18. 기타 컴퓨터 운영 관리업
19. 의료용구판매업

[인터넷 발급] 문서 하단의 바코드를 스캐너로 확인하거나, 인터넷등기소(http://www.iros.go.kr)의 발급확인 메뉴에서 발급확인번호를 입력하여 위·변조 여부를 확인할 수 있습니다. 발급확인번호를 통한 확인은 발행일부터 3개월까지 5회에 한하여 가능합니다.

1150202044002060012110911001271706N005O1Y1K1S0K101 1 발행일:2019/12/06　　발급확인번호 7712-AATV-FSXZ

- 1/4 -

| 등기번호 | 506771 |
|---|---|

20. 결제대금예치업
21. 전자지급결제대행업
22. 선불전자지급수단 발행 및 관리업
23. 화물자동차운송주선업
24. 국제물류주선업
25. 물류창고업
26. 상기 각호의 사업과 관련된 교육, 훈련사업 및 연구와 기술개발업
27. 상기 각호의 사업과 관련된 시설, 부동산의 매매 및 임대사업
28. 위 각호의 사업을 위한 시설의 설치, 운용 및 보전사업
29. 위 각호의 사업과 관련된 해외사업
30. 보험대리점업
31. 이동통신기기 대리점업
32. 택배, 배달, 운송업

| | | | | |
|---|---|---|---|---|
| 33. 여행업 및 여행중개업 | <2013.10.01 | 추가 | 2013.10.04 | 등기> |
| 34. 부동산임대업 및 부동산전대업 | <2017.09.25 | 추가 | 2017.09.25 | 등기> |
| 35. 평생교육시설운영업 | <2017.09.25 | 추가 | 2017.09.25 | 등기> |
| 36. 국비원격훈련기관운영업 | <2017.09.25 | 추가 | 2017.09.25 | 등기> |
| 37. 국비훈련기관운영업 | <2017.09.25 | 추가 | 2017.09.25 | 등기> |
| 38. 강사파견서비스업 | <2017.09.25 | 추가 | 2017.09.25 | 등기> |
| 39. 강사양성교육업 | <2017.09.25 | 추가 | 2017.09.25 | 등기> |
| 40. 자격기본법에 의한 민간자격발급, 관리 및 자격교육업 | | | | |
| | <2017.09.25 | 추가 | 2017.09.25 | 등기> |
| 41. 위 각호의 사업에 부대하는 제사업 | <2017.09.25 | 변경 | 2017.09.25 | 등기> |

**임원에 관한 사항**

⑨ 사내이사 미합중국인 범석김(Bom Suk Kim) 1978년 10월 7일생
    2016 년 03 월 31 일 중임    2016 년 04 월 14 일 등기
    2019 년 03 월 31 일 중임    2019 년 04 월 02 일 등기
사내이사 김영태 671225-*******
    2018 년 12 월 19 일 취임    2018 년 12 월 20 일 등기
사내이사 박대준 730817-*******
    2018 년 12 월 19 일 취임    2018 년 12 월 20 일 등기
사외이사 전형수 530427-*******
    2019 년 01 월 25 일 취임    2019 년 01 월 29 일 등기
사외이사 김건섭 560206-*******
    2019 년 01 월 25 일 취임    2019 년 01 월 29 일 등기
감사위원 김영태 671225-*******
    2019 년 01 월 25 일 취임    2019 년 01 월 29 일 등기
감사위원 전형수 530427-*******
    2019 년 01 월 25 일 취임    2019 년 01 월 29 일 등기
감사위원 김건섭 560206-*******
    2019 년 01 월 25 일 취임    2019 년 01 월 29 일 등기
대표이사 미합중국인 범석김(Bom Suk Kim) 1978년 10월 7일생 서울특별시 송파구 올림픽로 269, 1

발급확인번호 7712-AATV-FSXZ

1150202044002060012110911001271706N00501Y1K1S0K101 1 발행일:2019/12/06

- 2/4 -

| 등기번호 | 506771 |
|---|---|

01동2603호(신천동, 롯데캐슬골드)
    2019 년 04 월 11 일 취임    2019 년 04 월 12 일 등기

사내이사 고명주 641017-*******
    2019 년 04 월 11 일 취임    2019 년 04 월 12 일 등기

대표이사 고명주 641017-******* 서울특별시 서초구 나루터로4길 70-5, 204호(잠원동, 한신타운아파트)
    2019 년 04 월 11 일 취임    2019 년 04 월 12 일 등기

사내이사 정보람 780818-*******
    2019 년 04 월 11 일 취임    2019 년 04 월 12 일 등기

대표이사 정보람 780818-******* 서울특별시 서초구 남부순환로 2183, 101동1805호(방배동, 방배래미안타워)
    2019 년 04 월 11 일 취임    2019 년 04 월 12 일 등기

⑩
**주 식 매 수 선 택 권**

1. 일정한 경우 주식매수선택권을 부여할 수 있다는 뜻
   본 회사는 임직원에게 발행주식총수의 100분의 10범위 내에서 관계법령에 의한 주식매수선택권을 주주총회의 특별결의에 의하여 부여할 수 있다
1. 주식매수선택권의 행사로 발행하거나 양도할 주식의 종류와 수
   주식매수선택권의 행사로 교부할 주식(주식매수선택권의 행사가격과 시가와의 차액을 현금 또는 자기주식으로 교부하는 경우에는 그 차액의 산정기준이 되는 주식을 말한다)은 기명식 보통주식으로 한다
1. 주식매수선택권을 부여받을 자의 자격요건
   주식매수선택권을 부여받은 임직원은 회사의 설립, 경영과 기술혁신 등에 기여하거나 기여할 수 있는 임직원으로 한다 단, 다음 각호의 1에 해당하는 자는 제외한다.
   1. 의결권 없는 주식을 제외한 발행주식총수의 100분의 10이상의 주식을 가진 주주
   2. 이사의 선임과 해임 등 본 회사의 주요 경영사항에 대하여 사실상 영향력을 행사하는 자
   3. 제1호와 제2호에 규정된 자의 배우자 및 직계존비속
   < 2019 년 01 월 25 일 변경   2019 년 01 월 29 일 등기 >
1. 주식매수선택권의 행사기간
   주식매수선택권은 이를 부여하는 주주총회 또는 이사회의 결의일로부터 2년이 경과한 날로부터 7년 내에 행사할 수 있다
1. 일정한 경우 이사회결의로 주식매수선택권의 부여를 취소할 수 있다는 뜻
   다음 각호의 1에 해당하는 경우에는 이사회의 결의로 주식매수선택권의 부여를 취소할 수 있다.
   1. 당해 임직원이 주식매수선택권을 부여받은 후 임의로 퇴임하거나 퇴직한 경우
   2. 당해 임직원이 고의 또는 과실로 회사에 중대한 손해를 초래하게 한 경우
   3. 기타 주식매수선택권 부여 계약에서 정한 취소사유가 발생한 경우

⑪
| 회사성립연월일 | 2013 년 02 월 15 일 |
|---|---|

등기기록의 개설 사유 및 연월일
    설립
                                2013 년 02 월 15 일 등기

발급확인번호 7712-AATV-FSXZ

1150202044002060012110911001271706N00501Y1K1S0K101 1 발행일:2019/12/06

| 등기번호 | 506771 |
|---|---|

수수료 1,000원 영수함        --- 이 하 여 백 ---

⑫ 관할등기소 : 서울중앙지방법원 등기국 / 발행등기소 : 법원행정처 등기정보중앙관리소

이 증명서는 등기기록의 내용과 틀림없음을 증명합니다. [다만, 신청이 없는 지점·지배인에 관한 사항과 현재 효력이 없는 등기사항의 기재를 생략하였습니다]

서기 2019년 12월 06일

법원행정처 등기정보중앙관리소        전산운영책임관

* 실선으로 그어진 부분은 말소(변경,경정)된 등기사항입니다. * 등기사항증명서는 컬러로 출력 가능함.

[인터넷 발급] 문서 하단의 바코드를 스캐너로 확인하거나, 인터넷등기소(http://www.iros.go.kr)의 발급확인 메뉴에서 발급확인번호를 입력하여 위·변조 여부를 확인할 수 있습니다.
발급확인번호를 통한 확인은 발행일부터 3개월까지 5회에 한하여 가능합니다.

발급확인번호 7712-AATV-FSXZ

1150202044002060012110911001271706N00501Y1K1S0K101 1 발행일:2019/12/06

- 4/4 -

① 상호

상호는 주식회사 정관의 절대적 기재사항이자(상법 289조 1항 2호) 등기사항이다(상법 317조 2항 1호). 상호가 등기되면 타인은 동일한 특별시·광역시·시·군에서 동종영업의 동일 상호를 등기하지 못한다. 한글 상호 옆에는 로마자를 함께 적을 수 있고 회사의 종류('Inc.', 'Co., Ltd.', 'Corp.')를 로마자로 표시할 수 있다. 한글 상호와 로마자 병기 부분은 원칙적으로 <u>발음상 동일성</u>이 있어야 한다[313]. 이 회사의 한글 상호인 '쿠팡'과 'Coupang'은 발음상 동일성이 인정된다.

② 본점

본점 주소는 도로명주소를 등기한다. 다만, 이미 등기된 지번주소를 도로명주소로 바꾸지 않은 회사도 있다. 본점 주소에 따라 본점 관할등기소가 결정된다.

③ 공고방법

공고란 주주와 채권자에게 중대한 영향을 미치는 사항을 외부에 공개하는 것을 뜻한다. 주식회사의 공고는 일간신문에 서면공고하는 방식과 회사의 인터넷 홈페이지에 공고문을 게재하여 전자공고하는 방식이 있는데 이 회사는 전자공고방식을 택하였다.

④ 1주의 금액

액면가라고도 한다. 무액면주식을 발행할 경우 1주의 금액에 '무액면주식'이라고 기재된다.

⑤ 발행할 주식의 총수

발행할 주식의 총수는 '수권주식'이라고도 한다. 발행할 주식의 총수를 한도로 이사회는 수시로 신주를 발행할 수 있다. 이 회사는 발행할 주식의 총수가 2,000,000주이고 지금까지 240,645주를 발행하였으므로, 앞으로 1,759,355주( = 2,000,000 − 240,645)를 추가 발행할 수 있다. 발행할 주식의 총수는 정관의 절대적 기재사항이므로 발행할 주식의 총수 자체를 늘리려면 주주총회 특별결의로 정관을 변경하고 이를 등기해야 한다.

⑥ 발행주식의 총수와 그 종류 및 각각의 수

현재까지 실제 발행된 주식의 총수이다. 먼저 전체 주식 수를 합산하여「발행주식의 총수」에 등기하고,「보통주식」과「종류주식」별로 주식 수를 등기한다.

---

313) 상호 및 외국인의 성명 등의 등기에 관한 예규 [등기예규 제1598호, 2016. 5. 13. 개정, 2016. 6. 11. 시행] 8조 1항

⑦ 자본금의 액

주식회사의 자본금액을 등기한다. 앞서 설명한 바와 같이 액면주식을 발행하는 회사의 자본금은 기본적으로 「발행주식의 총수 × 1주의 금액」으로 계산한 금액이다.

⑧ 목적

이 회사는 「소프트웨어 개발, 자문 및 공급업」, 「여행업 및 여행중개업」 등 다양한 사업을 추구하고 있다.

⑨ 임원에 관한 사항

임원의 이름, 주소, 주민등록번호(외국인은 생년월일)는 모두 등기사항이다. 대표자는 주소도 등기한다.

⑩ 주식매수선택권

정관에 주식매수선택권 규정을 두었다면 이를 등기하여 주주와 회사채권자들이 그 내용을 알 수 있게 해야 한다.

⑪ 회사성립연월일

이 회사의 성립연월일인 2013년 2월 15일은 이 회사의 주식회사 설립등기신청서가 서울중앙지방법원 등기국에 접수된 날이다(상업등기법 3조 2항).

⑫ 관할등기소

이 회사의 본점을 관할하는 등기소는 서울중앙지방법원 등기국이다. 교통시설과 인프라가 잘 갖추어진 대도시는 상업등기 관할등기소들을 광역등기소로 통합하였는데 서울중앙지방법원 등기국은 서울특별시 내의 상업등기를 모두 관할하는 광역등기소이다. 따라서 서울특별시 내에 본점을 두고 있는 회사의 등기신청서는 모두 서울중앙지방법원 등기국에 제출해야 한다. 반면, 부동산등기나 비영리법인 등기는 관할등기소를 광역등기소로 통합하지 않았다.

## Ⅱ 등기신청

### 1. 등기사항

#### (1) 본점

등기사항이란 상법 등 법령에 따라 등기부에 기재하여 공개하도록 정한 사항이다. 공개할 필요가 있는 정보라고 해서 무조건 등기할 수 있는 또는 등기해야 하는 것은 아니고 법령에 따라 등기할 수 있다고 정한 것만 등기할 수 있다.

예를 들어, 주식회사는 상법 317조 2항 2호·3호에 따라 자본금의 액, 발행주식의 총수, 그 종류와 각종주식의 내용과 수를 등기해야 하고 유한회사는 상법 549조 2항 2호에 따라 자본금의 총액과 출자1좌의 금액을 등기해야 한다. 그러나 자본시장과 금융투자업에 관한 법률에 따라 설립한 투자목적회사는 주식회사 또는 유한회사 형태임에도 불구하고 자본시장과 금융투자업에 관한 법률 249조의13 7항 규정에 따라 위 사항들을 등기하지 않는다[314].

나아가 어떠한 사항을 등기사항으로 할 것인가는 입법정책상 문제이므로 당사자의 의사만으로는 등기사항을 정할 수 없다[315]. 예를 들어 주주명부는 등기할 수 없다[316]. 등기사항과 정관의 기재사항이 개념상 다르다는 점은 앞서 살펴본 바와 같다. 상법 상 주식회사의 등기사항을 정리하면 다음과 같다.

| 등기사항 | 상법 조문 | 주식회사 설립시 필수 등기사항 |
|---|---|---|
| 지배인[317] | 13조 | |
| 상호의 가등기 | 22조의2 | |
| 목적 | 317조 2항 1호, 289조 1항 1호 | O |
| 상호[318] | 317조 2항 1호, 289조 1항 2호 | O |

---

314) 자본시장법상 투자목적회사 요건 미충족에 따른 등기 [상업등기선례 제201905-1호, 2019. 5. 9. 제정]
315) 대리인 선임등기 [상업등기선례 제201603-1호, 2016. 3. 9. 제정]
316) 주주가 등기사항인지 여부 등 [상업등기선례 제201507-1호, 2015. 7. 7. 제정]
317) 회사의 지배인은 회사등기부에 등기한다(상업등기법 51조 1항).
318) 회사의 상호는 상호등기부에 따로 등기하지 않는다(상업등기법 37조 1항).

| 등기사항 | 상법 조문 | 주식회사 설립시 필수 등기사항 |
|---|---|---|
| 회사가 발행할 주식의 총수 | 317조 2항 1호, 289조 1항 3호 | O |
| 액면주식을 발행하는 경우 1주의 금액 | 317조 2항 1호, 289조 1항 4호 | O |
| 본점의 소재지 | 317조 2항 1호, 289조 1항 6호 | O |
| 회사가 공고하는 방법 | 317조 2항 1호, 289조 1항 7호 | O |
| 자본금의 액 | 317조 2항 2호 | O |
| 발행주식의 총수, 그 종류와 각종 주식의 내용과 수 | 317조 2항 3호 | O |
| 주식의 양도에 관하여 이사회의 승인을 얻도록 정한 때에는 그 규정 | 317조 2항 3의2호 | |
| 주식매수선택권을 부여하도록 정한 때에는 그 규정 | 317조 2항 3의3호 | |
| 지점의 소재지 | 317조 2항 3의4호 | |
| 회사의 존립기간 또는 해산사유를 정한 때에는 그 기간 또는 사유 | 317조 2항 4호 | |
| 주주에게 배당할 이익으로 주식을 소각할 것을 정한 때에는 그 규정 | 317조 2항 6호 | |
| 전환주식을 발행하는 경우에는 상법 347조에 규정한 사항 | 317조 2항 7호 | |
| 사내이사, 사외이사, 그 밖에 상무에 종사하지 아니하는 이사, 감사 및 집행임원의 성명과 주민등록번호 | 317조 2항 8호 | O |
| 회사를 대표할 이사 또는 집행임원의 성명·주민등록번호 및 주소 | 317조 2항 9호 | O |
| 둘 이상의 대표이사 또는 대표집행임원이 공동으로 회사를 대표할 것을 정한 경우에는 그 규정 | 317조 2항 10호 | |
| 명의개서대리인을 둔 때에는 그 상호 및 본점 소재지 | 317조 2항 11호 | |
| 감사위원회를 설치한 때에는 감사위원회 위원의 성명 및 주민등록번호 | 317조 2항 12호 | |
| 지점 | 317조 3항 | |
| 주식이전 | 360조의20 | |
| 일시이사 | 386조 2항 | |
| 이사직무집행정지 및 직무대행자 선임 | 407조 | |

| 등기사항 | 상법 조문 | 주식회사 설립시 필수 등기사항 |
| --- | --- | --- |
| 액면미달발행 시 미상각액 | 426조 | |
| 전환사채 | 514조의2 | |
| 신주인수권부사채 | 516조의8 | |
| 합병 | 528조, 530조 2항, 234조 | |
| 분할·분할합병 | 530조의11 1항, 234조 | |
| 해산 | 521조의2, 228조 | |
| 청산종결 | 542조 1항, 264조 | |

## (2) 지점

법인이 지점을 설치할 때 본점과 지점의 관할등기소가 다르면 지점등기부가 별도로 개설된다. 즉, 본점등기부의「지점에 관한 사항」란에 지점의 주소와 지점명을 등기할 뿐만 아니라 지점등기부가 별도로 개설되어 본점등기부의 내용 중 일부를 지점등기부에도 등기한다. 지점등기부에 등기할 사항은 다음과 같다(법인의 등기사항에 관한 특례법 제3조, 법인등의 등기사항에 관한 특례규칙 제3조).

> 1. 목적
> 2. 명칭 또는 상호
> 3. 주사무소 또는 본점 소재지
> 4. 법인이 공고를 하는 방법
> 5. 법인의 존립기간 또는 해산사유를 정한 경우에는 그 기간 또는 사유
> 6. 법인을 대표할 임원의 성명·주소와 주민등록번호
> 7. 여러 명이 공동으로 법인을 대표할 것을 정한 경우에는 그 규정
> 8. 법인의 이사의 대표권을 제한한 경우에는 그 제한
> 9. 대표권 있는 임원의 직무를 일시행할 자에 관한 등기
> 10. 대표권 있는 임원의 직무의 집행의 정지 또는 그 직무대행자에 관한 등기
> 11. 대표권 있는 임원의 선임의 결의의 부존재, 무효나 취소에 관한 등기
> 12. 청산중인 법인을 대표할 자에 관한 등기
> 13. 당해 분사무소나 지점에 둔 대리인 또는 지배인에 관한 등기
> 14. 법인의 합병 또는 합병무효에 관한 등기
> 15. 법인의 해산, 계속, 조직변경 또는 청산종결에 관한 등기

16. 설립의 무효 또는 취소에 관한 등기
17. 회생 또는 파산에 관한 등기
18. 법인의 분할 또는 분할합병과 그 무효에 관한 등기
19. 당해 분사무소 또는 지점의 소재지와 그 명칭

같은 등기소 관할구역 내에서는 지점을 여러 개 설치하더라도 1개의 지점등기부만 개설된다. 예를 들어, 대전 유성구와 서구에 지점을 설치하면 대전광역시 유성구 지점과 서구 지점은 모두 대전지방법원 등기과 관할이므로 합쳐서 지점등기부 1개가 개설되고 이 지점등기부에 지점 2개가 등기된다. 본점과 같은 등기소 관할구역 내에 지점을 설치하면 지점등기부가 별도로 개설되지 않는다. 지점명칭이 다르면 같은 주소에 지점을 여러 개 설치할 수 있다[319]. 해외 지점은 본점등기부에 등기할 수 있다[320].

지점을 가진 법인이 본점 등기사항을 변경할 때 이것이 지점 등기사항에도 해당하면 본점등기부뿐만 아니라 지점등기부도 함께 변경해야 한다. 이때, 지점 관할등기소에 등기신청서를 별도로 제출할 필요는 없고, 본점 관할등기소에 등기신청서를 제출하여 지점등기부를 함께 변경한다(상업등기법 58조). 단, 본점등기부 외에 지점등기부도 변경되므로 지점등기부 변경에 따른 등기신청수수료와 지방세를 추가로 내야 한다. 예를 들어 본점은 서울, 지점은 대전에 있는 회사가 목적을 추가할 경우, 등기신청수수료는 8,000원( = 4,000원 × 2)이 되고 등록면허세 및 지방교육세는 96,480원( = 48,240원 × 2)이 된다.

상업등기제도가 기업공시제도의 일종임을 고려한다면 본점등기부 외에 지점등기부를 별도로 두는 것은 불필요하다. 지점등기부가 없더라도 본점등기부에 모든 내용이 등기되어 있어 공시에 지장이 없다. 지점등기부는 지방세와 등기신청수수료를 추가로 거두는 세수증대효과만 있을 뿐이다[321].

## 2. 등기기간, 변경일, 등기일

등기기간은 상법 등 법령에 따라 등기하도록 정한 기간이다. 일반적으로 본점의 등기기

---

319) 각 상이한 지점명칭을 기재하여 동일한 소재, 동일한 지번에 2개의 지점설치등기를 하는 것의 가능여부(선례 일부변경) [상업등기선례 제2-20호, 2005. 10. 31. 제정]
320) 국내회사가 해외에 지점을 설치한 경우 본점등기부에 해외지점 설치등기를 하는 것의 가능 여부(적극) [상업등기선례 제2-21호, 2005. 12. 20. 제정]
321) "대법원, 법인등기 본·지점 등기기록 통합 개선안 검토", 「법무사」, 2019. 12., 38쪽

간은 등기사항 발생일부터 2주 이내(D+14까지)이고 지점의 등기기간은 등기사항 발생일부터 3주 이내(D+21까지)이다(상법 317조 4항, 181조, 183조). 회사 설립이나 본점·지점 이전은 2주 이내에(D+14까지) 등기해야 한다(상법 317조 1·4항, 181조 1항, 182조). 이 기간 안에 등기를 신청하지 않으면 과태료가 부과될 수 있다(상법 635조 1항 1호). 즉, <u>등기기간이 지나도 등기는 할 수 있으나 과태료가 부과될 수 있다.</u> 등기기간의 초일은 다음과 같다.

| 종류 | 등기기간의 초일 | | |
|---|---|---|---|
| 발기 설립 | 변태설립사항이 있는 경우 | 변태설립사항에 관한 법원의 변경결정이 없으면 법원으로부터 검사 종료를 통고받은 날 | |
| | | 변태설립사항에 관한 법원의 변경결정이 있는 경우 | 발기인이 주식 인수를 취소한 경우: 정관을 변경하여 공증인의 인증을 받은 날 (상법 300조 2항) |
| | | | 발기인이 주식 인수를 취소하지 않은 경우: 법원의 통고를 받은 날로부터 2주가 지난 날 (상법 300조 3항) |
| | 변태설립사항이 없는 경우: 이사, 감사 또는 공증인이 발기인에게 조사보고한 날 (상법 317조 1항, 298조) | | |
| 모집 설립 | 변태설립사항이 없거나, 변태설립사항에 관한 창립총회의 변경결의가 없는 경우: 창립총회가 종결한 날 (상법 317조 1항) | | |
| | 변태설립사항에 관한 창립총회의 변경 결의가 있는 경우 | 주주가 주식인수를 취소한 경우: 정관을 변경하여 공증인의 인증을 받은 날 (상법 314조 2항, 300조 2항) | |
| | | 주주가 주식인수를 취소하지 않은 경우: 창립총회의 통고를 받은 날로부터 2주가 지난 날 (상법 314조 2항, 300조 3항) | |
| 변경 | 유상증자: 납입기일의 다음 날 오전 0시 (상법 423조 1항) | | |
| | 준비금의 자본금 전입 | 이사회 결의로 준비금을 자본금 전입: 신주배정일로 정한 날 | |
| | | 주주총회 결의로 준비금을 자본금 전입: 주주총회 결의일 (상법 461조 4항) | |
| | 이사 또는 대표이사의 사임, 퇴임 | 일반적으로 사임일 또는 임기만료일이나, 이사 또는 대표이사가 퇴임함으로써 법률 또는 정관에 정한 이사나 대표이사의 최저인원수를 채우지 못하게 되면 후임 이사 또는 후임 대표이사의 취임일[322] | |
| | 임원의 선임 | 「선임결의를 한 주주총회일(또는 이사회일)」과 「피선자의 취임승낙일」 중에서 늦은 날 | |
| | 임원의 중임 | 중임예정일 | |

---

322) 대법원 2005. 3. 8. 선고 2004마800 전원합의체 결정 [상법위반(이의신청)]

323) 상법 350조 1항, 516조 2항; 대법원 2004. 8. 16. 선고 2003다9636 판결 [주주총회결의등무효확인]

| 종류 | 등기기간의 초일 |
|---|---|
| 변경 | 전환주식·전환사채의 전환권 행사에 따른 등기: 주주가 전환을 청구한 경우에는 그 청구한 때에, 회사가 전환한 경우에는 상법 346조 3항 2호의 기간이 끝난 때에 효력이 발생하고 등기신청도 가능하나[323] 등기기간은 그 행사일(효력발행일)이 속하는 달의 말일로부터 2주까지이다(상법 351조)[324]. |
| | 주식매수선택권 행사 또는 신주인수권부사채의 신주인수권 행사에 따른 등기: 주식매수선택권 또는 신주인수권 행사에 따른 신주발행의 효력은 주식매수선택권 또는 신주인수권을 행사하고 신주의 발행가액 전액을 납입한 때에 그 효력이 발생하고(상법 340조의5, 516조의9, 516조의10) 등기신청도 가능하나, 등기기간은 그 행사일(효력발행일)이 속하는 달의 말일로부터 2주까지이다(상법 340조의5, 516조의11, 351조). |
| | **그 외** 일반적으로 해당 등기사항에 대한 결의일(주주총회 결의일 또는 이사회 결의일) |

등기기간에 초일은 포함하지 않으나, 초일이 오전 0시로부터 시작하면(유상증자, 임원의 임기가 오전 0시에 시작하는 경우 등) 초일을 포함한다(민법 157조). 등기기간의 말일이 토요일 또는 공휴일이면 등기기간은 그다음 날에 만료한다(민법 161조). 따라서 등기기간의 말일이 토요일이면 등기기간은 다음 주 월요일까지 늘어난다. 공휴일은 다음과 같다[325].

1. 일요일
2. 국경일 중 3·1절, 광복절, 개천절 및 한글날
3. 1월 1일
4. 설날 전날, 설날, 설날 다음 날 (음력 12월 말일, 1월 1일, 2일)
5. 부처님오신날 (음력 4월 8일)
6. 5월 5일 (어린이날)
7. 6월 6일 (현충일)
8. 추석 전날, 추석, 추석 다음 날 (음력 8월 14일, 15일, 16일)
9. 12월 25일 (기독탄신일)
10. 「공직선거법」 제34조에 따른 임기만료에 의한 선거의 선거일
11. 기타 정부에서 수시 지정하는 날

---

324) 예를 들어, 주주가 2016년 8월 10일에 전환청구하였다면 이날 효력이 발생하므로(상법 350조 1항) 2016년 8월 10일부터 2016년 9월 14일(2016년 8월 10일이 속하는 달의 말일인 2016년 8월 31일부터 2주)까지 변경 등기신청이 가능하다(전환사채의 전환 청구 시 등기기간 [상업등기선례 제201908-1호, 2019. 8. 23. 제정]).

325) 관공서의 공휴일에 관한 규정 2조

등기신청서는 등기 '변경연월일'부터 등기소에 제출할 수 있다. 예를 들어 신주발행 시 납입기일이 2016년 11월 3일이면 등기부상 「자본금의 액」의 변경연월일은 2016년 11월 4일 이 된다(상법 423조 1항). 따라서 등기신청서는 2016년 11월 4일부터 등기소에 제출할 수 있으며 2016년 11월 3일에 제출하면 접수가 거부된다. 참고로, 위 사례는 2016년 11월 4일 오전 0시부터 신주발행의 효력이 생기므로 본점 등기기간은 초일이 포함되어 2016년 11월 17일까지이다.

등기부에 기재되는 등기일(등기연월일)은 등기신청서가 등기소에 접수된 날이다(상업등기법 3조 2항). 반면 등기부에 기재되는 변경일(변경연월일)은 원인행위일자로서 일반적으로 앞서 설명한 등기기간의 초일과 같다. 예를 들어, 2016년 10월 4일 임시주주총회 결의로 상호를 변경하고 2016년 10월 5일 등기소에 등기신청서를 제출하고 2016년 10월 7일 등기가 완료되었다면, 등기관이 비록 2016년 10월 7일에 심사를 마쳤더라도 등기는 접수한 때부터 효력이 생기므로 상호의 변경일은 2016년 10월 4일이고 등기일은 2016년 10월 5일이 된다[326].

## 3. 등기신청방식

등기신청은 서면(전자문서 포함)으로 해야 하고 구두나 전화로 할 수 없다(서면주의 - 상업등기법 24조 1항). 또한, 원칙적으로 당사자(또는 대리인, 복대리인)가 등기소에 직접 출석해서 등기신청서와 첨부서류를 제출해야 한다(출석주의 - 상업등기법 24조 1항 1호). 즉, 등기신청서와 첨부서류를 우편이나 팩스로 제출할 수 없다. 다만, 예외적으로 전자신청 방식의 등기신청은 전자화된 신청서와 첨부서류를 온라인으로 제출하므로 당사자가 등기소를 방문하지 않는다(상업등기법 24조 1항 2호).

서면주의와 출석주의가 실무상 어떻게 적용되는지 살펴보자. 등기신청은 서면방문신청, e-Form(전자표준양식)신청, 전자신청의 3가지 방법이 있다. ① 서면방문신청은 등기신청서[327]와 첨부서류를 등기소에 방문제출하는 신청방법이다. ② e-Form신청은 등기신청서와 첨부서류를 등기소에 방문제출한다는 점은 서면방문신청과 같다. 다만, e-Form신청은 인터넷등기소 웹사이트(www.iros.go.kr)에 접속하여 표준양식의 등기신청서를 작성하

---

326) 상호변경등기의 효력발생시기 [상업등기선례 제2-19호, 2010. 6. 18. 제정]

327) 상업등기신청서의 양식에 관한 예규 [등기예규 제1659호, 2018. 12. 11. 개정, 2018. 12. 19. 시행]의 신청서 양식을 사용한다.

고[328], 이를 출력하여 첨부서류와 함께 제출하는 신청방법이다. ③ 전자신청은 예외적으로 신청인이 등기소를 직접 방문하지 않고 신청서와 전자화된 첨부서류를 온라인으로 제출하는 신청방법이다.

실무상 많이 쓰이는 신청방법은 e-Form신청이다. 전자신청은 등기소에 가지 않는다는 점과 원본환부신청을 할 필요 없다는 점은 장점이나, 인터넷등기소 웹사이트의 사용자 편의성이 나쁜 것은 단점이다. 또한, 이사회·주주총회 의사록에 대한 전자공증(공증인법 66조의6)은 방법이 복잡하여 거의 사용되지 않으므로, 전자신청도 일반적으로 기존 방식으로 의사록을 공증한다. 다만, 관할등기소가 지리적으로 멀다면 전자신청의 장점이 크다. 전자신청은 「제1장 총론」, 「제5절 등기」 「VIII. 전자신청」에서 살펴본다. e-Form신청이나 전자신청은 등기신청사항이 법원의 상업등기시스템에 저장되어 법원의 업무부담을 줄여주므로, 서면방문신청보다 등기신청수수료를 할인해준다. 이 책은 e-Form신청을 전제로 설명한다.

## 4. 인감, 서류의 날인과 간인

### (1) 인감

용어의 혼란을 막고자 '인감'이라는 용어에 대해 부연설명한다. 상업등기법상 '인감'이란 상업등기법 25조 1항에 따라 등기소에 제출한 '법인의 인감'을 뜻한다. 반면 임원이 취임승낙서에 찍는 인감은 인감증명법 3조에 따라 신고한 임원 '개인의 인감'을 뜻한다. 법문상 모두 '인감'이라는 용어를 사용하고 있으나 혼란을 피하고자 이 책은 전자의 인감에 관하여 法人인감, (법인)인감, 법인인감, 법인인감도장, (법인)인감증명서, 법인인감증명서라는 용어를 사용하고 후자의 인감에 관하여 個人인감, (개인)인감, 개인인감, 개인인감도장, (개인)인감증명서, 개인인감증명서라는 용어를 사용한다. 전자와 후자를 구별할 필요가 없는 경우 인감, 인감도장, 인감증명서라는 용어를 사용한다. 전자와 후자를 구별할 필요가 없는 경우는 예를 들어 주주의 인감이 있다. 주주의 인감은 주주가 법인이라면 법인인감이 될테고 주주가 자연인이라면 개인인감이 될 것이다.

### (2) 서류에 찍는 도장

등기신청서에 첨부하는 취임승낙서, 중임승낙서, 사임서에는 반드시 (개인)인감도장을

---

328) 「등기신청」 메뉴→「법인」 중 「e-Form 신청하기」 메뉴→「신규」 버튼 클릭

찍거나 본인서명사실확인서상의 서명을 해야 한다[329]. 등기소에 (법인)인감을 신고한 대표자가 중임 또는 사임하면 중임승낙서 또는 사임서에 (법인)인감도장을 찍어도 된다(상업등기규칙 154조 2항, 104조 1항 단서)[330]. 그러나 동일인이 대표이사와 사내이사를 모두 사임하면서 업무 편의상 동일서면으로 사임주체를 "대표이사 겸 사내이사"로 표시하여 사임서를 작성할 경우 (개인)인감도장을 찍거나 본인서명사실확인서상의 서명을 해야 한다[331].

등기소에 제출하는 등기신청위임장에는 (법인)인감도장을 찍어야 하고 사용인감도장(등기소에 등록하지 않은 법인도장)을 찍으면 안된다[332].

(법인)인감신고서에는 신고하려는 (법인)인감도장과 대표자의 (개인)인감도장을 찍는다. 대표자가 (개인)인감도장을 찍는 대신 본인서명사실확인서상의 서명을 하는 것도 가능하다. 상호 변경 등으로 인해 도장의 인영만 바뀌는 경우라면 대표자의 (개인)인감도장 대신 舊(법인)인감도장을 찍어도 된다[333].

실무상 주주총회 결의를 갈음하는 서면결의동의서 및 서면결의서, 서면동의서는 주주가 인감도장을 찍는다[334]. 또한, 대리인을 통한 의사록 인증(청문인증 방식) 시 공증위임장에 의장은 (개인)인감도장과 (법인)인감도장을 함께 찍고, 그 밖의 촉탁인들(이사, 감사, 주주)은 인감도장을 찍는다[335]. (개인)인감도장을 찍는 대신 본인서명사실확인서상의 서명을 하는 것도 가능하다.

법무부의 행정지도에 따르면, 공증인의 인증을 받으려는 의사록은 의장이 (법인)인감도장과 (개인)인감도장을 함께 찍고, 출석한 이사 · 감사는 (개인)인감도장을 찍어야 한다. 다만, 등기사항 변경이 없다면 의사록은 공증인의 인증을 받지 않아도 되므로 의장은 의사

---

329) (개인)인감도장을 등록하지 않았거나 본인서명사실확인서를 발급받지 못한 외국인, 외국국적동포, 재외국민은 「제1장 총론」, 「제8절 외국인 임원, 외국인 투자」, 「I. 외국인 임원」, 「1. 등기신청」, 「(3) 첨부서면」 참고
330) 대표권 없는 이사 또는 감사가 중임하는 경우는 「제1장 총론」, 「제2절 주식회사」, 「III. 기관」, 「8. 임원의 취임(중임)승낙, 사임, 공증 시 준비서류」 참고
331) 동일인이 대표이사와 사내이사를 모두 사임하는 경우 사임서 작성방법과 날인하는 인감 [법인등기선례 제201711-1호, 2017. 11. 14. 제정]
332) 법인등기신청시 대리권한을 증명하는 서면으로서의 위임장에 원칙적으로 법인인감을 날인하여야 하는지 여부(적극) [상업등기선례 제1-16호, 2004. 3. 31. 제정]
333) 구체적인 (법인)인감신고서 작성방법은 「제1장 총론」, 「제5절 등기」, 「VII. (법인)인감과 인감카드」 참고
334) 소규모 주식회사에서 서면결의 등이 이루어진 경우 첨부정보 [상업등기선례 제201809-3호, 2018. 9. 14. 제정]
335) 「제1장 총론」, 「제7절 공증」

록에 (법인)인감도장 또는 사용인감도장만을 찍고 출석한 이사·감사는 막도장을 찍어도 된다.

원시 정관, 주식발행사항동의서, 주식청약서, 주식인수증, 조사보고서, 기간단축동의서, 주주동의서 등에는 막도장을 찍어도 된다. 1건의 등기신청서에 첨부한 서류들 내에서 동일인이 취임승낙서에는 (개인)인감도장을 찍고 기간단축동의서에는 막도장을 찍는 것도 가능하다.

## (3) 간인

등기신청서와 첨부서류 중 2장 이상인 서류들은 모두 간인(間印)해야 한다[336]. 간인은 함께 묶인 서류의 종잇장 사이에 도장을 걸쳐서 찍는 것이다. 순화어로는 걸침 도장, 사잇도장, 이음 도장이라 한다. 일반적으로 앞장을 반 접어서 앞장의 뒷면과 뒷장의 앞면의 경계선에 도장을 찍는다. 예를 들어 이사회 의사록이 3장으로 구성되어 있고 맨 마지막 장에 대표이사 홍길동이 (개인)인감도장과 (법인)인감도장을 찍고 사내이사 김철수와 감사 이영희가 (개인)인감도장을 찍었다면, 이사회 의사록의 첫 장부터 마지막 장까지 홍길동은 (개인)인감도장과 (법인)인감도장을, 사내이사 김철수는 (개인)인감도장을, 감사 이영희는 (개인)인감도장을 모두 간인해야 한다. 쉽게 생각해서 서류에 기명날인한 사람은 서류의 첫 장부터 마지막 장(별첨 서류 포함)까지 모두 간인해야 한다.

기명날인 대신 서명한 사람은 경계선에 걸쳐서 서명하기 어려우므로 장마다 여백에 서명한다. 등기관에 따라서는 이 경우에도 경계선에 걸쳐서 서명할 것을 요구한다.

간인은 서류별로 한다. 즉, 주주총회 의사록, 이사회 의사록, 정관 등은 모두 따로 간인한다.

법령에서 간인을 명시적으로 요구하지 않더라도 등기절차와 공증절차에서 서류의 간인은 관습법 수준으로 인식되므로 법령상 기명날인이 필요한 서류인 주주총회 의사록, 이사회 의사록, 정관, 발기인회 의사록 등은 기명날인하는 것뿐만 아니라 서류의 첫 장부터 마지막 장까지 모두 간인해야 한다. 등기소에 간인하지 않은 서류를 제출하면 보정명령을 받는다[337].

---

336) 상업등기신청서의 양식에 관한 예규 [등기예규 제1659호, 2018. 12. 11. 개정, 2018. 12. 19. 시행] 2조 2항 참고
337) 전산정보처리조직에 의한 상업등기 등 사무처리지침 [등기예규 제1756호, 2022. 8. 26. 개정, 2022. 8. 26. 시행] [별표] 보정통지사유 유형별 분류표에서도 간인누락을 보정통지사유로 취급한다.

## 5. 본인서명사실확인서, 전자본인서명확인서 발급증

등기소에 본인서명사실확인서를 제출할 때 주의할 점이 있다. 본인서명사실확인서와 첨부서면 상의 서명은 등기관이 알아볼 수 있도록 명확해야 한다. 본인서명사실확인서의 서명이 한글로 기재되어 있으면 한글로, 한자로 기재되어 있으면 한자로 첨부서면에 서명한다. 다만, 본인서명사실확인서의 서명이 한글이 아닌 문자로 기재되어 있다 하더라도 등기신청서의 성명은 반드시 한글로 기재해야 한다(본인서명사실 확인 등에 관한 법률에 따른 등기사무처리지침[338] 3조). 법인등기신청 시 본인서명사실확인서의 「그 외의 용도」란에 해당 용도(예: ○○주식회사 이사 취임등기용)를 기재해야 한다(본인서명사실 확인 등에 관한 법률에 따른 등기사무처리지침 7조). 대리인이 등기신청을 대리하면 「위임받는 사람」란에 대리인의 성명과 주소를 기재하되, 대리인이 자격자대리인(변호사, 법무사)이면 성명란에 '변호사 ○○○' 또는 '법무사 ○○○'와 같이 자격자대리인의 자격명과 성명만 기재해도 된다(본인서명사실 확인 등에 관한 법률에 따른 등기사무처리지침 8조 1항). 마지막으로, 「발급 신청자」란에 본인이 서명해야 한다.

등기소에 (개인)인감증명서나 본인서명사실확인서를 제출하는 대신 전자본인서명확인서 발급증(본인서명사실 확인 등에 관한 법률 7조 7항)을 제출할 수 있다(본인서명사실 확인 등에 관한 법률에 따른 등기사무처리지침 4조). 전자본인서명확인서 발급증은 (개인)인감증명서나 본인서명사실확인서와 달리 민원24 웹사이트(www.minwon.go.kr)에서 온라인으로 발급받을 수 있는 장점이 있다. 다만, 전자본인서명확인서를 발급받으려면 당사자가 최초 1회 읍·면·동주민센터를 방문하여 이용승인신청을 해야 한다. 전자본인서명확인서의 「그 외의 용도」란에도 해당 용도(예: ○○주식회사 이사 취임등기용)를 입력해야 한다(본인서명사실 확인 등에 관한 법률에 따른 등기사무처리지침 7조). 대리인이 등기신청을 대리하면 「위임받는 사람」란에 대리인의 성명과 주소를 입력하되, 대리인이 자격자대리인(변호사, 법무사)이면 성명란에 '변호사 ○○○' 또는 '법무사 ○○○'와 같이 자격자대리인의 자격명과 성명만 입력해도 된다(본인서명사실 확인 등에 관한 법률에 따른 등기사무처리지침 8조 1항). 마지막으로, 「수요기관(제출기관)」란에 관할 등기소를 입력해야 한다.

---

338) 등기예규 제1609호, 2016. 12. 16. 개정, 2017. 1. 1. 시행

## 6. 원본서류의 제출과 반환

등기신청서에 첨부하여 제출한 서류 중 재발급이 어려운 서류는 반환받을 수 있다(상업등기규칙 66조). 예를 들어 첨부서류가 인감증명서, 등기사항전부증명서, 주민등록등·초본, 가족관계등록사항별증명서처럼 행정기관에서 쉽게 재발급받을 수 있는 서류라면 반환받을 수 없으나(상업등기규칙 66조 1항 2호), <u>의사록, 신고필증, 인·허가증 등 재발급이 어려운 서류는 반환받을 수 있다.</u>

원본서류를 반환받는 시기에 관하여 법문에 명시적인 규정은 없으나, 실무상 <u>등기완료 후 원본환부신청을 하여 돌려받는다.</u> 서울중앙지방법원 등기국은 등기완료 후 원본환부신청서를 제출하면 원본환부신청 다음 날 오후 2시 이후에 원본서류를 돌려받을 수 있다. 대리인이 원본서류를 돌려받으려면 위임장에 「원본환부신청 및 수령행위」를 위임하는 문구를 명시해야 한다(상업등기규칙 66조 2항). 원본서류를 반환받으려면 등기신청 시 원본서류와 사본을 첨부하거나, 등기완료 후 원본환부신청 시 사본을 제출해야 한다. 사본에는 원본대조필 문구를 기재하고 등기신청인 또는 대리인의 도장으로 날인·간인해야 한다.

**참고서식** 원본환부신청서

---

### 원본환부신청서

접수일자 및 접수번호: 2016년 9월 1일 제163920호

담당계: 등기1계

위 사건에 관하여 아래와 같은 원본을 환부받고자 사본을 복사하여 제출하오니 등기관께서는 이를 확인하시고 관련 원본을 환부하여 주시기 바랍니다.

– 아 래 –

1. 이사회 의사록
1. 임시주주총회 의사록

2016년 9월 5일

신청인 상호(명칭): 주식회사 율도

      대표이사: 홍길동      (법인인감)

위 대리인 성명: 변호사 김상균 (서명 또는 날인) (인)

      주소: 서울특별시 서초구 서초대로 259, 5층 (서초동, 서원빌딩)

---

주) 대리인의 경우, 원본환부신청에 대한 별도 위임장이 필요합니다.

### 서울중앙지방법원 등기국 귀중

--------------------------------------------------------------------------------

위 원본환부신청에 따른 원본을 수령하였습니다.

2016년  9월  5일

수령인 변호사 김상균          ( 서명 또는 날인)

### 서울중앙지방법원 등기국 귀중

## 7. 등기의무

회사등기는 부동산등기와 달리 회사의 등기사항을 여러 사람에게 알릴 필요가 있으므로 회사의 이사 등이 등기절차를 게을리 할 경우 500만원 이하의 과태료 처분을 내려(상법 635조 1항 1호) 등기신청을 강제하고 있다(강제주의). 과태료는 회사가 아닌 이사 등 개인에게 부과된다(상법 635조 1항 본문). 등기해태책임이 있는 자는 대표자의 지위를 상실하더라도 과태료가 부과되고 등기해태책임이 없는 자는 현재 등기부상 대표자라 하더라도 과태료가 부과되지 않는다[339]. 법원은 관계 법령에서 규정하는 과태료 상한의 범위 내에서 그 동기, 위반의 정도, 결과 등 여러 인자를 고려하여 재량으로 과태료 액수를 정한다[340]. 법원이 심리한 결과 위반사실이 인정되더라도 사안이 극히 경미하면 처벌하지 않을 수 있다[341].

참고로, 등기해태(상법 635조 중 1항 1호) 외의 과태료는 법무부장관이 1차적으로 부과처분을 하고 이의제기시 법원이 과태료 재판절차를 개시한다. 이 경우, 법무부장관은 「상법상 과태료 부과 기준 지침」[342] 3조 1항, 별표 1의 기준금액표를 기본으로 하되 가중 사유와 감경 사유를 고려하여[343] 과태료를 부과한다.

---

339) 상업등기 및 법인등기에 있어서의 과태사항 통지에 관한 예규 [등기예규 제1574호, 2015. 3. 13. 개정, 2015. 3. 23. 시행] 3조
340) 대법원 2008. 2. 29. 선고 2005마94 결정 [독점규제및공정거래에관한법률위반이의]
341) "법원실무제요 비송", 법원행정처, 2014, 292쪽
342) 법무부예규 제960호, 2010. 10. 1. 제정, 2010. 10. 1. 시행
343) 상법상 과태료 부과 기준 지침 제6조, 별표 2, 별표 3

**기준금액표**

| 적용법규 | 대상행위 | 기준금액 소규모회사[344] | 일반회사 |
|---|---|---|---|
| 제635조 제1항 제2호 전단 | 공고·통지의무 해태 | 200만원 | 300만원 |
| 제635조 제1항 제2호 후단 | 부정한 공고·통지 | 300만원 | 400만원 |
| 제635조 제1항 제3호 | 검사·조사 방해 | | |
| 제635조 제1항 제4호 | 서류 열람·등사 교부, 거부 | | |
| 제635조 제1항 제5호 | 관청, 총회 등에 대한 부실보고·사실은폐 | 500만원 | |
| 제635조 제1항 제6호 | 주권·채권 등의 미기재·부실기재 | 200만원 | 300만원 |
| 제635조 제1항 제7호 | 명의개서 거부 | 300만원 | 400만원 |
| 제635조 제1항 제8호 | 이사, 감사 선임 절차 해태 | 100만원 | 200만원 |
| 제635조 제1항 제9호 | 정관·주주명부 등 미기재·부실기재 | 200만원 | 300만원 |
| 제635조 제1항 제10호 전단 | 청산인에 대한 사무인계 해태 | | |
| 제635조 제1항 제10호 후단 | 청산인에 대한 사무인계 거부 | 300만원 | 400만원 |
| 제635조 제1항 제11호 | 청산종결지연 위한 채권신고기간 장기화 | | |
| 제635조 제1항 제12호 | 파산선고의 청구 해태 | 200만원 | 300만원 |
| 제635조 제1항 제13호 | 유한회사의 출자 인수인 공모 | 300만원 | 400만원 |
| 제635조 제1항 제14호 | 합병 등의 경우 채권자이의절차 위반 | | |
| 제635조 제1항 제15호 | 잔여재산 위법분배 | | |
| 제635조 제1항 제16호 | 주식청약서 등의 미기재·부실기재 | 200만원 | 300만원 |
| 제635조 제1항 제17호 | 자기주식 처분의무 위반 | 500만원 | |
| 제635조 제1항 제18호 | 주식의 위법소각 | | |
| 제635조 제1항 제19호 | 주권의 위법발행 | 300만원 | 400만원 |
| 제635조 제1항 제19호 의2 | 주주명부상 주권불소지신고의 미기재 | 200만원 | 300만원 |
| 제635조 제1항 제19호 의3 | 주주제안의 총회의안 미채택 | 300만원 | 400만원 |
| 제635조 제1항 제20호 전단 | 정기주주총회 미소집 | | |
| 제635조 제1항 제20호 전단 | 법원의 명령에 위반하여 주주총회 미소집 | 500만원 | |
| 제635조 제1항 제20호 후단 | 주주총회 소집절차 위반 | 200만원 | 300만원 |

| 적용법규 | 대상행위 | 기준금액 | |
|---|---|---|---|
| | | 소규모회사[344] | 일반회사 |
| 제635조 제1항 제20호의2 | 주식매수청구권의 내용 등 미통지·미공고 및 부실 통지·공고 | 300만원 | 400만원 |
| 제635조 제1항 제21호 | 정관·주주총회 의사록 등 미비치 | 200만원 | 300만원 |
| 제635조 제1항 제21호의2 | 자회사가 모회사 감사 등의 조사 거부 | 300만원 | 400만원 |
| 제635조 제1항 제22호 전단 | 준비금적립의무 위반 등 | | |
| 제635조 제1항 제22호 후단 | 준비금 위법처분 | 500만원 | |
| 제635조 제1항 제22호의2 | 배당금 미지급 | 300만원 | 400만원 |
| 제635조 제1항 제23호 | 사채 위법모집, 구사채 미상환 | 500만원 | |
| 제635조 제1항 제24호 | 채권 위법발행 | 300만원 | 400만원 |
| 제635조 제1항 제25호 | 청산 시 채권신고기간 내 변제 | | |
| 제635조 제1항 제25호의2 | 상장회사의 위법한 이사, 감사 선임 | 500만원 | |
| 제635조 제1항 제26호 | 외국회사가 법원의 영업소 폐쇄명령 위반 | | |
| 제635조 제1항 제27호 | 유한회사가 지분에 대해 지시식·무기명식의 증권 발행 | 300만원 | 400만원 |
| 제635조 제2항 | 권리주 양도 | | |
| 제635조 제3항 | 상장회사가 사외이사 선임의무를 이행하지 아니한 경우 등 | 3,000만원(대규모상장회사[345]인 경우에는 4,000만원) | |
| 제635조 제4항 | 상장회사가 주주총회 소집의 통지·공고를 게을리 한 경우 등 | 600만원(대규모상장회사인 경우에는 800만원) | |

 **III 등기의 효력**

## 1. 공시력

등기할 사항은 이를 등기하지 아니하면 선의의 제3자에게 대항하지 못한다(소극적 공시력

---

344) 자본금 총액이 10억원 미만인 회사(상법상 과태료 부과 기준 지침 2조 6호)

345) 최근 사업연도 말 현재의 자산총액이 2조원 이상인 상장회사(상법상 과태료 부과 기준 지침 2조 7호)

– 상법 37조 1항). 반면, 등기사항을 등기하면 악의의 제3자는 물론 선의의 제3자에게도 대항할 수 있다(적극적 공시력 – 상법 37조 1항의 반대해석).

등기사항을 등기한 후라도 제3자가 정당한 사유로 이를 알지 못한 때는 당사자는 그 등기사항으로써 제3자에게 대항하지 못하지만(상법 37조 2항), 등기제도의 취지에 비추어 정당한 사유의 범위를 엄격하게 해석하는 것이 통설이다[346].

## 2. 창설적 효력

등기를 해야만 일정한 법률효과가 발생하는 효력을 등기의 창설적 효력이라 한다. 예를 들어 설립등기 없는 회사설립은 있을 수 없으므로(상법 172조) 회사의 설립등기는 다른 상업등기와 달리 창설적 효력을 가진다[347]. 설립등기 외에 회사의 합병(상법 234조, 269조, 530조 2항, 603조), 주식회사의 분할 또는 분할합병(상법 530조의11 1항, 234조), 유한회사의 자본증가(상법 592조, 591조) 등기도 창설적 효력을 가진다.

## 3. 불실등기의 효력

불실(不實)등기란 사실과 내용이 다른 등기를 말한다. 예를 들어 갑이 대표이사인데 등기부에는 을이 대표이사로 등기된 경우이다. 상업등기는 부동산등기와 마찬가지로 공신력이 인정되지 않는다. 그러나 등기를 신뢰한 자를 보호하기 위해 고의 또는 과실로 사실과 다른 사항을 등기(=불실등기)한 자는 그 다름을 선의의 제3자에게 대항하지 못하게 한다(상법 39조). 예를 들어 이사를 선임한 주주총회결의에 대하여 취소판결이 확정된 경우, 그 결의에 의하여 이사로 선임된 이사들로 구성된 이사회에서 선정된 대표이사는 취소판결의 소급효로 인해 대표이사 자격을 소급하여 상실하고 취소판결이 확정되기 전에 한 대표이사의 행위는 대표권이 없는 자가 한 행위로서 무효가 되지만, 대표이사와 거래한 상대방은 상법 39조를 적용 또는 유추적용하여 보호한다[348].

---

346) 송옥렬, 상법강의, 69쪽
347) 대법원 2009. 4. 9. 선고 2007두26629 판결 [등록세등부과처분취소]
348) 대법원 2004. 2. 27. 선고 2002다19797 판결 [부당이득금반환]

**Ⅳ 관 할**

등기소 관할은 1행정구역-1등기소를 원칙으로 하나, 교통시설과 인프라가 잘 갖추어진 대도시는 상업등기사무의 관할을 1개의 광역등기소로 통합하였다. 반면, 부동산등기나 비영리법인 등기사무는 관할을 광역등기소로 통합하지 않았다. 예를 들어 서울특별시 용산구에 회사를 설립하려면 회사 설립등기신청서를 서울중앙지방법원 등기국에 제출해야 하나, 서울특별시 용산구에 재단법인을 설립하려면 재단법인 설립등기신청서를 서울서부지방법원 용산등기소에 제출해야 한다. 현재 광역등기소는 서울중앙지방법원 등기국(서울특별시), 대구지방법원 등기국(대구광역시), 부산지방법원 등기과(부산광역시), 인천지방법원 등기국(인천광역시), 대전지방법원 등기과(대전광역시), 여천등기소(여수시, 여천시), 동수원등기소(수원시), 평택지원 등기과(평택시), 성남지원 등기과(성남시), 창원지방법원 등기과(창원시)가 있다[349]. 각 등기소의 관할을 정리하면 다음과 같다[350].

| 명칭 | | | 관할구역 | |
|---|---|---|---|---|
| 지방법원 | 지원 | 등기소 | 시·도명 | 시·구·군명 |
| 서울중앙 | | 등기국 | 서울특별시 | 서초구, 관악구, 강남구, 동작구(<u>단, 상업등기, 선박등기 및 동산·채권담보등기는 서울특별시 전지역</u>) |
| | | 중 부 | 〃 | 종로구, 중구 |
| 서울동부 | | 등기국 | 서울특별시 | 성동구, 광진구, 강동구, 송파구 |
| 서울남부 | | 등기국 | 서울특별시 | 양천구, 영등포구, 강서구, 구로구, 금천구 |
| 서울북부 | | 등기국 | 서울특별시 | 동대문구, 중랑구, 성북구, 도봉구, 강북구, 노원구 |
| 서울서부 | | 등기국 | 서울특별시 | 서대문구, 마포구, 은평구, 용산구 |
| 의정부 | | 의정부 | 경기도 | 의정부시, 양주시 |
| | | 연 천 | 〃 | 연천군 |
| | | 포 천 | 〃 | 포천시 |

---

349) 등기소의 설치와 관할구역에 관한 규칙 [대법원규칙 제3100호, 2023. 5. 17. 개정, 2023. 6. 11. 시행] 4조
350) 등기소의 설치와 관할구역에 관한 규칙 [대법원규칙 제3100호, 2023. 5. 17. 개정, 2023. 6. 11. 시행] 3조 및 별표

| | | 동두천 | 〃 | 동두천시 |
|---|---|---|---|---|
| | | 철 원 | 강원특별<br>자치도 | 철원군 |
| | 고양 | 고 양 | 경기도 | 고양시 |
| | | 파 주 | 〃 | 파주시 |
| | 남양주 | 등기과 | 〃 | 남양주시, 구리시 |
| | | 가 평 | 〃 | 가평군 |
| 인천 | | 등기국 | 인천광역시 | 미추홀구, 연수구, 중구, 동구, 옹진군, 부평구, 계양구, 남동구, 서구(단, 상업등기 및 동산·채권담보등기는 인천광역시 전지역) |
| | | 강 화 | 〃 | 강화군 |
| | 부천 | 등기과 | 경기도 | 부천시 |
| | | 김 포 | 〃 | 김포시 |
| 수원 | | 동수원 | 〃 | 수원시 팔달구, 권선구, 영통구(단, 상업등기, 선박등기 및 동산·채권담보등기는 수원시 전지역) |
| | | 장 안 | 〃 | 수원시 장안구 |
| | | 양 평 | 〃 | 양평군 |
| | | 이 천 | 〃 | 이천시 |
| | | 용 인 | 〃 | 용인시 |
| | | 안 성 | 〃 | 안성시 |
| | | 화 성 | 〃 | 오산시, 화성시 |
| | | 송 탄 | 〃 | 평택시 중 가재동, 도일동, 독곡동, 모곡동, 서정동, 신장동, 이충동, 장당동, 장안동, 지산동, 칠괴동, 칠원동, 고덕면, 서탄면, 진위면 |
| | 성남 | 등기과 | 〃 | 성남시 수정구, 중원구(단, 상업등기, 선박등기 및 동산·채권담보등기는 성남시 전지역) |
| | | 분 당 | 〃 | 성남시 분당구 |
| | | 광 주 | 〃 | 광주시 |
| | | 하 남 | 〃 | 하남시 |
| | 안산 | 등기과 | 〃 | 안산시 |
| | | 광 명 | 〃 | 광명시 |
| | | 시 흥 | 〃 | 시흥시 |
| | 안양 | 안 양 | 〃 | 안양시, 군포시, 의왕시, 과천시 |

| | 평택 | 등기과 | 〃 | 평택시 중 군문동, 동삭동, 비전동, 세교동, 소사동, 신대동, 용이동, 월곡동, 유천동, 죽백동, 지제동, 청룡동, 통북동, 평택동, 합정동, 팽성읍, 안중면, 오성면, 청북읍, 포승면, 현덕면(단, 상업등기, 선박등기 및 동산·채권담보등기는 평택시 전지역) |
|---|---|---|---|---|
| | 여주 | 등기계 | 〃 | 여주시 |
| 춘천 | | 등기과 | 강원특별자치도 | 춘천시 |
| | | 화 천 | 〃 | 화천군 |
| | | 양 구 | 〃 | 양구군 |
| | | 인 제 | 〃 | 인제군 |
| | | 고 성 | 〃 | 고성군 |
| | | 양 양 | 〃 | 양양군 |
| | | 삼 척 | 〃 | 삼척시 |
| | | 동 해 | 〃 | 동해시 |
| | | 태 백 | 〃 | 태백시 |
| | | 정 선 | 〃 | 정선군 |
| | | 평 창 | 〃 | 평창군 |
| | | 횡 성 | 〃 | 횡성군 |
| | | 홍 천 | 〃 | 홍천군 |
| | 강릉 | 등기과 | 〃 | 강릉시 |
| | 원주 | 등기과 | 〃 | 원주시 |
| | 속초 | 등기계 | 〃 | 속초시 |
| | 영월 | 등기계 | 〃 | 영월군 |
| 대전 | | 등기국 | 대전광역시 | 전 지역 |
| | | 금 산 | 충청남도 | 금산군 |
| | | 부 여 | 〃 | 부여군 |
| | | 장 항 | 〃 | 서천군 |
| | | 보 령 | 〃 | 보령시 |
| | | 청 양 | 〃 | 청양군 |
| | | 세 종 | 세종특별자치시 | 세종특별자치시 |
| | | 예 산 | 충청남도 | 예산군 |

| | | | | |
|---|---|---|---|---|
| | | 당 진 | 〃 | 당진시 |
| | | 태 안 | 〃 | 태안군 |
| | 천안 | 등기과 | 〃 | 천안시 |
| | | 아산 | 〃 | 아산시 |
| | 홍성 | 등기계 | 〃 | 홍성군 |
| | 공주 | 〃 | 〃 | 공주시 |
| | 논산 | 〃 | 〃 | 논산시, 계룡시 |
| | 서산 | 등기과 | 〃 | 서산시 |
| 청주 | | 등기과 | 충청북도 | 청주시 |
| | | 보 은 | 〃 | 보은군 |
| | | 옥 천 | 〃 | 옥천군 |
| | | 진 천 | 〃 | 진천군 |
| | | 괴 산 | 〃 | 괴산군, 증평군 |
| | | 단 양 | 〃 | 단양군 |
| | | 음 성 | 〃 | 음성군 |
| | 충주 | 등기계 | 〃 | 충주시 |
| | 제천 | 〃 | 〃 | 제천시 |
| | 영동 | 〃 | 〃 | 영동군 |
| 대구 | | 등기국 | 대구광역시 | 수성구, 남구, 중구, 북구, 동구(단, 상업등기, 선박등기 및 동산·채권담보등기는 대구광역시 전지역) |
| | | 군 위 | 〃 | 군위군 |
| | | 청 송 | 경상북도 | 청송군 |
| | | 영 양 | 〃 | 영양군 |
| | | 영 천 | 〃 | 영천시 |
| | | 경 산 | 〃 | 경산시 |
| | | 청 도 | 〃 | 청도군 |
| | | 칠 곡 | 〃 | 칠곡군 |
| | | 구 미 | 〃 | 구미시 |
| | | 문 경 | 〃 | 문경시 |
| | | 예 천 | 〃 | 예천군 |
| | | 영 주 | 〃 | 영주시 |
| | | 봉 화 | 〃 | 봉화군 |
| | | 울 진 | 〃 | 울진군 |

| | | | |
|---|---|---|---|
| | | 울 릉 | 〃 | 울릉군 |
| | 서부 | 등기과 | 대구광역시 | 달서구, 서구, 달성군 |
| | | 고 령 | 경상북도 | 고령군 |
| | | 성 주 | 〃 | 성주군 |
| | 포항 | 등기과 | 〃 | 포항시(남구, 북구) |
| | 경주 | 등기계 | 〃 | 경주시 |
| | 안동 | 〃 | 〃 | 안동시 |
| | 김천 | 〃 | 〃 | 김천시 |
| | 상주 | 〃 | 〃 | 상주시 |
| | 의성 | 〃 | 〃 | 의성군 |
| | 영덕 | 〃 | 〃 | 영덕군 |
| 부산 | | 등기국 | 부산광역시 | 중구, 동구, 영도구, 부산진구, 동래구, 연제구, 금정구, 서구 (단, 상업등기, 선박등기 및 동산·채권담보등기는 부산광역시 전지역) |
| | 동부 | 등기과 | 〃 | 해운대구, 기장군 |
| | | 남부산 | 〃 | 남구, 수영구 |
| | 서부 | 등기과 | 〃 | 사하구, 강서구 |
| | | 북부산 | 〃 | 북구, 사상구 |
| 울산 | | 등기과 | 울산광역시 | 전지역 |
| | | 양 산 | 경상남도 | 양산시 |
| 창원 | | 등기과 | 〃 | 창원시 의창구, 성산구(단, 상업등기, 선박등기 및 동산·채권담보등기는 창원시 전지역) |
| | | 진 해 | 〃 | 창원시 진해구 |
| | | 함 안 | 〃 | 함안군 |
| | | 의 령 | 〃 | 의령군 |
| | | 남 해 | 〃 | 남해군 |
| | | 하 동 | 〃 | 하동군 |
| | | 산 청 | 〃 | 산청군 |
| | | 거 제 | 〃 | 거제시 |
| | | 고 성 | 〃 | 고성군 |
| | | 창 녕 | 〃 | 창녕군 |
| | | 함 양 | 〃 | 함양군 |
| | | 합 천 | 〃 | 합천군 |

| | | | |
|---|---|---|---|
| | 사 천 | 〃 | 사천시 |
| | 김 해 | 〃 | 김해시 |
| 마산 | 등기계 | 〃 | 창원시 마산합포구, 마산회원구 |
| 진주 | 등기과 | 〃 | 진주시 |
| 통영 | 등기계 | 〃 | 통영시 |
| 밀양 | 〃 | 〃 | 밀양시 |
| 거창 | 〃 | 〃 | 거창군 |
| 광주 | 등기국 | 광주광역시 | 전지역 |
| | 담 양 | 전라남도 | 담양군 |
| | 곡 성 | 〃 | 곡성군 |
| | 화 순 | 〃 | 화순군 |
| | 강 진 | 〃 | 강진군 |
| | 영 암 | 〃 | 영암군 |
| | 나 주 | 〃 | 나주시 |
| | 함 평 | 〃 | 함평군 |
| | 무 안 | 〃 | 무안군 |
| | 영 광 | 〃 | 영광군 |
| | 장 성 | 〃 | 장성군 |
| | 완 도 | 〃 | 완도군 |
| | 진 도 | 〃 | 진도군 |
| 순천 | 등기과 | 〃 | 순천시 |
| | 구 례 | 〃 | 구례군 |
| | 광 양 | 〃 | 광양시 |
| | 여 수 | 〃 | 여수시 중 종화동, 수정동, 공화동, 관문동, 고소동, 동산동, 중앙동, 교동, 군자동, 충무동, 연등동, 광무동, 서교동, 봉강동, 봉산동, 남산동, 국동, 신월동, 경호동, 여서동, 문수동, 오림동, 미평동, 둔덕동, 오천동, 만흥동, 덕충동, 돌산읍, 남면, 화정면, 삼산면(단, 선박등기는 여수시 전지역) |
| | 여 천 | 〃 | 여수시 중 쌍봉동, 시전동, 여천동, 주삼동, 삼일동, 묘도동, 상암동, 소라면, 화양면, 율촌면 (단, 상업등기와 동산·채권담보등기는 여수시 전지역) |
| | 고 흥 | 〃 | 고흥군 |

| | | 보 성 | 〃 | 보성군 |
|---|---|---|---|---|
| | 목포 | 등기과 | 〃 | 목포시, 신안군 |
| | 장흥 | 등기계 | 〃 | 장흥군 |
| | 해남 | 〃 | 〃 | 해남군 |
| 전주 | | 등기과 | 전북특별<br>자치도 | 전주시, 완주군 |
| | | 진 안 | 〃 | 진안군 |
| | | 무 주 | 〃 | 무주군 |
| | | 장 수 | 〃 | 장수군 |
| | | 임 실 | 〃 | 임실군 |
| | | 순 창 | 〃 | 순창군 |
| | | 고 창 | 〃 | 고창군 |
| | | 부 안 | 〃 | 부안군 |
| | | 김 제 | 〃 | 김제시 |
| | | 익 산 | 〃 | 익산시 |
| | 군산 | 등기과 | 〃 | 군산시 |
| | 정읍 | 등기계 | 〃 | 정읍시 |
| | 남원 | 〃 | 〃 | 남원시 |
| 제주 | | 등기과 | 제주특별<br>자치도 | 제주시 |
| | | 서귀포 | 〃 | 서귀포시 |

 ## 등기관의 형식적 심사권

　등기관은 등기신청에 대하여 실체법상 권리관계와 일치하는지 심사할 실질적 심사권한이 없고 오직 신청서 및 그 첨부서류와 등기부에 의하여 등기요건에 합당한지 심사할 수 있는 형식적 심사권한밖에 없다[351]. 따라서 등기관이 등기사항에 무효 또는 취소의 원인이 있는지 심사할 권한이 있다 하더라도(상업등기법 26조 10호) 그 심사방법은 등기부 및 신청서와 법령에서 그 등기의 신청에 관하여 요구하는 각종 첨부서류만에 의하여 그 가운데 나타

---

351) 대법원 1995. 1. 20. 선고 94마535 결정 [등기공무원처분에대한이의]

난 사실관계를 기초로 판단해야 하고, 그 밖에 다른 서면을 제출받거나 그 밖의 방법으로 사실관계의 진부를 조사할 수 없다[352].

예를 들어 주주총회의 소집절차 또는 결의방법에 중대한 하자가 있다고 하더라도, 등기 신청서에 첨부된 주주총회 의사록이 형식적 요건을 갖추고 있고 공증인의 인증을 받았으며, 그 의사록 등의 기재에 의하여 등기할 사항이 유효하게 존재하는 것으로 인정되는 이상, 등기부 및 신청서와 그 첨부서면만에 의하여 등기신청의 적법 여부를 판단해야 하는 등기 관은 당해 등기신청의 수리를 거부할 수 없다[353].

결과적으로 등기관은 신청서와 첨부서면을 중심으로 등기신청에 상업등기법 26조의 각 하사유가 있는지 형식적 심사권의 범위에서 조사해야 하고, 그 밖의 다른 서면을 제출받거나 다른 방법으로 사실관계를 조사할 수 없다.

---

**상업등기법 제26조 (신청의 각하)** 등기관은 다음 각 호의 어느 하나에 해당하는 경우에만 이유를 적은 결정으로 신청을 각하하여야 한다. 다만, 신청의 잘못된 부분이 보정될 수 있는 경우로서 등기관이 보정을 명한 날의 다음 날까지 신청인이 그 잘못된 부분을 보정하였을 때에는 그러하지 아니하다.

1. 사건이 그 등기소의 관할이 아닌 경우
2. 사건이 등기할 사항이 아닌 경우
3. 사건이 그 등기소에 이미 등기되어 있는 경우
4. 신청할 권한이 없는 사람이 신청한 경우
5. 제24조 제1항 제1호에 따라 등기를 신청할 때에 신청인 또는 그 대리인이 출석하지 아니한 경우
6. 신청정보의 제공이 이 법과 대법원규칙으로 정한 방식에 맞지 아니한 경우
7. 제25조에 따라 인감을 제출하지 아니하거나 등기신청서 등 인감을 날인하여야 하는 서면에 찍힌 인감이 같은 조에 따라 제출된 인감과 다른 경우
8. 등기에 필요한 첨부정보를 제공하지 아니한 경우
9. 신청정보와 첨부정보 및 이와 관련된 등기기록(폐쇄한 등기기록을 포함한다)의 각 내용이 일치하지 아니한 경우
10. 등기할 사항에 무효 또는 취소의 원인이 있는 경우

---

352) 대법원 2008. 12. 15. 선고 2007마1154 결정 [등기관처분에대한이의]
353) 주주총회의 소집절차 등에 중대한 하자가 있으나 형식적 요건을 갖춘 의사록을 첨부하여 등기신청을 한 경우 이를 수리할 수 있는지 여부 [상업등기선례 제1-72호, 1987. 6. 13. 제정]

11. 거쳐야 할 등기소를 거치지 아니하고 신청한 경우
12. 동시에 신청하여야 하는 다른 등기를 동시에 신청하지 아니한 경우
13. 사건이 제29조에 따라 등기할 수 없는 상호의 등기 또는 가등기를 목적으로 하는 경우
14. 사건이 법령의 규정에 따라 사용이 금지된 상호의 등기 또는 가등기를 목적으로 하는 경우
15. 상호등기가 말소된 회사가 상호의 등기에 앞서 다른 등기를 신청한 경우
16. 사건이 제38조 제3항·제39조 제2항 또는 제40조 제1항 단서를 위반한 경우
17. 등록에 대한 등록면허세 또는 제22조 제3항에 따른 수수료를 내지 아니하거나 등기신청과 관련하여 다른 법률에 따라 부과된 의무를 이행하지 아니한 경우

 ## 교합 · 완료, 보정

등기신청서를 등기소에 제출하면 등기관의 조사를 거쳐 등기신청에 각하사유가 없고 기입 내용에 오류가 없으면 등기신청이 교합·완료된다. 교합이란 등기관이 전산등기부에 전자서명하는 조치이다[354]. 이로써 등기절차가 마무리된다. 등기소에 오전에 제출된 사건은 다음날 18시까지, 오후에 제출된 사건은 다음 다음 날 12시까지 처리하는 것이 원칙이다[355]. 다만, 법인의 정기총회에 따른 등기신청접수가 폭증하는 3~4월은 처리가 지연되기도 한다.

등기신청에 각하사유가 있더라도 신청의 잘못된 부분이 보정될 수 있다면 등기관은 구두, 전화, 팩시밀리 또는 인터넷을 이용하여 등기신청인(또는 대리인)에게 보정을 명한다(상업등기법 26조 단서, 상업등기규칙 54조 3항). 등기관이 보정을 명한 날의 다음 날까지 등기신청인(또는 대리인)이 그 잘못된 부분을 보정해야 하나(상업등기법 26조 단서), 실무상 1주일 이상 등기신청을 각하하지 않고 보정할 기회를 주는 경우도 흔하다.

등기관이 보정을 명하면 등기신청인(또는 대리인)은 등기소를 다시 방문하여 등기신청

---

354) 상업등기실무(I), 278쪽: 전산정보처리조직에 의한 상업등기 등의 신청에 관한 업무처리지침 [등기예규 제1709호, 2020. 11. 24. 개정, 2020. 12. 10. 시행] 15조 1항
355) 전산정보처리조직에 의한 상업등기 등 사무처리지침 [등기예규 제1756호, 2022. 8. 26. 개정, 2022. 8. 26. 시행] 6조 2항

서와 첨부서류 일체를 돌려받아 등기신청서의 기재 내용을 정정(잘못된 내용을 삭제하고 올바른 내용을 기재)하고, 첨부서류를 정정·교체·추가한다. 등기신청서에 기재한 문자를 수정, 삽입, 삭제하려면 등기신청서의 여백에 수정, 삽입, 삭제한 글자 수를 표시하고(예를 들어 정1행, 정3자, 가1행, 가3자, 삭1행, 삭3자 등), 그곳에 날인 또는 서명해야 한다. 이 경우 삭제한 문자는 원래 글자를 알 수 있도록 글자체를 남겨두어야 한다(상업등기규칙 62조 2항). 또한, 공증한 서면(의사록, 정관 등)의 기재내용에 오류가 있다면 공증한 서면 자체는 수정할 수 없으므로 수정한 의사록, 정관 등을 다시 공증인으로부터 인증받아서 기존에 공증한 서면과 교체해야 한다. 보정이 어려운 상황이라면 불가피하게 등기신청을 취하해야 할 것이고 그렇게 하지 않으면 등기관이 등기신청을 각하할 것이다.

보정은 등기관 앞에서 하는 것이 원칙이나[356], 실무상 등기소 밖으로 반출하지 않는 조건으로 등기신청서와 첨부서류를 돌려받아 서류작성대에서 보정작업을 한 후 등기신청서와 첨부서류를 다시 편철하여 제출한다[357]. 보정사물함을 둔 등기소라면 보정이 끝난 서류를 보정사물함에 넣어두면 된다.

---

356) 상업등기실무(I), 285쪽
357) 서울중앙지방법원 등기국은 1층 접수처가 아닌 3층 법인등기조사과를 방문하여 보정한다.

참고서식 등기신청서 보정 (대리인이 보정)

# 주식회사변경등기신청

| 접 수 | 년 월 일 | | | 처 리 인 | 접수 | 조사 | 인감 | 기입 | 교합 | 통지 |
|---|---|---|---|---|---|---|---|---|---|---|
| | 제 | | 호 | | | | | | | |

| 상호 | 주식회사 율도 (Yuldo, Inc.) | 등기번호 | 51001호 |
|---|---|---|---|
| 본점 | 서울특별시 강남구 테헤란로 101, 501호 (역삼동, 리즈타워) | | |
| 등기의 목적 | 주식회사 변경등기 ~~사임~~ (김상균) *정2자* | | |
| 등기의 사유 | 2016년 3월 31일 사내이사 겸 대표이사 홍길동이 ~~퇴임하고~~ 2016년 3월 31일 정기주주총회에서 다음 사람이 대표이사로 선임되어 같은 날 취임하였으므로 다음 사항의 등기를 구함. | | |
| 본/지점신청구분 | 1.**본점신청**■  2.지점신청□  3.본·지점일괄신청□ | | |
| 등 기 할 사 항 (김상균) | | | |
| 임원에 관한 사항 | 사내이사 홍길동 (000000-0000000) ~~서울특별시 서초구 서초대로 22, 108동 1102호 (서초동, 삼일아~~ ~~파트)~~ *삭2행* 2016년 3월 31일 ~~퇴임~~ 사임 (김상균) *정2자* 대표이사 홍길동 (000000-0000000) 서울특별시 서초구 서초대로 22, 108동 1102호 (서초동, 삼일아파트) 2016년 3월 31일 사임 대표이사 김철수 (000000-0000000) 서울특별시 영등포구 여의로 12, 5동 101호 (여의도동, 세계오피스텔) *가2자* (김상균) 2016년 3월 31일 취임 | | |

## VII (법인)인감과 인감카드

### 1. (법인)인감 신고

등기소는 등기신청인의 동일성을 담보하고 등기의 진정성을 확보하고자 (법인)인감도장의 인영(印影)을 등기소에 미리 신고하도록 하고 있다. 따라서 법인설립등기 시나 대표자변경 시 대표자는 반드시 (법인)인감을 신고해야 한다[358]. 대표이사가 '대표권을 가진 사내이사'로 변경되는 경우에도 (법인)인감을 신고해야 한다. 예를 들어 사내이사 2명(A, B)이 있고 그 중 A가 대표이사인 회사에서 사내이사 B가 사임할 경우, A는 대표이사를 퇴임하고 '대표권을 가진 사내이사'가 되어야 하며 (법인)인감도 다시 신고해야 한다.

기존 대표이사가 중임할 경우 (법인)인감을 다시 신고할 필요 없다. 그러나 중임과 달리 동일한 대표이사가 퇴임일 이후 퇴임등기와 취임등기를 동시에 신청하는 경우, 비록 이전 대표이사와 동일인이라 하더라도 (법인)인감을 다시 신고해야 한다[359].

법인의 각자대표가 2명 이상이면 대표자 모두가 (법인)인감을 신고해도 되고, 대표자 중 1명만 신고해도 된다. 반면 공동대표이사라면 공동대표이사 전원이 (법인)인감을 신고해야 한다. 2명 이상의 대표가 신고하는 각 (법인)인감은 인영이 모두 달라야 한다[360].

법인설립등기, 대표자 선임으로 인한 변경등기 등 (법인)인감신고의 원인이 되는 등기신청서를 제출할 때 등기신청서에 (법인)인감신고서와 인감대지, 대표자의 (개인)인감증명서를 첨부한다.

(법인)인감신고서에는 대표자의 (개인)인감도장과 신고할 (법인)인감도장을 찍는다. 인감대지에 찍은 (법인)인감도장은 스캔되어 등기소 상업등기시스템에 저장되므로 깨끗하게

---

358) 대표자 변경으로 인감을 새롭게 제출하는 경우에는 등기소에 제출한 유효한 종전 인감이 있음을 전제로 하는 인감 개인(改印) 신고가 아니라 인감 신고(최초 신고)를 하여야 하며, 이 경우 「인감증명법」에 따라 신고한 인감을 날인하고 그 인감증명서(발행일로부터 3개월 이내의 것에 한한다. 이하 같다)를 첨부할 것이고 등기소에 제출한 종전 인감(구 대표자의 법인인감)을 날인하는 방식으로 인감을 신고할 수 없다(대표자 변경시 인감·개인(改印)신고서 작성방법 [상업등기선례 제201901-1호, 2019. 1. 31. 제정]).

359) 동일한 대표이사가 퇴임일 이후 퇴임등기와 취임등기를 동시에 신청한 경우 종전인감을 그대로 사용할 수 있는지 여부 [상업등기선례 제201906-1호, 2019. 6. 4. 제정]

360) 인감의 제출·관리 및 인감증명서 발급에 관한 업무처리지침 [등기예규 제1768호, 2023. 6. 9. 개정, 2023. 6. 9. 시행] 2조 2항, 3조 2항

찍어야 한다. (법인)인감은 대조에 적당하고 가로·세로 2.4cm의 정사각형보다 작아야 하며 가로·세로 1cm의 정사각형보다 커야 한다(상업등기규칙 35조 4항).

**참고서식** (법인)인감신고서 및 인감대지 (대리인이 신고)

① (법인)인감신고서[361]

<table>
<tr><td colspan="4" align="center">**인감 · 개인(改印) 신고서**</td></tr>
<tr><td>(신고하는 인감날인란)</td><td colspan="3">(인감제출자에 관한 사항)</td></tr>
<tr><td rowspan="5"></td><td>상호(명칭)</td><td>주식회사 율도</td><td>등기번호 000000</td></tr>
<tr><td>본점(주사무소)</td><td colspan="2">서울특별시 강남구 테헤란로 101, 501호 (역삼동, 리즈타워)</td></tr>
<tr><td rowspan="3" style="writing-mode:vertical">인감제출자</td><td>자격/성명</td><td colspan="2">대표이사 홍길동</td></tr>
<tr><td>주민등록번호</td><td colspan="2">000000-0000000</td></tr>
<tr><td>주소</td><td colspan="2">서울특별시 서초구 서초대로45길 22, 108동 1102호 (서초동, 삼일아파트)</td></tr>
</table>

☑ 위와 같이 인감을 신고합니다. ☐ 위와 같이 개인(改印)하였음을 신고합니다.

2024년 1월 5일

신고인 본 인 성 명 대표이사 홍길동 (인)# (전화:          )

대리인 성 명 변호사 김상균 (인)* (전화: 00-000-0000)

**서울중앙지방법원 등기국 귀중**

---

주 1. 인감·개인(改印) 신고서의 **신고인의 날인란**(#)에는 「인감증명법」에 따라 신고한 인감을 날인하고 그 인감증명서(발행일로부터 3개월 이내의 것)를 첨부하거나, 등기소에 제출한 유효한 종전 인감(법인인감)을 날인하여야 합니다. 또한 인감제출자가 기명날인 또는 서명하였다는 공증인의 인증서면으로 갈음할 수 있습니다.
2. 인감·개인신고서에는 신고하는 인감을 날인한 인감대지를 첨부하여야 합니다.
3. 지배인이 인감을 신고하는 경우에는 인감제출자의 주소란에 지배인을 둔 장소를 기재하고, **위 1. 의 방법 대신** 「상업등기규칙」 제35조 제3항의 보증서면(영업주가 등기소에 제출한 인감날인)을 첨부하여야 합니다. 위 보증서면은 아래의 보증서면란에 기재하는 것으로 갈음할 수 있습니다.

---

361) 인감의 제출·관리 및 인감증명서 발급에 관한 업무처리지침 [등기예규 제1768호, 2023. 6. 9. 개정, 2023. 6. 9. 시행] 별지 1호 양식

4. **위임에 의한 대리인이** 인감을 신고하거나 개인(改印)을 신고하는 경우에는 위 1. 대신에 **위임인의 날인란**(**)에 「인감증명법」에 따라 신고한 인감을 날인한 위임장을 첨부하고 그 인감증명서를 첨부하거나 등기소에 제출한 유효한 종전 인감을 날인한 위임장을 첨부하여야 하고 **신고인의 날인란**(*)에는 대리인이 기명날인 하여야 합니다.

5. **법인인감증명서 발급사실 등 문자전송 서비스를** 신청하면, 발급사실을 휴대폰 문자로 통보받을 수 있습니다(전국 등기소 및 인터넷등기소에서 별도 신청해야 합니다).

<br>

## 보 증 서 면                    (법인인감 날인란)

위 신고하는 인감은 지배인 _____의 인감임이 틀림없음을 보증합니다.

대표이사 _____

<br>

## 위 임 장

성 명 : 변호사 김상균          생년월일: (0000.00.00) (전화 00-000-0000)

주 소 : 서울특별시 서초중앙로 113, 9층(서초동, 영한빌딩)

위의 사람에게, 위 인감(개인)신고에 관한 일체의 권한을 위임함.

2024년 1월 5일

인감(개인) 신고인 성 명 대표이사 홍길동 (**대표이사의 개인인감도장**)**

② 인감대지[362]

인 감 대 지

신고하는 인감날인란

상 호(명 칭) : 주식회사 율도
자격 및 성명 : 대표이사 홍길동

주1. 자격은 대표이사(이사), 이사장, 지배인, 대리인, 상호사용자, 미성년자, 법정대리인
등으로 기재합니다.
주2. 인감의 규격은 가로·세로 각각 1.0센티미터 이상 2.4센티미터 이내이어야 합니다.

③ 대표이사의 개인인감증명서 (등기소제출일을 기준으로 최근 3개월 이내 발행)

## 2. 개인(改印) 신고

등기소에 신고한 (법인)인감도장은 교체할 수 있는데 이를 개인(改印)신고라 한다. 특히
상호를 변경하면 개인신고도 함께 한다. 개인신고서도 (법인)인감신고서와 마찬가지로 인
감대지를 첨부한다. 개인신고서에 대표자의 개인인감도장을 찍은 경우라면 대표자의 개인
인감증명서도 첨부하되, (법인)인감신고서에 대표자의 개인인감도장 대신 등기소에 신고
된 유효한 종전 (법인)인감을 찍은 경우라면 대표자의 개인인감증명서를 첨부하지 않는다
(상업등기규칙 35조 2항).

---

362) 인감의 제출·관리 및 인감증명서 발급에 관한 업무처리지침 [등기예규 제1768호, 2023. 6. 9. 개정, 2023.
6. 9. 시행] 별지 2호 양식

참고서식 **개인신고서 및 인감대지 (대리인이 신고)**

① **개인신고서**

# 인감 · 개인(改印) 신고서

(신고하는 인감날인란)　　　(인감제출자에 관한 사항)

<table>
<tr><td rowspan="2" style="text-align:center">新 법인인감도장</td><td>상호(명칭)</td><td>주식회사 율도</td><td>등기번호</td><td>000000</td></tr>
<tr><td>본점(주사무소)</td><td colspan="3">서울특별시 강남구 테헤란로 101, 501호 (역삼동, 리즈타워)</td></tr>
<tr><td rowspan="3">인<br>감<br>제<br>출<br>자</td><td>자격/성명</td><td colspan="3">대표이사 홍길동</td></tr>
<tr><td>주민등록번호</td><td colspan="3">000000-0000000</td></tr>
<tr><td>주소</td><td colspan="3">서울특별시 서초구 서초대로45길 22, 108동 1102호 (서초동, 삼일아파트)</td></tr>
</table>

□ 위와 같이 인감을 신고합니다. ☑ 위와 같이 개인(改印)하였음을 신고합니다.

2024년 1월 5일

신고인 본 인　성 명 대표이사 홍길동　(인)<sup>#</sup>　　(전화:　　　　)

대리인　성 명 변호사 김상균　(인)*　(전화: 00-000-0000)

## 서울중앙지방법원 등기국 귀중

주 1. 인감 · 개인(改印) 신고서의 **신고인의 날인란**(<sup>#</sup>)에는 「인감증명법」에 따라 신고한 인감을 날인하고 그 인감증명서(발행일로부터 3개월 이내의 것)를 첨부하거나, 등기소에 제출한 유효한 종전 인감(법인인감)을 날인하여야 합니다. 또한 인감제출자가 기명날인 또는 서명하였다는 공증인의 인증서면으로 갈음할 수 있습니다.
　2. 인감 · 개인신고서에는 신고하는 인감을 날인한 인감대지를 첨부하여야 합니다.
　3. 지배인이 인감을 신고하는 경우에는 인감제출자의 주소란에 지배인을 둔 장소를 기재하고, **위 1.의 방법 대신** 「상업등기규칙」 제35조 제3항의 보증서면(영업주가 등기소에 제출한 인감날인)을 첨부하여야 합니다. 위 보증서면은 아래의 보증서면란에 기재하는 것으로 갈음할 수 있습니다.
　4. **위임에 의한 대리인**이 인감을 신고하거나 개인(改印)을 신고하는 경우에는 위 1. 대신에 **위임인의 날인란**(<sup>**</sup>)에 「인감증명법」에 따라 신고한 인감을 날인한 위임장을 첨부하고 그 인감증명서를 첨부하거나 등기소에 제출한 유효한 종전 인감을 날인한 위임장을 첨부하여야 하고 **신고인의 날인란**(<sup>*</sup>)에는 대리인이 기명날인 하여야 합니다.
　5. **법인인감증명서 발급사실 등 문자전송 서비스**를 신청하면, 발급사실을 휴대폰 문자로 통보받을 수 있습니다(전국 등기소 및 인터넷등기소에서 별도 신청해야 합니다).

---

**보 증 서 면**　　　　　　　　　（법인인감 날인란）

위 신고하는 인감은 지배인 _____의 인감임이 틀림없음을 보증합니다.

대표이사 _____

---

**위 임 장**

성 명 : 변호사 김상균　　　　생년월일: (0000.00.00) (전화 00-000-0000)

주 소 : 서울특별시 서초중앙로 113, 9층(서초동, 영한빌딩)

위의 사람에게, 위 인감(개인)신고에 관한 일체의 권한을 위임함.

2024년 1월 5일

인감(개인) 신고인 성 명 대표이사 홍길동 **(대표이사의 개인인감도장 또는**

**舊 법인인감도장)**

② 인감대지

---

**인 감 대 지**

| | 新 **법인인감도장**<br><br>신고하는 인감날인란 | 상 호(명 칭) : 주식회사 율도<br>자격 및 성명 : 대표이사 홍길동 |
|---|---|---|

주1. 자격은 대표이사(이사), 이사장, 지배인, 대리인, 상호사용자, 미성년자, 법정대리인 등으로 기재합니다.

주2. 인감의 규격은 가로·세로 각각 1.0센티미터 이상 2.4센티미터 이내이어야 합니다.

③ 대표이사의 개인인감증명서 (등기소제출일을 기준으로 최근 3개월 이내 발행)

대표이사가 개인신고서에 개인인감도장을 찍은 경우, 대표이사의 개인인감증명서를 첨부한다.

## 3. 인감카드 발급 및 계속사용신청

### (1) 인감카드 발급신청

등기사항전부증명서는 인터넷 발급이 가능하나, (법인)인감증명서는 인감카드를 가지고 가까운 등기소를 방문하여 창구나 무인발급기에서 발급받아야 한다[363].

법인설립등기나 대표자 변경으로 인한 변경등기가 완료된 후 가까운 등기소를 방문하여 (관할등기소가 아니어도 된다) 인감카드 발급신청서를 제출하면 인감카드를 즉시 발급받을 수 있다. 인감카드를 분실하였다면 등기절차와 무관하게 수수료를 내고 인감카드를 재발급받을 수 있다.

참고서식  인감카드 발급신청서[364] (대리인이 신고하는 경우)

### 인감카드 발급신청서

| 상호(명칭) | | 주식회사 퓨처 | 등기번호 | 000000 |
|---|---|---|---|---|
| 본점(주사무소) | | 서울특별시 서초구 서초대로 25 | | |
| 인감<br>제출자 | 자격/성명 | 대표이사 홍 길 동 | | |
| | 주민등록번호 | 000000-0000000 | | |

| 발급사유 | 최초발급 | 인감카드 비밀번호 | 123456 |
|---|---|---|---|
| 수수료 | 금        원 | 납부번호 | |

위와 같이 인감카드 등의 발급을 신청합니다.

---

363) 무인발급기에 수수료를 넣고 인감카드를 접촉한 후 비밀번호 숫자 6자리를 입력한다.

364) 인감의 제출·관리 및 인감증명서 발급에 관한 업무처리지침 [등기예규 제1768호, 2023. 6. 9. 개정, 2023. 6. 9. 시행] 별지 9호 양식

2024년 1월 5일

신청인 인감제출자 (본 인) 성 명 대표이사 홍길동 (인)** (전화: )

(대리인) 성 명 김 철 수 (인)* (전화 : 00-000-0000)

서울중앙지방법원 등기국 귀중

| 접수번호 | | 인감카드번호 | |
|---|---|---|---|

주 1. 인감카드 비밀번호란에는 발급받아 사용할 아라비아숫자 6자릿수로 된 인감카드의
비밀번호를 기재하며 비밀번호를 등록할 때에는 등기번호, 인감제출자의 생년월일,
주민등록번호, 인감카드번호 등 다른 사람이 쉽게 추측할 수 있는 숫자를 비밀번호
로 정하지 않아야 합니다.
  2. 인감카드 발급을 신청하는 경우에는 등기소에 제출한 인감을 **신청인의 날인란(**)**
에 날인하여야 합니다.
  3. 위임에 의한 대리인이 인감카드의 발급을 신청하는 때에는 **위임인의 날인란(#)**에
등기소에 제출한 인감을 날인한 위임장을 첨부하여야 하고, **신청인의 날인란(*)**에는
대리인이 기명날인하여야 합니다.
  4. **법인인감증명서 발급사실 등 문자전송 서비스**를 신청하면, 발급사실을 휴대폰 문자로 통
보받을 수 있습니다(전국 등기소 및 인터넷등기소에서 별도 신청해야 합니다).

# 위 임 장

성 명 : 김 철 수     생년월일: (0000. 00. 00) (전화: 00-000-0000)
주 소 : 서울특별시 관악구 남부순환로 35

  위의 사람에게, 위 발급신청서에 기재된 인감카드 등의 발급신청과 그 수령 등에 관한
일체의 권한을 위임함.

2024년 1월 5일

인감신고인  성 명 대표이사 홍길동 (인) #

## (2) 인감카드 계속사용신청

대표자가 퇴임, 사임 등으로 자격을 잃으면 기존 대표자가 사용하던 인감카드를 폐기하고[365] 새로 선임된 대표자는 인감카드를 신규 발급받아야 한다. 그러나 인감카드 계속사용신청을 하면 인감카드를 신규 발급받을 필요 없이 새로 선임된 대표자가 기존 인감카드를 계속 사용할 수 있다. 반면, 대표자가 중임하는 경우나 임기 중 (법인)인감도장의 인영만 교체하는 경우라면 인감카드 계속사용신청을 하지 않아도 기존 인감카드를 계속 쓸 수 있다. 인감카드 계속사용신청 시 기존 인감카드를 제시해야 하므로 기존 인감카드를 등기소에 가지고 가야 한다.

**참고서식** 인감카드 계속사용신청서[366] (대리인이 신고)

### 인감카드 계속사용신청서

| 상호(명칭) | | 주식회사 퓨처 | | 등기번호 | 000000 |
|---|---|---|---|---|---|
| 본점(주사무소) | | 서울특별시 서초구 서초대로 25 | | | |
| 카드번호 | | 00000000000 | 비밀번호(6자리) | | 000000 |
| 인감<br>제출자 | 종전<br>사용자 | 자격/성명 | 대표이사 홍길동 | | |
| | | 생년월일 | 0000. 00. 00. | | |
| | 계속<br>사용자 | 자격/성명 | 대표이사 이영희 | | |
| | | 주민등록번호 | 000000-0000000 | | |

2024년 1월 5일

신청인 계속사용자 (본  인) 성 명 대표이사 이영희* (전화:              )

(대리인) 성 명 김 철 수 (김철수)* (전화 : 00-000-0000)

서울중앙지방법원 등기국 귀중

---

365) 인감의 제출·관리 및 인감증명서 발급에 관한 업무처리지침 [등기예규 제1768호, 2023. 6. 9. 개정, 2023. 6. 9. 시행] 20조

366) 인감의 제출·관리 및 인감증명서 발급에 관한 업무처리지침 [등기예규 제1768호, 2023. 6. 9. 개정, 2023. 6. 9. 시행] 별지 15호 양식

주 1. 비밀번호란에는 계속사용자가 사용하고자 하는 비밀번호를 기재합니다.
  2. **신청인의 날인란**(#)에는 등기소에 신고한 인감을 날인하여야 하고, 위임에 의한 대리인이 신청하는 경우에는 **위임인의 날인란**(**)에 등기소에 신고한 인감을 날인한 위임장을 첨부하고 **신청인의 날인란**(*)에는 대리인이 기명날인하여야 합니다.
  3. **법인인감증명서 발급사실 등 문자전송 서비스**를 신청하면, 발급사실을 휴대폰 문자로 통보받을 수 있습니다(전국 등기소 및 인터넷등기소에서 별도 신청해야 합니다).

# 위 임 장

성 명 : 김 철 수  생년월일: (0000. 00. 00) (전화: 00-000-0000)
주 소 : 서울특별시 관악구 남부순환로 35

위의 사람에게, 위 인감카드의 계속사용신청에 관한 일체의 권한을 위임함.

2024년  1월  5일

인감카드 계속사용인  성 명 대표이사 이영희

## (3) 인감카드 재발급신청

기존 인감카드를 분실하거나 인감카드가 훼손된 경우, 인감카드를 재발급받을 수 있다. 기존 인감카드를 분실하여 반환하지 않으면 5,000원의 수수료를 낸다[367]. 인감카드 재발급신청서[368]에는 기존 인감카드의 비밀번호를 기재하고 (법인)인감도장을 찍어야 한다. 대리인이 인감카드 재발급신청을 하려면 위임장에 (법인)인감도장을 찍어야 한다[369].

만약 인감카드를 분실하였을 뿐만 아니라 비밀번호도 잊어버린 경우라면, 법인 대표자가 인감카드 재발급신청을 할 때는 대표자의 신분증 사본(앞뒷면)을 추가로 첨부해야 하고, 대리인이 인감카드 재발급신청을 할 때는 ① 인감카드 재발급신청서에 법인 대표자의 (개인)인감도장을 추가로 찍고 ② 대표자의 (개인)인감증명서를 첨부하고(재발급신청서 제출일을 기준으로 최근 3개월 이내 발행) ③ 대리인의 신분증 사본(앞뒷면)을 추가로 첨부해

---

367) 등기사항증명서 등 수수료규칙 [규칙 제3113호, 2023. 10. 25. 개정, 2023. 12. 1. 시행] 5조의7
368) 인감의 제출·관리 및 인감증명서 발급에 관한 업무처리지침 [등기예규 제1768호, 2023. 6. 9. 개정, 2023. 6. 9. 시행] 별지 10호 양식
369) 인감의 제출·관리 및 인감증명서 발급에 관한 업무처리지침 [등기예규 제1768호, 2023. 6. 9. 개정, 2023. 6. 9. 시행] 23조 1항

야 한다[370].

 **전자신청**

## 1. 사용자등록 및 전자증명서 발급

전자신청을 하려면 법인의 대표자 또는 등기신청을 대리할 수 있는 자격자대리인(변호사, 법무사)이 최초 전자신청 전에 등기소를 방문하여 사용자등록을 해야 한다(상업등기규칙 68조). 전자신청은 서면신청과 달리 등기신청마다 법인의 대표자 또는 자격자대리인이 등기소를 방문할 필요는 없고 최초 전자신청 전에 한 번만 등기소를 방문하면 된다.

다음으로, 법인의 대표자는 등기소에서 전자증명서(USB)를 발급받아야 한다(상업등기법 17조). 전자증명서는 등기전용 인증서로서 온라인상에서 (법인)인감과 유사한 역할을 한다. 전자증명서는 일반 공인인증서와 달리 회사의 상호, 법인등록번호, (법인)인감제출자의 성명, 자격 등이 기록된다[371]. 전자증명서 발급신청은 법인의 대표자가 직접 등기소에 출석하여 신청하거나 자격자대리인(변호사, 법무사)이 대리신청할 수 있다(상업등기규칙 44조 1항)[372]. 자격자대리인이 사용자등록을 하였다면 법인의 대표자가 사용자등록을 하지 않더라도 자격자대리인이 자격자대리인의 신분증 사본과 자격증 사본을 첨부하여 전자증명서를 대리발급받을 수 있다.

전자증명서는 발급일부터 10일 이내에 인터넷등기소 웹사이트(www.iros.go.kr)에 접속하여 「등기신청」 → 「법인: 전자신청하기」 → 「전자증명서 등록 및 관리」 → 「이용정보 관리」 메뉴로 들어가서 이용등록을 해야 한다. 이용등록 시 인터넷등기소 아이디와 비밀번호도 정해야 한다. 전자증명서의 유효기간은 3년이고 만료일 3개월 전부터 갱신발급할 수 있다(상업등기규칙 46조 3항, 49조 2항).

---

370) 인감의 제출·관리 및 인감증명서 발급에 관한 업무처리지침 [등기예규 제1768호, 2023. 6. 9. 개정, 2023. 6. 9. 시행] 16조 3항

371) 상업등기규칙 46조 2항; 전자증명에 관한 업무처리지침 [등기예규 제1753호, 2022. 7. 20. 개정, 2022. 7. 22. 시행] 8조 2항

372) 자격자대리인을 통해 신청하면 등기소는 전자증명서 발급신청서에 기재된 본인의 전자우편주소로 전자증명서 발급 사실을 통지한다(전자증명에 관한 업무처리지침 [등기예규 제1753호, 2022. 7. 20. 개정, 2022. 7. 22. 시행] 9조 2항).

참고서식 **전자증명서 발급신청서**[373] **(자격자대리인이 대리신청)**

# 전 자 증 명 서 발 급 신 청 서

| 상호(명칭) | 주식회사 퓨처 | | 등기번호 | 000000 |
|---|---|---|---|---|
| 본점(주사무소) | 서울특별시 서초구 서초대로 25 | | 관할등기소 | 서울중앙지방법원 등기국 |
| 지점(분사무소) | | | 관할등기소 | |
| 신청인 | 자격/성명 | 대표이사 홍길동 | 주민등록번호 | 000000-0000000 |
| | 주소 | 서울특별시 00구 00길 00-00 | | |
| | 전화번호 | 02-000-0000 | | |
| | 전자우편주소 | hong@gmail.com | | |
| 지배인의 발급신청에 대한 대표자의 확인 | 지배인 ○○○의 전자증명서 발급신청을 확인함 | | 대표자 ○○○ (법인인감) | |

| 발급사유 | O **신규발급** □ 변경발급 □ 갱신발급 | | |
|---|---|---|---|
| 수수료 | 금        원 | 납부번호 | |

| 법무법인 · 법무법인(유한) · 법무사법인 · 법무사법인(유한)의 □ 담당 법무사  ☑ 담당 변호사 | 자격등록번호 | 00000 |
|---|---|---|

위와 같이 전자증명서의 발급을 신청합니다.

2024년  1월  5일

신청인  본인     성     명 대표이사 홍길동     (법인인감)

대리인  성명(명칭) 변호사 김상균 (인)  (전화 : 00-000-0000)

(자격등록번호: 00000)

서울중앙지방법원 등기국 귀중

| 접수번호 | | 첨부서면 | 1. 신분증명서  2. 자격을 증명하는 서면의 사본 |
|---|---|---|---|

---

373) 전자증명에 관한 업무처리지침 [등기예규 제1753호, 2022. 7. 20. 개정, 2022. 7. 22. 시행] 별지 1호

주 1. 신청인란에는 대표이사 등 전자증명서를 발급받는 사람에 관한 사항을 기재합니다.
  2. 전자증명서의 비밀번호는 아라비아숫자 6개 내지 8개로 구성하며 인감증명서 발급용 비밀번호는 아라비아숫자 6개로 구성합니다. 법인등록번호, 등기번호, 신청인의 생년월일·주민등록번호 등 다른 사람들이 쉽게 추측할 수 있는 숫자로 전자증명서 비밀번호나 인감증명서 발급용 비밀번호를 정하지 말아야 합니다.
  3. 전자증명서에는 인감증명서 발급 기능이 부여되어 있습니다.
  4. 전자증명서를 발급받은 경우에는 발급일부터 10일 이내에 대법원 인터넷등기소(http://www.iros.go.kr)에서 이용등록을 하여야 하고, 휴대용 저장매체의 종류별 보안토큰 기능의 유무, 사용용도, 보관상 주의사항에 대하여 이용등록 시 인터넷등기소의 안내를 통하여 숙지하여 주시기 바랍니다.
  5. 대리인의 자격등록번호, 법무법인·법무법인(유한)·법무사법인·법무사법인(유한)의 담당이 자격자대리인인 경우 그 자격등록번호를 기재하여야 합니다.

## 위 임 장

성 명 (명 칭) : 변호사 김상균
사무소 소재지: 서울특별시 서초구 서초대로 259, 5층 (서초동, 서원빌딩)
위 사람에게, 전자증명서 발급신청과 그 수령 등에 관한 일체의 권한을 줌
2024년 1월 5일
위임인 성 명 대표이사 홍길동 (법인인감)

## 2. 문서제출 및 전자서명

위와 같은 사전준비가 마무리되면 전자신청을 할 수 있다. 등기신청사항을 입력하고 첨부서류를 전자문서(PDF)로 작성하되, 예외적으로 자격자대리인은 일부 첨부서류를 전자적 이미지 정보로 변환(스캔)한 문서(JPEG, TIFF 등)로 제출할 수 있다. 원칙적으로 전자문서의 신청인 또는 작성명의인이 전자증명서(법인) 또는 인증서[374](개인)로 전자서명해야 한다(상업등기규칙 67조 4항). 예외적으로 자격자대리인이 첨부서면을 스캔한 문서로 제출할 때는 등기신청하는 법인의 대표자가 전자증명서로 전자서명하거나 미등기 대표자(설립등기, 대표자 변경등기 등에 의해 비로소 대표자가 되는 경우, 이하 같다)가 인증서로 전자

374) 「전자서명법」 제2조 제6호에 따른 인증서(서명자의 실지명의를 확인할 수 있는 것으로서 법원행정처장이 지정·공고하는 인증서를 말한다). 대표적으로 공동인증서((구)공인인증서)가 있다.

서명해야 한다. 전자증명서(전자증명서) 또는 인증서(개인)로 전자서명할 경우 (법인)인 감 또는 (개인)인감 날인이 있는 것으로 본다[375]. 전자신청 시 문서제출 및 전자서명 방법 을 정리하면 다음과 같다.

| 문서 | 문서제출 및 전자서명 방법 | 전산정보처리조직에 의한 상업등기 등의 신청에 관한 업무처리 지침[376] 해당 조문 |
|---|---|---|
| 등기신청서 | (자격자대리인 제출 시) 사용자등록을 한 자격자대 리인이 인증서(이하 '인증서')[377]로 전자서명(법인 의 대표자는 사용자등록을 하지 않아도 된다) | 8조 1항 |
| | 법인이 직접 신청하는 경우 등기된 대표자가 전자 증명서로 전자서명하거나 미등기 대표자가 사용자 등록 후 인증서로 전자서명함 | 8조 1항·2항 |
| 위임장 (자격자대리인 선임시) | 법인의 등기된 대표자가 전자증명서로 전자서명하 거나 미등기 대표자가 인증서로 전자서명함 | 6조 2항 본문, 8조 4항 본문 |
| | 대표자 주소 또는 주민등록번호의 변경이나 경정등 기, 대표자를 제외한 임원(회사, 민법법인 및 특수 법인의 사원, 이사, 감사, 감사위원회 위원, 지배 인·대리인 등을 말한다)의 변경이나 경정등기, 본·지점 공통등기사항에 관하여 지점 소재지에서 하는 등기 시, (법인)인감도장을 찍은 위임장(별지 3호 양식)을 스캔한 문서는 전자서명하지 않음 | 6조 2항 각호, 별지 3호 |
| 공증인으로부터 인증받은 의사록 | 공증인법 66조의6에 따라 인증받은 전자화문서[378] | 6조 3항 2호 |
| | (자격자대리인 제출 시) 공증인으로부터 인증받은 의사록을 스캔한 문서는 법인의 등기된 대표자가 전자증명서로 전자서명하거나 미등기 대표자가 인 증서로 전자서명함[379] | 6조 3항 1호, 8조 6항 본문 |

---

375) 법인등기의 전자신청 시 전자서명 [상업등기선례 제201611-2호, 2016. 11. 14. 제정]

376) 등기예규 제1709호, 2020. 11. 24. 개정, 2020. 12. 10. 시행

377) 「상업등기규칙」 제67조 제4항 제2호에 따른 인증서. 대표적으로 공동인증서((구)공인인증서)가 있다(전산 정보처리조직에 의한 상업등기 등의 신청에 관한 업무처리지침 4조의2 1항 2호).

378) 공증인법 66조의6에 따른 의사록 인증은 전자공증시스템(enotary.moj.go.kr)이라는 웹사이트를 통해 전자 공증을 받아야 하는데, 촉탁인(이사, 주주)들이 웹사이트에 접속하여 인증서로 서명한 후 다시 청문인증 시 필요한 서류를 준비하여 지정공증인을 방문해야 하는 방식이라 실제로는 거의 활용되지 않는다.

379) 자격자대리인이 전자신청하는 경우 첨부서면을 스캐닝하여 송신할 수 있는지 여부 [상업등기선례 제2-4 호, 2012. 6. 22. 제정]

| 문서 | 문서제출 및 전자서명 방법 | 전산정보처리조직에 의한 상업등기 등의 신청에 관한 업무처리 지침[362] 해당 조문 |
|---|---|---|
| 주민등록정보 | 당사자가 행정정보공동이용 사전동의서를 인증서로 승인함[380] | 6조 4항 |
| 등록면허세 납부 확인정보 | 납세번호를 입력하고 행정정보공동이용신청을 함 | 6조 4항 |
| 인감도장을 찍어야 하는 서면 (취임승낙서, 사임서, 서면동의서 등) | 작성명의자가 인감도장을 찍어야 하는 서면은 반드시 전자문서로 제출해야 하고(스캔한 문서는 안됨), 작성명의자가 인증서(개인) 또는 전자증명서(법인)로 전자서명함 | 6조 3항 본문 및 6조 3항 1호 괄호 안, 6조 6항, 8조 5항 |
| 주금납입보관증명서, 잔고증명서 | (자격자대리인 제출 시) 주금납입보관증명서, 잔고증명서를 스캔한 문서는 법인의 등기된 대표자가 전자증명서로 전자서명하거나 미등기 대표자가 인증서로 전자서명함 | 6조 3항 1호, 8조 6항 본문 |
| | 신청인이 인터넷등기소에 접속하여 금융기관에 요청하고 정보를 수신함 | 6조 5항 |
| 그 밖의 첨부서류 | 작성명의자가 인증서(개인) 또는 전자증명서(법인)로 전자문서에 전자서명함 | 6조 3항 본문, 8조 5항 |
| | (자격자대리인 제출 시) 첨부서면을 스캔한 문서는 법인의 등기된 대표자가 전자증명서로 전자서명하거나 미등기 대표자가 인증서로 전자서명 | 6조 3항 1호, 8조 6항 본문 |
| | (자격자대리인 제출 시) 대표자 주소 또는 주민등록번호의 변경이나 경정등기, 대표자를 제외한 임원(회사, 민법법인 및 특수법인의 사원, 이사, 감사, 감사위원회 위원, 지배인·대리인 등을 말한다)의 변경이나 경정등기, 본·지점 공통등기사항에 관하여 지점 소재지에서 하는 등기에 따른 첨부서면을 스캔한 문서는 대표자가 전자서명하지 않음 | 8조 6항 단서, 6조 2항 각호 |

---

380) 당사자가 인터넷등기소 웹사이트(www.iros.go.kr)에서 로그인하지 않고 「등기신청」 → 「법인: 전자신청하기」 → 「전자서명자용」 → 「신청사항 확인 및 전자서명」 메뉴로 들어가서 인증서로 전자서명한다.

## 3. 전자증명서 재발급

대표자가 변경된 경우 기존 전자증명서를 반납하고 다시 전자증명서 발급신청을 해야 한다. 대표자가 변경되지 않았더라도 전자증명서의 기능오류로 인해 전자증명서를 재발급해야 할 때가 있다. 이 경우 전자증명서 발급신청서와 함께 전자증명서 사건신고서도 제출한다. 어떤 사유로든 전자증명서 발급신청을 하면 <u>발급일부터 10일 이내</u>에 인터넷등기소 웹사이트(www.iros.go.kr)에 접속하여 이용등록을 해야 한다[381].

**참고서식** 전자증명서 사건신고서[382] (자격자대리인이 대리신고)

# 전 자 증 명 서 사 건 신 고 서

| 사건구분 | ☐ 효력정지    ☐ 효력회복    ☐ 폐지    ☐ 기타 변경 | | |
|---|---|---|---|
| 상호(명칭) | 주식회사 퓨처 | 등기번호 | 000000 |
| 본점(주사무소) | 서울특별시 서초구 서초대로 25 | 관할등기소 | 서울중앙지방법원 등기국 |
| 지점(분사무소) | | 관할등기소 | |
| 신고인 성명 | 이영희 | 자격 | 대표이사 |
| 주민등록번호 | 000000-0000000 | | |
| 사유 | | | |

| 법무법인·법무법인(유한)·법무사합동법인의 지배인 | 법무사 변호사(O) | 자격등록번호 | 00000 |
|---|---|---|---|

위와 같이 전자증명서의 효력정지·효력회복·폐지 등을 신청합니다.

2024년 1월 5일

신청인 본인    성    명 대표이사 이영희    (법인인감)

대리인 성명(명칭) 변호사 김상균    (전화 : 00-000-0000)

서울중앙지방법원 등기국 귀중

---

381) 전자증명에 관한 업무처리지침 [등기예규 제1753호, 2022. 7. 20. 개정, 2022. 7. 22. 시행] 9조
382) 전자증명에 관한 업무처리지침 [등기예규 제1753호, 2022. 7. 20. 개정, 2022. 7. 22. 시행] 별지 2호

주 1. 신고인란에는 대표이사 등 전자증명서를 발급받은 사람에 관한 사항을 기재합니다.

  2. 위임장에 등기소에 제출한 법인인감을 날인할 수 없는 때에는 개인인감을 날인하고 그 인감
증명서(발행일부터 3개월 이내의 것)를 첨부하여야 합니다.

  3. 전자증명서를 제시하는 때에는 위임장에 법인인감이나 개인인감을 날인할 필요가 없습니다.

  4. 효력정지는 인터넷등기소(http://www.iros.go.kr)에서도 할 수 있습니다.

# 위 임 장

성 명 (명 칭) : 변호사 김상균

사무소 소재지: 서울특별시 서초구 서초대로 259, 5층 (서초동, 서원빌딩)

위 사람에게, 전자증명서 사건신고와 관련한 일체의 권한을 줌

2024년 1월 5일

위임인  성 명 대표이사 이영희 (법인인감 또는 개인인감)

제**6**절

# 등기신청수수료와 세금

등기신청 시 납부하는 제세공과금은 ① 등기소에 내는 등기신청수수료[383]와 ② 시·군·구청에 내는 지방세(등록면허세, 지방교육세, 농어촌특별세)가 있다. 이 중에서 등기신청수수료를 먼저 살펴보자.

## I 등기신청수수료

### 1. 등기사항별 금액

등기사항별로 내야 할 등기신청수수료는 다음과 같다(등기신청수수료 징수에 관한 예규[384] 3. 및 4의2.).

| 등기사항 | | 수수료 (원) | | | 비고 |
|---|---|---|---|---|---|
| | | 서면방문 | e-Form | 전자 | |
| 1. 합명·합자·유한책임 | 가. 회사 또는 합자조합의 설립등기, 외국회사의 영업소 설치 등기 | 30,000 | 25,000 | 20,000 | |
| | 나. 본점(합자조합의 주된 영업소 및 외국회사의 영업소를 포함한다)을 <u>다른 등기소 관할구역으로 이전</u>하는 경우, 신 소재지에서 하는 본점이전등기 | 30,000 | 25,000 | 20,000 | 1. 구 소재지에서 하는 본점이전등기(기타 등기)의 신청수수료는 별도<br>2. 본점이전과 함께 다른 등기도 신청하는 경우, 다른 등기의 신청수수료는 별도 |

---

383) 과거에는 대법원등기수입증지를 구입하여 등기신청서에 부착하는 방식으로 등기신청수수료를 냈기 때문에 등기신청수수료를 '증지대'라고도 불렀다. 대법원등기수입증지로 내던 방식은 증지 제조비용이 많이 들고 증지가 훼손되거나 증지를 분실한 경우 민원인이 불편을 겪는다는 지적과 함께 법원 공무원이 사용된 증지를 오려내 다시 되파는 수법의 범죄가 발생해 물의를 빚기도 하여 2013년 5월 폐지되었다.

384) 등기예규 제1733호, 2021. 7. 2. 개정, 2021. 7. 6. 시행

| 등기사항 | | 수수료 (원) | | | 비고 |
|---|---|---|---|---|---|
| | | 서면방문 | e-Form | 전자 | |
| · 주식 · 유한회사 · 외국회사 및 합자조합의 등기 | 다. 합병·분할·분할합병으로 인한 설립등기 | 30,000 | 25,000 | 20,000 | 소멸회사에 관한 해산등기 또는 존속회사에 관한 변경 등기의 신청수수료는 별도 |
| | 라. 조직변경으로 인한 설립 등기 | 30,000 | 25,000 | 20,000 | 조직변경으로 인한 해산 등기의 신청수수료는 별도 |
| | 마. 상호, 명칭, 본점, 목적, 공고방법, 존립기간, 1주의 금액, 발행할 주식의 총수 등의 변경 등기 | 6,000 | 4,000 | 2,000 | 각 등기마다 신청 수수료를 내야 함 |
| | 바. 경정 및 성명·주민등록번호·주소 등의 변경 등기 | 6,000 | 4,000 | 2,000 | 위와 같음. 다만, 등기관의 과오로 인한 착오 또는 유루 발견 및 행정구역·지번 변경, 주민등록번호 정정 등을 원인으로 하는 경우 신청수수료 없음 |
| | 사. 지점설치·이전등기·동일 등기소 관할구역 내의 본점이전 등기, 전환사채의 등기, 해산의 등기, 청산인에 관한 등기 등 위에서 열거한 등기 이외의 기타 등기 | 6,000 | 4,000 | 2,000 | 위와 같음. 멸실회복등기의 경우 신청수수료 없음 |
| 2. 상호등기·상호가등기 및 그 등기의 변경, 말소등기 등 일체의 등기 | | 6,000 | 4,000 | | 위와 같음 |
| 3. 미성년자와 법정대리인 등기 및 그 등기의 변경, 말소등기 등 일체의 등기 | | 6,000 | 4,000 | | |
| 4. 지배인 등기 및 그 등기의 변경, 말소 등 일체의 등기 | | 6,000 | 4,000 | | |
| 5. 본점 또는 주된 사무소의 소재지, 지점 또는 분사무소의 소재지, 지배인 또는 대리인을 둔 장소(이하 '본점의 소재지 등'이라 한다) 및 임원, 지배인, 대리인, 상호사용자, 미성년자, 법정대리인, 영업주 등 | | | | 0 | 도로명주소법에 따른 상업등기 등 사무처리지침 [등기예규 제1663호, 2018. 12. 11. 개정, 2018. 12. 19. 시행] 6. |

| 등기사항 | 수수료 (원) | | | 비고 |
|---|---|---|---|---|
| | 서면방문 | e-Form | 전자 | |
| 의 지번주소를 도로명주소로 변경 | | | | |
| 6. 종류주식의 내용 등기 | | | 0 | 종류주식의 발행에 따른 변경등기 시 수수료 [상업등기선례 제201911-1호, 2019. 11. 28. 제정] |

※ 민법법인등기, 특수법인등기 및 외국법인등기의 신청수수료는 위 1호를 준용함.
※ 유한책임신탁등기의 서면방문신청 수수료는 위 1호를 준용함.
※ 합자조합 및 일부 등기목적은 현재 전자신청서비스를 제공하지 않음.

## 2. 계산방법

쿠팡 주식회사의 등기사항전부증명서를 통해 위 등기신청수수료의 계산방법을 알아보자. e-Form으로 등기신청하였다고 가정한다.

# 등기사항전부증명서(현재 유효사항)[제출용]

| 등기번호 | 506771 |
|---|---|
| 등록번호 | 110111-5067718 |

| | | | |
|---|---|---|---|
| ① | 상 호 | 쿠팡 주식회사 (Coupang Corp.) | 2017.03.27 변경 |
| | | | 2017.03.28 등기 |
| ② | 본 점 | 서울특별시 송파구 송파대로 570, 18층(신천동) | 2017.03.27 변경 |
| | | | 2017.03.28 등기 |
| ③ | 공고방법 | 회사의 인터넷 홈페이지(www.coupang.com)에 한다. 다만, 전산장에 또는 그 밖의 부득이한 사유로 회사의 인터넷 홈페이지에 공고를 할 수 없는 때에는 서울특별시에서 발행되는 일간지 매일경제신문(합병 또는 개칭이 있는 경우 그 승계신문)에 게재한다. | · · |
| ④ | 1주의 금액 금 50,000 원 | | · · |
| ⑤ | 발행할 주식의 총수 2,000,000 주 | | · · |

| ⑥ | 발행주식의 총수와 그 종류 및 각각의 수 | ⑦ 자본금의 액 | 변 경 연 월 일 등 기 연 월 일 |
|---|---|---|---|
| | 발행주식의 총수 240,645 주 | | 2019.09.24 변경 |
| | 보통주식 240,645 주 | 금 12,032,250,000 원 | 2019.09.24 등기 |

⑧

**목 적**

1. 소프트웨어 자문, 개발 및 공급업
2. 자료처리 및 컴퓨터시설관리업
3. 데이터베이스 및 온라인 정보제공업
4. 전기통신사업법에 의한 전기통신사업 중 별정통신업
5. 전기통신사업법에 의한 전기통신사업 중 부가통신업
6. 전자상거래에 의한 도소매 및 수출입업
7. 전자상거래에 의한 금융업
8. 인터넷 경매 및 상품 중개업
9. 통신판매업
10. 인터넷 광고업
11. 인터넷 전자상품권 발행업
12. 결제관련, 물류관련 서비스 사업
13. 인터넷 컨텐츠 개발 및 공급업
14. 물류, 신용판매 등 결제 시스템에 대한 네트워 구성 및 정보제공업
15. 인터넷 여행 중개업
16. 인터넷 부가서비스 개발 및 공급업
17. 컴퓨터시스템 설계 및 자문업
18. 기타 컴퓨터 운영 관리업
19. 의료용구판매업

---

[인터넷 발급] 문서 하단의 바코드를 스캐너로 확인하거나, 인터넷등기소(http://www.iros.go.kr)의 발급확인 메뉴에서 발급확인번호를 입력하여 위·변조 여부를 확인할 수 있습니다.
발급확인번호를 통한 확인은 발행일부터 3개월까지 5회에 한하여 가능합니다.

1150202044002060012110911001271706N00501Y1K1S0K101 1 발행일:2019/12/06

발급확인번호 7712-AATV-FSXZ

- 1/4 -

| 등기번호 | 506771 |
|---|---|

20. 결제대금예치업
21. 전자지급결제대행업
22. 선불전자지급수단 발행 및 관리업
23. 화물자동차운송주선업
24. 국제물류주선업
25. 물류창고업
26. 상기 각호의 사업과 관련된 교육, 훈련사업 및 연구와 기술개발업
27. 상기 각호의 사업과 관련된 시설, 부동산의 매매 및 임대사업
28. 위 각호의 사업을 위한 시설의 설치, 운용 및 보전사업
29. 위 각호의 사업과 관련된 해외사업
30. 보험대리점업
31. 이동통신기기 대리점업
32. 택배, 배달, 운송업
33. 여행업 및 여행중개업          <2013.10.01 추가   2013.10.04 등기>
34. 부동산임대업 및 부동산전대업      <2017.09.25 추가   2017.09.25 등기>
35. 평생교육시설운영업            <2017.09.25 추가   2017.09.25 등기>
36. 국비원격훈련기관운영업        <2017.09.25 추가   2017.09.25 등기>
37. 국비훈련기관운영업            <2017.09.25 추가   2017.09.25 등기>
38. 강사파견서비스업             <2017.09.25 추가   2017.09.25 등기>
39. 강사양성교육업               <2017.09.25 추가   2017.09.25 등기>
40. 자격기본법에 의한 민간자격발급, 관리 및 자격교육업
                                     <2017.09.25 추가   2017.09.25 등기>
41. 위 각호의 사업에 부대하는 제사업    <2017.09.25 변경   2017.09.25 등기>

**임원에 관한 사항**

⑨ 사내이사 미합중국인 범석김(Bom Suk Kim) 1978년 10월 7일생
    2016 년 03 월 31 일 중임     2016 년 04 월 14 일 등기
    2019 년 03 월 31 일 중임     2019 년 04 월 02 일 등기
사내이사 김영태 671225-*******
    2018 년 12 월 19 일 취임     2018 년 12 월 20 일 등기
사내이사 박대준 730817-*******
    2018 년 12 월 19 일 취임     2018 년 12 월 20 일 등기
사외이사 전형수 530427-*******
    2019 년 01 월 25 일 취임     2019 년 01 월 29 일 등기
사외이사 김건섭 560206-*******
    2019 년 01 월 25 일 취임     2019 년 01 월 29 일 등기
감사위원 김영태 671225-*******
    2019 년 01 월 25 일 취임     2019 년 01 월 29 일 등기
감사위원 전형수 530427-*******
    2019 년 01 월 25 일 취임     2019 년 01 월 29 일 등기
감사위원 김건섭 560206-*******
    2019 년 01 월 25 일 취임     2019 년 01 월 29 일 등기
대표이사 미합중국인 범석김(Bom Suk Kim) 1978년 10월 7일생 서울특별시 송파구 올림픽로 269, 1

발급확인번호 7712-AATV-FSXZ
1150202044002060012110911001271706N00501Y1K1S0K101 1 발행일:2019/12/06

쿠팡 주식회사의 설립등기신청은 등기신청수수료가 25,000원이다(위 수수료표 중 '1. 가.' 에 해당). 쿠팡 주식회사가 이후 ① 사내이사 2명을 새로 선임하고, ② 보통주식 10,000주를 신주발행하여 변경등기신청을 한다고 가정해보자. <u>등기사항전부증명서에서 네모 칸으로 표시된 부분은 그 안에 여러 건을 변경해도 1건으로 계산한 등기신청수수료만 낸다</u>(등기신청수수료 징수에 관한 예규 3. 다. (1) 단서). 즉 사내이사, 대표이사, 감사 등 여러 명의 임원이 동시에 선임, 퇴임, 사임(또는 이를 혼합)하더라도 「임원에 관한 사항」 내의 변경이므로 등기신청수수료는 4,000원뿐이다(위 수수료표 중 '1. 사.'에 해당). 신주발행은 주의가 필요하다. 보통주식 10,000주를 발행하면 '발행주식의 총수', '보통주식', '자본금의 액' 내용이 변하는데 이를 모두 1건으로 처리하여 등기신청수수료가 4,000원이다(위 수수료표 중 '1. 사.'에 해당). 즉, <u>「발행주식의 총수와 그 종류 및 각각의 수」 항목과 「자본금의 액」 항목은 등기신청수수료와 지방세 계산 시 1개의 항목</u>으로 본다.

1개의 등기신청서로써 등기사항을 2개 이상 변경하면, 각 등기의 신청수수료를 합산한 금액을 등기신청수수료로 내야 한다(등기신청수수료 징수에 관한 예규 3. 다.). 예를 들어 쿠팡 주식회사 사내이사 2명의 선임과 보통주식 10,000주의 발행을 1개의 등기신청서로 제출한다면 등기신청수수료는 8,000원( = 4,000원 + 4,000원)이 된다.

본점등기부 외에 지점등기부가 개설된 경우라면 관할등기소별로 등기신청수수료를 계산한다. 예를 들어 주식회사 율도가 본점이 서울특별시 강남구에 있고 지점이 ① 서울특별시 서대문구, ② 대전광역시 유성구, ③ 부산광역시 해운대구, ④ 부산광역시 사상구에 있다고 가정해보자. 주식회사 율도의 정관에 신규 (사업)목적을 추가하고 대표이사를 변경한 경우, 지점이 없다면 등기신청수수료는 8,000원( = 목적사항 추가 4,000원 + 대표이사 변경 4,000원)이 될 것이나 위와 같이 지점이 있다면 ① 서울특별시 강남구 본점과 서대문구 지점을 관할하는 서울중앙지방법원 등기국에 등기신청수수료 8,000원, ② 대전광역시 유성구 지점을 관할하는 대전지방법원 등기과에 등기신청수수료 8,000원, ③ 부산광역시 해운대구 지점과 사상구 지점을 관할하는 부산지방법원 등기과에 등기신청수수료 8,000원이 발생하고, 이를 합친 등기신청수수료 24,000원을 본점 관할등기소인 서울중앙지방법원 등기국에 낸다[385].

---

385) 「제4장 주식회사 운영」 「제6절 사업목적 변경 (지점이 있는 경우, 사용인감도장 날인방법)」에서 다시 살펴본다.

## 3. 납부방법

등기신청수수료는 은행에 납부하거나 등기소 무인발급기로 납부하는 방법도 있으나 인터넷등기소(www.iros.go.kr) 웹사이트에 접속하여 전자납부하는 방법이 많이 쓰인다. 인터넷등기소(www.iros.go.kr)에 전자납부하는 방법은 다음과 같다.

(1) 인터넷등기소(www.iros.go.kr)에 접속하여 「전자납부」 메뉴 → 「법인」 중 「등기신청수수료 전자납부」 메뉴를 선택한 후 등기신청수수료를 납부한다.

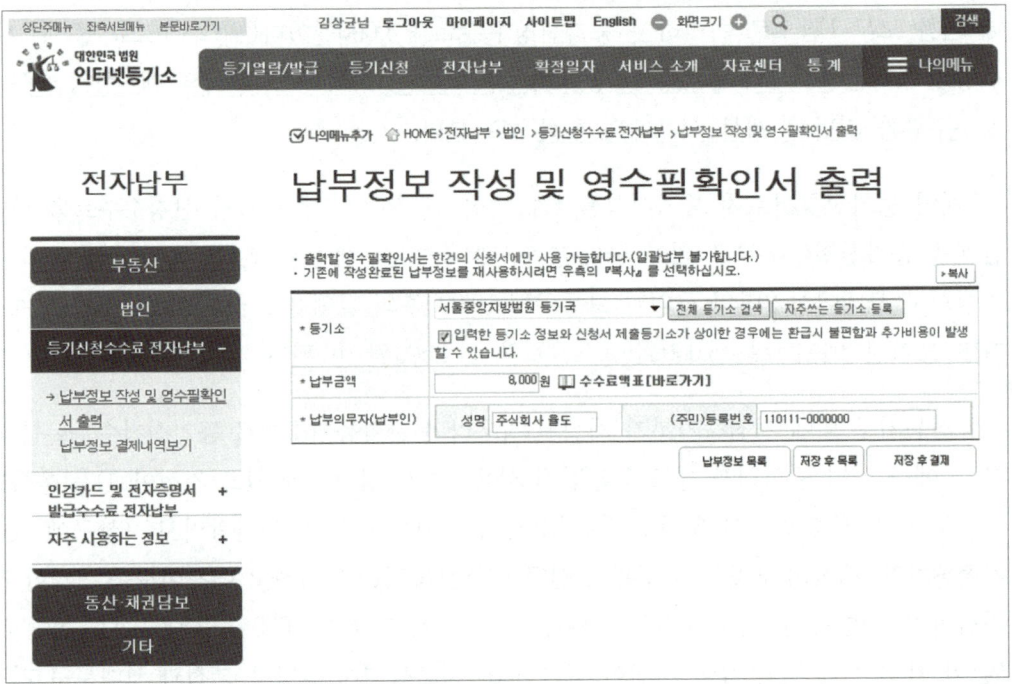

(2) 등기신청수수료를 납부하고 영수필확인서를 출력하여 등기신청서에 첨부한다.

**등기신청수수료 등 전자납부 영수필확인서 (법원제출용)**

| 등 기 소 명 | 서울중앙지방법원 등기국 | 관 서 계 좌 | 185381 |
| --- | --- | --- | --- |
| 납 부 금 액 | 8,000원 | 납 부 번 호 | 15-00-04550199-4 |
| 납부의무자(납부인) 성명 | 주식회사 율도 | (주민)등록번호 | 110111-******* |
| 결 제 유 형 | 신용카드 | | |

위와 같이 등기신청수수료를 전자납부 방식으로 영수하였음을 확인합니다.

2015.07.13. [18:25:45]

대한민국 법원 인터넷등기소 (1544-0770)

이 영수필확인서는 2015년 07월 27일까지 사용할 수 있습니다.

— — — — — — — — — 절 취 선 — — — — — — — — —

**등기신청수수료 등 전자납부 납부내역서 (납부자보관용)**

| 등 기 소 명 | 서울중앙지방법원 등기국 | 관 서 계 좌 | 185381 |
| --- | --- | --- | --- |
| 납 부 금 액 | 8,000원 | 납 부 번 호 | 15-00-04550199-4 |
| 납부의무자(납부인) 성명 | 주식회사 율도 | (주민)등록번호 | 110111-******* |
| 결 제 유 형 | 신용카드 | | |

위와 같이 등기신청수수료가 전자납부 방식으로 납부되었음을 확인합니다.

2015.07.13. [18:25:45]

대한민국 법원 인터넷등기소 (1544-0770)

(3) 전자납부한 등기신청수수료를 e-Form신청 시 사용하려면 e-Form신청의 맨 마지막 단계에서 「등록면허세/수수료입력」 버튼을 눌러야 한다.

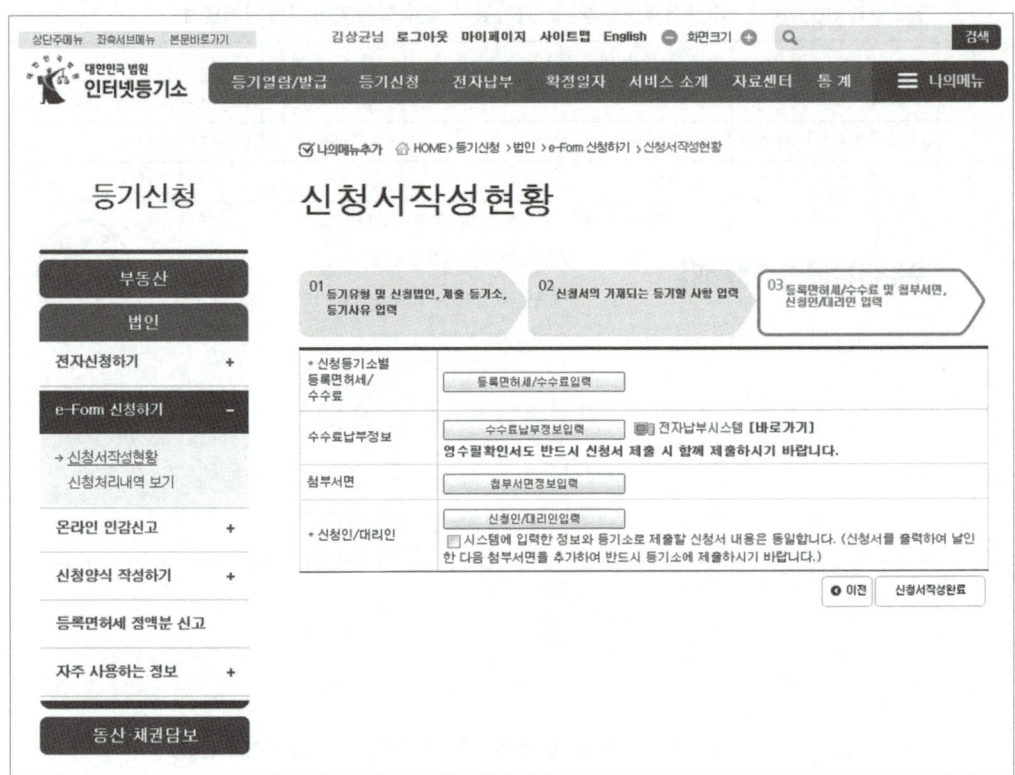

(4) 「등록면허세/수수료 저장」창이 뜨면 등기신청수수료 금액과 등록면허세 금액을 입력하고 「등록면허세/수수료저장」 버튼을 누른다.

(5) 「*신청등기소별 등록면허세/수수료」항에 등기신청수수료와 등록면허세, 지방교육세, 농어촌특별세액이 각 표시된다.

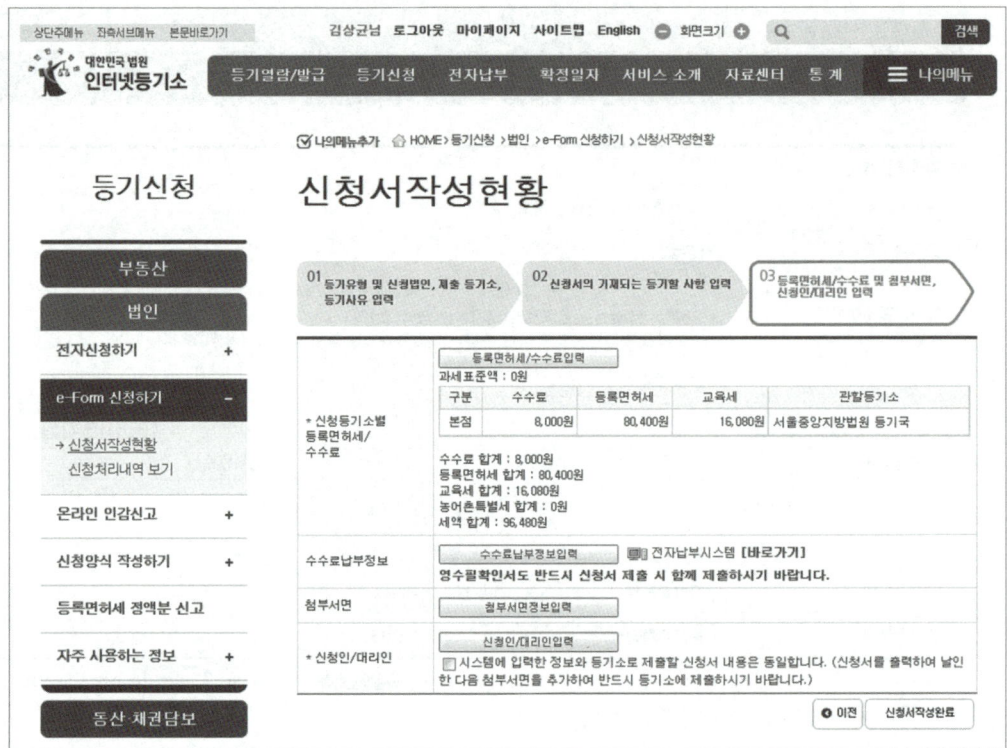

(6) 이제 등기신청수수료 납부정보를 입력해보자. 「수수료납부정보입력」 버튼을 누르면 「납부정보 입력」 창이 뜨는데 이 창에서 「전자납부조회」 버튼을 누르면 「전자납부 결제완료 목록」 창이 뜬다. 「납부 목록」 중에 해당 납부내용을 누르면 「납부정보 입력」 창으로 돌아와 「납부금액」란에 금액이 채워진다. 「입력」 버튼을 누르면 「납부목록」이 채워진다.

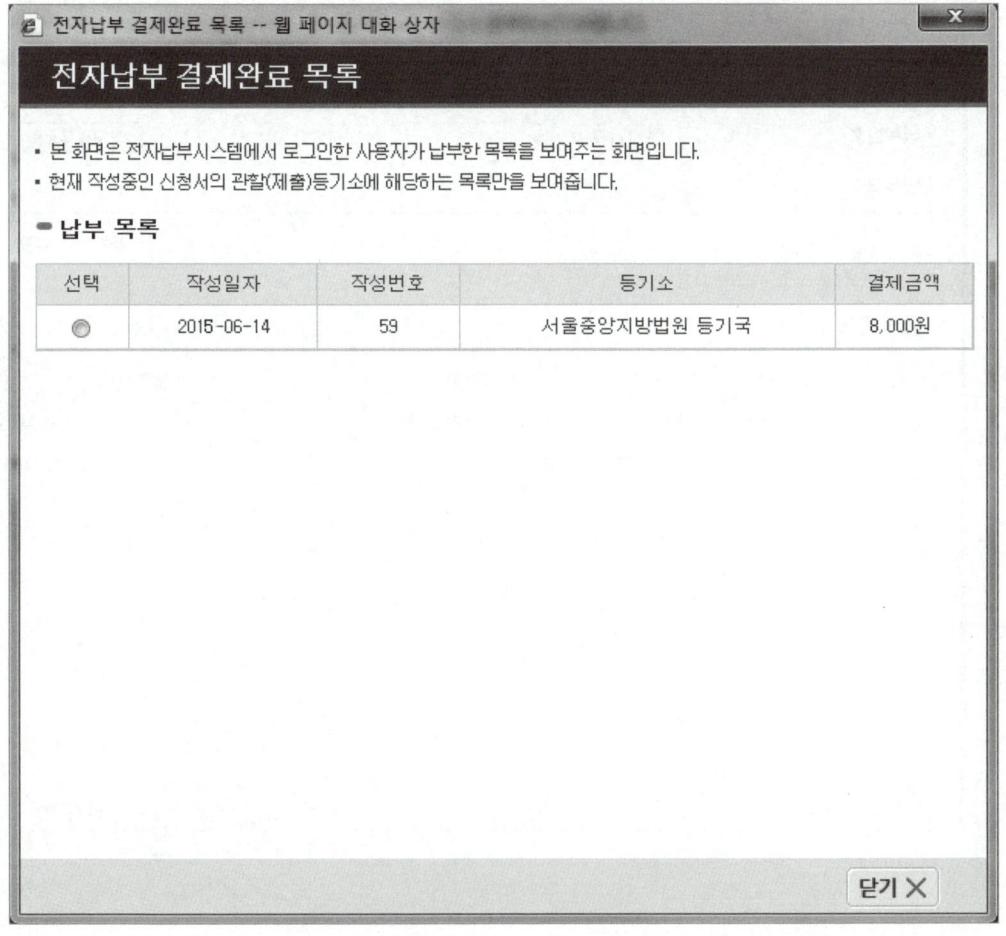

납부정보 입력 -- 웹 페이지 대화 상자    X

## 납부정보 입력

- 등기신청수수료 납부정보를 입력해도 영수필확인서는 반드시 첨부하시기 바랍니다.
- 전자납부와 무인납부 정보 중 신청등기소, 업무구분(법인)은 신청정보와 일치해야 합니다.
- 전자납부정보는 한건의 신청사건에만 입력가능하고, 다른 납부정보와 같이 사용할 수 없습니다.
- 납부방식이 전자납부일 경우 『전자납부조회』 버튼을 클릭하시면 로그인한 사용자가 납부한 목록을 조회할 수 있습니다.

### ● 납부금액

| | |
|---|---|
| * 납부방식 | ◉ 전자납부 ◯ 은행납부 ◯ 무인납부 |
| * 납부번호 | 15 - 전자납부(00) ▼    -    [전자납부조회] |
| * 납부금액 |    원 |

[입력] [삭제]

### ● 납부목록

| 선택 | 납부방식 | 납부번호 | 납부금액 |
|---|---|---|---|
| ◯ | 전자납부 | 15-00-04550199-4 | 8,000원 |
| | 합   계 | | 8,000원 |

닫기 X

(7) 위 창에서 「닫기」를 누르면 아래 화면과 같이 「수수료납부정보」에 「납부금액 합계」가 표시된 것을 확인할 수 있다.

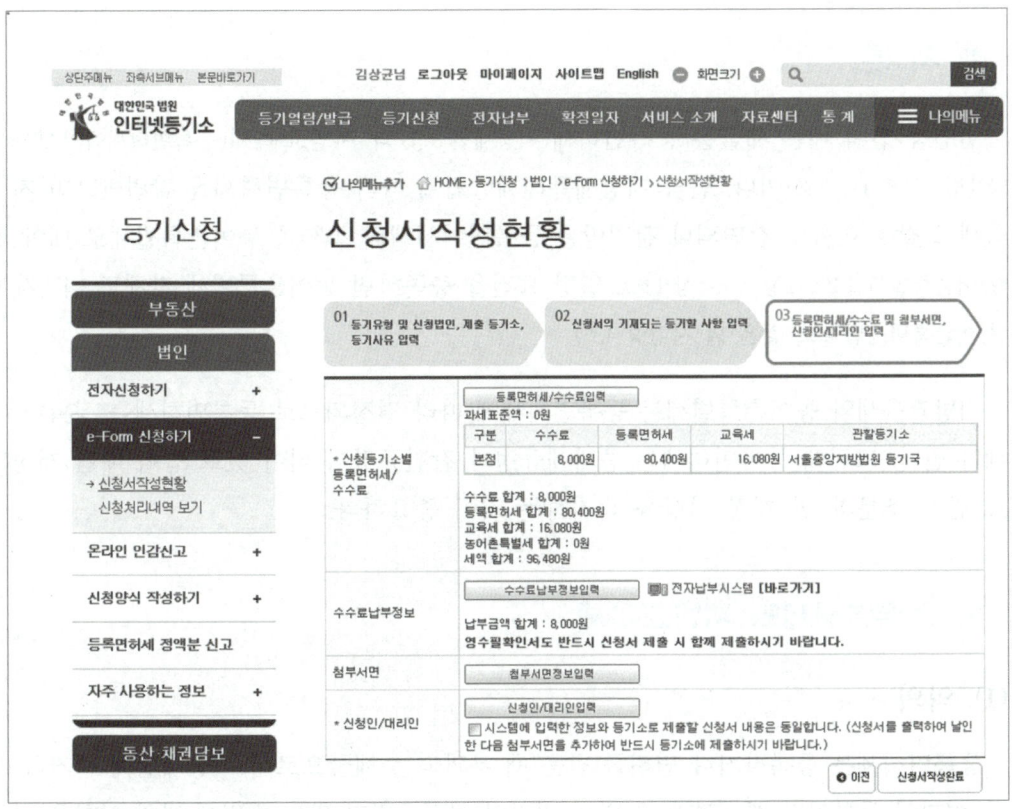

**Ⅱ 세 금**

## 1. 서 론

법인등기 시 내는 세금은 등록면허세(지방세법 3장)와 지방교육세(등록면허세액의 20% - 지방세법 151조 1항 2호)이다. 만약 지방세특례제한법에 따라 등록면허세를 감면받으면 지방교육세도 같은 비율로 감면되나 감면받은 등록면허세액의 20%를 농어촌특별세로 내야 한다(농어촌특별세법 2조 1항, 5조 1항 1호). 일정 요건을 충족하면 농어촌특별세 자체도 비과세된다(농어촌특별세법 4조, 같은 법 시행령 4조).

지방교육세와 농어촌특별세는 등록면허세에 따라 결정되므로 등록면허세를 정확히 계산해야 한다. 그런데 등록면허세는 중과세규정과 감면규정이 섞여 있고 법이 매년 개정되므로 관련 조문과 법 개정 사항을 숙지하는 것이 중요하다.

## 2. 등록면허세와 지방교육세

### (1) 의의

등록면허세는 등록하거나 면허를 받을 때 부과되는 세금으로서 지방세법에 근거하고 있다. 여기서 등록이란 재산권과 그 밖의 권리의 설정·변경 또는 소멸에 관한 사항을 공부에 등기하거나 등록하는 것을 말한다(지방세법 23조 1호 본문). 법인등기의 납세의무자는 등기를 하는 법인이고(지방세법 24조 1호), 납세지는 등기에 관련된 본점 또는 지점의 소재지이다(지방세법 25조 1항 6호). 납세지가 분명하지 않으면 등록관청 소재지를 납세지로 한다(지방세법 25조 1항 18호).

### (2) 세율

법인의 등록면허세율은 다음과 같다(지방세법 28조 1항 6호).

| 항목 | | 금액 | 비고 |
|---|---|---|---|
| 가. 상사회사, 그 밖의 영리법인의 설립 또는 합병으로 인한 존속 | 1) 설립과 납입 | 납입한 주식금액이나 출자금액 또는 현금 외의 출자가액의 0.4% | 세액이 11만 2,500원 미만이면 11만 2,500원으로 한다. |

| 항목 | | 금액 | 비고 |
|---|---|---|---|
| 법인 | 2) 자본증가 또는 출자증가 | 납입한 금액 또는 현금 외의 출자가액의 0.4% | |
| 나. 비영리법인의 설립 또는 합병으로 인한 존속법인 | 1) 설립과 납입 | 납입한 출자총액 또는 재산가액의 0.2% | |
| | 2) 출자총액 또는 재산총액의 증가 | 납입한 출자 또는 재산가액의 0.2% | |
| 다. 자산재평가적립금에 의한 자본 또는 출자금액의 증가 및 출자총액 또는 자산총액의 증가 (자산재평가법에 따른 자본전입은 제외한다) | | 증가한 금액의 0.1% | |
| 라. 본점 또는 주사무소의 이전 | | 건당 11만 2,500원 | |
| 마. 지점 또는 분사무소의 설치 | | 건당 4만 200원 | |
| 바. 그 밖의 등기 | | 건당 4만 200원 | |

위 세율표 중에서 가, 나, 다는 출자금액에 비례하여 내는 세금이고(정률세), 라, 마, 바는 건당 일정액을 내는 세금이다(정액세).

「발행주식의 총수와 그 종류 및 각각의 수」항목과 「자본금의 액」항목은 등기신청수수료를 계산할 때와 마찬가지로 등록면허세 계산 시 1개의 항목으로 본다. 또한, 주식회사의 설립 또는 증자 시(지방세법 28조 1항 6호 가목) 과세표준인 「납입한 주식금액이나 출자금액 또는 현금 외의 출자가액」이란 법인장부상 늘어난 금액이 아니라 등기부상 늘어난 「자본금의 액」을 뜻한다(지방세법 기본통칙[행정안전부, 2016. 1. 1.] 지법 28-8). 예를 들어 주식회사가 액면가 5천원짜리 주식을 주당 2만원에 1만주를 발행하면(할증발행), 자본금은 5천만원이 늘어나고 (5천원 × 1만주) 주식회사에 2억원이 납입되는데(2만원 × 1만주), 이 경우 등록면허세는 5천만원(늘어난 자본금)에 0.4%를 곱한 20만원이 되고 지방교육세는 등록면허세의 20%인 4만원이 된다. 결과적으로 납부해야 할 등록면허세와 지방교육세 합계액은 24만원이다.

정률세는 최저세액(＝11만 2,500원)이 있다. 예를 들어 주식회사가 액면가 5천원짜리 주식을 1,000주 발행하면 자본금이 500만원 늘어난다. 이 경우 등록면허세는 500만원에 0.4%를 곱한 2만원이 되는 것이 아니라 최저세액인 11만 2,500원이 되고 지방교육세는 2만 2,500원이 된다. 결과적으로 납부해야 할 등록면허세와 지방교육세 합계액은 13만 5,000원이 된다. 추후 살펴보겠지만, 서울 등에 법인을 설립하거나 증자하는 경우 예외사유에 해당하지 않는다면 등록면허세를 3배로 중과세하므로 위 사례의 등록면허세와 지방교육세 합계액은 40만 5,000원이 된다.

건당 납부하는 등록면허세(지방세법 28조 1항 6호 라, 마, 바목)에서 건수를 계산하는 방법은 앞서 설명한 등기신청수수료의 계산방법과 같다. 예를 들어, 사내이사, 대표이사, 감사 등 여러 명의 임원이 동시에 선임, 퇴임, 사임(또는 이를 혼합)하더라도 등기부상 「임원에 관한 사항」 내의 변경이므로 1건으로 계산하여 등록면허세는 40,200원이고 지방교육세는 이의 20%인 8,040원이다(합계 42,820원). 반면 항목이 다른 임원, 목적, 상호변경등기를 일괄 신청하는 경우 등록면허세는 120,600원(=40,200 × 3건)이고, 지방교육세는 이의 20%인 24,120원이다(합계 144,720원)[386].

## (3) 증자 시 주의사항

증자등기를 신청할 때 1주의 금액, 발행할 주식의 총수(수권주식) 등 자본에 관한 사항의 변경등기를 함께 신청하더라도 증자등기에 필요한 등록면허세와 지방교육세만 낸다[387].

예를 들어 주식회사가 증자 시 발행할 주식의 총수가 부족하여 발행할 주식의 총수를 늘리는 변경등기를 함께 신청하더라도, 증자등기에 필요한 등록면허세(지방세법 28조 1항 6호 가목)와 지방교육세만 낸다. 다만, 이 경우 등기신청수수료는 「발행할 주식의 총수」 변경에 대해서도 낸다. 아래 사례처럼 주식회사가 보통주식 150,000주를 액면가(1,000원)로 추가발행해야 하는데 「발행할 주식의 총수」가 100,000주에 불과하여 「발행할 주식의 총수」를 함께 늘려야 한다고 가정해보자.

| 변경 전 | | 변경 후 | |
|---|---|---|---|
| 발행할 주식의 총수 | 100,000주 | 발행할 주식의 총수 | 1,000,000주 |
| 발행주식내역/ 자본금의 액 | 발행주식의 총수: 50,000주  보통주식 50,000주  자본금의 액: 50,000,000원 | 발행주식내역/ 자본금의 액 | 발행주식의 총수: 200,000주  보통주식 200,000주  자본금의 액: 200,000,000원 |

---

386) 법인등기 신청시 수 개의 등기사항을 하나의 신청서에 일괄 신청하는 경우의 납부할 등록세산정 기준 [등기예규 제1038호, 2001. 10. 19. 제정] 8.

387) 주식회사 변경등기신청시의 등록세에 관한 질의 [상업등기선례 제2-7호, 2006. 8. 2. 제정]; 법인등기 신청시 수 개의 등기사항을 하나의 신청서에 일괄 신청하는 경우의 납부할 등록세산정 기준 [등기예규 제1038호, 2001. 10. 19. 제정] 3.

이 경우 등기신청수수료와 등록면허세, 지방교육세는 다음과 같이 계산된다.

> 등기신청수수료 = 4,000원(발행주식내역/자본금의 액) + 4,000원(발행할 주식의 총수)
> = 8,000원
>
> 등록면허세 = 150,000,000(증자 과세표준) × 0.4% = 600,000원
>
> 지방교육세 = 600,000원 × 20% = 120,000원
>
> (「발행할 주식의 총수」 변경에 따른 등록면허세 및 지방교육세 48,240원은 납부하지 않음)

## (4) 지점설치 시 계산방법

법인이 여러 개의 지점을 설치하면 본점 소재지에 1건의 등록면허세 및 지방교육세를 내고(지방세법 28조 1항 6호 바목), 지점은 같은 등기소 관할구역마다 지점이 1개씩만 설치된 것처럼 계산하여 등록면허세 및 지방교육세를 낸다(지방세법 28조 1항 6호 마목, 지점을 설치할 지역에 따라 중과세 될 수 있다)[388].

등록면허세는 권리의 설정·변경 또는 소멸에 관한 사항을 공적 장부인 등기부에 등기할 때 부과되는 세금이라는 점을 상기하자. 법인이 여러 개의 지점을 설치하면 본점등기부뿐만 아니라 관할등기소마다 지점등기부가 1개씩만 개설된다. 예를 들어 서울특별시 강남구에 본점을 둔 회사가 인천광역시 중구, 인천광역시 계양구, 부산광역시 해운대구, 부산광역시 영도구, 부산광역시 사상구에 각 지점을 1개씩 설치하면, 인천광역시 중구 지점과 계양구 지점은 모두 인천지방법원 등기국 관할이므로 합쳐서 1개의 지점등기부가 개설되고, 부산광역시 해운대구, 영도구, 사상구 지점은 모두 부산지방법원 등기과 관할이므로 마찬가지로 합쳐서 1개의 지점등기부가 개설된다. 같은 등기소 관할구역마다 지점등기부가 1개씩만 개설되므로 지점의 등록면허세 및 지방교육세도 이를 전제로 계산한다. 같은 등기소 관할구역 내에 납세지가 여러 곳이 생기면 그 중 1곳을 임의로 선택한다.

---

388) 법인등기 신청시 수 개의 등기사항을 하나의 신청서에 일괄 신청하는 경우의 납부할 등록세산정 기준 [등기예규 제1038호, 2001. 10. 19. 제정] 5.

| 본 · 지점 | 관할 등기소 | 등록면허세 및 지방교육세 (원) | 납세지 |
|---|---|---|---|
| 본점 (강남구) | 서울중앙지방법원 등기국 | 48,240 | 서울 강남구 |
| 인천 중구 지점 | 인천지방법원 등기국 | 144,720[389] | 인천 중구 선택 |
| 인천 계양구 지점 | | | |
| 부산 해운대구 지점 | 부산지방법원 등기과 | 48,240 | 부산 해운대구 선택 |
| 부산 영도구 지점 | | | |
| 부산 사상구 지점 | | | |
| 합계 | | 241,200 | |

본점과 등기소 관할이 같은 지역에 지점을 설치하면 등록면허세 계산에 주의가 필요하다. 서울특별시 강남구에 본점을 둔 회사가 서울특별시 서대문구에 지점을 설치할 경우, 서대문구 지점은 본점과 관할등기소(서울중앙지방법원 등기국)가 같아 지점등기부가 별도로 개설되지 않는다. 이 경우 <u>본점 소재지인 강남구에는 등록면허세 및 지방교육세를 납부하지 않고, 지점 소재지인 서대문구에 등록면허세 및 지방교육세 144,720원[390]을 납부한다[391].</u>

위와 같이 지점이 설치된 상태에서 정관의 「목적」을 변경하면 본점등기부 1개와 지점등기부 2개가 변경되어야 한다. 등록면허세 및 지방교육세와 납세지는 다음과 같다.

| 본 · 지점 | 관할 등기소 | 등록면허세 및 지방교육세 (원) | 납세지 |
|---|---|---|---|
| 본점 (강남구) | 서울중앙지방법원 등기국 | 48,240 | 서울 강남구 |
| 서울 서대문구 지점 | | | |
| 인천 중구 지점 | 인천지방법원 등기국 | 48,240 | 인천 중구 선택 |
| 인천 계양구 지점 | | | |
| 부산 해운대구 지점 | 부산지방법원 등기과 | 48,240 | 부산 해운대구 선택 |
| 부산 영도구 지점 | | | |
| 부산 사상구 지점 | | | |
| 합계 | | 144,720 | |

---

389) 중과세 예외사유가 없다고 가정하여 중과세(3배)로 계산하였다.

390) 중과세 예외사유가 없다고 가정하여 중과세(3배)로 계산하였다.

391) 행정자치부 세정 제13430-347호(2001. 9. 20.) 2. 4) 가.

## 3. 등록면허세 중과세 및 예외

## (1) 중과세

수도권 인구집중을 억제하여 인구와 산업을 지방으로 분산하는 정책에 따라 ① 수도권 과밀억제권역(수도권정비계획법 6조 1항 1호, 같은 법 시행령 9조, 별표 1, 이하 '과밀억제권역') 내에 법인을 설립하거나 지점을 설치하거나 증자하는 경우, 또는 ② 본점을 과밀억제권역 밖에서 안으로 이전하는 경우(전입) 등록면허세가 3배로 늘어난다(지방세법 28조 2항, 이하 '중과세'). 지방교육세도 함께 3배로 늘어난다. 특히, 과밀억제권역 밖에서 안으로 본점을 이전하면 등록면허세 계산 시 신규법인 설립으로 간주하므로 자본금 총액이 과세표준이 된다(지방세법 28조 2항 2호 후문). 과밀억제권역은 다음과 같다.

1. 서울특별시
2. 인천광역시[강화군, 옹진군, 서구 대곡동·불로동·마전동·금곡동·오류동·왕길동·당하동·원당동, 인천경제자유구역[392](경제자유구역에서 해제된 지역을 포함한다) 및 남동 국가산업단지는 제외한다]
3. 의정부시
4. 구리시
5. 남양주시(호평동, 평내동, 금곡동, 일패동, 이패동, 삼패동, 가운동, 수석동, 지금동 및 도농동만 해당한다)
6. 하남시
7. 고양시
8. 수원시
9. 성남시
10. 안양시
11. 부천시
12. 광명시
13. 과천시
14. 의왕시
15. 군포시
16. 시흥시[반월특수지역(반월특수지역에서 해제된 지역을 포함한다)은 제외한다]

---

392) 송도국제도시, 청라국제도시, 영종하늘도시로 구성되어 있다.

과밀억제권역 내의 본점이전은(예: 서울특별시에 소재한 법인이 인천광역시로 본점을 이전하는 경우) 법인을 최초 설립할 때 이미 중과세하였기 때문에 본점이전 시 다시 중과세하지는 않는다[393]. 그러나 과밀억제권역 안에서도 서울특별시는 특별취급한다. 예를 들어 과밀억제권역인 인천광역시에 소재한 법인이 서울특별시 강남구로 본점을 이전하는 경우, 과밀억제권역 전입으로 취급하여(지방세법 13조 2항 1호) 등록면허세를 중과세한다.

본점이전을 법인설립으로 간주하여 등록면허세를 중과세하더라도 예전에 법인설립 시 냈던 등록면허세 및 지방교육세를 공제하지 않는다[394].

---

등록면허세 공제에 관한 서울특별시 재무국 세무과의 답변 (2015. 10. 12.)

지방세법 제28조 제2항에서 "대도시 내 전입으로 중과세가 적용되는 경우 전입은 법인의 설립으로 보아 세율을 적용한다"고 규정한 취지는 대도시 전입 등기에 대하여 지방세법 제28조 제1항 제6호 라목의 세율 대신 동호 가목 반괄호1 또는 나목 반괄호1의 세율을 적용한다는 의미로서, 이는 세율 적용에 국한되는 사항일 뿐 본점 이전이라는 사실(과세물건)을 당초의 법인 설립과 동일하게 본다는 뜻은 아니라고 할 것이고, 이와 더불어 등록면허세는 등기·등록이라는 행위를 과세물건으로 하는 세목으로서 법인 설립과 본점 이전에 대한 등기는 별개의 등기행위이므로 그 납세의무 또한 별개로 성립하는 점까지 고려해 볼 때, 대도시 전입에 대한 등록면허세 중과세 적용 시 기납부한 등록면허세를 공제할 합리적인 이유나 법적 근거는 없다고 판단됩니다. 다만, 이에 대하여는 과세권자인 관할구청장이 구체적인 사실관계를 확인하여 최종 판단할 사안임을 안내해 드립니다.

---

본점이전 시 등록면허세를 중과세하는 유형은 다음과 같다.

| | 유 형 | 세 율 |
|---|---|---|
| 1 | 과밀억제권역 밖 → 과밀억제권역 중 산업단지 등[395]이 아닌 곳 | 중과세 |
| 2 | 과밀억제권역 중 산업단지 등인 곳 → 과밀억제권역 중 산업단지 등이 아닌 곳 | |
| 3 | 과밀억제권역 → 과밀억제권역 밖 → 다시 과밀억제권역 중 산업단지 등이 아닌 곳 | |
| 4 | 과밀억제권역 중 서울특별시가 아닌 곳 → 서울특별시 중 산업단지 등이 아닌 곳 | |
| 5 | 그 외 | 일반과세 |

---

393) 서울특별시 내의 법인의 본점을 인천직할시 내로 이전하는 경우 등록세 중과 [상업등기선례 제1-44호, 1993. 3. 13. 제정]

394) 공제된다는 견해로는, 김의효, "지방세 사례문답", 「법무사」, 2013. 9., 27쪽

## (2) 예외

과밀억제권역 안에 법인을 설립하거나 지점을 설치하거나 증자하거나, 본점을 수도권 과밀억제권역 밖에서 안으로 이전하는 경우임에도 등록면허세를 중과세하지 않는 예외가 있다. 중과세 예외사유에 해당하더라도 중과세와 일반세의 차액을 감면세액으로 보지 않으므로 농어촌특별세를 별도로 부과하지 않는다(지방세운영과-1007호, 2010. 3. 12.).

### (a) 산업단지, 산업기술단지(테크노파크)

과밀억제권역 중에서도 산업단지(산업집적활성화 및 공장설립에 관한 법률 2조 14호)에 있거나 산업단지로 입주하는 법인(지방세법 13조 2항 단서 괄호 안)은 중과세하지 않는다. 또한 산업기술단지(테크노파크)[396]에 있거나 산업기술단지로 입주하는 법인도 중과세하지 않는다(지방세특례제한법 78조 9항). 예를 들어 서울특별시의 서울디지털산업단지(구로디지털단지, 가산디지털단지)[397], 온수산업단지, 마곡산업단지에 회사를 설립하면 등록면허세를 중과세하지 않는다.

회사가 산업단지나 산업기술단지(테크노파크) 내에 있는지는 관할 시·군·구청 세무과에 문의하는 것이 빠르고 정확하다.

### (b) 중과세제외 업종

소프트웨어사업 등 일부 업종은 중과세하지 않는다. 중과세하지 않는 업종은 다음과 같다(지방세법 28조 2항 단서, 같은 법 시행령 44조, 26조 1항, 같은 법 시행규칙 5조)[398].

> 1. 「사회기반시설에 대한 민간투자법」 제2조 제3호에 따른 사회기반시설사업(같은 조 제9호에 따른 부대사업을 포함한다)
> 2. 「한국은행법」 및 「한국수출입은행법」에 따른 은행업
> 3. 「해외건설촉진법」에 따라 신고된 해외건설업(해당 연도에 해외건설 실적이 있는 경우로서 해외건설에 직접 사용하는 사무실용 부동산만 해당한다) 및 「주택법」 제4조에

---

395) 산업단지, 산업기술단지

396) 산업기술단지 지원에 관한 특례법 2조 1호

397) 서울특별시 구로구와 금천구에 있는 국가산업단지이다. 1965년부터 1974년까지 수출산업공단으로 조성되었으며 조성 당시에는 구로공단으로 불렸다. 2000년대에 들어 첨단산업의 입주가 늘어나게 되자 2000년 12월 14일 서울디지털산업단지로 명칭을 변경하였다. 구로구에 속한 부분(1단지)은 구로디지털단지, 금천구에 속한 부분(2, 3단지)은 가산디지털단지라고도 불린다.

398) 중과세 대상 업종과 중과세제외 업종을 겸업하는 경우는 지방세법 시행령 45조 5항 참고

따라 국토교통부에 등록된 주택건설사업(주택건설용으로 취득한 후 3년 이내에 주택건설에 착공하는 부동산만 해당한다)

4. 「전기통신사업법」 제5조에 따른 전기통신사업

5. 「산업발전법」에 따라 산업통상자원부장관이 고시하는 첨단기술산업과 「산업집적활성화 및 공장설립에 관한 법률 시행령」 별표 1의2 제2호 마목에 따른 첨단업종[399]

6. 「유통산업발전법」에 따른 유통산업[400], 「농수산물유통 및 가격안정에 관한 법률」에 따른 농수산물도매시장·농수산물공판장·농수산물종합유통센터·유통자회사 및 「축산법」에 따른 가축시장

7. 「여객자동차 운수사업법」에 따른 여객자동차운송사업 및 「화물자동차 운수사업법」에 따른 화물자동차운송사업과 「물류시설의 개발 및 운영에 관한 법률」 제2조 제3호에 따른 물류터미널사업 및 「물류정책기본법 시행령」 제3조 및 별표 1에 따른 창고업

8. 정부출자법인 또는 정부출연법인(국가나 지방자치단체가 납입자본금 또는 기본재산의 100분의 20 이상을 직접 출자 또는 출연한 법인만 해당한다)이 경영하는 사업

9. 「의료법」 제3조에 따른 의료업

10. 개인이 경영하던 제조업(「소득세법」 제19조 제1항 제3호에 따른 제조업을 말한다). 다만, 행정안전부령으로 정하는 바에 따라 법인으로 전환하는 기업만 해당하며, 법인전환에 따라 취득한 부동산의 가액(법 제4조에 따른 시가표준액을 말한다)이 법인전환 전의 부동산가액을 초과하는 경우에 그 초과부분과 법인으로 전환한 날 이후에 취득한 부동산은 법 제13조 제2항 각 호 외의 부분 본문을 적용한다.

11. 「산업집적활성화 및 공장설립에 관한 법률 시행령」 별표 1의2 제3호 가목에 따른 자원재활용업종

12. 「소프트웨어산업 진흥법」 제2조 제3호에 따른 소프트웨어사업 및 같은 법 제27조에 따라 설립된 소프트웨어공제조합이 소프트웨어산업을 위하여 수행하는 사업

13. 「공연법」에 따른 공연장 등 문화예술시설운영사업

14. 「방송법」 제2조 제2호·제5호·제8호·제11호 및 제13호에 따른 방송사업·중계유선방송사업·음악유선방송사업·전광판방송사업 및 전송망사업

15. 「과학관의 설립·운영 및 육성에 관한 법률」에 따른 과학관시설운영사업

16. 「산업집적활성화 및 공장설립에 관한 법률」 제28조에 따른 도시형공장을 경영하는 사업

17. 「벤처투자 촉진에 관한 법률」 제37조에 따라 등록한 벤처투자회사가 중소기업창업지원을 위하여 수행하는 사업. 다만, 법인설립 후 1개월 이내에 같은 법에 따라 등록하는 경우만 해당한다.

18. 「한국광해광업공단법」에 따른 한국광해광업공단이 석탄산업합리화를 위하여 수행하는 사업

19. 「소비자기본법」 제33조에 따라 설립된 한국소비자원이 소비자 보호를 위하여 수행하는 사업

20. 「건설산업기본법」 제54조에 따라 설립된 공제조합이 건설업을 위하여 수행하는 사업

21. 「엔지니어링산업 진흥법」 제34조에 따라 설립된 공제조합이 그 설립 목적을 위하여 수행하는 사업

22. 「주택도시기금법」에 따른 주택도시보증공사가 주택건설업을 위하여 수행하는 사업

23. 「여신전문금융업법」 제2조 제12호에 따른 할부금융업

24. 「통계법」 제22조에 따라 통계청장이 고시하는 한국표준산업분류(이하 "한국표준산업분류"라 한다)에 따른 실내경기장·운동장 및 야구장 운영업

25. 「산업발전법」(법률 제9584호 산업발전법 전부개정법률로 개정되기 전의 것을 말한다) 제14조에 따라 등록된 기업구조조정전문회사가 그 설립 목적을 위하여 수행하는 사업. 다만, 법인 설립 후 1개월 이내에 같은 법에 따라 등록하는 경우만 해당한다.

26. 「지방세특례제한법」 제21조 제1항에 따른 청소년단체, 같은 법 제45조에 따른 학술단체·장학법인 및 같은 법 제52조에 따른 문화예술단체·체육단체가 그 설립 목적을 위하여 수행하는 사업

27. 「중소기업진흥에 관한 법률」 제69조에 따라 설립된 회사가 경영하는 사업

28. 「도시 및 주거환경정비법」 제35조 또는 「빈집 및 소규모주택 정비에 관한 특례법」 제23조에 따라 설립된 조합이 시행하는 「도시 및 주거환경정비법」 제2조 제2호의 정비사업 또는 「빈집 및 소규모주택 정비에 관한 특례법」 제2조 제1항 제3호의 소규모주택정비사업

29. 「방문판매 등에 관한 법률」 제38조에 따라 설립된 공제조합이 경영하는 보상금지급 책임의 보험사업 등 같은 법 제37조 제1항 제3호에 따른 공제사업

30. 「한국주택금융공사법」에 따라 설립된 한국주택금융공사가 같은 법 제22조에 따라 경영하는 사업

31. 「민간임대주택에 관한 특별법」 제5조에 따라 등록을 한 임대사업자 또는 「공공주택 특별법」 제4조에 따라 지정된 공공주택사업자가 경영하는 주택임대사업

32. 「전기공사공제조합법」에 따라 설립된 전기공사공제조합이 전기공사업을 위하여 수행하는 사업

33. 「소방산업의 진흥에 관한 법률」 제23조에 따른 소방산업공제조합이 소방산업을 위하여 수행하는 사업

34. 「중소기업 기술혁신 촉진법」 제15조 및 같은 법 시행령 제13조에 따라 <u>기술혁신형 중소기업으로 선정된 기업[401]</u>이 경영하는 사업. 다만, 법인의 본점·주사무소·지점·분사무소를 대도시 밖에서 대도시로 전입하는 경우는 제외한다.

35. 「주택법」에 따른 리모델링주택조합이 시행하는 같은 법 제66조 제1항 및 제2항에 따른 리모델링사업

36. 「공공주택 특별법」에 따른 공공매입임대주택(같은 법 제4조 제1항 제2호 및 제3호에 따른 공공주택사업자와 공공매입임대주택을 건설하는 사업자가 공공매입임대주택을 건설하여 양도하기로 2022년 12월 31일까지 약정을 체결하고 약정일부터 3년 이내에 건설에 착공하는 주거용 오피스텔로 한정한다)을 건설하는 사업

37. 「공공주택 특별법」 제4조 제1항에 따라 지정된 공공주택사업자가 같은 법에 따른 지분적립형 분양주택이나 이익공유형 분양주택을 공급·관리하는 사업

구체적인 사례를 살펴보자. 주식회사 000는 서울특별시 마포구 서교동에 본점을 두고 홈페이지 제작업, 소프트웨어개발 및 공급업, 위 각 호에 관련된 서비스업 등을 목적으로 하여 2006년 2월 7일 설립된 법인으로서 2006년 2월 9일 서비스, 제조, 무역 등을 업태로, 홈페이지 제작, 데이터베이스제작, 인쇄 및 기록매체복제, 출판 등을 종목으로 하여 사업자등록을 하였다. 이후 주식회사 000는 홈페이지 제작업을 하면서 2009년 6월 24일 소프트웨어산업진흥법에 따라 한국소프트웨어산업협회에 소프트웨어 사업자로 신고하여 2010년 1월 4일 산업 협회장으로부터 그 신고확인서(B09-21062-002)를 받았다. 서울특별시는 다음과 같은 이유로 주식회사 000가 중과세제외 업종인 '소프트웨어사업'에 해당한다고 보았다[402].

주식회사 000의 경우 2006. 2. 7. 홈페이지 제작업, 소프트웨어개발 및 공급업을 목적사업으로 설립된 법인으로서 소프트웨어산업 진흥법에 따라 한국소프트웨어산업협회에 소프트웨어 사업자로 신고를 하여 산업 협회장으로부터 그 신고확인서를 교부받은 사실과 홈페이지구축의 용역사업인 경우 수요자의 요구에 의해 분석되고 설계되어 개발되는 홈페이지 사업의 특성상 대부분 컴퓨터관련 서비스업으로 분류된다고 하는 질의회신 등의 자료가 있고, 2009년도 매출처별세금계산서합계표에는 200개의 매출처와 매출액 11억으로 확인되고 있으므로, 지방세법시행령 제101조(대도시내 법인 중과세의 예외) 제1항에서 법 제138조 제1항 각 호 외의 부분 단서에서 "대통령령이 정하는 업종"으로 소프트웨어

---

399) 첨단기술산업, 첨단업종에 해당할 경우 산업통상자원부에 첨단기술·제품 확인신청서를 제출하여 확인서를 발급받는다(산업발전법 5조, 첨단기술 및 제품의 범위 [산업통상자원부고시 제2022-36호, 2022. 2. 28. 일부개정, 2022. 2. 28. 시행]).

400) 유통산업발전법상 '유통산업'이란 농산물·임산물·축산물·수산물(가공물 및 조리물을 포함한다) 및 공산품의 도매·소매 및 이를 경영하기 위한 보관·배송·포장과 이와 관련된 정보·용역의 제공 등을 목적으로 하는 산업을 말한다(유통산업발전법 2조 1호).

401) 이노비즈(Inno-Biz)라고 한다(기술혁신형 중소기업(Inno-Biz) 제도 운영규정 [중소벤처기업부고시 제2023-89호, 2023. 9. 18. 일부개정, 2023. 9. 18. 시행]).

402) 서울특별시 본청 세제과, 문서번호: 세제과-2670, 생산일자: 2010. 3. 4.

산업 진흥법에 따라 소프트웨어산업을 위하여 수행하는 사업인 소프트웨어의 개발·제작·생산·유통 등과 이에 관련된 서비스 등을 영위하는 사업자로 소프트웨어산업과 관련된 경제활동을 하는 법인으로 보아야 하므로 대도시내 법인 중과세의 예외에 해당한다고 판단됩니다. 다만, 대도시내 법인 중과세의 예외에 해당한 구체적인 사실관계는 귀 구에서 면밀히 조사하여 판단하시기 바랍니다. 끝.

### (c) 5년 후 증자

과밀억제권역에 법인을 설립(또는 휴면법인 인수)하고 5년이 지난 뒤에 증자하거나 과밀억제권역으로 본점을 이전하고 5년이 지난 뒤에 증자하면 등록면허세를 중과세하지 않는다(지방세법 28조 2항 각호의 괄호 안 반대해석). 과밀억제권역 밖에서 설립하고 과밀억제권역 안으로 들어온 법인은 설립일이 아니라 본점이전등기일을 기준으로 5년이 지났는지를 판단한다[403]. 같은 취지로 과밀억제권역 중 서울특별시 밖(예: 경기도 성남시)에서 설립한 법인이 서울특별시(산업단지 아닌 곳)로 본점이전한 경우, 설립일이 아니라 본점이전등기일을 기준으로 5년이 지났는지를 판단한다(지방세법 13조 2항 1호).

### (d) 특수목적법인

다음 특수목적법인(SPC)의 설립등기 또는 설립 후 5년 이내에 자본·출자액을 증가하는 등기는 2024년 12월 31일까지 중과세하지 않는다(지방세특례제한법 180조의2 2항).

1. 「자본시장과 금융투자업에 관한 법률」 제9조 제18항 제2호, 같은 조 제19항 제1호 및 제249조의13에 따른 투자회사, 기관전용 사모집합투자기구 및 투자목적회사
2. 「기업구조조정투자회사법」 제2조 제3호에 따른 기업구조조정투자회사
3. 「부동산투자회사법」 제2조 제1호에 따른 부동산투자회사(같은 호 가목에 따른 자기관리 부동산투자회사는 제외한다)
4. 「조세특례제한법」 제104조의31 제1항에 해당하는 프로젝트금융투자회사
5. 「문화산업진흥 기본법」 제2조 제21호에 따른 문화산업전문회사
6. 「선박투자회사법」 제3조에 따른 선박투자회사

---

403) 지방세법 기본통칙(행정안전부 2016. 1. 1.) 지법 28-11

## 4. 등록면허세 감면

등록면허세가 감면되는 주요 사유는 다음과 같다. 만약 같은 과세대상에 둘 이상의 감면 규정이 적용되면 그 중 감면율이 높은 것 하나만 적용한다(지방세특례제한법 180조). <u>등록면허세가 줄어들면 지방교육세도 같은 비율로 줄어든다.</u>

## (1) 면제

### (a) 창업중소기업 법인설립등기일부터 4년 이내의 증자

<u>2020년 12월 31일까지 과밀억제권역 밖에서 창업한 중소기업(이하 '창업중소기업')이 법인설립등기일부터 4년 이내에 하는 증자등기는 등록면허세를 면제한다</u>(지방세특례제한법 58조의3 3항 1호). <u>이 경우 등록면허세와 지방교육세를 면제할 뿐만 아니라 농어촌특별세도 부과하지 않는다</u>(농어촌특별세법 4조 4의3호). 여기서 '창업'이란 중소기업을 새로 설립하는 것이다. 창업으로 인정되지 않으면 등록면허세를 면제받을 수 없다(지방세특례제한법 58조의3 6항)·

등록면허세를 면제받는 창업중소기업은 다음 업종에 한정된다(지방세특례제한법 58조의3 4항).

1. 광업
2. 제조업
3. 건설업
4. 정보통신업. 다만, 다음 각 목의 어느 하나에 해당하는 업종은 제외한다.
   가. 비디오물 감상실 운영업
   나. 뉴스 제공업
   다. 「통계법」 제22조에 따라 통계청장이 고시하는 블록체인기술 산업분류에 따른 블록체인 기반 암호화 자산 매매 및 중개업
5. 다음 각 목의 어느 하나에 해당하는 전문, 과학 및 기술 서비스업(「엔지니어링산업 진흥법」에 따른 엔지니어링활동, 「기술사법」의 적용을 받는 기술사의 엔지니어링활동을 포함한다)[404]
   가. 연구개발업
   나. 광고업
   다. 기타 과학기술서비스업
   라. 전문 디자인업
   마. 시장조사 및 여론조사업
6. 다음 각 목의 어느 하나에 해당하는 사업시설 관리, 사업지원 및 임대서비스업

　　가. 사업시설 관리 및 조경 서비스업

　　나. 고용알선 및 인력공급업

　　다. 경비 및 경호 서비스업

　　라. 보안시스템 서비스업

　　마. 전시, 컨벤션 및 행사대행업

7. 창작 및 예술관련 서비스업(자영예술가는 제외한다)

8. 수도, 하수 및 폐기물 처리, 원료 재생업

9. 대통령령으로 정하는 물류산업[405]

　　가. 육상·수상·항공 운송업

　　나. 화물 취급업

　　다. 보관 및 창고업

　　라. 육상·수상·항공 운송지원 서비스업

　　마. 화물운송 중개·대리 및 관련 서비스업

　　바. 화물포장·검수 및 계량 서비스업

　　사. 「선박의 입항 및 출항 등에 관한 법률」에 따른 예선업

　　아. 「도선법」에 따른 도선업

　　자. 기타 산업용 기계·장비 임대업 중 파렛트 임대업

10. 「학원의 설립·운영 및 과외교습에 관한 법률」에 따른 직업기술 분야를 교습하는 학원을 운영하는 사업 또는 「근로자직업능력 개발법」에 따른 직업능력개발훈련시설을 운영하는 사업(직업능력개발훈련을 주된 사업으로 하는 경우에 한정한다)

11. 「관광진흥법」에 따른 관광숙박업, 국제회의업, 유원시설업, 「관광진흥법 시행령」 제2조 제1항 제3호 가목 및 나목에 따른 전문휴양업과 종합휴양업[406]

12. 「전시산업발전법」에 따른 전시산업

## (b) 지방으로 본점이전

　　과밀억제권역에 설립한 법인이 과밀억제권역 밖으로 본점을 이전하는 경우 본점이전에 따른 법인등기는 2024년 12월 31일까지 등록면허세, 지방교육세를 면제하고 농어촌특별세도 부과하지 않는다(지방세특례제한법 79조 2항, 농어촌특별세법 4조 12호 및 같은 법 시행령 4조 7항 5호).

---

404) 지방세특례제한법 시행령 29조의2 6항, 조세특례제한법 시행령 5조 9항

405) 지방세특례제한법 시행령 29조의2 7항, 조세특례제한법 시행령 5조 7항

406) 지방세특례제한법 시행령 29조의2 8항

## (2) 감면신청

등록면허세 감면사유에 해당하면 관할 시·군·구청에 지방세 감면신청(지방세특례제한법 183조 1항, 같은 법 시행령 126조 1항 2호, 같은 법 시행규칙 2조, 3조의2)을 하고 지방세감면확인서를 받아 이를 등기신청서에 첨부해야 한다[407]. 일반적인 지방세 감면신청은 지방세특례제한법 시행규칙 별지1호 서식을 사용하고 창업중소기업의 지방세 감면신청은 지방세특례제한법 시행규칙 별지1호의4 서식을 사용한다. 창업중소기업의 지방세 감면신청서에는 사업자등록 증, 등기사항전부증명서 등 창업중소기업임을 확인할 수 있는 서류를 첨부해야 한다.

등록면허세를 감면받으면 감면받은 등록면허세액의 20%를 농어촌특별세로 내야 한다(농어촌특별세법 2조 1항, 5조 1항 1호). 다만, 농어촌특별세 비과세 사유에 해당하면(농어촌특별 세법 4조 및 같은 법 시행령 4조) 농어촌특별세도 내지 않는다. 농어촌특별세를 내야 하는 경우 라면 관할 시·군·구청에 지방세 감면신청을 할 때 농어촌특별세를 신고·납부한 뒤, 농 어촌특별세 납부확인서(영수필확인서)를 등기신청서에 첨부한다.

---

407) 등록세 감면 확인서의 첨부 요부 [상업등기선례 제2-8호, 2006. 8. 2. 제정]

**참고서식** 지방세 감면신청서 (과밀억제권역 밖으로 본점 이전)

# 지방세 감면 신청서

※ 뒤쪽의 작성방법을 참고하시기 바라며, 색상이 어두운 난은 신청인이 적지 않습니다.　　　(앞쪽)

| 접수번호 | 접수일 | 처리기간 |
|---|---|---|
| | | 5일 |

<table>
<tr><td rowspan="5">신청인</td><td colspan="2">성명(대표자)<br>　　　홍길동</td><td>주민(법인)등록번호<br>000000-0000000</td></tr>
<tr><td colspan="2">상호(법인명)<br>　　주식회사 율도</td><td>사업자등록번호<br>000-00-00000</td></tr>
<tr><td colspan="3">주소 또는 영업소<br>　　　경기도 광명시 밤일로 35 (하안동)</td></tr>
<tr><td colspan="2">전자우편주소<br>　　　hong@gmail.com</td><td>전화번호(휴대전화번호)<br>010-000-0000</td></tr>
</table>

<table>
<tr><td rowspan="2">감면대상</td><td>종류<br>　　　본점이전등기(신소재지)</td><td>면적(수량)</td></tr>
<tr><td colspan="2">소재지<br>　　　경기도 용인시 처인구 중부대로 1199 (삼가동)</td></tr>
</table>

<table>
<tr><td rowspan="3">감면세액</td><td>감면세목<br>　등록면허세</td><td>과세연도<br>2024</td><td>기분<br>3</td></tr>
<tr><td>과세표준액<br>　　　　0</td><td colspan="2">감면구분<br>　　　100% 과세면제</td></tr>
<tr><td>당초 산출세액<br>112,500원</td><td colspan="2">감면받으려는 세액<br>112,500원</td></tr>
</table>

| 감면 신청 사유 | 과밀억제권역 안에서 과밀억제권역 밖으로 본점이전등기 |
|---|---|
| 감면 근거규정 | 「지방세특례제한법」 제79조 제2항 및 같은 법 시행령 제　조 |
| 관계 증명 서류 | 주식회사 본점이전 등기신청서 사본, 정관 사본 |
| 감면 결정 통지 방법 | 직접교부[ 　 ]　 등기우편[ 　 ]　 전자우편 [ O ] |

　신청인은 본 신청서의 유의사항 등을 충분히 검토했고, 향후에 신청인이 기재한 사항과 사실이 다른 경우에는 감면된 세액이 추징되며 별도의 이자상당액 및 가산세가 부과됨을 확인했습니다.

　「지방세특례제한법」 제4조 및 제183조, 같은 법 시행령 제2조 제6항 및 제126조 제1항, 같은 법 시행규칙 제2조에 따라 위와 같이 지방세 감면을 신청합니다.

2024년　5월　12일

신청인 주식회사 율도 대표이사 홍길동 (서명 )

특별자치시장 · 특별자치도지사 ·

시장 · 군수 · 구청장　귀하

| 첨부서류 | 감면받을 사유를 증명하는 서류 | 수수료<br>없음 |
|---|---|---|

(뒷쪽)

| 작성방법 |
|---|

1. 성명(대표자): 개인은 성명, 법인은 법인 대표자의 성명을 적습니다.
2. 주민(법인)등록번호: 개인(내국인)은 주민등록번호, 법인은 법인등록번호, 외국인은 외국인등록번호를 적습니다.
3. 상호(법인명): 개인사업자는 상호명, 법인은 법인 등기사항증명서상의 법인명을 적습니다.
4. 사업자등록번호: 「부가가치세법」에 따라 등록된 사업장의 등록번호를 적고, 사업자가 아닌 개인은 빈 칸으로 둡니다.
5. 주소 또는 영업소
　- 개인: 주민등록표상의 주소를 원칙으로 하되, 주소가 사실상의 거주지와 다른 경우 거주지를 적을 수 있습니다.
　- 법인 또는 개인사업자: 법인은 주사무소 소재지, 개인사업자는 주된 사업장 소재지를 적습니다. 다만, 주사무소 또는 주된 사업장 소재지와 분사무소 또는 해당 사업장의 소재지가 다를 경우 분사무소 또는 해당 사업장의 소재지를 적을 수 있습니다.
6. 전자우편주소: 수신이 가능한 전자우편주소(E-mail 주소)를 적습니다.
7. 전화번호: 연락이 가능한 일반전화와 휴대전화번호를 적습니다.
8. 감면대상: 감면신청 대상 물건의 종류, 면적(수량) 및 소재지를 적습니다.
9. 감면세액: 감면대상이 되는 세목, 연도, 기분(期分), 과세표준액 등을 적습니다.
10. 감면구분: 100% 과세면제, 50% 세액경감 등 감면비율을 적습니다.
11. 당초 산출세액: 감면 적용 전의 산출세액을 적습니다.
12. 감면받으려는 세액: 감면을 받으려는 금액을 적습니다.
13. 감면 신청 사유: 감면 신청 사유를 적습니다.
14. 감면 근거규정: 감면 신청의 근거 법령 조문을 적습니다.

15. 관계 증명 서류: 관련된 증명 서류의 제출 목록을 적습니다.
16. 감면 안내 방법: 직접교부, 등기우편, 전자우편 중 하나를 선택합니다.

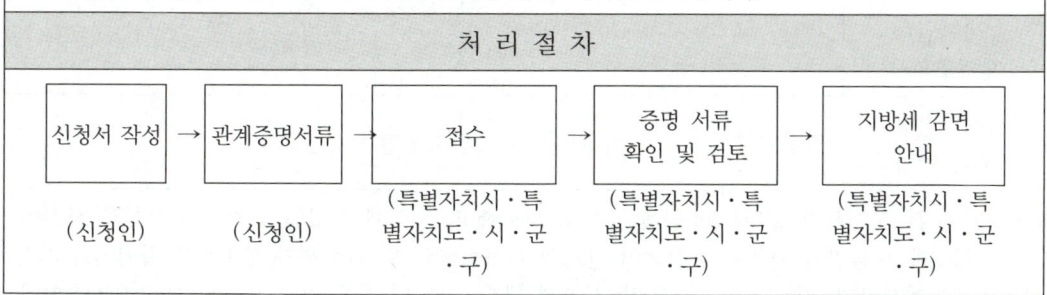

| 처 리 절 차 | | | | |
|---|---|---|---|---|
| 신청서 작성<br><br>(신청인) | → 관계증명서류<br><br>(신청인) | → 접수<br><br>(특별자치시·특별자치도·시·군·구) | → 증명 서류<br>확인 및 검토<br>(특별자치시·특별자치도·시·군·구) | → 지방세 감면<br>안내<br>(특별자치시·특별자치도·시·군·구) |

**참고서식** 창업중소기업 지방세 감면신청서 (대전광역시 소재 주식회사의 증자)

# 창업(벤처)중소기업 지방세 감면 신청서

(앞쪽)

| 접수번호 | 접수일 | | 처리기간<br>5일 | |
|---|---|---|---|---|
| 신청인 | 성명(법인)<br>　주식회사 율도 | | 주민(법인)등록번호<br>000000-0000000 | |
| | 주소<br>　대전광역시 유성구 대덕로 23, 108호 | | | |
| | 전자우편주소<br>hong@gmail.com | | 전화번호(휴대전화번호)<br>010-000-0000 | |
| 감면대상 | 종류<br>주식회사 변경등기(증자) | | 면적(수량) | |
| | 소재지<br>대전광역시 유성구 대덕로 23, 108호 | | | |
| 감면세액 | 감면세목<br>등록면허세 | 과세연도<br>2024 | 기분<br>3 | |
| | 과세표준액<br>5000만원 | 감면구분<br>100% 과세면제 | | |
| | 당초 결정세액<br>20만원 | 감면받으려는 세액<br>20만원 | | |

| 감면 신청 사유<br>(「지방세특례<br>제한법」<br>제58조의3) | (뒤쪽 참조) |
|---|---|
| 감면 결정<br>통지 방법 | 직접교부[　]　등기우편[　]　전자우편 [ O ] |

신청인은 본 신청서의 유의사항 등을 충분히 검토했고, 향후에 신청인이 기재한 사항과 사실이 다른 경우에는 감면된 세액이 추징되며 별도의 이자상당액 및 가산세가 부과됨을 확인했습니다. 「지방세특례제한법」 제58조의3, 같은 법 시행령 제29조의2 및 같은 법 시행규칙 제3조의2에 따라 위와 같이 지방세 감면을 신청합니다.

2024년   12월   10일

신청인 주식회사 율도 대표이사 홍길동 (서명 또는 인)

특별자치시장 · 특별자치도지사 ·

시장 · 군수 · 구청장　귀하

| 담당공무원<br>확인사항 | 1. 사업자등록증<br>2. 법인 등기사항증명서<br>2. 벤처기업확인서(창업벤처중소기업의 경우만 해당합니다) | 수수료<br>없음 |
|---|---|---|

**행정정보 공동이용 동의서**

본인은 이 건 업무처리와 관련하여 담당 공무원이 「전자정부법」 제36조에 따른 행정정보의 공동이용을 통하여 위의 담당 공무원 확인 사항을 확인하는 것에 동의합니다.　*동의하지 아니하거나 확인이 되지 아니하는 경우에는 신청인이 직접 관련 서류를 제출하여야 합니다.

신청인 주식회사 율도 대표이사 홍길동 (서명 또는 인)

(뒷쪽)

| 감면 신청 사유 (「지방세특례제한법」 제58조의3) | ※ 창업중소기업에 해당하는지의 여부 확인을 위한 기재사항입니다. |
|---|---|

※ 창업중소기업에 해당하는지의 여부 확인을 위한 기재사항입니다.

아래의 사항을 확인 후 해당란을 기재하십시오.

① 기업을 새로이 설립하였는지의 여부 (예 [ ○ ] 아니오 [  ])

　※ 최초 설립이 아닌, 기업조직 및 형태 변경, 사업승계, 사업이전, 사업확장, 업종추가 등에 해당하는 경우에는 새로운 설립으로 보지 않습니다.

② 법인인 경우 대표자, 임원 등의 인적사항을 기재합니다.

| 관계 | 성명 | 주민등록번호 | 주소 | 연락처 |
|---|---|---|---|---|
| 대표 | 홍길동 | 000000-000000 | 서울특별시 00구 00로 00 | 000-0000-0000 |
| 임원 | 김철수 | 000000-000000 | 대전광역시 00구 00로 00 | 000-0000-0000 |
|  |  |  |  |  |
|  |  |  |  |  |

　※ 법인의 대표자 등의 동종 사업 영위 여부, 법인전환 등을 확인하기 위해 기재합니다.

③ 새로이 설립된 기업이 중소기업의 범위에 해당될 것 (예 [ ○ ] 아니오 [  ])

④ 창업하는 업종이 「지방세특례제한법」 제58조의3제4항에 따른 업종에 해당될 것 (예 [ ○ ] 아니오 [  ])

※「지방세특례제한법」 제58조의3제4항 각 호의 업종에 속하지 않는 경우에는 창업중소기업 영위 업종으로 보지 않습니다.

⑤ 창업(벤처)중소기업이 「지방세특례제한법」 제58조의3제6항 각 호에 규정된 다음의 어느 하나에 해당하지 않을 것 (해당함 [  ] 해당하지 않음 [○])

1. 합병·분할·현물출자·사업양수를 통하여 종전 사업을 승계하거나 종전 사업에 사용 되던 자산을 인수· 매입하여 같은 종류의 사업을 하는 경우

　※ 다만, 종전 사업에 사용되던 자산을 인수하거나 매입하여 같은 종류의 사업을 하는 경우 그 자산가액의 합계가 「부가가치세법」 제5조 제2항에 따른 사업 개시 당시 토지·건물 및 기계장치 등 「지방세특례제한법 시행령」 제29조의2 제8항에서 정하는 사업용자산의 총가액에서 차지하는 비율이 100분의 30 이하인 경우는 제외합니다.

2. 거주자가 하던 사업을 법인으로 전환하여 새로운 법인을 설립하는 경우

3. 폐업 후 사업을 다시 개시하여 폐업 전의 사업과 같은 종류의 사업을 하는 경우

4. 사업을 확장하거나 다른 업종을 추가하는 경우 등 새로운 사업을 최초로 개시하는 것으로 보기 곤란한 경우

⑥「지방세특례제한법」 제58조의3제1항 제2호, 제2항 제2호 및 같은 법 시행령 제29조의2제3항에 따른 공장입지기준면적 또는 용도지역별 적용배율 이내에 해당하는지 여부 (예 [○] 아니오 [  ])

유 의 사 항

1. 신청인이 작성·기재한 감면신청서는「지방세기본법」제78조에 따라 진실한 것으로 추정합니다.
2. 향후에 신청인이 작성·기재한 사항이 사실과 다르거나 사후관리를 통해 감면요건을 준수하지 않은 사항이 확인되는 경우에는 추징대상에 해당되어 감면받은 세액 이외에도「지방세특례제한법」제178조 제2항에 따른 이자상당액 및「지방세기본법」제53조부터 제55조까지에 따른 가산세(10~40%)가 추가될 수 있음을 유의하시기 바랍니다.
3. 위에서 열거한 사례 이외에도 창업(벤처)기업의 동종업종 추가 등에 대한 다양한 개별적 사례가 발생할 수 있으므로 감면대상 해당 여부를 반드시 확인하시어 추징 등 불이익을 받지 않도록 유의하시기 바랍니다.
4. 감면 안내 방법: 직접교부, 등기우편, 전자우편 중 하나를 선택합니다.

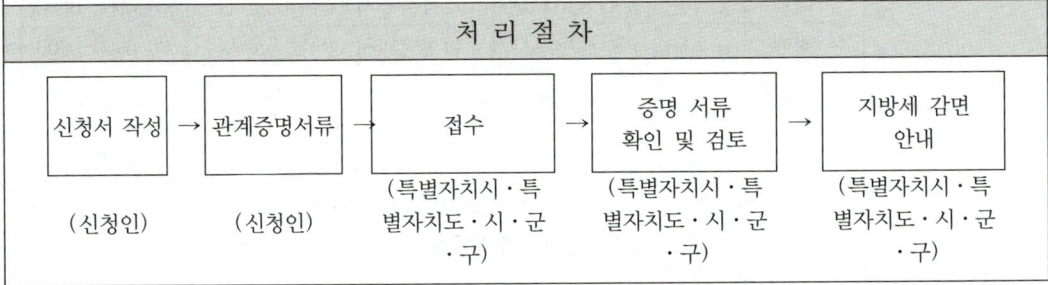

처 리 절 차

| 신청서 작성 | → | 관계증명서류 | → | 접수 | → | 증명 서류 확인 및 검토 | → | 지방세 감면 안내 |
|---|---|---|---|---|---|---|---|---|
| (신청인) | | (신청인) | | (특별자치시·특별자치도·시·군·구) | | (특별자치시·특별자치도·시·군·구) | | (특별자치시·특별자치도·시·군·구) |

## (3) 일몰규정

지방세특례제한법의 지방세 감면규정은 유효기간이 있는 일몰규정이다. 다만, 일부 조항은 매년 법 개정을 통해 일몰이 연기되기도 하므로 감면규정이 유효한지 매년 확인해야 한다[408].

## 5. 비과세 (지번주소를 도로명주소로 변경)

본점 소재지, 지점 소재지, 지배인 또는 대리인을 둔 장소 및 임원, 지배인, 대리인, 상호사용자, 미성년자, 법정대리인, 영업주 등의 지번주소를 도로명주소로 변경하는 등기신청을 하는 경우 등록면허세 및 등기신청수수료를 내지 않는다(도로명주소법에 따른 상업등기 등 사무처리지침 [등기예규 제1663호, 2018. 12. 11. 개정, 2018. 12. 19. 시행] 6.).

---

408) 예를 들어 농어업법인 설립등기에 대한 등록면허세 면제(지방세특례제한법 11조 4항, 12조 2항), 창업(벤처)중소기업 설립등기에 대한 등록면허세 면제(지방세특례제한법 58조의3 3항)는 일몰이 연기되지 않아 2021년 1월 1일부로 더 이상 유효하지 않다.

## 6. 계산하는 방법

등록면허세를 계산하는 데 필요한 정보는 ① 등기사항(특히 설립·증자의 경우 늘어나는 자본금액), ② 본점 소재지, ③ 지점의 존부, ④ 업종, ⑤ (증자의 경우) 법인설립일, 본점이전일 및 창업요건 해당 여부 등이다. 본점이 과밀억제권역 안에 있는지, 산업단지나 산업기술단지(테크노파크) 안에 있는지 등이 불명확하면 해당 시·군·구 세무과에 연락하여 확인한다. 필요한 정보를 얻은 후 등록면허세를 계산하는 방법을 정리하면 다음과 같다. 중과세나 감면이 없을 때의 등록면허세액을 100으로 한다.

| 세금 | | 지방으로 본점이전, 지번 주소를 도로명 주소로 변경 | 그 외 | | | | | |
| --- | --- | --- | --- | --- | --- | --- | --- | --- |
| | | | 과밀억제권역 안 | | | | 과밀억제권역 밖 | |
| | | | 설립, 본점이전, 지점설치, 증자 | | 그 외 | 창업 중소 기업 비해당 업종 | 창업중소기업 해당 업종 | |
| | | | 예외 사유 없음 | 산업단지, 산업기술단지, 중과세제외 업종, 특수목적법인, 법인설립일/본점이전일의 5년 후 증자 | | | 2020년 12월 31일까지 설립 후 4년 내 증자 | 그 외 |
| 세금 | 등록 면허세 | 0 | 300 | 100 | | 0 | | 100 |
| | 지방 교육세 | 0 | 60 | 20 | | 0 | | 20 |
| | 농어촌 특별세 | 0 | 0 | 0 | | 0 | | 0 |
| | **합계** | 0 | 360 | 120 | | 0 | | 120 |

## 7. 사 례

### (1) A 주식회사 설립

#### ① 기초정보

A 주식회사는 소프트웨어 개발업체로서 서울특별시 강남구의 일반 사무실에 입주할 예정이다. A 주식회사의 자본금액은 2,000만원이다.

#### ② 중과세 여부

A 주식회사는 서울특별시 강남구에 소재하므로 과밀억제권역 안에 있고 산업단지 등에 있지 않아서 중과세 적용대상이다. 그런데 A 주식회사의 업종은 중과세제외 업종인 '소프트웨어사업'에 해당하여 등록면허세는 원래대로 자본금의 0.4%가 된다.

#### ③ 세액

자본금(2,000만원)의 0.4%는 8만원이나 등록면허세의 최저세액은 11만 2,500원이므로 결과적으로 등록면허세는 11만 2,500원이고 지방교육세는 11만 2,500원의 20%인 2만 2,500원이다. 합산하면 13만 5천원이다.

### (2) C 주식회사 본점이전

#### ① 기초정보

C 주식회사는 경기도 성남시 분당구에 2019년 5월 7일 설립한 광고대행회사이고 자본금은 5,000만원이다. C 주식회사는 2020년 7월 20일에 서울특별시 강남구로 본점을 이전한다.

#### ② 중과세 여부

경기도 성남시에서 서울특별시로 본점이전하는 경우, 같은 과밀억제권역 내의 본점이전임에도 불구하고 신규법인 설립처럼 중과세한다. 산업단지 등에 입주하지 않았고 중과세제외 업종에도 해당하지 않는다.

#### ③ 세액

C 주식회사의 자본금이 5,000만원이므로 등록면허세 및 지방교육세 합계액은 중과세되어 72만원이다. 여기에 덧붙여 구 본점 소재지에도 등록면허세 및 지방교육세 합계 48,240원을 낸다(구본점 등기부의 「기타사항」에 대한 등록면허세 및 지방교육세). 즉, 서울특별

시 강남구에 72만원을 내고 성남시 분당구에 48,240원을 내야 하므로 등록면허세 및 지방교육세 합계액은 76만 8,240원이 된다.

## (3) D 주식회사 여러 등기사항 일괄 변경

### ① 기초정보

D 주식회사는 카페 프랜차이즈를 운영하는 회사로서 1주의 금액이 1,000원이다. 서울특별시 강남구에 본점이 있고, 서울특별시 서대문구, 대전광역시 유성구, 부산광역시 해운대구, 부산광역시 사상구에 각각 지점이 있다. D 주식회사는 3만주를 1주당 1만원에 발행하고자 한다. 또한 식자재 유통업에 진출하고자 관련 사업을 추가하고 회사 공고방법도 신문공고에서 홈페이지 공고로 바꾼다.

### ② 중과세 여부

D 주식회사는 과밀억제권역 안에 있고 산업단지 등에 있지 않다. 중과세제외 업종에도 해당하지 않아 중과세 대상이다.

### ③ 세액

본점소재지인 서울특별시 강남구에 자본금액 3,000만원( = 3만주 × 1,000원) 증자에 대한 등록면허세 및 지방교육세 432,000원(중과세)과 목적 변경에 따른 등록면허세 및 지방교육세 48,240원, 공고방법 변경에 따른 등록면허세 및 지방교육세 48,240원을 내야 한다. 서울특별시 강남구에 내야 하는 등록면허세 및 지방교육세 합계액은 52만 8,480원이다.

자본금의 액, 발행주식의 총수와 그 종류 및 각각의 수는 지점등기사항이 아니지만, 목적과 공고방법은 지점 등기사항에 해당하므로 지점소재지에도 등록면허세 및 지방교육세를 내야 한다. 다만, 법인이 여러 개의 지점을 설치하더라도 같은 등기소 관할구역마다 지점등기부가 1개씩만 개설되므로 이를 전제로 등록면허세 및 지방교육세를 계산해야 한다. 따라서 대전광역시 유성구에 등록면허세 및 지방교육세 96,480원( =목적 48,240원 + 공고방법 48,240원)을 내고, 부산지방법원 등기과가 관할하는 지역 중 한 곳인 부산광역시 해운대구에 등록면허세 및 지방교육세 96,480원( =목적 48,240원 + 공고방법 48,240원)을 낸다. 서울특별시 서대문구에 있는 지점은 본점과 관할등기소가 서울중앙지방법원 등기국으로 같아서 지점등기부가 별도로 개설되지 않았으므로 서울특별시 서대문구 지점은 별도로 등록면허세 및 지방교육세를 내지 않는다. 결과적으로 D 주식회사가 부담하는 등록면허세 및 지방교육세 총액은 72만 1,440원이다.

## 8. 납부방법

등록면허세와 지방교육세의 신고·납부는 ① 관할 시·군·구청에 방문하여 신고·납부하는 방법, ② 우편으로 신고한 뒤 우편·팩스·이메일로 납부서를 수령하여 은행에 또는 온라인으로 납부하는 방법 ③ 온라인으로 신고·납부하는 방법이 있다.

③의 방법은 서울특별시와 그 밖의 지자체가 제공하는 웹사이트가 다르다. 과세물건이 서울특별시 안에 있으면 서울시ETAX 웹사이트(etax.seoul.go.kr)에 접속하여 등록면허세와 지방교육세를 납부한다. 반면 과세물건이 서울특별시 밖에 있으면 위택스 웹사이트(www.wetax.go.kr)에 접속하여 등록면허세와 지방교육세를 납부한다[409]. 위택스 이용시 대리인이 지방세 납부를 대행하려면 먼저 대행인신청을 해야 한다(「편의기능」 → 「대행인신청」 메뉴).

③의 방법이 가장 간편하지만 1) 과밀억제권역 내에서 산업단지 이외의 중과세 예외사유에 해당하고 이를 소명하는 자료를 관할 시·군·구청에 별도로 제출해야 하는 경우, 2) 등록면허세 감면사유에 해당하여 감면신청을 해야 하는 경우에는 ③의 방법을 쓸 수 없다.

서울시ETAX 웹사이트에 접속하여 등록면허세와 지방교육세를 신고·납부하는 방법을 살펴보자. 화면 상단 메뉴바에서 「신고납부」 → 「등록면허세(등록분)」 메뉴를 클릭하면 다음과 같이 신고정보를 입력하는 화면이 나온다. 예를 들어 5,000만원의 유상증자에 대한 등록면허세 및 지방교육세를 납부할 경우 「신고가액」란에 늘어나는 자본금액을 입력하면 등록면허세와 지방교육세가 자동으로 계산된다. 정보를 모두 입력하고 세금을 신고·납부하면 납부확인서를 출력할 수 있다. 출력한 납부확인서를 등기신청서에 첨부해야 한다.

---

409) 부산광역시는 부산이택스(etax.busan.go.kr) 웹사이트를 이용할 수도 있다.

# 등록면허세(등록분)

🏠 > 신고납부 > 등록면허세 > 등록면허세(등록분)

| STEP 01 | 신고정보입력 및 신고 | > | STEP 02 | 납부 | > | STEP 03 | 납부확인 |
|---|---|---|---|---|---|---|---|

납부바구니
영수증보관함
지방세미리계산
지방세이의신청
1:1 원격상담
➕ 확대보기 안내

## ▣ 납세의무자 정보

＊ 표시항목은 반드시 모두 입력하셔주시기 바랍니다.

☑ 타인 납부 여부 ？   ☑ 납세의무자 정보저장 ？        [고객정보조회] ？

| 주민(법인) 등록번호 ＊ | 110111 - ●●●●● | 개인/법인구분 ＊ | 주식회사00 ▼ |
|---|---|---|---|
| 성명(법인명) ＊ ？ | 홍도    주식회사 홍도   [내역정보담기] | | |
| 전화번호 ＊ ？ | 02-123-1234 (예) 02-123-1234 | | |
| 주소 ＊ ？ | 137 - 884 [우편번호검색] 서울특별시 서초구 서초대로45길 515호 (서초동) 우편번호 선택 후 상세주소만 입력하세요. 예) 129-11 (시도 구청 동이름은 넣지마세요) | | |

## ▣ 등기/등록 내역

| 물건구분 ＊ ？ | 법인등기 ▼ | 등기종류 ＊ ？ | 증률_영리법인증자 ▼ |
|---|---|---|---|
| 등록건수 ＊ ？ | 1 건 (정액은 1건~최대 99건) | 과세구분 ＊ ？ | ○ 일반과세  ● 중과세 |
| 관할구청 ＊ ？ | 서초구 ▼ | 행정동 ＊ ？ | 기타동 ▼ |
| 물건소재지 ＊ ？ | ☑ 도로명주소 사용 여부        법정동 : 서초동 ▼ 137 - 884 [우편번호검색] 서울특별시 서초구 서초대로45길 515호 (서초동) 우편번호 선택 후 상세주소만 입력하세요. 예) 129-11 (시도 구청 동이름은 넣지마세요) [도로명주소안내 바로가기] "도로명주소"의 "구주소" 찾기는 도로명주소 안내시스템을 이용해 주세요. | | |
| 신고가액 ＊ ？ | 50,000,000 원 | 등기세율 ？ | 0.012 |

## ▣ 산출세액

| 등록세 ？ | 600,000 원 | 지방교육세 ？ | 120,000 원 | 합계 ？ | 720,000 원 |
|---|---|---|---|---|---|

**참고서식** 등록면허세 및 지방교육세 신고서[410] (중과세제외 업종에 해당하여 구청을 방문하는 경우)

## 등록에 대한 등록면허세 신고서

〔기한 내 신고( √ ) 기한 후 신고( )〕

| 접수번호 | | 접수일자 | | | 관리번호 |
|---|---|---|---|---|---|
| 신고인 | ① 성 명 (법인명) | ②주민(법인)등록번호 | ③ 주소(영업소) | | ④전화번호 |
| | 주식회사 율도 | 000000-0000000 | 서울특별시 강남구 테헤란로 101, 501호 (역삼동, 리즈타워) | | 000-000-0000 |

### 등기 · 등록물건 내역

| ⑤소재지 | 서울특별시 강남구 테헤란로 101, 501호 (역삼동, 리즈타워) | | |
|---|---|---|---|
| ⑥물건명 | ⑦등기·등록종류 | ⑧등기·등록원인 | ⑨등기·등록가액 |
| | 법인등기 | 영리법인 증자 | 100,000,000원 |
| | | | |
| | | | |

### 납부할 세액

| 세 목 | ⑩과세표준 | ⑪세율 | ⑫산출세액 | ⑬감면세액 | ⑭기납부세액 | 가산세 무신고 또는 과소신고 | 가산세 납부지연 | ⑮계 | 신고세액 합계 (⑫-⑬-⑭+⑮) |
|---|---|---|---|---|---|---|---|---|---|
| 합계 | | | 480,000원 | | | | | | 480,000원 |
| 등록면허세 | 100,000,000원 | 0.4% | 400,000원 | | | | | | 400,000원 |
| 지방교육세 | 400,000원 | 20% | 80,000원 | | | | | | 80,000원 |
| 농어촌특별세 | | % | | | | | | | |
| ※ 구비 서류 | 1. 전세계약서 등 등록가액 등을 증명할 수 있는 서류 사본 1부<br>2. 「지방세특례제한법 시행규칙」 별지 제1호 서식의 지방세 감면 신청서 1부<br>3. 별지 제8호 서식의 취득세 비과세 확인서 1부<br>4. 별지 제10호 서식의 등록면허세(등록) 납부서 납세자 보관용 영수증 사본 1부<br>(기타) 주식회사 변경등기신청서 사본, 정관 사본, 사업자등록증 사본 | | | | | | | | |

---

410) 지방세법 시행규칙 별지 9호 서식

| 「지방세법」 제30조 및 같은 법 시행령 제48조 제3항에 따라 위와 같이 신고합니다. | 접수(영수)일자 |
|---|---|
| 2024년 1월 5일<br><br>신고인 주식회사 율도 대표이사 홍길동 (서명 또는 날인)<br>대리인 변호사 김상균 (서명 또는 날인)<br><br>특별자치시장 · 특별자치도지사 ·<br>시장 · 군수 · 구청장 귀하 | (인) |

### 위 임 장

위의 신고인 본인은 위임받은 사람에게 등록에 대한 등록면허세 신고에 관한 모든 권리와 의무를 위임합니다.

위임자(신고인) 주식회사 율도 대표이사 홍길동 (서명 또는 인)

| 위임받는<br>사람 | 성명 변호사 김상균 | 주민등록번호 | 위임자와의 관계 | 등기대리 |
|---|---|---|---|---|
| | 주소 서울특별시 서초구 서초대로 259, 5층(서초동, 서원빌딩) | | 전화번호 | 00-000-0000 |

### 접수증 (등록면허세 신고서)

| 신고인 (대리인) | 접수연월일 | 과세물건 신고내용 | 접 수 번 호 | |
|---|---|---|---|---|
| 「지방세법」 제30조 및 같은 법 시행령 제48조 제3항에 따라 신고한 신고서의 접수증입니다. | | | 접수자<br><br>(서명 또는 인) | 접수일 |

## III 종합사례

주식회사 율도는 서울특별시 서초구에 본점을 둔 회사이고 1주의 금액(액면가)은 1,000원이며, 발행할 주식의 총수는 20만주, 발행주식의 총수는 보통주식 15만주이다. 또한, 서울특별시 마포구에 지점 1개, 광주광역시에 지점 1개, 부산광역시에 지점 2개가 있다.

주식회사 율도는 ① 사업 목적에 '식품제조가공업'을 추가하고 ② 보통주식 10만주를 추가로 발행하며 ③ 발행할 주식의 총수도 100만주로 늘릴 계획이다. 또한, ④ 공고방법을 신문공고에서 인터넷공고로 변경하고자 한다. 이와 같은 변경사항들을 일괄하여 등기신청할 경우 등기신청수수료와 등록면허세 및 지방교육세는 다음과 같이 계산된다.

|  | 등기신청수수료 | 등록면허세 및 지방교육세 |
|---|---|---|
| 서울 서초구 본점 | [목적] 4,000원<br><br>[발행주식의 총수와 그 종류 및 각각의 수, 자본금의 액] 4,000원<br><br>[발행할 주식의 총수] 4,000원<br><br>[공고방법] 4,000원 | [목적] 48,240원<br><br>[발행주식의 총수와 그 종류 및 각각의 수, 자본금의 액] 1,440,000원<br><br>[발행할 주식의 총수] 0원<br><br>[공고방법] 48,240원 |
| 마포 지점 | [목적] 0원<br>[공고방법] 0원 | [목적] 0원<br>[공고방법] 0원 |
| 광주 지점 | [목적] 4,000원<br>[공고방법] 4,000원 | [목적] 48,240원<br>[공고방법] 48,240원 |
| 부산 지점들 | [목적] 4,000원<br>[공고방법] 4,000원 | [목적] 48,240원<br>[공고방법] 48,240원 |
| 합계 | 32,000원 | 1,729,440원 |

## 제**7**절

# 공 증

## Ⅰ  서 론

공증이란 '공적으로 증명한다'는 말로서 공증제도에 관해서는 공증인이 일정한 사항을 증명해 주는 것을 뜻한다. 공증인은 법률행위나 그 밖에 사권(私權)에 관한 사실에 대한 공정증서(公正證書)를 작성하거나(공증인법 2조 1호), 사서증서(私署證書) 또는 전자문서등 (공무원이 직무상 작성한 것은 제외한다)을 인증한다(공증인법 2조 2호). 주주총회 의사록, 사원총회 의사록, 조합원총회 의사록, 이사회 의사록, 정관 등도 사서증서에 해당한다.

등기신청서에 첨부하는 의사록(주주총회 의사록, 이사회 의사록 등)은 <u>공증인으로부터 인증받은 의사록 원본</u>이어야 하고(공증인법 66조의2 1항) 인증등본이나 사본이어서는 안된 다[411]. 등기신청서에 첨부하여 제출한 의사록 원본은 등기완료 후 원본환부신청을 하여 돌 려받을 수 있다(상업등기규칙 66조)[412].

다만, <u>자본금의 총액이 10억원 미만인 주식회사를 발기설립</u>하는 경우, 대통령령으로 정 하는 공법인이나 비영리법인(공증인법 시행령 37조의3[413])의 경우, 경미한 사항을 의결한 경 우(지점의 설치·이전 또는 폐지, 명의개서대리인의 선임 또는 변경)는 의사록을 인증받지 않아도 된다(공증인법 66조의2 1항 각호, 같은 법 시행령 37조의3 2항). 주주총회 결의를 갈음하는 서면동의서(상법 363조 4항)나 이사회가 설치되지 않은 경우 대표이사 또는 대표권을 가진 이사가 결정한 사항을 기재한 <u>대표이사결정서, 이사결정서</u>는 의사록이 아니므로 인증받지

---

411) 신청서의 첨부서면인 법인 총회 등의 의사록이 원본이여야 하는지 여부 [상업등기선례 제2-6호, 2013. 11. 22. 제정]: 주식회사 등기의 첨부서면 중 정관 및 의사록의 인증 면제에 관한 질의 [상업등기선례 제2-36 호, 2011. 11. 2. 제정]

412) 「제1장 총론」 「제5절 등기」 「Ⅱ. 등기신청」 「6. 원본서류의 제출과 반환」

413) "대통령령이 정하는 공법인 또는 비영리법인"이란 「민법」 제32조에 따라 주무관청의 허가를 받아 설립된 비영리법인 또는 공법인 중 다음의 요건을 모두 갖춘 법인으로서 주무관청의 추천을 받아 법무부장관이 지정·고시하는 법인을 말한다.
   1. 설립 목적 및 수행 사무가 공익적일 것
   2. 주무관청의 감독으로 법인 총회 등의 결의절차와 내용의 진실성에 대한 분쟁의 소지가 없을 것

않는다. 다만, 경영권 분쟁 등의 사유로 주주명부의 진정성에 의심이 드는 경우(대표자 해임 등) 등기소에 서면동의서/서면결의서가 아닌 공증인의 인증을 받은 의사록을 제출해야 하는 것이 실무이다[414].

유한회사 또한 사원총회 결의를 갈음하는 서면동의서(상법 577조 – 자본금 총액으로 제한되지 않는다)는 의사록이 아니므로 인증받지 않고[415], 유한회사는 이사회제도가 없으므로(상법 564조 1항) 이사결정서를 인증받지 않는다.

또한, 주주총회, 사원총회, 이사회를 개최하였더라도 등기사항에 변경이 없으면(예: 정기 주주총회에서 재무제표승인 외에 다른 결의를 하지 않은 경우) 등기소에 의사록을 제출하지 않으므로 의사록을 인증받을 필요 없다.

주식회사 설립등기신청서나 유한회사 설립등기신청서에 첨부하는 원시 정관도 원칙적으로 공증인으로부터 인증받아야 하나, 자본금 총액이 10억원 미만인 주식회사를 발기설립하는 경우와 자본금 총액이 10억원 미만인 유한회사를 설립하는 경우는 원시 정관을 인증받을 필요 없다(상법 292조, 543조 3항).

의사록 인증 시 '촉탁인'이라는 개념이 등장한다(공증인법 2조, 4조). 촉탁이란 일을 부탁하여 맡긴다는 뜻으로 공증인법상 촉탁인은 공증인에게 공증을 청구하는 사람을 일컫는다[416].

의사록을 인증받는 방법은 2가지가 있다(공증인법 66조의2 3항). 가장 흔한 방법은 <u>촉탁인이나 촉탁인의 대리인이 공증사무소에 출석하여 의사록을 인증받는 방법이며 이를 '청문인증'</u>이라 한다(공증인법 66조의2 3항 2호). 그러나 법인의 주주, 사원, 조합원이 수십 명이라면 이들이 공증사무소에 출석하기도 어렵고, 공증사무소에 대리인을 보내려 해도 위임장에 주주, 사원, 조합원들의 인감도장을 찍고 인감증명서를 첨부해야 해서 쉽지 않다. 따라서 공증인이 의결장소(주주총회 장소, 이사회 장소 등)에 참석하여 결의의 절차와 내용을 검사하

---

414) 소규모 주식회사에서 서면결의 등이 이루어진 경우 첨부정보 [상업등기선례 제201809-3호, 2018. 9. 14. 제정]

415) 유한회사에서 총회결의의 목적사항에 대하여 총사원이 서면으로 동의한 경우에는 총회의 결의와 동일한 효력이 있으므로, 유한회사의 자본감소에 관하여 총사원이 동의한 경우에는 사원총회의사록이 아닌 총사원동의서를 첨부하여 변경등기를 신청할 수 있다(유한회사의 감자결의시 사원총회의 결의를 거치지 않고 총사원동의서를 첨부하여 변경등기를 신청할 수 있는지 여부 [상업등기선례 제1-283호, 2002. 6. 24. 제정]).

416) 남상우, "의사록의 인증방법에 관한 고찰", 「공증과 신뢰」 통권 제9호, 2015, 31쪽

여 의사록을 인증할 수 있는데 이를 '참석인증'(속칭 출석공증)이라 한다(공증인법 66조의2 3항 1호)[417]. 상장회사의 주주총회 의사록 인증은 대부분 참석인증 방식으로 한다.

공증인법은 청문인증 시 촉탁인을 명시적으로 정하지 않아 의사록 작성자(의사록에 기명날인·서명한 자)와 의결권자가 다른 경우 누구를 촉탁인으로 인정해야 하는지 논란이 있다. 예를 들어 주주총회는 의사록 작성자가 의장과 출석한 이사이지만 의결권자는 주주인데 이 중 누구를 청문인증 시 촉탁인으로 보아야 하는가이다. 법무부의 해석에 따르면, 참석인증 시 촉탁인은 아래와 같이 의결권자뿐만 아니라 의사록 작성자까지 포함한다[418]. (법인의사록에 대한 인증사무 처리지침 3조 2항 2호, 3조 3항).

| 의사록 | 촉탁인 |
|---|---|
| 주주총회 의사록 | 1. 의결권자 (의결정족수 이상의 주주)<br>2. 의사록 작성자 (의장과 출석 이사) |
| 이사회 의사록 | 1. 의결권자 (의결정족수 이상의 이사)<br>2. 의사록 작성자 (출석 이사와 출석 감사) |

이하 법무부 해석에 따른 청문인증 방식의 의사록 인증절차를 설명한다.

---

417) 공증인이 공증사무소 밖에서 직무를 수행할 수 있는 유일한 규정이다. 공증인은 원칙적으로 그 사무소에서 직무를 수행해야 하며(공증인법 17조 3항 본문) 외부에 방문하여 공증할 수 없다.

418) 의사록 인증의 법적 성질에 관하여 성립인증설, 내용인증설, 병존설, 수단요소설이 있는데(남상우, "의사록의 인증방법에 관한 고찰", 「공증과 신뢰」 통권 제9호, 2015, 23-26쪽) 법무부의 해석은 병존설과 사실상 같은 결론에 이르러 촉탁인의 범위를 가장 넓게 해석하고 있다. 이로 인한 문제점은 박형기, "「법인의사록 인증사무처리지침」 시행과 법인등기신청 실무상 의사록 공증의 문제점", 「법무사」, 2015. 11., 54쪽 참고

## Ⅱ 청문인증 방식의 의사록 인증

### 1. 주주총회 의사록 인증

#### (1) 공증사무소 제출서류

##### (a) 촉탁인이 직접 출석하는 경우

의장과 주주총회에 출석한 이사, 의결정족수 이상의 주주들이 모두 신분증(주민등록증, 운전면허증, 여권)[419]과 도장을 가지고 공증사무소에 직접 출석하는 경우 다음 서류들을 공증사무소에 제출한다.

1. 주주총회 의사록 **원본 2부**[420]
2. 공증촉탁서[421]
3. 진술서[422] (진술인 : 의결정족수 이상의 주주)
4. 주주명부[423]
5. 등기사항전부증명서[424] (공증사무소 제출일을 기준으로 최근 3개월 이내 발행)
6. 舊 정관 사본 (원본대조필하고 (법인)인감도장으로 날인·간인)[425]
7. (법인)인감증명서 (공증사무소 제출일을 기준으로 최근 3개월 이내 발행)
8. (법인)인감도장
9. (주주총회 소집통지서 - (법인)인감도장 날인)[426]
10. (대표자가 사임한 경우 대표자 사임서 사본)[427]

---

419) 공증인법 27조 2항

420) 과거에는 원본 3부를 제출하여 1부는 공증사무소에서 보관하고 2부는 촉탁인에게 내주었으나, 현재는 원본 2부를 제출하여 1부는 공증사무소에서 보관하고 1부는 촉탁인에게 내준다(공증인법 66조의2 5항, 63조 1항).

421) 공증서식의 사용 등에 관한 규칙 29조 2항, 별지 제8호 서식

422) 공증서식의 사용 등에 관한 규칙 29조 2항, 별지 제38호 서식

423) 공증서식의 사용 등에 관한 규칙 29조 2항, 별지 제39호 서식

424) 공증서식의 사용 등에 관한 규칙 29조 2항

425) 공증서식의 사용 등에 관한 규칙 29조 2항; <u>당해 주주총회 결의로 정관이 변경되면 변경 전의 정관을 제출</u>한다. 법인인감도장으로 정관의 모든 장을 간인하고 맨 마지막 장에는 주주총회일과 '원본대조필' 문구를 기재한 후 법인인감도장을 찍는다.

426) 공증인은 당해 결의에 의하여 경영권 변동이 발생하거나, 특별한 사유 없이 등기상 대표이사 이외의 자가 확인서를 작성하는 등 결의의 절차와 내용에 의심이 있는 경우 소집통지서를 확인하는 등으로 결의절차와

### (b) 대리인이 신청하는 경우

대리인이 공증을 신청하는 경우 대리인 신분증과 대리인 도장을 지참하고 다음 서류들을 공증사무소에 제출한다[428].

---

1. 주주총회 의사록 **원본 2부**
2. 공증촉탁서
3. 진술서 (진술인: 대리인)[429]
4. 주주명부
5. 등기사항전부증명서 (공증사무소 제출일을 기준으로 최근 3개월 이내 발행)
6. 舊 정관 사본[430] (원본대조필하고 (법인)인감도장으로 날인·간인)
7. 확인서[431]
8. 촉탁인들의 공증위임장 (의장과 출석 이사, 의결정족수 이상의 주주들이 인감도장을 찍거나 서명한다. 의장은 (개인)인감도장과 (법인)인감도장을 함께 찍는다)[432]
9. 인감도장을 찍은 촉탁인은 인감증명서, 서명[433] 한 촉탁인은 본인서명사실확인서 (모두 공증사무소 제출일을 기준으로 최근 3개월 이내 발행)[434]
10. (법인)인감증명서 (공증사무소 제출일을 기준으로 최근 3개월 이내 발행)
11. ((법인)인감도장 – 서류 수정 등 변동상황에 대비)
12. (주주총회 소집통지서 – (법인)인감도장 날인)
13. (대표자가 사임한 경우 대표자 사임서 사본)

---

내용의 진실성을 확인해야 한다(법인의사록에 대한 인증사무 처리지침 14조 4항).

427) 대표이사가 사임하면 경영권이 변동하므로, 실무상 대표이사 사임서 사본을 추가로 제출한다(법인의사록에 대한 인증사무 처리지침 14조 3항·4항 참고).

428) 공증서식의 사용 등에 관한 규칙 29조 2항, 법인의사록에 대한 인증사무 처리지침 15조의 서류편철 순서 참고

429) 법인의사록에 대한 인증사무 처리지침 14조 1항·2항

430) 해당 주주총회 결의로 정관이 변경되었다면 변경 전의 정관을 제출한다.

431) 등기상 대표이사 또는 의장이나 해당 의결에 출석한 이사가 작성한 확인서를 공증인에게 제출해야 한다. 다만, 등기상 대표이사 또는 의장이나 당해 의결에 출석한 이사가 직접 공증사무소에 출석하는 경우에는 확인서를 제출할 필요가 없다(법인의사록에 대한 인증사무 처리지침 14조 3항, 첨부1 서식).

432) 공증서식의 사용 등에 관한 규칙 14조 1항·2항

433) 서명에 관하여 주의해야 할 점이 있다. '서명'이란 본인 고유의 필체로 자신의 성명을 제3자가 알아볼 수 있도록 기재하는 것을 말한다(본인서명사실 확인 등에 관한 법률 2조 1호). 따라서 본인서명사실확인서 발급신청 시 이름을 정자로 써야 한다.

434) 공증서식의 사용 등에 관한 규칙 14조 3항

## (2) 신청서 예시

주식회사 율도는 임시주주총회 의사록을 인증받고자 한다. 의장은 대표이사 홍길동이고 사내이사는 김철수, 정갑동이다. 주주는 홍길동, 김철수, 이영희, 박성호이다. 임시주주총회 는 대표이사 겸 주주 홍길동, 사내이사 겸 주주 김철수, 주주 이영희가 출석하였다. 촉탁인 은 의결권자인 주주 홍길동, 주주 김철수, 주주 이영희와 의사록 작성자인 의장 대표이사 홍길동, 사내이사 김철수이고 이를 정리하면 홍길동, 김철수, 이영희가 된다. 이 3명이 김상 균 변호사에게 임시주주총회 의사록 인증(청문인증)을 위임하였다.

<u>공증위임장</u>에 기재된 대리인이 공증사무소에 직접 출석해야 하므로 김상균 법률사무소 의 사무직원이 공증사무소에 출석하려면 공증위임장에 사무직원의 이름을 대리인으로 기 재해야 한다. 실무상 <u>공증사무소와 대리인을 선택할 수 있도록 공증사무소 명과 대리인 명 을 비워둔,</u> 백지보충권이 주어진 공증위임장을 받는다.

### (a) 주주총회 의사록 (원본 2부)

의사록에 의장 대표이사 홍길동은 (개인)인감도장과 (법인)인감도장을 함께 찍고, 사내 이사 김철수는 (개인)인감도장을 찍는다. 의사록이 2장 이상이면 장마다 간인한다.

---

# 임시주주총회 의사록

주식회사 율도는 서기 2016. 7. 14. 10시 본점 회의실에서 임시주주총회를 개최하다.

총주주 수: 4명    총주식 수: 10,000주 (의결권 있는 주식 수: 10,000주)
출석 주주 수: 3명 (대리출석: 0명)    출석 주주의 주식 수: 7,000주

대표이사 홍길동은 정관규정에 따라 이 회의 진행을 위하여 의장석에 등단하여 위와 같이 법정수에 달하는 주식 수를 보유한 주주가 출석하였으므로 본 총회가 적법히 성립되 었음을 알리고 개회를 선언한 후 다음 의안을 부의하고 심의를 구하다.

### 제1호 의안: 목적 변경의 건

의장은 본 회사의 사업목적을 다음과 같이 변경할 필요가 있음을 설명하고 그 가부를 물은바, 주주들은 해당 정관을 다음과 같이 변경할 것을 박수로 찬성하여 만장일치로 가 결하다.

---

제2조 (목적) 본 회사는 다음 사업을 경영함을 목적으로 한다.

(변경 없는 부분 생략)

  5. 각 호에 관련된 부대사업 일체 [삭제]
  5. 직업정보제공업 [추가]
  6. 각 호에 관련된 부대사업 일체 [추가]

(별지 정관 신구조문대비표 참조)


   의장은 이상으로 의안 심의를 전부 종료하였으므로 폐회한다고 선언하다(회의 종료시 각 11시). 위 의사의 경과요령과 결과를 명확히 하기 위하여 이 의사록을 작성하고 의장과 출석한 이사가 기명날인 또는 서명하다.

2016. 7. 14.
주식회사 율도

의장 대표이사 홍길동

사내이사 김철수

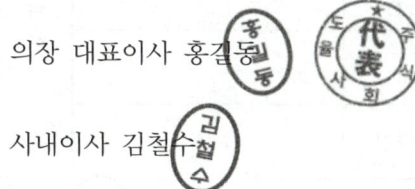


[별지]

| 정관 신구조문대비표 ||
|---|---|
| 변경 전 | 변경 후 |
| 제2조 (목적) 본 회사는 다음 사업을 경영함을 목적으로 한다.<br><br>(변경 없는 부분 생략)<br><br>  5. 각 호에 관련된 부대사업 일체 [삭제] | 제2조 (목적) 본 회사는 다음 사업을 경영함을 목적으로 한다.<br><br>(변경 없는 부분 생략)<br><br>  5. 직업정보제공업 [추가]<br>  6. 각 호에 관련된 부대사업 일체 [추가] |

**(b) 공증촉탁서**

<table>
<tr>
<td colspan="7" align="center"><h2>공 증 촉 탁 서</h2></td>
</tr>
<tr>
<td>접수번호</td>
<td colspan="2" align="center">-</td>
<td>문서명</td>
<td colspan="3" rowspan="2" align="center">임시주주총회 의사록</td>
</tr>
<tr>
<td>증서등부번호</td>
<td colspan="3" align="center">-</td>
</tr>
<tr>
<td colspan="7" align="center">아래 촉탁인은 위 공정증서 작성 □ 을 촉탁합니다.<br>인증 ■<br>2016년 7월 15일<br>　　사무소 귀중</td>
</tr>
<tr>
<td rowspan="5">1.<br>촉<br>탁<br>인</td>
<td>성명<br>(법인명)</td>
<td>홍길동 외 2인[435]　　(인)</td>
<td rowspan="5">2.<br>촉<br>탁<br>인</td>
<td>성명<br>(법인명)</td>
<td colspan="2">(인)</td>
</tr>
<tr>
<td>생년월일<br>(대표이사명)</td>
<td>0000. 00. 00.</td>
<td>생년월일<br>(대표이사명)</td>
<td colspan="2"></td>
</tr>
<tr>
<td>주소<br>(소재지)</td>
<td>서울특별시 00구 00로 00</td>
<td>주소<br>(소재지)</td>
<td colspan="2"></td>
</tr>
<tr>
<td>연락처</td>
<td></td>
<td>연락처</td>
<td colspan="2"></td>
</tr>
<tr>
<td>위출석확인</td>
<td>(인)</td>
<td>위출석확인</td>
<td colspan="2">(인)</td>
</tr>
<tr>
<td rowspan="5">3.<br>대<br>리<br>인</td>
<td>성명<br>(법인명)</td>
<td>김상균 (인)</td>
<td rowspan="5">4</td>
<td>성명<br>(법인명)</td>
<td colspan="2">(인)</td>
</tr>
<tr>
<td>생년월일<br>(대표이사명)</td>
<td>0000. 00. 00.</td>
<td>생년월일<br>(대표이사명)</td>
<td colspan="2"></td>
</tr>
<tr>
<td>주소<br>(소재지)</td>
<td>서울특별시 서초구<br>서초대로 259, 5층</td>
<td>주소<br>(소재지)</td>
<td colspan="2"></td>
</tr>
<tr>
<td>연락처</td>
<td>000-0000-0000</td>
<td>연락처</td>
<td colspan="2"></td>
</tr>
<tr>
<td>위출석확인</td>
<td>김상균 (인)</td>
<td>위출석확인</td>
<td colspan="2">(인)</td>
</tr>
<tr>
<td colspan="2" align="center">비고</td>
<td>주식회사 율도[436]</td>
<td colspan="4"></td>
</tr>
</table>

---

435) 촉탁인이 여러 명이면 촉탁인란에 1명만을 기재하고 그 외의 자는 인원수만 기재할 수 있다(공증서식의 사용 등에 관한 규칙 29조 3항).

436) 비고란에 법인명을 기재한다.

| 수령사항 | 구 분 | 통수 | 수령자확인 | 촉 탁 대 인 리 인 확인 인 | 주민등록증 | | 증인성명 | |
|---|---|---|---|---|---|---|---|---|
| | 증서정본 | | (인) | | 운전면허증 | | 증인성명 | |
| | 증서정본 | | (인) | | 공무원증 | | 면식번호 | |
| | 인증서 | 1 | 김상균 (인) | | 여 권 | | | |
| | | | | | 영사증명서 | | | |
| | 법률행위의 목적가액 원 | | 수수료 원 | | 주임 | 사무장 | | 공증인 |

## (c) 진술서

촉탁인들의 대리인이 공증사무소에 출석하면 <u>대리인이 진술인</u>이 된다.

# 진 술 서

| 법인명 | 주식회사 율도 |
|---|---|
| 소재지 | 서울특별시 강남구 테헤란로 32, 501호(역삼동, 대흥빌딩) |
| 회의의 종류 | 임시주주총회 |
| 소집일시 | 2016. 7. 14. |
| 소집장소 | 본점 회의실 |

본인은 (                    )에서 위 법인 의사록의 인증을 촉탁함에 있어서, 위 법인의 촉탁대리인으로서 위 회의가 적법하게 소집되었으며, 결의의 절차와 내용이 진실에 부합함을 진술합니다.

2016년 7월 15일[437]

위 진술인: 변호사 김상균 (인)

서울특별시 서초구 서초대로 259, 5층 (서초동, 서원빌딩)

---

437) 청문인증 방식의 의사록 인증시 공증인은 해당 의결을 한 자 중 그 의결에 필요한 정족수 이상의 자 또는 그 대리인으로부터 진술을 들어야 하므로(공증인법 66조의2 3항 2호), <u>진술서 작성일은 원칙적으로 결의</u>

### (d) 주주명부

<br>

# 주 주 명 부

2016년 7월 14일 현재[438)]

| 주주명 | 소유주식수 | 회의출석 | 의결찬성 | 인증촉탁 | 비고 |
|---|---|---|---|---|---|
| 홍길동 | 4,000 | O | O | O | |
| 김철수 | 2,000 | O | O | O | |
| 이영희 | 1,000 | O | O | O | |
| 박성호 | 3,000 | X | | X | |

| 총주식수 | 출석주식수 | 의결찬성주식수 | 인증촉탁주식수 | 1주당금액 |
|---|---|---|---|---|
| 10,000 | 7,000 | 7,000 | 7,000 | 5,000원 |

위 주주명부는 본사에 비치된 주주명부와 대조하여 틀림이 없음을 증명합니다.

2016년  7월  15일

주식회사 율도
서울특별시 강남구 테헤란로 32, 501호(역삼동, 대흥빌딩)

대표이사 홍길동

### (e) 등기사항전부증명서 (공증사무소 제출일을 기준으로 최근 3개월 이내 발행)

### (f) 舊 정관 사본

정관의 첫 장부터 마지막 장까지 (법인)인감도장으로 간인한 뒤 마지막 장에 다음과 같

---

일이 아니라 진술인이 공증사무소에 출석한 날짜이다.

438) 법인의사록에 대한 인증사무 처리지침 제4조 (주주인 사실 등의 증명 방법) ② 주주명부는 다음 각호의 날을 기준으로 작성되고, 주주총회 소집 업무를 집행한 대표나 법원의 소집허가를 받은 신청인 주주에 의해 작성된 사실이 법인 인감증명서 등에 의하여 증명되어야 한다.
　1. 폐쇄기간을 정한 경우에는 폐쇄기간 초일의 전일
　2. 기준일을 정한 경우에는 기준일
　3. 폐쇄기간이나 기준일을 정하지 않은 경우에는 회의일

이 기재하고 (법인)인감도장을 찍는다. 당해 주주총회 결의로 정관이 변경된다면 <u>변경 전의 정관을 제출</u>해야 한다.

2016년 7월 14일 원본대조필

주식회사 율도
대표이사 홍길동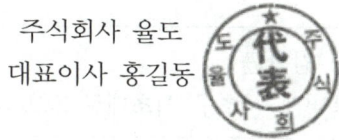

### (g) 확인서

# 확 인 서

| 법인명 | 주식회사 율도 |
|---|---|
| 회의 종류 | 임시주주총회 |
| 소집일시 | 2016. 7. 14. |
| 소집통지발송일 | 2016. 6. 29. |
| 회의안건 | 제1호 의안 목적 변경의 건 |

   본인은 위 의사록에 관하여 위 법인의 대표이사로서 이 회의가 적법하게 소집되었으며 결의의 절차와 내용이 진실에 부합함을 확인합니다.

2016년  7월  14일

위 확인인 <u>대표이사 홍길동</u>

주소: 서울특별시 00구 00로 00

(                    ) 귀중

### (h) 공증위임장

촉탁인이 개인이면 공증위임장에 (개인)인감도장을, 법인이면 공증위임장에 (법인)인감도장을 찍는다. 의장은 (개인)인감도장과 (법인)인감도장을 함께 찍는다.

| 위 임 장 | |
|---|---|
| 수임인 | 변호사 김상균<br>서울특별시 서초구 서초대로 259, 5층 (서초동, 서원빌딩) |
| 위의 사람을 본인의 대리인으로 정하여 (           )에서 다음 사서증서의 인증을 촉탁하는 일체의 권한을 위임합니다.<br><br>다음<br><br>1. 임시주주총회 의사록 | |
| 2016년 7월 15일 | |
| 위임인 | 대표이사, 주주 홍길동 <u>(개인인감도장 날인) (법인인감도장 날인)</u><br>서울특별시 00구 00로 00 |
| 위임인 | 사내이사, 주주 김철수 <u>(개인인감도장 날인)</u><br>서울특별시 00구 00로 00 |
| 위임인 | 주주 이영희 <u>(서명)</u><br>서울특별시 00구 00로 00 |

(i) 홍길동과 김철수는 (개인)인감증명서를 제출하고 이영희는 본인서명사실확인서를 제출한다. 모두 공증사무소 제출일을 기준으로 최근 3개월 이내에 발행된 서류여야 한다. 공증위임장에 찍은 도장과 (개인)인감증명서 상의 인영이 같아야 하고, 공증위임장에 쓴 서명과 본인서명사실확인서상의 서명도 같아야 한다.

**(j) (법인)인감증명서 (공증사무소 제출일을 기준으로 최근 3개월 이내 발행)**

## (k) 주주총회 소집통지서

# 임시주주총회 소집통지

주주님의 건승과 댁내 평안을 기원합니다. 당사는 아래와 같이 임시주주총회를 개최하오니 참석하여 주시기 바랍니다.

아 래

1. 일시: 2016년 7월 14일 오전 10시

2. 장소: 서울특별시 강남구 테헤란로 32, 501호(역삼동, 대흥빌딩) 본점 회의실

3. 회의 목적사항

**제1호 의안   목적 변경의 건**

<table>
<tr><td colspan="2" align="center">정관 신구조문대비표</td></tr>
<tr><td align="center">변경 전</td><td align="center">변경 후</td></tr>
<tr><td>제2조 (목적) 본 회사는 다음 사업을 경영함을 목적으로 한다.<br><br>(변경 없는 부분 생략)<br><br>　5. 각 호에 관련된 부대사업 일체 [삭제]</td><td>제2조 (목적) 본 회사는 다음 사업을 경영함을 목적으로 한다.<br><br>(변경 없는 부분 생략)<br><br>　5. 직업정보제공업 [추가]<br>　6. 각 호에 관련된 부대사업 일체 [추가]</td></tr>
</table>

주주님께서는 총회에 참석하여 의결권을 직접 행사하시거나 위임장에 따라 의결권을 간접 행사하실 수 있습니다.

2016년 6월 29일

주식회사 율도
대표이사 홍길동

## 2. 이사회 의사록 인증

### (1) 공증사무소 제출서류

이사회 의사록 인증(청문인증 방식) 시 촉탁인은 출석 이사(의결정족수 이상)와 출석 감사가 된다. 주주총회 의사록 인증과 달리 공증사무소에 주주명부를 제출하지 않는다.

#### (a) 촉탁인이 직접 출석하는 경우

이사회에 출석한 이사(의결정족수 이상)와 출석한 감사가 신분증(주민등록증, 운전면허증, 여권)과 도장을 가지고 공증사무소에 직접 출석하는 경우 다음 서류들을 공증사무소에 제출한다.

---

1. 이사회 의사록 **원본 2부**
2. 공증촉탁서
3. 진술서 (진술인: 의결정족수 이상의 이사)
4. 등기사항전부증명서 (공증사무소 제출일을 기준으로 최근 3개월 이내 발행)
5. 정관 사본 (원본대조필, (법인)인감도장으로 날인·간인)
6. (법인)인감증명서 (공증사무소 제출일을 기준으로 최근 3개월 이내 발행)
7. (법인)인감도장
8. (대표이사가 사임한 경우 대표이사 사임서 사본)

---

#### (b) 대리인이 신청하는 경우

대리인이 공증을 신청하는 경우 대리인 신분증과 대리인 도장을 지참하고 다음 서류들을 공증사무소에 제출한다.

---

1. 이사회 의사록 **원본 2부**
2. 공증촉탁서
3. 진술서 (진술인: 대리인)
4. 등기사항전부증명서 (공증사무소 제출일을 기준으로 최근 3개월 이내 발행)
5. 정관 사본 (원본대조필, (법인)인감도장으로 날인·간인)
6. 확인서[439]

---

439) 법인의사록에 대한 인증사무 처리지침 14조 3항, 첨부1 서식

7. 촉탁인의 공증위임장 (의결정족수 이상의 이사들과 출석한 감사가 (개인)인감도장을 찍거나 서명한다. 의장은 (개인)인감도장과 (법인)인감도장을 함께 찍는다)

8. (개인)인감도장을 찍은 촉탁인은 (개인)인감증명서, 서명한 촉탁인은 본인서명사실 확인서 (모두 공증사무소 제출일을 기준으로 최근 3개월 이내 발행)

9. (법인)인감증명서 (공증사무소 제출일을 기준으로 최근 3개월 이내 발행)

10. ((법인)인감도장 - 서류 수정 등 변동상황에 대비)

11. (대표자가 사임한 경우 대표자 사임서 사본)

## (2) 신청서 예시

주식회사 율도의 이사회 의사록을 청문인증 방식으로 인증받고자 한다. 이사회 의장은 대표이사 홍길동이고 사내이사는 김철수, 정갑동이며 감사는 이영희이다. 대표이사 홍길동과 사내이사 김철수, 감사 이영희가 이사회에 출석하였다. 전체 이사의 과반수 출석과 출석이사의 과반수 찬성(이사 3명 중 2명이 출석하여 2명 전원이 찬성)으로 이사회 의결을 하고 의장(홍길동)과 출석한 이사 김철수, 출석한 감사 이영희가 변호사 김상균에게 이사회 의사록 인증을 위임하였다.

### (a) 이사회 의사록 <u>원본 2부</u>

의사록에 의장 대표이사 홍길동은 (개인)인감도장과 (법인)인감도장을 함께 찍고 사내이사 김철수와 감사 이영희는 (개인)인감도장을 찍는다.

---

### 이사회 의사록

주식회사 율도는 2016. 7. 14. 오전 10시 본점 회의실에서 이사회를 개최한다.

총이사 수: 3명,    출석 이사 수: 2명
총감사 수: 1명,    출석 감사 수: 1명

의장은 위와 같이 성원이 되었음을 알리고 의안심의에 들어갈 것을 제의하다.

**제1호 의안: 본점이전의 건**
의장은 본 회사의 본점을 다음 장소로 이전할 필요가 있다고 설명하고 그 가부를 물은 바, 이사들은 만장일치로 가결하다.

---

본점이전장소: 서울특별시 송파구 송파대로 35, 2층 (가락동, 일신빌딩)
이전연월일: 2016. 7. 14.


　의장은 이상으로 의안 심의를 전부 종료하였으므로 폐회한다고 선언하다(회의 종료시 각 10시 30분). 위 의사의 경과요령과 결과를 명확히 하기 위하여 이 의사록을 작성하고 의장과 출석한 이사 및 감사가 기명날인하다.

2016. 7. 14.

주식회사 율도

의장 대표이사 홍길동

사내이사 김철수

감사 이영희

## (b) 공증촉탁서

<table>
<tr><td colspan="9" align="center">공 증 촉 탁 서</td></tr>
<tr>
<td>접수번호</td>
<td colspan="3" align="center">-</td>
<td>문서명</td>
<td colspan="4" rowspan="2" align="center">이사회 의사록</td>
</tr>
<tr>
<td>증서등부번호</td>
<td colspan="3" align="center">-</td>
</tr>
<tr>
<td colspan="9" align="center">아래 촉탁인은 위 공정증서 작성 □ 을 촉탁합니다.<br>인증 ■<br>2016년 7월 15일<br>사무소 귀중</td>
</tr>
<tr>
<td rowspan="5">1.<br>촉<br>탁<br>인</td>
<td>성명<br>(법인명)</td>
<td colspan="2">홍길동 외 2인     (인)</td>
<td rowspan="5">2.<br>촉<br>탁<br>인</td>
<td>성명<br>(법인명)</td>
<td colspan="3">(인)</td>
</tr>
<tr>
<td>생년월일<br>(대표이사명)</td>
<td colspan="2">0000. 00. 00.</td>
<td>생년월일<br>(대표이사명)</td>
<td colspan="3"></td>
</tr>
<tr>
<td>주소<br>(소재지)</td>
<td colspan="2">서울특별시 00구 00로 00</td>
<td>주소<br>(소재지)</td>
<td colspan="3"></td>
</tr>
<tr>
<td>연락처</td>
<td colspan="2"></td>
<td>연락처</td>
<td colspan="3"></td>
</tr>
<tr>
<td>위출석확인</td>
<td colspan="2">(인)</td>
<td>위출석확인</td>
<td colspan="3">(인)</td>
</tr>
<tr>
<td rowspan="5">3.<br>대<br>리<br>인</td>
<td>성명<br>(법인명)</td>
<td colspan="2">김상균 (김상균)</td>
<td rowspan="5">4</td>
<td>성명<br>(법인명)</td>
<td colspan="3">(인)</td>
</tr>
<tr>
<td>생년월일<br>(대표이사명)</td>
<td colspan="2">0000. 00. 00.</td>
<td>생년월일<br>(대표이사명)</td>
<td colspan="3"></td>
</tr>
<tr>
<td>주소<br>(소재지)</td>
<td colspan="2">서울특별시 서초구 서초<br>대로 259, 5층</td>
<td>주소<br>(소재지)</td>
<td colspan="3"></td>
</tr>
<tr>
<td>연락처</td>
<td colspan="2">000-0000-0000</td>
<td>연락처</td>
<td colspan="3"></td>
</tr>
<tr>
<td>위출석확인</td>
<td colspan="2">김상균 (김상균)</td>
<td>위출석확인</td>
<td colspan="3">(인)</td>
</tr>
<tr>
<td>비고</td>
<td colspan="3">주식회사 율도</td>
<td colspan="5"></td>
</tr>
<tr>
<td rowspan="6">수<br>령<br>사<br>항</td>
<td>구 분</td>
<td>통수</td>
<td>수령자확인</td>
<td rowspan="5">촉 대<br>탁 리<br>인 인<br>인<br>확인</td>
<td>주민등록증</td>
<td colspan="2"></td>
<td>증인성명</td>
</tr>
<tr>
<td>증서정본</td>
<td></td>
<td>(인)</td>
<td>운전면허증</td>
<td colspan="2"></td>
<td>증인성명</td>
</tr>
<tr>
<td>증서정본</td>
<td></td>
<td>(인)</td>
<td>공무원증</td>
<td colspan="2"></td>
<td>면식번호</td>
</tr>
<tr>
<td>인증서</td>
<td>1</td>
<td>김상균 (김상균)</td>
<td>여 권</td>
<td colspan="2"></td>
<td></td>
</tr>
<tr>
<td colspan="3"></td>
<td>영사증명서</td>
<td colspan="2"></td>
<td></td>
</tr>
<tr>
<td>법률행위의 목적가액</td>
<td colspan="2">수수료</td>
<td colspan="2" align="center">주임</td>
<td align="center">사무장</td>
<td align="center">공증인</td>
</tr>
<tr>
<td></td>
<td></td>
<td>원</td>
<td>원</td>
<td></td>
<td></td>
<td></td>
<td></td>
</tr>
</table>

**(c) 진술서**

<table>
<tr><td colspan="2" align="center">진 술 서</td></tr>
<tr><td align="center">법인명</td><td>주식회사 율도</td></tr>
<tr><td align="center">소재지</td><td>서울특별시 강남구 테헤란로 32, 501호(역삼동, 대흥빌딩)</td></tr>
<tr><td align="center">회의의 종류</td><td>이사회</td></tr>
<tr><td align="center">소집일시</td><td>2016. 7. 14.</td></tr>
<tr><td align="center">소집장소</td><td>본점 회의실</td></tr>
</table>

본인은 (                    )에서 위 법인 의사록의 인증을 촉탁함에 있어서, 위 법인의 **촉탁대리인**으로서 위 회의가 적법하게 소집되었으며, 결의의 절차와 내용이 진실에 부합함을 진술합니다.

2016년  7월  15일

위 진술인: 변호사 김상균

서울특별시 서초구 서초대로 259, 5층 (서초동, 서원빌딩)

**(d) 등기사항전부증명서 (공증사무소 제출일을 기준으로 최근 3개월 이내 발행)**

**(e) 정관 사본**

정관의 첫 장부터 마지막 장까지 (법인)인감도장으로 간인한 뒤, 마지막 장에 다음과 같이 기재하고 (법인)인감도장을 찍는다.

2016년 7월 14일 원본대조필

주식회사 율도
대표이사 홍길동

## (f) 확인서

<table>
<tr><td colspan="2" align="center">확 인 서</td></tr>
<tr><td>법인명</td><td>주식회사 율도</td></tr>
<tr><td>회의 종류</td><td>이사회</td></tr>
<tr><td>소집일시</td><td>2016. 7. 14.</td></tr>
<tr><td>소집통지발송일</td><td>2016. 7. 6.</td></tr>
<tr><td>회의안건</td><td>제1호 의안 본점이전의 건</td></tr>
<tr><td colspan="2">
본인은 위 의사록에 관하여 위 법인의 대표이사로서 이 회의가 적법하게 소집되었으며 결의의 절차와 내용이 진실에 부합함을 확인합니다.<br><br>
2016년 7월 14일 <br>
위 확인인 대표이사 홍길동 <br>
주소: 서울특별시 00구 00로 00 <br>
(            ) 귀중
</td></tr>
</table>

## (g) 공증위임장

공증위임장에 의장은 (개인)인감도장과 (법인)인감도장을 함께 찍고, 출석한 이사와 감사는 (개인)인감도장을 찍는다.

<table>
<tr><td colspan="2" align="center"><h1>위 임 장</h1></td></tr>
<tr><td>수임인</td><td>변호사 김상균<br>서울특별시 서초구 서초대로 259, 5층 (서초동, 서원빌딩)</td></tr>
<tr><td colspan="2">위의 사람을 본인의 대리인으로 정하여 (　　　　　　　　)에서 다음 사서증서의 인증을 촉탁하는 일체의 권한을 위임합니다.<br><br> 다음 <br>1. 이사회 의사록</td></tr>
<tr><td colspan="2" align="center">2016년 7월 15일</td></tr>
<tr><td>위임인</td><td>대표이사 홍길동 <u>(개인인감도장 날인)</u>　<u>(법인인감도장 날인)</u><br>서울특별시 00구 00로 00</td></tr>
<tr><td>위임인</td><td>사내이사 김철수 <u>(개인인감도장 날인)</u><br>서울특별시 00구 00로 00</td></tr>
<tr><td>위임인</td><td>감사 이영희 <u>(개인인감도장 날인)</u><br>서울특별시 00구 00로 00</td></tr>
</table>

**(h)** 홍길동, 김철수, 이영희는 (개인)인감증명서를 제출한다. 모두 공증사무소 제출일을 기준으로 최근 3개월 이내에 발행된 서류여야 한다. 공증위임장에 찍은 도장과 (개인)인감증명서 상의 인영이 같아야 한다.

**(i) (법인)인감증명서 (공증사무소 제출일을 기준으로 최근 3개월 이내 발행)**

## 참석인증 방식의 주주총회 의사록 인증

공증인이 의결장소(주주총회 장소, 이사회 장소 등)에 직접 참석하여 개회에서 폐회에 이르기까지 회의 진행상황, 결의 성립 여부 등 결의의 절차와 내용을 검사하여 의사록을 인증하는 방법을 참석인증이라 한다(공증인법 66조의2 3항 1호). 일반적으로 주주가 많은 경우 참석인증 방식으로 주주총회 의사록을 인증하므로, 이하 참석인증 방식으로 주주총회 의사록을 인증하는 절차를 설명한다.

청문인증은 업무집행구역에 제한이 없으나, 참석인증은 원칙적으로 공증인의 업무집행구역 내에서 개최되는 회의만 할 수 있다(법인의사록에 대한 인증사무 처리지침 11조). 공증인의 업무집행구역은 공증인이 소속된 지방검찰청의 관할구역이다. 다만, 서울특별시는 하나의 업무집행구역으로 보며(공증인법 16조), 법무부장관 또는 소속 지방검찰청검사장의 허가를 받은 경우 업무집행구역을 제한하지 않는다(공증인법 66조의2 4항).

주주총회 의사록 참석인증 시 공증인의 검사를 위해 준비해야 할 서류는 다음과 같다(법인의사록에 대한 인증사무 처리지침 10조 2항, 12조 1항).

> 1. 소집통지서, 소집공고, 주주총회 소집에 관한 이사회 의사록 등 회의 소집에 관한 자료
> 2. 출석 주주의 성명과 의결권의 수를 집계한 서류 (참석장, 참석자명부 등)
> 3. 대리인이 출석한 경우 위임장과 의결권의 수를 집계한 서류
> 4. 회의 안건에 관한 자료

주주총회를 마친 뒤 의사록을 인증하기 위하여 추가로 준비할 서류는 다음과 같다(법인의사록에 대한 인증사무 처리지침 12조 2항).

> 1. 주주총회 의사록 (**원본 2부**)
> 2. 공증촉탁서
> 3. 대표자의 신분증명서 사본 (앞뒷면)
> 4. 진술서
> 5. 주주명부 (본점에 비치된 주주명부의 사본을 의미함, 원본대조필, (법인)인감도장으로 날인·간인)

6. 등기사항전부증명서 (공증사무소 제출일을 기준으로 최근 3개월 이내 발행)

7. 정관 사본 (원본대조필, (법인)인감도장으로 날인·간인)

8. (허가서: 법원의 허가로 주주총회를 소집한 경우)

9. 주주총회 위임장 및 참석장 사본 (원본대조필, (법인)인감도장으로 날인·간인)

10. 참석자명부 사본 (원본대조필, (법인)인감도장으로 날인·간인)

11. 소집통지서 또는 소집공고문 ((법인)인감도장으로 날인)

12. (법인)인감증명서

13. ((법인)인감도장 - 서류 수정 등 변동상황에 대비)

 **제5절 정관 인증**

## 1. 서 론

정관 인증은 ① 주식회사 또는 유한회사를 설립할 때 원시 정관을 인증받는 방법(상법 292조 본문, 543조 3항, 공증인법 63조)과 ② 회사설립 후에 변경된 정관을 일반 사서증서로 보아 인증받는 방법이 있다(정관 인증사무 처리지침 6조, 공증인법 57조).

다만, 자본금 총액이 10억원 미만인 주식회사를 발기설립하거나 자본금 총액이 10억원 미만인 유한회사를 설립할 때는 원시 정관을 인증받을 필요 없다(상법 292조 단서, 543조 3항). 변경등기신청서에 정관 사본을 첨부해야 하는 경우에도 정관을 인증받을 필요 없다.

## 2. 신청서 예시

주식회사를 설립한 뒤, 변경된 정관을 일반 사서증서로 보아 인증받는 사례를 살펴보자.

### (1) 확인서 및 정관 1부

확인서에 (법인)인감도장을 찍고, 확인서부터 첨부한 정관의 마지막 장까지 (법인)인감 도장으로 간인한다.

# 확 인 서

별첨 정관은 주식회사 율도의 현재 정관임을 확인합니다.


[별첨] 주식회사 율도 정관



2016년 7월 15일


주식회사 율도
대표이사 홍길동

# 정 관


2015년 5월 15일 제정
2016년 3월 31일 개정



(생략)

## (2) 공증촉탁서

<table>
<tr><td colspan="7" align="center">공 증 촉 탁 서</td></tr>
<tr><td>접수번호</td><td colspan="3">-</td><td>문서명</td><td colspan="2" rowspan="2" align="center">정 관</td></tr>
<tr><td>증서등부번호</td><td colspan="3">-</td></tr>
<tr><td colspan="7" align="center">아래 촉탁인은 위 공정증서 작성 □ 을 촉탁합니다.<br>인증 ■<br>2016년 7월 15일<br>사무소 귀중</td></tr>
<tr>
<td rowspan="5">1.<br>촉<br>탁<br>인</td>
<td>성명<br>(법인명)</td><td>주식회사 율도　　(인)</td>
<td rowspan="5">2.<br>촉<br>탁<br>인</td>
<td>성명<br>(법인명)</td><td colspan="2">(인)</td>
</tr>
<tr>
<td>생년월일<br>(대표이사명)</td><td>대표이사 홍길동</td>
<td>생년월일<br>(대표이사명)</td><td colspan="2"></td>
</tr>
<tr>
<td>주소<br>(소재지)</td><td>서울특별시 강남구 테헤란<br>로 32</td>
<td>주소<br>(소재지)</td><td colspan="2"></td>
</tr>
<tr>
<td>연락처</td><td>(김상균인)</td>
<td>연락처</td><td colspan="2"></td>
</tr>
<tr>
<td>위출석확인</td><td></td>
<td>위출석확인</td><td colspan="2">(인)</td>
</tr>
<tr>
<td rowspan="5">3.<br>대<br>리<br>인</td>
<td>성명<br>(법인명)</td><td>김상균 (인)</td>
<td rowspan="5">4</td>
<td>성명<br>(법인명)</td><td colspan="2">(인)</td>
</tr>
<tr>
<td>생년월일<br>(대표이사명)</td><td>0000. 00. 00.</td>
<td>생년월일<br>(대표이사명)</td><td colspan="2"></td>
</tr>
<tr>
<td>주소<br>(소재지)</td><td>서울특별시 서초구 서초대<br>로 259, 5층</td>
<td>주소<br>(소재지)</td><td colspan="2"></td>
</tr>
<tr>
<td>연락처</td><td>000-0000-0000 (김상균인)</td>
<td></td><td colspan="2"></td>
</tr>
<tr>
<td>위출석확인</td><td>김상균 (인)</td>
<td>위출석확인</td><td colspan="2">(인)</td>
</tr>
<tr><td>비고</td><td colspan="6"></td></tr>
<tr>
<td rowspan="5">수<br>령<br>사<br>항</td>
<td>구 분</td><td>통수</td><td>수령자확인</td>
<td rowspan="4">촉 대<br>탁 리<br>인 인<br>확인</td>
<td>주민등록증</td><td>증인성명</td>
</tr>
<tr>
<td>증서정본</td><td></td><td>(인)</td>
<td>운전면허증</td><td>증인성명</td>
</tr>
<tr>
<td>증서정본</td><td></td><td></td>
<td>공무원증</td><td>면식번호</td>
</tr>
<tr>
<td>인증서</td><td>1</td><td>김상균 (김상균인)</td>
<td>여 권</td><td></td>
</tr>
<tr>
<td></td><td></td><td></td>
<td></td><td>영사증명서</td><td></td>
</tr>
<tr>
<td colspan="2">법률행위의 목적가액<br>　　　　원</td><td colspan="2">수수료<br>　　　원</td>
<td>주임</td><td>사무장</td><td>공증인</td>
</tr>
</table>

(3) 등기사항전부증명서 (공증사무소 제출일을 기준으로 최근 3개월 이내 발행)

(4) 공증위임장

<table>
<tr><td colspan="2" align="center">위 임 장</td></tr>
<tr><td>수임인</td><td>변호사 김상균<br>서울특별시 서초구 서초대로 259, 5층 (서초동, 서원빌딩)</td></tr>
<tr><td colspan="2">위의 사람을 본인의 대리인으로 정하여 (              )에서 다음 사서증서의 인증을 촉탁하는 일체의 권한을 위임합니다.<br><br> 다음 <br>1. 정관</td></tr>
<tr><td colspan="2" align="center">2016년 7월 15일</td></tr>
<tr><td>위임인</td><td>주식회사 율도<br>서울특별시 강남구 테헤란로 32<br><br>대표이사 홍길동  (印)</td></tr>
</table>

(5) (법인)인감증명서 (공증사무소 제출일을 기준으로 최근 3개월 이내 발행)

**비 용**

공증인 수수료는 법으로 정해져 있다. 주주총회 의사록, 사원총회 의사록, 이사회 의사록 등 의사록 인증의 수수료는 건당 3만원이다(공증인 수수료 규칙 21조 2항). 참석인증은 여기에 공증인의 검사 수수료가 추가되는데, 발행주식의 액면총액 5천만원까지는 100만원으로 하고, 5천만원을 초과하면 그 초과액의 2천분의 3을 더하되, 300만원을 초과하지 못한다. 공증인은 검사 수수료 예납을 요구할 수 있다(법인의사록에 대한 인증사무 처리지침 13조, 공증인 수수료 규칙 19조의2).

주식회사 또는 유한회사설립 시 원시 정관 인증의 수수료는 발행주식의 액면총액 5천만원까지는 8만원으로 하고, 5천만원을 초과할 경우에는 그 초과액의 2천분의 1을 더하되 100만원을 초과하지 못한다(공증인 수수료 규칙 21조 1항). 회사를 설립한 뒤, 변경된 정관을 일반 사서증서로 보아 인증할 경우, 법률행위가 아닌 사실에 관한 증서의 인증으로 보아 12,500원으로 계산한다(공증인 수수료 규칙 15조 1항, 20조 1항).

제**8**절

# 외국인 임원, 외국인 투자

## I  외국인 임원

### 1. 등기신청

#### (1) 기재

##### (a) 국적과 성명

외국인이 우리나라 법인의 임원으로 취임하면 외국인의 성명과 국적을 함께 등기한다(예: 사내이사 미합중국인 빌게이츠). <u>외국인의 성명은 원지역음을 한글과 아라비아숫자로 기재</u>한다. 이 경우 괄호를 사용하여 본국(자신의 국적이 있는 나라)에서의 표기를 함께 적을 수 있다(상호 및 외국인의 성명 등의 등기에 관한 예규[440] 17조 1항·2항). 함께 적을 수 있는 문자는 다음과 같다.

상호 및 외국인의 성명 등의 등기에 관한 예규 제4조(병기할 수 있는 문자 등)
① 상호, 목적, 외국인의 성명, 외국주소 및 외국회사의 영업소의 본점소재지에 병기할 때 사용할 수 있는 문자 등은 다음 각 호와 같다.
1. 한자(「한국산업규격 정보교환용부호계(한글 및 한자)」에 수록되어 있는 한자에 한한다)
2. 로마자(A, B, C, D, E, F, G, H, I, J, K, L, M, N, O, P, Q, R, S, T, U, V, W, X, Y, Z, a, b, c, d, e, f, g, h, i, j, k, l, m, n, o, p, q, r, s, t, u, v, w, x, y, z 등 52자에 한한다)
3. 아라비아숫자(0, 1, 2, 3, 4, 5, 6, 7, 8, 9)
4. 부호 [「&」 {앰퍼스앤드(ampersand)}, 「'」 {아포스트로피(apostrophe)}, 「,」 {콤마(comma)}, 「-」 {하이픈(hyphen)}, 「.」(온점[period]), 「·」(가운뎃점) 등 6개에 한한다]
② 로마자로 병기하는 경우에는 제1항 제4호의 부호를 그 사용법에 따라 등기할 수 있다.
【사용할 수 있는 부호의 예시】
에이비씨앤프렌즈 주식회사(ABC & Friends Co., Ltd.)

---

440) 등기예규 제1598호, 2016. 5. 13. 개정, 2016. 6. 11. 시행

주식회사 에이비씨갑을자동차 (ABC-GABEUL Motors Co., Ltd.)
주식회사 에이비씨가구 (A. B. C. Furniture Co., Ltd.)
에이비씨제지 주식회사 (A · B · C Paper Co., Ltd.)

외국인의 성명은 띄어쓰기 하지 않으나, 괄호를 사용하여 함께 적은 부분(로마자, 숫자 등)은 띄어쓰기할 수 있다(상호 및 외국인의 성명 등의 등기에 관한 예규 17조 4항 · 5항 · 6항, 6조 2항).

### (b) 생년월일

법인의 임원이 주민등록번호가 없는 재외국민 또는 외국인이면 주민등록번호 대신 <u>생년 월일을 등기</u>해야 한다(법인등의 등기사항에 관한 특례규칙 2조).

### (c) 외국주소

외국주소는 본국에서의 표기를 <u>우리나라의 주소기재방식으로 기재</u>하고「외래어 표기법」에 따라 한글 등으로 기재한다. 예를 들어 미국의「9560 AQUEDUCT AVE NORTH HILLS, CA」라는 주소는 우리나라의 주소기재방식에 따라 순서를 바꿔「미국 캘리포니아주 노스힐스 애퀴덕트 애비뉴 9560」이라고 한글과 숫자로 기재한다.

상호 및 외국인의 성명 등의 등기에 관한 예규 18조(외국주소의 등기)
① 외국주소(내 · 외국민을 불문한다)의 등기는 본국에서의 표기를「외래어 표기법」에 따라 한글 등으로 우리나라의 주소기재방식으로 기재하여야 한다.
　이 경우 단어, 문자, 아라비아숫자 또는 부호 사이를 한 칸 띄어써야 한다.
　【예시】하남성 남양시 팔일로 272호 특강공사 (河南省南阳市八一路272号特钢公司)
　【예시】미국 캘리포니아주 노스힐스 애퀴덕트 애비뉴 9560 (9560 AQUEDUCT AVE NORTH HILLS, CA)
② 괄호안의 로마자 등의 병기는 신청에 따라 제1항의 등기를 한 후 한 칸을 띄우고 괄호를 사용하여 본국에서의 표기를 하여야 한다. 다만, 본국에서의 표기에 병기할 수 없는 문자나 부호가 사용되고 있는 경우에는 한글 등으로만 등기하여야 한다.
③ 외국 주소를 병기하기 위해서는 외국 주소를 증명하는 서면 외에 번역문을 첨부하여야 한다.
④ 제10조 제5항은 성질에 반하지 않는 한 외국주소의 등기에 관하여 준용한다.

## (d) 예시

미국인 마크 엘리엇 주커버그(Mark Elliot Zuckerberg, 1984년 5월 14일생)가 우리나라 법인의 대표이사로 선임된 사례이다. 주소는 「1 Hacker Way Menlo Park, CA」이고, 우리나라 주소기재 방식에 따르면 「미국 캘리포니아주 멘로파크 해커웨이 1」이다.

| 임원에 관한 사항 |
| --- |
| 대표이사 미합중국인 마크엘리엇주커버그[441] 1984년 5월 14일생 미국 캘리포니아주 멘로파크 해커웨이 1 |

이름과 주소에 괄호를 사용하여 로마자와 숫자 등을 함께 적을 경우 다음과 같이 등기한다.

| 임원에 관한 사항 |
| --- |
| 대표이사 미합중국인 마크엘리엇주커버그(Mark Elliot Zuckerberg) 1984년 5월 14일생 미국 캘리포니아주 멘로파크 해커웨이 1(1 Hacker Way Menlo Park, CA) |

## (2) 영사관확인 또는 아포스티유(apostille) 발급

등기신청서에 첨부하는 외국 공증서면이나, 외국관공서에서 발급한 공문서(신분증명서, 주소증명서, 거주사실증명서, 인감증명서 등)는 ① 영사관의 확인을 받거나 ② 아포스티유(apostille)를 발급받아야 한다. 아포스티유는 프랑스어로 난외에 추가로 쓴 글, 주(註)라는 뜻으로서 일종의 증명서이다.

대한민국 영사관의 공증담당영사는 해당 주재국의 공무원이 발행하였거나 공증인이 공증한 문서에 찍힌 도장·서명의 진위와 그 공무원이나 공증인의 직위를 확인하여 문서에 확인증을 찍어주거나 확인서를 발급해 줄 수 있다(재외공관 공증법 30조, 31조). 참고로, 영사관인증과 영사관확인은 전혀 다른 절차이다. 영사관인증(재외공관 공증법 25조)은 영사관이 마치 공증인처럼 사서증서를 인증하는 절차이다.

나아가, 우리나라가 「외국공문서에 대한 인증의 요구를 폐지하는 협약」(이하 '협약')에 가입하여 2007년 7월 14일 발효됨에 따라 협약에 가입한 다른 나라의 공문서나 공증서면에

---

441) 외국인이 우리나라에 외국인등록을 하면 외국인등록 사실증명서에 우리나라의 성명표기방식에 따라 성을 앞에 둔 '주커버그 마크 엘리엇'이라고 기재되므로 임원의 이름을 '주커버그마크엘리엇'이라고 등기해도 된다.

해당 국가에서 발급받은 아포스티유를 부착하면 영사관확인 절차를 거치지 않더라도 그 공문서·공증서면을 우리나라 등기소에 제출할 수 있다(재외공관 공증법 30조 1항 단서, 외국공문서에 관한 업무처리지침[442) 2조)[443) 아포스티유 발급이 영사관확인 절차보다 간편하므로 가급적 아포스티유를 발급받는 것이 좋다. 반면 협약에 가입하지 않은 나라의 공문서와 공증서면은 영사관확인 절차를 밟아야 등기소에 제출할 수 있다.

협약에 따르면, 한 체약국(협약을 체결한 국가)에서 작성된 공문서를 다른 체약국에 제출할 때 공문서가 발행된 국가의 권한 당국이 발급한 아포스티유를 공문서에 붙이면 그 밖의 인증을 면제한다(협약 3조, 4조). 따라서 공문서에 아포스티유를 발급받아 붙이면 영사관확인 절차가 면제된다. 협약이 적용되는 문서는 다음과 같다(협약 1조).

> 1. 검찰기관 및 법원의 사무·집행기관이 발행하는 문서를 포함하여 국가법원과 관련된 당국 또는 공무원이 발행하는 문서
> 2. 행정문서
> 3. 공증인의 직무상 작성된 증서
> 4. 사서증서에 부가되는 것으로서 등록사실의 기재, 특정 일자에 대한 검인 및 서명의 인증과 같은 공적 기술서

다만, 영사관확인이나 아포스티유를 제출할 수 없는 특별한 사정이 있고, 외국공문서가 적법하게 발급되었다고 인정할 만한 충분한 자료가 있는 경우라면 외국공문서를 등기소에 그대로 제출할 수 있다[444).

---

442) 등기예규 제1534호, 2014. 11. 5. 제정, 2014. 11. 21. 시행
443) 외국인의 취임승낙서 또는 사임서 등에 영사관의 확인을 받거나 아포스티유를 첨부하여야 하는지 여부 [상업등기선례 제201502-1호, 2015. 2. 10. 제정]
444) 외국공문서에 관한 업무처리지침 [등기예규 제1534호, 2014. 11. 5. 제정, 2014. 11. 21. 시행] 3조 단서

2024년 1월 현재 협약이 발효된 나라는 다음과 같다.

| 지역 | 국가명 |
| --- | --- |
| 아시아 | 대한민국, 모리셔스, 몽골, 바레인, 브루나이, 사우디아라비아, 싱가포르, 아르메니아, 아제르바이잔, 오만, 우즈베키스탄, 이스라엘, 인도, 인도네시아, 일본, 조지아, 중국, 카자흐스탄, 키르기스스탄, 타지키스탄, 파키스탄, 필리핀 |
| 유럽 | 그리스, 네덜란드, 노르웨이, 덴마크, 독일, 라트비아, 러시아, 루마니아, 룩셈부르크, 리투아니아, 리히텐슈타인, 마케도니아, 모나코, 몬테네그로, 몰도바, 몰타, 벨라루스, 벨기에, 보스니아-헤르체고비나, 불가리아, 산마리노, 세르비아, 스웨덴, 스위스, 스페인, 슬로바키아, 슬로베니아, 아이슬란드, 아일랜드, 안도라, 알바니아, 에스토니아, 영국, 오스트리아, 우크라이나, 이탈리아, 체코, 코소보, 크로아티아, 키프로스, 터키(튀르키예), 포르투갈, 폴란드, 프랑스, 핀란드, 헝가리 |
| 북미 | 과테말라, 그라나다, 니카라과, 도미니카공화국, 도미니카연방, 멕시코, 미국, 바베이도스, 바하마, 벨리즈, 세인트루시아, 세인트빈센트, 세인트키츠네비스, 앤티가바부다, 엘살바도르, 온두라스, 자마이카, 캐나다, 코스타리카, 트리니다드토바고, 파나마 |
| 남미 | 가이아나, 볼리비아, 베네수엘라, 브라질, 수리남, 아르헨티나, 에콰도르, 우루과이, 칠레, 콜롬비아, 파라과이, 페루 |
| 아프리카 | 나미비아, 남아프리카공화국, 라이베리아, 레소토, 말라위, 모로코, 보츠와나, 부룬디, 상투메 프린시페, 세네갈, 세이셸, 스와질란드, 카보베르데, 튀니지 |
| 오세아니아 | 뉴질랜드, 니우에, 마셜군도, 바누아투, 사모아, 쿡제도, 통가, 팔라우,피지, 호주 |

## (3) 첨부서면

외국인, 외국국적동포[445], 재외국민[446]이 임원으로 취임하거나, 중임, 사임할 때 필요한 서류를 살펴보자. 이 중에서 재외국민은 엄밀히 말하면 대한민국 국민이지 외국인이 아니다. 재외국민은 영주귀국신고를 하지 않더라도 국내에 30일 이상 거주할 목적으로 국내 거주지를 가진 경우 주민등록을 할 수 있다(주민등록법 6조 1항 3호, 19조 4항). 다만 재일동포(특

---

445) 외국국적동포는 다음 중 어느 하나에 해당하는 자이다(재외동포의 출입국과 법적 지위에 관한 법률 2조 2호 및 같은 법 시행령 3조).
   1. 출생에 의하여 대한민국의 국적을 보유했던 사람(대한민국정부 수립 전에 국외로 이주한 동포를 포함한다)으로서 외국국적을 취득한 사람
   2. 제1호에 해당하는 사람의 직계비속(直系卑屬)으로서 외국국적을 취득한 사람
446) 대한민국의 국민으로서 외국의 영주권(永住權) 또는 이에 준하는 거주목적의 장기체류자격을 취득한 자, 「해외이주법」 제2조의 규정에 의한 해외이주자로서 거주국으로부터 영주권을 취득하지 아니한 자(재외동포의 출입국과 법적 지위에 관한 법률 2조 1호, 같은 법 시행령 2조, 해외이주법 2조)

별영주권자 등)[447] 나 주민등록이 말소된 후 재등록하지 하지 않은 재외국민은 첨부서면에 관하여 별도의 검토가 필요하다.

서류 준비 시 다음 사항에 주의해야 한다. ① 우리나라 관공서(재외공관 포함)에서 발급받는 서류인 주민등록등본·초본, 재외국민등록부 등본, 외국인등록 사실증명서, 국내거소신고 사실증명서, (개인)인감증명서, 본인서명사실확인서 등은 등기신청서 제출일 또는 공증사무소 제출일을 기준으로 최근 3개월 이내에 발행된 서류여야 한다(상업등기규칙 35조 2항, 52조 4항 등). ② 첨부서면이 외국어로 작성된 경우 <u>그 번역문을 함께 제공해야 한다</u>(상업등기규칙 52조 5항). 번역문은 번역의 정확성을 보장하기 위하여 번역인의 성명과 주소를 기재하고 번역인이 서명 또는 기명날인해야 한다. 번역인의 자격에는 제한이 없다. 등기신청인은 번역문에 서명 또는 기명날인할 필요 없다[448]. 앞서 살펴본 바와 같이 ③ 등기신청서에 첨부하는 외국공문서나 외국공증인의 공증서면은 영사관확인을 받거나 아포스티유를 발급받아야 한다.

외국인, 외국국적동포, 재외국민이 법인의 임원으로 취임, 중임, 사임할 때 또는 법인 대표자로서 (법인)인감신고를 할 때 준비해야 할 서류는 다음과 같다.

---

447) 1991년 한일양국의 외교장관간 각서에 따라 일본정부는 1991년 5월 10일 「샌프란시스코 강화조약에 따라 일본국적을 이탈한 자 등의 출입국관리에 관한 특례법」(日本国との平和条約に基づき日本の国籍を離脱した者等の出入国管理に関する特例法)을 제정하여 재일동포에게 특별영주권을 부여하였다. 그러나 재일동포 중에는 특별영주권을 신청하지 않고 종전과 같이 「포츠담선언의 수락에 따라 발하는 명령에 관한 건에 근거한 외무성 제 명령의 조치에 관한 법률」(소화27년 법률제126호) 상의 체류자격을 고수하는 경우도 있다(정구태, 이홍민, "재일동포의 상속에 있어서 준거법 결정 관한 고찰", 「가족법연구」 제25권 제1호, 2011., 74쪽).

448) 번역문에 번역자의 기명날인이 있어야 하는지 여부 [상업등기선례 제1-22호, 1997. 11. 5. 제정]

## (a) 임원 취임 시 성명, 생년월일, 국적(외국인의 경우)을 증명하는 서면[449]

| | 준비서류 (아래 행 중 택1) | 영사관확인 또는 아포스티유 |
|---|---|---|
| 외국인 또는 외국 국적 동포 | 외국인등록 사실증명서[450] | |
| | (외국국적동포의 경우) 국내거소신고 사실증명서[451] | |
| | ① 공증인이 원본과 동일함을 인증한 여권 사본[452] + ② 번역문 | ○ (외국 공증시) |
| | ① 공증인이 원본과 동일함을 인증한 신분증명서(본국 관공서가 발급하고, 국적, 성명, 생년월일이 기재되어야 함) 사본[453] + ② 번역문 | ○ (외국 공증시) |
| 재외 국민 | 주민등록등본 · 초본 | |
| | 재외국민등록부 등본[454] | |
| | ① 재일동포인 경우 일본 관공서가 발행한 거주지가 기재된 특별영주자증명서[455] + ② 번역문 | ○ |
| | ① 재일동포인 경우 일본 관공서가 발행한 거주지가 기재된 주민표 기재사항증명서[456] + ② 번역문 | ○ |

449) 내국인 임원의 중임등기신청 시 중임하는 임원의 주민등록번호를 증명하는 서면을 첨부하지 않아도 된다는 점을 고려하면(법인등의등기사항에관한특례법시행규칙에 따른 사무처리지침(등기예규 제666-1항)〔등기예규 제943호, 1998. 9. 8. 개정〕5. 나.), 외국인 임원의 중임등기신청 시에도 성명, 생년월일, 국적(외국인의 경우)을 증명하는 서면을 제출할 필요가 없다고 보아야 할 것이다.

450) 외국인이 국내에 입국하여 90일을 초과하여 장기체류하는 경우에는 그 체류지를 관할하는 출입국관리사무소에 외국인등록을 해야 한다(출입국관리법 31조 1항 본문). 외국인등록을 하면 외국인등록 사실증명서로 주민등록등본 · 초본을 갈음한다(출입국관리법 88조의2 1항).

451) 재외동포의 출입국과 법적 지위에 관한 법률 7조 5항, 9조; 재외동포체류자격으로 입국한 외국국적동포는 재외동포의 출입국과 법적 지위에 관한 법률을 적용받기 위하여 필요하면 대한민국 안에 거소(居所)를 정하여 그 거소를 관할하는 지방출입국 · 외국인관서의 장에게 국내거소신고를 할 수 있다(재외동포의 출입국과 법적 지위에 관한 법률 6조 1항).

452) 외국인의 취임승낙서 또는 사임서 등에 영사관의 확인을 받거나 아포스티유를 첨부하여야 하는지 여부〔상업등기선례 제201502-1호, 2015. 2. 10. 제정〕

453) 상업등기실무(Ⅰ), 162쪽; 참고로, 은행 등 금융기관은 외국인의 신분증명서 대신 여권을 요구하기도 하므로 본국 공증인으로부터 여권 사본과 신분증명서 사본을 함께 인증받는 것이 좋다.

454) 외국의 일정한 지역에 계속하여 90일을 초과하여 거주하거나 체류할 의사를 가지고 그 지역에 체류하는 대한민국 국민은 재외국민등록법에 따라 등록해야 하는데(재외국민등록법 2조), 등록대상자는 외국의 일정한 지역에 주소나 거소를 정한 날부터 90일 이내에 주소나 거소를 관할하는 등록공관(대한민국 대사관 · 총영사관 · 분관 또는 출장소)에 성명, 주민등록번호, 체류국 내의 주소 또는 거소 등을 등록해야 한다(재외국민등록법 3조, 4조). 등록공관에 재외국민의 등록을 한 자는 외교통상부장관이나 등록공관의 장에게 신청하여 재외국민등록부 등본을 교부받을 수 있다(재외국민등록법 7조 1항).

455) 과거에는 재일동포의 주소를 증명하는 서면으로 외국인등록증명서를 요구하였으나(재일동포의 주소를 증

**(b) 법인 대표자의 취임 또는 중임 시 주소를 증명하는 서면 (위 (a)항과 같은 서면인 경우 중복하여 제출할 필요 없다)**

| | 준비서류 (아래 행 중 택1) | 영사관확인 또는 아포스티유 |
|---|---|---|
| 외국인 또는 외국 국적 동포 | 외국인등록 사실증명서 | |
| | (외국국적동포의 경우) 국내거소신고 사실증명서 | |
| | ① 본국 관공서가 발급한 주소증명서 또는 거주사실증명서(일본, 독일, 프랑스, 대만 등)[457] + ② 번역문 | ○ |
| | 본국 관공서가 주소증명서 또는 거주사실증명서를 발급하지는 않으나 이를 대신할 수 있는 주소가 기재된 신분증을 발급하는 경우 ① 신분증 사본에 원본과 동일하다는 취지를 기재하고 공증인의 공증을 받음[458] + ② 번역문 | ○ (외국 공증시) |
| | 본국 관공서가 주소증명서 또는 거주사실증명서를 발급하지 않는 경우 공증인이 주소를 공증한 서면(미국, 영국 등)[459] | ○ |
| 재외 국민 | 주민등록등본 · 초본 | |
| | 재외국민등록부 등본 | |
| | ① 주재국에 대사관 등이 없어 주소증명서면을 발급받을 수 없을 때는 그 나라 관공서가 발급한 주소증명[460] + ② 번역문 | ○ |
| | ① 재일동포인 경우 일본 관공서가 발행한 거주지가 기재된 특별영주자증명서 + ② 번역문 | ○ |
| | ① 재일동포인 경우 일본 관공서가 발행한 거주지가 기재된 주민표 기재사항증명서 + ② 번역문 | ○ |

---

명하는 서면 [등기선례 제2-100호, 1989. 3. 28. 제정]), 일본의 외국인등록법(外国人登錄法)이 2012년 7월 9일 폐지되어 외국인등록증명서는 더이상 발급받을 수 없다. 특별영주자격을 가진 재일교포는 「샌프란시스코 강화조약에 따라 일본국적을 이탈한 자 등의 출입국관리에 관한 특례법」 제7조에 따라 특별영주자증명서(特別永住者証明書)를 발급받을 수 있다.

456) 일본의 외국인등록법이 폐지됨에 따라 일본에 거주하는 외국인에 대해서도 주민기본대장법상 주민표(住民票)가 작성되어 외국인도 주민표 기재사항증명서(住民票記載事項証明書)를 발급받을 수 있다(일본 주민기본대장법(住民基本台帳法) 30조의45부터 30조의51).

457) 상업등기실무(I), 162쪽

458) 상업등기실무(I), 162쪽; 재외국민 및 외국인의 부동산등기신청절차에 관한 예규 [등기예규 제1686호, 2020. 6. 10. 개정, 2020. 7. 1. 시행] 13조 4. 참고

459) 상업등기실무(I), 162쪽

460) 상업등기실무(I), 161-162쪽

### (c) 임원의 취임, 중임, 사임 시 취임승낙서, 중임승낙서, 사임서(이하, '취임승낙서 등')

| | 준비서류 (아래 행 중 택1) | 영사관확인 또는 아포스티유 |
|---|---|---|
| 외국인 또는 외국 국적 동포 | (법인의 대표자가 중임 또는 사임하는 경우) 중임승낙서 또는 사임서에 기존 (법인)인감도장을 찍음[461] | |
| | ① 취임승낙서 등에 (개인)인감을 찍음 + ② (개인)인감증명서[462] | |
| | ① 취임승낙서 등에 서명 + ② 본인서명사실확인서[463] | |
| | (본국에 인감증명제도가 있는 경우) ① 취임승낙서 등에 본국 관공서에 신고한 인감을 찍음[464] + ② 인감증명서 + ③ 번역문 | ○ |
| | ① 취임승낙서 등에 본인이 기명날인 또는 서명 + ② 본인이 기명날인 또는 서명하였다는 본국 공증인의 인증[465] + ③ 번역문 | ○ |
| | ① 취임승낙서 등에 본인이 서명 + ② 본인이 서명하였다는 우리나라 공증인의 인증[466] | |
| | (법인의 대표자가 아닌 경우) ① 취임승낙서 등에 서명 + ② 본국 공증인 대신에 서명자가 거주 또는 체류하는 나라의 공증인의 인증[467] + ③ 번역문 | ○ |
| | ① 취임승낙서 등에 서명 + ② 본인이 서명하였다는 본국 관공서의 증명서면[468] + ③ 번역문 | ○ |
| | ① 취임승낙서 등에 서명 + ② 본인이 서명하였다는 대한민국 재외공관의 영사관인증[469] | |

---

461) 상업등기규칙 154조 2항, 104조 1항 단서

462) 「출입국관리법」에 따라 외국인등록을 한 사람이 인감등록을 한 경우(인감증명법 3조 3항), 「재외동포의 출입국과 법적 지위에 관한 법률」에 따라 국내거소신고를 한 사람이 인감등록을 한 경우(인감증명법 3조 4항)

463) 대한민국 내에 주소를 가지지 아니한 국민, 「출입국관리법」에 따라 외국인등록을 한 사람, 「재외동포의 출입국과 법적 지위에 관한 법률」에 따라 국내거소신고를 한 외국국적동포(본인서명사실 확인 등에 관한 법률 5조 1항 2호부터 4호)

464) 상업등기규칙 154조 2항, 104조 2항

465) 상업등기규칙 154조 2항, 104조 1항 본문

466) 상업등기규칙 154조 2항, 104조 1항 본문: 주식회사나 유한회사에 관한 등기신청서에 이사 또는 감사의 취임승낙 또는 사임을 증명하는 서면을 첨부하는 경우 그 이사 또는 감사가 우리나라에 거주 또는 체류하는 외국인인 때 그 서면상의 서명이 본인의 것임을 확인하는 우리나라 공증인의 인증서 첨부가능 여부 및 '체류'의 의미 [상업등기선례 제1-168호, 2005. 2. 18. 제정]

467) 임원 변경등기에서 체류국 공증인의 공증 허용 여부 [상업등기선례 제2-3호, 2006. 7. 10. 제정]

468) 상업등기규칙 154조 2항, 104조 2항

469) 재외공관 공증법 1조, 2조, 13조, 25조, 27조, 33조; 회사의 임원의 취임 또는 사임으로 인한 변경등기 신청

| | 준비서류 (아래 행 중 택1) | 영사관확인<br>또는<br>아포스티유 |
|---|---|---|
| 재외<br>국민 | (법인의 대표자가 중임 또는 사임하는 경우) 중임승낙서 또는 사임서에 기존 (법인)인감도장을 찍음[470] | |
| | ① 취임승낙서 등에 (개인)인감을 찍음 + ② (개인)인감증명서[471] | |
| | ① 취임승낙서 등에 서명 + ② 본인서명사실확인서[472] | |
| | ① 취임승낙서 등에 본인이 서명 + ② 본인이 서명하였다는 우리나라 공증인의 인증[473] | |
| | (법인의 대표자가 아닌 경우) ① 취임승낙서 등에 서명 + ② 우리나라 공증인 대신에 서명자가 거주 또는 체류하는 나라의 공증인의 인증[474] + ③ 번역문 | ○ |
| | ① 취임승낙서 등에 서명 + ② 본인이 서명하였다는 대한민국 재외공관의 영사관인증 | |
| | ① 취임승낙서 등에 인감증명제도가 있는 외국의 관공서에 신고한 인감을 찍음 + ② 인감증명서[475] + ③ 번역문 | ○ |

---

시 본국에 인감증명제도가 없는 외국인의 취임승낙 또는 사임을 증명하는 서면에 대한민국 재외공관의 영사관의 인증을 받은 서면을 첨부할 수 있는지 여부 [상업등기선례 제2-34호, 2011. 1. 3. 제정]

470) 상업등기규칙 154조 2항, 104조 1항 단서

471) 해외에 거주하는 재외국민이 (개인)인감을 신고하지 않았거나 (개인)인감이 말소된 경우, 증명청에 방문하지 않고서도 (개인)인감신고를 서면으로 할 수 있다(인감증명법 3조 2항, 7조 1항 단서, 같은 법 시행령 8조, 별지 제9호 서식). 이 경우 이미 (개인)인감을 신고한 성년자 1명이 보증해야 한다(인감증명법 7조 2항).

472) 본인서명사실 확인 등에 관한 법률 5조 1항 2호, 4호

473) 상업등기규칙 154조 2항, 104조 1항 본문

474) 임원 변경등기에서 체류국 공증인의 공증 허용 여부 [상업등기선례 제2-3호, 2006. 7. 10. 제정]

475) 재외국민이 주식회사의 감사로 취임할 때 취임승낙서에 첨부할 인감증명 [상업등기선례 제1-147호, 1993. 9. 16. 제정]

## (d) 법인 대표자 취임 시 (법인)인감신고서

| | 준비서류 (아래 행 중 택1) | 영사관확인 또는 아포스티유 |
|---|---|---|
| 외국인 및 외국국적 동포 | 법인 대표자가 중임하는 경우 (법인)인감신고서를 제출하지 않음 | |
| | ① (법인)인감신고서에 (개인)인감을 찍음 + ② (개인)인감증명서 (상업등기규칙 35조 2항) | |
| | ① (법인)인감신고서에 서명 + ② 본인서명사실확인서[476] | |
| | (본국에 인감증명제도가 있는 경우) ① (법인)인감신고서에 본국 관공서에 신고한 인감을 찍음 + ② 인감증명서[477] + ③ 번역문 | ○ |
| | ① (법인)인감신고서에 본인이 기명날인 또는 서명 + ② 본인이 기명날인 또는 서명하였다는 공증인의 인증 (상업등기규칙 35조 2항 단서)[478] + ③ (외국어 문서인 경우) 번역문 | ○ (외국 공증시) |
| | (본국에 인감증명제도가 없는 경우) ① (법인)인감신고서에 서명 + ② 그 서명이 본인의 것이라는 취지의 본국 관공서의 증명[479] + ③ 번역문 | ○ |
| 재외국민 | 법인 대표자가 중임하는 경우 (법인)인감신고서를 제출하지 않음 | |
| | ① (법인)인감신고서에 (개인)인감을 찍음 + ② (개인)인감증명서 (상업등기규칙 35조 2항) | |
| | ① (법인)인감신고서에 서명 + ② 본인서명사실확인서 | |
| | ① (법인)인감신고서에 본인이 기명날인 또는 서명 + ② 본인이 기명날인 또는 서명하였다는 공증인의 인증 (상업등기규칙 35조 2항 단서) + ③ (외국어 문서인 경우) 번역문 | ○ (외국 공증시) |

476) 본인서명사실 확인 등에 관한 법률 13조

477) 인감의 제출·관리 및 인감증명서 발급에 관한 업무처리지침 [등기예규 제1768호, 2023. 6. 9. 개정, 2023. 6. 9. 시행] 4조 3항 1호

478) 체류국 공증인은 포함하지 않는다(임원 변경등기에서 체류국 공증인의 공증 허용 여부 [상업등기선례 제2-3호, 2006. 7. 10. 제정]).

479) 인감의 제출·관리 및 인감증명서 발급에 관한 업무처리지침 [등기예규 제1768호, 2023. 6. 9. 개정, 2023. 6. 9. 시행] 4조 3항 2호

## 2. 공 증

### (1) 외국인이 직접 신청하는 경우

외국인·외국국적동포·재외국민이 이사, 감사, 주주로서 공증사무소에 직접 출석하여 공증하는 경우 다음 서류를 준비해야 한다. 그 밖에 준비할 서류는 「제1장 총론」 「제7절 공증」에서 설명한 바와 같다. 만약 외국인·외국국적동포·재외국민이 우리말로 의사소통하지 못하면 통역인(통역인은 신분증을 지참)도 함께 와야 한다(공증인법 28조, 33조).

| | 준비서류 (아래 행 중 택1) |
|---|---|
| 외국인<br>또는<br>외국<br>국적<br>동포 | 외국인등록증 (공증인법 27조 2항 1호, 출입국관리법 88조의2 1항) |
| | (외국국적동포인 경우) 거소신고증 (공증인법 27조 2항 1호, 재외동포의 출입국과 법적 지위에 관한 법률 9조) |
| | 우리나라 운전면허증 (공증인법 27조 2항 1호) |
| | 여권 (공증인법 27조 2항 단서)[480] |
| | 대한민국에 주재하는 본국 영사가 발행한 증명서 (공증인법 27조 2항 단서) |
| | 촉탁인의 성명과 얼굴을 아는 증인 2명(신분증과 도장 지참)을 대동 (공증인법 27조 2항 2호) |
| 재외<br>국민 | 주민등록증 (공증인법 27조 2항 1호, 주민등록법 6조 1항 3호) |
| | 우리나라 운전면허증 (공증인법 27조 2항 1호) |
| | 우리나라 여권 (공증인법 27조 2항 1호) |
| | 촉탁인의 성명과 얼굴을 아는 증인 2명(신분증과 도장 지참)을 대동 (공증인법 27조 2항 2호) |

### (2) 대리인이 신청하는 경우

대리인(대리인 신분증과 대리인 도장을 지참)은 공증인에게 위임장을 제출해야 한다(공증인법 31조 1항). 그 밖에 준비할 서류는 「제1장 총론」 「제7절 공증」에서 설명한 바와 같다.

---

480) 외국에서 발행된 증명서(운전면허증, 주민증)는 공증인법 27조 2항 1호의 증명서가 아님에 주의하자.

| | 준비서류 (아래 행 중 택1) | 영사관확인 또는 아포스티유 |
|---|---|---|
| 외국인 또는 외국 국적 동포 | ① 위임장에 (개인)인감도장을 찍음 + ② (개인)인감증명서 | |
| | ① 위임장에 서명 + ② 본인서명사실확인서 | |
| | 위임장에 서명하고 본국 또는 체류국 공증인으로부터 인증받음 | ○ |
| | 위임장에 서명하고 우리나라 공증인으로부터 인증받음 | |
| | 위임장에 서명하고 대한민국 재외공관의 영사관에서 인증받음 | |
| 외국 법인 | ① 위임장에 본국에 등록한 (법인)인감도장을 찍음 + ② (법인)인감증명서 | ○ |
| | 위임장에 법인의 대표자가 서명하고 기업등록증명서를 첨부하여 본국 또는 체류국 공증인으로부터 인증받음 | ○ |
| | 위임장에 법인의 대표자가 서명하고 기업등록증명서를 첨부하여 대한민국 재외공관의 영사관에서 인증받음 | |
| | 위임장에 법인의 대표자가 서명하고 기업등록증명서를 첨부하여 우리나라 공증인으로부터 인증받음 | |
| 재외 국민 | ① 위임장에 (개인)인감도장을 찍음 + ② (개인)인감증명서 | |
| | ① 위임장에 서명 + ② 본인서명사실확인서 | |
| | 위임장에 서명하고 우리나라 공증인으로부터 인증받음 | |
| | 위임장에 서명하고 체류국 공증인으로부터 인증받음 | ○ |
| | 위임장에 서명하고 대한민국 재외공관의 영사관에서 인증받음 | |

① 영문 공증위임장

# Power of Attorney

Name of agent : _____

Address of agent : _____

I, the undersigned, appoint and empower the person mentioned above as my agent with full power to do the following :

1. To notarize the Articles of Incorporation, the Shareholders' Meeting(annual, extraordinary) Minutes, the Board of Directors' Meeting Minutes, the Certificate of Inauguration Acceptance and the Company Seal Impression Form.

2. To receive related documents.

3. To delegate the authorities granted hereunder.

4. To carve a seal and to sign and seal documents as may be necessary or related to advance the procedures mentioned above, and

5. To perform any other and further acts as may be necessary or related to advance the procedures mentioned above.

This Power of Attorney shall remain valid for a period of one(1) year from the date written below, unless earlier revoked in writing.

Date : _____

name of company in Republic of Korea : _____

Name of principal : _____ Signature/Seal : _____

Address of principal : _____

② 번역문

---

# 위 임 장

대리인 이름: _____

대리인 주소: _____

본인은 다음 사항에 관하여 위 사람을 대리인으로 정하고 모든 권한을 수여합니다.

1. 정관, 주주총회 의사록(정기, 임시), 이사회 의사록, 취임승낙서, 법인인감신고서의 공증

2. 관련 문서의 수령

3. 본 위임장에서 부여받은 권한의 위임

4. 위 절차들을 진행하기 위하여 인장을 조각하고 서명날인함

5. 위 절차들을 진행하는 데 필요하거나 관련된 일체의 행위

   본 위임장은 서면으로 해지하기 전까지는 아래 기재된 날짜로부터 1년간 유효합니다.

날짜: _____

대한민국 내 회사명: _____

위임인 이름: _____서명/날인: _____

위임인 주소: _____

---

**외국인투자**

## 1. 서 론

외국인투자란 다음 중 어느 하나에 해당하는 것을 말한다(외국인투자 촉진법 2조 1항 4호).

가. 외국인이 이 법에 따라 대한민국 법인 또는 기업(설립 중인 법인을 포함한다. 이하 이 조에서 같다)의 경영활동에 참여하는 등 그 법인 또는 기업과 지속적인 경제관계를 수립할 목적으로 대통령령으로 정하는 바에 따라 그 법인이나 기업의 주식 또는 지분(이하 "주식등"이라 한다)을 다음 어느 하나의 방법으로 소유하는 것
  1) 대한민국 법인 또는 기업이 새로 발행하는 주식등을 취득하는 것
  2) 대한민국 법인 또는 기업이 이미 발행한 주식 또는 지분(이하 "기존주식등"이라 한다)을 취득하는 것
나. 다음의 어느 하나에 해당하는 자가 해당 외국인투자기업에 대부하는 5년 이상의 차관(최초의 대부계약 시에 정해진 대부기간을 기준으로 한다)
  1) 외국인투자기업의 해외 모기업(母企業)
  2) 1)의 기업과 대통령령으로 정하는 자본출자관계가 있는 기업
  3) 외국투자가
  4) 3)의 투자가와 대통령령으로 정하는 자본출자관계가 있는 기업
다. 외국인이 이 법에 따라 과학기술 분야의 대한민국 법인 또는 기업으로서 연구인력·시설 등에 관하여 대통령령으로 정하는 기준에 해당하는 비영리법인과 지속적인 협력관계를 수립할 목적으로 그 법인에 출연(出捐)하는 것
라. 외국인투자기업이 미처분이익잉여금을 그 기업의 공장시설 신설 또는 증설 등 대통령령으로 정하는 용도에 사용하는 것(이 경우 외국인투자기업은 이 법의 외국인으로 보며 외국인투자금액은 사용하는 금액에 제5조 제3항에 따른 외국인투자비율을 곱한 금액으로 한다)
마. 그 밖에 외국인의 비영리법인에 대한 출연으로서 비영리법인의 사업내용 등에 관하여 대통령령으로 정하는 기준에 따라 제27조에 따른 외국인투자위원회(이하 "외국인투자위원회"라 한다)가 외국인투자로 인정하는 것

외국인투자 중 외국인이 우리나라 법인의 주식 또는 지분을 취득하는 경우 세부요건은 다음과 같다(외국인투자 촉진법 2조 1항 4호 가목, 같은 법 시행령 2조 2항).

외국인투자 촉진법 시행령 제2조(외국인투자 등의 정의) ② 법 제2조 제1항 제4호 가목에 따른 외국인투자는 <u>투자금액이 1억원 이상</u>으로서 다음 각 호의 어느 하나에 해당하는 것을 말한다. 다만, 법 제21조 제1항 및 제2항에 따라 외국인투자기업으로 등록한 후 주식이나 지분(이하 "주식등"이라 한다)의 일부 양도나 감자(減資) 등으로 본문의 요건을 충족하지 않게 되는 경우에도 이를 외국인투자로 본다. 〈개정 2010. 10. 5., 2016. 7. 28., 2020. 8. 5.〉

1. 외국인이 대한민국 법인 또는 기업(법인의 경우에는 설립 중인 법인을 포함한다. 이하 같다)이 발행한 의결권 있는 주식총수나 출자총액의 <u>100분의 10 이상</u>을 소유하는 것
2. 외국인이 대한민국 법인 또는 기업의 주식등을 소유하면서 그 법인이나 <u>기업에 임원 (이사, 대표이사, 업무집행을 하는 무한책임사원, 감사나 이에 준하는 자로서 경영상 중요의사결정에 참여할 수 있는 권한을 가진 자를 말한다. 이하 같다)을 파견하거나 선임</u>하는 것

외국인투자 촉진법상 출자목적물은 외국통화, 외국통화를 환전한 내국통화, 자본재, 산업재산권, 외국법인의 주식, 국내 부동산 등이다(외국인투자 촉진법 2조 1항 8호, 같은 법 시행령 2조 10항부터 12항).

"출자목적물(出資目的物)"이란 이 법에 따라 외국투자가가 주식등을 소유하기 위하여 출자하는 것으로서 다음 각 목의 어느 하나에 해당하는 것을 말한다.
가. 「외국환거래법」에 따른 대외지급수단 또는 이의 교환으로 생기는 내국지급수단
나. 자본재
다. 이 법에 따라 취득한 주식등으로부터 생긴 과실(果實)
라. 산업재산권, 대통령령으로 정하는 지식재산권, 그 밖에 이에 준하는 기술과 이의 사용에 관한 권리
마. 외국인이 국내에 있는 지점 또는 사무소를 폐쇄하여 다른 내국법인으로 전환하거나 외국인이 주식등을 소유하고 있는 내국법인이 해산하는 경우 해당 지점·사무소 또는 법인의 청산에 따라 해당 외국인에게 분배되는 남은 재산
바. 제4호 나목에 따른 차관이나 그 밖에 해외로부터의 차입금 상환액
사. 대통령령으로 정하는 주식
아. 국내에 있는 부동산
자. 그 밖에 대통령령으로 정하는 내국지급수단

외국투자가가 자본재를 현물출자하여 주식회사를 설립하는 경우 설립등기신청서에는 검사인의 조사보고서 대신 관세청장이 발행한 현물출자완료 확인서(외국인투자 촉진법 30조 3항)를 첨부하면 되고, 현물출자완료 확인서를 법원에 제출할 필요 없다[481]. 반면, 외국투자가가 산업재산권을 현물출자하여 주식회사를 설립하는 경우 기술평가기관이 산업재산권에 대하여 작성한 평가서(외국인투자 촉진법 30조 4항)를 법원에 제출해야 하고, 이후 법원으로부터 송달받은 평가서 부본을 설립등기신청서에 첨부해야 한다[482].

가장 일반적인 출자목적물은 외국통화이다. 외국통화를 출자할 경우 은행 송금 및 환전 절차를 거쳐야 한다.

## 2. 절 차

외국투자가가 외국통화를 출자할 경우, 예를 들어 외국인이 75,000달러(1억원 상당)를 투자하여 국내 주식회사의 지분을 50% 취득하는 경우 외국인 투자신고부터 외국인투자기업등록에 이르는 절차를 살펴보자.

### (1) 절차개관

#### (a) 외국인이 주식회사의 발기인으로 참여하는 경우

① 외국인 투자신고(투자자 또는 대리인이 신고함) → ② 외국인투자자금 송금 및 환전, 자본금 납입 → ③ 주식회사 설립등기 → ④ 사업자등록 → ⑤ 법인통장 개설 및 외국인투자기업등록(자본금 납입일부터 60일 이내 – 예외적으로 사전등록가능) → ⑥ 납입금을 법인계좌로 이체

#### (b) 외국인이 신주를 인수하는 경우

① 외국인 투자신고(투자자 또는 대리인이 신고함) → ② 외국인투자자금 송금 및 환전, 신주인수대금 납입 → ③ 변경등기 → ④ 외국인투자기업등록 또는 변경(자본금 납입일부터 60일 이내 – 예외적으로 사전등록가능)

---

481) 외국투자자가 현물출자하는 경우 주식회사 설립등기신청서에 첨부할 서면 [상업등기선례 제1-88호, 1999. 3. 10. 제정]

482) 외국인투자촉진법 제30조 제3항의 규정에 의하여 설립등기에서 검사인의 조사보고서로 간주되는 관세청장의 현물출자완료확인서의 법원보고의무 등 [상업등기선례 제1-93호, 2003. 1. 27. 제정]

## (2) 외국인투자신고, 허가

외국인[483]이 외국인투자를 하려면 외국인투자신고 및 사후관리 권한 수탁기관으로 지정된 외국환은행(하나·신한·국민·우리은행 등)에 외국인투자 신고를 해야 한다(외국인투자 촉진법 5조, 같은 법 시행규칙 2조 1항). 외국인투자 신고대상은 사전신고대상(외국인투자 촉진법 5조 1항)과 사후신고대상(외국인투자 촉진법 5조 2항)으로 나뉜다. 사전신고대상일 경우 사전신고 → 외국인투자 → 외국인투자기업등록(또는 변경)의 절차를 밟게 된다. 예를 들어 비상장 주식회사의 신주취득은 사전신고 대상이기 때문에 외화로 신주를 취득할 경우 ① 외국인 투자신고 → ② 외국인투자자금 송금, 환전, 자본금 납입 및 등기 → ③ 외국인투자기업등록(또는 변경) 순으로 절차를 진행한다.

원칙적으로 외국인투자는 사전신고를 해야 하나 아래 사항은 해당 사유 발생일부터 60일 이내에 사후신고할 수 있다(외국인투자 촉진법 5조 2항).

1. 「자본시장과 금융투자업에 관한 법률」에 따른 주권상장법인(같은 법 제152조 제3항에 따른 공공적 법인 및 개별법상 주식취득이 제한되는 기업은 제외한다)이 발행한 기존 주식등을 취득하는 경우
2. 외국투자가가 해당 외국인투자기업의 준비금, 재평가적립금, 그 밖에 다른 법령에 따른 적립금이 자본으로 전입됨으로써 발행되는 주식등을 취득하는 경우
3. 외국투자가가 해당 외국인투자기업이 다른 기업과 합병, 주식의 포괄적 교환·이전 및 회사분할을 하는 때에 소유하고 있던 주식등에 의하여 합병, 주식의 포괄적 교환·이전 및 회사분할 후 존속 또는 신설되는 법인의 주식등을 취득하는 경우
4. 외국인이 외국인투자 촉진법 제21조에 따라 등록된 외국인투자기업의 주식등을 외국투자가로부터 매입, 상속, 유증(遺贈) 또는 증여에 의하여 취득하는 경우
5. 외국투자가가 외국인투자 촉진법에 따라 취득한 주식등으로부터 생긴 과실을 출자하여 주식등을 취득하는 경우
6. 외국인이 전환사채, 교환사채, 주식예탁증서, 그 밖에 이와 유사한 것으로서 주식등으로 전환·인수 또는 교환할 수 있는 사채(社債)나 증서를 주식등으로 전환·인수 또는 교환하는 경우

---

483) 대한민국법인 또는 대한민국국민이 경영하는 기업이 이미 발행한 주식 또는 지분을 취득할 경우에는 외국인의 배우자 및 직계 존비속 등도 외국인에 포함한다(외국인투자 촉진법 5조 1항 괄호 안, 같은 법 시행령 6조 1항).

외국인이 방위산업체(방위사업법 3조 9호)가 발행한 주식 또는 지분을 취득하려면 산업통상자원부장관의 허가를 받아야 한다(외국인투자 촉진법 6조, 같은 법 시행령 7조).

외국인투자신고는 외국투자가 또는 대리인이 할 수 있다. 외국인투자신고 시 외국인투자신고서(외국인투자 촉진법 시행규칙 2조 1항 - 2부 작성함)에 첨부하여 제출하는 서류는 다음과 같다(외국인투자 촉진법 시행규칙 별표1).

| 구 분 | | 제출 서류 | 제출 시기 |
|---|---|---|---|
| 1. 공통제출서류 | 외국인이 최초로 외국인투자를 하는 경우(외국투자가가 외국인투자기업의 주식등을 추가로 취득하거나, 외국인투자 신고를 한 해외 모기업이 차관을 제공하는 경우는 제외) | **외국투자가의 국적을 증명하는 서류 1부**<br>1) 외국투자가가 개인인 경우: 국적증명서 (예: 여권 사본)<br>2) 외국투자가가 법인인 경우: 외국 행정기관에서 발급한 법인증명서 및 법인대표자의 여권 사본 (예: 중국의 경우 법인의 영업집조 및 대표자의 여권 사본) | 외국인 투자 신고시 |
| | 대리인을 선임하여 외국인투자를 신고하는 경우 | **공증받은 위임장** (영사관확인 또는 아포스티유 부착) | 외국인 투자 신고시 |
| 2. 투자형태관련제출서류 | 가. 법 제2조 제1항 제4호 가목의 외국인투자를 하면서 영 제2조 제2항 제2호에 해당하는 경우 | 영 제2조 제2항 제2호에 해당하는 임원 파견 또는 선임 여부를 확인할 수 있는 서류(총회, 이사회, 주주총회 등의 의사록 등을 의미함) 사본 1부 | 외국인 투자기업 등록신청시까지 |
| | 나. 법 제2조 제1항 제4호 가목 2)에 해당하는 외국인투자를 하는 양수인이 2인 이상인 경우 | 양수인 간의 특수 관계 여부를 확인할 수 있는 서류 사본 1부 | 외국인 투자 신고시 |
| | 다. 법 제2조 제1항 제4호 나목의 외국인투자를 하는 경우(외국인투자 신고를 한 해외 모기업이 차관을 제공하는 경우는 제외) | 1) 해외 모기업 또는 그 모기업과 자본출자관계가 있는 기업임을 증명하는 서류 사본 1부 | 외국인 투자 신고시 |
| | | 2) 외국투자가 또는 그 외국투자가와 자본출자관계가 있는 기업임을 증명하는 서류 사본 1부 | 외국인 투자 신고시 |
| | | 3) 차관계약서 사본 1부 | 외국인 투자 신고시 |
| | 라. 법 제2조 제1항 제4호 다목에 | 출연하려는 비영리법인이 영 제2조 | 외국인 투자기 |

| 구 분 | | 제출 서류 | 제출 시기 |
|---|---|---|---|
| | 해당하는 외국인투자를 하려는 경우 | 제6항 각 호의 요건을 모두 갖추었음을 증명하는 서류 1부 | 업 등록신청시까지 |
| | 마. 법 제2조 제1항 제4호 라목에 해당하는 외국인투자를 하려는 경우 | 1) 미처분이익잉여금 사용 투자계획서(요약서 포함) 1부<br>2) 재무제표에 대한 감사보고서 1부<br>3) 최근 결산기 이익잉여금처분계산서 1부<br>4) 외국인투자기업 등록증명서 사본 1부 | 외국인 투자 신고시 |
| | 바. 법 제2조 제1항 제4호 마목에 해당하는 외국인투자를 하려는 경우 | 출연하려는 비영리법인이 영 제2조 제8항 각 호의 어느 하나에 해당함을 증명하는 서류 1부 | 외국인 투자기업 등록신청시까지 |
| | 사. 법 제5조 제2항 각 호의 어느 하나에 해당하는 방법으로 외국인투자를 하는 경우 | 주식등의 취득을 증명하는 서류 사본 1부 | 외국인 투자기업 등록신청시까지 |
| 3. 출자목적물 관련 제출 서류 | 가. 법 제2조 제1항 제8호 라목의 출자목적물을 출자·출연하는 경우 | 영 제39조 제2항에 따른 기술평가기관이 평가한 산업재산권 등의 가격 평가내용을 증명하는 서류 사본 1부 | 외국인 투자 신고시 |
| | 나. 법 제2조 제1항 제8호 마목의 출자목적물을 출자·출연하는 경우 | 지점·사무소 또는 법인의 청산 등에 따라 분배되는 남은 재산임을 증명하는 서류 사본 1부 | 외국인 투자 신고시 |
| | 다. 법 제2조 제1항 제8호 바목의 출자목적물을 출자·출연하는 경우 | 외국인투자촉진법에 의해 도입된 차관이나 그 밖에 해외로부터의 차입금의 상환액임을 증명하는 서류 사본 1부 | 외국인 투자 신고시 |
| | 라. 법 제2조 제1항 제8호 사목의 출자목적물을 출자·출연하는 경우 | 영 제2조 제11항 각 호의 주식에 해당함을 증명하는 서류 사본 1부 (비상장주식을 출자목적물로 출자·출연하는 경우에는 국내공인기관의 주식가치평가 내용을 증명하는 서류 사본 1부, 주식을 출자목적물로 출자하고 기존주식등을 취득하려는 경우에는 출자하는 주식 및 취득하는 주식간의 교환조건(교환금액·교환비율 등)이 명시된 주식양수(양도) 계약서 사본 1부를 함께 제출) | 외국인 투자 신고시 |

| 구 분 | | 제출 서류 | 제출 시기 |
|---|---|---|---|
| | 마. 법 제2조 제1항 제8호 아목의 출자목적물을 출자·출연하는 경우 | 출자·출연하려는 부동산에 대한 「외국환거래법」 제18조에 따른 자본거래신고필증 사본 1부 | 외국인 투자 신고시 |
| | 바. 법 제2조 제1항 제8호 자목 및 영 제2조 제11항의 출자목적물을 출자·출연하는 경우 | 법 제2조 제1항 제4호 가목에 따른 주식등과 부동산을 처분한 대금임을 증명하는 서류 사본 1부 | 외국인 투자 신고시 |
| 4. 국가 안보 위해 여부 판단 관련 제출 서류 | 영 제5조 제1항 제2호 각 목에 모두 해당하는 외국인투자를 하는 경우 | 가. 국내기업의 주식등의 취득을 통하여 해당 기업의 경영상 지배권을 실질적으로 취득할 수 있는지를 확인할 수 있는 서류 1부 | 외국인 투자 신고시 |
| | | 나. 영 제5조 제1항 제2호 나목의 어느 하나에 해당함을 확인할 수 있는 다음의 서류 1부<br>1) 「방위사업법」 제3조 제7호에 따른 방위산업물자 생산 내역<br>2) 「대외무역법」 제19조에 따른 전략물자 생산 내역<br>3) 「국가정보원법」 제4조 제1항 제2호에 따른 국가기밀 계약 목록<br>4) 「산업기술의 유출방지 및 보호에 관한 법률」 제2조 제2호에 따른 국가핵심기술 보유 내역 | |

비고
1. 위 각 목의 증빙서류는 각 목에 해당하는 외국인투자를 할 경우에만 제출한다.
2. 외국인투자 신고 또는 허가신청 후 변경사항이 발생하여 제2조 제1항 제2호 각 목에 따른 변경신고 또는 변경허가신청을 하려는 경우에는 변경된 내용을 증명하는 서류를 첨부하여 제출한다.

접수기관은 신고를 받으면 지체없이 신고인에게 신고증명서를 내주어야 한다(외국인투자촉진법 5조 4항). 대리인은 외국인투자신고뿐만 아니라 등기신청, 공증, 은행계좌개설 등도 함께 위임받는 것이 좋다. 등기소, 은행, 공증사무소 등 여러 곳에 위임장을 제출해야 하므로 위임장을 공증할 때 적어도 3통 이상을 작성하고 각각 영사관확인을 받거나 아포스티유를 부착한다.

**참고서식** 신주 등의 취득 또는 출연방식에 의한 외국인 투자신고서[484]

# 주식등의 취득 또는 출연 방식에 의한 외국인투자 [O]신고서 [　]허가신청서

※ 바탕색이 어두운 난은 신청인이 적지 않으며, [　]에는 해당되는 곳에 √표를 합니다.　　　　(제1쪽)

| 접수번호 | 접수일 | | 처리일 | | 처리기간 | 신고: 즉시 |
|---|---|---|---|---|---|---|
| | | | | | | 허가: 15일 |

| 외국<br>투자가 | ① 상호 또는 명칭(영문)  Mark Elliot Zuckerberg | | | | ③ 국적 United States of America | |
|---|---|---|---|---|---|---|
| | 개인■　외국법인□　국제경제협력력기구 □ | | | | | |
| | ② 주소　　1 Hacker Way Menlo Park, CA | | | | | |
| | | | | | (전화번호:　　　　) | |

| 외국인<br>투자기업<br>(투자 대상<br>국내기업) | ④ 상호<br>또는 명칭 | 국문 **주식회사 율도** | | | ⑤ 사업자등록번호(본사) | |
|---|---|---|---|---|---|---|
| | | 영문 Yuldo, Inc. | | | | |
| | ⑥ 주소 | 본사 **미정** | | | | |
| | | | | (전화번호: 00-000-0000) | | |
| | | 주공장(주사업장)소재지 | | | | |
| | | | | (전화번호:　　　) | | |
| | | 금번 투자지역(신주 취득 및 출연의 경우) | | | | |
| | | | | (전화번호:　　　) | | |
| | ⑦ 하려는(하고 있는) 사업명　**소프트웨어개발업** | | | | | |
| | ※한국표준산업분류 상세 세세분류(신고(신청) 접수기관 기재란) | | | | | |

| | ⑧ 자본금<br>(출연금) | 기존 주 취득 시 | | | | |
|---|---|---|---|---|---|---|
| | | 그 외 | 취득(출연) 전 0원 | | 취득(출연) 후 2억원 | |

| | ⑨ 경영상의<br>지배권 취득<br>[√] | ⑩ 투자대상 국내기<br>업의 영 제5조 제<br>1항 제2호 나목<br>해당 여부 [　] | 「방위사업법」 제3조 제7호에 따른 방위산업물자를 생산하는 기업 | □ |
|---|---|---|---|---|
| | | | 「대외무역법」 제19조에 따른 수출 허가 또는 승인 대상 물품을<br>생산하는 기업 | □ |
| | | | 「국가정보원법」 제4조 제1항 제2호에 따라 국가기밀로 취급되<br>는 계약을 보유한 기업 | □ |
| | | | 「산업기술의 유출방지 및 보호에 관한 법률」 제2조 제2호에 따<br>른 국가핵심기술을 보유한 기업 | □ |
| | ※ ⑨⑩에 모두 [v] 표시를 한 경우에는 국가안보위해 여부 판단에 필요한 서류 제출 | | | |

| 신고<br>(신청)<br>내용 | ⑪ 투자형태 | [√]법인([√]신주, [　]기존 주)<br>[　]개인사업<br>[　]비영리법인 출연 | ⑫ 투자목적 | [　]공장 설립·증설<br>[√]사업장 설립·증설<br>[　]해당 기업(④번 기업) 인수합병<br>[　]제3기업 인수합병 |
|---|---|---|---|---|
| | ⑬ 주식등 양<br>도자 | 상호 또는 성명(국문 또는 영문)(기존 주 취득 시에만 작성)<br>　　　　　　　　　　　　　　(전화번호:　　　　) | | |
| | ⑭ 출자목적<br>물(출연대상) | [√]**현금**, [　]자본재<br>[　]주식, [　]부동산, [　]채권,<br>[　]산업재산권 등 | 현금 | 100,000,000원 (USD 75,000**상당**) |

---

484) 외국인투자 촉진법 시행규칙 별지 1호 서식 - 일반적으로 은행이 외국인투자신고서 작성을 대행한다.

| | | 자본재 | 원 (USD 상당) |
|---|---|---|---|
| | | 기타 | 원 (USD 상당) |

| ⑮ 금번 외국인투자금액: 100,000,000원 | | 취득총액: 100,000,000원 (USD 75,000 상당) | |
|---|---|---|---|
| ⑯ 취득(할) 주식(지분)의 내용 | 종류 **보통주식** | 1주(좌)당 액면가액(B) 1,000원 | 1주(좌)당 취득가액(C) 1,000원 |
| | 수량(A) 100,000 | 액면총액(A×B) 100,000,000원 | 취득총액(A×C) 100,000,000원 |
| ⑰ 취득 후 해당 외국투자가의 외국인투자금액 및 비율 | 취득총액: 100,000,000원 (USD 75,000 상당) | | 50% |
| | 액면총액: 100,000,000원 | | |

⑱ 금번 투자에 따른 예상 신규 근로자 수   3명

⑲ 취득방법(법 제5조 제2항 제2호부터 제6호까지의 방식으로 주식등 취득 시에만 작성)
[ ]전환사채, [ ]신주인수권, [ ]무상증자, [ ]배당, [ ]매입·상속·유증·증여,
[ ]합병·주식의 포괄적 교환·이전 및 회사분할, [ ]기타(                    )

외국인투자 촉진법」 제5조 제1항·제2항, 제6조 제1항 및 같은 법 시행규칙 제2조 제1항 제1호 가목에 따라 위와 같이 신고(신청)합니다.

2024년  1월  5일
신고인 Mark Elliot Zuckerberg 대리인 변호사 김상균 (서명 또는 인)
(또는 대리인)
(전화번호: 000-0000-0000)
산업통상자원부장관(또는 수탁기관장) 귀하

신고(신청)인 귀하
신고(허가)번호:
[ ] 위의 신고를 마쳤음을 확인합니다. [ ] 위의 신청을 허가합니다. (허가조건:                    )

년  월  일

산업통상자원부장관(또는 수탁기관장)  직인

(제2쪽)

| 첨부 서류 | 1. 법 제2조 제1항 제4호 가목에 따른 주식등을 취득하거나 법 제2조 제1항 제4호 다목 또는 마목에 따른 비영리법인에 출연하려는 외국인의 국적을 증명하는 서류(외국인이 최초로 외국인투자를 하는 경우에만 제출합니다)<br>2. 영 제2조 제2항 제2호에 해당하는 임원 파견 또는 선임 여부를 확인할 수 있는 서류(총회, 이사회, 주주총회 등의 의사록 등을 의미합니다) 사본 1부(영 제2조 제2항 제2호에 해당하는 경우에만 제출합니다)<br>3. 법 제2조 제1항 제4호 가목 2)에 따라 주식등을 취득하는 양수인이 2명 이상인 경우에는 양수인 간의 특수 관계 여부를 확인할 수 있는 서류 사본 1부<br>4. 출연하려는 비영리법인이 영 제2조 제6항 각 호의 요건을 모두 갖추었음을 증명하는 서류 1부(법 제2조 제1항 제4호 다목에 해당하는 외국인투자를 하려는 경우에만 제출합니다)<br>5. 출연하려는 비영리법인이 영 제2조 제8항 각 호의 어느 하나에 해당함을 증명하는 서류 1부(법 제2조 제1항 제4호 마목에 해당하는 외국인투자를 하려는 경우에만 제출합니다)<br>6. 주식등의 취득을 증명하는 서류 사본 1부(법 제5조 제2항 각 호의 어느 하나에 해당하는 방법으로 외국인투자를 하는 경우에만 제출합니다)<br>7. 영 제39조 제2항에 따른 기술평가기관이 평가한 산업재산권 등의 가격평가내용을 증명하는 서류 사본 1부(법 제2조 제1항 제8호 라목의 출자목적물을 출자·출연하는 경우에만 제출합니다) | 수수료 없음 |
|---|---|---|

8. 지점·사무소 또는 법인의 청산 등에 따라 분배되고 남은 재산임을 증명하는 서류 사본 1부(법 제2조 제1항 제8호 마목의 출자목적물을 출자하는 경우에만 제출합니다)

9. 법에 따라 도입된 차관이나 그 밖에 해외로부터의 차입금의 상환액임을 증명하는 서류 사본 1부(법 제2조 제1항 제8호 바목의 출자목적물을 출자·출연하는 경우에만 제출합니다)

10. 영 제2조 제11항 각 호의 주식에 해당함을 증명하는 서류 사본 1부 (법 제2조 제1항 제8호 사목의 출자목적물을 출자·출연하는 경우에만 제출합니다), 이에 해당하는 주식 중 국내 비상장주식을 출자목적물로 출자·출연하는 경우에는 국내 공인기관의 주식가치평가 내용을 증명하는 서류 사본 1부, 이에 해당하는 주식을 출자목적물로 출자하고 기존주식등을 취득하려는 경우에는 출자하는 주식 및 취득하는 주식 간의 교환조건(교환금액·교환비율 등)이 명시된 주식양수(양도) 계약서 사본 1부를 함께 제출합니다.

11. 출자·출연하려는 부동산에 대한 「외국환거래법」 제18조에 따른 자본거래신고필증 사본 1부(법 제2조 제1항 제8호 아목의 출자목적물을 출자·출연하는 경우에만 제출합니다)

12. 법 제2조 제1항 제4호 가목에 따른 주식등과 부동산을 처분한 대금임을 증명하는 서류 사본 1부(법 제2조 제1항 제8호 자목 및 영 제2조 제12항의 출자목적물을 출자·출연하는 경우에만 제출합니다)

13. ⑨⑩에 모두 [v] 표시를 한 경우 국가안보위해 여부 판단을 위해 제출해야 하는 서류에는 다음의 사항이 포함되어야 하고, 필요시 국가안보위해 여부 판단에 필요한 추가 서류가 요청될 수 있습니다.

   가. 신청인(외국투자가) 현황
     1) 의사결정권한이 규정된 내부규정(정관 등), 지배구조[주주구성(성명, 국적 포함), 지분율, 계열회사 현황 등]
     2) 재무제표, 감사보고서(감사보고서가 없는 경우 회사가 작성한 재무제표 등)
     3) 사업보고서(사업내용, 생산제품 및 기술보유, 연구인력, 제품·기술의 내용 및 수준, 생산공정 등)
     4) 외국정부의 보유지분(국부펀드·공공기관 등 포함), 외국정부가 보유한 직간접적인 권리 내용

   나. 투자대상기업(국내기업) 현황
     1) 의사결정권한이 규정된 내부규정(정관 등), 지배구조[주주구성(성명, 국적 포함), 지분율, 계열회사 현황 등]
     2) 재무제표, 감사보고서(감사보고서가 없는 경우 회사가 작성한 재무제표 등)
     3) 사업보고서(사업내용, 관련 시장 규모와 경쟁력, 생산제품 및 기술·공정 개요)
     4) 「방위사업법」 제3조 제7호에 따른 방위산업물자 생산 내역, 「대외무역법」 제19조에 따른 전략물자 생산 내역, 「국가정보원법」 제4조 제1항 제2호에 따른 국가기밀 계약 목록, 「산업기술의 유출방지 및 보호에 관한 법률」 제2조 제2호에 따른 국가 핵심기술 보유 내역

   다. 투자내용
     1) 인수합병 등과 관련된 계약서 또는 계획서, 금번 외국인투자로 변경되는 사항(지배구조, 외국투자가가 취득하는 권리의 범위·내용), 외국인투자의 자금 출처 및 증빙서류
     2) 투자계획에 따른 기술·물품·용역 등 제공조건 및 방법, 기술·사이버 보안대책 마련 여부 등

   라. 그 밖에 수탁기관장이 국가안보위해 여부 판단을 위해 필요하다고 인정하는 서류

| 유의사항 |
| --- |

이 신고증명서(허가증명서)는 외국인투자자금의 도착을 확인하는 것은 아니며, 다른 법령에 따라 인가·허가 또는 신고 등이 필요한 경우에는 해당 법령의 규정을 충족해야 합니다. 신고(신청)인은 신고 또는 신청과 관련하여 서류 미제

출, 거짓 서류를 제출하거나 기재사항에 누락·오류가 있는 경우 「외국인투자 촉진법」에 따라 불이익을 받을 수 있습니다.

| 처리절차 |
|---|
| 신고서 작성 → 접수 → 검토·확인 → 신고증명서 발급 → 수령 |
| (신고인) (수탁기관장) (수탁기관장) (수탁기관장) (신고인) |

(제3쪽)

## 신고서 작성방법

①~③란에서 '외국투자가'란 법에 따라 주식등을 소유하게 될 외국인(개인 또는 법인)으로 상호 또는 성명, 국적, 주소를 기입하되, 상호 또는 성명과 주소는 반드시 영문으로 적습니다. 외국투자가가 복수인 경우에는 투자가별로 구분하여 모두 적습니다. 영 제2조 제1항에 따른 국제경제협력기구의 경우 '국적'은 공란으로 남겨둡니다.

④·⑤란은 외국투자가가 출자(또는 출연)하려는 기업(설립 중인 법인을 포함합니다) 또는 취득하려는 주식등을 발행한 국내기업의 '상호 또는 명칭'을 국문과 영문으로 적고, '사업자등록번호'(설립 중인 법인은 미정 표기)는 본사를 기준으로 적습니다.

⑥란에서 주소는 '본사'와 '주공장(또는 주사업장)'으로 구분하여 적되, 제조업인 경우에는 주된 공장의 소재지 주소를 적고, 제조업이 아닌 경우에는 주된 사업장(연구소를 포함합니다)의 주소를 적습니다. '금번 투자지역'은 신주 취득(또는 출연)의 경우에 해당하는 경우만 작성하며 특정 투자지역의 "도로명" 또는 "읍·면·동" 단위까지의 주소를 적되, 특정 투자지역이 없는 경우 본사의 주소를 적습니다.

⑦란은 외국인투자기업이 경영하려는 사업명(또는 주식등 발행 기업이 현재 하고 있는 사업명)을 적고, 복수의 사업을 경영하고 있는 경우에는 주요 사업 순으로 4개까지만 사업명을 적습니다.

⑧란의 '자본금(또는 출연금)'은 신주등 취득(또는 출연)의 경우 외국인투자 전과 후의 해당 외국인투자기업의 전체 주식등의 액면총액(또는 출연금 총액)을 원화로 원단위까지 적습니다. 만일 주식등 발행 기업의 납입자본금과 주식등의 액면총액(주식수×1주(좌)당 액면가액)이 다른 경우에는 후자를 적고 전자는 부기합니다.

⑨·⑩란은 ⑪란의 '투자형태'가 '법인(기존 주)'인 경우에만 해당 여부를 판단하여 표시합니다.

⑨란의 '경영상의 지배권 취득'은 다음 각 호의 어느 하나에 해당하는 경우 [v]표시를 합니다.
1. 기업(기업의 특정사업 부분을 분리하여 신규법인을 설립하는 경우를 포함한다. 이하 이 조에서 같다)의 주식등을 매매, 기업 간의 교환·합병, 담보권의 실행, 대물변제의 수령 그 밖의 방식에 따라 인수하려는 경우로서 외국인이 단독으로 또는 다음 각 목의 어느 하나에 해당하는 자(이하 "특수관계인"이라 한다)와 합하여 기업의 주식 등을 100분의 50 이상 소유하려는 경우(100분의 50 미만을 소유한 경우로서 주식 등의 최다소유자가 되면서 외국인이 직접 또는 특수관계인을 통하여 기업의 임원선임이나 경영에 지배적인 영향력을 행사할 수 있게 되는 경우를 포함한다)
   가. 외국인의 배우자 및 직계존비속(배우자의 직계존비속을 포함한다)
   나. 외국인이 자신과 가목 또는 다목에 규정한 관계에 있는 자와 합하여 발행주식총수 또는 출자총액의 100분의 50 이상을 소유하고 있거나 이들이 사실상 지배하고 있는 외국법인
   다. 외국인, 나목 또는 라목에 규정한 자의 사용인(법인의 경우에는 임원, 개인인 경우에는 상업사용인·고용계약에 따른 피용인 및 그 개인의 금전이나 재산에 의하여 생계를 유지하는 자를 말한다)
   라. 나목에 규정한 법인과 해당 외국인, 가목 및 다목에 규정한 자와 합하여 발행주식총수 또는 출자총액의 100분의 50 이상을 소유하고 있는 외국법인
   마. 해당 외국인과 합의 또는 계약 등에 따라 주식 등을 공동으로 취득 또는 처분하거나 의결권(의결권의 행사를 지시할 수 있는 권한을 포함한다)을 공동으로 행사하는 행위를 할 것을 합의한 외국인
2. 외국인이 단독으로 또는 특수관계인과 공동으로 기업의 영업의 전부 또는 주요 부분의 양수·임차 또는 경영의 수임 방식에 따라 해당 기업을 사실상 경영하려는 경우

⑩란의 '투자대상 국내기업의 영 제5조 제1항 제2호 해당 여부'는 투자대상 국내기업이 「방위사업법」에 따른 방위산업 물자를 생산하는 기업, 「대외무역법」 제19조에 따른 전략물자 등을 생산하는 기업, 「국가정보원법」에 따른 국가기밀 계약을 보유한 기업, 「산업기술의 유출방지 및 보호에 관한 법률」에 따른 국가핵심기술을 보유한 기업에 해당하는 경우 [v] 표시를 합니다.

⑪란은 주된 '투자형태'를 1개 항목만 선택합니다.
- 법인(신주): 외국투자가가 내국법인의 설립 또는 증자에 참여하는 경우
- 법인(기존주): 외국투자가가 내국법인이 이미 발행한 기존 주식 등을 취득하는 경우
- 개인기업: 외국투자가가 개인사업체에 신규 또는 추가 투자하는 경우
- 비영리법인 출연: 외국투자가가 내국비영리법인의 출연에 신규 또는 추가 참여하는 경우

⑫란은 주된 '투자목적'을 1개 항목만 선택합니다.
- 공장 설립·증설: 제조업(제조업과 비제조업을 함께 경영하는 경우를 포함합니다)을 경영하는 기업이 외국인투자 자금을 시설에 투자하거나 단순 운영자금으로 사용하려는 경우
- 사업장 설립·증설: 비제조업을 경영하는 기업이 외국인투자 자금을 시설에 투자하거나 단순 운영자금으로 사용하려는 경우
- 외국인투자기업 인수합병: 외국인투자 자금으로 해당 기업(④번 기업)의 지분등을 인수하여 경영권을 확보하려는 경우
- 제3기업 인수합병: 외국인투자 자금으로 투자대상 국내기업이 아닌 다른 기업의 지분등을 인수하여 경영권을 확보하려는 경우

⑬란의 '주식등의 양도자'(개인 또는 법인)는 외국투자가가 기존 주식등의 취득으로 외국인투자를 하는 경우에만 적습니다. 상호 또는 성명을 국문(또는 영문)으로 적고 양도자가 복수인 경우에는 양도 규모 순으로 대표적인 양도자 및 전체 양도자 수를 알아볼 수 있도록 적습니다. (예시: 홍길동 외 2명)

⑭란은 '출자목적물(또는 출연대상)'의 형태를 구분하여, 출자목적물(또는 출연대상)별로 그 취득가액을 적고, 주식·부동산·채권·산업재산권 등은 해당 란에 [v]표시하고, 기타 항목에 취득가액을 적습니다.
 ※ 유의사항: 출자목적물 중에서 채권의 경우에는 법 제2조 제1항 제8호 바목에 따른 차관이나 그 밖에 해외로부터의 차입금 상환액에 해당하는 채권을 현물출자하는 경우만을 말합니다.

⑮란은 금번에 외국투자가가 출자(또는 출연)하는 '취득총액'을 원화와 미달러 상당액(미화는 투자신고 당시의 환율로 계상합니다)으로 기재하고, 외국투자가가 복수인 경우에는 투자가별로 구분하여 적습니다. ※ 유의사항: 주식 등을 양수하는 자가 외국인(개인 또는 법인)인 경우에는 ⑮란의 '취득총액'은 ⑬란의 외국인이 양도할 주식(지분)의 내용(외국인투자기업등록증에 따른 외국인투자금액)을 적습니다. 이 경우 ⑯란의 양도·양수계약으로 인한 취득총액과 일치하지 않을 수 있으며, ⑰란은 ⑮란의 취득총액의 합계를 적습니다.

⑯란은 ①란의 외국투자가가 취득할 주식등의 내용(비영리법인에 출연하는 경우는 제외합니다)을 적되, '취득총액'은 ⑮란의 취득총액과 일치해야 하며, 취득액이 외화인 경우에는 원화로 환산하여 적고, 외국투자가가 복수인 경우에는 투자가별로 구분하여 적습니다.

⑰란은 ①란의 외국투자가가 ④란의 외국인투자기업(또는 주식등 발행기업)에 대한 외국인투자금액 및 비율의 내용을 적되, '취득총액'은 ①란의 외국투자가가 기존에 투자한 취득총액과 ⑯란의 취득총액의 합계를 적습니다. '액면총액'(비영리법인에 출연하는 경우는 제외합니다)은 ①란의 외국투자가가 기존에 투자한 액면총액과 ⑯란의 액면총액의 합계를 적고, 비율은 해당 외국인투자기업의 주식 등(또는 전체 출연금)에 대한 ①란의 외국투자가가 소유하는 주식등의 비율(또는 외국투자가의 출연비율)을 적습니다. 외국투자가가 복수인 경우에는 투자가별로 구분하여 적습니다.

⑱란은 이번 투자에 따라 신규 고용이 예상되는 상시 근로자 수를 적습니다.

⑲란은 법 제5조 제2항 제2호부터 제6호에 해당하는 경우 주식등의 취득사유를 선택하여 적습니다.
※ (참고) 필요시 별지를 첨부하여 작성할 수 있습니다.

참고서식 외국투자가의 영문 위임장 및 번역문 (회사설립)

① 영문 위임장

# Power of Attorney

Name of agent: _____

Address of agent: _____

I, the undersigned, appoint and empower the person mentioned above as my agent with full power to do the following:

1. To incorporate a company, [ *name of company* ] in Republic of Korea

2. To notarize the registration-related documents, including the Articles of Incorporation, the Inaugural General Meeting Minutes, the Board of Directors' Meeting Minutes, the Certificate of Inauguration Acceptance, the Company Seal Impression Form and etc.

3. To apply for, withdraw, modify, report or register the foreign investment in Republic of Korea.

4. To open a business bank account and to transfer investment into the company's bank account.

5. To receive related documents.

6. To delegate the authorities granted hereunder.

7. To carve a seal and to sign and seal documents as may be necessary or related to advance the procedures mentioned above, and

8. To perform any other and further acts as may be necessary or related to advance the procedures mentioned above.

This Power of Attorney shall remain valid for a period of one(1) year from the date written below, unless earlier revoked in writing.

Date: _____

Name of principal: _____ Signature/Seal: _____

Address of principal: _____

② 번역문

---

# 위 임 장

대리인 이름: _____

대리인 주소: _____

본인은 다음 사항에 관하여 위 사람을 대리인으로 정하고 모든 권한을 수여합니다.

1. 대한민국에서 주식회사 [___*회사 이름*___]의 설립등기

2. 정관, 창립총회 의사록, 이사회 의사록, 취임승낙서, 법인인감신고서 등을 포함한 등기 관련서류의 공증

3. 대한민국에서 외국인투자 신고, 취소, 변경, 보고 또는 등록

4. 사업용 은행계좌를 개설하고 투자금을 회사 계좌로 이체

5. 관련 문서의 수령

6. 본 위임장에서 부여받은 권한의 위임

7. 위 절차들을 진행하기 위하여 인장을 조각하고 서명날인함

8. 위 절차들을 진행하는 데 필요하거나 관련된 일체의 행위

　본 위임장은 서면으로 해지하기 전까지는 아래 기재된 날짜로부터 1년간 유효하다.

날짜: _____

위임인 이름: _____서명/날인: _____

위임인 주소: _____

---

## (3) 외국인투자자금 송금

외국인투자자금은 일반적으로 <u>외국투자가의 외국계좌</u>에서 <u>외국투자가의 국내계좌</u>로 송금하여 원화로 환전한 뒤 자본금으로 납입한다. 외국투자가가 가진 국내계좌가 없다면 외국환은행에서 부여하는 임시번호를 수취인 계좌번호로 사용한다. 이 경우 외국투자가는 수취인과 수취은행 정보만으로 국내에 송금할 수 있으며 <u>송금인과 수취인을 모두 외국투자가 명의로 하여 송금</u>한다. 다만, 중국 등 일부 국가는 투자목적의 해외송금 시 수취인을 피투자법인명의로 할 것을 요구하므로 송금인명의를 외국투자가로 하고 수취인명의를 피투자법인으로 하여 송금업무를 진행할 수 있는지 은행에 미리 문의해야 한다.

외국인투자자금 송금 시 매일 변동하는 환율을 고려하여 조금 넉넉한 금액을 송금하는 것이 좋다. 원화로 환전한 뒤 투자금액을 초과하는 금액은 다시 외국투자가의 외국계좌로 송금하여 돌려준다. 외국투자가의 외국계좌로 재송금할 수 있도록 외국계좌의 송금정보(은행명, 지점명, 계좌번호, 예금주, Swift Code 등)를 미리 확인해야 한다.

외국투자가가 외화를 소지하여 입국한 후(hand carry) 자본금을 납입할 수도 있다. 외국투자가가 미화 1만 달러를 초과 소지하여 입국할 경우 세관에 신고해야 하며(외국환거래법 17조, 같은 법 시행령 31조 2항, 외국환거래규정 6-2조 2항), 신고시 자금목적에 반드시 'business'라고 기재해야 한다.

## (4) 외국인투자기업 등록 및 변경

출자목적물의 납입을 마치면 해당 사유 발생일부터 60일 이내에 외국인투자기업등록을 해야 한다(외국인투자 촉진법 21조 1항, 같은 법 시행령 27조 1항). 일정 요건을 충족하면 출자목적물의 납입을 마치기 전이라도 외국인투자기업등록을 할 수 있다(외국인투자 촉진법 21조 2항, 같은 법 시행령 27조 2항). 외국인투자를 받아 회사설립을 한 경우라면 등기완료 후 세무서에 사업자등록을 하고나서[485] 외국인투자신고를 한 은행을 재방문하여 법인통장을 개설하고 외국인투자기업 등록도 한다. 외국인의 현금출자에 따른 외국인투자기업 등록 시 제출하는 서류는 다음과 같다(외국인투자 촉진법 시행규칙 17조 1항, 별지 17호 서식).

---

485) 「제3장 주식회사 설립」 「제4절 등기완료 후 절차」 「V. 법인설립신고 및 사업자등록」

> 1. 외국인투자기업등록신청서
> 2. 등기사항전부증명서
> 3. 사업자등록증
> 4. (법인)인감증명서
> 5. (법인)인감도장
> 6. 주주명부
> 7. 외화매입증명서 또는 외화예치증명서
> 8. (대리신청 시) 대리인의 신분증

이미 외국인투자기업등록을 한 적이 있다면 변경사유 발생일부터 60일 이내에 변경등록을 해야 한다(외국인투자 촉진법 21조 3항, 같은 법 시행규칙 17조 2항). 이 역시 외국인투자기업등록을 한 은행을 재방문하여 외국인투자기업 변경등록절차를 마쳐야 한다. 변경등록사항은 다음과 같다(외국인투자 촉진법 21조 3항, 같은 법 시행규칙 2조 3항).

> 1. 외국투자가가 해당 외국인투자기업의 준비금, 재평가적립금, 그 밖에 다른 법령에 따른 적립금이 자본으로 전입됨으로써 발행되는 주식등을 취득하는 경우
> 2. 외국투자가가 해당 외국인투자기업이 다른 기업과 합병, 주식의 포괄적 교환·이전 및 회사분할을 하는 때에 소유하고 있던 주식등에 의하여 합병, 주식의 포괄적 교환·이전 및 회사분할 후 존속 또는 신설되는 법인의 주식등을 취득하는 경우
> 3. 외국인이 제21조에 따라 등록된 외국인투자기업의 주식등을 외국투자가로부터 매입, 상속, 유증(遺贈) 또는 증여에 의하여 취득하는 경우
> 4. 외국투자가가 법에 따라 취득한 주식등으로부터 생긴 과실을 출자하여 주식등을 취득하는 경우
> 5. 외국인이 전환사채, 교환사채, 주식예탁증서, 그 밖에 이와 유사한 것으로서 주식등으로 전환·인수 또는 교환할 수 있는 사채(社債)나 증서를 주식등으로 전환·인수 또는 교환하는 경우
> 6. 출자목적물이 신고된 목적 외의 목적에 사용되거나 처분된 경우
> 7. 외국투자가가 외국인투자 촉진법 5조 또는 6조에 따라 취득한 주식등을 양도하거나 해당 외국인투자기업의 자본감소로 자기소유의 주식등이 감소한 경우
> 8. 외국인투자비율, 외국인투자금액 변경
> 9. 외국투자가의 상호 또는 명칭 및 국적 변경
> 10. 외국인투자기업의 상호 또는 명칭 및 주소 변경
> 11. 외국인투자기업이 경영하고 있는 사업 또는 경영하려는 사업 변경

12. 주식 또는 지분(이하 "주식등"이라 한다)의 양도자(외국인투자 촉진법 제2조 제1항 제4호 가목 2)에 따른 기존주식등을 취득하는 경우에 한정한다)

13. 차관제공자, 차관금액 및 차관조건(외국인투자 촉진법 제2조 제1항 제4호 나목에 따른 차관인 경우에 한정한다) 변경

14. 출연금액 및 출연조건(외국인투자 촉진법 제2조 제1항 제4호 다목 및 마목에 따른 비영리법인에 대한 출연인 경우에 한정한다) 변경

15. 그 밖의 외국인투자 신고서 또는 허가신청서, 외국인투자기업 등록신청서 기재 사항의 변경

**참고서식** 외국인투자기업등록신청서[486)

## 외국인투자기업등록신청서 [√]신규등록 [ ]변경등록

※ 바탕색이 어두운 난은 신청인이 적지 않으며, [ ]에는 해당되는 곳에 √표를 합니다.　　　(제1쪽)

| 접수번호 | 접수일 | | 처리일 | | 처리기간　1일 | |
|---|---|---|---|---|---|---|
| 외국투자가 | ① 상호 또는 명칭(영문)　Mark Elliot Zuckerberg | | | | ② 국적<br>United States of America | |
| | SPC 여부 | [ ]예 [√]아니오 | SPC의 최종<br>지배모기업 | 상호 | （국적:　　　） | |
| 외국인<br>투자기업 | ③ 상호 또는<br>명칭 | (국문)　**주식회사 율도** | | | ④ 사업자등록번호(본사)<br>000-00-00000 | |
| | | (영문)　Yuldo, Inc. | | | | |
| | | (*)SPC 여부 [ ]예　　[√]아니오 | | | | |
| | ⑤ 주소 | 본사　서울특별시 강남구 테헤란로 22, 301호 (역삼동, 대왕빌딩)<br>　　　　　　　（전화번호: 00-000-0000, FAX:　　　） | | | | |
| | | 주공장(주사업장) 소재지<br>　　　　　　　（전화번호:　　　　　, FAX:　　　） | | | | |
| | | 홈페이지 | | 대표 E-mail<br>　　　contact@yuldo.co.kr | | |
| | ⑥ 신고(허가)된 사업명　**소프트웨어개발업** | | | | | |
| | ⑦ 자본금(출연금)　200,000,000원 | | | | | |
| | ⑧ 외국인투자<br>금액 및 비율 | 취득총액:　　　100,000,000원 (*USD 75,000 **상당**) | | | 50% | |
| | | 액면총액:　　　100,000,000원 | | | | |
| | ⑨ 상시근로자<br>수 | 기존(변경등록)　　　　　　명 | | 등록 후 예상규모(신규 및 변경등록)<br>　　　　　　　　　3명 | | |
| 외국인<br>투자기업<br>변경등록 | ⑩ 변경등록 내<br>용(변경 등록의<br>경우) | [ ] 외국인투자비율 또는 외국인투자금액이 변경되는 경우<br>[ ] 외국투자가의 상호 또는 명칭 및 국적 등이 변경되는 경우<br>[ ] 외국인투자기업의 상호 또는 명칭, 주소, 경영하려는 사업 등이 변경되는 경우<br>[ ] 기 타 | | | | |
| | | ※ 변경내용 | | | | |
| | ⑪ 주식등의 | 양도 또는 감 | 상호 또는 명칭(영문) | | 국적 | |

---

486) 외국인투자 촉진법 시행규칙 별지 17호 서식, 일반적으로 은행이 외국인투자기업등록신청서 작성을 대행
　　한다.

| 양도 및 감소<br>(해당할 경우) | 소인 | | | |
|---|---|---|---|---|
| | 양수인(외국인<br>의 경우) | 상호 또는 명칭(영문) | | 국적 |
| | 양도 또는 감소<br>할 주식(지분) | 종류 | 1주(좌)당 액면가<br>액(B) | 1주(좌)당 양도 또는<br>감소가액(C) |
| | | 수량(A) | 액면총액(A×B) | 양도 또는 감소총액<br>(A×C) |
| ⑫ 외국인투자기업 등록말소 사유<br>(해당할 경우) | [ ] 외국인투자지분 전량 양도 · 감소, [ ] 피합병법인, [ ] 폐업<br>· 청산, [ ] 기타 (                    ) | | | |

「외국인투자촉진법」 제21조 제1항·제2항, 같은 법 시행령 제27조 및 같은 법 시행규칙 제17조 제1항·제2항에
따라 위와 같이 신고합니다.

2024년 1월 5일

신청인 Mark Elliot Zuckerberg 대리인 변호사 김상균 (서명 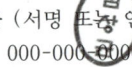)

(또는 대리인)                    (전화번호: 000-000-0000)

수탁기관장 귀하

---

(제2쪽)

[ 정보통신망을 이용한 송달 동의서 ]

본 신청인은 외국인투자촉진법 제21조 제1항에 따라 외국인투자기업으로 등록한 이후, 같은 법 제21조 제4항에
따라 외국인투자기업의 허가 취소 또는 등록말소사실이 발생하는 경우 그 사실에 대한 확인서(외국인투자기업 등
록말소 확인서)를 정보통신망을 이용하여 송달받는 것에 대하여

■ 동의합니다. □ 동의하지 않습니다.

\* 외국인투자기업 등록말소사유(외국인투자촉진법 제21조 제4항)
1. 외국인투자기업이 「부가가치세법」 제8조 제7항에 따라 폐업신고를 한 경우
2. 외국투자가가 자기소유의 주식등의 전부를 대한민국국민이나 대한민국법인에 양도하거나 해당 외국인투자기
   업의 자본감소로 자기소유의 주식등의 전부가 없어지게 된 경우
3. 출자목적물의 납입을 가장하여 외국인투자기업의 등록을 한 경우

| 첨부<br>서류 | 〈신규등록인 경우〉 | 수수료 |
|---|---|---|
| | 1. **송금인이 확인되는 외화매입증명서 또는 외화예치증명서 (개인사업자인 경우 상호명의**<br>**의 입금증명서를 말합니다) 사본 1부** [현물출자(현물출연의 경우를 포함합니다. 이하<br>같습니다) 이외의 경우만을 말하며, 외국투자가가 직접 송금 또는 휴대반입하지 않는 경<br>우에는 대리하여 송금 · 반입한 사실을 증명하는 서류를 첨부하여야 합니다(＝**자금목적**<br>**에 Business라고 기재된 외국환신고필증**)]<br>2. 현물출자완료확인서 사본 1부 (자본재를 출자하는 경우만 제출합니다)<br>3. 「상법」 제422조에 따른 검사인의 조사보고서 또는 감정인의 감정결과 사본 1부 (주식,<br>채권 및 국내 부동산을 출자하는 경우만 제출합니다) 또는 「상법」 제421조 제2항에 따른 | 없음 |

회사의 동의를 증명하는 서류 사본 1부(신주등의 인수인인 외국투자가의 주식 또는 지분에 대한 납입채무와 회사에 대한 채권을 상계하는 경우에만 제출하며, 외국인투자기업으로 등록하려는 기업이 신주등의 인수인에 대하여 채무를 부담하고 있다는 사실을 증명하는 서류와 신주등의 인수인이 상계의 의사표시를 증명하는 서류를 함께 제출합니다)

4. 외국인투자기업으로 등록하려는 기업의 다음 각 목에 해당하는 서류 각 1부

**가. 법인 등기사항증명서**

**나. 주주명부**(「외국인투자 촉진법」 제2조 제1항 제4호 가목에 해당하는 경우에만 제출합니다)

**다. 사업자등록증** 또는 고유번호증 사본

라. 연구사업 개요서, 연구전담인력 현황 및 연구시설 명세서(「외국인투자 촉진법」 제2조 제1항 제4호 다목에 해당하는 경우에만 제출합니다))

〈변경등록인 경우〉

1. 변경된 내용을 증명하는 서류 1부
2. 외국인투자기업 등록증명서 원본 1부

---

(제3쪽)

## 유의사항

\* 표란은 외자가 국내에 도입된 금액을 적습니다.

## 작성방법

①~②란은 「외국인투자 촉진법」에 따라 주식등을 취득한 외국투자가(개인 또는 법인)의 상호 또는 명칭 및 국적을 적고, 상호 또는 명칭을 반드시 영문으로 적습니다.

\* SPC(Special Purpose Company)는 법인체로서 직·간접적으로 최종 지배모기업이 통제하며, 고용, 생산 또는 물리적 실체가 거의 없는 기업을 말합니다. SPC의 최종 지배모기업(UCP, Ultimate Controlling Parent)은 SPC를 최종적으로 지배하는 기업을 말합니다.

③~④란은 외국투자가가 출자(또는 출연)한 외국인투자기업 또는 취득한 주식 등을 발행한 국내기업의 상호 또는 명칭을 국문과 영문으로 적고, 사업자등록번호는 본사 기준으로 적습니다.

⑤란에서 주소는 '본사'와 '주공장(또는 주사업장)'으로 구분하여 적되, 제조업인 경우에는 주된 공장의 소재지 주소를 적고, 제조업이 아닌 경우에는 주된 사업장(연구소를 포함합니다)의 주소를 적습니다. 홈페이지는 회사 웹사이트 주소를 기재하며(홈페이지를 개설한 경우에 한합니다), 대표 e-mail은 정보통신망을 이용한 문서를 송달받을 수 있는 전자우편주소를 적습니다.

⑥란은 외국인투자기업이 경영하는 사업명을 적습니다. 복수의 사업을 경영하고 있는 경우에는 주요 사업 순으로 4개까지만 사업명을 적습니다.

⑦란은 해당 외국인투자기업의 납입자본금(또는 출연금)을 원화로 적습니다. 만일 납입자본금과 주식 등의 액면총액(주식수×1주(좌)당 액면가액)이 다른 경우에는 후자를 기재하고 전자는 부기합니다.

⑧란에서 '취득총액'은 신규 등록인 경우에는 외국투자가의 주식 등 취득총액을, 외국인투자금액 및 비율의 변경 등에 따른 변경등록인 경우에는 기존의 외국투자가의 주식 등 취득총액과 변동 취득총액의 합계를 원화와 미달러

상당액(미화는 인출한 날의 미화로 환산하여 적습니다)으로 적습니다. '액면총액'은 외국투자가가 투자한 주식 등의 액면총액을 원화로 적습니다. '외국인투자비율'은 외국인투자기업의 주식등에 대한 외국투자가가 소유하는 주식등의 비율을 적습니다.

⑨란은 해당 외국인투자기업등록 신청(또는 변경등록신청)의 원인이 되는 외국인투자금액 등의 변동에 따라 예상되는 해당 외국인투자기업의 상시근로자수를 적습니다.(신규 등록의 경우 '등록 후 예상규모'란에 상시 근로자수 전체인원을 기재하며, 종전 외국인투자기업으로서 변경등록을 하는 경우에는 '기존'란에 변경등록 신청 전일을 기준으로 외국인투자기업이 고용하고 있었던 상시근로자 수를 적고, '등록 후 예상규모'란에 기존 상시근로자 수에 신규 예상 상시 근로자 수를 합한 전체인원을 기재합니다.)

⑩란은 '변경등록'의 경우에 해당 변경등록의 내용에 해당하는 항목에 [v]표시를 하고, 변경내용을 적습니다. (변경등록 항목은 필요에 따라 중복으로 표시할 수 있습니다.)
〈 예시 〉'16년 7월 28일 신고된 증액투자 등록, '16년 9월 30일 주식양도에 따른 변경등록, 외국인투자기업의 상호 및 주소 변경에 따른 변경등록

- '외국인투자비율 또는 외국인투자금액'의 변경은 외국인의 신주 및 기존주식등 취득, 증자, 전환사채 주식전환, 주식양도 및 감소등으로 외국인투자비율 또는 외국인투자금액이 변경되는 경우에 표시합니다.
- '외국투자가의 상호 또는 명칭 및 국적 등'의 변경은 외국투자가의 주식양수(양도), 외국인의 외국투자가로부터 매입 · 상속 · 유증 · 증여에 의한 취득 등으로 외국투자가가 변경되는 경우에 표시합니다.
- '외국인투자기업의 상호 또는 명칭, 주소, 경영하려는 사업 등'의 변경은 외국인투자기업의 상호 또는 명칭, 주소, 경영하려는 사업등 외국인투자기업등록증에 기재된 사항이 변경되는 경우에 표시합니다.

⑪란은 외국인투자기업의 변경등록 사항 중 외국투자가의 '주식등의 양도 및 감소'가 발생하는 경우 양도 또는 감소인, 양수인(외국인의 경우), 양도 또는 감소할 주식(지분)의 내용을 적습니다.

⑫란은 외국인투자기업 등록말소가 발생하는 경우, 등록말소 사유를 [V] 표시하고, 관련 내용을 간단히 적습니다.
〈예시〉'16년 7월 28일 외국투자가의 소유 주식을 내국인에게 전부 매각, '17년 2월 23일 A사와 B사의 합병으로 인해 B 외국인투자기업 소멸

| 처리절차 |
|---|
| 신고서 작성 → 접수 → 검토 · 확인 → 외국인투자기업 등록증 발급 → 수령 |
| 신청인　　　수탁기관장　　　수탁기관장　　　　수탁기관장　　　　　신청인 |

## (5) 외국인투자기업 지원

### (a) 세제혜택

국내산업구조의 고도화와 국제경쟁력 강화에 긴요한 신성장동력산업에 속하는 사업 등 조세특례제한법에서 정하는 조세감면대상 외국인투자는 법인세 · 소득세 · 취득세 및 재산세가 감면된다(조세특례제한법 121조의2). 또한, 조세감면대상 외국인투자사업에 필요한 자본재가 외국인투자 신고내용에 따라 도입되는 경우 관세 · 개별소비세 및 부가가치세가 면제된다(조세특례제한법 121조의3). 외국인투자기업이 증자하는 경우 해당 증자분에 대해서는 법인세 등의 감면규정과 관세 등의 면제규정이 준용된다(조세특례제한법 121조의4). 개인지방소

득세도 감면받을 수 있다(지방세특례제한법 153조).

### (b) 자금 지원, 국·공유재산 임대

외국인이 국내에서 고도의 기술을 수반하는 사업 등을 영위할 경우 정부와 지방자치단체로부터 그 사업에 드는 자금을 지원받을 수 있다(외국인투자 촉진법 14조의2 1항). 또한, 외국인투자기업이 국가·지방자치단체·공공기관 또는 지방공기업이 소유하는 토지·공장이나 그 밖의 재산을 사용·수익·임대·매입할 경우 수의계약으로 사용·수익·임대·매입할 수 있고, 임대 시 임대기간을 연장받거나 임대료를 감면받을 수 있다(외국인투자 촉진법 제13조부터 제13조의3).

## 3. 외국인투자 촉진법상 외국인투자가 아닌 경우

외국인투자 촉진법상 외국인투자가 아니더라도 외국환거래법 2조가 적용되는 자본거래(외국환거래법 3조 1항 19호 - 예를 들어 증권의 발행·모집, 증권 또는 이에 관한 권리의 취득)를 하려는 자는 원칙적으로 해당 자본거래를 신고해야 한다(외국환거래법 18조 1항, 같은 법 시행령 32조). 즉, ① 외국인 투자촉진법상 외국인투자에 해당하지 않더라도 비거주자가 거주자로부터 국내법인의 비상장·비등록 내국통화표시 주식 또는 지분을 외국인투자 촉진법에서 정한 출자목적물에 의해 취득하면 외국환은행의 장에게 비거주자의 증권취득신고를 해야 하고(외국환거래규정 7-32조 2항), ② 그 밖의 경우로서 비거주자가 거주자로부터 증권(주식 등)을 취득하면 한국은행총재에게 비거주자의 증권취득신고를 해야 한다(외국환거래규정 7-32조 3항).

다만, ① 경미한 자본거래(미화 5천불 이내 - 외국환거래규정 7-2조 7호)이거나 ② 외국인이 국내원화 증권(주식 등)에 투자하기 위하여 외국환은행에 본인 명의의 투자전용계정을 개설하고 투자전용계정을 통해 거래하면 별도로 신고하지 않아도 된다(외국환거래규정 7-32조 1항 1호, 7-37조, 외국환거래법 3조 1항 7호).

Ⅲ **외국회사 영업소 설치**

## 1. 의 의

상법은 외국회사라는 용어를 사용하면서도 외국회사의 개념을 정의하지 않는다. 통설인 설립준거법설에 따르면 내국회사는 대한민국 법령에 의하여 설립된 회사를, 외국회사는 외국법령에 의하여 설립된 회사를 뜻한다[487]. 대한민국 상법의 적용을 회피하기 위해 외국회사를 설립하더라도 대한민국에 본점을 설치하거나 대한민국에서 영업할 것을 주된 목적으로 하는 외국회사는 대한민국에서 설립된 회사와 같은 규정을 따라야 한다(상법 617조).

외국영리단체와 거래하는 자를 보호하기 위해 외국회사가 대한민국에서 영업을 하려면 ① 대한민국에 영업소를 설치하고 대한민국에서의 대표자를 정하거나, ② 외국회사 대표자 중 1명 이상이 대한민국에 주소를 두어야 한다(상법 614조 1항). 외국회사의 등기는 대한민국에서의 대표자가 외국회사를 대표하여 신청한다(상업등기법 23조 3항).

## 2. 영업소 설치등기

외국회사가 대한민국에 영업소를 설치할 경우 영업소 설치등기를 해야 한다(상법 614조 2항·3항). 등기를 해야 하는 영업소란 대한민국 내에서 수익을 발생시키는 영업활동을 영위하는 외국회사의 지점, 분점, 매점, 파출소, 출장소 등을 의미한다. 대한민국 내에서 수익을 발생시키는 영업활동을 영위하지 않고 업무연락(liaison), 시장조사, 연구개발활동 등 비영업적 기능만을 수행하는 사무소는 영업소 설치등기를 할 수 없다[488]. 예를 들어, 외국의 은행·증권회사가 한국은행 등 감독기관으로부터 대한민국 내 대표사무소 설치를 허가받은 뒤 지점과 같은 정도로 포괄적인 영업행위는 하지 않더라도 관계기관 및 기업 등의 업무관련 정보교환·자료수집, 본사와의 업무연락 등 허가받은 범위 내에서 한정된 업무활동을 수행하고 있다면 그 대표사무소는 상법 614조의 영업소에 해당하지 않아 영업소 설치등기를 할 수 없다[489].

---

487) 상업등기실무(Ⅱ), 674쪽
488) 상업등기실무(Ⅱ), 676쪽; 외국환거래규정 9-32조 2항
489) 외국의 은행 및 증권회사의 대표사무소 설치등기의 가부 [상업등기선례 제1-286호, 1988. 2. 4. 제정]

영업소 설치등기를 하기에 앞서 먼저 은행에 외국기업 국내지사 설치신고를 한다(외국환거래규정 9-33조 1항). 대리인이 외국기업 국내지사 설치신고를 대리할 경우 은행에 위임장을 제출해야 하므로 위임장을 공증받고 영사관확인을 받거나 아포스티유를 부착한다.

이어서, 영업소 설치등기는 대한민국에서 설립되는 동종의 회사 또는 가장 유사한 회사의 지점과 동일한 등기를 한다(상법 614조 2항). 외국영리단체와 거래하는 자를 보호하려는 상법 취지에 비추어 설령 외국회사가 설립준거법 상 법인격이 없다 하더라도 내국회사와 유사한 실체를 가지고 우리나라에 지점을 설치하여 영업을 하는 경우에는, 대한민국에서 설립되는 동종의 회사 또는 가장 유사한 회사의 지점등기와 동일한 영업소 설치등기를 할 수 있는 것으로 해석한다[490].

「법인의 등기사항에 관한 특례법」이 외국회사 영업소에 적용되지 않으므로[491] 외국회사 영업소는 상법 상 지점등기사항만 등기한다. 덧붙여, 회사설립의 준거법, 대한민국에서의 대표자의 성명 및 주소도 등기한다(상법 614조 3항). 대한민국에서의 대표자의 주소는 국내 주소로 제한되지 않는다[492]. 외국 주식회사가 대한민국 내에 영업소를 설치한다면 다음 사항을 등기해야 한다(상법 614조 2항, 317조 3항·2항·4항, 289조 1항, 181조, 614조 3항).

> 1. 상호[493]
> 2. 본점의 소재지
> 3. 대한민국에서의 영업소 소재지: '대한민국영업소주소'와 '영업소에 관한 사항' 항목에 모두 기재한다.
> 4. 회사성립연월일
> 5. 회사가 공고를 하는 방법
> 6. 목적
> 7. 회사를 대표할 이사 또는 집행임원의 성명·주민등록번호 및 주소[494]
> 8. 둘 이상의 대표이사 또는 대표집행임원이 공동으로 회사를 대표할 것을 정한 경우에는 그 규정
> 9. 대한민국에서의 대표자의 성명과 그 주소

---

490) 상업등기실무(II), 675쪽: 소련항공사의 한국 내 영업소 설치등기의 가부 [상업등기선례 제1-288호, 1990. 5. 22. 제정]

491) 법인등의등기사항에관한특례법시행규칙에 따른 사무처리지침(등기예규 제666-1항) [등기예규 제943호, 1998. 9. 8. 개정] 7.

492) 외국회사 영업소 설치등기 시 대한민국에서의 대표자 주소 [상업등기선례 제201612-2호, 2016. 12. 26. 제정]

10. 회사설립의 준거법
11. 회사의 존립기간 또는 해산사유를 정한 때에는 그 기간 또는 사유

상법에 따르면 발행할 주식의 총수, 1주의 금액, 발행주식의 총수는 지점 등기사항이 아니므로 외국의 주식회사가 대한민국 내에 영업소를 설치할 때 발행할 주식의 총수, 1주의 금액, 발행주식의 총수는 등기할 수 없다[495].

또한, 외국 유한회사가 대한민국 내에 영업소를 설치한다면 다음 사항을 등기해야 한다 (상법 614조 2항, 549조 3항 · 2항 · 4항, 179조, 181조, 614조 3항).

1. 상호
2. 본점의 소재지
3. 대한민국에서의 영업소 소재지 : '대한민국영업소주소'와 '영업소에 관한 사항' 항목에 모두 기재한다.
4. 회사성립연월일
5. 목적
6. 이사의 성명 · 주민등록번호 및 주소. 다만, 회사를 대표할 이사를 정한 때에는 그 외의 이사는 등기하지 아니한다.
7. 회사를 대표할 이사를 정한 때에는 그 성명, 주소와 주민등록번호
8. 수인의 이사가 공동으로 회사를 대표할 것을 정한 때에는 그 규정
9. 대한민국에서의 대표자의 성명과 그 주소
10. 회사설립의 준거법
11. 존립기간 기타의 해산사유를 정한 때에는 그 기간과 사유

---

493) 외국회사 영업소가 지점의 성격을 가지고 있으며 지점에 있어서의 등기는 상법상 강제되어 있기 때문에, 이미 유한회사의 설립등기가 되어 있는 관할 등기소 내에 동종영업을 목적으로, 동일 상호로 외국회사 영업소 설치등기를 하는 것이 가능할 것이다(외국회사 영업소 설치등기와 유사상호 [상업등기선례 제2-97호, 2005. 12. 27. 제정]).

494) 외국회사가 주식회사인 경우 임원등기와 관련하여 보면 본점의 대표이사와 국내에서의 대표자의 성명과 주소를 기재하면 되고 다른 임원(이사, 감사 등)은 등기사항이 아니다(외국회사(주식회사)가 국내영업소 설치를 함에 있어 등기사항 중 대표이사나 국내에서의 대표자 외에 일반임원(이사, 감사 등)에 대한 사항도 등기하여야 하는지 여부(소극) [상업등기선례 제1-294호, 2001. 8. 25. 제정]).

495) 외국회사의 영업소 설치등기 시 자본에 관한 사항이 등기사항인지 여부 [상업등기선례 제202304-1호, 2023. 4. 17. 제정]

대한민국에서의 대표자의 대표권은 국내 모든 영업소에 미치므로, 외국회사가 국내에 2 개 이상 영업소를 설치하는 경우 각 영업소 별로 다른 대표자를 정하여 등기하거나 대표권을 특정 영업소의 영업에 한정하는 취지로 등기할 수 없다. 다만, 각 영업소마다 지배인을 선임하여 지배인등기를 할 수는 있다[496].

외국회사는 영업소 설치등기를 하기 전에는 계속하여 거래를 하지 못하고(상법 616조 1 항), 이를 위반하여 거래를 한 자는 그 거래에 대하여 회사와 연대하여 책임을 진다(상법 616조 2항). 법률에 다른 규정이 없다면 외국회사는 다른 법률의 적용에 있어서 대한민국에서 성립된 동종 또는 가장 유사한 회사로 본다(상법 621조).

외국은행이 대한민국에서 은행업을 경영하기 위해 지점·대리점을 신설하거나 폐쇄하려면 금융위원회의 인가를 받아야 한다(은행법 58조 1항).

## 3. 등기신청서 첨부서면

영업소 설치등기시 등기신청서에 다음 서면을 첨부한다(상업등기규칙 163조 1항, 상업등기법 74조).

---

1. 본점의 존재를 인정할 수 있는 정보
2. 대한민국에서의 대표자의 자격을 증명하는 정보: 대한민국에서의 대표자를 선임한 의사록, 결정서 등
3. 정관 또는 회사의 성질을 식별할 수 있는 정보
4. 대한민국에서의 같은 종류의 회사 또는 가장 비슷한 회사가 주식회사인 경우에는 대한민국에서의 공고방법의 결정을 증명하는 정보
5. 본점 대표자
   가. 성명, 생년월일, 국적(외국인의 경우)을 증명하는 서면
   나. 주소를 증명하는 서면
6. 대한민국에서의 대표자
   가. 취임승낙서
   나. 성명, 생년월일, 국적(외국인의 경우)을 증명하는 서면
   다. 주소를 증명하는 서면
   라. (법인)인감신고서

---

496) 외국회사의 대한민국에서의 대표자의 대표권 [상업등기선례 제1-287호, 제정 1988. 4. 14. 제정]

위 첨부서면은 외국회사의 본국 관할관청 또는 대한민국에 있는 그 외국의 영사 인증을 받아야 한다(상업등기규칙 163조 2항). 외국회사의 본국법상 공증인이 위 첨부서면을 인증할 권한이 있다면 공증인의 인증을 받아도 된다. 외국의 정부가 발행한 서류, 공증인의 인증을 받은 서류는 영사확인을 받거나 아포스티유를 부착해야 한다[497].

---

497) 외국회사 영업소 설치등기시 첨부서면의 인증 [상업등기선례 제2-98호, 2013. 1. 9. 제정]; 외국공문서에 관한 업무처리지침 [등기예규 제1534호, 2014. 11. 5. 제정, 2014. 11. 21. 시행] 2조

# 제**2**장

# 주주간계약과 M&A계약

# 서 론

주주간계약(shareholders' agreement: SHA)은 주주들이 회사의 지배구조, 의결권 행사, 주식처분, 회사운영 등에 관하여 약정하는 계약이다. 영미법의 시카고학파 이론가들은 회사를 계약들의 집합체(nexus of contracts)로 파악한다[498]. 이러한 관점에서 본다면 회사를 설립하고자 또는 회사에 투자하고자 주주 사이에 계약을 체결하는 것은 자연스러운 행위이다. 반면, 회사를 사단으로, 정관을 자치규범으로 이해하는 우리나라에서 주로 영미법에서 발전한 실무인 주주간계약이 등기절차에 어떠한 영향을 미치는지, 상법의 강행규정과 충돌하지는 않는지 검토가 필요하다.

우리나라에서 주주간계약은 ① 복수의 기업이 합작회사를 설립하는 경우(예: 외국기업과 국내 법인이 국내에 합작회사를 설립), ② 공동창업자들이 회사를 창업하는 경우, ③ 투자자(창업투자회사, 엔젤투자자 등)가 기업에 투자하는 경우[499]에 주로 활용된다. 이 책은 ②와 ③의 경우를 검토한다.

한편, M&A(mergers & acquisitions)란 일반적으로 기업의 지배권 취득을 목적으로 하는 일체의 거래활동을 가리킨다[500]. 우리나라에 주주간계약과 M&A계약이 활성화된 시기는 아시아 외환위기(IMF 사태)가 한국을 강타한 1998년경이다. 기업이 자금조달을 위해 자산을 매각할 수밖에 없는 상황으로 몰리면서 우리나라의 M&A시장이 급격히 팽창하였다. 외국자본이 국내기업을 인수하는 과정에서 외국로펌의 M&A실무도 자연스럽게 국내에 유입되었다.

등기실무에서 주주간계약이나 M&A계약 자체는 필수가 아니다. 그러나 많은 경우 ①

---

498) 시카고학파의 설명에 따르면, 회사(corporate)는 기업(firm)이 자본을 조달하는 여러 가지 장치 가운데 하나에 불과하고 회사의 법인격도 편의적으로 부여된 것뿐이다. 회사의 본질을 계약들의 집합체(nexus of contracts) 또는 묵시적이고 명시적인 계약들의 집합(set of implicit and explicit contracts)으로 보아, 회사법은 계약비용을 절약할 수 있도록 기성복처럼 미리 마련된 계약조항의 집합이라고 설명한다(Frank H. Easterbrook, Danial R. Fischel, 이문지 역, "회사법의 경제학적 구조" (원제: The Economic Structure of Corporate Law), 자유기업센터, 1999, 34쪽).

499) 천경훈, "주주간계약의 실태와 법리: 투자촉진 수단으로서의 기능에 주목하여", 「상사판례연구」 26집 3권, 2013, 7-8쪽

500) "회사법연구(M&A 실무)", 사법연수원, 2011, 3쪽

주주간계약 또는 M&A계약 체결 → ② 주주간계약 또는 M&A계약을 이행하기 위하여 주주총회·이사회 개최 → ③ 주주총회·이사회 결의에 따른 등기를 차례로 진행하게 된다. 즉, 등기의 원인을 거슬러 올라가면 주주간계약이나 M&A계약이 자리 잡고 있으므로 당사자의 의사에 부합하는 등기를 하려면 주주간계약과 M&A계약을 명확히 이해해야 한다.

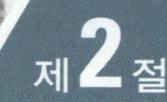

## 제 2 절

# 주주간계약

## I  주주간계약의 유형

주주간계약을 체결하는 이유는 회사법(상법 제3편) 규정만으로는 주주들이 원하는 바를 달성할 수 없기 때문이다. 예를 들어 공동창업자들이 회사를 창업하는 경우를 살펴보자. 공동창업자들이 의사결정과정에서 충돌하는 경우 회사법은 과반수 지분을 가진 창업자의 의사에 따르도록 하는 것 밖에 해결책을 제시하지 못한다. 만약 지분이 적은 창업자가 과반수 지분을 가진 창업자의 결정에 따르기 싫다면 자신의 주식을 처분하고 회사를 떠날 수밖에 없는데 비상장회사의 주식은 매수인을 찾기도 어렵다. 결국 관계가 악화된 공동창업자들은 이러지도 저러지도 못하고 불편한 동거를 계속할 수밖에 없다. 이러한 상태가 지속하고 창업자 간에 감정싸움까지 번지면 회사는 원활히 운영되기 어렵다. 이 경우 주주간계약은 분쟁해결을 위한 구체적인 기준이 된다.

다음으로, 투자자가 기업에 투자하는 경우를 살펴보자. 회사법에만 따른다면 2대 주주는 상법상 각종 소수주주권을 행사할 뿐이고 적극적으로 회사경영에 관여하거나 경영을 감시할 권한을 갖지 못한다[501]. 만약 투자자가 기업의 경영진을 완벽히 신뢰하지 못하는 상황이라면 설령 해당 기업에 관심이 있고 투자할 여력이 있더라도 투자를 꺼리게 된다. 따라서 투자를 유치하려는 기업은 투자자가 우려하는 바를 주주간계약으로 불식시킬 필요가 있다. 즉, 기업의 대주주가 주주간계약을 통해 소수주주인 투자자에게 상법상 부여된 권리 이상의 감독권과 경영에 관여할 권리를 주는 것이다.

주주간계약이 주주평등의 원칙을 침해하는 것은 아니다. 주주평등의 원칙이란 주주가 회사와의 법률관계에서 그가 가진 주식 수에 따라 평등한 취급을 받아야 함을 의미한다. 이를 위반하여 회사가 일부 주주에게만 우월한 권리나 이익을 부여하기로 하는 약정은 특별한 사정이 없는 한 무효이다[502].

---

501) 천경훈, "주주간계약의 실태와 법리: 투자촉진 수단으로서의 기능에 주목하여", 「상사판례연구」 26집 3권, 2013, 10-11쪽

그런데 주주평등의 원칙은 주주와 회사의 법률관계에 적용되는 원칙이고, 주주가 회사와 계약을 체결할 때 회사의 다른 주주 내지 이사 개인이 함께 당사자로 참여한 경우 <u>주주와 다른 주주 사이의 계약은 주주평등과 관련이 없으므로,</u> 주주와 회사의 다른 주주 내지 이사 개인의 법률관계에는 주주평등의 원칙이 직접 적용되지 않는다. 주주는 회사와 계약을 체결하면서 사적자치의 원칙상 다른 주주 내지 이사 개인과도 회사와 관련한 계약을 체결할 수 있고, 그 계약의 효력은 특별한 사정이 없는 한 주주와 회사가 체결한 계약의 효력과는 별개로 보아야 한다. 나아가 주주가 회사의 다른 주주 내지 이사 개인과 체결한 계약의 내용을 해석할 때에는 계약의 형식과 내용, 계약이 체결된 동기와 경위 및 목적, 당사자의 진정한 의사 등을 종합적으로 고려하여 논리와 경험의 법칙, 사회일반의 상식과 거래의 통념에 따라 합리적으로 해석해야 하는 등 계약 해석에 관한 일반 원칙을 적용할 수 있다[503].

투자자가 기업에 투자할 때 주주간계약을 별도로 체결하기도 하나 신주인수계약에 주주간계약의 내용을 삽입하는 경우가 많다. 「제2장 주주간계약과 M&A계약」 「제3절 M&A계약」에서도 주주간계약 조항을 포함하는 M&A계약 사례를 살펴볼 것이다.

## II 전형적인 주주간계약 조항

### 1. 지분의 보유 및 처분

### (1) 회사설립 시 보유할 주식

회사설립 시 공동창업자가 인수할 주식의 종류와 수를 미리 정할 수 있다.

---

502) 대법원 2023. 7. 27. 선고 2022다290778 판결 [투자금반환]
503) 대법원 2023. 7. 13. 선고 2022다224986 판결 [위약벌청구의소]

**참고서식** 회사설립 시 인수할 주식의 종류와 수에 대한 조항

---

제0조 (주식인수) 당사자들이 인수할 주식의 종류와 인수대금, 지분율은 다음과 같다.

| 발기인 이름 | 주식의 종류 | 인수대금 | 지분율 |
|---|---|---|---|
| 홍길동 | 보통주식 | 500만원 | 50% |
| 김철수 | 보통주식 | 300만원 | 30% |
| 정갑동 | 보통주식 | 200만원 | 20% |
| 합계 | | 1,000만원 | 100% |

---

## (2) 주식양도를 일정 기간 금지함

주식양도는 이사회 승인을 얻도록 정관으로 제한할 수 있을 뿐만 아니라(상법 335조 1항 단서), 주주간계약을 통해 제한할 수도 있다(lock-up 조항). 주식양도를 제한하는 이유는 주주간계약의 구속력을 일정 기간 유지하기 위해서이다. 즉, 주식이 양도된다고 해서 주식양수인이 기존 주주간계약의 권리·의무를 당연히 승계하는 것은 아니므로, 일정 기간 주주간계약의 효력을 유지하려면 주식양도를 금지해야 한다.

주식양도를 일부 제한하는 주주간계약의 내용에 관하여, 판례는 주주가 투하한 자본의 회수가능성을 전면적으로 부정하는 것이 아니고, 공서양속에 반하지 않는다면 당사자 사이에서 원칙적으로 유효하다고 본다[504]. 판례는 회사와 주주들 사이에서, 혹은 주주들 사이에서 회사의 설립일로부터 5년 동안 주식의 전부 또는 일부를 다른 당사자 또는 제3자에게 매각·양도할 수 없다는 내용으로 주주가 계약을 체결한 경우, 주주의 투하자본 회수가능성을 전면적으로 부정한 것에 해당하여 무효라고 보았다[505].

주주간계약을 위반한 주식양도는 유효한가? 주주간계약은 채권적 효력만 인정되므로 주주간계약을 위반하고 주식을 양도해도 주식양도 자체는 유효하고 주식회사에 대해서도 유효하다. 따라서 주식회사는 주식양수인의 명의개서청구를 거절할 수 없다. 다만, 주주간계약 위반은 계약 상대방에게 채무불이행이 되므로 주식양도 제한 조항이 실질적인 효력을 갖도록 주주간계약에 위약금, 위약벌 조항도 함께 넣는다. 단순히 주식양도만 제한하는 것

---

504) 대법원 2008. 7. 10. 선고 2007다14193 판결 [위약금]; 대법원 2022. 3. 31. 선고 2019다274639 판결 [주식양도절차이행]
505) 대법원 2000. 9. 26. 선고 99다48429 판결 [명의개서절차이행]

이 아니라 양도하려는 주식을 먼저 살 수 있는 권리(우선매수권 또는 우선청약권)를 주주 간계약의 상대방에게 부여하기도 한다.

참고로, 주식양도 시 이사회의 승인을 얻도록 하는 정관 규정에 반하여 주식을 양도하면 그 주식양도는 주식회사에 대해서 효력이 없으므로 주식회사는 주식양수인의 명의개서청 구를 거절할 수 있다. 다만, 주식양도인과 주식양수인 사이에 양도계약은 유효하므로[506], 주식양도인은 주식양수인에게 채무불이행 책임을 진다.

**참고서식** 일정 기간 주식양도를 제한하고 위반 시 위약금을 지급하는 조항

> 제0조 (주식처분의 제한) ① 각 주주는 회사 주식의 90% 이상을 소유한 주주(또는 합계 90% 이상을 소유한 주주들)의 서면동의가 없는 한, 이 계약일부터 2년간 주식의 전부 또는 일부를 다른 주주 또는 제3자에게 양도하거나 입질 등 담보를 설정하거나 기타 처분 행위를 하거나 명의신탁(이하 이 조에서 '처분 등'이라 한다)할 수 없다.
> ② 어느 주주가 제1항을 위반한 경우 그 주주는 처분한 주식 1주당 금50,000원을 상대 방 주주에게 위약금으로 지급한다. 상대방 주주가 여러 명이면 상대방 주주들의 지분 비율로 안분하여 위약금을 지급한다.

## (3) 우선매수권과 우선청약권

우선매수권(right of first refusal) 조항과 우선청약권(right of first offer) 조항은 주주간 계약의 상대방에게 주식을 우선 매수할 수 있는 권리를 주는 약정이다. ① 우선매수권 조항 은 주식을 양도하고자 하는 주주가 제3자(주식양수 후보자)를 먼저 찾은 후 해당 거래조건 을 상대방 주주에게 통지하면, 상대방 주주가 같은 조건 또는 주주에게 더 유리한 조건으로 그 주식을 우선 양수할 수 있는 약정이다. ② 우선청약권 조항은 주식을 양도하고자 하는 주주가 상대방 주주에게 매수의사를 타진하고 상대방 주주가 주식의 가격과 조건을 제시하 면 주식을 양도하고자 하는 주주가 그 조건보다 더 낮은 가격이나 더 나쁜 조건으로 제3자 에게 주식을 양도할 수 없는 약정이다[507].

주식을 양도하려는 주주의 입장에서는 일반적으로 우선청약권이 우선매수권보다 유리하 다. 주식을 양도하려는 주주가 제3자(주식양수 후보자)와 어느 정도 주식양도를 협의한 상황

---

506) 대법원 2008. 7. 10. 선고 2007다14193 판결 [위약금]
507) 이동건 외, "주주간계약의 실무상 쟁점", 「BFL」 제67호, 2014. 9., 96쪽

에서 다른 주주가 우선매수권을 행사하여 제3자의 주식매수 기회를 가로챌 수 있다면 제3자는 주식매수 협의 자체를 꺼릴 수밖에 없다. 반면 우선청약권은 상대방 주주가 우선청약권을 행사하지 않았거나 우선청약권을 행사한 후 매수조건이 확정된 상태에서 주식양도인이 제3자(주식양수 후보자)를 물색하므로 제3자에게 예측하지 못한 손해를 끼칠 우려가 없다[508].

**참고서식** 우선매수권 조항

> 제0조 (우선매수권) ① 주주가 회사의 주식 전부 또는 일부를 양도하려면 제3자와 주식양도를 합의하기 전에 다음 각호의 사항을 상대방 주주에게 사전에 서면 통지(이하 '양도통지'라 한다)해야 한다.
> 1. 양도대상인 주식(이하 '양도대상주식'이라 한다)의 종류와 수
> 2. 양도방법
> 3. 주당 양도가격
> ② 상대방 주주는 양도통지를 받은 날부터 14일 내에 주주에게 서면통지하여 통지받은 내용과 동일한 조건으로 양도대상주식을 직접 매수할 권리를 행사할 수 있다. 상대방 주주의 서면통지가 주주에게 도달한 때에 양도대상주식에 관한 주식매매계약이 체결된 것으로 본다.
> ③ 상대방 주주는 주식매매계약이 체결된 날부터 14일 내에 매수금액 전액을 주주에게 지급하며, 주주는 매수금액 전액을 지급받음과 동시에 양도대상주식의 주권을 상대방 주주에게 교부해야 한다. 주권을 발행하지 않은 경우 주주는 확정일자 있는 증서로써 회사에 주식양도를 통지하거나, 확정일자 있는 증서로써 회사로부터 주식양도승낙을 받아야 한다.
> ④ 상대방 주주가 제2항의 기간 내에 제2항의 권리를 행사하지 않거나 제3항의 기간 내에 매수대금을 지급하지 않은 경우에 한하여 주주는 양도대상주식을 양도할 수 있다. 이 경우에도 양도대상주식을 매각하려면 다음 각호의 요건이 모두 충족되어야 한다.
> 1. 본 항에 따른 양도의 내용이 양도통지된 내용과 일치할 것
> 2. 주당 양도가격은 양도통지된 가격과 동일할 것
> 3. 양도의 기타 조건이 양도통지된 조건과 동일할 것
> ⑤ 상대방 주주가 제2항의 권리를 행사하지 않았다 하더라도, 만약 상대방 주주가 위 권리를 행사하지 않기로 확정된 날부터 2개월 이내에 주주가 양도통지된 내용에 따른 양도를 하지 않으면, 주주가 양도대상주식을 양도하기 위해서는 제1항부터 제4항의 절차를 다시 거쳐야 한다.
> ⑥ 주주가 본 조를 위반하여 회사 주식의 전부 또는 일부를 양도한 경우, 주주는 양도

---

508) 이동건 외, "주주간계약의 실무상 쟁점", 「BFL」 제67호, 2014. 9., 97쪽

한 주식의 액면가 합계액 또는 처분가액 중 높은 금액을 상대방 주주에게 위약금으로 지급해야 한다.

---

**참고서식** 우선청약권 조항

제0조 (우선청약권) ① 주주가 회사의 주식 전부 또는 일부를 양도하려면 사전에 양도대상인 주식(이하 '양도대상주식'이라 한다)의 종류와 수를 특정하여 상대방 주주에게 매수청약을 할 것을 서면으로 최고해야 한다(이하 '매수청약최고'라 한다).
② 상대방 주주는 매수청약최고를 받은 날부터 14일 내에 주당 양도가격을 정하여 주주에게 양도대상주식의 매수를 서면으로 청약할 수 있다(이하 '매수청약'이라 한다).
③ 주주가 매수청약에 승낙하는 경우, 매수청약을 받은 날부터 14일 이내에 상대방 주주에게 서면으로 승낙통지(이하 '승낙통지'라 한다)를 발송해야 한다. 승낙통지가 상대방 주주에게 도달하는 날에 양도대상주식에 관한 주식매매계약이 체결된 것으로 본다.
④ 상대방 주주는 주식매매계약이 체결된 날부터 14일 내에 매수금액 전액을 주주에게 지급하며, 주주는 매수금액 전액을 지급받음과 동시에 양도대상주식의 주권을 상대방 주주에게 교부해야 한다. 주권을 발행하지 않은 경우 주주는 확정일자 있는 증서로써 회사에 주식양도를 통지하거나, 확정일자 있는 증서로써 회사로부터 주식양도승낙을 받아야 한다.
⑤ 상대방 주주가 제2항의 기간 내에 제2항의 권리를 행사하지 않거나 제4항의 기간 내에 매수대금을 지급하지 않은 경우, 또는 주주가 제3항의 기간 내에 승낙통지를 발송하지 않은 경우에 한하여 주주는 양도대상주식을 제3자에게 매각할 수 있다. 이 경우에도 양도대상주식을 매각하려면 다음 각호의 요건이 모두 충족되어야 한다.
1. 양도대상주식의 종류와 수가 매수청약최고의 내용과 일치할 것
2. 주당 양도가격은 매수청약된 가격 이상일 것
⑥ 주주가 제5항에 따라 제3자에게 양도대상주식을 매각할 수 있는 권리가 부여된 날부터 2개월 이내에 양도하지 않으면, 주주가 양도대상주식을 양도하기 위해서는 제1항부터 제5항의 절차를 다시 거쳐야 한다.
⑦ 주주가 본 조를 위반하여 회사주식의 전부 또는 일부를 양도한 경우, 주주는 양도한 주식의 액면가 합계액 또는 처분가액 중 높은 금액을 상대방 주주에게 위약금으로 지급해야 한다.

## (4) 매각참가청구권

매각참가청구권(tag-along right) 조항은 주주가 주식을 팔 때, 상대방 주주도 자신의 주식을 함께 팔아달라고 주주에게 청구할 수 있는 약정이다. 즉, '네 것을 팔 때 내 것도 같이 팔아 달라'는 권리이다[509]. 이는 어느 주주만이 회사의 주주 지위에서 이탈(exit)하는 것을 방지하고 만약 이탈할 기회가 생기면 상대방 주주도 투자금회수 효과를 공유하려는 약정이다. 매각참가청구권은 실무상 공동매도권, 동반매도참여권, 주식동반매도요구권 등으로 불리기도 하며 주주간계약에서 흔히 볼 수 있는 조항이다.

> **참고서식** **매각참가청구권 조항**
>
> 제0조 (매각참가청구권) ① 주주가 주식을 양도하고자 하는 경우, 상대방 주주는 주주와 동일한 조건으로 양도에 참가할 것을 주주에게 청구할 수 있다(이하 '매각참가청구권'이라 한다). 이 경우 주주와 상대방 주주가 양도할 수 있는 주식수는 주주들간의 지분비율에 비례한다.
> ② 주주는 주식을 제3자에게 매각, 양도 또는 이전하고자 한다는 내용, 당해 제3자의 신원, 양도할 주식수, 주당 양도가액, 양도예정일 기타 양도의 주요 조건을 명시하여, 양도예정일로부터 30일 이전에 상대방 주주에게 서면으로 통지해야 한다.
> ③ 상대방 주주는 주주로부터 제2항의 통지를 받은 날부터 10일 이내에 주주에게 매각참가청구권 행사 여부를 서면으로 통지해야 한다.
> ④ 상대방 주주가 매각참가청구권을 행사하는 경우 주주는 상대방 주주의 주식을 공동매도하기 위하여 필요한 조치를 다해야 한다.
> ⑤ 상대방 주주가 매각참가청구권을 행사하는 경우 주식양수예정자가 상대방 주주의 주식 전부(매각참가청구권 행사에 따라 상대방 주주가 양도하고자 하는 주식 전부를 의미한다)를 양수하지 않는 한, 주주는 보유 주식을 처분할 수 없다.
> ⑥ 주주가 본 조를 위반하여 회사주식의 전부 또는 일부를 양도한 경우, 주주는 양도한 주식의 액면가 합계액 또는 처분가액 중 높은 금액을 상대방 주주에게 위약금으로 지급해야 한다.

## (5) 공동매각청구권

공동매각청구권(drag-along right) 조항은 주주가 주식을 팔 때, 상대방 주주가 보유한

---

509) 천경훈, "주주간계약의 실태와 법리: 투자촉진 수단으로서의 기능에 주목하여", 「상사판례연구」 26집 3권, 2013, 12-13쪽

주식까지 함께 팔 수 있는 약정이다. 즉, '내 것을 팔 때 네 것도 함께 팔아 달라'는 권리이다[510]. 이는 주주가 자신이 보유한 주식만으로는 경영권 프리미엄을 받기 불충분한 경우, 상대방 주주의 보유분까지 일괄매각함으로써 주당 매각단가를 극대화하기 위한 약정이다. 실무상 동반매각청구권, 주식강제연동매각권 등으로 불리기도 하는데 매각참가청구권만큼 흔한 조항은 아니다.

> **참고서식** 공동매각청구권 조항
>
> 제0조 (공동매각청구권) ① 회사의 지분을 25% 이상 보유한 주주가 제3자에게 소유 주식을 전부 양도하는 경우, 주주는 상대방 주주가 보유한 주식을 같은 조건으로 함께 양도할 수 있는 권리를 가진다(이하 '공동매각청구권'이라 한다).
> ② 주주가 공동매각청구권을 행사하려면 상대방 주주에게 다음 사항을 서면으로 사전 통지해야 한다.
> 1. 양도의 대상인 주식(이하 '양도대상주식'이라 한다)의 종류와 수
> 2. 양도방법
> 3. 주당 양도가격
> ③ 주주가 본 조항에 따라 공동매각청구권을 행사하는 경우, 상대방 주주는 전 항의 통지에 제시된 조건에 따라 공동매각에 참여하고 공동매각이 적법·유효하게 완료될 수 있도록 필요한 모든 조치를 취해야 한다.
> ④ 공동매각과 관련하여 주주가 지급한 비용은 주주와 상대방 주주가 매각 대상 주식 수에 비례하여 부담한다.
> ⑤ 주주의 공동매각청구권 행사에도 불구하고 상대방 주주가 공동매각에 불참하거나 공동매각에 필요한 조치를 하지 않은 경우 상대방 주주는 주주에게 [상대방 주주의 소유 주식수 × 10,000원]을 위약금으로 지급해야 한다.

## 2. 동의권

회사법에만 따른다면 2대 주주는 상법상 각종 소수주주권을 행사할 뿐이고 보다 적극적으로 경영에 관여하거나 경영을 감시할 권한은 갖지 못한다. 반면, 2대 주주는 주주간계약을 통하여 회사 경영에 대하여 2대 주주의 동의를 받거나 2대 주주와 사전협의하도록 할 수 있다. 그러나 특정 주주에게만 동의권과 사전협의권을 주는 것은 주주평등의 원칙에 어

---

510) 천경훈, "주주간계약의 실태와 법리: 투자촉진 수단으로서의 기능에 주목하여", 「상사판례연구」 26집 3권, 2013, 12-13쪽

굿날 뿐만 아니라 주식회사의 중요 업무에 대한 의사결정권은 이사회가 가진다는 점에 비추어 상법이 부여한 이사회 권한을 침해하는 문제가 생긴다. 동의권과 사전협의권의 효력에 위와 같은 문제점이 있음에도 실무상 동의권 및 사전협의권 조항은 빈번히 사용된다.

정관에 이사회 결의요건을 강화하고(상법 391조 1항 단서) 주주간계약으로 특정 주주에게 이사지명권을 주어 특정 주주에게 의사회 결의사항에 대한 사실상의 거부권을 주는 것도 동의권을 대체하는 한 가지 방안이 될 수 있다.

판례[511]에 따르면, 회사가 자금조달을 위해 신주인수계약을 체결하면서 주주의 지위를 갖게 되는 자에게 회사의 의사결정에 대한 사전동의를 받기로 약정한 경우 그 약정은 회사가 일부 주주에게만 우월한 권리를 부여함으로써 주주들을 차등적으로 대우하는 것이지만, 주주가 납입하는 주식인수대금이 회사의 존속과 발전을 위해 반드시 필요한 자금이었고 투자유치를 위해 해당 주주에게 회사의 의사결정에 대한 동의권을 부여하는 것이 불가피하였으며 그와 같은 동의권을 부여하더라도 다른 주주가 실질적·직접적인 손해나 불이익을 입지 않고 오히려 일부 주주에게 회사의 경영활동에 대한 감시의 기회를 제공하여 다른 주주와 회사에 이익이 되는 등으로 차등적 취급을 정당화할 수 있는 특별한 사정이 있다면 이를 허용할 수 있다.

**참고서식** **경영사항에 대한 동의권 및 사전협의권 조항**

> **제0조 (경영사항에 대한 동의권 및 사전협의권)** ① 회사 및 이해관계인은 다음 각호의 사항에 관하여 투자자에게 각 사항의 시행일로부터 2주 전까지 서면으로 통지한 뒤 각 사항의 시행일의 전일까지 투자자로부터 서면동의를 얻어야 한다.
> 1. 정관의 변경
> 2. 신주발행(유무상증자), 주식관련사채, 옵션 등의 발행 또는 부여
> 3. 해산, 청산, 합병, 분할, 분할합병, 주식의 포괄적 교환 또는 이전, 영업의 양도, 영업의 양수, 타회사의 인수, 경영임대차, 위탁경영 기타 회사조직의 근본적인 변경
> 4. 건당 전년도 자산총계의 [30]% 이상 또는 연간 누계액 기준 전년도 자산총계의 [50]% 이상의 소유자산을 구매, 매각, 대체, 처분 등을 하는 행위
> 5. 제3자에 대한 건당 전년도 자산총계의 [30]% 이상 또는 연간 누계액 기준 전년도 자산총계의 [50]% 이상의 투자(주식 및 사채인수 포함), 자금대여, 담보 제공, 보증 등

---

511) 대법원 2023. 7. 13. 선고 2021다293213 판결 [상환금 청구의 소]

6. 건당 전년도 자산총계 [30]% 이상의 회사의 권리 및 의무를 제3자에게 양도

7. 본건 투자 당시 사업계획에 명시한 것과 현저히 다른 사업에 착수하거나, 주요사업의 중단, 포기

8. 건당 전년도 자산총계의 [30]% 이상 또는 연간 누계액 기준 전년도 자산총계의 [50]% 이상의 신규 자금차입 또는 채무의 부담

9. 계열회사(독점규제 및 공정거래에 관한 법률상 계열회사의 범위에 포함되는 회사를 말한다), 임직원, 주주, 그 특수관계인(자본시장 및 금융투자업에 관한 법률상의 특수관계인의 범위에 해당하는 자를 말한다)과의 거래

10. 현금, 주식 또는 기타 회사의 재산으로 이루어지는 배당의 의결 또는 지급

11. 이해관계인의 주식 처분, 임직원에 대한 주식매수선택권의 부여

12. 대표이사의 선임 및 해임

② 회사는 다음 각호의 사항에 관하여 투자자와 사전에 협의하고 투자자에게 업무처리에 따른 결과를 서면으로 통지해야 한다.

1. 주주총회의 안건 및 이사회의 안건

2. 주식보유상황의 변동에 관한 사항, 단, 제3자의 주식보유상황의 변동은 사후 통지만 한다.

**참고서식** **이사회 결의요건을 강화하는 정관 예문**

제0조 (이사회 특별결의) ① 다음 각호의 하나에 해당하는 이사회 결의는 재적이사 5분의 4 이상의 찬성이 필요하다.

1. 신주발행

2. 사채발행

3. 대표이사, 공동대표이사, 집행임원, 대표집행임원의 선임

4. 중요한 자산의 처분 및 양도, 대규모 재산의 차입

5. 건당 전년도 자산총계의 [30]% 이상 또는 연간 누계액 기준 전년도 자산총계의 [50]% 이상의 소유자산을 처분 또는 양도

6. 건당 전년도 자산총계의 [30]% 이상 또는 연간 누계액 기준 전년도 자산총계의 [50]% 이상의 신규 자금차입 또는 채무 부담

7. 자기주식 소각

8. 중간배당

9. 주식양도를 제한하는 경우 주식양도승인

10. 준비금의 자본금 전입

## 3. 보고의무와 감사권

주주(투자자)는 주주간계약을 통하여 ① 회사가 일정 사항을 주주에게 보고하도록 하거나, ② 주주가 회사에 대한 회계 및 업무 감사권을 가지도록 할 수 있다. 주주뿐만 아니라 회사도 주주간계약의 당사자에 포함시켜서 보고의무와 감사권 조항의 효력이 회사에 미치도록 한다.

## (1) 보고의무

주주는 주주간계약을 통하여 회사가 일정 사항을 주주에게 보고하도록 회사에 의무를 부과할 수 있다. 이로써 주주의 정보접근권이 강화된다.

**참고서식** 회사의 투자자에 대한 보고 및 자료제출 의무 조항

제0조 (보고 및 자료 제출) ① 회사는 주주총회 의결·승인사항뿐만 아니라, 다음 각호의 사항에 대하여도 지체없이 투자자에게 서면으로 그 내용을 통지해야 한다.
  1. 회사가 발행, 배서 또는 보증한 어음 또는 수표가 부도로 되거나 은행과의 거래가 정지된 때
  2. 파산, 회생절차 또는 이에 준하는 절차의 개시의 신청이 있거나 부실징후기업으로 인정되는 때
  3. 중대한 영향을 미칠 소송이 제기된 때
  4. 정부 및 준정부기관에 의한 행정적 제재
  5. 주요주주의 변동
  6. 회사의 사업에 필요한 중요 기술인력의 채용 및 퇴직 상황
  7. 기타 상기에 준하는 것으로서 투자자가 중요하다고 인정하여 회사에 서면으로 요청한 사항
② 회사는 투자자에게 다음 각호의 사항을 정해진 기일 내에 제출해야 한다.
  1. 연차보고 - 다음 사업연도 시작일부터 90일 이내
     가) 결산 재무제표
     나) 약식 영업/재무 보고
  2. 반기보고 - 다음 반기 시작일부터 60일 이내
     가) 반기 재무제표
     나) 약식 영업/재무 보고
③ 회사는 투자자가 요청하는 경영자료를 투자자가 요청하는 양식에 따라 요청일부터 [21]일 이내에 투자자에게 제공하기로 한다.

### (2) 감사권

주주는 주주간계약을 통하여 회사의 회계와 업무를 감사할 권한을 요구할 수 있다. 감사 과정에서 정관, 법령 또는 주주간계약에 반하는 행위를 발견할 경우 회사에 시정조치를 요구할 권한도 부여받을 수 있다. 다만 감사권이나 시정조치를 요구할 권한은 기본적으로 이사 또는 감사의 권한이기 때문에 주주간계약으로 특정 주주에게 감사권을 주는 것보다는 특정 주주에게 감사지명권을 주는 것이 바람직하다.

**참고서식** 주주의 감사권 조항

---

제0조 (회계 및 업무감사, 시정조치) ① 투자자는 회사의 경영 및 재산 상태를 확인하고 계획된 사업의 수행에 대해 투자자의 입장에서 선의의 관리가 필요하다고 판단하는 경우 자신의 직원 또는 외부의 전문가를 파견하여 회사의 회계 및 업무 전반에 관한 조사 및 기타 투자자가 필요하다고 판단하는 업무를 수행하게 할 수 있다. 회사 및 이해관계인은 이에 대하여 성실히 협조해야 한다.

② 투자자는 회사의 경영에 대한 투자자의 조사 결과에 따라 회사에 일정한 기간을 정하여 그 시정을 요청할 수 있다. 이 경우 회사는 시정을 요청받은 사항에 대해 정하여진 일정한 기간 내에 시정 조치를 이행하고 그 결과를 투자자에게 서면으로 통지해야 한다.

---

## 4. 임원 지명권

### (1) 이사, 감사 지명권

주식회사의 중요 업무는 이사회에서 결의하고, 중요한 정보도 이사회로 모아진다. 그런데 이사는 주주총회에서 선임하므로 집중투표제를 채택하지 않는 한, 주식회사의 과반수 지분을 가진 주주가 이사 전원을 선임한다. 따라서 2대 주주가 이사를 지명하려면 ① 정관에 집중투표제를 두거나, ② 과반수 주주와 주주간계약을 체결하여 과반수 주주로부터 이사 지명권을 획득해야 한다. 설령 정관에 집중투표제가 있더라도 2대 주주의 지분이 집중투표제로 이사를 선임할 수 있는 지분에 못 미친다면 2대 주주가 이사지명권을 획득할 수 있는 방법은 주주간계약 밖에 없다.

**참고서식** **이사, 감사의 총수와 각 주주가 지명할 이사, 감사에 관한 조항**

> 제0조 (이사와 감사) ① 회사의 이사회는 이사 3명(사내이사 2명, 사외이사 1명)으로 구
> 성하되, '갑'이 지명하는 사내이사 2명과 '을'이 지명하는 사외이사 1명을 선임한다. 감
> 사는 1명으로 하고 '을'이 지명하는 자를 감사로 선임한다.
> ② '갑'과 '을'은 전항에 따라 각 당사자가 지명하는 자가 이사 또는 감사로 선임될 수
> 있도록 회사의 주주총회에서 의결권을 행사해야 한다.

## (2) 대표이사 지명권

주식회사의 대표이사는 원칙적으로 이사회 결의로 선임하나 예외적으로 정관 규정에 따라 주주총회에서 선임할 수 있다. 어느 경우이건 과반수 주주가 사실상 대표이사를 지명하는 것은 마찬가지이다. 2대 주주는 과반수 주주와의 주주간계약을 통해서만이 대표이사 지명권을 행사할 수 있다. 구체적으로, ① 공동대표이사를 두어 당사자가 1명씩 지명하는 방안, ② 복수의 대표이사를 두어 당사자가 1명씩 지명하되 각자 대표권을 갖도록 하는 방안, ③ 대표이사는 1명만 두되 각 당사자가 임기가 끝날 때마다 지명권을 번갈아 가면서 행사하는 방안, ④ 일방 당사자가 대표이사 겸 CEO에 대한 지명권을 가지고 상대방 당사자는 대표이사 겸 이사회 의장을 지명하여, 법적인 대표권은 2명의 대표이사가 각각 가지되 실제로는 집행과 감독을 분리하는 방안, ⑤ 일방 당사자가 대표이사 겸 CEO에 대한 지명권을 가지고 상대방 당사자는 최고재무담당자(CFO) 등 다른 주요 직위에 대한 지명권을 가지는 방안 등이 있다[512].

**참고서식** **대표이사 지명권 조항 (위 ④번 방안)**

> 제0조 (대표이사) ① 회사의 대표이사는 2명으로 하여 주주총회에서 선임한다.
> ② 대표이사는 '갑'과 '을'이 각 1명씩 지명한 자를 선임한다.
> ③ '갑'이 지명한 대표이사는 회사의 업무를 단독으로 집행하며, '을'이 지명한 대표이
> 사는 단독으로 이사회 의장이 되어 회사의 업무를 감독한다.
> ④ '갑'과 '을'은 주주총회에서 다음 의안에 대하여 모두 찬성해야 한다.
> 1. 주주총회에서 대표이사를 선임하도록 정관을 변경
> 2. '갑'과 '을'이 각 지명하는 자를 대표이사로 선임

---

512) 천경훈, "주주간계약의 실태와 법리: 투자촉진 수단으로서의 기능에 주목하여", 「상사판례연구」 26집 3권,
2013, 15-16쪽

## 5. 주주총회 관련

주주간계약의 주주총회 관련 조항은 2가지 쟁점이 있다. 첫 번째 쟁점은 상법상 주주총회 결의사항 이외의 사항을 주주총회 결의사항으로 정관에 정할 수 있는가이고(즉, 주주총회의 권한을 확장할 수 있는가) 확장설이 다수설이나 이에 대한 판례는 없다.

두 번째 쟁점은 주주총회 결의요건을 강화할 수 있는가인데 주주총회 보통결의는 정관으로 결의요건을 가중할 수 있으나 성격상 정관에서 정한 특별결의 수준보다 가중할 수는 없다. 반면, 보통결의요건을 완화할 수 없다는 견해가 다수설이다. 주주총회 특별결의는 정관으로 결의요건을 강화(초다수결)할 수 있으나 완화할 수 없다는 것이 통설이고, 나아가 주주 전원이 동의해야 하는 수준까지 강화할 수 있다는 것이 다수설이다. 실제로 정관에 초다수결요건을 둔 회사들도 존재하나[513] 초다수결요건의 효력에 대한 대법원 판례는 없으며, 하급심 판결은 일부 주주에게 사실상 거부권을 주는 것과 마찬가지의 결과를 초래한다는 점에서 정관의 초다수결요건을 무효로 보았다[514].

## 6. 관계의 종결

주주간에 발생할지도 모를 분쟁에 대비하여 주주 사이의 관계(예: 공동창업관계)를 적절히 해소할 수 있는 종결조항을 미리 약정할 수 있다. 주주 사이의 관계 종결이란 결국 어느 주주에게 주식을 팔고 회사를 떠나도록 강제하는 것이다. 따라서 누구의 주식을 누구에게 얼마에 팔지, 주주들이 수긍할 수 있는 합리적인 기준을 마련하는 것이 중요하다.

몇 가지 방법을 소개하자면, ① 러시안룰렛(Russian Roulette), ② 텍사스 슛아웃(Texas Shoot-out), ③ 콜/풋옵션 등이 있다. 예를 들어 주식회사 율도(주주 홍길동이 60% 지분, 주주 김철수가 40% 지분)의 주주관계를 러시안룰렛방식으로 종결해보자. 주주 홍길동은 주당 1만원에 주주 김철수의 지분 전부를 사겠다고 제안하면 주주 김철수는 자신의 지분 전부를 주당 1만원에 주주 홍길동에게 팔 수도 있고, 반대로 주주 홍길동의 지분 전부를 주당 1만원에 살 수도 있다. 즉, 주주 홍길동이 주주 김철수에게 높은 매수가격을 제시하지 않으면 역으로 자신의 주식 모두를 주주 김철수에게 팔아야 한다. 텍사스 슛아웃도 러시안

---

513) 천경훈, "주주간계약의 실태와 법리: 투자촉진 수단으로서의 기능에 주목하여", 「상사판례연구」 26집 3권, 2013, 20-21쪽

514) 서울중앙지방법원 2008. 6. 2.자 2008카합1167 결정 [주주총회효력정지등]

룰렛과 유사하다. 주주들이 각자 주당 매수가격을 밀봉된 서류로 제출하여 가장 높은 가격을 제출한 주주가 다른 주주들의 주식을 매수할 수 있는 것이다. 러시안룰렛이나 텍사스 슛아웃같은 극단적인 해결방법 외에도 대주주의 매수청구권(콜옵션)이나 소수주주의 매도청구권(풋옵션)을 약정할 수 있다.

**참고서식** **공동창업관계를 정리하기 위한 대주주의 매수청구권 조항 (콜옵션)**

> 제0조 (매수청구권) ① '갑'은 본 계약의 체결일부터 2년 내에 다음과 같은 사유가 발생할 경우 '을'에게 소유지분 전부를 제2항에 따라 산정한 금액으로 '갑'에게 양도할 것을 서면으로 청구할 수 있다.
> 1. '을'이 본 계약상의 경업금지의무나 비밀유지의무를 위반한 경우
> 2. '을'이 본 계약상의 최소 근무시간 규정을 위반한 경우
> 3. '을'이 본 계약의 체결일부터 2년 내에 퇴사하는 경우
> ② '갑'은 국내 상위 10개 회계법인 중 1개의 회계법인을 지정하여 양도대금을 산정한다. 이 경우, 양도대금은 「증권의 발행 및 공시 등에 관한 규정 시행세칙」(금융감독원 세칙 2016. 6. 23. 일부개정, 2016. 6. 30. 시행) 제5조부터 제8조의 분석기준에 따라 산정한다.

## 7. 각 주주의 역할

창업기업의 공동창업자들은 회사의 주주일 뿐만 아니라 근로자, 임원이기도 하다. 따라서 각 주주가 근로자 또는 임원으로서 회사에서 수행해야 할 업무와 역할을 주주간계약에 정하기도 한다.

**참고서식** **공동창업자의 업무와 역할에 관한 조항**

> 제0조 (업무와 역할) ① '갑'과 '을'은 회사의 이익을 위하여 다음과 같은 업무와 역할을 수행한다.
> 1. '갑'
>   - 직위: 대표이사
>   - 주요 업무: 회사 경영, 영업 총괄, 투자 유치 등
> 2. '을'
>   - 직위: CTO

- 주요 업무: 시스템 설계 및 유지보수, 프로젝트 관리, 최신기술동향분석 등
② '갑'과 '을'은 각자 1일 8시간, 주 40시간 이상을 위 업무에 할애해야 한다.

 **주주간계약의 효력**

## 1. 주주간계약을 위반한 결의의 효력

주주간계약은 당사자 사이에 채권적 효력만 인정된다. 따라서 주주가 주주총회에서 주주간계약에 어긋나게 의결권을 행사하더라도 주주총회 결의 자체는 유효하고[515], 계약 상대방에게 손해배상책임을 질 뿐이다.

## 2. 손해배상

주주간계약을 위반하더라도 당해 주주총회 결의 자체는 유효하므로 주주간계약이 실질적으로 구속력을 가지려면 위약금 또는 위약벌을 무겁게 할 수 밖에 없다.

다만, 위약금은 손해배상액의 예정으로 추정되므로(민법 398조 4항) 위약금이 과다하면 법원이 감액할 수 있고(민법 398조 2항), 위약벌은 그 의무의 강제에 의하여 얻어지는 채권자의 이익에 비하여 약정된 벌이 과도하게 무거우면 그 일부 또는 전부가 무효가 될 수 있다[516].

---

515) 광주지방법원 목포지원 2011. 10. 4. 선고 2011가합257 판결 [주주총회결의취소]; 대구지방법원 2013. 11. 19. 선고 2013가합6609 판결

516) 대법원 2016. 1. 28. 선고 2015다239324 판결 [약정금] 위약벌 약정이 공서양속에 반하는지를 판단함에 있어서는, 당사자의 일방이 그의 독점적 지위 내지 우월한 지위를 이용하여 체결한 것인지 등 당사자의 지위, 계약의 체결 경위와 내용, 위약벌 약정을 하게 된 동기와 경위, 계약 위반 과정 등을 고려하는 등 신중을 기하여야 하고, 단순히 위약벌 액수가 많다는 이유만으로 섣불리 무효라고 판단할 일은 아니다(대법원 2013. 12. 26. 선고 2013다63257 판결 참고).

**참고서식** 위약벌과 손해배상 조항

> 제0조 (위약벌과 손해배상) 주주가 다음 사항을 위반한 경우 상대방 주주에게 금1억원을 위약벌로 지급하며, 위약벌과는 별도로 주주는 상대방 주주가 입은 손해를 배상해야 한다.
> 1. 본 계약에 반하여 주주총회에서 의결권을 행사한 경우
> 2. 본 계약에 반하여 제3자에게 주식을 양도한 경우
> 3. 본 계약상의 경업금지의무와 비밀유지의무를 위반한 경우

## 3. 의결권위임의 강제

주주간계약을 위반할 경우 어느 주주의 의결권을 다른 주주에게 강제로 위임하도록 하는 약정이 가능한가? 하급심 결정 중에는 주주간계약에 따라 의결권 위임을 강제한 가처분 결정도 있다(서울중앙지방법원 2011. 11. 24.자 2011카합2785 결정). 이 사건은 어느 주주(A)의 의결권을 영구히 다른 주주(B)에게 위임하도록 한 것은 아니고 문제가 된 당해 임시주주총회에 한하여 의결권을 위임하도록 한 사건이다. 이 가처분 결정이 나자 회사는 임시주주총회 소집을 취소하고 A는 C, D, E, F에게 주식을 양도하였다. 그런데 C, D, E, F는 주주간계약의 당사자가 아니므로 B가 C, D, E, F를 상대로 의결권 위임을 강제할 수 없었다[517]. 이처럼 주주간계약에 의결권위임을 강제하는 조항을 두더라도 이를 피해갈 수 있기 때문에 의결권 위임을 강제하는 조항은 실익이 없다.

---

517) 서울중앙지방법원 2012. 2. 9.자 2011카합3134 결정

# Ⅳ 주주간계약의 승계

주주간계약의 어느 당사자가 주식을 양도할 때 주식양수인이 주주간계약에 따른 권리·의무 일체를 승계하게끔, 주식양도인에게 의무를 지우는 약정이다.

**참고서식** **주식양도시 주식양수인이 권리·의무를 승계하도록 하는 조항**

> 제0조 (주식양수인의 승계) 주주가 상대방 주주의 사전 서면동의를 받고 주식을 제3자에게 처분하는 경우, 주주는 주식을 양수하는 제3자로 하여금 본 계약에 따른 주주의 권리의무 일체를 승계하도록 해야 한다.

주식양수인이 주주간계약상 권리·의무 일체를 승계한다는 점에서 강학상 계약인수라고 볼 수 있다. 이 경우 주주간계약의 잔여 당사자와 주식양도인, 주식양수인은 승계동의서를 작성한다.

**참고서식** **승계동의서**

---

# 승계동의서

갑, 을, 병은 갑과 을이 2014년 7월 24일 체결한 주주간계약에 관하여 을의 권리·의무 일체를 승계인 병에게 이전하는 데 동의합니다.

첨부서류: 갑과 을의 2014년 7월 24일 자 주주간계약서

2016년 8월 3일

갑: 홍길동　（인）

을: (주식양도인) 김철수　（인）

병: (주식양수인) 정갑동　（인）

---

**주주간계약서 예시**

## 1. 사례 설명

주식회사를 설립하려는 공동창업자들의 주주간계약 사례이다. 주식회사 율도를 공동창업하기 위해 홍길동이 1,500만원, 김철수가 1,200만원, 이영희가 300만원을 출자한다. 홍길동, 김철수, 이영희가 각자 이사 1명(본인 포함)을 지명할 수 있고 홍길동이 감사를 지명할 수 있다. 대표이사는 홍길동이 맡는다.

계약일부터 2년 내에는 홍길동을 중심으로 회사의 지분구조를 유지한다. 즉, 계약일부터 2년 내에 김철수와 이영희는 홍길동의 동의없이는 주식을 양도할 수 없고, 대신 김철수와 이영희는 홍길동에게 1주당 2,000원에 자신의 주식을 전부 팔고 회사를 나갈 수 있다. 또한, 계약일부터 2년 내에 김철수, 이영희가 업무를 태만히 하거나 퇴사하거나 경업금지규정 등을 위반하면 홍길동은 이들의 주식 전부를 1주당 2,000원에 살 수 있다.

계약일로부터 2년이 지나면 위와 같은 주식처분제한, 매도청구권, 매수청구권은 사라진다. 대신, 주주는 다른 주주의 주식에 대하여 우선청약권을 가진다(홍길동만 권리를 갖는 것이 아니다). 또한, 어느 주주가 exit하고자 할 경우 다른 주주들도 매각참가청구권을 행사하여 함께 exit할 수 있다. 주주간계약을 위반할 경우 위약벌과 위약금의 제재가 따른다.

## 2. 계약서

---

### 주주간계약서

아래 당사자들은 2016년 7월 28일 본 주주간계약(이하 '본 계약'이라 한다)을 체결한다.

1. 홍길동 (이하 '갑'이라 한다)
2. 김철수 (이하 '을'이라 한다)
3. 이영희 (이하 '병'이라 한다)

(이하 각 당사자를 개별적으로 '당사자', 포괄적으로 '당사자들'이라 한다. 또한 을 또는 병을 개별적으로 '소수 주주'라 한다)

---

**전 문**

1. 당사자들은 총 금3,000만원을 투자하여 소프트웨어개발업, 온라인정보제공업 등을 목적사업으로 하는 (가칭) 주식회사 율도(이하 '회사'라 한다)를 설립하고자 한다.

2. 당사자들은 회사의 설립·운영에 관한 조건 및 회사의 주주로서 각자의 권리와 의무를 정하기 위하여 다음과 같이 합의한다.

**다 음**

**제1조 (계약의 목적)** 본 계약은 회사 운영과 관련한 조건 및 회사의 주주로서 당사자들 사이에 발생하는 법률 관계를 확정하는 데 목적이 있다.

**제2조 (용어의 정의)** 본 계약에서 사용되는 용어의 뜻은 다음과 같다.
1. '처분'이란 주식을 양도하거나 주식에 입질 등 담보를 설정하거나 기타 처분 행위를 하거나 명의신탁하는 행위를 말한다.
2. '투자자'란 회사 설립 후 회사의 구주를 양수하거나 신주를 인수하여(또는 구주양수와 신주인수를 혼합하여) 회사의 주주가 되려는 자를 말한다.
3. '서면'이란 일정한 내용을 적은 문서로서 전자문서(전자문서 및 전자거래 기본법 제1조 제1호)를 포함한다.

**제3조 (주식인수)** ① 당사자들이 회사의 발기인으로서 인수할 주식의 종류, 인수대금, 지분율은 다음과 같다.

|  | 주식의 종류 | 인수대금(원) | 지분율 |
|---|---|---|---|
| 갑 | 보통주식 | 15,000,000 | 50% |
| 을 | 보통주식 | 12,000,000 | 40% |
| 병 | 보통주식 | 3,000,000 | 10% |
| **합계** |  | 30,000,000 | 100% |

② 당사자들은 본 계약일부터 30일 이내에 갑(발기인대표)이 지정하는 계좌로 제1항의 인수대금을 납입한다.

**제4조 (업무와 역할)** ① 당사자들은 회사의 이익을 위하여 다음과 같은 업무와 역할을 수행한다.

|  | 직위 | 업무 |
|---|---|---|
| 갑 | 대표이사, 회사설립시 발기인대표 | 경영, 투자 유치 |
| 을 | 사내이사, CTO | 시스템 설계 및 유지보수, 프로젝트 관리 |
| 병 | 사내이사, COO | 플랫폼 운영 및 기획 |

② 당사자는 주 40시간 이상을 위 업무에 할애해야 한다.

제5조 (이사와 감사) ① 이사회는 투자자의 별도 요구가 없는 한 사내이사 3명으로 구성하되, 당사자들이 각 1명(당사자 본인 포함)을 지명할 수 있다. 감사는 1명으로 하고 갑이 지명하는 자(갑을 포함)를 선임한다.

② 당사자들은 전항에 따라 지명된 자가 이사 또는 감사로 선임될 수 있도록 주주총회에서 의결권을 행사해야 한다.

제6조 (대표이사) ① 회사의 대표이사는 투자자의 별도 요구가 없는 한 1명으로 하며, 갑이 지명하는 자(갑을 포함)를 선임한다.

② 당사자들은 전항에 따라 지명된 자가 대표이사로 선임될 수 있도록 주주총회 또는 이사회에서 의결권을 행사해야 한다.

제7조 (주식처분의 제한) ① 소수 주주는 갑의 서면동의가 없는 한, 본 계약일부터 2년간 주식의 전부 또는 일부를 다른 주주 또는 제3자에게 처분 할 수 없다.

② 소수 주주가 제1항을 위반한 경우 그 주주는 처분한 주식 1주당 금50,000원을 갑에게 위약금으로 지급한다.

제8조 (매수청구권 및 매도청구권) ① 본 계약일부터 2년 내에 다음과 같은 사유가 발생할 경우, 갑은 소수 주주의 소유주식 전부를 1주당 금2,000원에 매수할 수 있다.

1. 소수 주주가 본 계약상의 경업금지의무 또는 비밀유지의무를 위반한 경우
2. 소수 주주가 본 계약 제4조 제2항의 최소 근무시간 규정을 위반한 경우
3. 소수 주주가 본 계약의 체결일부터 2년 내에 퇴사하는 경우

② 본 계약일부터 2년 내에 소수 주주가 퇴사하는 경우, 소수 주주는 갑에게 자신의 주식 전부를 1주당 금2,000원에 매도할 수 있다.

제9조 (우선청약권) ① 당사자가 본 계약일로부터 2년이 지난 후 회사의 주식 전부 또는 일부를 양도하려면 사전에 양도대상인 주식(이하 이 조에서 '양도대상주식'이라 한다)의 종류와 수를 특정하여 상대방 당사자들에게 매수청약 할 것을 최고해야 한다(이하 이 조에서 '매수청약최고'라 한다).

② 상대방 당사자들은 매수청약최고를 받은 날부터 14일 내에 주당 양도가격을 정하여 당사자에게 양도대상주식의 매수를 청약할 수 있다(이하 이 조에서 '매수청약'이라 한다). 각 상대방 당사자가 매수청약할 수 있는 주식수는 양도대상주식에 상대방 당사자들간의 지분비율을 곱한 주식수를 넘을 수 없다.

③ 당사자가 매수청약에 승낙하는 경우, 매수청약을 받은 날부터 14일 이내에 상대방

당사자에게 승낙통지(이하 이 조에서 '승낙통지'라 한다)을 발송해야 한다. 승낙통지가 상대방 당사자에게 도달하는 날에 양도대상주식에 관한 주식매매계약이 체결된 것으로 본다.

④ 상대방 당사자는 주식매매계약이 체결된 날부터 14일 내에 매수금액 전액을 당사자에게 지급하며, 당사자는 매수금액 전액을 지급받음과 동시에 양도대상주식의 주권을 상대방 당사자에게 교부해야 한다. 주권을 발행하지 않은 경우 당사자는 확정일자 있는 증서로써 회사에 주식양도를 통지하거나, 확정일자 있는 증서로써 회사로부터 주식양도승낙을 받아야 한다.

⑤ 상대방 당사자가 제2항의 기간 내에 제2항의 권리를 행사하지 않거나 제4항의 기간 내에 매수대금을 지급하지 않은 경우, 또는 당사자가 제3항의 기간 내에 승낙통지를 발송하지 않은 경우에 한하여 당사자는 양도대상주식을 제3자에게 매각할 수 있다. 이 경우에도 양도대상주식을 매각하려면 다음 각호의 요건이 모두 충족되어야 한다.

1. 양도대상주식의 종류와 수가 매수청약최고의 내용과 일치할 것
2. 주당 양도가격은 매수청약된 가격 이상일 것

⑥ 당사자가 제5항에 따라 제3자에게 양도대상주식을 매각할 수 있는 권리가 부여된 날부터 2개월 이내에 양도하지 않으면, 당사자가 양도대상주식을 양도하기 위해서는 제1항부터 제5항의 절차를 다시 거쳐야 한다.

⑦ 당사자가 본 조를 위반하여 회사 주식의 전부 또는 일부를 양도한 경우, 당사자는 양도한 주식의 액면가 합계액 또는 처분가액 중 높은 금액을 상대방 당사자에게 위약금으로 지급해야 한다.

제10조 (매각참가청구권) ① 당사자가 주식을 양도하고자 하는 경우, 상대방 당사자들은 우선청약권을 행사하지 않고, 당사자와 동일한 조건으로 양도에 참가할 것을 당사자에게 청구할 수 있다(이하 '매각참가청구권'이라 한다). 이 경우 당사자와 상대방 당사자들이 양도할 수 있는 주식수는 당사자들간의 지분 비율에 비례한다.

② 당사자는 주식을 제3자에게 매각, 양도 또는 이전하고자 한다는 내용, 당해 제3자의 신원, 양도할 주식수, 주당 양도가액, 양도예정일 기타 양도의 주요 조건을 명시하여, 양도예정일로부터 30일 이전에 상대방 당사자에게 통지해야 한다.

③ 상대방 당사자들은 당사자로부터 제2항의 통지를 받은 날부터 10일 이내에 당사자에게 매각참가청구권 행사 여부를 통지해야 한다.

④ 상대방 당사자가 매각참가청구권을 행사하는 경우 당사자는 상대방 당사자의 주식을 공동 매도하기 위하여 필요한 조치를 다해야 한다.

⑤ 상대방 당사자가 매각참가청구권을 행사하는 경우 주식양수예정자가 상대방 당사자의 주식 전부(매각참가청구권 행사에 따라 상대방 주주가 양도하고자 하는 주식 전

부를 의미한다)를 양수하지 않는 한, 당사자는 보유 주식을 처분할 수 없다.

⑥ 당사자가 본 조를 위반하여 회사 주식의 전부 또는 일부를 양도한 경우, 당사자는 양도한 주식의 액면가 합계액 또는 처분가액 중 높은 금액을 상대방 당사자들에게 위약금으로 지급해야 한다.

제11조 (경업금지의무) 당사자는 다른 당사자들의 사전 서면동의 없이 다른 기업의 무한책임사원, 이사, 피용자가 될 수 없으며, 경영에 참여할 목적으로 다른 기업의 지분을 직·간접적으로 취득할 수 없다.

제12조 (비밀유지의무) ① 본 계약과 관련하여 당사자가 다른 당사자들로부터 취득한 모든 정보는 각 당사자에 의하여 비밀로 유지되어야 한다.

② 당사자들은 회사가 보유하고 있거나 향후 보유하게 되는 중요한 기술상 또는 경영상의 정보를 제3자에게 누설하거나 공개하여서는 아니 된다.

③ 본 조의 의무는 본 계약이 종료한 후에도 계속 효력이 있다.

제13조 (지적재산권) 당사자가 재직 중 회사와 관련하여 제작하거나 발명하거나 창안한 특허, 상표, 실용신안, 노하우, 저작권 등 모든 지적재산권(권리 등록 여부 불문)은 회사에 귀속된다.

제14조 (계약 이행을 위한 부수적 의무) 당사자들은 본 계약의 조건을 실행하는데 필요한 모든 제반 조치를 신의성실의 원칙에 따라 이행해야 한다. 또한 당사자들은 회사의 정관이 본 계약에서 정하고 있는 바를 정확히 반영할 수 있도록 작성해야 하며, 회사의 정관이 본 계약에서 규정하고 있는 내용과 상이한 때는 지체 없이 회사의 정관을 개정하도록 해야 한다.

제15조 (위약벌과 손해배상) ① 당사자가 다음 사항을 위반한 경우 상대방 당사자에게 금 1억원을 위약벌로 지급한다.

1. 본 계약에 반하여 의결권을 행사한 경우
2. 본 계약상의 경업금지의무 또는 비밀유지의무를 위반한 경우

② 본 계약을 위반한 당사자는 위약벌과는 별도로 상대방 당사자가 입은 손해를 배상해야 한다.

③ 당사자가 본 계약상 위약벌 또는 손해배상금을 지급할 때 상대방 당사자들이 여러 명이면 상대방 당사자간의 지분비율로 안분하여 위약벌 또는 손해배상금을 지급한다.

제16조 (계약의 변경 및 양도) ① 본 계약은 당사자 전원의 서면합의가 없으면 변경될 수 없다.

② 본 계약의 일방 당사자는 다른 당사자들의 서면동의 없이 본 계약에 따른 권리, 의무를 제3자에게 양도할 수 없다.

**제17조 (본 계약의 효력 및 가분성)** 본 계약의 어느 규정(문장, 문구 또는 그 일부를 포함한다)이 무효이거나 집행이 불가능하게 되는 경우, 다른 규정의 효력 또는 집행 가능성에 영향을 주지 아니한다.

**제18조 (통지)** 본 계약에 따른 통지 또는 최고는 아래 기재된 당사자의 연락처에 서면, 이메일, 팩스로 전달하는 방법에 의한다. 통지 또는 최고의 효력은, 서면 또는 이메일로 통지한 경우에는 상대방에게 도달한 때에, 팩스로 통지한 경우에는 발송한 때(단, 발송인의 기계장치에 발송시각과 수신확인이 기재되는 때에 한함)에 발생한다.

|  | 주소 | 이메일 | 팩스번호 |
|---|---|---|---|
| 갑 | 서울특별시 강남구 00로 00 | hong@gmail.com | 00-0000-0000 |
| 을 | 서울특별시 송파구 00길 00 | cskim@naver.com | |
| 병 | 서울특별시 구로구 00로 00 | young@daum.net | |

**제19조 (분쟁의 해결)** 본 계약으로 인하여 또는 본 계약과 관련하여 발생하는 모든 분쟁은 서울중앙지방법원을 제1심 전속관할법원으로 한다.

본 계약의 성립을 증명하기 위하여 당사자들은 본 계약서를 3부 작성하고, 체결일에 서명 또는 기명날인한 후 당사자들이 각 1부를 보관하기로 한다.

계약체결일: 2016년 7월 28일

갑: 홍길동 (인)
　　 서울특별시 강남구 00로 00

을: 김철수 (인)
　　 서울특별시 송파구 00길 00

병: 이영희 (인)
　　 서울특별시 구로구 00로 00

# 제3절

# M&A계약

## I  서 론

　M&A(mergers & acquisitions)가 기업의 지배권 취득을 목적으로 하는 일체의 거래활동을 가리킨다는 것은 앞서 설명한 바와 같다. M&A는 거래형태에 따라 합병과 분할(상법 523조부터 530조의12), 지분인수(share acquisition), 영업/자산양수도(business/asset transfer)로 나눌 수 있다[518]. 이 책은 M&A 중에서도 지분인수계약에 한하여 살펴보고자 한다. 이하 이 책에서 별도 언급이 없는 한 M&A계약은 지분인수계약을 뜻한다. 지분인수방법은 ① 기존 주주의 주식을 양수하거나(구주양수), ② 회사가 발행하는 신주를 인수하거나(신주인수), ③ 두 가지를 혼합하는 방법이 있다. 이와 같은 M&A계약의 당사자는 ① 주식양도인, ② 인수인(주식양수인/신주인수인), ③ 회사, 그리고 ④ 이해관계인이다. M&A계약 실무상 회사의 대주주나 이사를 '이해관계인'이라 부른다. 엄밀히 말하면 대주주나 이사는 신주인수계약의 당사자는 아니지만, 인수인은 대주주나 이사가 계약당사자가 되기를 원한다. 신주발행은 이사회 결의(또는 정관으로 정한 경우 주주총회 결의)를 거치므로 신주인수계약이 이행되려면 계약의 구속력이 이사(또는 대주주)에게도 미쳐야 하기 때문이다. 게다가 통상적으로 M&A계약은 단지 주식을 양수/인수하는 계약에 그치는 것이 아니라 주주간계약의 내용을 상당수 포함하므로 대주주도 계약당사자에 포함하는 것이 일반적이다.

　M&A계약이 주주평등의 원칙을 위반하여 회사가 일부 주주에게만 우월한 권리나 이익을 부여하기로 약정하였다면 이는 특별한 사정이 없는 한 무효이다. 다만 회사가 일부 주주에게 우월한 권리나 이익을 부여하여 다른 주주들과 다르게 대우하는 경우에도 법률이 허용하는 절차와 방식에 따르거나 그 차등적 취급을 정당화할 수 있는 특별한 사정이 있는 경우에는 이를 허용할 수 있다.

　차등적 취급을 허용할 수 있는지 여부는, 차등적 취급의 구체적 내용, 회사가 차등적 취급을 하게 된 경위와 목적, 차등적 취급이 회사 및 주주 전체의 이익을 위해 필요하였는지

---

518) "회사법연구(M&A 실무)", 사법연수원, 2011, 6쪽

여부와 정도, 일부 주주에 대한 차등적 취급이 상법 등 관계 법령에 근거를 두었는지 아니면 강행법규에 저촉되거나 채권자보다 후순위에 있는 주주의 본질적 지위를 부정하는지 여부, 일부 주주에게 회사의 경영참여 및 감독과 관련하여 특별한 권한을 부여함으로써 회사의 기관이 가지는 의사결정 권한을 제한하여 종국적으로 주주의 의결권이 침해되는지 여부를 비롯하여 차등적 취급에 따라 다른 주주가 입는 불이익의 내용과 정도, 개별 주주가 처분할 수 있는 사항에 관한 차등적 취급으로 불이익을 입게 되는 주주의 동의 여부와 전반적인 동의율, 그 밖에 회사의 상장 여부, 사업목적, 지배구조, 사업현황, 재무상태 등 제반사정을 고려하여 일부 주주에게 우월적 권리나 이익을 부여하여 주주를 차등 취급하는 것이 주주와 회사 전체의 이익에 부합하는지를 따져서 정의와 형평의 관념에 비추어 신중하게 판단하여야 한다[519].

규모가 큰 M&A는 인수대상(target) 선정부터 거래종결(closing)까지 여러 과정을 거친다. 거래종결이란 인수대금지급과 상환하여 매수대상인 자산 또는 주식을 인수인에게 이전하는 절차로서 ① 합병은 소멸회사의 구주권 제출과 존속·신설회사의 신주권 발행 등이, ② 주식인수는 주식에 설정된 기존 담보소멸, 주권교부, 명의개서 등이, ③ 자산양수도는 이전대상 자산, 계약관계, 근로관계의 개별적 이전 등이 거래종결의 주요 내용이다[520].

우호적 M&A는 ① 인수대상선정 → ② 인수방식결정과 기업가치평가 → ③ 인수작업개시와 인수팀결성 → ④ 당사자간 교섭개시와 비밀유지약정 체결 → ⑤ 의향서(letter of intent: LOI) 또는 양해각서(memorandum of understanding: MOU) 체결 → ⑥ 실사(due diligence) → ⑦ 계약조건협상 → ⑧ 본계약체결 → ⑨ 거래종결의 절차를 거친다. 인수자는 인수대금을 지급하기 전까지 위 절차가 확실히 이행되기를 원하므로 M&A 본계약서에는 거래종결일까지 이행해야 할 사항(covenants)과 거래종결을 위해 충족되어야 할 선행조건(conditions precedent)을 명시하는 것이 일반적이다[521].

M&A계약서의 핵심은 진술보장(representations & warranties)조항이다. 진술보장조항

---

519) 대법원 2023. 7. 27. 선고 2022다290778 판결 [투자금반환] - 예를 들어, 주주에게 투하자본의 회수를 절대적으로 보장하는 취지의 금전지급약정은 회사의 자본적 기초를 위태롭게 하고 주주로서 부담하는 본질적 책임에서조차 벗어나게 하여 특정 주주에게 상법이 허용하는 범위를 초과하는 권리를 부여하는 것으로서 법질서가 허용하지 않는 강행법규 위반에 해당하므로, 설령 주주 전원의 동의를 받았다고 하더라도 무효이다.
520) "회사법연구(M&A 실무)", 사법연수원, 2011, 25쪽
521) 정영철, "기업인수 4G", 박영사, 2010, 123쪽

은 원래 영미법 계약관행에서 주로 발전되어 온 개념이나 지금은 우리나라 국문계약서에서도 자주 사용된다[522]. 이하 진술보장조항의 구체적인 내용을 살펴본다.

 ## Ⅱ 진술보장조항

## 1. 서 론

인수자는 회사의 법률적, 경제적 현황을 정확히 파악해야 투자를 할 수 있다. 그러나 인수자가 회사를 실사(due diligence)하더라도 모든 것을 파악하는 데 한계가 있으므로 인수자는 회사가 일정 사항을 '진술'하고 그것이 틀림없다는 점을 '보장'(확약)해주기를 원한다. 이러한 약정을 진술보장(representations & warranties)조항이라 하며 회사가 진술보장조항을 위반하면 인수자는 계약을 해제하거나 손해배상을 청구할 수 있다. 진술보장조항은 ① 인수자에게 회사의 정보를 제공하는 기능을 하고, ② 거래종결의 선행조건 및 계약해제 사유가 되며(회사가 진술보장조항을 위반하는 경우 인수자는 투자금을 납입하지 않고 계약을 해제할 수 있다), ③ 인수자가 이미 투자금을 납입한 뒤라면 손해배상(indemnification) 사유가 된다[523]. 'indemnification'은 보통 '면책'이라고 번역하나 이러한 번역은 책임면제(exemption)와 혼동될 우려가 있으므로 이 책에서는 '손해배상'으로 번역한다[524].

진술보장조항은 크게 ① 행위능력 및 내부수권에 관한 사항, ② 신주발행이 기존 계약 또는 법령에 저촉하는지에 관한 사항, ③ 재무제표에 관한 사항, ④ 법령 위반/소송/세금 등에 관한 사항, ⑤ 진술보장의 예외 사항 등으로 구성된다.

## 2. 행위능력과 내부수권

회사와 이해관계인은 ① 회사가 적법하게 설립되어 유효하게 존속 중이라는 점과, ② 회사가 신주를 발행하는 데 필요한 내부수권을 받았다는 점을 진술하고 보장한다.

---

522) 천경훈, "진술보장조항의 한국법상 의미", 「BFL」 제35호, 2009. 5., 81쪽

523) 김홍기, "M&A계약 등에 있어서 진술보장조항의 기능과 그 위반시의 효과", 「상사판례연구」 제22집 제3권, 2009. 9. 30., 73쪽

524) 천경훈, "진술보장조항의 한국법상 의미", 「BFL」 제35호, 2009. 5., 87쪽 주13

참고서식 **진술보장조항 (행위능력과 내부수권)**

# 진술과 보장

회사 및 이해관계인은 본 계약 체결일 현재 및 거래종결일 현재 아래 사항이 진실하고 정확함을 진술하고 보장한다.

제1조 회사는 대한민국 법률에 따라 적법하게 설립되어 유효하게 존속 중인 주식회사로서 회사에 대하여 파산, 회생 등 도산절차와 관련된 어떠한 신청도 제기된 바 없으며, 지급불능, 지급유예, 워크아웃 절차 등 회사의 주주 및 채권자의 권리에 부정적 영향을 미치는 사실이 없다.

제2조 회사 및 이해관계인은 본 계약을 체결하고 본 계약에 따른 의무를 이행하는데 필요한 법률적, 사실적인 모든 권한을 가지고 있으며, 주주총회 및 이사회의 승인을 비롯하여 본 계약의 체결 및 유지를 위하여 회사가 이행해야 하는 모든 조처를 하였다.

## 3. 신주발행이 기존 계약 또는 법령에 저촉하는지 여부

회사와 이해관계인은 기존에 체결한 주주간계약이나 M&A계약으로 인해 신주발행이 금지되거나 제3자의 동의를 받아야 할 수도 있다. 인수자는 회사와 이해관계인으로부터 이러한 계약상 채무가 있는지 확인하고자 한다. 만약 이러한 제약이 있음에도 회사가 신주를 발행하려면 예외사유(정보공개목록)에 기재하고 기존 주주로부터 신주발행에 대하여 사전동의를 받거나 권리포기(신주발행을 금지할 권리를 포기)를 받아야 한다.

참고서식 **진술보장조항 (신주발행이 기존 계약 또는 법령에 저촉하는지 여부)**

제3조 본 계약의 체결 및 신주의 발행은 법률이나 규정 기타 관계법령을 위반하지 아니하며, 회사의 정관에 부합하고, 회사 및 이해관계인이 당사자인 계약 또는 기타 의무의 위반을 가져오지 아니한다.

제4조 본 계약에 의한 회사 및 이해관계인의 의무는 본 계약에서 정한바 그대로 적법, 유효하고 구속력이 있으며 회사 및 이해관계인에 대하여 집행 가능한 법적 의무를 구성한다.

제5조 인수자가 본 계약에 따라 인수하는 주식은 적법하며 유효하게 발행될 것이며, 인수자의 본 계약상의 권리 혹은 주식에 대한 권리 행사를 실질적으로 방해할만한 행정절

차(행정처분, 조사, 감사, 수사 포함), 법령, 또는 보전처분을 포함한 법원의 재판에 의한 어떠한 제한이나 회사와 이해관계인이 당사자이거나 구속을 받는 계약상의 어떠한 제한도 존재하지 아니한다.

## 4. 재무제표

재무제표는 회사의 기업가치를 산정하기 위한 기본자료이다. 회사와 이해관계인은 재무제표가 ① 대한민국에서 통용되는 기업회계기준을 포함하여 일반적으로 인정되는 회계원칙과 관행에 따라 작성되었고, ② 회사의 재무상태 및 영업현황을 충실하게 반영하고 있으며, ② 재무제표 작성시점 이후 중대한 변경이나 변동사항이 없다는 점을 진술하고 보장한다.

**참고서식** 진술보장조항 (재무제표)

제6조 자본에 관한 사항

① 회사의 발행주식은 본 계약의 체결일을 기준으로 주당 액면가가 금 [1,000]원인 보통주 [30,000]주, 우선주 [0]주이고, 그 외의 발행 주식은 존재하지 아니한다. 주주별 지분율, 전환사채 발행내역, 신주인수권부사채, 주식매수선택권, 주식배당, 기타 장래 회사의 지배구조에 영향을 줄 수 있는 제반 권리의 주요 내용 및 주식매수선택권 부여 내역은 아래 주식 등의 현황 기재와 같으며 아래 기재 사항 이외에 회사의 주식 지분율 기타 회사의 지배구조에 영향을 줄 수 있는 어떠한 사항도 없다.

1. 주주별 소유주식수

| 주주명 | 주식의 수 | 지분율 | 기타<br>(담보권설정 여부, 특수관계인 여부) |
|--------|-----------|--------|------------------------------------------|
| 홍길동 | 15,000주 | 50% | 없음 |
| 김철수 | 12,000주 | 40% | 없음 |
| 이영희 | 3,000주 | 10% | 없음 |
| **합계** | 30,000주 | 100% | |

2. 전환사채: 해당사항 없음

| 회수 | 총발행가액 | 미전환금액 | 전환가액 | 전환기간 |
|------|-----------|-----------|----------|----------|
| | | | | |
| | | | | |

3. 신주인수권부사채: 해당사항 없음

| 회수 | 총발행가액 | 미행사금액 | 행사가액 | 행사기간 |
|---|---|---|---|---|
|  |  |  |  |  |
|  |  |  |  |  |

4. 주식매수선택권

| 부여받은 자 | 주식수 | 행사가액 | 행사기간 | 행사방법 |
|---|---|---|---|---|
| 김철수 | 보통주식 1000주 | 3000원 | 2017. 6. 10. ~ 2020. 6. 10. | 신주 또는 자기 주식 교부, 차액 지급 |
| 이영희 | 보통주식 1000주 |  |  |  |

② 회사는 설립 이후 본 계약의 체결일 현재까지 주식의 발행에 있어서 가장납입을 한 사실이 없으며 이해관계인이 보유한 회사의 주식은 전항 기재와 같고 회사는 이를 자신의 계산으로 취득하였고 가장납입한 사실이 없다.

③ 회사는 계열사 또는 특수관계인에 대하여 통상의 범위에서 벗어날 정도로 회사에 불리한 매출거래, 보증 또는 담보제공 등을 한 사실이 없다.

제7조 자산에 관한 사항

① 회사가 현재 사용중인 부동산, 동산, 기계, 차량, 사무실 기기 및 기타 영업에 필요한 모든 권리, 물건 등은 회사가 적법하게 소유하고 있거나, 회사가 사용할 수 있는 권한을 보유하고 있다.

② 회사는 현재 보유, 사용하고 있는 모든 특허권을 포함한 지적재산권 기타 무형자산은 회사가 적법한 권리를 가지고 있으며, 제3자의 권리를 침해하거나 제3자로부터 권리를 침해받고 있지 않다.

③ 회사는 통상적인 사업경로에 따른 제품의 판매 등을 제외하고 회사의 자산이나 권리를 매매, 교환 또는 기타 방식으로 처분하지 아니하였다.

제8조 부채에 관한 사항

① 회사의 담보제공 및 입보 내역: 해당사항 없음

| 금융기관 | 제공담보 | | 입보내역 | | 비고 |
|---|---|---|---|---|---|
|  | 담보종류 | 설정액(실현가) | 한도 | 사용액 |  |
|  |  |  |  |  |  |

② 회사의 금융기관 차입, 회사 발행 사채 등과 관련된 계약에는 본 거래로 인하여 당

해 계약에서의 기한의 이익이 상실되거나 당해 계약의 상대방이 회사에 대하여 즉각적인 권리를 행사할 수 있는 내용이 포함되어 있지 않다.

### 제9조 재무제표에 관한 사항

① 인수자에게 제공된 회사의 [2016]년 [6]월 [30]일 기준 재무제표는 대한민국에서 통용되는 기업회계기준을 포함하여 일반적으로 인정되는 회계원칙 및 관행에 따라 작성되었으며 회사의 재무상태 및 영업현황을 충실하게 반영하고 있다.

② 인수자에게 서면 고지된 것을 제외하고 상기 재무제표 기준일 이후에, 회사의 재무상태, 자산 및 부채, 영업에 불리한 영향을 미칠 수 있는 중대한 변경이나 변동사항은 없다.

③ 회사가 최선의 노력으로 파악한 결과 상기 재무제표에 기재되지 아니한 부외부채(우발채무 포함) 및 부외자산은 실사자료로 제시한 바와 같고, 실사자료에 나타나지 아니한 사항으로서 인수자의 본 계약체결 및 거래종결에 영향을 줄 만한 중대한 부외부채 및 부외자산은 없다.

## 5. 법령 위반/소송/세금 등

회사가 법령을 위반하여 인허가 등이 취소되면 영업에 큰 차질이 생긴다. 또한, 소송에서 패소하여 지급하는 배상금이나 미납한 세금은 회사의 이익을 감소시킨다. 이는 인수자가 투자를 결정할 당시 예상할 수 없던 위험요소로서 인수자가 인수금액을 산정할 때 전제했던 회사의 기업가치를 감소시키는 것이다. 따라서 회사와 이해관계인은 법령 위반, 소송계속, 미납 세금 등이 없다는 사실을 진술하고 보장한다. 또는, 이러한 사실이 있으면 예외사항(정보공개목록)에 기재하여 인수자에게 정확한 정보를 제공해야 한다.

**참고서식** 진술보장조항 (법령 위반/소송/세금 등)

### 제10조 법령 위반, 소송 등에 관한 사항

① 회사는 현재 영위하고 있는 사업에 필요한 정부 인허가 등을 모두 적법하게 보유하고 있으며, 이 인허가 등이 취소될 위험에 처해 있지 않다.

② 회사는 회사의 자산(부동산, 설비, 임차물 및 장비 등) 및 사업활동과 관련하여, 지역제한, 안전, 공해 및 환경, 노동, 공정거래 관련 법규를 포함하여 그 생산과정 및 제품에 적용되는 제반법령, 규정 및 명령을 준수하였으며, 부당하게 임금, 퇴직금 등을 미지급한 사실이 없다.

③ 인수자에게 서면 고지된 것을 제외하고, 회사의 사업에 중요한 영향을 미치는 것으로서 현재 진행되는 소송(보전소송 포함), 중재 또는 행정절차 기타 분쟁은 없다.
④ 회사는 현재 보유한 지적재산권과 관련하여 소송, 중재 또는 기타 분쟁이 없으며, 추후 분쟁의 위험에 처해 있지 않다.
⑤ 회사는 주주총회 및 이사회 관련 제반 서류를 작성 비치하고 있으며, 그와 관련된 법규 위반사항이 없다.

**제11조 세금, 보험 등에 관한 사항**
① 회사는 국세, 지방세 등 고지된 납세 의무를 이행하였고, 납부할 의무가 있는 것으로 미납된 세금은 없다.
② 회사는 회사 운영과 관련하여 필요한 제반 보험(4대 보험, 기타 영업 관련 필수적으로 가입해야 하거나 해당 업계에서 회사와 유사한 기업들이 통상적으로 가입하고 있는 보험)에 가입되어 있다.

## 6. 진술보장의 예외 (정보공개목록)

진술보장의 예외사항을 따로 정리하여 명시한 목록을 정보공개목록(disclosure schedule)이라 한다. 예를 들어 회사가 미납한 세금이 있다고 정보공개목록에 기재하면 나중에 과세관청으로부터 가산세, 강제징수처분을 당하게 되더라도 진술보장조항 위반에 해당하지 않는다. 반면, 회사가 미납한 세금이 있음에도 미납한 세금이 없다고 진술보장하였다가 나중에 과세관청으로부터 가산세, 강제징수처분을 당하게 되면 인수자는 거래종결 전에는 M&A계약을 해제할 수 있고, 거래종결 후에는 회사와 이해관계인을 상대로 손해배상을 청구할 수 있다. 따라서 회사는 거래종결 전에 미납한 세금을 완납하든지 아니면 미납한 세금이 있음을 전제로 이 사실을 인수자에게 공개하여 인수자가 미납한 세금을 고려하여 기업가치를 평가할 수 있게 해야 한다. 후자를 선택할 경우 진술보장조항에 「정보공개목록에 명기된 사항을 제외하고는 미납한 세금이 없다」라고 기재하고, 정보공개목록에는 미납한 세금 내용을 구체적으로 기재해야 한다.

참고서식 정보공개목록

본 정보공개목록은 진술보장사항에 대한 예외를 명시한 목록으로서, 진술보장사항과 일체를 이룬다. 아래 목록에 명기된 조항은 진술보장사항의 해당 목록을 의미하며, 동 조항에 명기된 내용은 오로지 동 조항의 진술보장사항에 대한 예외만을 구성한다.

1. 제10조 제3항 관련

| 사건번호 및 사건명 | 서울중앙지방법원 2016가합30275 물품대금 |
|---|---|
| 당사자 | 원고: 주식회사 율도<br>피고: 파리날리 주식회사 |
| 소가 | 3억 2,000만원 |
| 소제기일 | 2016. 5. 12. |
| 소송진행상황 | 조정불성립, 2016. 12. 9. 2차 변론기일 예정 |
| 기타 | |

2. 제10조 제4항 관련

| 사건번호 | 특허법원 2015허1234 권리범위확인(특) |
|---|---|
| 특허등록번호 | 1005164510000 |
| 내용 | 적극적 권리범위확인 심결에 관한 취소소송을 진행 중 |

## 7. 계약해제 또는 손해배상

회사와 이해관계인이 진술보장한 사항을 위반하면, 거래종결 전에는 계약해제 및 손해배상(indemnification – 통상적으로 '면책'이라고 번역함은 앞서 설명한 바와 같다) 사유가 되고, 거래종결 후에는 손해배상사유가 된다.

손해배상약정이 회사의 의무 위반으로 주주가 입은 손해를 배상 또는 전보하고 회사의 의무 이행을 확보하기 위한 것이라고 볼 수 있다면, 이는 회사와 주주 사이에 채무불이행에 따른 손해배상액의 예정을 약정한 것으로서 특별한 사정이 없는 한 유효하다.

다만 손해배상액의 예정 약정이 유효하더라도 그 약정이 사실상 일부 주주에게 투하자본 전부 또는 일부의 회수를 절대적으로 보장하는 수단으로 기능하지 않도록 해야 한다. 법원은 손해배상액이 부당히 과다하다면 민법 제398조 제2항에 따라 이를 감액할 수 있다[525].

**참고서식** M&A계약서의 계약해제 및 손해배상 조항

제0조 (거래종결 전 해제) ① 본 계약은 다음 각호에서 정한 경우 귀책사유 없는 당사자에 의하여 해제될 수 있다.

1. 일방 당사자가 본 계약에서 정한 의무를 위반하고(진술과 보장 위반 포함) 상대방의 통보를 받은 후 5일 이내에 이를 치유하지 아니하는 경우
2. 선행조건 불충족 기타의 사유로 거래종결이 [    ]년 [  ]월 [  ]일까지 이루어지지 아니하는 경우 또는 선행조건이 충족될 수 없는 것이 확실해 진 경우

② 본 조에 의한 계약 해제 시 귀책사유 있는 당사자는 상대방에게 그로 인한 손해를 배상해야 한다.

제0조 (면책) 회사 또는 이해관계인의 진술 및 보장이 허위이거나 부정확한 경우 또는 회사 또는 이해관계인이 본 계약에 따라 이행해야 할 의무를 위반하거나 이행하지 아니하는 경우, 회사 및 이해관계인은 그로 인하여 인수자가 입은 모든 손해와 손실(재무실사 비용, 소송비용, 변호사비용 포함)로부터 그러한 손해와 손실이 없었던 것과 동일한 수준으로 인수자를 면책시켜야 한다(인수자가 입은 모든 손해와 손실에 대한 배상 및 보상을 포함하되, 그에 한정되지 아니한다). 본 조에 따른 면책과 관련하여 회사 및 이해관계인은 회사 및 이해관계인이 각각이 부담하는 의무에 대하여 연대보증책임을 부담한다.

 **M&A계약서**

## 1. 사례 설명

벤처투자조합(벤처투자 촉진에 관한 법률 2조 11호)인 한강글로벌투자조합이 중소기업에 투자하는 M&A계약서 사례이다.

벤처투자조합은 중소기업창업투자회사 등이 벤처투자와 그 성과의 배분을 주된 목적으로 결성하는 조합으로서 벤처투자 촉진에 관한 법률 50조에 따라 등록한 조합을 말한다. 벤처투자조합은 벤처투자모태조합(이하 '모태조합')으로부터 출자를 받는다. 모태조합은

---

525) 대법원 2023. 7. 13. 선고 2021다293213 판결 [상환금청구의소]

한국벤처투자(벤처투자 촉진에 관한 법률 66조에 따라 설립한 특수법인)가 각종 중앙행정기관, 기금과 상호출자하여 만든 조합으로서(벤처투자 촉진에 관한 법률 70조, 같은 법 시행령 44조), 투자조합(펀드)에 다시 출자하는 펀드이기 때문에 Fund of Funds라고도 불린다. 한국벤처투자는 모태조합의 결성과 업무 집행을 비롯하여 벤처투자조합 결성과 업무의 집행, 벤처투자 등 사업을 수행한다(벤처투자 촉진에 관한 법률 67조).

벤처투자조합은 조합의 업무집행자로서 조합의 채무에 대하여 무한책임을 지는 1인 이상의 업무집행조합원(general partner: GP, 이하 '업무집행조합원')과 출자가액을 한도로 유한책임을 지는 유한책임조합원(limited partner: LP, 이하 '유한책임조합원')으로 구성된다(벤처투자 촉진에 관한 법률 50조 3항). 업무집행조합원은 창업기획자(액셀러레이터), 중소벤처기업부에 등록한 벤처투자회사, 한국벤처투자, 신기술사업금융업자, 일정 요건을 충족하는 유한회사·유한책임회사 등이다(벤처투자 촉진에 관한 법률 50조 1항). 결과적으로 ① 각종 기금이 모태조합에 출자하고, ② 모태조합이 벤처투자조합에 출자하며, ③ 벤처투자조합이 중소기업, 벤처회사에 투자하는 구조이다.

벤처투자조합이 중소기업에 투자하여 상환전환우선주를 인수하는 M&A계약서 사례를 살펴보자. 이 계약서는 주주간계약의 내용(계약서 제3장과 제4장)도 포함한다.

## 2. 계약서 (상환전환우선주식 발행, 주주간계약 포함)

---

### 상환전환우선주식 투자계약서

아래의 당사자들은 [2021]년 [4]월 [19]일 다음과 같이 상환전환우선주식 투자계약(이하 '본 계약(서)')을 체결한다.

1. 인수자: 한강글로벌투자조합 (이하 '인수자')
   업무집행조합원 주식회사 한강파트너스
   주소: 서울특별시 서초구 서초대로 35, 201호 (서초동, 영산빌딩)
   대표이사 김득구

2. 회　사: 주식회사 율도 (이하 '회사')
   주소: 서울특별시 강남구 테헤란로 101, 501호 (역삼동, 리즈타워)
   대표이사 홍길동

---

3. 이해관계인(이하 '이해관계인')

   1) 홍길동 (000000-0000000)

     주소: 서울특별시 서초구 서초대로45길 22, 108동 1102호 (서초동, 삼일아파트)

   2) 김철수 (000000-0000000)

     주소: 서울특별시 영등포구 여의로 12, 101호 (여의도동, 세계오피스텔)

   3) 이영희 (000000-0000000)

     주소: 서울특별시 마포구 신촌로 22, 1층 (상수동)

# 다 음

## 제1장 신주의 인수에 관한 사항

제1조 (신주의 발행과 인수) ① 회사는 본 계약에 따라 다음과 같은 본건 우선주식(이하 '본건 우선주식', '우선주식' 또는 '우선주')을 발행하고, 인수자는 이를 인수한다.

1. 발행할 주식의 총수 : [1,000,000]주

2. 기 발행주식의 총수 : 보통주 [30,000]주

3. 신주의 종류와 수 : 상환전환우선주 [2,000]주

4. 1주의 금액(액면가) : 금 [1,000]원

5. 본건 우선주식의 1주당 발행가액(인수가액) : 금 [50,000]원

6. 본건 우선주식의 총 인수대금 : 금 [100,000,000]원

7. 본건 우선주식의 납입기일 : [2021]년 [4]월 [27]일

8. 인수자에게 배정할 본건 우선주식의 총수

| 인수자명 | 배정할 주식의 총수 | 납입할 총액 |
|---|---|---|
| 한강글로벌투자조합 | 2,000주 | 금100,000,000원 |
| 합계 | 2,000주 | 금100,000,000원 |

② 회사는 납입기일로부터 3영업일 전까지 인수자에게 주금을 납입할 은행의 예금계좌를 통지해야 하고, 인수자는 납입기일까지 본건 우선주식의 인수대금 전액을 회사가 통지하는 은행의 예금계좌에 송금해야 한다.

③ 회사는 발행일에 본건 우선주식을 발행하여 주주명부에 변동 사항을 기재하고 자본 증가의 상업등기를 이행해야 한다. 다만, 주권은 회사와 인수자가 협의하여 발행하지 아니할 수 있다.

④ 회사는 발행일에 다음 각호의 서류를 인수자에게 교부해야 한다.

1. 본 계약에 의한 주주권을 표창하는 주권, 만약 주권을 발행하지 않은 경우 주주의

　권리를 증명하는 주주권증서(주권 미발행 확인서, 투자금을 납입한 다음 날로 한다)

　2. 본건 우선주식의 인수대금의 납입영수증(투자금을 납입한 날로 한다)

　3. 기타 본 계약상의 주식인수를 적법, 유효하게 하는 것으로서 인수자가 요청하는 자료

**제2조 (투자의 선행조건)** 본 계약은 주금의 납입기일 현재 다음 각호의 조건이 충족되는 것을 그 이행 및 효력발생의 선행조건으로 한다.

　1. 회사 및 이해관계인이 본 계약에 따라 이행해야 할 의무를 이행하였을 것

　2. 회사 및 이해관계인이 본 계약에서 행한 진술과 보장이 진실하고 정확할 것

　3. 본 계약에 따라 인수자가 인수하기로 예정된 본건 주식의 발행을 금지하거나 제한하는 등 본 계약의 이행을 방해하는 소송 또는 기타의 절차(행정절차, 감사 등 포함)가 진행 중이거나 진행될 우려가 없을 것

　4. 회사가 본 계약의 이행과 관련하여 필요한 정부의 인허가 등을 획득하였을 것

　5. 회사가 본 계약의 이행과 관련하여 필요한 제3자의 동의 등을 획득하였을 것

　6. 회사가 본 계약의 체결 이후 재무상황의 부정적 변동 또는 경영상태에 변동이 없을 것

**제3조 (진술과 보장)** 회사 및 이해관계인은 본 계약 체결일부터 거래종결일까지 각자 별지의 진술과 보장 사항이 진실하고 정확함을 진술하고 보장한다.

**제4조 (거래종결 전 의무)** ① 회사는 본건 주식을 발행하는 데 필요한 모든 절차(정관 및 내부규칙 변경, 주주총회결의, 이사회결의 등 포함)를 이행한다.

② 회사는 자본구조, 경영상태, 재무상황 등에 통상적이지 않은 변동을 일으키는 일체의 행위를 하지 아니하며, 또한 통상적인 영업활동에서 벗어난 일체의 행위를 하지 아니한다. 다만, 인수자의 사전 동의를 얻거나 본 계약의 목적을 달성하는데 필수적인 행위는 예외로 한다.

③ 회사 및 이해관계인은 제3조에서 정한 진술과 보장 사항에 변동을 초래하는 행위를 하지 아니한다.

④ 회사는 거래종결 전까지 정관 및 내부규칙 변경, 주주총회결의, 이사회결의 등이 있는 경우 즉시 인수자에게 서면으로 통지해야 한다.

**제5조 (거래종결 전 해제)** ① 본 계약은 다음 각호에서 정한 경우 귀책사유 없는 당사자에 의하여 해제될 수 있다.

　1. 일방 당사자가 본 계약에서 정한 의무를 위반하고(진술과 보장 위반 포함) 상대방의 통보를 받은 후 5일 이내에 이를 치유하지 아니하는 경우

　2. 선행조건 불충족 기타의 사유로 거래종결이 [2021]년 [5]월 [10]일까지 이루어지지 아니하는 경우 또는 선행조건이 충족될 수 없는 것이 확실해 진 경우

② 본 조에 의한 계약 해제 시 귀책사유 있는 당사자는 상대방에게 그로 인한 손해를

배상해야 한다.

제6조 (위약벌 및 손해배상) ① 회사 또는 이해관계인이 제4조에서 정한 사항을 포함하여 본 계약에 따라 이행해야 할 의무를 위반하거나 이행하지 아니하는 경우, 회사 및 이해관계인은 인수자에게 금[3,000만]원의 위약벌을 연대하여 지급해야 한다.

② 제3조에서 정한 회사 또는 이해관계인의 진술과 보장사항이 사실과 다른 것으로 밝혀진 경우(인수자가 그러한 사정을 인수대금 납입시까지 알았거나 알 수 있었는지 여부를 불문한다), 회사는 인수자가 입은 손해를 배상해야 한다. 본 항에서 손해라 함은 그러한 진술과 보장 위반을 반영할 시 감소하는 발행회사의 가치 감소분(대한민국 4대 회계법인 중 인수자가 선정한 한 곳의 평가 결과에 따른다)에 본 계약 체결 당시 발행주식총수에 대한 본건 신주의 비율을 곱하여 산정된 금액으로 한다.

제7조 (거래의 완결) ① 인수자는 [2021]년 [4]월 [27]일 또는 당사자들이 달리 합의하는 날에 제2조 소정 선행조건의 충족을 조건으로 하여 인수대금 전액을 회사가 지정하는 은행 예금계좌에 납입한다. 인수대금 전액이 위 계좌에 납입된 때 거래가 완결된 것으로 보고, 이 날을 본 계약에서 '거래종결일'이라 한다.

② 회사는 거래종결일의 다음날에, 본 조 제1항에 따른 거래가 완결되는 것을 조건으로, 본건 주식 전부에 대한 주권을 인수자에게 교부하며(주권을 발행하지 않으면 주주의 권리를 증명하는 주권 미발행 확인서를 교부함), 본건 주식 전부에 대한 주식명의개서절차를 완료한다.

③ 거래종결일부터 1주일 이내에 회사는 필요한 증자등기 등 제반 절차를 완료하고, 등기사항전부증명서, 주주명부, 기타 본 계약서상의 본건 주식의 발행과 인수를 적법, 유효하게 하는 것으로서 인수자가 요청하는 자료를 인수자에게 교부한다.

## 제2장 종류주식(우선주)의 내용

제8조 (의결권에 관한 사항) ① 본건 우선주식의 주주는 주식 1주당 보통주와 동일하게 1개의 의결권을 갖는다. 보통주로 전환되는 경우 전환 후의 보통주식은 1주당 1개의 의결권을 갖는다.

② 본건 우선주식에 불리한 주주총회 결의 등이 있는 때는 전체 주주총회와 별도로 그 안건에 대하여 본건 우선주식의 종류주주총회 결의를 거쳐야 한다.

제9조 (배당에 있어서 우선권에 관한 사항) ① 본건 우선주식은 참가적, 누적적 우선주로 인수인은 본건 우선주식을 보유하는 동안 1주당 발행가액 기준 연 [1]%의 배당을 누적적으로 우선 배당받고, 보통주의 배당률이 우선주의 배당률을 초과할 경우에는 초과하는 부분에 대하여 보통주와 동일한 배당률로 함께 참가하여 배당받는다.

② 주식배당의 경우, 우선주와 보통주를 합한 발행주식총수에 대한 비율에 따라, 같은 종류의 우선주 주식으로 배당받을 권리를 갖는다. 다만 단주가 발생하는 경우에는 현금으로 지급받는다.

③ 배당금의 지급시기를 주주총회에서 따로 정하지 아니한 경우 회사는 주주총회에서 이익잉여금처분계산서의 승인이 있는 날부터 [1]개월 이내에 본건 우선주식의 주주에게 배당금을 지급해야 한다. 회사는 위 사항에 대하여 주주총회의 승인을 얻어야 한다.

④ 본건 우선주식의 전부 또는 일부에 대하여 전환권이 행사된 경우, 전환된 주식에 대하여 전환 전까지의 기간 동안 배당결의 되었으나 그 배당금이 지급되지 아니하였다면 동 미지급배당금에 해당하는 금액을 회사가 당해 주식의 주주에게 별도로 지급하기로 한다.

**제10조 (잔여재산분배에 관한 사항)** ① 회사가 청산에 의하여 잔여재산을 분배하는 경우 본건 우선주식은 본건 우선주식의 주당 발행가액 및 이에 대한 연리(복리) 6%의 비율로 산정한 금액을 합한 금원에 대하여 보통주에 우선하여 잔여재산을 분배받을 권리가 있다.

② 회사가 청산 이전까지 본건 우선주식에 대하여 미지급한 배당금이 있는 경우 본건 우선주식은 동 금원에 대하여도 보통주에 우선하여 잔여재산을 분배받을 권리가 있다.

③ 본건 우선주식에 잔여재산분배를 한 후 보통주에 대한 주당 잔여재산분배금액이 본건 우선주식에 대한 주당 잔여재산분배금액을 초과하는 경우에 본건 우선주식은 초과하는 부분에 대하여 보통주와 동일한 분배율로 함께 참가하여 잔여재산을 분배받을 권리가 있다.

**제11조 (전환권에 관한 사항)** ① 전환기간: 본건 우선주식의 주주는 그 발행일 익일부터 [10]년 경과일 전일까지 언제든지 본건 우선주식을 보통주로 전환할 수 있는 권리를 갖는다. 본건 우선주식의 주주는 본건 우선주식의 존속기간 만료일까지 전환권을 행사하지 않는 경우에 본건 우선주식은 그 만료일에 보통주식으로 자동전환된다.

② 전환방법은 다음과 같다.

1. 본건 우선주식의 주주는 본건 우선주식을 보통주식으로 전환하기 위하여, 우선주식 전환청구서에 전환하고자 하는 주식의 종류, 수, 청구연월일을 기재하여 기명 또는 서명날인하고 주권을 첨부하여 회사에 제출한다.

2. 전환청구를 한 경우 전환은, 본건 우선주식의 주주가 전환될 본건 우선주식의 주권을 제출한 날짜의 영업시간 종료 직전에 효력이 발생하는 것으로 본다.

3. 본건 우선주식의 주주가 전환에 의하여 보통주식을 부여받게 되는 경우 상기 제2호의 날짜를 기준으로 주주명부상의 주주로 간주한다.

4. 회사는 본건 우선주식의 주권을 인도받은 후, 가능한 한 신속하게 당해 본건 우선주

식의 주주에게 그가 부여받을 권리가 있는 수만큼의 보통주식에 대한 주권을 발행하여 인도해야 한다.

③ 전환비율은 다음과 같다.

1. 본건 우선주식의 보통주로의 전환비율은 우선주 1주당 보통주 1주로 한다.

2. 회사의 IPO 공모단가의 [70]%에 해당하는 금액이 그 당시의 본건 우선주식의 전환가격을 하회하는 경우는 전환비율을 다음과 같이 조정한다.

조정 후 우선주 1주당 전환하는 보통주의 수 = 조정 전 우선주 1주당 전환되는 보통주의 수 × 조정 전 본건 우선주식의 전환가격 / 회사의 IPO 공모단가의 [70]%에 해당하는 금액

3. 회사가 본건 우선주식의 전환 전에 그 당시의 본건 우선주식의 전환가격을 하회하는 발행가격으로 유상증자 또는 주식관련사채(전환사채, 신주인수권부사채 및 기타 주식으로 전환될 수 있는 종류의 사채)를 발행할 경우에는 전환가격은 그 하회하는 발행가격으로 조정한다.

4. 본건 우선주식의 발행 이후 주식배당, 무상증자 등으로 인해 발행주식수가 증가하는 경우. 본건 우선주식의 주주는 회사로부터 주주가 보유한 신주와 같은 조건 및 종류의 우선주식으로 무상지급을 받도록 하되 아래의 수식을 따른다.

$Ni = Bi \times \{(Ac/Bc)-1\}$

Ni : 본건 우선주식의 주주에게 무상지급 되는 우선주식수
Bi : 발행 전 본건 우선주식의 주주 보유 우선주식수
Ac : 발행 후 회사 발행주식총수 (우선주와 보통주를 합한)
Bc : 발행 전 회사 발행주식총수 (우선주와 보통주를 합한)

5. 회사가 타사와 합병 시 교환비율 산정을 위한 평가가액이 그 당시의 본건 우선주식의 전환가격을 하회하는 경우, 본건 우선주식의 전환가격이 변경된 평가가액과 일치하도록 전환비율을 조정한다.

6. 회사의 주식을 분할 또는 병합하는 경우 전환비율은 그 분할 또는 병합의 비율에 따라 조정된다. 단주의 평가는 주식의 분할 또는 병합 당시 본건 우선주식의 전환가격을 기준으로 한다.

7. 회사가 전환 전에 무상감자를 할 경우에는 전환비율은 그 감자의 비율에 따라 조정한다. 단, 경영과실 등의 사유로 특정 주주에 대해서만 차등적으로 무상감자를 하는 경우는 전환비율을 조정하지 않기로 한다.

④ 미발행 수권주식의 유보: 본건 우선주식의 전환청구기간 만료시까지 회사가 발행할 수권주식의 총수에 본건 우선주식의 전환으로 발행가능한 주식수를 유보한다.

⑤ 기타 전환주식의 발행, 전환의 청구, 기타 전환에 관한 사항은 상법 제346조 내지

제351조의 규정을 따른다.

제12조 (상환권에 관한 사항) ① 상환청구권: 본건 우선주식의 주주(회사는 상환청구권을 보유하지 아니한다)는 본건 우선주식의 납입기일 다음날(발행일, 본건 우선주식의 효력발생일)로부터 [3]년이 경과한 날부터 회사에 대하여 본 조에 따라 본건 우선주식의 전부 또는 일부의 상환을 청구할 권리를 가지며, 회사는 법적으로 상환가능한 최대한의 자금으로 이를 상환해야 한다. 이후 본건 우선주식의 상환에 합법적으로 사용가능한 추가 자금이 발생하는 때는 회사는 동 자금을 본건 우선주식의 주주가 상환청구하였으나 미상환된 주식을 상환하는데 우선적으로 사용해야 한다. 다만, 상환청구가 있었음에도 상환되지 아니한 경우에는 상환기간은 상환이 완료될 때까지 연장되는 것으로 한다. 상환청구권의 행사는 상환청구일까지 미지급 배당금의 청구에 영향을 미치지 아니한다.

② 상환조건: 본건 우선주식의 주주가 우선주식의 존속기간까지 본건 주식의 상환을 요청하는 경우, 회사는 감사보고서상의 이익잉여금(이익준비금 제외) 한도 내에서 상환하기로 한다.

③ 상환방법: 회사는 주주의 상환요구가 있는 날부터 [30]일 이내에 현금상환하기로 한다. 단, 주주의 서면요청이 있는 경우 예외적으로 현금 이외의 유가증권 및 기타 자산으로 상환할 수 있다.

④ 상환금액: 주당 상환가액은 (1) 본건 우선주식의 인수단가와 동 금액에 대하여 발행일부터 상환일까지 연리(복리) [8]%를 적용하여 산출한 이자 금액의 합계액 또는 (2) 상환 청구일 직전 사업연도의 주가수익률(PER)이 [6]이 되는 본건 우선주식의 1주당 가격과 상환 대상 본건 우선주식의 수를 곱한 금액의 합계액 중 큰 금액으로 하되 본건 우선주식 발행일부터 상환일까지 지급된 배당금이 있을 경우 차감하여 계산하기로 한다.

⑤ 지연배상금: 회사가 배당가능이익이 있음에도 불구하고 상환을 청구한 본건 우선주식의 주주에게 상환가액을 지급하지 아니하는 경우에는 회사는 3항에 따라 상환을 해야 하는 날의 다음날부터 실제 지급하는 날까지 상환가액에 대하여 연리(복리) [12]%의 이율에 의한 지연배상금을 지급해야 한다.

제13조 (신주인수권에 관한 사항) 본건 우선주식은 보통주와 동등한 신주인수권이 있으며, 무상증자의 경우에는 같은 종류의 우선주로, 유상증자의 경우에는 회사가 발행키로 한 종류의 주식으로 배정받을 권리가 있다.

## 제3장 거래종결 후 회사 경영에 관한 사항

제14조 (투자금의 용도 및 제한) ① 회사는 본 계약에 의하여 인수자로부터 받은 투자금

(이하 본 조에서 '투자금')을 별지 투자금 사용용도의 기재와 같이 사용해야 하고 인수자는 투자금이 사용용도에 맞게 사용되었는지를 인수자가 지정하는 회계법인을 통하여 본 계약 이후 1년 이내에 투자금 사용내역에 대한 실사를 진행할 수 있다.

② 회사 및 이해관계인은 투자금을 별지 투자금의 사용용도의 기재와 같은 용도대로 사용해야 한다. 만약 회사가 투자금의 사용용도를 변경하여 사용하려면 인수자로부터 사전 서면동의를 얻어야 한다.

③ 회사는 주금액의 사용기록부를 작성·비치하여 두고 인수자가 열람 및 등사를 요구하면 언제든지 이에 응해야 한다.

④ 회사는 투자금으로 제3자에게 자금을 대여하거나 제3자의 주식을 매입하여서는 아니된다.

**제15조 (기술의 이전, 양도, 겸업 및 신회사 설립 제한)** ① 회사는 인수자의 사전 서면동의 없이 현재 회사 또는 이해관계인이 보유한 기술 또는 개발중이거나 개발계획이 확정(외부기관에 의뢰하여 개발하는 경우도 포함, 이하 같음)되었거나 도입 예정인 영업비밀(Know-how), 정보, 기술 등 유·무형의 재산적 가치가 있는 자산을 제3자에게 제공하거나 이전 또는 양도, 담보제공할 수 없다.

② 이해관계인은 인수자의 사전 서면동의 없이 현재 회사가 보유한 기술, 개발중이거나 도입하는 기술의 일부 또는 전부와 관련된 신회사를 설립하거나 개인사업을 할 수 없으며, 경쟁업종 종사, 경쟁사 주식취득 또는 회사가 경영하는 사업에 직간접적으로 중대한 영향을 미치는 사업에 법적으로나 실질적으로 경영진, 기술고문 및 직원으로 참여하는 등 이해관계가 상충하는 행위를 할 수 없다. 본 항에서 정한 이해관계인의 의무는 이해관계인이 회사의 지분을 유지하고 있는 기간은 물론이고 이해관계인이 지분을 처분한 이후에도 인수자가 회사의 주주로 남아있으면, 이해관계인이 지분 전체를 처분하여 회사에 더 이상 지분이 없게 된 시점부터 [2]년간 유효하다.

**제16조 (보고 및 자료 제출)** ① 회사는 다음 각호의 사항에 대하여 지체없이 인수자에게 서면으로 그 내용을 통지해야 한다.
1. 주주총회의 의결 또는 승인이 필요한 사항
2. 회사가 발행, 배서 또는 보증한 어음 또는 수표가 부도로 되거나 은행과의 거래가 정지된 때
3. 파산, 회생절차 또는 이에 준하는 절차의 개시의 신청이 있거나 부실징후기업으로 인정되는 때
4. 중대한 영향을 미칠 소송이 제기된 때
5. 정부 및 준정부기관에 의한 행정적 제재
6. 주요주주의 변동

7. 회사의 사업에 필요한 중요 기술인력의 채용 및 퇴직 상황

8. 기타 상기에 준하는 것으로서 인수자가 중요하다고 인정하여 회사에 서면으로 요청한 사항

② 회사는 인수자에게 다음 각호의 사항을 정해진 기일 내에 제출해야 한다.

1. 연차보고 - 다음 사업연도 시작일부터 90일 이내

　　가) 결산 재무제표

　　나) 약식 영업/재무 보고

2. 반기보고 - 다음 반기 시작일부터 60일 이내

　　가) 반기 재무제표

　　나) 약식 영업/재무 보고

③ 회사는 인수자가 요청하는 경영자료를 인수자가 요청하는 양식에 따라 요청일부터 [21]일 이내에 인수자에게 제공하기로 한다.

## 제4장 거래종결 후 지분의 처분에 관한 사항

제17조 (인수자의 주식처분) 인수자는 본건 주식을 포함하여 거래종결 이후 인수자가 취득한 회사의 주식(이하 '회사 주식 등')을 자유로이 처분할 수 있다. 회사는 인수자의 요청에 따라 처분 주식의 명의개서 등 처분에 따른 권리이전에 필요한 절차를 즉시 이행해야 한다.

제18조 (이해관계인의 주식처분) 이해관계인이 주식을 제3자에게 처분하는 경우, 이해관계인은 주식을 양수하는 제3자로 하여금 본 계약에 따른 이해관계인의 권리의무 일체를 승계하도록 해야 한다.

제19조 (인수자의 매각참가청구권) ① 이해관계인이 주식을 처분하고자 하는 경우, 인수자는 이해관계인과 동일한 조건으로 처분에 참여할 수 있는 권리(이하 '매각참가청구권'이라 한다)를 가진다.

② 이해관계인이 주식을 처분하고자 하는 경우, 당해 이해관계인은 양도하고자 하는 지분을 제3자에게 매각, 양도 또는 이전하고자 한다는 요지의 취지, 당해 제3자의 신원, 양도주식수, 주당 양도가액, 양도예정일 기타 양도의 주요 조건을 명시하여, 양도예정일로부터 [30]일 이전에 인수자에게 서면 통지하고, 인수자의 동의 여부를 물어야 한다.

③ 인수자는 이해관계인으로부터 위 통지를 받은 날부터 [14]일 이내에 이해관계인에게 매각참가청구권 행사 여부, 매각참가청구권을 행사하기로 선택한 경우 공동 매도하고자 하는 주식의 종류와 수량을 서면으로 통지해야 한다. 이해관계인은 인수자가 주식의 공동 매도를 요청하는 경우 공동매도의 실행을 위해 필요한 조치를 다해야 한다.

④ 인수자가 매각참가청구권을 행사하는 경우, 주식양수예정자가 인수자의 주식 전부

(매각참가청구권 행사에 따라 인수자가 양도하고자 하는 주식 전부를 의미한다)를 양수하지 않는 한, 이해관계인은 보유 주식을 처분할 수 없다.

⑤ 이해관계인이 본 조를 위반하여 회사 주식의 전부 또는 일부를 처분한 경우, 이해관계인은 처분한 주식의 액면가 합계액 또는 처분가액 중 높은 금액을 인수자에게 위약금으로 지급해야 한다.

## 제5장 계약의 종료 등

제20조 (계약의 내용 변경 및 특약사항) ① 당사자는 전원이 서면 합의하여 본 계약의 내용을 변경할 수 있다.

② 인수자가 서면으로 명확한 의사표시를 하지 아니하거나 본 계약에 달리 정함이 없는 이상, 인수자의 어떠한 행위도 인수자가 본 계약상의 권리를 포기한 것으로 간주하지 아니한다.

③ 특약사항은 본 계약서 본문의 내용을 수정·삭제·추가하는 사항으로서 본문의 내용이 특약사항의 내용과 상충하면 특약사항의 효력이 우선한다.

제21조 (통지) ① 본 계약에 따른 회사 및 이해관계인에 대한 통지 및 서류 송부는 아래의 주소에 인편, 팩스, 등기우편 또는 전자우편으로 발송한다. 주소가 변경된 경우 해당 당사자는 상대방에게 이를 지체없이 통지하며, 그 이후 상대방은 변경된 주소로 통지 및 서류 송부를 한다.

1. 회사에 대한 통지

   -주소: 서울특별시 00구 00로 00

   -팩스번호: 02-0000-0000

   -이메일: yuldo@gmail.com

2. 이해관계인에 대한 통지

| 이름 | 주소 | 팩스번호 | 이메일 |
| --- | --- | --- | --- |
| 홍길동 | 서울특별시 00구 00로 00 | 00-000-0000 | hong@gmail.com |
| 김철수 | 서울특별시 00구 00로 00 | | cskim@naver.com |
| 이영희 | 서울특별시 00구 00로 00 | | young@daum.net |

② 본 계약에 따른 인수자에 대한 통지 및 서류 송부는 아래의 주소에 인편, 팩스, 등기우편 또는 전자우편으로 발송한다. 주소가 변경된 경우 해당 당사자는 상대방에게 이를 지체없이 통지하며, 그 이후 상대방은 변경된 주소로 통지 및 서류 송부를 한다.

-주소: 서울특별시 00구 00로 00

-팩스번호: 02-0000-0000

-이메일: hangang@naver.com

제22조 (비밀유지) 본 계약과 관련하여 상대방으로부터 제공받은 모든 정보는 다음의 각 호의 1에 해당하는 경우를 제외하고는 비밀로 하고, 이를 제3자에게 제공하거나 다른 목적으로 사용할 수 없다. 본 조의 의무는 본 계약의 효력이 상실하는 경우에도 [2]년 간 그 효력이 존속된다.

1. 당사자가 공개하기로 합의한 사항
2. 공지된 정보
3. 정보를 제공받은 당사자가 제3자로부터 이미 적법하게 취득한 정보
4. 법원 또는 정부기관이 적법하게 공개 또는 제공을 요구한 정보(단, 사전에 상대방 당사자에게 서면으로 통지해야 한다)

제23조 (준거법 및 분쟁해결) ① 본 계약은 대한민국 법률에 따라 규율되고 해석된다. ② 본 계약에 따라 발생한 모든 분쟁의 제1심 관할법원으로 서울중앙지방법원을 지정한다.

제24조 (이해관계인의 연대책임) ① 이해관계인은 본 계약상 회사의 모든 의무를 회사와 연대하여 이행해야 하고, 회사가 법적 제약으로 인해 의무를 이행하지 못할 때에도 그러하다.

② 이해관계인의 연대책임 및 본 계약상 의무는 이해관계인이 본 계약에 따른 의무의 취지에 부합하게 직접 또는 간접적으로 이사회(이사회 내 위원회를 포함함) 및 주주총회에서 의결권을 성실하게 행사하는 것을 포함한다.

제25조 (세금) 본 계약의 당사자에게 부과된 조세, 공과금은 법령상 부담해야 할 당사자가 각자 부담한다.

제26조 (일부 무효) 본 계약 또는 이와 관련하여 작성된 서류에 명시된 한 개 또는 수개의 조항이 법령에 따라 무효, 위법 또는 집행불능으로 되더라도 본 계약에 명시된 나머지 조항의 효력, 적법성 및 집행가능성은 그로 인하여 아무런 영향을 받지 않는다.

제27조 (기타) ① 본 계약서의 별지와 첨부서류는 본 계약서와 일체를 이루는 것으로서 그에 따른 내용은 본 계약 내용의 일부를 구성한다.

② 본 계약상 내용이 본 계약 체결 이전의 당사자들 사이의 어떠한 구두 또는 서면에 의한 교섭, 합의 등의 내용과 상충하는 경우, 본 계약의 내용이 우선한다.

③ 본 계약은 인수자, 회사, 이해관계인이 본 계약서에 기명날인함과 동시에 그 효력이 발생한다.

④ 본 계약의 체결 사실을 입증하기 위하여 인수자, 회사, 이해관계인은 대표자 또는

대리인이 본 계약서에 기명날인하고 각 1통의 계약서를 보관한다.

계약체결일: 2021년 4월 19일

1. 인수자: 한강글로벌투자조합
   업무집행조합원 주식회사 한강파트너스
   서울특별시 서초구 서초대로 35, 201호 (서초동, 영산빌딩)
   대표이사 김득구 (인)

2. 회  사: 주식회사 율도
   서울특별시 강남구 테헤란로 101, 501호 (역삼동, 리즈타워)
   대표이사 홍길동 (인)

3. 이해관계인
1) 홍길동 (인)
   서울특별시 서초구 서초대로45길 22, 108동 1102호 (서초동, 삼일아파트)

2) 김철수 (인)
   서울특별시 영등포구 여의로 12, 101호 (여의도동, 세계오피스텔)

3) 이영희 (인)
   서울특별시 마포구 신촌로 22, 1층 (상수동)


**[별지 1]**

# 진술과 보장

　회사 및 이해관계인은 본 계약 체결일 현재 및 거래종결일 현재 아래 사항이 진실하고 정확함을 진술하고 보장한다.

**제1조** 회사는 대한민국 법률에 따라 적법하게 설립되어 유효하게 존속 중인 주식회사로서 회사에 대하여 파산, 회생 등 도산절차와 관련된 어떠한 신청도 제기된 바 없으며, 지급불능, 지급유예, 워크아웃 절차 등 회사의 주주 및 채권자의 권리에 부정적 영향을 미치는 사실이 없다.

**제2조** 회사 및 이해관계인은 본 계약을 체결하고 본 계약에 따른 의무를 이행하는데 필요

한 법률적, 사실적인 모든 권한을 가지고 있으며, 주주총회 및 이사회의 승인을 비롯하여 본 계약의 체결 및 유지를 위하여 회사가 이행해야 하는 모든 조처를 하였다.

제3조 본 계약의 체결 및 신주의 발행은 법률이나 규정 기타 관계법령을 위반하지 아니하며, 회사의 정관에 부합하고, 회사 및 이해관계인은 정보공개목록에 명기된 사항을 제외하고는 당사자인 계약 또는 기타 의무의 위반을 가져오지 아니한다.

제4조 본 계약에 의한 회사 및 이해관계인의 의무는 본 계약에서 정한바 그대로 적법, 유효하고 구속력이 있으며 회사 및 이해관계인에 대하여 집행 가능한 법적 의무를 구성한다.

제5조 인수자가 본 계약에 따라 인수하는 주식은 적법하며 유효하게 발행될 것이며, 인수자의 본 계약상의 권리 혹은 주식에 대한 권리 행사를 실질적으로 방해할만한 행정절차(행정처분, 조사, 감사, 수사 포함), 법령, 또는 보전처분을 포함한 법원의 재판에 의한 어떠한 제한이나 회사와 이해관계인이 당사자이거나 구속을 받는 계약상의 어떠한 제한도 존재하지 아니한다.

### 제6조 자본에 관한 사항

① 회사의 발행주식은 본 계약의 체결일을 기준으로 주당 액면가가 금 [1,000]원인 보통주 [30,000]주, 우선주 [0]주이고, 그 외의 발행 주식은 존재하지 아니한다. 주주별 지분율, 전환사채 발행내역, 신주인수권부사채, 주식매수선택권, 주식배당, 기타 장래 회사의 지배구조에 영향을 줄 수 있는 제반 권리의 주요 내용 및 주식매수선택권 부여 내역은 아래 주식 등의 현황 기재와 같으며 아래 기재 사항 이외에 회사의 주식 지분율 기타 회사의 지배구조에 영향을 줄 수 있는 어떠한 사항도 없다.

1. 주주별 소유주식수

| 주주명 | 주식의 수 | 지분율 | 기타<br>(담보권설정 여부, 특수관계인 여부) |
|---|---|---|---|
| 홍길동 | 15,000주 | 50% | 없음 |
| 김철수 | 12,000주 | 40% | 없음 |
| 이영희 | 3,000주 | 10% | 없음 |
| 합계 | 30,000주 | 100% | |

2. 전환사채: 해당사항 없음

| 회수 | 총발행가액 | 미전환금액 | 전환가액 | 전환기간 |
|---|---|---|---|---|
| | | | | |
| | | | | |

3. 신주인수권부사채: 해당사항 없음

| 회수 | 총발행가액 | 미행사금액 | 행사가액 | 행사기간 |
|---|---|---|---|---|
|  |  |  |  |  |

4. 주식매수선택권

| 부여받은 자 | 주식수 | 행사가액 | 행사기간 | 행사방법 |
|---|---|---|---|---|
| 김철수 | 보통주식 1000주 | 3000원 | 2017. 6. 10. ~ 2020. 6. 10. | 신주 또는 자기 주식 교부, 차액 지급 |
| 이영희 | 보통주식 1000주 |  |  |  |

② 회사는 설립 이후 본 계약의 체결일 현재까지 주식의 발행에 있어서 가장납입을 한 사실이 없으며 이해관계인이 보유한 회사의 주식은 전항 기재와 같고 회사는 이를 자신의 계산으로 취득하였고 가장납입한 사실이 없다.

③ 회사는 계열사 또는 특수관계인에 대하여 통상의 범위에서 벗어날 정도로 회사에 불리한 매출거래, 보증 또는 담보제공 등을 한 사실이 없다.

## 제7조 자산에 관한 사항

① 회사가 현재 사용중인 부동산, 동산, 기계, 차량, 사무실 기기 및 기타 영업에 필요한 모든 권리, 물건 등은 회사가 적법하게 소유하고 있거나, 회사가 사용할 수 있는 권한을 보유하고 있다.

② 회사는 정보공개목록에 명기된 사항을 제외하고는 현재 보유, 사용하고 있는 모든 특허권을 포함한 지적재산권 기타 무형자산은 회사가 적법한 권리를 가지고 있으며, 제3자의 권리를 침해하거나 제3자로부터 권리를 침해받고 있지 않다.

③ 회사는 통상적인 사업경로에 따른 제품의 판매 등을 제외하고 회사의 자산이나 권리를 매매, 교환 또는 기타 방식으로 처분하지 아니하였다.

## 제8조 부채에 관한 사항

① 회사의 담보제공 및 입보 내역: 해당사항 없음

| 금융기관 | 제공담보 | | 입보내역 | | 비고 |
|---|---|---|---|---|---|
|  | 담보종류 | 설정액(실현가) | 한도 | 사용액 |  |
|  |  |  |  |  |  |

② 회사의 금융기관 차입, 회사 발행 사채 등과 관련된 계약에는 본 거래로 인하여 당해 계약에서의 기한의 이익이 상실되거나 당해 계약의 상대방이 회사에 대하여 즉각적

인 권리를 행사할 수 있는 내용이 포함되어 있지 않다.

### 제9조 재무제표에 관한 사항

① 인수자에게 제공된 회사의 [2021]년 [3]월 [31]일 기준 재무제표는 대한민국에서 통용되는 기업회계기준을 포함하여 일반적으로 인정되는 회계원칙 및 관행에 따라 작성되었으며 회사의 재무상태 및 영업현황을 충실하게 반영하고 있다.

② 인수자에게 서면 고지된 것을 제외하고 상기 재무제표 기준일 이후에, 회사의 재무상태, 자산 및 부채, 영업에 불리한 영향을 미칠 수 있는 중대한 변경이나 변동사항은 없다.

③ 회사가 최선의 노력으로 파악한 결과 상기 재무제표에 기재되지 아니한 부외부채(우발채무 포함) 및 부외자산은 실사자료로 제시한 바와 같고, 실사자료에 나타나지 아니한 사항으로서 인수자의 본 계약체결 및 거래종결에 영향을 줄 만한 중대한 부외부채 및 부외자산은 없다.

### 제10조 법령 위반, 소송 등에 관한 사항

① 회사는 현재 영위하고 있는 사업에 필요한 정부 인허가 등을 모두 적법하게 보유하고 있으며, 이 인허가 등이 취소될 위험에 처해 있지 않다.

② 회사는 회사의 자산(부동산, 설비, 임차물 및 장비 등) 및 사업활동과 관련하여, 지역제한, 안전, 공해 및 환경, 노동, 공정거래 관련 법규를 포함하여 그 생산과정 및 제품에 적용되는 제반법령, 규정 및 명령을 준수하였으며, 부당하게 임금, 퇴직금 등을 미지급한 사실이 없다.

③ 인수자에게 서면 고지된 것을 제외하고, 회사의 사업에 중요한 영향을 미치는 것으로서 현재 진행되는 소송(보전소송 포함), 중재 또는 행정절차 기타 분쟁은 없다.

④ 회사는 현재 보유한 지적재산권과 관련하여 정보공개목록에 명기된 사항을 제외하고는 소송, 중재 또는 기타 분쟁이 없으며, 추후 분쟁의 위험에 처해 있지 않다.

⑤ 회사는 주주총회 및 이사회 관련 제반 서류를 작성 비치하고 있으며, 그와 관련된 법규 위반사항이 없다.

### 제11조 세금, 보험 등에 관한 사항

① 회사는 국세, 지방세 등 고지된 납세 의무를 이행하였고, 납부할 의무가 있는 것으로 미납된 세금은 없다.

② 회사는 회사 운영과 관련하여 필요한 제반 보험(4대 보험, 기타 영업 관련 필수적으로 가입해야 하거나 해당 업계에서 회사와 유사한 기업들이 통상적으로 가입하고 있는 보험)에 가입되어 있다.

[별지 2]

# 정보공개목록

본 정보공개목록은 진술보장사항에 대한 예외를 명시한 목록으로서, 진술보장사항과 일체를 이룬다. 아래 목록에 명기된 조항은 진술보장사항의 해당 목록을 의미하며, 동 조항에 명기된 내용은 오로지 동 조항의 진술보장사항에 대한 예외만을 구성한다.

1. 제10조 제3항 관련

| 사건번호 및 사건명 | 서울중앙지방법원 2020가합30275 물품대금 |
|---|---|
| 당사자 | 원고: 주식회사 율도<br>피고: 파리날리 주식회사 |
| 소가 | 3억 2,000만원 |
| 소제기일 | 2020. 12. 15. |
| 소송진행상황 | 조정불성립, 2021. 5. 3. 2차 변론기일 예정 |
| 기타 | |

2. 제7조 제2항, 제10조 제4항 관련

| 사건번호 | 특허법원 2020허1234 권리범위확인(특) |
|---|---|
| 특허등록번호 | 1005164510000 |
| 내용 | 적극적 권리범위확인 심결에 관한 취소소송을 진행 중 |

[별지 3]

# 투자금의 사용용도

회사는 본 약정에 의하여 인수자로부터 받은 자금을 다음과 같은 용도에 사용해야 한다. 단, 당초 체결한 본 계약서의 투자금 사용목적을 변경하고자 할 경우에는 인수자로부터 사전에 서면으로 동의를 받아야 한다.

| 용도 | 금액 | 비고 |
|---|---|---|
| - 인건비 및 복리후생비<br>- 마케팅비<br>- 외주용역비<br>- 임대보증금 및 임차료 | 100,000,000원 | |
| 합계 | 100,000,000원 | |

# 제**3**장

# 주식회사 설립

제 **1** 절

# 설립 전 준비사항

## I 자본금과 주식

### 1. 자본금

2009년 상법 개정으로 최저자본금 제도가 폐지된 점은 앞서 설명한 바와 같다. 다만 자본금이 지나치게 낮으면 은행 계좌개설이 거절될 수 있고 발주처 등 거래상대방에게 불신을 줄 우려가 있으므로 적절한 금액을 정하는 것이 좋다. 통계에 따르면 2023년에 신설한 주식회사, 유한회사, 유한책임회사의 자본금 규모는 다음과 같다[526].

| 자본금 | 주식회사<br>(개) | 비율<br>(%) | 유한회사<br>(개) | 비율<br>(%) | 유한책임<br>회사(개) | 비율<br>(%) |
|---|---|---|---|---|---|---|
| 500만원 미만 | 20,036 | 22.28 | 1,727 | 22.76 | 101 | 35.07 |
| 500만원 이상<br>1천만원 미만 | 7,207 | 8.02 | 388 | 5.11 | 14 | 4.86 |
| 1천만원 이상<br>2천만원 미만 | 22,326 | 24.83 | 1,661 | 21.89 | 67 | 23.26 |
| 2천만원 이상<br>3천만원 미만 | 6,617 | 7.36 | 976 | 12.86 | 12 | 4.17 |
| 3천만원 이상<br>4천만원 미만 | 4,854 | 5.40 | 433 | 5.71 | 9 | 3.13 |
| 4천만원 이상<br>5천만원 미만 | 710 | 0.79 | 36 | 0.47 | 0 | 0 |
| 5천만원 이상<br>6천만원 미만 | 11,573 | 12.87 | 823 | 10.84 | 15 | 5.21 |
| 6천만원 이상<br>7천만원 미만 | 359 | 0.40 | 33 | 0.43 | 2 | 0.69 |

---

526) 대한민국 법원 등기정보광장(data.iros.go.kr)

| 자본금 | 주식회사<br>(개) | 비율<br>(%) | 유한회사<br>(개) | 비율<br>(%) | 유한책임<br>회사(개) | 비율<br>(%) |
|---|---|---|---|---|---|---|
| 7천만원 이상<br>8천만원 미만 | 221 | 0.25 | 6 | 0.08 | 0 | 0 |
| 8천만원 이상<br>9천만원 미만 | 167 | 0.19 | 8 | 0.11 | 1 | 0.35 |
| 9천만원 이상<br>1억원 미만 | 86 | 0.10 | 1 | 0.01 | 1 | 0.35 |
| 1억원 이상<br>5억원 미만 | 14,176 | 15.77 | 1,197 | 15.77 | 48 | 16.67 |
| 5억원 이상<br>10억원 미만 | 1,130 | 1.26 | 150 | 1.98 | 10 | 3.47 |
| 10억원 이상<br>50억원 미만 | 265 | 0.29 | 61 | 0.80 | 4 | 1.39 |
| 50억원 이상<br>100억원 미만 | 69 | 0.08 | 10 | 0.13 | 3 | 1.04 |
| 100억원 이상 | 60 | 0.07 | 3 | 0.04 | 1 | 0.35 |
| 기타 | 62 | 0.07 | 76 | 1.00 | 0 | 0 |
| 합계 | 89,918 | 100 | 7,589 | 100 | 288 | 100 |

또한, 2023년 12월 31일 기준 유효등기기록상 주식회사, 유한회사, 유한책임회사의 자본금 규모는 다음과 같다[527].

| 자본금 | 주식회사<br>(개) | 비율<br>(%) | 유한회사<br>(개) | 비율<br>(%) | 유한책임<br>회사(개) | 비율<br>(%) |
|---|---|---|---|---|---|---|
| 500만원 미만 | 138,792 | 10.66 | 8,792 | 7.57 | 738 | 22.92 |
| 500만원 이상<br>1천만원 미만 | 56,139 | 4.31 | 2,720 | 2.34 | 210 | 6.52 |
| 1천만원 이상<br>2천만원 미만 | 196,664 | 15.11 | 27,458 | 23.63 | 772 | 23.98 |
| 2천만원 이상<br>3천만원 미만 | 64,752 | 4.97 | 13,133 | 11.30 | 130 | 4.04 |

---

527) 대한민국 법원 등기정보광장(data.iros.go.kr)

| 자본금 | 주식회사<br>(개) | 비율<br>(%) | 유한회사<br>(개) | 비율<br>(%) | 유한책임<br>회사(개) | 비율<br>(%) |
|---|---|---|---|---|---|---|
| 3천만원 이상<br>4천만원 미만 | 54,769 | 4.21 | 7,417 | 6.38 | 96 | 2.98 |
| 4천만원 이상<br>5천만원 미만 | 9,975 | 0.77 | 508 | 0.44 | 16 | 0.50 |
| 5천만원 이상<br>6천만원 미만 | 234,327 | 18.00 | 16,813 | 14.47 | 113 | 3.51 |
| 6천만원 이상<br>7천만원 미만 | 9,204 | 0.71 | 583 | 0.50 | 10 | 0.31 |
| 7천만원 이상<br>8천만원 미만 | 6,168 | 0.47 | 446 | 0.38 | 6 | 0.19 |
| 8천만원 이상<br>9천만원 미만 | 4,962 | 0.38 | 267 | 0.23 | 6 | 0.19 |
| 9천만원 이상<br>1억원 미만 | 3,246 | 0.25 | 186 | 0.16 | 4 | 0.12 |
| 1억원 이상<br>5억원 미만 | 401,708 | 30.86 | 29,822 | 25.66 | 355 | 11.02 |
| 5억원 이상<br>10억원 미만 | 76,037 | 5.84 | 4,238 | 3.65 | 88 | 2.73 |
| 10억원 이상<br>50억원 미만 | 34,079 | 2.62 | 2,094 | 1.80 | 88 | 2.73 |
| 50억원 이상<br>100억원 미만 | 5,068 | 0.39 | 195 | 0.17 | 34 | 1.06 |
| 기타 | 5,877 | 0.45 | 1,541 | 1.33 | 554 | 17.20 |
| 합계 | 1,301,767 | 100 | 116,213 | 100 | 3,220 | 100 |

현금출자 시 자본금 총액이 10억원 미만인 주식회사를 발기설립하려면 은행에서 잔고증명서(잔액증명서)를 발급받아 등기신청서에 첨부한다. 그 밖의 경우는 은행에서 주금납입보관증명서를 발급받아 등기신청서에 첨부해야 한다[528].

---

528) 「제1장 총론」「제2절 주식회사」「I. 자본금」「3. 출자」「(2) 현금출자」

## 2. 최저자본금을 요구하는 업종

상법의 최저자본금 규정 폐지에도 불구하고 각종 특별법에서 인가·허가·등록·신고의 요건으로서 최저자본금을 요구한다. 예를 들어, 금융업, 보험업, 건설공사업, 방송통신업, 관광업, 화물운송업, 여객운송업, 항공업 등은 대부분 최저자본금을 요구한다.

특별법상 최저자본금이 법인격을 취득하기 위하여 필요한 요건이 아니라면 최저자본금을 충족하지 못하더라도 설립등기 자체는 가능하다[529]. 그러나 등기완료 후 세무서에 사업자등록을 신청할 때 인허가증·등록증·신고확인증 사본을 제출해야 하므로(부가가치세법 시행령 11조 3항) 결과적으로 설립등기가 되더라도 최저자본금을 충족하지 못하면 사업자등록을 할 수 없다.

## 3. 지분율

지분율에 따른 주주의 권리는 「제1장 총론」, 「제2절 주식회사」, 「Ⅱ. 주식과 주주」, 「7. 지분율에 따른 주주의 권리」에서 살펴본 바와 같다. 추가로, 기업을 이끌고 갈 대표자와 그 외 창업멤버들 사이에서 지분을 어떻게 나누어야 할지 검토해보자.

회사의 대표는 리더이자 '책임자'이다. 회사가 망하더라도 마지막에 사무실 불을 끄고 나오는 사람이라 할 수 있다. 책임자가 반드시 1명이어야 하는 것은 아니고 공동창업이라면 책임자가 여러 명이 될 수도 있다. 다만, 책임자가 1명이든 여러 명이든 책임자와 책임자가 아닌 사람은 지분에 차이를 둘 수밖에 없다.

책임자는 단순히 회사의 설립과정에 이바지한 사람이 아니라 앞으로 사업을 실질적으로 이끌고 나갈 사람이다. 예를 들어 2명의 친구가 함께 사업아이템을 구상하여 창업경진대회에서 상금을 받아서 이를 출자하여 주식회사를 만드는 상황을 가정해보자. 그 중 1명만이 전업으로 사업을 이끌고 나머지 1명은 다른 회사에 근무하면서 투잡(two-job) 형식으로 사업에 참여할 계획이라면 이 2명 중 누가 더 많은 지분을 가져야 하는가? 설령 이 2명이 창업경진대회 상금을 획득하는 데까지 동등한 기여를 하였더라도 전업으로 사업을 이끄는 1명이 책임자로서 우대를 받아야 한다. 회사운영은 회사설립보다 훨씬 힘든 일이기 때문이

---

529) 신탁업을 목적으로 한 주식회사 설립등기 신청시 신탁업법상의 요건을 충족하여야 하는지 여부 [상업등기 선례 제1-92호, 2002. 8. 22. 제정]

다. 형평성 차원뿐만 아니라 투자유지 차원에서도 투자자들은 사업을 이끌고 갈 책임자가 의사결정권을 행사할 수 있는 지분을 갖기를 원한다.

그렇다면 '책임자'에 상응하는 지분은 몇 %인가? 회사의 대표자가 경영권을 가지려면 50%를 초과하는 지분을 가져야 한다. 그런데 앞으로 신주를 추가 발행하여 기존 지분율이 희석될 것을 고려한다면 대표자는 더 많은 주식을 미리 확보해야 한다. 만약 회사의 대표자가 67%의 지분을 가진다면 지금까지 발행된 주식 수보다 30%를 더 발행하더라도(현재의 130%) 대표자는 여전히 과반수 지분을 갖게 된다. 67%는 주주총회 특별결의사항을 단독으로 결의할 수 있는 지분율이므로 신속한 의사결정에 도움이 된다. 이러한 점을 고려한다면 회사설립 시 대표자의 지분율(또는 공동대표자의 지분율 합계)은 67% 이상이 바람직하다.

그 외 창업멤버들에게 남은 33% 범위에서 얼마나 지분을 주어야 하는지는 결국 그 사람이 회사에 얼마나 기여하는지, 즉 '그 사람이 회사에 있는 것'과 '그 사람이 회사에 없는 것'이 어떤 차이를 만드는지에 따라 달라질 것이다. 창업멤버들에게 단순히 주식을 제공하는 것만이 아니라 일종의 인센티브로서 주식매수선택권을 부여하는 것도 좋은 방안이 될 것이다.

## 4. 액면가와 무액면주식

자세한 내용은 「제1장 총론」 「제2절 주식회사」 「Ⅱ. 주식과 주주」 「4. 액면가, 발행가, 무액면주식」을 참고한다.

## 5. 주식매수선택권

임직원에게 주식매수선택권을 부여하려면 정관에 근거규정이 있어야 하고 이를 등기해야 한다. 주식매수선택권은 ① 회사설립 시부터 정관에 규정을 넣고 등기할 수 있고, ② 회사설립 후 임시주주총회를 열어서 정관에 규정을 추가하고 변경등기할 수도 있다.

주식매수선택권의 행사가액은 「주식매수선택권을 부여하기로 한 주주총회 결의일을 기준으로 한 주식의 실질가액」과 「주식의 액면가」 중 높은 금액으로 정해야 한다. 벤처기업은 주식매수선택권을 저가발행할 수 있는 특칙이 있다[530]. 전도유망한 창업기업은 기업가치가 날로 증가하기 때문에 주식매수선택권의 행사가액 역시 시간이 지날수록 크게 증가한

---

530) 「제1장 총론」 「제2절 주식회사」 「Ⅱ. 주식과 주주」 「5. 주식매수선택권(스톡옵션)」

다. 따라서 임직원에게 더 많은 인센티브를 제공하려면 주식회사설립 시 원시 정관에 주식매수선택권 규정을 넣고 회사설립 직후 임시주주총회를 열어 임직원에게 주식매수선택권을 부여하는 것이 좋다.

## 6. 현물출자

현물출자는 금전이 아닌 재산을 출자하는 것이다. 현물출자는 재무상태표(대차대조표)의 자산에 기재할 수 있는 것이면 무엇이든 가능할 뿐만 아니라, 사업용 자산 및 부채를 포괄적으로 출자하는 것도 가능하다. 자세한 내용은「제1장 총론」,「제2절 주식회사」,「I. 자본금」,「3. 출자」,「(3) 현금출자와 법인전환, 사후설립」을 참고한다.

 **임원 정하기**

## 1. 이사와 감사

주식회사는 이사를 3명 이상, 감사를 1명 이상 두어야 하나, 자본금 총액이 10억원 미만인 주식회사는 이사를 1명 또는 2명만 두어도 되고, 감사는 선임하지 않아도 된다. 다만, 주식회사설립 시 대표권을 가진 사내이사는 대주주를 겸하는 것이 보통이므로, 조사보고서를 작성하기 위해 지분 없는 감사 또는 지분 없는 이사를 1명 더 선임하는 것이 일반적이다[531].

## 2. 대표자

이사의 수에 따른 주식회사의 대표자를 정리하면 다음과 같다.

| 이사의 수 | 이사회 | 대표자 |
|---|---|---|
| 사내이사 1명 | 없음 | 사내이사 |
| 사내이사 2명 | 없음 | 대표이사를 별도로 선임하지 않으면 사내이사들 각자가 회사를 대표[532] |

531)「제1장 총론」,「제2절 주식회사」,「III. 기관」,「5. 감사와 감사위원회」,「(1) 감사」
532)「제1장 총론」,「제2절 주식회사」,「III. 기관」,「4. 대표이사」,「(2) 각자대표와 공동대표」

| 이사의 수 | 이사회 | 대표자 |
|---|---|---|
| 이사 3명 이상<br>(이 중 사내이사<br>1명 이상) | 있음 | 정관에 '대표이사는 이사들의 합의로 정한다'는 내용의 규정이 있으면 사내이사 2명이 합의로 선임한 대표이사 1명이 회사를 대표 |
| | | 정관규정에 따라 주주총회에서 사내이사 중 1명을 대표이사를 선임하면 대표이사가 회사를 대표 |
| | | 정관규정에 따라 주주총회에서 사내이사 2명을 모두 공동대표이사로 선임하면 공동대표이사들이 공동으로 회사를 대표 |
| | | 사내이사 중 1명을 대표이사로 선임하면 대표이사가 회사를 대표 |
| | | 사내이사 여러 명을 대표이사로 선임하면 대표이사들 각자가 회사를 대표 |
| | | 사내이사 여러 명을 공동대표이사로 선임하면 공동대표이사들이 공동으로 회사를 대표 |

## 3. 임원이 준비할 서류

이사, 감사, 대표이사 등 임원에 취임할 사람이 우리나라 국민이면 아래 서류를 준비하여 등기신청서에 첨부한다. 임원에 취임할 사람이 외국인, 외국국적동포, 재외국민이면「제1장 총론」,「제8절 외국인 임원, 외국인 투자」,「I. 외국인 임원」,「1. 등기신청」,「(3) 첨부서면」을 참고한다.

| 준비서류 | 비고 |
|---|---|
| 취임승낙서에 (개인)인감도장을 찍거나 서명함 | |
| (법인)인감신고서: ① (법인)인감도장을 찍고, ② (개인)인감도장을 찍거나 서명함 | 법인 대표자만 작성함 |
| ① 위 서류에 (개인)인감도장을 찍은 경우: (개인)인감증명서<br>② 위 서류에 서명한 경우: 본인서명사실확인서 | 등기신청서 제출일을 기준으로 최근 3개월 이내 발행된 것 |
| 주민등록등본 또는 초본[533] | 등기신청서 제출일을 기준으로 최근 3개월 이내 발행된 것으로서 현재 주소와 주민등록번호만 표시되면 된다. |

---

533) 상업등기선례에 따르면 대표자가 아닌 임원은 주민등록초본 대신 주민등록증 사본이나 우리나라 운전면허증 사본을 제출할 수 있으나(비상임당연직이사 임원변경 등기신청시 주민등록등본 첨부면제 여부 [상업등기선례 제2-30호, 2009. 1. 21. 제정]), 상업등기선례가 구속력이 있는 것은 아니므로 등기관에 따라서는 주민등록등본·초본의 재제출을 요구할 수 있다.

## Ⅲ 사무실 구하기

### 1. 서 론

법인 설립등기신청서에 <u>법인사무실의 임대차계약서 또는 전대차계약서, 사용승낙서를 첨부하지 않는다</u>[534]. 다만, 법인 설립등기완료 후 사업자등록을 신청할 때 세무서에 법인 사무실의 임대차계약서(또는 전대차계약서, 사용승낙서) 사본을 제출해야 하며 나아가 상 가건물 임대차보호법상 보호를 받으려면 세무서에 임대차계약서 원본을 제시하고 임대차 계약서에 확정일자부여 도장을 찍어야 한다. 소프트웨어 개발업처럼 사무실, 공장 등을 임 차하지 않고 자택에서 할 수 있는 사업이라면 집주소를 본점주소로 하여 설립등기를 하고 사업장등록을 할 수 있다. 이 경우에도 집주인을 임대인으로, 법인을 임차인으로 하는 임대 차계약서를 작성해야 한다.

비록 법인 설립등기신청서에 법인사무실의 임대차계약서 등을 첨부하지는 않지만, 설립 등기신청 전에 법인사무실을 미리 임차하는 것이 일반적이다. 사무실을 임차하지 않은 상 태에서 특정 주소를 본점주소로 기재하여 설립등기를 한 뒤에 그 주소의 사무실을 임차하 지 못하면 사업자등록을 할 수 없고 사업자등록을 위해 또다시 주소변경을 위한 등기절차 를 거쳐야 하기 때문이다.

회사설립등기 전이라도 임차인 명의를 회사로 하여 임대차계약을 할 수 있다. 통설·판 례에 따르면, 설립 중인 회사라도 회사설립이라는 목적 범위 내에서는 제한적으로 권리· 의무의 주체가 될 수 있으므로[535], 회사설립 전이라도 회사 이름으로 사무실을 임차할 수 있다. 회사설립등기가 완료되면 설립 중인 회사가 취득한 권리·의무는 설립된 회사로 승 계된다.

### 2. 주의사항

임차할 사무실이 사업자등록이 가능한 곳인지 사전에 반드시 확인해야 한다. 특히 다음

---

534) 주식회사 설립등기 신청시에 첨부서면으로서 본점소재지에 대한 권리관계를 증명하는 서면을 첨부하여야 하는지 여부(소극) [상업등기선례 제1-98호, 2003. 9. 22 제정]
535) 대법원 1992. 2. 25. 선고 91누6108 판결 [증여세등부과처분무효확인]

경우를 주의하자.

| 항목 | 주의사항 |
|------|---------|
| 오피스텔 | 임대인이 주거용으로만 임대하는지 여부(즉, 임대인이 사업자등록을 허용하는지) |
| 창업지원센터, 공유 사무실, 주택 | 사업자등록이 가능한지 여부 |
| 전대차 | 1. 건물주가 전대차를 허용하는지 여부<br>2. 건물주가 전차인의 사업자등록을 허용하는지 여부 |
| 시설기준을 갖추어야 하는 업종 | 예를 들어 서울특별시 내에서 보통교과계열의 입시학원을 하려면 학원법과 서울특별시 조례에 따라 강의실, 실습실, 열람실 면적이 660㎡ 이상 되어야 한다[536]. 이보다 작은 장소를 임차하면 주식회사 자체는 만들 수 있지만 해당 장소를 사업장으로 하여 사업자등록을 할 수 없으므로 해당 장소에 학원을 운영할 수 없다. |

## 3. 발기인 개인명의로 사무실을 임차한 경우

실무상 회사 사무실의 임대차계약은 설립 중인 회사의 명의가 아닌 발기인의 명의로 체결하는 경우가 보통이다. '설립 중인 회사'라는 개념은 일반인에게 익숙하지 않은 학술적 개념이기 때문에 임대인은 발기인과 직접 임대차계약을 체결하고자 한다.

발기인 명의로 사무실을 임차한 경우, 회사설립등기를 완료한 뒤 임차인 명의를 발기인에서 회사로 변경해야 한다. 물론 발기인이 발기인대표의 지위에서 설립사무를 집행하고자 사무실을 임차한 것이라면 설립 중인 회사의 명의로 임대차계약을 체결한 것과 마찬가지라고 해석할 수도 있으나[537], 원칙적으로 발기인 명의로 체결한 계약을 회사에 귀속시키려면 양수나 채무인수 같은 특별한 이전행위가 있어야 한다[538]. 게다가 실무상 사업자등록을 신청할 때 세무서에 회사를 임차인으로 한 임대차계약서를 제출해야 한다. 따라서 발기인 명의로 사무실을 임차하였다면 회사설립등기를 완료한 뒤에 ① 임차인을 회사 명의로 변경하여 임대인과 다시 임대차계약을 체결하거나, ② 회사가 발기인으로부터 임차인 지위를 승계하는 임대차계약 승계동의서를 임대인, 발기인, 회사 사이에 작성해야 한다.

---

536) 서울특별시 학원의 설립·운영 및 과외교습에 관한 조례 [별표 3]
537) 대법원 1970. 8. 31. 선고 70다1357 판결 [양수금]
538) 대법원 1994. 1. 28. 선고 93다50215 판결 [소유권이전등기]

## 4. 상가건물 임대차보호법 요건

상가건물 임대차보호법에 따라 사무실 보증금을 보호받으려면 보증금이 지역별로 아래 금액 이하여야 한다. 보증금뿐만 아니라 월차임도 낸다면 보증금과 (차임액 × 100)을 합한 금액이 아래 금액 이하여야 한다(상가건물 임대차보호법 2조 1항·2항, 같은 법 시행령 2조).

1. 서울특별시 : 9억원
2. 「수도권정비계획법」에 따른 과밀억제권역(서울특별시는 제외한다) 및 부산광역시: 6억 9천만원
3. 광역시(「수도권정비계획법」에 따른 과밀억제권역에 포함된 지역과 군지역, 부산광역시는 제외한다), 세종특별자치시, 파주시, 화성시, 안산시, 용인시, 김포시 및 광주시: 5억 4천만원
4. 그 밖의 지역 : 3억 7천만원

위 요건에 해당하면 사업자등록 신청 시 세무서에 임대차계약서 원본을 제시하고 임대차계약서에 확정일자부여 도장을 찍는다(상가건물 임대차보호법 4조 1항). 예를 들어 안산시에 있는 사무실의 보증금이 3천만원이고 월차임이 500만원이라면 「3천만원 + (500만원 × 100)」은 5억 4천만원 이하이므로 상가건물 임대차보호법이 적용된다. 반면, 서울특별시에 있는 사무실의 보증금이 1억 5천만원이고 월차임이 800만원이라면 「1억 5천만원 + (800만원 × 100)」은 9억원을 초과하므로 상가건물 임대차보호법이 적용되지 않아, 세무서에 임대차계약서를 제시해도 확정일자부여 도장을 찍어주지 않는다. 상가건물 임대차보호법이 적용되지 않는 경우 보증금을 보호하려면 건물에 전세권설정등기(민법 303조 1항)를 해야 한다.

## Ⅳ 상 호

### 1. 상호와 상표

상호는 회사의 이름이고[539] 상표는 제품 또는 서비스의 이름이다[540]. 예를 들어 「현대

---

539) 상호는 상인의 이름이고(상법 18조), 회사는 상인에 해당한다(상법 5조 2항).
540) '상표'란 자기의 상품(지리적 표시가 사용되는 상품의 경우를 제외하고는 서비스 또는 서비스의 제공에

자동치」는 상호이고 「쏘나타」는 상표이다. 「Ferrari」처럼 상호와 상표를 같은 이름으로 할 수도 있다. 상업등기법에 따라 등기의 대상이 되는 것은 상호이지 상표가 아니다. 상표는 상표법에 따라 특허청에 출원신청을 하고 심사를 거친 뒤 등록되어야 보호받을 수 있다. 일반적으로 상표가 상호보다 권리범위가 넓고 효력도 강하다. 상호와 상표를 비교하면 다음과 같다.

| | | 상 호 | 상 표 |
|---|---|---|---|
| 신청방법 | | 등기소에 신청 | 특허청에 출원 |
| 심사기간 | | 1~3일 | 보통 6개월 가량 소요되며 별도의 우선심사절차가 있음 |
| 권리범위 | 지역 | 동일한 특별시, 광역시, 특별자치시, 시(행정시를 포함한다) 또는 군(광역시의 군은 제외한다) | 상표가 등록된 국가 (다른 나라에서 상표권을 인정받으려면 원칙적으로 그 나라의 특허청에 상표를 출원해야 한다[541]) |
| | 대상 | 등기부상의 목적 | 1. 상표출원 시 지정한 상품<br>2. 상표출원 시 지정한 상품과 유사한 상품 |
| | 동일 또는 유사 | 동일한 상호만 금지[542] | 동일한 상표뿐만 아니라 유사한 상표도 금지 (상표법 34조 1항 7호) |
| 효력 | | 침해상호에 대한 상호폐지와 손해배상을 청구할 수 있고 침해자는 과태료 처분을 받을 수 있다. | 침해상표에 대한 사용금지, 손해배상을 청구할 수 있고 침해자는 형사처벌을 받는다. 침해상표임에도 상표등록이 되었다면 특허청에 무효심판을 청구할 수 있다. |

① 동일한 특별시, 광역시, 특별자치시, 시(행정시를 포함한다) 또는 군(광역시의 군은 제외한다)에서는 ② 동종의 영업을 위하여 ③ 다른 상인이 등기한 상호와 동일한 상호를 등기할 수 없다(상업등기법 29조).

동종 영업인지는 등기부의 「목적」란을 비교하여 판단한다. 즉, 설립하고자 하는 회사의 「목적」과 기존 회사의 「목적」이 한 개라도 겹치면 영업의 동종성이 인정된다. 다만, 「목적」 중 「전 각 호에 부대하는(또는 관련되는) 일체의 업무」라는 부분은 영업의 동종성을 판단

---

관련된 물건을 포함한다. 이하 같다)과 타인의 상품을 식별하기 위하여 사용하는 표장(標章)을 말한다(상표법 2조 1항 1호).

541) 이를 「1국가 1출원주의」라 한다.

542) 구 상업등기법(법률 제8582호, 2007. 8. 3. 제정) 30조는 동일 상호뿐만 아니라 유사 상호도 금지하였으나 상업등기법이 2009년 5월 28일 개정되면서 동일 상호만 금지하는 것으로 범위가 축소되었다.

할 때 고려하지 않는다(동일상호의 판단 기준에 관한 예규[543] 10조).

동일 상호인지는 회사의 종류를 표시하는 문자(주식회사, 유한회사 등)와 상호에 병기된 로마자를 제외하고 나머지 부분만으로 동일성을 판단한다(동일상호의 판단 기준에 관한 예규 8조).

## 2. 등기할 수 있는 상호

상호는 ① 한글 또는 ② 한글과 아라비아숫자로 등기할 수 있다(상호 및 외국인의 성명 등의 등기에 관한 예규 2조 1호, 3조 1항). 회사의 상호는 종류에 따라 합명회사, 합자회사, 유한책임회사, 주식회사 또는 유한회사의 문자를 사용해야 한다(상법 19조). 예를 들어, 율도라는 이름의 주식회사 상호는 '주식회사 율도'나 '율도 주식회사'가 되어야 한다. 거래관행상 '㈜율도', '율도㈜'처럼 약칭할 수 있으나 등기서류나 소송서류에는 원래 상호를 정확하게 기재해야 한다. 상호는 회사의 종류를 표시하는 부분(주식회사, 유한회사 등)과 나머지 부분 사이를 한 칸 띄우되, 나머지 부분은 띄어쓰기하지 않고 붙여서 등기한다(상호 및 외국인의 성명 등의 등기에 관한 예규 6조 1항).

| 등기할 수 있는 상호 | 등기할 수 없는 상호 |
|---|---|
| 율도 주식회사<br>주식회사 21세기식품 | 주식회사 333777<br>율도주식회사<br>㈜21세기식품<br>주식회사 이음과 소통 |

필수는 아니지만 한글상호와 함께 영문상호(로마자, 아라비아숫자, 부호로 된 상호)도 기재할 수 있다. 영문상호를 기재하면 등기사항전부증명서에 한글상호 옆에 영문상호가 표시된다. 영문상호는 한글상호의 주요 부분과 발음상 동일성이 있어야 한다(상호 및 외국인의 성명 등의 등기에 관한 예규 8조 1항). 반면, 한글상호의 비주요 부분(회사의 종류나 업종을 표시하는 부분: Food, Construction 등)에 대해서는 발음상 동일성이나 의미상 동일성이 있으면 허용된다(상호 및 외국인의 성명 등의 등기에 관한 예규 8조 5항). 법령에 따라 상호 중에 사용하도록 강제되는 문자(생명보험: Life Insurance), 회사의 종류를 표시하는 문자(유한회사, 주식회사 등)에 대해서도 영문을 사용할 수 있는데(상호 및 외국인의 성명 등의 등기에 관한 예규

543) 등기예규 제1547호, 2014. 11. 5. 개정, 2014. 11. 21. 시행

5조 3항), '주식회사'는 일반적으로 「Inc.」, 「Co., Ltd.」, 「Corp.」 등으로 표기한다[544].

| 등기할 수 있는 상호 | 등기 할 수 없는 상호 |
| --- | --- |
| 주식회사 에이비씨증권 (ABC Securities Inc.)<br>에이비씨생명보험 주식회사 (ABC Life Insurance Co., Ltd.)<br>갑을식품 주식회사 (GABEUL Food Corp.) | 산과바다 주식회사 (Mountain and Sea Inc.)<br>에스엠 주식회사 (SuMan Co., Ltd.)<br>주식회사 한마음 (HME Co., Ltd.) |

다음 상호는 등기할 수 없다(동일상호의 판단 기준에 관한 예규 3조).

1. 상업등기법 제29조에 의해 등기할 수 없는 상호
2. 법령으로 상호에 사용하는 것을 금지한 문자를 사용한 경우
   (예시) 회사가 아니면서 상호에 회사임을 표시하는 문자를 사용한 경우(상법 제20조), 금융투자업자가 아니면서 상호에 금융투자라는 문자를 사용한 경우(자본시장과 금융투자업에 관한 법률 제38조 제1항), 보험회사가 아니면서 상호에 보험회사임을 표시하는 문자를 사용한 경우(보험업법 제8조 제2항) 등. 다만, '보험대리점'이라는 문자는 보험회사임을 표시하는 문자로 볼 수 없다(보험업법 제2조 제1호, 제5호, 제9호 등 참고).
3. 법령으로 상호에 일정한 문자(증권, 신탁 등)를 사용할 것을 규정 하였음에도 불구하고 그러한 문자를 사용하지 아니한 경우
4. 상호에 지점, 지사, 지부, 출장소 등의 문자나 영업부문임을 표시하는 문자(영업부, 판매부 등)를 사용한 경우(상법 제21조 제2항에 따라 지점의 상호에 본점과의 종속관계를 표시하기 위하여 사용하는 경우는 제외한다). 다만, 대리점, 특약점 등의 문자는 상호에 사용할 수 있다.
5. 상호가 국가·공공단체 또는 그 소속기관 및 공법인과 관련성이 있다고 오인될 우려가 있는 경우
   (예시) 국가기관으로 오인하게 할 수 있는 문자를 상호에 사용한 경우, 지방공기업법 등 관련 법령에 따라 설립된 것이 아니면서 지방공사, 지방공단, 공사, 공단 등의 문자를 상호에 사용한 경우 등
6. 상호가 선량한 풍속 기타 사회질서에 반하는 경우
   (예시) 상호에 외설스러운 문자를 사용한 경우
7. 사회적 유명 인사의 성명권을 침해할 우려가 있는 경우
8. 회사의 종류를 표시하는 부분을 제외하면 신청인의 상호가 업종을 표시하는 문자만으로 구성되어 있는 경우

---

[544] 미국 대부분의 주가 Corporation의 상호에 corporation, incorporated 또는 이들의 약자(corp./inc.)를 넣을 것을 요구한다. 주에 따라 company, limited, 또는 이들의 약칭(co./ltd.)을 허용하기도 한다.

## 3. 상호검색

　기존 상호는 인터넷등기소 웹사이트(www.iros.go.kr)에서 검색할 수 있다. 다음과 같은 방법으로 기존 상호를 검색한다.

(1) 인터넷등기소 웹사이트(www.iros.go.kr)에 접속하여 왼쪽 아래의 「법인상호검색」 아이콘을 누른다.

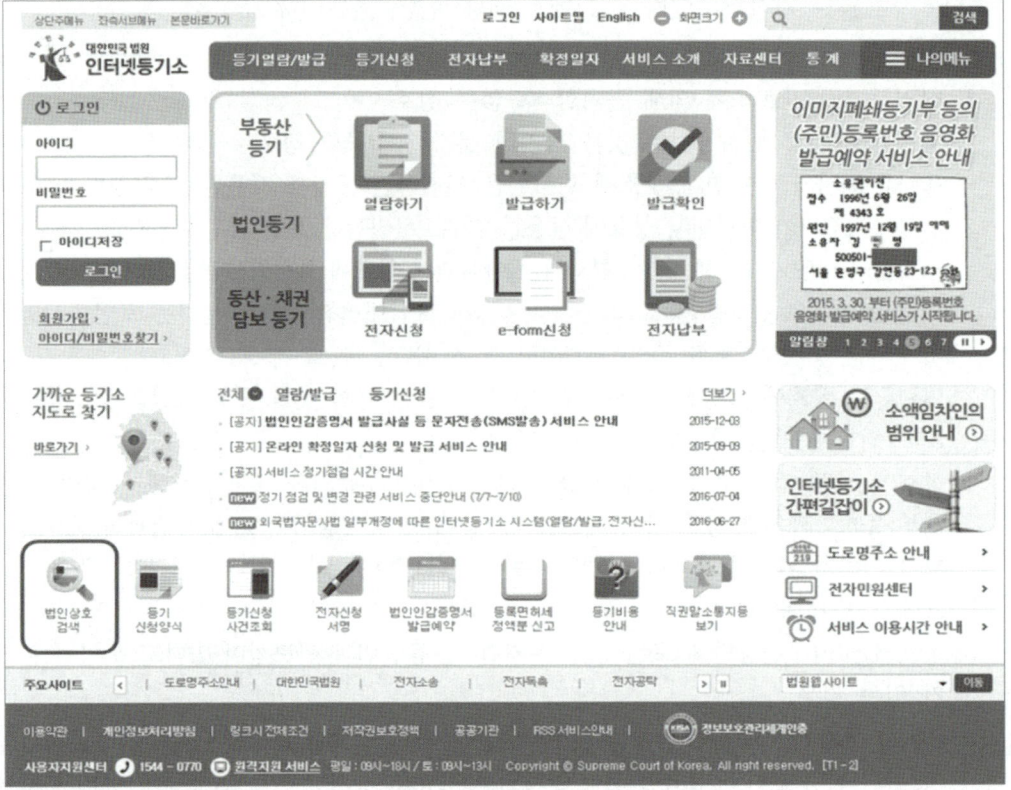

(2) 「폐쇄등기기록 포함」이나 「주말된 상호 포함」은 체크하지 않는다.

(3) 「관할등기소」에는 회사를 설립하려는 특별시, 광역시, 특별자치시, 시(행정시를 포함한다) 또는 군(광역시의 군은 제외한다)을 관할하는 등기소를 선택한다.

(4) 「검색어」에 검색하려는 상호를 입력하고 검색버튼을 누른다.

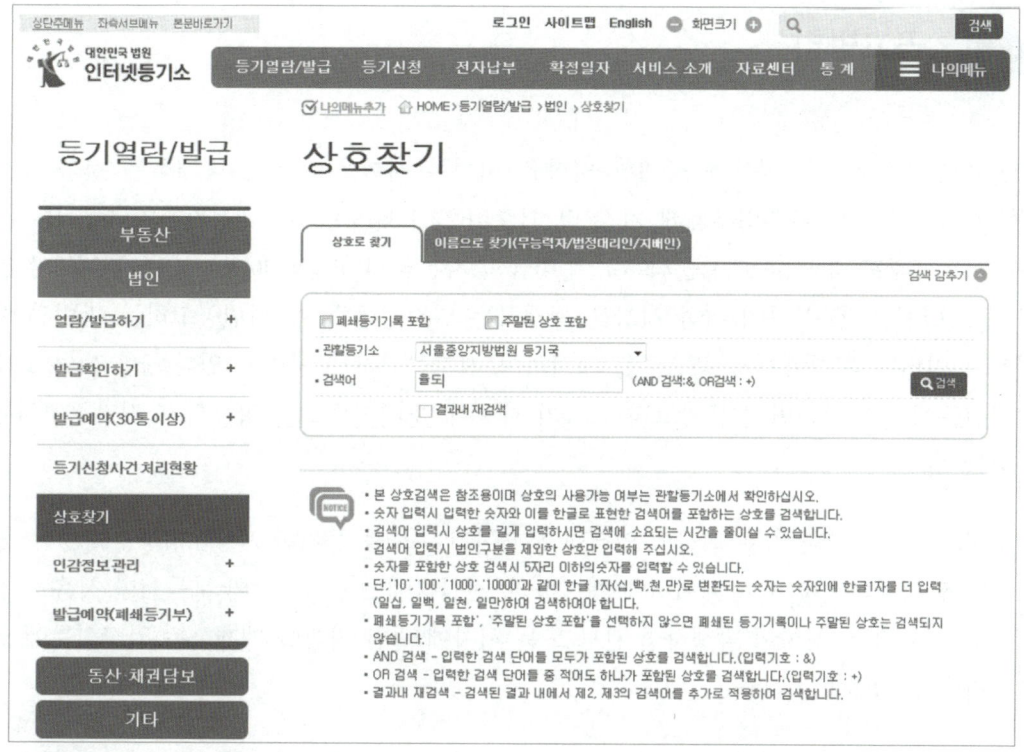

(5) 검색 결과가 없으면 기존 상호가 없다는 뜻이므로 해당 상호를 사용할 수 있다.

(6) 검색 결과가 존재할 경우, 만약 검색된 회사가 청산종결, 파산종결 또는 파산폐지 등기가 되어 등기기록이 폐쇄된 상태이거나(동일상호의 판단 기준에 관한 예규 7조 2항) 검색된 법인이 민법법인(민법에 의하여 설립된 비영리 사단법인과 재단법인)에 해당할 경우 그 상호는 사용할 수 있다[545].

(7) 검색 결과가 존재하더라도 위 (6)에 해당하지 않는다면 검색된 회사의 등기사항전부증명서를 출력하여 회사의 「목적」란을 확인해야 한다. 기존 회사의 「목적」이 설립하려는 회사의 「목적」과 단 한 개라도 겹치면 동일 상호에 해당하여 해당 상호를 사용할 수 없다(다만, 「전 각 호에 부대하는(또는 관련되는) 일체의 업무」라는 부분은 영업의 동종성을 판단할 때 고려하지 않는다). 「목적」이 전혀 겹치지 않으면 그 상호를 사용할 수는 있으나 향후 목적이 추가되면서 동일 상호가 될 가능성이 있으므로 이러한 상호는 선택하지 않는 것이 좋다.

---

545) 주식회사의 상호와 동일한 명칭의 사단법인 설립등기 가부 [상업등기선례 제202206-1호, 2022. 6. 7. 제정]

## V 공고방법

　공고란 주주와 채권자에게 중대한 영향을 미치는 사항을 외부에 공개하는 것을 뜻한다[546]. 주식회사는 주주명부폐쇄 기간 및 기준일(상법 354조), 신주배정기준일(상법 418조 3항), 재무상태표(대차대조표, 상법 449조), 준비금의 자본금전입(상법 461조) 등을 공고해야 한다. 공고방법은 ① 시사에 관한 사항을 게재하는 일간신문[547]에 서면공고하는 방법과 ② 회사의 인터넷 홈페이지에 공고문을 게시하여 전자공고하는 방법이 있다(상법 289조 3항). 일간신문에 공고하려면 신문광고비가 들기 때문에 도메인주소를 확보하고 전자공고하는 것이 좋다.

　회사가 전자공고할 경우 회사의 인터넷 홈페이지 주소를 등기하고(상법 시행령 6조 2항) 공고사항을 회사의 인터넷 홈페이지에 게시하되, 전산장애 또는 그 밖의 부득이한 사유로 전자공고할 수 없는 상황이 발생하면 관보 또는 시사에 관한 사항을 게재하는 일간신문에 공고한다(상법 시행령 6조 4항).

　전자공고는 ① 법에서 특정한 날부터 일정한 기간 전에 공고하도록 한 경우 '그 특정한 날'까지 계속 전자공고해야 하고, ② 법에서 공고에서 정하는 기간 내에 이의를 제출하거나 일정한 행위를 할 수 있도록 한 경우 '그 기간이 지난 날'까지 계속 전자공고해야 하며, ③ 그 밖의 경우 '해당 공고를 한 날부터 3개월이 지난 날'까지 계속 전자공고해야 한다(상법 289조 4항 본문, 상법 시행령 6조 5항). 공고기간이 끝난 후에도 누구나 그 내용을 열람할 수 있도록 해야 한다(상법 289조 4항 단서).

---

546) 정관에서 정한 회사의 공고방법과 다른 공고를 하였을 경우 공고로서의 효력이 있는지 여부 [상업등기선례 제1-225호, 2001. 10. 31. 제정]

547) 지하철역 등에서 불특정인을 상대로 하여 무료로 배포되고 있는 'ㅇㅇ신문'이 회사의 공고방법에 관한 상법 제289조 제3항의 '시사에 관한 사항을 게재하는 일간신문'에 해당할 수 있는지 여부(소극) [상업등기선례 제2-70호, 2005. 8. 1. 제정]

전자공고문은 다음과 같은 형식으로 등기신청서에 첨부한다[548].

> 1. 공고기간 중 시작일과 종료일의 해당 공고란이 나타나는 회사 홈페이지의 초기화면 (회사의 해당 공고사실을 쉽게 열람할 수 있도록 조치한 화면)을 출력한 서면
> 2. 공고기간 중 시작일과 종료일의 해당 공고내용을 출력한 서면
> 3. 대표이사가 위 서면으로 증명한 공고사실이 같은 내용으로 공고기간 동안 지속적으로 게시되었음을 확인하는 확인서(대표이사 서명 포함)

**참고서식** 전자공고를 위한 정관 예문

> 제0조 (공고방법) 본 회사의 공고는 회사의 인터넷 홈페이지(yuldo.co.kr)에 게재한다. 다만, 전산장애 또는 그 밖의 부득이한 사유로 회사의 인터넷 홈페이지에 공고할 수 없을 때는 서울특별시에서 발행하는 일간 매일경제신문에 한다.

**참고서식** 전자공고문 (주식분할 시 주권제출공고)

① 주권제출공고

회사의 인터넷 홈페이지(yuldo.co.kr) 초기화면에 아래 공고문을 2016년 7월 29일부터 2016년 8월 30일까지 팝업창으로 게시한다. 팝업창을 포함한 홈페이지의 2016년 7월 29일 화면과 2016년 8월 30일 화면을 캡쳐한다. 작업표시줄의 날짜도 함께 보이도록 캡쳐한다.

---

### 주권제출공고

본 회사는 2016년 7월 29일 주주총회 특별결의로 1주의 금액 5,000원 주식 1주를 1주의 금액 500원 주식 10주로 분할하기로 하였습니다. 구 주권을 가진 주주께서는 이 공고 게재일부터 1개월 내에 구 주권을 본사로 제출하여 주시기 바랍니다.

본사 주소: 서울특별시 서초구 00로 00, 000호 (서초동, 한승빌딩)

2016년 7월 29일
주식회사 율도
대표이사 홍길동

---

548) 법원행정처 의견요청에 의한 법무부 의견회시 [2010. 8. 17. 상사법무과-2451]

② 대표자 확인서

---

# 확 인 서

2016. 7. 29.부터 2016. 8. 30.까지 회사의 인터넷 홈페이지(yuldo.co.kr)에 첨부한 공고 내용을 계속 게시하였음을 확인합니다.

첨 부 서 류

1. 공고내용 홈페이지 게시화면 (2016. 7. 29.)
2. 공고내용 홈페이지 게시화면 (2016. 8. 30.)

2016년 8월 31일
주식회사 율도
대표이사 홍길동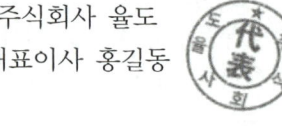

---

 **VI** ## (사업)목적 정하기

## 1. 서 론

회사의 권리능력이 정관의 (사업)목적에 의해 제한되는지에 관하여 학설은 부정설이 통설이다. 판례[549]는 회사의 권리능력이 회사의 설립 근거가 된 법률과 회사의 정관상 목적에 의하여 제한된다고 판시하면서도 그 목적범위 내의 행위라 함은 정관에 명시된 목적 자체에 국한되는 것이 아니라, 그 목적을 수행하는 데 있어 직접, 간접으로 필요한 행위는 모두 포함되고 목적수행에 필요한지의 여부는 행위의 객관적 성질에 따라 판단할 것이고 행위자의 주관적, 구체적 의사에 따라 판단할 것은 아니라고 설명하여 사실상 부정설과 차이가 없다[550].

---

549) 대법원 1999. 10. 8. 선고 98다2488 판결 [정리채권확인]
550) 송옥렬, 상법강의, 712-713쪽

오히려 실무상 회사의 목적을 둘러싼 쟁점은 권리능력세한 보다는 ① 인·허가, ② 중과세 예외 및 세금감면, ③ 동일상호, ④ 사업자등록, ⑤ 각종 인증 및 정부지원사업 요건이다.

① 일부 업종은 소비자보호, 환경보호, 국가의 관리필요성 등 때문에 국가에 등록·신고하거나 국가로부터 인·허가를 받은 후에야 합법적인 영업할 수 있다.

② 수도권 과밀억제권역 안에 설립하는 법인은 원칙적으로 등록면허세를 중과세하지만 정책적인 차원에서 일부 업종은 중과세하지 않는다(지방세법 28조 2항 단서, 지방세법 시행령 44조, 26조 1항). 수도권 과밀억제권역 밖에 설립된 창업중소기업도 증자시 등록면허세를 면제받으려면 업종에 제한이 있다(지방세특례제한법 58조의3 4항). 그 밖에도 법인세, 취득세 등 각종 세금에서 세율경감, 세액감면, 세액공제, 과세표준공제 등을 적용받으려면 업종에 제한이 있다.

③ 상호의 동일성을 판단하는 요건 중 하나가 동종의 영업인데(상업등기법 29조), 영업의 동종성은 회사의 목적을 비교하여 판단한다(동일상호의 판단 기준에 관한 예규 10조).

④ 법인설립등기 후 사업자등록을 신청할 때 업종을 선택하는데, 정관상 목적의 해석에 관한 세무서 실무가 통일되어 있지 않다. 어떤 세무서는 정관의 목적을 융통성 있게 해석하여 목적과 일치하지 않는 업종도 사업자등록을 허용하는 반면 어떤 세무서는 정관의 목적에 기재된 문구와 일치하는 업종만 사업자등록을 허용한다.

⑤ 일반유흥주점업, 무도유흥주점업, 기타 주점업, 블록체인 기반 암호화 자산 매매 및 중개업, 기타 사행시설 관리 및 운영업, 무도장 운영업은 벤처기업 인증을 받을 수 없다(벤처기업육성에 관한 특별조치법 3조, 같은 법 시행령 2조의4 및 별표 1). 또한, 일반유흥주점업, 무도유흥주점업, 기타 사행시설 관리 및 운영업은 일반적으로 정부의 창업·투자지원 대상에서 제외된다(중소기업창업 지원법 5조 및 같은 법 시행령 4조).

## 2. (사업)목적 선택

회사의 목적은 회사가 현재나 미래에 수행할 사업을 명확하고 구체적으로 기재해야 한다. 등기관은 통계청장이 작성·고시하는 한국표준산업분류(통계법 22조 1항, 통계청고시 제2017-13호) 중 소분류 이하를 참고하여 회사의 목적이 구체적인지 아닌지를 판단할 수 있다(동일상호의 판단 기준에 관한 예규 9조 3항·4항). 여기서 소분류란 아래 한국표준산업분류의 분류코드

중 3자리숫자를 뜻한다.

**통계청의 한국표준산업분류 예시**

| 체계 | 분류코드 및 분류명 | 목적 기재 가능 |
|---|---|---|
| 대분류(영문1자리) | G 도매 및 소매업 | × |
| 중분류(2자리숫자) | 46 도매 및 상품 중개업 | × |
| **소분류(3자리숫자)** | 463 음·식료품 및 담배 도매업 | ○ |
| 세분류(4자리숫자) | 4631 신선 식품 및 단순 가공 식품 도매업 | ○ |
| 세세분류(5자리숫자) | 46311 과실류 도매업 | ○ |

위 표에서 보는 바와 같이 「도매 및 소매업」이나 「도매 및 상품 중개업」은 목적이 구체적이지 않아 등기관이 보정을 요구할 수 있다. 따라서 정관에 「음·식료품 및 담배 도매업」, 「신선 식품 및 단순 가공 식품 도매업」, 「과실류 도매업」 등 구체적인 목적을 기재하는 것이 바람직하다.

한국표준산업분류는 참고사항에 불과하므로 한국표준산업분류에 없는 목적이라도 기재할 수 있다[551]. 그러나 목적이 구체적이어야 하고 영리성이 있어야 하며 강행법규나 선량한 풍속 기타 사회질서에 반해서는 안 된다(동일상호의 판단 기준에 관한 예규 9조 2항).

다만, 사회적기업의 목적은 영리성이 없더라도 허용돼야 할 것이다. 사회적기업은 취약계층에게 사회서비스 또는 일자리를 제공하거나 지역사회에 공헌함으로써 지역주민의 삶의 질을 높이는 등 사회적 목적을 추구하면서 재화 및 서비스의 생산·판매 등 영업활동을 하는 기업이다(사회적기업 육성법 2조 1호). 상법상 회사도 사회적기업으로 인증받을 수 있고 (사회적기업 육성법 8조 1항 1호) 실제로 주식회사 형태의 사회적기업이 많다. 따라서 사회적기업을 표방하는 주식회사는 목적이 다분히 비영리성을 띠게 되어 오히려 비영리법인의 목적과 유사한 형태가 된다.

정관의 목적으로 기재한 사업이라고 해서 그 사업을 당장 해야 하는 것은 아니다. 사업확장을 염두에 두고 있다면 당장 수행할 사업이 아니더라도 앞으로 하고자 하는 목적을 빠짐없이 기재해야 나중에 정관변경절차(주주총회 특별결의)를 피할 수 있다. 세무서에 사업자

---

551) 회사법인의 등기사항 중 목적을 기재할 때 반드시 표준산업분류표에 구속되어야 하는지 여부 [상업등기선례 제201905-3호, 2019. 5. 20. 제정]

등록을 신청할 때 실제 영업할 목적만을 주업종 또는 부업종으로 등록하면 된다.

 ## 인허가요건(시설, 인력, 장비 등) 확인

일부 업종은 소비자보호, 환경보호, 국가의 관리필요성 등 때문에 국가에 등록·신고하거나 국가로부터 인·허가를 받은 후에야 영업할 수 있다. 회사설립을 위해 인가·허가·등록·신고가 필요하다는 규정이 없다면, 등록·신고하지 않거나 인·허가를 받지 못하더라도 설립등기는 할 수 있다[552]. 그러나 설립등기를 완료하더라도 사업자등록을 할 수 없어서 합법적인 영업을 할 수 없다[553]. 인가·허가·등록·신고 요건은 자본금 요건 외에도 시설, 인력, 장비 등에 관한 다양한 요건이 있으므로 해당 법령을 꼼꼼히 검토해야 한다.

금융, 보험, 건설·공사, 시설관리, 방송·통신, 관광, 레저·스포츠시설, 공중위생시설, 물류·여객운송, 항공, 식품, 주류, 의약품, 의료기기, 화장품, 화학물질, 게임, 사행행위, 환경, 에너지, 교육, 보육, 총포·도검·화약, 경비, 언론, 출판·인쇄, 근로자파견, 직업소개 등과 관련된 업종이라면 대부분 인가·허가·등록·신고 업종에 해당한다.

 ## 주주간계약서

회사설립등기 시 주주간계약이 필수는 아니다. 다만, 최근에는 소규모 창업기업에서도 공동창업자 사이에 주주간계약을 체결하는 사례가 늘고 있다. 주주간계약은 「제 2 장 주주간계약과 M&A계약」을 참고한다.

---

552) 회사가 등기기록 목적란에 대규모점포로서 대형마트, 백화점 등을 추가하는 변경등기를 신청하는 경우 관청에 등록하였음을 증명하는 정보가 첨부정보인지 여부 [상업등기선례 제201812-1호, 2018. 12. 27. 제정]

553) 법령에 따라 허가를 받거나 등록 또는 신고를 해야 하는 사업인 경우 사업자등록신청서에 사업허가증 사본, 사업등록증 사본 또는 신고확인증 사본을 첨부해야 한다(부가가치세법 시행령 11조 3항 1.). 다만, 부가통신사업, 통신판매업 등은 사업자등록 후에 등록, 신고한다.

## IX 체크리스트

주식회사 설립 전 준비사항을 정리하면 다음과 같다.

| 항목 | 확인사항 |
|---|---|
| 자본금과 지분율 | 특별법상 최저자본금이 있는 업종인가? |
| | 자본금을 정했는가? |
| | 무액면주식을 발행할 것인가? 액면주식을 발행한다면 액면가는 얼마인가? |
| | 주주들의 지분율을 정했는가? |
| | 주식매수선택권(스톡옵션) 규정을 둘 것인가? |
| | 은행에서 잔고증명서(잔액증명서) 또는 주금납입보관증명서를 발급받았는가? |
| | 주주가 외국투자가인 경우 국내은행에 계좌를 개설하고 송금할 수 있도록 위임장을 준비했는가? |
| 임원 | 이사와 감사를 정했는가? |
| | 지분없는 이사·감사가 최소 1명 있는가? |
| | 이사가 2명 이상이면 대표이사를 정했는가? |
| | 임원들의 취임승낙서에 (개인)인감도장을 찍었는가? |
| | 법인의 대표자가 (법인)인감신고서에 (법인)인감도장과 (개인)인감도장을 찍었는가? |
| | 임원들의 (개인)인감증명서 또는 본인서명사실확인서 (등기신청서 제출일을 기준으로 최근 3개월 이내 발행된 것) |
| | 본인서명사실확인서를 제출할 경우 「용도」, 「위임받는 사람」, 「발급 신청자」가 정확히 기재되어 있는가? 첨부서면과 서명이 일치하는가? |
| | 임원들의 주민등록초본 (등기신청서 제출일을 기준으로 최근 3개월 이내 발행된 것) |
| | 임원이 외국인이면 취임승낙서가 법령상 요건을 충족하는가? |
| | 임원이 외국인이면 이름, 국적, 생년월일, 주소를 증명하는 서면이 법령상 요건을 충족하는가? |
| 사무실 | 사무실이 오피스텔이면 임대인이 사업자등록을 허용하는가? |
| | 사무실이 창업지원센터, 공유사무실, 주택에 있으면 사업자등록이 가능한가? |
| | 사무실을 전대차하였으면 건물주가 전대차 및 사업자등록을 허용하는가? |
| | 발기인 명의로 임차/전차한 사무실이라면 회사설립등기 후에 임차인을 회사로 변경하는 것을 사전에 건물주와 협의했는가? |
| | 시설기준을 갖추어야 하는 업종이라면 사무실이 법령상 시설기준에 부합하는가? |
| 상호 | 인터넷등기소(www.iros.go.kr)에서 동일 상호가 검색되는가? |
| | 영문상호를 쓸 것인가? |

| 항목 | 확인사항 |
|---|---|
| 공고방법 | 전자공고한다면 도메인주소는 확보했는가? |
| (사업)목적 | 앞으로 하려는 사업을 충분히 기재했는가? (한국표준산업분류 참고) |
| | 목적의 내용이 너무 포괄적이지 않은가? (구체적이어야 함) |
| 인허가요건 | 인가·허가·등록·신고가 필요한 업종이라면 시설, 인력, 장비 등의 요건을 충족하는가? |
| 주주간계약 | 주주간계약서를 작성할 것인가? |
| 법인도장 | (법인)인감도장으로 신고할 도장은 만들었는가? |
| 비용 | 등기신청수수료 |
| | 등록면허세 및 지방교육세 |
| | 대리인 보수 (대리인에게 위임할 경우) |

# 설립절차 (발기설립)

 **I** 서 론

주식회사 설립절차에는 발기(發起)설립절차와 모집(募集)설립절차가 있다. 발기인(發起人)은 회사설립을 기획하고 설립사무를 담당하는 자를 말하며 1명도 가능하다. 발기인은 정관에 발기인으로서 기명날인 또는 서명해야 하므로(상법 289조 1항), 실질적으로 회사설립을 기획하거나 설립사무를 담당한 자라도 정관에 발기인으로 기재되지 않으면 상법 321조 이하의 발기인 책임을 지지 않는다[554]. 발기인은 주식을 인수하여 주주가 되는 경우가 대부분이지만 발기인과 주주가 개념적으로 반드시 일치하는 것은 아니다. 모집설립절차에서는 발기인이 주식 일부만을 인수하고 나머지 주식은 외부투자자(모집인)가 인수한다. 발기설립절차와 모집설립절차를 비교하면 다음과 같다.

| 순서 | 발기설립 | 모집설립 |
|---|---|---|
| 정관작성 | 발기인이 정관을 작성(상법 288조)<br>1. 절대적 기재사항(상법 289조)<br>2. 변태설립사항(상법 290조) | |
| 주식발행 사항결정 | 정관으로 달리 정하지 않으면 발기인 전원이 동의하여 주식발행사항 결정(상법 291조) | |
| 사원확정 | 발기인이 서면으로 주식 전부를 인수 (상법 293조) | 발기인이 서면으로 주식 일부를 인수 (상법 293조) |
| | | 발기인이 인수하지 않은 주식은 주주를 모집(상법 301조) |
| | | 모집인이 주식청약(상법 302조) |
| | | 주식배정(상법 303조) |
| 출자 | 인수대금 납입(상법 295조 1항) 및 현물출자 이행(상법 295조 2항) | 인수대금 납입(상법 295조 1항, 305조) 및 현물출자 이행(상법 295조 2항, 305조) |

---

554) 송옥렬, 상법강의, 735쪽

| 순서 | 발기설립 | 모집설립 |
|---|---|---|
| | | 출자를 이행하지 않은 주식에 대한 실권 절차(상법 307조) |
| 기관구성 | 발기인이 이사와 감사를 선임(상법 296조) | 창립총회에서 이사와 감사를 선임(상법 312조) |
| 의사록 작성 | 발기인회 의사록 작성(상법 297조) | 창립총회 의사록 작성(상법 308조 2항, 373조) |
| | 이사회 의사록 작성(이사회를 설치한 경우 – 상법 391조의3) | |
| 조사·보고 | 발기인이 아닌 이사 또는 감사가 발기인에게 보고(상법 298조) | 발기인이 아닌 이사 또는 감사가 창립총회에 보고(상법 313조) |
| 변태설립사항에 대한 조사·보고, 변경 | 법원이 선임한 검사인(상법 299조) 또는 공증인·공인된 감정인(상법 299조의2)이 법원에 조사보고서를 제출함. 법원이 변경결정할 수 있음(상법 300조) | 법원이 선임한 검사인이 조사보고서를 창립총회에 제출하거나(상법 310조 1항·2항) 공증인·공인된 감정인이 조사보고서를 법원에 제출함(상법 310조 3항, 299조의2). 법원이 아닌 창립총회가 이를 변경할 수 있음(상법 314조) |
| 설립등기 | 조사·보고절차 또는 법원의 변경절차가 종료한 날부터 2주 이내(상법 317조 1항) | 창립총회가 종결한 날 또는 창립총회에서 변경절차가 종결한 날부터 2주 이내(상법 317조 1항) |

변태설립사항에 관하여, 발기설립은 검사인, 공증인, 공인된 감정인(회계사, 감정평가사 등)이 법원에 조사보고서를 제출하면, 법원이 변경결정을 할 수 있다. 반면, 모집설립은 예를 들어 법원이 선임한 검사인이 조사할 경우 조사보고서를 창립총회에 제출하지만(상법 310조 2항), 검사인 대신 공증인이나 공인된 감정인이 조사할 경우 상법 299조의2를 준용하여 조사보고서를 법원에 제출한다(상법 310조 3항). 모집설립은 변태설립사항에 대한 변경을 법원이 아닌 창립총회에서 하므로(상법 314조), 공증인이나 공인된 감정인이 법원에 조사보고서를 제출하더라도 변경은 법원이 아닌 창립총회가 한다[555]. 여기서 조사대상이란 예를 들어 현물출자라면 ① 현물출자의 내용(현물출자 목적물에 대한 평가가 정확한지 아닌지)과 ② 현물출자의 이행 여부이다. 다만, 등기선례[556]는 현물출자가 있는 모집설립방식으로 주식회사를 설립하는 경우 ① 현물출자의 내용은 검사인 또는 공인된 감정인의 조사대상이

---

[555] 이에 대한 비판으로는, 전계원, "회사법의 상업등기 관련 규정의 입법상의 문제점", 「법무사」, 2004. 12. 참고

[556] 모집설립에 의한 회사설립절차에서 현물출자의 이행이 감정인의 감정대상에 포함되는지 여부 [상업등기선례 제1-95호, 2003. 2. 25. 제정]

지만, ② 현물출자의 이행 여부는 이사와 감사가 이를 조사하여 창립총회에 보고해야 한다고 본다[557]. 결과적으로, 모집설립 시 현물출자를 하고 공인된 감정인(회계사, 감정평가사 등)과 공증인을 선임하면, ① 공인된 감정인의 감정서(현물출자 목적물에 대한 평가가 정확한지 조사)와 공증인의 조사보고서(발기인이 받을 특별이익에 관한 사항, 회사가 부담할 설립비용, 발기인이 받을 보수액을 조사)를 법원에 제출하고, ② 법원은 감정서와 조사보고서를 심사하지 않고, 원본 및 부본 표지의 적당한 여백에 「0000. 00. 00. 접수」라고 기재하고 재판장이 기명날인한 뒤 신청인(발기인)에게 그 부본을 송달한다[558]. ③ 발기인은 법원으로부터 송달받은 감정서와 조사보고서 부본을 창립총회에 제출하고(상법 310조 2항·3항, 299조의2 1문), ④ 이사·감사가 현물출자의 이행 여부를 조사하여 창립총회에 보고하며, ⑤ 창립총회는 현물출자의 내용이 부당하다고 인정할 경우 이를 변경한다. ⑥ 회사 설립등기신청서에 첨부하는 감정서나 조사보고서는 법원으로부터 송달받은 부본이어야 한다[559].

모집설립절차가 발기설립절차보다 까다로운 데다가 회사를 설립할 때부터 투자자를 바로 '모집'한다는 것도 비현실적이다. 과거에는 발기설립에 대한 규제가 모집설립보다 심했기 때문에 실질은 발기설립이더라도 일부 발기인을 모집주주인 것처럼 하여 모집설립절차를 활용하였는데[560], 1995년 상법 개정 이후 발기설립에 대한 규제를 상당수 폐지하여 지금은 굳이 모집설립절차로 돌아갈 실익이 없다. 다만, 모집설립절차는 법원이 아닌 창립총회가 변태설립사항에 대해 변경할 수 있는 권한을 가지므로 현물출자시 법원이 변경하지 못하도록 모집설립절차를 활용할 수는 있다.

이하 발기설립절차를 자세히 살펴본다.

---

557) 이에 대한 비판으로는, 전계원, "상업등기선례검토", 「법무사」, 2004. 3. 참고

558) 검사인의 조사보고서 등 처리 요령(재민 99-3) [재판예규 제719호, 1999. 5. 20. 제정, 1999. 5. 24. 시행] 7조 1항

559) 주식회사 모집설립의 경우 설립등기신청서의 첨부서면 [상업등기선례 제1-91호, 1999. 6. 2. 제정]; 등기신청서에 첨부할 검사인의 조사보고서 등에 관한 예규 [등기예규 제979호, 1999. 6. 26. 제정]

560) 송옥렬, 상법강의, 734쪽

## 정관 작성

주식회사설립 시 발기인은 정관을 작성하고, 각 발기인이 정관에 기명날인 또는 서명해야 한다[561]. 정관은 원칙적으로 공증인의 인증을 받아야 효력이 생기지만 자본금 총액이 10억원 미만인 주식회사를 발기설립하는 경우, 각 발기인이 정관에 기명날인 또는 서명하면 공증인으로부터 인증받지 않더라도 효력이 생긴다.

 ## 주식발행사항 결정

주식회사설립 시 발행하는 주식에 관한 다음 사항은 정관으로 달리 정하지 않으면 발기인 전원이 동의하여 정해야 한다(상법 291조).

> 1. 주식의 종류와 수
> 2. 액면주식의 경우에 액면 이상의 주식을 발행할 때에는 그 수와 금액
> 3. 무액면주식을 발행하는 경우에는 주식의 발행가액과 주식의 발행가액 중 자본금으로 계상하는 금액

주식회사설립 시 발행하는 주식의 총수는 정관의 절대적 기재사항이다(상법 289조 1항 5호, [참고서식] 비상장 주식회사 정관 사례[562] 제7조 참고). 반면, 주식회사설립 시 보통주식과 종류주식 중 어떤 주식을 발행할지, 주식의 발행가액을 얼마로 할지 등은 정관에 기재할 수도 있고, 주식발행사항동의서를 별도로 작성할 수도 있다(상업등기규칙 129조 4호). 주주 전원이 동의하면 주식의 발행가액을 발기인별로 달리 정하는 것도 가능하다[563].

---

561) 「제1장 총론」 「제2절 주식회사」 「IV. 정관」
562) 「제1장 총론」 「제2절 주식회사」 「IV. 정관」 「4. 비상장 주식회사 정관 사례」
563) 주식회사의 설립시 1주의 발행가액을 발기인별로 차별하여 정할 수 있는지 여부 [상업등기선례 제1-87호, 1999. 1. 7. 제정]; 제주지방법원 2008. 6. 12. 선고 2007가합1636 판결 [주주총회결의무효확인]

**참고서식** 회사설립 시 발행하는 주식에 관한 정관 예문

제7조 (회사설립시 주식발행사항) 본 회사가 회사설립시에 발행하는 주식의 총수는 보통 주식 100,000주로 하고 1주당 금100원에 발행한다.

**참고서식** 주식발행사항동의서

# 주식발행사항동의서

발기인 전원은 회사설립시에 발행할 주식을 아래와 같이 정하기로 동의한다.

1. 주식의 종류와 수: 보통주식 100,000주

2. 주식의 발행가액: 1주에 대하여 금100원

위 동의사항을 확실히 하기 위하여 발기인 전원이 기명날인한다.

0000년 00월 00일

주식회사 율도

발기인 홍길동 (인)

발기인 김철수 (인)

발기인 이영희 (인)

**주식발행사항동의서 (무액면주식 발행, 1주의 발행가액은 금2,000원으로 하고 1주당 1,000원을 자본금으로 함)**

# 주식발행사항동의서

발기인 전원은 회사설립시에 발행할 주식을 아래와 같이 정하기로 동의한다.

1. 주식의 종류와 수: 보통주식 100,000주

2. 주식의 발행가액: 무액면주식(1주 발행가액 금2,000원, 1주당 자본금으로 계상할 금액 금1,000원)

위 동의사항을 확실히 하기 위하여 발기인 전원이 기명날인한다.

0000년 00월 00일

주식회사 율도

발기인 홍길동 (인)

발기인 김철수 (인)

발기인 이영희 (인)

## Ⅳ 발기인의 주식인수

발기인은 서면에 의하여 주식을 전부 인수해야 한다(상법 293조). 정관에 발기인이 인수한 주식의 종류와 수를 기재할 수도 있고[564], 발기인마다 주식인수증을 작성하여 등기신청서에 첨부할 수도 있다(상업등기규칙 129조 2호). 발기인이 현물출자를 하는 경우 현물출자를 하는 자(발기인)의 성명과 그 목적인 재산의 종류, 수량, 가격과 이에 대하여 부여할 주식의 종류와 수를 정관에 기재하고(상법 290조 2호) 발기인이 정관에 기명날인하기 때문에 주식인수증을 별도로 작성하지 않는다[565].

**참고서식** 주식인수증

---

# 주 식 인 수 증

상호: 주식회사 율도

인수할 주식의 종류와 수: 보통주식 70,000주

위 인수 총액:  금70,000,000원

1주의 금액: 1,000원

납입을 맡을 금융기관과 납입장소:  신한은행 (논현역지점)

발기인은 위의 주식을 인수합니다.

0000년 00월 00일

발기인 김철수  (인)
서울특별시 영등포구 여의로 12, 101호 (여의도동, 세계오피스텔)


주식회사 율도
발기인대표 귀하

---

564) 상업등기실무(Ⅱ), 102쪽
565) 상업등기실무(Ⅱ), 102쪽

참고서식 발기인이 인수한 주식의 종류와 수를 기재한 정관 예문

# 정 관

(중략)

이상과 같이 정관을 작성하고 발기인이 이에 서명 또는 기명날인한다.

0000년 00월 00일

발기인 홍길동 (000000-0000000) (인)
서울특별시 서초구 서초대로45길 22, 108동 1102호 (서초동, 삼일아파트)
<u>인수주식 수: 보통주식 70,000주</u>

발기인 김철수 (000000-0000000) (인)
서울특별시 영등포구 여의로 12, 101호 (여의도동, 세계오피스텔)
<u>인수주식 수: 보통주식 30,000주</u>

 ## V 금전 납입, 현물출자 이행

발기인이 주식회사설립 시 발행하는 주식의 총수를 인수하면 발기인은 지체없이 주식의 인수가액 전액을 납입해야 한다(상법 295조 1항). 현물출자라면 발기인은 납입기일에 지체없이 재산을 인도하고 등기, 등록 기타 권리의 설정 또는 이전에 관한 서류를 완비하여 발기인대표에게 교부해야 한다(상법 295조 2항).

금전납입 시 발기인은 납입을 맡을 은행 등 금융기관과 납입장소를 지정해야 한다(상법 295조 1항 후문). 여기서 주금납입사무를 담당할 수 있는 금융기관인지는 주금납입에 관한 업무능력, 공적신용이 확보될 수 있는 규모 및 신용도, 예수금에 대한 보장제도 등을 검토하여 판단한다. 시중은행, 인터넷전문은행[566]뿐만 아니라 농업협동조합법에 의하여 설립

---

566) 케이뱅크, 카카오뱅크, 토스뱅크(인터넷전문은행의 잔고증명서의 효력 [상업등기선례 제202106-4호, 2021. 7. 20. 제정])

된 지역농업협동조합과 품목별협동조합, 상호신용금고도 주금납입을 맡을 수 있다[567]. 금전납입에 관한 자세한 절차는 「제1장 총론」 「제2절 주식회사」 「I. 자본금」 「3. 출자」 「(2) 현금출자」를 참고한다.

## VI 기관구성 및 의사록 작성

### 1. 발기인회

발기인이 금전납입과 현물출자 이행을 완료하면 발기인은 지체없이 의결권의 과반수로 이사와 감사를 선임해야 한다(상법 296조 1항). 앞서 살펴본 바와 같이 공증인 선임을 피하려면 발기인·현물출자자·회사성립 후 양수할 재산의 계약당사자가 아닌 자 중에서 감사 1명(또는 이사 1명)을 선임한다.

실무상 발기인회를 열어 이사와 감사를 선임한다. 정관규정에 따라 주주총회에서 대표이사를 선임하도록 한 경우 대표이사도 발기인회에서 선임한다. 이사회가 없는 주식회사는 본점설치장소(본점의 세부주소)도 발기인회에서 정한다[568]. 발기인회 의사록에 관행적으로 「정관승인의 건」이나 「상법 제298조 소정사항 조사보고의 건」을 의안으로 기재하는 경우도 있으나 자본금 총액이 10억원 미만인 주식회사를 발기설립할 때 정관은 각 발기인이 정관에 기명날인하거나 서명함으로써 효력이 발생하므로, 발기인회에서 별도로 정관을 승인할 필요 없다. 조사보고 역시 조사보고서를 별도로 작성하므로 발기인회의 안건으로 할 필요 없다[569]. 상법 295조 1항 후문의 '주금납입을 맡은 은행 기타 금융기관과 납입장소'는 발기인들의 과반수 동의로 정하되 이를 정하지 않은 경우에는 발기인 대표가 정할 수도 있

---

567) 농업협동조합법에 의하여 설립된 지역농업협동조합과 품목별협동조합이 상법 제295조 제1항 등에서 규정된 납입을 맡을 은행 기타 금융기관에 속하는지 여부(적극) [등기선례 제200305-15호, 2003. 5. 20. 제정]; 상호신용금고가 주금납입금을 보관할 수 있는 은행 기타의 금융기관에 해당하는지 여부 [상업등기선례 제1-86호, 1997. 11. 27. 제정]; 반면, 구 증권투자신탁업법에 의한 위탁회사는 주금납입을 맡을 수 없다(증권투자신탁업법에 의한 위탁회사는 주금납입을 맡을 수 있는 금융기관에 포괄되는지 여부 [등기선례 제2-679호, 1989. 11. 7. 제정]).

568) 정관에 본점소재지로 최소행정구역만 기재되어 있는 경우 본점의 구체적 장소결정기관 [상업등기선례 제1-137호, 2004. 3. 3. 제정]

569) 자본금 10억 미만의 주식회사를 발기설립하는 경우 설립등기신청서에 첨부할 서면인 발기인의 의사록에 정관 승인 건, 이사·감사 등의 조사·보고 건 등이 반드시 포함되어야 하는지 여부 [상업등기선례 제2-18호, 2013. 10. 1. 제정]

으므로 반드시 이 내용이 발기인회 의사록에 포함되어야 하는 것은 아니다[570].

따라서 통상적으로 발기인회 안건은 이사 선임, 감사 선임, 대표이사 선임(정관 규정에 따라 주주총회에서 대표이사를 선임하는 경우), 본점설치장소 결정(이사회가 없는 경우)만 포함하면 된다. 발기인회는 의사록을 작성해야 하며(상법 297조), 이를 등기신청서에 첨부해야 한다(상업등기규칙 129조 8호·9호).

**참고서식** 발기인회 의사록

---

## 발기인회 의사록

0000년 00월 00일 09시 서울특별시 서초구 서초대로 259, 5층(서초동, 서원빌딩) 창립 사무소에서 발기인회를 개최하다.

발기인총수　　3 명,　　이들의 인수주식총수　100,000주
출석발기인수　3 명,　　이들의 인수주식 수　　100,000주

발기인대표 홍길동은 위와 같이 법정수에 달하는 발기인이 출석하였으므로 본 총회가 유효하게 성립됨을 고하고, 의사를 진행하기 전에 의장을 선임할 것을 구한바 발기인들이 만장일치로 발기인대표를 의장으로 선임하여 동인은 그 취임을 승낙하고 의장석에 등단 하여 개회를 선언한 후 다음 의안의 심의를 구하다.

제1호 의안: 창립사항의 보고의 건
　의장은 발기인을 대표하여 본 발기인회까지의 경과를 소상히 설명하여 보고한바 발기 인들은 만장일치로 이를 승인하다.

제2호 의안: 이사 선임의 건
　의장은 본 회사의 정관 규정에 따라 사내이사를 선임하겠다고 말하고 의견을 구한바 발기인들은 다음 사람을 사내이사로 선임하는 것을 박수로 찬성하여 만장일치로 가결하 였다.

　사내이사 홍길동 (000000-0000000), 사내이사 김철수 (000000-0000000)

---

570) 주식회사 발기설립등기신청 시 제출하는 발기인회의사록에 주금납입기관 및 납입장소에 관한 내용이 반드 시 기재되어야 하는지 여부 [상업등기선례 제202306-1호, 2023. 6. 13. 제정]

위 피선자들은 즉석에서 그 취임을 승낙하다.

제3호 의안: 감사 선임의 건

의장은 본 회사의 정관 규정에 따라 감사를 선임하겠다고 말하고 의견을 구한바 발기인들은 다음 사람을 감사로 선임하는 것을 박수로 찬성하여 만장일치로 가결하였다. 단, 감사의 선임에는 상법 제409조 제2항의 규정에 따라 발행주식총수의 100분의 3을 초과하는 수의 주식을 가진 주주는 그 초과하는 주식에 관하여는 의결권을 행사하지 아니하다.

감사 정갑동 (000000-0000000)
위 피선자는 즉석에서 그 취임을 승낙하다.

제4호 의안: 대표이사 선임의 건

의장은 본 회사의 정관규정에 따라 이사 중에서 본 회사를 대표할 대표이사를 선임한다는 취지를 말하고 의견을 구한바 발기인들은 다음 사람을 대표이사로 선임하는 것을 박수로 찬성하여 만장일치로 가결하였다.

대표이사 홍길동 (000000-0000000)

위 피선자는 즉석에서 그 직에 취임함을 승낙하였다.

제5호 의안: 본점설치장소 결정의 건

의장은 본 회사의 정관에 본점을 서울특별시에 둔다고만 정해져 있으므로 본점설치장소에 대한 의견을 구한바 발기인들은 다음 본점설치장소를 박수로 찬성하여 만장일치로 가결하였다.

본점: 서울특별시 서초구 서초대로 259, 5층(서초동, 서원빌딩)

이상으로 금일의 의안 전부를 종료하였으므로 의장은 폐회를 선언하다(회의 종료시각 10시). 위 의사의 경과요령과 결과를 명확히 하기 위하여 이 의사록을 작성하고 의장과 출석한 발기인이 기명날인하다.

0000년 00월 00일
주식회사 율도

의장 발기인대표 홍길동 (인)

발기인 김철수 (인)

발기인 이영희 (인)

참고서식  **취임승낙서 (이사와 감사)**

# 취임승낙서

0000년 00월 00일 발기인회에서 사내이사, 감사로 선임되었으므로 그 취임을 승낙함.

0000년 00월 00일

사내이사 홍길동 (개인인감도장)

사내이사 김철수 (개인인감도장)

감사 정갑동 (개인인감도장)

주식회사 율도 귀하

참고서식  **취임승낙서 (대표이사)**

# 취임승낙서

0000년 00월 00일 발기인회에서 대표이사로 선임되었으므로 그 취임을 승낙함.

0000년 00월 00일

대표이사 홍길동 (개인인감도장)

주식회사 율도 귀하

## 2. 이사회

이사가 3명 이상인 주식회사라면 일반적으로 같은 날 이사회를 열어서 대표이사를 선임하고 본점설치장소를 정한다. 즉, 이사회가 설치된 주식회사는 「대표이사 선임의 건」과 「본점설치장소 결정의 건」이 발기인회 의안이 아니라 이사회 의안이 된다.

**참고서식** 이사회 의사록

---

# 이사회 의사록

주식회사 율도

  0000년 00월 00일 11시 서울특별시 서초구 서초대로 259, 5층(서초동, 서원빌딩) 창립사무소에서 이사회를 개최하다.

  이사 총수 3명,   출석 이사수 3명
  감사 총수 1명,   출석 감사수 1명

  이사 전원의 호선에 의하여 사내이사 홍길동을 임시 의장으로 선출하다. 의장은 즉석에서 이를 승낙하고 의장석에 등단하여 개회를 선언하다.

제1호 의안:  대표이사 선임의 건
의장은 이사 중에서 본 회사를 대표할 대표이사를 선임한다는 취지를 말하고 의견을 구한 바 이사들은 다음 사람을 대표이사로 선임하는 것을 만장일치로 가결하였다.

  대표이사 홍길동 (000000-0000000)

  위 피선자는 즉석에서 그 직에 취임함을 승낙하였다.

제2호 의안:  본점설치장소 결정의 건
  의장은 정관에 본점을 서울특별시에 둔다고만 정해져 있으므로 구체적 설치장소를 결정하자는 취지를 말한바 이사들은 다음 본점설치장소를 만장일치로 가결하였다.

  본점: 서울특별시 서초구 서초대로 259, 5층(서초동, 서원빌딩)

---

의장은 이상으로 의안 심의를 전부 종료하였으므로 폐회한다고 선언하다(회의 종료시 각 11시 30분). 위 의사의 경과요령과 결과를 명확히 하기 위하여 이 의사록을 작성하고 의장과 출석한 이사 및 감사가 기명날인한다.

0000년 00월 00일

주식회사 율도

의장 대표이사 홍길동 (인) (법인인감)

사내이사 김철수 (인)

사내이사 이영희 (인)

감사 정갑동 (인)

---

**참고서식** **취임승낙서 (대표이사)**

# 취임승낙서

0000년 00월 00일 <u>이사회</u>에서 대표이사로 선임되었으므로 그 취임을 승낙함.

0000년 00월 00일

대표이사 홍길동 <u>( 개인인감도장)</u>

주식회사 율도 귀하

## 3. 의사록 인증

주식회사 설립 등기신청서에 첨부하는 정관, 발기인회 의사록, 이사회 의사록은 공증인으로부터 인증받아야 한다. 다만, 자본금 총액이 10억원 미만인 주식회사를 발기설립하는 경우 공증인의 인증이 모두 면제된다.

## Ⅶ 설립경과의 조사

### 1. 이사 · 감사의 조사보고

이사와 감사는 취임 후 지체없이 주식회사 설립에 관한 모든 사항이 법령 또는 정관 규정에 부합하는지 조사하여 발기인에게 보고해야 한다. 앞서 살펴본 바와 같이 공증인 선임을 피하고자 지분 없는 감사 또는 지분 없는 이사 1명을 선임하여 조사보고서를 작성한다.

**참고서식** 조사보고서

---

# 조사보고서

주식회사 율도

　상법 제298조의 규정 사항을 다음과 같이 조사, 보고합니다.

1. 설립시에 발행한 주식 총수에 대한 인수의 정확 여부
　본 회사가 발행할 주식의 총수는 1,000,000주이며, 설립 시에 발행한 주식의 총수는 100,000주, 1주의 금액은 1,000원인데 그 인수 내용은 다음과 같음.

발기인이 인수한 주식 수: 보통주식 100,000주 (0000년 00월 00일 인수완료)

2. 인수주식에 대한 납입의 정확 여부
　설립시에 발행한 주식 총수 100,000주에 대한 주금 100,000,000원의 납입이 <u>0000년 00월 00일</u> 완료되었는 바[571], 그 납입을 맡은 <u>신한은행(논현역지점)</u>[572]의 잔액증명으로 이를 명확히 확인함.

3. 현물출자 이행의 정확 여부나 검사인 보고서의 정확 여부 등
　현물출자를 한 자가 없고 정관에 상법 제290조 소정사항을 정하지 아니하여 검사인을 선임할 필요가 없었음. 그러므로 이에 대한 정확 여부를 조사할 여지가 없었음.

기타 설립에 관한 모든 사항이 법령, 정관에 어긋나지 아니함.

위와 같이 조사, 보고합니다.

0000년 00월 00일
감사 정갑동 (인)

---

## 2. 변태설립사항이 있는 경우

변태설립사항이 있다면 법원에 검사인 선임을 청구할 수도 있으나(상법 298조 4항) 실무상 공증인이 법원에 조사보고서(상법 290조 1호·4호의 사항)를 제출하거나 공인된 감정인이 법원에 감정서(상법 290조 2호·3호의 사항과 295조의 규정에 의한 현물출자 이행)를 제출하여 법원의 인가를 받는다(상법 299조의2). 주식회사 발기설립 시 공증인이 법원에 조사보고서를 제출하거나 공인된 감정인이 법원에 감정서를 제출하면(상법 299조의2 후문) 법원은 공증인의 조사보고서, 감정인의 감정서와 발기인의 설명서를 심사한다. 만약 법원이 변태설립사항이 부당하다고 판단하면 이를 변경하여 각 발기인에게 통고할 수 있다(상법 300조 1항). 발기인이 법원의 변경결정에 불복하면 발기인은 주식인수를 취소할 수 있다. 발기인이 주식인수를 취소한 경우 정관을 변경하여 회사설립절차를 속행할 수 있으나(상법 300조 2항), 법원의 변경통고 후 2주 동안 주식인수를 취소한 발기인이 없으면 정관은 통고에 따라서 변경된 것으로 본다(상법 300조 3항).

여기서 공인된 감정인은 공인회계사(회계에 관한 감정), 감정평가사(부동산, 동산에 관한 감정평가), 감정평가업자(특허권에 관한 감정평가), 벤처기업육성에 관한 특별조치법 시행령 4조의 기술평가기관[573](벤처기업에 대한 현물출자의 경우와 외국투자가가 산업재산권 등을 출자하는 경우 등에 관한 감정) 등을 뜻한다[574]. 외국인이 자본재를 현물출자하는 경우라면 검사인의 조사보고서 대신 관세청장이 발행한 현물출자완료확인서(외국인투자 촉진법 30조 3항)를 등기신청서에 첨부하되 현물출자완료확인서를 법원에 제출하지 않는다[575].

---

571) 은행에서 발급받은 잔고증명서 상의 잔고증명일자와 같아야 한다.

572) 잔고증명서를 발행한 금융기관과 지점명을 정확히 기재한다. 잔고증명서를 온라인으로 발급받은 경우 잔고증명서에 지점명이 표시되지 않으므로 은행명만 기재한다.

573) 한국산업기술진흥원, 기술보증기금, 「산업기술혁신 촉진법」 제39조에 따른 한국산업기술평가관리원, 「한국환경공단법」에 따른 한국환경공단(「환경기술 및 환경산업 지원법」 제2조 제1호에 따른 환경기술에 대한 기술평가만 해당한다), 국가기술표준원, 「과학기술분야 정부출연연구기관 등의 설립·운영 및 육성에 관한 법률」에 따른 한국과학기술연구원과 한국과학기술정보연구원, 정보통신산업진흥원

574) 현물출자에 의한 주식회사의 설립과 공인된 감정인 [상업등기선례 제2-15호, 2006. 7. 13. 제정]

575) 외국투자자가 현물출자하는 경우 주식회사 설립등기신청서에 첨부할 서면 여하 [상업등기선례 제1-88호, 1999. 3. 10. 제정]

| 조사 대상 | 조사보고자 | 조사·보고하지 않는 경우 |
|---|---|---|
| 발기인이 받을 특별이익과 이를 받을 자의 성명 (상법 290조 1호) | 검사인(상법 299조 1항) 또는 공증인(상법 299조의2) | |
| 회사가 부담할 설립비용과 발기인이 받을 보수액 (상법 290조 4호) | | |
| 현물출자를 하는 자의 성명과 그 목적인 재산의 종류, 수량, 가격과 이에 대하여 부여할 주식의 종류와 수 (상법 290조 2호) | 검사인(상법 299조 1항) 또는 공인된 감정인(상법 299조의2) | 1. 현물출자할 재산총액이 자본금의 5분의 1을 초과하지 아니하고 5천만 원을 초과하지 않는 경우(상법 299조 2항 1호, 상법 시행령 7조 1항) |
| 회사성립 후에 양수할 것을 약정한 재산의 종류, 수량, 가격과 그 양도인의 성명 (상법 290조 3호) | | 2. 현물출자할 재산이 거래소에서 시세가 있는 유가증권인 경우로서 정관에 적힌 가격이 대통령령[576]으로 정한 방법으로 산정된 시세를 초과하지 아니하는 경우(상법 299조 2항 2호, 상법 시행령 7조 2항) |
| 현물출자의 이행 (상법 295조) | | |

주식회사 발기설립 시 변태설립사항이 있어 공증인의 조사보고서나 감정인의 감정서를 법원에 제출하는 경우, 신청인은 그 조사·감정을 위임한 이사이고 사건명은 「발기설립 조사사건」이다. 공증인·감정인은 조사보고서·감정서에 다음 사항을 기재하고 기명날인해야 한다[577].

> 1. 조사·감정을 위임한 이사
> 2. 발기인의 성명·주소·전화번호
> 3. 조사·감정의 목적
> 4. 조사·감정 사항
> 5. 공증인·감정인의 주소·전화번호

---

576) 상법 시행령 제7조(검사인의 조사, 보고의 면제) ② 법 제299조 제2항 제2호에서 "대통령령으로 정한 방법으로 산정된 시세"란 다음 각 호의 금액 중 낮은 금액을 말한다.
   1. 법 제292조에 따른 정관의 효력발생일(이하 이 항에서 "효력발생일"이라 한다)부터 소급하여 1개월간의 거래소에서의 평균 종가(終價), 효력발생일부터 소급하여 1주일간의 거래소에서의 평균 종가 및 효력발생일의 직전 거래일의 거래소에서의 종가를 산술평균하여 산정한 금액
   2. 효력발생일 직전 거래일의 거래소에서의 종가
577) 검사인의 조사보고서 등 처리 요령(재민 99-3) [대법원 재판예규 제719호, 1999. 5. 20. 제정, 1999. 5. 24. 시행] 3조 1항, 5조

6. 작성연월일
7. 법원의 표시

　공증인의 조사보고서나 감정인의 감정서를 법원에 제출할 때 부본 1통을 첨부한다. 법원은 조사보고서·감정서를 심사한 결과 정당하다고 인정하면 원본 및 부본 표지의 적당한 여백에 「0000. 00. 00. 인가」라고 기재하고 재판장이 기명날인한 후 신청인(이사)에게 부본을 송달한다. 반면, 심사한 결과 부당하다고 판단하여 변경결정을 내리면, 원본 및 부본 표지의 적당한 여백에 「0000. 00. 00. 변경결정」이라고 기재하고 재판장이 기명날인한 후 신청인(이사)에게 부본과 변경결정 등본을 송달한다. 변경결정 등본은 발기인에게도 송달한다[578].

## Ⅷ 등기신청

### 1. 등기기간

　주식회사 설립등기신청서는 조사·보고절차 또는 법원(또는 창립총회)의 변경절차가 종료한 날부터 2주 이내에 등기소에 제출해야 한다(상법 317조 1항). 설령 잔고증명서상 잔고증명일의 2주 뒤에 등기신청을 하더라도 조사보고절차 완료일 또는 법원(또는 창립총회)의 변경절차 완료일부터 2주 이내에 등기신청을 하면 등기기간을 준수한다.

　예를 들어 아래와 같이 2016년 11월 1일의 잔액을 증명하는 잔고증명서를 발급받았고 2016년 11월 16일에 조사보고절차를 가졌다면(즉, 조사보고서 작성일이 2016년 11월 16일) 2016년 11월 16일부터 2016년 11월 30일까지가 등기기간이다.

1. 정관, 주식발행사항동의서, 주식인수증, 잔고증명서: 2016년 11월 1일
2. 발기인회 의사록, 이사회 의사록, 조사보고서: 2016년 11월 16일
3. 주식회사 설립등기신청: 2016년 11월 16일부터 2016년 11월 30일까지

---

578) 검사인의 조사보고서 등 처리 요령(재민 99-3) [대법원 재판예규 제719호, 1999. 5. 20. 제정, 1999. 5. 24. 시행] 6조, 7조

다만, 주금납입일자(＝잔고증명서 상의 잔액증명일)와 조사보고서 작성일자 사이의 시간간격을 마냥 늘릴 수는 없다. 발기인이 주식총수를 인수하면 지체없이 인수가액 전액을 납입해야 하고(상법 295조 1항), 납입이 완료되면 발기인은 지체없이 이사와 감사를 선임해야 하며(상법 296조 1항), 이사와 감사는 취임 후 지체없이 조사보고서를 제출해야 하므로(상법 298조 1항) 발기인이 주식총수를 인수한 뒤 가능한 한 빨리 설립업무를 진행해야 한다. 이는 현물출자의 경우도 마찬가지이다. 실무상 주금납입일부터 대략 1달 이내에 조사보고서가 작성되면 등기신청에 무리가 없다.

## 2. 서류편철순서

변태설립사항이 없고 자본금 총액이 10억원 미만인 주식회사를 발기설립하는 경우[579] 설립등기신청서와 첨부서류의 편철순서는 다음과 같다. 취임승낙서와 (법인)인감신고서는 반드시 (개인)인감도장을 찍거나 본인서명사실확인서상의 서명을 해야 한다. (법인)인감신고서에는 추가로 (법인)인감도장도 찍는다[580]. 그 밖의 서류는 당사자(발기인 또는 임원)가 막도장을 찍어도 된다. 서류가 여러 장이면 장마다 간인한다.

| 번호 | 서류명 | (개인)인감도장 날인 또는 본인서명사실 확인서 상의 서명 | 비고 |
|---|---|---|---|
| 1 | 주식회사 설립등기신청서 | × | 대표자가 제출하는 경우 (법인)인감도장을 찍음 |
| 2 | 등기신청수수료 납부영수필확인서 | | |
| 3 | 등록면허세 납부확인서 | | |
| 4 | 정관 (상업등기규칙 129조 1호) | × | 발기인이 기명날인 또는 서명 |
| 5 | 주식발행사항동의서 (상업등기규칙 129조 4호) | × | 회사설립시 주식발행사항을 정관에 기재하지 않으면, 주식발행사항동의서를 작성하고 발기인이 기명날인 또는 서명 |

---

579) 이 경우 주식배정표나 주식청약서는 첨부서류가 아니다.

580) 임원이 외국인 · 외국국적동포 · 재외국민인 경우 「제1장 총론」, 「제8절 외국인 임원, 외국인 투자」, 「I. 외국인 임원」 「1. 등기신청」 「(3) 첨부서면」 참고

| 번호 | 서류명 | (개인)인감도장 날인 또는 본인서명사실확인서 상의 서명 | 비고 |
|---|---|---|---|
| 6 | 주식인수증 (상업등기규칙 129조 2호) | × | 발기인이 인수할 주식의 수를 정관에 기재하지 않으면, 발기인마다 주식인수증을 작성하고 발기인이 기명날인 또는 서명 |
| 7 | 1. 자본금총액이 10억원 미만인 주식회사를 발기설립: 잔고증명서<br>2. 그 외: 주금납입보관증명서 (상업등기규칙 129조 12호) | | |
| 8 | 발기인회 의사록 (상업등기규칙 129조 8호·9호) | × | 발기인이 기명날인 또는 서명 |
| 9 | 조사보고서 (상업등기규칙 129조 6호) | × | 지분 없는 이사·감사 중 1명이 기명날인 또는 서명 |
| (10) | 이사회 의사록 (이사가 3명 이상인 경우만 해당, 상업등기규칙 128조 2항) | × | 출석한 이사·감사가 기명날인 또는 서명 |
| 11 | 취임승낙서 (상업등기규칙 129조 10호) | ○<br>(임원 전원) | 임원들이 기명날인 또는 서명 |
| 12 | 임원의 (개인)인감증명서 또는 본인서명사실확인서[581] 등 (상업등기규칙 154조 2항, 104조) | | 등기신청서 제출일을 기준으로 최근 3개월 이내 발행 |
| 13 | 임원의 주민등록초본, 외국인등록 사실증명서, 국내거소신고 사실증명서[582] 등 (상업등기규칙 52조 1항 3호) | | 등기신청서 제출일을 기준으로 최근 3개월 이내 발행 |
| 14 | (법인)인감신고서와 인감대지 (상업등기법 25조 1항·2항, 상업등기규칙 35조) | ○<br>(법인 대표자) | 1. (법인)인감도장<br>2. 법인대표자의 (개인)인감도장 날인 또는 본인서명사실확인서상의 서명 |
| 15 | 위임장 | | 대리인이 제출하는 경우 위임장에 (법인)인감도장을 찍음 |

---

581) 임원이 외국인·외국국적동포·재외국민인 경우 「제1장 총론」, 「제8절 외국인 임원, 외국인 투자」, 「I. 외국인 임원」, 「1. 등기신청」, 「(3) 첨부서면」 참고

582) 임원이 외국인·외국국적동포·재외국민인 경우 「제1장 총론」, 「제8절 외국인 임원, 외국인 투자」, 「I. 외국인 임원」, 「1. 등기신청」, 「(3) 첨부서면」 참고

# 주식회사 설립등기신청

**Ⅰ 신청서 작성사례1** (사내이사 1명이 지분 100% 소유, 감사 1명)

## 1. 사례 설명

자본금 1,000만원으로 주식회사 율도를 설립하고자 한다. 사내이사 홍길동이 지분 100%를 소유하고, 감사는 김철수가 맡는다. 사내이사가 1명이므로 대표이사를 별도로 선임할 필요 없이 사내이사가 회사를 대표한다.

사업목적은 일반 음식점업, 출장 및 이동 음식업, 제과점업, 분식 및 김밥 전문점, 주점업, 비알콜 음료점업, 프랜차이즈업, 통신판매업 및 전자상거래업 등이고, 「서울특별시 강남구 테헤란로 101, 501호 (역삼동, 리즈타워)」에 본점을 둔다. 공고는 yuldo.co.kr에 전자공고하고 전산장애 시 매일경제신문에 공고한다. 주식매수선택권 규정도 둔다. 2016년 11월 9일자 잔액을 증명하는 신한은행(논현역지점) 잔고증명서로 자본금액을 증명한다.

## 2. 사전준비사항과 비용

### (1) 발기인과 임원이 사전에 준비할 사항

| 내 용 | 비 고 |
|---|---|
| (개인)인감증명서: 홍길동, 김철수 각 1부 | 등기신청서 제출일을 기준으로 최근 3개월 이내 발행 |
| 주민등록초본: 홍길동, 김철수 각 1부 | 등기신청서 제출일을 기준으로 최근 3개월 이내 발행 |
| 취임승낙서에 (개인)인감도장을 찍음: 홍길동, 김철수 | |
| (법인)인감도장 제작 | |

| 내 용 | 비 고 |
|---|---|
| (법인)인감신고서에 (법인)인감도장과 홍길동의 (개인)인감도장을 찍음 | |
| 잔액증명일이 2016년 11월 9일인 신한은행(논현역지점) 잔고증명서 1부 | 1,000만원 또는 그 이상의 잔액을 증명하는 증명서 |
| 도메인(yuldo.co.kr) 등록 | |

## (2) 비용

### (a) 등기신청수수료(e-Form): 25,000원

### (b) 등록면허세 및 지방교육세: 405,000원

서울특별시에 설립하는 법인이고 중과세 예외사유가 없으므로 등록면허세 및 지방교육세는 최저세액인 40만 5천원이다.

## 3. 주식회사 설립등기신청서(e-Form) 및 첨부서류

서류에 찍는 도장에 주의하자. 홍길동이 발기인으로서 도장을 찍을 때는 홍길동 개인의 (개인)인감도장 또는 막도장을 찍는다. 반면, 홍길동이 대표자로서 이사회 의사록과 등기신청위임장에 도장을 찍을 때는 (법인)인감도장(엄밀히 말하면 (법인)인감으로 신고할 도장)을 찍는다. 2장 이상의 서류는 장마다 간인한다.

## (1) 주식회사 설립등기신청서(e-Form)

| 즉시접수 | 당일접수 | |
|---|---|---|
| | | |
| 제출자 | 변호사 김상균 | |
| 총 | 1 | 건 |

전자표준양식번호(e-Form)번호: 1101-2016-0123456-1

# 주식회사 설립등기신청

| 접 수 | 년 월 일 | 처 리 인 | 접수 | 조사 | 인감 | 기입 | 교합 | 통지 |
|---|---|---|---|---|---|---|---|---|
| | 제　　　　호 | | | | | | | |

본 신청서 상의 정보와 전자표준양식(e-Form)으로 저장된 정보는 동일함을 확인합니다.　　작성완료일시: 2016. 11. 9.  16:25:52
본 신청서는 최초 작성 후 3개월까지만 등기소에 제출 가능합니다.　　　　　　　　최초작성일시: 2016. 11. 9.  16:10:27

| 등기의 목적 | 주식회사 발기설립 |
|---|---|
| 등기의 사유 | 발기인이 정관을 작성하여 기명날인한 후 회사설립시에 발행하는 주식의 총수를 인수하고 2016년 11월 9일 상법 제298조의 절차를 종료하였으므로, 다음 사항의 설립등기를 구함. |
| 본/지점신청구분 | <u>**1.본점신청**</u> ■  2.지점신청 □  3.본·지점일괄신청 □ |
| 등 기 할 사 항 | |
| 상호 | 주식회사 율도 (Yuldo, Inc.) |
| 본점 | 서울특별시 강남구 테헤란로 101, 501호 (역삼동, 리즈타워) |
| 공고의방법 | 본 회사의 공고는 회사의 인터넷 홈페이지(yuldo.co.kr)에 게재한다. 다만, 전산장애 또는 그 밖의 부득이한 사유로 회사의 인터넷 홈페이지에 공고할 수 없을 때는 서울특별시에서 발행하는 일간 매일경제신문에 한다. |
| 1주의 금액 | 1,000원 |
| 발행할 주식의 총수 | 1,000,000주 |
| 발행주식내역/<br>자본금의 액 | 발행주식의 총수 :  10,000주<br>보통주식 :  10,000주<br><br>자본금의 액 :  10,000,000원 |
| 목적 | 1. 일반 음식점업<br>1. 출장 및 이동 음식업<br>1. 제과점업<br>1. 분식 및 김밥 전문점<br>1. 주점업<br>1. 비알콜 음료점업<br>1. 프랜차이즈업<br>1. 통신판매업 및 전자상거래업<br>1. 각 호에 관련된 부대사업 일체 |

| 임원에 관한 사항 | 사내이사 홍길동 (000000-0000000)<br>서울특별시 서초구 서초대로45길 22, 108동 1102호 (서초동, 삼일아파트)<br><br>감사 김철수 (000000-0000000) |
|---|---|
| 주식매수선택권 | 1. 일정한 경우 주식매수선택권을 부여할 수 있다는 뜻<br>　본 회사는 임직원에게 발행주식총수의 100분의 10의 범위 내에서 주식매수선택권을 주주총회의 특별결의에 의하여 부여할 수 있다.<br><br>1. 주식매수선택권의 행사로 발행하거나 양도할 주식의 종류와 수<br>　주식매수선택권의 행사로 교부할 주식(주식매수선택권의 행사가격과 시가와의 차액을 현금 또는 자기주식으로 교부하는 경우에는 그 차액의 산정기준이 되는 주식을 말한다)은 보통주식으로 한다. 단, 임원 또는 직원 1인에 대하여 부여하는 주식매수선택권은 발행주식총수의 100분의 10을 초과할 수 없다.<br><br>1. 주식매수선택권을 부여받을 자의 자격요건<br>　주식매수선택권을 부여받을 자는 회사의 설립, 경영과 기술혁신 등에 기여하거나 기여할 수 있는 임직원으로 하되 다음 각호의 1에 해당하는 자는 제외한다.<br>가. 의결권 없는 주식을 제외한 발행주식총수의 100분의 10 이상의 주식을 가진 주주<br>나. 이사, 집행임원, 감사의 선임과 해임 등 회사의 주요 경영사항에 대하여 사실상 영향력을 행사하는 자<br><br>1. 주식매수선택권의 행사기간<br>　주식매수선택권은 이를 부여하는 주주총회 특별결의일부터 2년이 지난 날부터 3년 이내에 행사할 수 있다.<br><br>1. 일정한 경우 이사회결의로 주식매수선택권의 부여를 취소할 수 있다는 뜻<br>　다음 각호의 어느 하나에 해당하는 경우에는 이사회의 결의로 주식매수선택권의 부여를 취소할 수 있다.<br>가. 당해 주식매수선택권을 부여받은 자가 주식매수선택권을 부여받은 후 임의로 사임 또는 퇴직한 경우<br>나. 당해 주식매수선택권을 부여받은 자가 고의 또는 과실로 회사에 중대한 손해를 초래하게 한 경우<br>다. 기타 주식매수선택권 부여계약에서 정한 취소사유가 발생한 경우 |

## 신청등기소 및 등록면허세/수수료

| 순번 | 신청등기소 | 구분 | 등록면허세 | 농어촌특별세 | 세액합계 | 등기신청수수료 |
|---|---|---|---|---|---|---|
| | | | 지방교육세 | | | |
| 1 | 서울중앙지방법원 등기국 | 본점 | 금 337,500원 | 금        0원 | 금 405,000원 | 금 25,000원 |
| | | | 금  67,500원 | | | |

| 등기신청수수료 납부번호 | (전자) 16-00-01234567-4 |
|---|---|
| 과세표준액 | 10,000,000원 |

### 첨부서면

| | | | |
|---|---|---|---|
| 1.등기신청수수료 영수필확인서 | 1통 | 1.조사보고서 | 1통 |
| 1.등록면허세 납부확인서 | 1통 | 1.취임승낙서 | 1통 |
| 1.정관 | 1통 | 1.(개인)인감증명서 | 2통 |
| 1.주식발행사항동의서 | 1통 | 1.주민등록초본 | 2통 |
| 1.주식인수증 | 1통 | 1.(법인)인감신고서 및 인감대지 | 1통 |
| 1.잔고증명서 | 1통 | 1.등기신청위임장 | 1통 |
| 1.발기인회 의사록 | 1통 | | |

2016년  11월  9일

신청인  상  호   주식회사 율도

본  점   서울특별시 강남구 테헤란로 101, 501호 (역삼동, 리즈타워)

성  명   사내이사 홍길동            (인) (전화:              )

주  소   서울특별시 서초구 서초대로45길 22, 108동 1102호 (서초동, 삼일아파트)

대리인  성  명   변호사  김상균            (인) (전화:00-000-0000      )

주  소   서울특별시 서초구 서초대로 259, 5층 (서초동, 서원빌딩)

서울중앙지방법원 등기국 귀중

- 신청서 작성요령 -

1. 해당란이 부족할 때에는 별지를 이용합니다.
1. 해당 등기신청과 관계없는 사항에 대해서는 "해당없음"으로 기재하거나 삭제하고, 필요한 사항은 추가로 기재합니다.

(2) 등기신청수수료 영수필확인서 (25,000원)

(3) 등록면허세 납부확인서 (405,000원)

(4) 정관

---

# 정 관

2016. 11. 9. 제정

## 제1장 총 칙

제1조 (상호) 본 회사는 '주식회사 율도'라 한다. 영문으로는 'Yuldo, Inc.'라 표기한다.

제2조 (목적) 본 회사는 다음 사업을 경영함을 목적으로 한다.
1. 일반 음식점업
1. 출장 및 이동 음식업
1. 제과점업
1. 분식 및 김밥 전문점
1. 주점업
1. 비알콜 음료점업
1. 프랜차이즈업
1. 통신판매업 및 전자상거래업
1. 각 호에 관련된 부대사업 일체

제3조 (본점의 소재지) 본 회사의 본점은 서울특별시내에 둔다. 단, 이사회의 결의로 각지에 지점 및 영업소를 둘 수 있다.

제4조 (공고방법) 본 회사의 공고는 회사의 인터넷 홈페이지(yuldo.co.kr)에 게재한다. 다만, 전산장애 또는 그 밖의 부득이한 사유로 회사의 인터넷 홈페이지에 공고할 수 없을 때는 서울특별시에서 발행하는 일간 매일경제신문에 한다.

## 제2장 주식과 주권

제5조 (회사가 발행할 주식의 총수) 본 회사가 발행할 주식의 총수는 1,000,000주로 한다.

---

**제6조 (1주의 금액)** 본 회사가 발행하는 주식 1주의 금액은 금1,000원으로 한다.

**제7조 (회사설립시 발행하는 주식의 총수)** 본 회사가 회사설립시에 발행하는 주식의 총수는 10,000주로 한다.

**제8조 (주식의 종류)** ① 본 회사가 발행할 주식은 보통주식과 종류주식으로 한다.
② 본 회사가 발행하는 종류주식은 이익배당 또는 잔여재산분배에 관한 우선주식, 의결권 배제 또는 제한에 관한 주식, 상환주식, 전환주식 및 이들의 전부 또는 일부를 혼합한 주식으로 한다.

**제9조 (주권)** 본 회사 주식의 주권은 1주권, 5주권, 10주권, 50주권, 100주권, 500주권, 1,000주권, 10,000주권의 8종으로 한다.

**제10조 (주식의 발행과 배정)** ① 본 회사가 이사회의 결의로 신주를 발행하는 경우 다음 각호의 방식에 의한다.
　1. 주주에게 그가 가진 주식 수에 따라서 신주를 배정하기 위하여 신주인수의 청약을 할 기회를 부여하는 방식
　2. 신기술의 도입, 재무구조의 개선 등 회사의 경영상 목적을 달성하기 위하여 필요한 경우 제1호 외의 방법으로 특정한 자(이 회사의 주주를 포함한다)에게 신주를 배정하기 위하여 신주인수의 청약을 할 기회를 부여하는 방식
② 본 회사가 벤처기업육성에 관한 특별조치법에 따라 벤처기업으로 확인받은 경우, 본 회사는 전략적 제휴를 위하여 주주총회 특별결의로 신주를 발행하여 다른 주식회사의 주요주주의 주식이나 주식회사인 다른 벤처기업의 주식과 교환할 수 있다.
③ 주주가 신주인수권을 포기 또는 상실하거나 신주배정에서 단주가 발생하는 경우에 그 처리방법은 이사회의 결의로 정한다.

**제10조의2 (주식매수선택권)** ① 본 회사는 주주총회 특별결의로 발행주식총수의 100분의 10 범위 내에서 임직원에게 주식매수선택권을 부여할 수 있다.
② 주식매수선택권의 행사로 교부할 주식(주식매수선택권의 행사가격과 시가와의 차액을 현금 또는 자기주식으로 교부하는 경우에는 그 차액의 산정기준이 되는 주식을 말한다)은 보통주식으로 한다. 단, 임원 또는 직원 1인에 대하여 부여하는 주식매수선택권은 발행주식총수의 100분의 10을 초과할 수 없다.
③ 주식매수선택권을 부여받을 자는 회사의 설립, 경영과 기술혁신 등에 기여하거나 기여할 수 있는 임직원으로 하되 다음 각호의 1에 해당하는 자는 제외한다.
　1. 의결권 없는 주식을 제외한 발행주식총수의 100분의 10 이상의 주식을 가진 주주
　2. 이사, 집행임원, 감사의 선임과 해임 등 회사의 주요 경영사항에 대하여 사실상 영향

력을 행사하는 자

3. 제1호와 제2호에 규정된 자의 배우자와 직계존비속

④ 주식매수선택권은 이를 부여하는 주주총회 특별결의일부터 2년이 지난 날부터 3년 이내에 행사할 수 있다.

⑤ 다음 각호의 어느 하나에 해당하는 경우에는 이사회의 결의로 주식매수선택권의 부여를 취소할 수 있다.

1. 당해 주식매수선택권을 부여받은 자가 주식매수선택권을 부여받은 후 임의로 사임 또는 퇴직한 경우

2. 당해 주식매수선택권을 부여받은 자가 고의 또는 과실로 회사에 중대한 손해를 초래 하게 한 경우

3. 기타 주식매수선택권 부여계약에서 정한 취소사유가 발생한 경우

제11조 (주권의 명의개서 등) ① 주식의 양도로 인하여 명의개서를 청구할 때는 본 회사 소정의 청구서에 주권을 첨부하여 제출해야 한다. 상속, 유증 기타 계약 이외의 사유로 인하여 명의개서를 청구할 때는 본 회사 소정의 청구서에 주권 및 취득원인을 증명하는 서류를 첨부하여 제출해야 한다.

② 본 회사는 주주명부의 기재에 관한 사무를 처리하기 위하여 명의개서대리인을 둘 수 있다. 명의개서대리인은 이사회의 결의에 의하여 선정한다.

제12조 (질권의 등록 및 신탁재산의 표시) 본 회사의 주식에 질권의 등록 또는 신탁재산의 표시를 청구하려면 본 회사가 정하는 청구서에 당사자가 기명날인하고 주권을 첨부하여 제출해야 한다. 그 등록 또는 표시의 말소를 청구할 때도 같다.

제13조 (주권의 재발행) ① 주권의 분할, 병합, 오손 등의 사유로 인하여 주권의 재발행을 청구하려면 본 회사가 정하는 청구서에 기명날인하고 구주권을 첨부하여 제출해야 한다.

② 주권의 상실로 인하여 그 재발행을 청구하려면 본 회사가 정하는 청구서에 기명날인하고 이에 제권판결의 정본 또는 등본을 첨부하여 제출해야 한다.

제14조 (수수료) 제11조부터 제13조에서 정하는 청구를 하는 자는 본 회사가 정하는 수수료를 납부해야 한다.

제14조의2 (전자주주명부) ① 본 회사는 전자문서로 주주명부를 작성한다.

② 주주명부에 다음 사항을 기재한다.

1. 주주의 성명과 주소

2. 각 주주가 가진 주식의 종류와 그 수

3. 각 주주가 가진 주식의 주권을 발행한 때는 그 주권의 번호

4. 각주식의 취득연월일

5. 각 주주의 전자우편주소

③ 본 회사의 주주와 채권자는 영업시간 내에 언제든지 서면 또는 파일의 형태로 주주명부에 기록된 사항의 열람 또는 복사를 청구할 수 있다. 이 경우 다른 주주의 전자우편주소는 열람 또는 복사의 대상에서 제외된다.

제15조 (주주명부의 폐쇄 및 기준일) ① 본 회사는 매년 1월 1일부터 1월 15일까지 권리에 관한 주주명부의 기재변경을 정지한다.

② 본 회사는 매년 12월 31일 최종의 주주명부에 기재되어 있는 주주를 그 결산기에 관한 정기주주총회에서 권리를 행사할 주주로 한다.

③ 본 회사는 임시주주총회의 소집 기타 필요한 경우 이사회의 결의로 3개월을 경과하지 아니하는 일정한 기간을 정하여 권리에 관한 주주명부의 기재변경을 정지하거나 이사회의 결의로 정한 날에 주주명부에 기재되어 있는 주주를 그 권리를 행사할 주주로 할 수 있으며, 이사회가 필요하다고 인정하는 경우에는 주주명부의 기재변경 정지와 기준일의 지정을 함께 할 수 있다. 회사는 이를 2주간 전에 공고해야 한다.

제16조 (주주의 주소 등의 신고) 본 회사의 주주 및 등록된 질권자 또는 그 법정대리인이나 대표자는 본 회사가 정하는 서식에 의하여 그의 성명, 주소와 인감을 본 회사에 신고해야 한다. 신고사항에 변경이 있는 때에도 또한 같다.

# 제3장 사  채

제17조 (사채의 발행) 본 회사는 이사회의 결의로 주주 및 주주 외의 자에게 사채를 발행할 수 있다.

제18조 (전환사채의 발행) ① 본 회사가 이사회의 결의로 전환사채를 발행하는 경우 다음 각호의 방식에 의한다.

1. 주주에게 그가 가진 주식의 수에 따라서 전환사채를 배정하는 방식

2. 사채의 액면총액이 50억원을 초과하지 않는 범위 내에서 신기술의 도입, 재무구조의 개선 등 회사의 경영상 목적을 달성하기 위하여 필요한 경우 특정한 자(이 회사의 주주를 포함한다)에게 사채를 배정하기 위하여 사채인수의 청약을 할 기회를 부여하는 방식

② 전환사채의 발행에 관하여 상법 제513조 제2항 각호의 사항은 이사회의 결의로 정한다.

③ 제1항의 전환사채에 있어서 이사회는 그 일부에 대하여만 전환권을 부여하는 조건

으로도 이를 발행할 수 있다.

④ 전환으로 인하여 발행하는 주식은 보통주식으로 하고 전환가액은 주식의 액면금액 또는 그 이상의 가액으로 사채발행시 이사회가 정한다.

⑤ 전환을 청구할 수 있는 기간은 당해 사채의 발행일후 1년이 경과하는 날로부터 그 상환기일의 직전일까지로 한다. 그러나 위 기간 내에서 이사회의 결의로써 전환청구기간을 조정할 수 있다.

제19조 (신주인수권부사채의 발행) ① 본 회사가 이사회의 결의로 신주인수권부사채를 발행하는 경우 다음 각호의 방식에 의한다.

1. 주주에게 그가 가진 주식의 수에 따라서 신주인수권부사채를 배정하는 방식

2. 사채의 액면총액이 50억원을 초과하지 않는 범위 내에서 신기술의 도입, 재무구조의 개선 등 회사의 경영상 목적을 달성하기 위하여 필요한 경우 특정한 자(이 회사의 주주를 포함한다)에게 사채를 배정하기 위하여 사채인수의 청약을 할 기회를 부여하는 방식

② 신주인수권부사채의 발행에 관하여 상법 제516조의2 제2항 각호의 사항은 이사회의 결의로 정한다.

③ 신주인수를 청구할 수 있는 금액은 사채의 액면총액을 초과하지 않는 범위 내에서 이사회가 정한다.

④ 신주인수권의 행사로 발행하는 주식은 보통주식으로 하고 그 발행가액은 액면금액 또는 그 이상의 가액으로 사채발행시 이사회가 정한다.

⑤ 신주인수권을 행사할 수 있는 기간은 당해 사채발행일후 1년이 경과한 날로부터 그 상환기일의 직전일까지로 한다. 그러나 위 기간 내에서 이사회의 결의로써 신주인수권의 행사기간을 조정할 수 있다.

제20조 (사채발행에 관한 준용규정) 이 정관에서 정한 명의개서, 주주명부 폐쇄 및 기준일, 주주의 성명 및 인감신고 등의 규정은 사채발행의 경우에 준용한다.

## 제4장 주주총회

제21조 (소집) ① 본 회사의 정기주주총회는 매 사업연도 종료후 3개월 이내에 소집하고 임시주주총회는 필요한 경우에 수시 소집한다.

② 주주총회의 소집은 법령에 다른 규정이 있는 경우를 제외하고는 이사회의 결의에 의하여 대표이사가 소집한다.

③ 감사는 회의의 목적사항과 소집의 이유를 기재한 서면을 이사회에 제출하여 임시주주총회의 소집을 청구할 수 있다.

④ 대표이사의 유고시 이사회의 결의에 의하여 정한 이사가 주주총회를 소집한다.

**제22조 (소집통지)** ① 주주총회를 소집할 때는 주주총회일의 2주 전에(본 회사의 자본금 총액이 10억원 미만인 경우 주주총회일의 10일 전에) 각 주주에게 서면으로 통지를 발송하거나 각 주주의 동의를 얻어 전자문서로 통지를 발송해야 한다. 다만, 그 통지가 주주명부상 주주의 주소에 계속 3년간 도달하지 아니한 경우에는 회사는 해당 주주에게 주주총회의 소집을 통지하지 아니할 수 있다.

② 제1항의 기간은 주주총회 전에 모든 주주의 서면, 전신 또는 전자문서에 의한 동의로 단축할 수 있으며, 주주 전원의 동의가 있는 때는 소집절차 없이 주주총회를 개최할 수 있다.

**제23조 (의장)** 대표이사는 주주총회의 의장이 된다. 그러나 대표이사 유고시에는 이사회에서 선임한 다른 이사가 의장이 된다.

**제24조 (의장의 질서유지권 등)** ① 주주총회의 의장은 주주총회에서 의사진행을 고의로 방해하기 위한 발언, 기타 유형력의 행사로 질서를 문란하게 하는 자에게 그 발언의 정지 또는 퇴장을 명할 수 있다.

② 주주총회의 의장은 원활한 의사진행을 위하여 필요하다고 인정할 때는 주주의 발언 시간과 횟수를 제한할 수 있다.

**제25조 (주주총회의 결의 및 의결정족수)** ① 주주총회의 결의는 이 정관 및 법률에 다른 정함이 있는 경우를 제외하고 출석한 주주의 의결권의 과반수와 발행주식총수의 4분의 1 이상의 수로 한다.

② 의결권 없는 주식은 발행주식총수에 포함하지 아니한다.

③ 다음 주식의 의결권 수는 출석한 주주의 의결권의 수에 포함하지 아니한다.

1. 주주총회의 결의에 관하여 특별한 이해관계가 있는 자(상법 제368조 제3항)의 주식

2. 감사 선임시 의결권 없는 주식을 제외한 발행주식총수의 100분의 3을 초과하는 수의 주식을 가진 주주의 그 초과하는 주식(상법 제409조 제2항)

④ 다음 사항은 출석한 주주의 의결권의 3분의 2 이상의 수와 발행주식총수의 3분의 1 이상의 수로 해야 한다.

1. 정관변경

2. 수권자본의 증가

3. 회사의 합병, 분할, 분할합병, 해산, 청산

4. 본 회사의 영업 및 자산의 전부 또는 2분의 1 이상의 양도, 또는 다른 회사의 영업 및 자산의 전부 또는 2분의 1 이상의 양수

5. 이사, 감사 및 청산인의 해임

6. 자본금 감소(결손의 보전을 위한 자본금의 감소는 제외한다)

7. 주식매수선택권을 부여받을 자의 성명, 주식매수선택권의 부여방법, 주식매수선택권의 행사가격 및 행사기간, 주식매수선택권을 부여받을 자 각각에 대하여 주식매수선택권의 행사로 교부할 주식의 종류 및 수

8. 기타 법령의 규정에 의한 경우

⑤ 주주총회의 결의는 주주 전원의 서면결의로써 갈음할 수 있다. 주주 전원이 결의의 목적사항에 대하여 서면으로 동의를 한 때는 서면에 의한 결의가 있는 것으로 본다.

제26조 (의결권 등) ① 주주의 의결권은 1주마다 1개로 한다.

② 주주는 대리인이 의결권을 행사하게 할 수 있다. 대리인이 의결권을 행사함에는 표결 전에 그 권한을 증명하는 서면을 의장에게 제출해야 한다.

제27조 (총회의 의사록) 주주총회 의사록에는 의사의 경과 요령과 그 결과를 기재하고 의장과 출석한 이사가 기명날인 또는 서명하여 본점에 보존, 비치한다.

# 제5장 임　원

제28조 (이사와 감사의 원수 및 선임) ① 본 회사의 이사는 3명 이상으로 하고 감사는 1명 이상으로 한다. 단, 본 회사의 자본금 총액이 10억원 미만인 경우 이사는 1명 또는 2명으로 할 수 있으며 감사는 선임하지 않을 수 있다.

② 이사와 감사는 주주총회에서 선임한다. 단, 의결권 없는 주식을 제외한 발행주식총수의 100분의 3을 초과하는 주식을 가지는 주주는 그 초과하는 주식에 관하여는 감사 선임 의결권을 행사하지 못한다.

③ 2명 이상의 이사를 선임하는 경우 상법 제382조의2에서 규정하는 집중투표제는 적용하지 아니한다.

제29조 (이사 및 감사의 임기) ① 이사의 임기는 3년으로 하되, 그 임기 중의 최종의 결산기에 관한 정기주주총회의 종결에 이르기까지 연장된다.

② 감사의 임기는 취임 후 3년 내의 최종의 결산기에 관한 정기주주총회의 종결시까지로 한다.

제30조 (임원의 보선) 이사 또는 감사가 결원되었을 때는 임시주주총회를 소집하여 보결 선임한다. 그러나 잔여 임원의 법정원수가 충족되고 또한 업무집행상 지장이 없을 때는 보결 선임을 보류하거나 다음 정기주주총회시까지 연기할 수 있다.

**제31조 (대표이사)** 대표이사는 본 회사를 대표하고 대표이사가 수 명일 때는 각자 회사를 대표하되 이사회의 결의로 공동대표이사를 정할 수 있다.

**제32조 (대표이사 또는 공동대표이사의 선임)** 대표이사 또는 공동대표이사는 이사회에서 선임한다.

**제33조 (업무집행)** ① 대표이사는 본 회사의 업무를 통할하고 전무이사 또는 상무이사는 대표이사를 보좌하여 그 업무를 분담한다.
② 대표이사 유고시에는 이사회에서 정한 순서에 따라 전무이사 또는 상무이사 등이 대표이사의 직무를 대행한다.

**제34조 (이사의 의무)** ① 이사는 법령과 정관의 규정에 따라 선량한 관리자의 주의로서 회사를 위하여 그 직무를 수행해야 한다.
② 이사는 회사에 현저하게 손해를 미칠 염려가 있는 사실을 발견한 때는 즉시 이를 감사에게 보고해야 한다.

**제35조 (임원의 보수와 퇴직금)** ① 임원의 보수는 주주총회의 결의로 정하거나 주주총회의 결의를 거친 임원보수 지급규정에 의한다.
② 임원의 퇴직금은 주주총회의 결의를 거친 임원퇴직금 지급규정에 의한다.

# 제6장 이 사 회

**제36조 (이사회)** ① 본 회사의 이사는 이사회를 조직하여 매 4분기 최초의 월요일에 정기이사회를 개최함을 원칙으로 하고, 필요에 따라 수시로 임시이사회를 개최할 수 있다.
② 이사회는 대표이사 1명을 사장에 보하고 필요할 때에는 대표이사 1명을 더 선임하여 회장에 보하고 전무이사, 상무이사를 임명할 수 있다.
③ 이사회는 동영상과 음성을 동시 송수신하는 통신수단으로 개최할 수 있다.

**제37조 (이사회내의 위원회)** ① 본 회사는 필요시 이사회 내에 3인 이상의 이사로 구성되는 위원회를 둘 수 있다.
② 이사회는 다음 각호의 사항을 제외하고 그 권한을 위원회에 위임할 수 있다.
1. 주주총회의 승인이 필요한 사항
2. 대표이사의 선임 및 해임
3. 위원회의 설치 및 그 위원의 선임 및 해임

**제38조 (이사회의 소집)** 이사회는 대표이사(또는 이사회에서 따로 정한 이사가 있는 때

는 그 이사)가 회일의 3일 전에 각 이사 및 감사에게 통지하여 소집한다. 그러나 이사 및 감사 전원이 동의하면 소집절차를 생략할 수 있다.

**제39조 (이사회 의결사항)** 이사회는 다음 사항을 의결한다.
1. 최초사업계획의 수정
2. 연간사업계획, 예산, 결산에 관한 사항
3. 정관변경안의 채택
4. 대표이사 및 지배인의 선임과 해임
5. 지점, 사무소의 설치 및 폐쇄, 자회사의 설립
6. 자금의 차입. 단, 일정범위를 별도규정으로 정하여 대표이사에게 위임할 수 있다.
7. 주요 사규의 제정 및 개폐에 관한 사항
8. 주주총회의 소집 및 제출안건에 관한 사항
9. 자본금 증가에 관한 사항
10. 주요 자산의 취득 및 처분에 관한 사항
11. 주요 소송의 제기 및 화해에 관한 사항
12. 이사의 겸업허용
13. 주식매수선택권 부여의 취소
14. 이사회 내 위원회의 설치와 그 위원의 선임 및 해임
15. 상법 제398조의 이사 등과 회사 간의 거래에 대한 승인
16. 상법 제397조의2의 회사의 기회 및 자산의 유용에 대한 승인
17. 기타 이 정관에서 별도로 정하지 아니한 사항 중 상법, 기타 법률에 따라 이사회의 권한으로 정한 사항
18. 기타 중요하다고 인정되는 사항

**제40조 (이사회의 결의)** ① 이사회의 결의방법은 이사 과반수의 출석과 출석이사 과반수로 한다.
② 상법 제397조의2, 제398조, 제415조의2 제3항의 이사회 승인 또는 결의는 이사 3분의 2 이상의 수로 해야 한다.
③ 이사회결의에 특별한 이해관계가 있는 이사는 의결권을 행사하지 못한다.

**제41조 (이사회의사록)** ① 이사회의 의사에 관하여는 의사록을 작성해야 한다.
② 이사회의사록에는 의장과 출석한 이사 및 감사가 기명날인 또는 서명한다.

**제42조 (감사의 직무)** ① 감사는 본 회사의 업무 및 회계를 감사한다.
② 감사는 언제든지 이사에 대하여 영업에 관한 보고를 요구하거나 회사의 영업과 재

산상태를 조사할 수 있다.

③ 감사는 그 직무를 수행하기 위하여 필요한 때는 자회사에 대하여 영업의 보고를 요구할 수 있다.

④ 감사는 제3항의 경우에 자회사가 지체 없이 보고하지 아니할 때 또는 그 보고의 내용을 확인할 필요가 있는 때는 자회사의 업무와 재산상태를 조사할 수 있다.

⑤ 감사는 본 회사의 비용으로 전문가의 도움을 구할 수 있다.

# 제7장 계 산

**제43조 (사업연도)** 본 회사의 사업연도는 매년 1월 1일부터 12월 31일까지로 한다.

**제44조 (재무제표, 영업보고서의 작성비치)** ① 대표이사는 정기주주총회의 6주 전에 다음 서류 및 그 부속명세서와 영업보고서를 작성하여 이사회의 승인을 얻어야 한다.

1. 재무상태표(대차대조표)
2. 손익계산서
3. 이익금 처분계산서 또는 결손금 처리계산서
4. 영업보고서 및 재산목록

② 대표이사는 정기주주총회의 6주 전에 제1항의 서류를 감사에게 제출해야 한다.

③ 감사는 정기주주총회의 1주 전까지 감사보고서를 대표이사에게 제출해야 한다.

④ 대표이사는 제1항의 서류와 감사보고서를 정기주주총회의 1주 전부터 5년간 본점에 비치해야 하고(지점은 위 서류를 정기주주총회의 1주 전부터 3년간 비치), 주주총회의 승인을 얻었을 때는 재무상태표(대차대조표)를 지체없이 공고해야 한다.

**제45조 (이익금의 처분)** 매 결산기 총수익금에서 총지출금을 공제한 잔액을 이익금으로 하여 이를 다음과 같이 처분한다.

1. 이익준비금: 자본금의 2분의 1이 될 때까지 매 결산기 금전에 의한 이익배당액의 10분의 1 이상
2. 별도적립금 약간
3. 주주배당금 약간
4. 후기이월금 약간
5. 임의 적립금

**제46조 (이익 배당)** 이익배당은 금전 또는 주식으로 하며, 매 결산기 말일 현재 주주명부에 기재된 주주 또는 질권자에게 지급한다.

제47조 (중간배당) ① 본 회사는 6월 30일 0시 현재의 주주에게 상법 제462조의3에 의한 중간배당을 할 수 있다. 단, 당해 결산기의 재무상태표(대차대조표)상의 순자산액이 상법 제462조 제1항 각호의 금액의 합계액에 미치지 못할 우려가 있는 때는 중간배당을 할 수 없다.

② 제1항의 중간배당은 이사회의 결의로 하되, 그 결의는 제1항의 기준일 이후 45일 내에 해야 한다.

③ 중간배당은 직전결산기의 재무상태표(대차대조표)상의 순자산액에서 다음 각호의 금액을 공제한 액을 한도로 한다.

1. 직전 결산기의 자본금의 액
2. 직전 결산기까지 적립된 자본준비금과 이익준비금의 합계액
3. 직전 결산기의 정기주주총회에서 이익으로 배당하거나 지급하기로 정한 금액
4. 중간배당에 따라 당해 결산기에 적립해야 할 이익준비금

제48조 (배당금지급청구권 소멸시효) 배당금지급청구권은 5년간 이를 행사하지 아니하면 소멸시효가 완성한다. 소멸시효 완성으로 인한 배당금은 본 회사에 귀속한다.

## 부　　칙

제49조 (내부 규정) 본 회사는 필요에 따라 이사회의 결의로 업무수행 및 경영상 필요한 세칙 등 내규를 정할 수 있다.

제50조 (이사회에 관한 소규모회사 특례) ① 본 회사의 자본금 총액이 10억원 미만으로서 이사가 1인 또는 2인인 경우 이사회를 두지 아니한다.

② 제1항의 경우 이 정관 제10조, 제17조부터 제19조, 제23조, 제31조부터 제33조, 제36조 제2항, 제47조 제2항의 이사회 의결사항은 주주총회 결의(제18조 제1항 제2호 및 제19조 제1항 제2호의 경우는 주주총회 특별결의)로 한다.

③ 제1항의 경우 이 정관 제3조, 제11조 제2항, 제15조 제3항, 제49조의 이사회 의결사항은 대표이사(대표이사가 없는 경우 사내이사 각자)가 결정한다.

④ 제1항의 경우 이 정관 제44조 제1항의 이사회 승인은 적용하지 아니한다.

⑤ 제1항부터 제4항까지 정한 것 외에 이 정관 또는 법령상 이사회 의결사항은 상법 제383조 제4항부터 제6항을 준용한다.

제51조 (감사에 관한 소규모회사 특례) ① 본 회사의 자본금 총액이 10억원 미만으로서 감사를 선임하지 않은 경우 이 정관 제34조 제2항, 제42조의 '감사'는 각각 '주주총회'로 본다.

② 본 회사의 자본금 총액이 10억원 미만으로서 감사를 선임하지 않은 경우 이 정관 제21조 제3항, 제44조 제2항 및 제3항은 적용하지 않는다.

제52조 (최초의 사업연도) 본 회사의 최초의 사업연도는 회사설립일부터 당해 연도 12월 31일까지로 한다.

　　이상과 같이 정관을 작성하고 발기인이 이에 서명 또는 기명날인한다.

2016년 11월 9일

발기인 홍길동 (000000-0000000)

서울특별시 서초구 서초대로45길 22, 108동 1102호 (서초동, 삼일아파트)

## (5) 주식발행사항동의서

# 주식발행사항동의서

발기인 전원은 회사설립시에 발행할 주식을 아래와 같이 정하기로 동의한다.

1. 주식의 종류와 수: 보통주식 10,000주

2. 주식의 발행가액: 1주에 대하여 금1,000원

　위 동의사항을 확실히 하기 위하여 발기인 전원이 기명날인한다.

2016년 11월 9일

주식회사 율도

발기인 홍길동

## (6) 주식인수증

# 주 식 인 수 증

상호: 주식회사 율도

인수할 주식의 종류와 수: 보통주식 10,000주

위 인수 총액:  금10,000,000원

1주의 금액: 1,000원

납입을 맡을 금융기관과 납입장소: 신한은행 (논현역지점)

발기인은 위의 주식을 인수합니다.

2016년 11월 9일

발기인 홍길동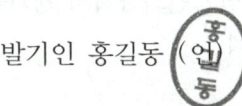

서울특별시 서초구 서초대로45길 22, 108동 1102호 (서초동, 삼일아파트)


주식회사 율도
발기인대표 귀하

## (7) 잔고증명서

신한은행 논현역지점을 방문하여 잔액증명일이 2016년 11월 9일이고 잔액이 1,000만원 또는 그 이상 있음을 증명하는 홍길동 계좌의 잔고증명서를 발급받아 첨부한다.

## (8) 발기인회 의사록

---

# 발기인회 의사록

2016년 11월 9일 오전 9시 서울특별시 강남구 테헤란로 101, 501호 (역삼동, 리즈타워) 창립사무소에서 발기인회를 개최하다.

발기인총수 　1명, 　이들의 인수주식총수 　10,000주
출석발기인수 　1명, 　이들의 인수주식 수 　10,000주

발기인 홍길동은 위와 같이 법정수에 달하는 발기인들이 출석하였으므로 본 총회는 유효하게 성립됨을 고하고, 의사를 진행하기 전에 의장을 선임할 것을 구한바 발기인들은 만장일치로 발기인 홍길동을 의장으로 선임하다. 동인은 그 취임을 승낙하고 의장석에 등단하여 개회를 선언한 후 다음 의안의 심의를 구하다.

### 제1호 의안: 창립사항 보고의 건

의장은 발기인을 대표하여 본 발기인회까지의 경과를 소상히 설명하여 보고한바 발기인들은 만장일치로 이를 승인하다.

### 제2호 의안: 이사 선임의 건

의장은 본 회사의 정관규정에 따라 사내이사를 선임하겠다고 의견을 구한바 발기인은 다음 사람을 사내이사로 선임하는 것을 박수로 찬성하여 만장일치로 가결하다.

사내이사 홍길동 (000000-0000000)

위 피선자는 즉석에서 그 취임을 승낙하다.

### 제3호 의안: 감사 선임의 건

의장은 본 회사의 정관규정에 따라 감사를 선임하겠다고 말하고 의견을 구한바 발기인은 다음 사람을 감사로 선임하는 것을 박수로 찬성하여 만장일치로 가결하다. 단, 감사의 선임에는 상법 제409조 제2항의 규정에 따라 발행주식총수의 100분의 3을 초과하는 수의 주식을 가진 주주는 그 초과하는 주식에 관하여는 의결권을 행사하지 아니하다.

감사 김철수 (000000-0000000)

**제4호 의안: 본점설치장소 결정의 건**

본 회사의 정관에 본점을 서울특별시에 둔다고만 정해져 있으므로 본점설치장소에 대한 의견을 구한바 발기인은 다음 본점설치장소를 박수로 찬성하여 만장일치로 가결하다.

본점: 서울특별시 강남구 테헤란로 101, 501호 (역삼동, 리즈타워)

이상으로 금일의 의안 전부를 종료하였으므로 의장은 폐회를 선언하다(회의 종료시각 10시). 위 의사의 경과요령과 결과를 명확히 하기 위하여 이 의사록을 작성하고 의장과 출석한 발기인이 기명날인하다.

2016년 11월 9일

주식회사 율도

의장 발기인 홍길동 (인)

## (9) 조사보고서

---

# 조사보고서

주식회사 율도

　2016년 11월 9일 발기인회에서 본인을 감사로 선임하였으므로 상법 제298조의 규정 사항을 다음과 같이 조사, 보고합니다.

1. 설립시에 발행한 주식 총수에 대한 인수의 정확 여부
　본 회사가 발행할 주식의 총수는 1,000,000주이며, 설립시에 발행한 주식의 총수는 10,000주, 1주의 금액은 1,000원인데 그 인수 내용은 다음과 같음.

발기인이 인수한 주식 수: 보통주식 10,000주 (2016년 11월 9일 인수완료)

2. 인수주식에 대한 납입의 정확 여부
　설립시에 발행한 주식 총수 10,000주에 대한 주금 10,000,000원의 납입이 2016년 11월 9일 완료되었는바, 그 납입을 맡은 신한은행(논현역지점)의 잔액증명으로 이를 명확히 확인함.

3. 현물출자 이행의 정확 여부나 검사인 보고서의 정확 여부 등
　현물출자를 한 자가 없고 정관에 상법 제290조 소정사항을 정하지 아니하여 검사인을 선임할 필요가 없었음. 그러므로 이에 대한 정확 여부를 조사할 여지가 없었음.

　기타 설립에 관한 모든 사항이 법령, 정관에 어긋나지 아니함.

　위와 같이 조사 보고합니다.

2016년 11월 9일

감사 김철수

---

## (10) 취임승낙서

도장을 찍을 경우 반드시 (개인)인감도장을 찍어야 하고, 서명할 경우 본인서명사실확인서 상의 서명과 같아야 한다.

---

### 취임승낙서

2016년 11월 9일 발기인회에서 사내이사, 감사로 선임되었으므로 그 취임을 승낙함.

2016년 11월 9일

사내이사 홍길동 <u>(개인인감도장 날인)</u>

감사 김철수 <u>(개인인감도장 날인)</u>

주식회사 율도 귀하

---

## (11) (개인)인감증명서

홍길동, 김철수가 각 1부씩 준비한다. 등기신청서 제출일 기준으로 최근 3개월 이내에 발행되어야 한다. 취임승낙서에 찍은 도장과 일치해야 하므로 (개인)인감증명서의 인영과 취임승낙서의 인영을 대조하여 확인한다. 취임승낙서에 서명한 경우 본인서명사실확인서를 첨부한다. 외국인 임원의 취임승낙서는 「제1장 총론」, 「제8절 외국인 임원, 외국인 투자」, 「I. 외국인 임원」, 「1. 등기신청」, 「(3) 첨부서면」을 참고한다.

## (12) 주민등록초본

홍길동, 김철수가 각 1부씩 준비한다. 등기신청서 제출일 기준으로 최근 3개월 이내에 발행되어야 한다. 주민등록번호와 현재 주소만 표시되면 된다. 외국인의 성명, 국적, 주소 등을 증명하는 서면은 「제1장 총론」, 「제8절 외국인 임원, 외국인 투자」, 「I. 외국인 임원」, 「1. 등기신청」, 「(3) 첨부서면」을 참고한다.

## (13) (법인)인감신고서 및 인감대지

### (a) (법인)인감신고서

# 인감 · 개인(改印) 신고서

(신고하는 인감날인란)    (인감제출자에 관한 사항)

| 상호(명칭) | | 주식회사 율도 | 등기번호 | |
|---|---|---|---|---|
| 본점(주사무소) | | 서울특별시 강남구 테헤란로 101, 501호 (역삼동, 리즈타워) | | |
| 인감제출자 | 자격/성명 | 사내이사 홍길동 | | |
| | 주민등록번호 | 000000-0000000 | | |
| | 주소 | 서울특별시 서초구 서초대로45길 22, 108동 1102호 (서초동, 삼일아파트) | | |

☑ 위와 같이 인감을 신고합니다.    ☐ 위와 같이 개인(改印)하였음을 신고합니다.

2016년 11월 9일

신고인 본 인 성 명 사내이사 홍길동 (인)#  (전화:        )

대리인 성 명 변호사 김상균  (인)**  (전화: 00-000-0000)

서울중앙지방법원 등기국 귀중

주 1. 인감 · 개인(改印) 신고서의 **신고인의 날인란**(#)에는 「인감증명법」에 따라 신고한 인감을 날인하고 그 인감증명서(발행일로부터 3개월 이내의 것)를 첨부하거나, 등기소에 제출한 유효한 종전 인감(법인인감)을 날인하여야 합니다. 또한 인감제출자가 기명날인 또는 서명하였다는 공증인의 인증서면으로 갈음할 수 있습니다.

2. 인감 · 개인신고서에는 신고하는 인감을 날인한 인감대지를 첨부하여야 합니다.

3. 지배인이 인감을 신고하는 경우에는 인감제출자의 주소란에 지배인을 둔 장소를 기재하고, **위 1. 의 방법 대신**「상업등기규칙」제35조 제3항의 보증서면(영업주가 등기소에 제출한 인감날인)을 첨부하여야 합니다. 위 보증서면은 아래의 보증서면란에 기재하는 것으로 갈음할 수 있습니다.

4. **위임에 의한 대리인이** 인감을 신고하거나 개인(改印)을 신고하는 경우에는 위 1. 대신에 **위임인의 날인란**(**)에「인감증명법」에 따라 신고한 인감을 날인한 위임장을 첨부하고 그 인감증명서를 첨부하거나 등기소에 제출한 유효한 종전 인감을 날인한 위임장을 첨부하여야 하고 **신고인의 날인란**(*)에는 대리인이 기명날인 하여야 합니다.

5. 법인인감증명서 **발급사실 등 문자전송 서비스**를 신청하면, 발급사실을 휴대폰 문자로 통보받을 수 있습니다(전국 등기소 및 인터넷등기소에서 별도 신청해야 합니다).

**보 증 서 면**　　　　　　　(법인인감 날인란)

위 신고하는 인감은 지배인 _____의 인감임이 틀림없음을 보증합니다.

대표이사 _____

**위 임 장**

성 명 : 변호사 김상균　　　　생년월일: (0000.00.00) (전화 00-000-0000)

주 소 : 서울특별시 서초구 서초대로 259, 5층 (서초동, 서원빌딩)

　　위의 사람에게, 위 인감(개인)신고에 관한 일체의 권한을 위임함.

2016년  11월  9일

인감(개인) 신고인 성 명 대표이사 홍길동 (**대표이사의 개인인감도장**)**

## (b) 인감대지

# 인 감 대 지

신고하는 인감날인란

상 호(명 칭) : 주식회사 율도

자격 및 성명 : 사내이사 홍길동

주1. 자격은 대표이사(이사), 이사장, 지배인, 대리인, 상호사용자, 미성년자, 법정대리인 등으로 기재합니다.

주2. 인감의 규격은 가로·세로 각각 1.0센티미터 이상 2.4센티미터 이내이어야 합니다.

## (14) 등기신청위임장

<table>
<tr><td colspan="2" align="center">## 위 임 장</td></tr>
<tr>
<td>법인의 표시</td>
<td>상호　　　　주식회사 율도<br>본지점구분　본점<br>본점 주소　　서울특별시 강남구 테헤란로 101, 501호 (역삼동,<br>　　　　　　리즈타워)</td>
</tr>
<tr>
<td>등기의 목적</td>
<td>주식회사 발기설립</td>
</tr>
<tr>
<td>등기의 사유</td>
<td>발기인이 정관을 작성하여 기명날인한 후 회사설립시에 발행하는 주식의 총수를 인수하고 2016년 11월 9일 상법 제298조의 절차를 종료하였으므로, 다음 사항의 설립등기를 구함.</td>
</tr>
<tr>
<td>대리인</td>
<td>성　명　변호사 김상균 (전화 : 00-000-0000)<br>주　소　서울특별시 서초구 서초대로 259, 5층 (서초동, 서원빌딩)</td>
</tr>
<tr>
<td colspan="2">본인은 위 사람을 대리인으로 정하고 다음의 사항의 권한을 위임한다.<br>1. 위 법인등기신청 및 취하에 관한 일체의 행위.<br>2. 원본 환부청구 및 수령행위.<br><br>　　　　　　　　　2016년 11월 9일<br><br>상　호　주식회사 율도<br>본　점　서울특별시 강남구 테헤란로 101, 501호 (역삼동, 리즈타워)<br>성　명　사내이사 홍길동　　　　(인)　(전화:　　　　　　　　)<br>주　소　서울특별시 서초구 서초대로45길 22, 108동 1102호 (서초동,<br>　　　　삼일아파트)</td>
</tr>
</table>

**Ⅱ 신청서 작성사례2 (사내이사 3명이고 이 중 1명이 대표이사)**

## 1. 사례 설명

자본금 1,000만원으로 주식회사 율도를 설립하고자 한다. 대표이사 홍길동이 60% 지분, 사내이사 김철수가 40% 지분을 소유하고 사내이사 이영희는 지분이 없다. 사내이사 이영희는 (개인)인감도장을 등록하지 않아 취임승낙서에 서명하고 본인서명사실확인서를 제출한다.

사업목적은 일반 음식점업, 출장 및 이동 음식업, 제과점업, 분식 및 김밥 전문점, 주점업, 비알콜 음료점업, 프랜차이즈업, 통신판매업 및 전자상거래업 등이고, 「서울특별시 강남구 테헤란로 101, 501호 (역삼동, 리즈타워)」에 본점을 둔다. 공고는 yuldo.co.kr에 전자공고하고 전산장애 시 매일경제신문에 공고한다. 주식매수선택권 규정도 둔다. 사내이사 김철수가 홍길동 명의의 신한은행 계좌로 주금을 납입한다. 2016년 11월 9일 자 잔액을 증명하는 신한은행(논현역지점) 잔고증명서로 자본금액 1,000만원을 증명한다.

2016년 11월 9일 발기인총회, 이사회, 조사보고절차를 마치고 2016년 11월 23일에 등기신청서를 제출하였다. 회사설립연월일은 등기신청서를 제출한 2016년 11월 23일이 된다.

주식발행사항동의서를 작성하는 대신 정관에 회사설립 시 주식발행사항을 기재하고, 발기인마다 주식인수증을 작성하는 대신 정관에 발기인이 인수한 주식의 종류와 수를 기재한다.

## 2. 사전준비사항과 비용

### (1) 발기인과 임원이 사전에 준비할 사항

| 내 용 | 비 고 |
|---|---|
| (개인)인감증명서: 홍길동, 김철수 각 1부 | 등기신청서 제출일 기준으로 최근 3개월 이내 발행 |
| 본인서명사실확인서: 이영희 1부 | 등기신청서 제출일 기준으로 최근 3개월 이내 발행 |
| 주민등록초본: 홍길동, 김철수, 이영희 각 1부 | 등기신청서 제출일 기준으로 최근 3개월 이내 발행 |
| 취임승낙서에 (개인)인감도장을 찍음: 홍길동, 김철수 | |

| 내 용 | 비 고 |
|---|---|
| 취임승낙서에 서명: 이영희 | 본인서명사실확인서 상의 서명과 일치해야 함 |
| (법인)인감도장 제작 | |
| (법인)인감신고서에 (법인)인감도장과 홍길동의 (개인)인 감도장을 찍음 | |
| 잔액증명일이 2016년 11월 9일인 신한은행(논현역지점) 잔고증명서 1부 | 1,000만원 또는 그 이상의 잔액을 증명하는 증명서 |
| 도메인(yuldo.co.kr) 등록 | |

## (2) 비용

### (a) 등기신청수수료(e-Form): 25,000원

### (b) 등록면허세 및 지방교육세: 405,000원

서울특별시에 설립하는 법인이고 중과세 예외사유가 없으므로 등록면허세 및 지방교육세는 최저세액인 40만 5천원이다.

## 3. 주식회사 설립등기신청서(e-Form) 및 첨부서류

### (1) 주식회사 설립등기신청서(e-Form)

| 즉시접수 | 당일접수 |
|---|---|
| | |
| 제출자 | 변호사 김상균 |
| 총 | 1 건 |

전자표준양식번호(e-Form)번호: 1101-2016-0123456-1

## 주식회사 설립등기신청

| 접 수 | 년 월 일 제 호 | 처 리 인 | 접수 | 조사 | 인감 | 기입 | 교합 | 통지 |
|---|---|---|---|---|---|---|---|---|
| | | | | | | | | |

본 신청서 상의 정보와 전자표준양식(e-Form)으로 저장된 정보는 동일함을 확인합니다.
본 신청서는 최초 작성 후 3개월까지만 등기소에 제출 가능합니다.

작성완료일시: 2016. 11. 23.  16:25:52
최초작성일시: 2016. 11. 23.  16:10:27

| 등기의 목적 | 주식회사 발기설립 |
|---|---|
| 등기의 사유 | 발기인이 정관을 작성하여 기명날인한 후 회사설립시에 발행하는 주식의 총수를 인수하고 2016년 11월 9일 상법 제298조의 절차를 종료하였으므로, 다음 사항의 설립등기를 구함. |
| 본/지점신청구분 | **1.본점신청■**  2.지점신청□  3.본·■지점일괄신청□ |
| 등 기 할  사 항 ||
| 상호 | 주식회사 율도 (Yuldo, Inc.) |
| 본점 | 서울특별시 강남구 테헤란로 101, 501호 (역삼동, 리즈타워) |
| 공고의방법 | 본 회사의 공고는 회사의 인터넷 홈페이지(yuldo.co.kr)에 게재한다. 다만, 전산장애 또는 그 밖의 부득이한 사유로 회사의 인터넷 홈페이지에 공고할 수 없을 때는 서울특별시에서 발행하는 일간 매일경제신문에 한다. |
| 1주의 금액 | 1,000원 |
| 발행할 주식의 총수 | 1,000,000주 |
| 발행주식내역/ 자본금의 액 | 발행주식의 총수 :  10,000주<br>보통주식 :  10,000주<br><br>자본금의 액 :  10,000,000원 |
| 목적 | 1. 일반 음식점업<br>1. 출장 및 이동 음식업<br>1. 제과점업<br>1. 분식 및 김밥 전문점<br>1. 주점업<br>1. 비알콜 음료점업<br>1. 프랜차이즈업<br>1. 통신판매업 및 전자상거래업<br>1. 각 호에 관련된 부대사업 일체 |
| 임원에 관한 사항 | 사내이사 홍길동 (000000-0000000)<br><br>사내이사 김철수 (000000-0000000) |

| | |
|---|---|
| | 사내이사 이영희 (000000-0000000)<br>대표이사 홍길동 (000000-0000000)<br>서울특별시 서초구 서초대로45길 22, 108동 1102호 (서초동, 삼일아파트) |
| 주식매수선택권 | 1. 일정한 경우 주식매수선택권을 부여할 수 있다는 뜻<br>　본 회사는 임직원에게 발행주식총수의 100분의 10의 범위 내에서 주식매수선택권을 주주총회의 특별결의에 의하여 부여할 수 있다.<br><br>1. 주식매수선택권의 행사로 발행하거나 양도할 주식의 종류와 수<br>　주식매수선택권의 행사로 교부할 주식(주식매수선택권의 행사가격과 시가와의 차액을 현금 또는 자기주식으로 교부하는 경우에는 그 차액의 산정기준이 되는 주식을 말한다)은 보통주식으로 한다. 단, 임원 또는 직원 1인에 대하여 부여하는 주식매수선택권은 발행주식총수의 100분의 10을 초과할 수 없다.<br><br>1. 주식매수선택권을 부여받을 자의 자격요건<br>　주식매수선택권을 부여받을 자는 회사의 설립, 경영과 기술혁신 등에 기여하거나 기여할 수 있는 임직원으로 하되 다음 각호의 1에 해당하는 자는 제외한다.<br>가. 의결권 없는 주식을 제외한 발행주식총수의 100분의 10 이상의 주식을 가진 주주<br>나. 이사, 집행임원, 감사의 선임과 해임 등 회사의 주요 경영사항에 대하여 사실상 영향력을 행사하는 자<br><br>1. 주식매수선택권의 행사기간<br>　주식매수선택권은 이를 부여하는 주주총회 특별결의일부터 2년이 지난 날부터 3년 이내에 행사할 수 있다.<br><br>1. 일정한 경우 이사회결의로 주식매수선택권의 부여를 취소할 수 있다는 뜻<br>　다음 각호의 어느 하나에 해당하는 경우에는 이사회의 결의로 주식매수선택권의 부여를 취소할 수 있다.<br>가. 당해 주식매수선택권을 부여받은 자가 주식매수선택권을 부여받은 후 임의로 사임 또는 퇴직한 경우<br>나. 당해 주식매수선택권을 부여받은 자가 고의 또는 과실로 회사에 중대한 손해를 초래하게 한 경우<br>다. 기타 주식매수선택권 부여계약에서 정한 취소사유가 발생한 경우 |

## 신청등기소 및 등록면허세/수수료

| 순번 | 신청등기소 | 구분 | 등록면허세<br>지방교육세 | 농어촌특별세 | 세액합계 | 등기신청수수료 |
|---|---|---|---|---|---|---|
| 1 | 서울중앙지방법원<br>등기국 | 본점 | 금 337,500원<br>금 67,500원 | 금 0원 | 금 405,000원 | 금 25,000원 |

| 등기신청수수료 납부번호 | (전자) 16-00-01234567-4 |
|---|---|
| 과세표준액 | 10,000,000원 |

### 첨부서면

| | | | |
|---|---|---|---|
| 1.등록면허세 납부확인서 | 1통 | 1.취임승낙서 | 1통 |
| 1.등기신청수수료 영수필확인서 | 1통 | 1.(개인)인감증명서 | 2통 |
| 1.정관 | 1통 | 1.본인서명사실확인서 | 1통 |
| 1.잔고증명서 | 1통 | 1.주민등록초본 | 3통 |
| 1.발기인회 의사록 | 1통 | 1.(법인)인감신고서 및 인감대지 | 1통 |
| 1.조사보고서 | 1통 | 1.등기신청위임장 | 1통 |
| 1.이사회 의사록 | 1통 | | |

2016년 11월 23일

신청인 상 호 주식회사 율도

　　　　 본 점 서울특별시 강남구 테헤란로 101, 501호 (역삼동, 리즈타워)

　　　　 성 명 대표이사 홍길동　　　　　　(인) (전화:　　　　　　　)

　　　　 주 소 서울특별시 서초구 서초대로45길 22, 108동 1102호 (서초동,
　　　　　　　　 삼일아파트)

대리인 성 명 변호사 김상균　　　　　　(인) (전화:00-000-0000　　)

　　　　 주 소 서울특별시 서초구 서초대로 259, 5층 (서초동, 서원빌딩)

서울중앙지방법원 등기국 귀중

-- 신청서 작성요령 -

1. 해당란이 부족할 때에는 별지를 이용합니다.
1. 해당 등기신청과 관계없는 사항에 대해서는 "해당없음"으로 기재하거나 삭제하고, 필요한 사항은 추가로 기재합니다.

**(2) 등기신청수수료 영수필확인서 (25,000원)**

**(3) 등록면허세 납부확인서 (405,000원)**

**(4) 정관**

「신청서 작성사례1」의 정관 중 제7조와 발기인 기명날인 부분을 다음과 같이 바꾼다.

---

# 정 관

2016. 11. 9. 제정

### 제1장 총 칙

**제1조 (상호)** 본 회사는 '주식회사 율도'라 한다. 영문으로는 'Yuldo, Inc.'라 표기한다.

(중략)

<u>**제7조 (회사설립시 주식발행사항)** 본 회사가 회사설립시에 발행하는 주식의 총수는 보통주식 10,000주로 하고 1주당 금1,000원에 발행한다.</u>

(중략)

이상과 같이 정관을 작성하고 발기인이 이에 서명 또는 기명날인한다.

2016년 11월 9일

발기인 홍길동 (000000-0000000) (홍길동 인)
서울특별시 서초구 서초대로45길 22, 108동 1102호 (서초동, 삼일아파트)
<u>**인수주식 수: 보통주식 6,000주**</u>

발기인 김철수 (000000-0000000) (김철수 인)
서울특별시 영등포구 여의로 12, 101호 (여의도동, 세계오피스텔)
<u>**인수주식 수: 보통주식 4,000주**</u>

---

## (5) 잔고증명서

신한은행 논현역지점을 방문하여 잔액증명일이 2016년 11월 9일이고 잔액이 1,000만원 또는 그 이상 있음을 증명하는 홍길동 계좌의 잔고증명서를 발급받아 첨부한다. 김철수가 홍길동의 계좌로 400만원을 이체하였음을 증명할 필요 없고 <u>자본금 총액만 증명</u>하면 된다.

## (6) 발기인회 의사록

이사가 3명 이상이므로 발기인회와 별도로 이사회를 개최한다. 「신청서 작성사례1」과 달리, 대표이사 선임과 본점의 구체적인 주소는 이사회에서 정한다.

---

# 발기인회 의사록

2016년 11월 9일 오전 9시 서울특별시 강남구 테헤란로 101, 501호 (역삼동, 리즈타워) 창립사무소에서 발기인회를 개최하다.

발기인총수　2명,　이들의 인수주식총수　10,000주
출석발기인수　2명,　이들의 인수주식 수　10,000주

발기인대표 홍길동은 위와 같이 법정수에 달하는 발기인들이 출석하였으므로 본 총회는 유효하게 성립됨을 고하고, 의사를 진행하기 전에 의장을 선임할 것을 구한바 발기인들은 만장일치로 발기인대표를 의장으로 선임, 동인은 그 취임을 승낙하고 의장석에 등단하여 개회를 선언한 후 다음 의안의 심의를 구하다.

**제1호 의안: 창립사항 보고의 건**

의장은 발기인을 대표하여 본 발기인회까지의 경과를 소상히 설명하여 보고한바 발기인들은 만장일치로 이를 승인하다.

**제2호 의안: 이사 선임의 건**

의장은 본 회사의 정관규정에 따라 사내이사를 선임하겠다고 말하고 의견을 구한바 발기인들은 다음 사람을 사내이사로 선임하는 것을 박수로 찬성하여 만장일치로 가결하다.

사내이사 홍길동 (000000-0000000), 사내이사 김철수 (000000-0000000),
사내이사 이영희 (000000-0000000)

---

위 피선자들은 즉석에서 그 취임을 승낙하다.

이상으로 금일의 의안 전부를 종료하였으므로 의장은 폐회를 선언하다(회의 종료시각 10시). 위 의사의 경과요령과 결과를 명확히 하기 위하여 이 의사록을 작성하고 의장과 출석한 발기인이 기명날인하다.

2016년 11월 9일

주식회사 율도

의장 발기인대표 홍길동

발기인 김철수

## (7) 조사보고서

지분이 없는 이사 · 감사가 사내이사 이영희뿐이므로 조사보고서는 사내이사 이영희 명의로 작성한다. 취임승낙서와 달리 막도장을 찍어도 된다.

# 조사보고서

주식회사 율도

2016년 11월 9일 발기인회에서 본인을 사내이사로 선임하였으므로 상법 제298조의 규정 사항을 다음과 같이 조사, 보고합니다.

1. 설립시에 발행한 주식 총수에 대한 인수의 정확 여부

본 회사가 발행할 주식의 총수는 1,000,000주이며, 설립 시에 발행한 주식의 총수는 10,000주, 1주의 금액은 1,000원인데 그 인수 내용은 다음과 같음.

발기인이 인수한 주식 수: 보통주식 10,000주 (2016년 11월 9일 인수완료)

2. 인수주식에 대한 납입의 정확 여부

설립시에 발행한 주식 총수 10,000주에 대한 주금 10,000,000원의 납입이 2016년 11월 9일 완료되었는바, 그 납입을 맡은 신한은행(논현역지점)의 잔액증명으로 이를 명확히 확인함.

3. 현물출자 이행의 정확 여부나 검사인 보고서의 정확 여부 등

　현물출자를 한 자가 없고 정관에 상법 제290조 소정사항을 정하지 아니하여 검사인을 선임할 필요가 없었음. 그러므로 이에 대한 정확 여부를 조사할 여지가 없었음.

　기타 설립에 관한 모든 사항이 법령, 정관에 어긋나지 아니함.

　위와 같이 조사, 보고합니다.

2016년 11월 9일

사내이사 이영희 (인)

## (8) 이사회 의사록

# 이사회 의사록

주식회사 율도

　2016년 11월 9일 10시 30분 서울특별시 강남구 테헤란로 101, 501호 (역삼동, 리즈타워) 창립사무소에서 이사회를 개최하다.

이사 총수 3명,　　출석 이사수 3명

감사 총수 0명,　　출석 감사수 0명

**제1호 의안:　대표이사 선임의 건**

　이사 전원의 호선에 의하여 이사 홍길동을 임시 의장으로 선출하다. 의장은 즉석에서 이를 승낙하고 의장석에 등단하여 개회를 선언한 후 이사 중에서 본 회사를 대표할 대표이사를 선임한다는 취지를 말하고 의견을 구한바 이사들은 다음 사람을 대표이사로 선임하는 것을 만장일치로 가결하다.

　대표이사 홍길동 (000000-0000000)

　위 피선자는 즉석에서 그 직에 취임함을 승낙하다.

**제2호 의안: 본점설치장소 결정의 건**

　의장은 정관에 본점을 서울특별시에 둔다고만 정해져 있으므로 본점설치장소에 대한 의견을 구한바 이사들은 다음 본점설치장소를 만장일치로 가결하다.


　　본점: 서울특별시 강남구 테헤란로 101, 501호 (역삼동, 리즈타워)


　의장은 이상으로 의안 심의를 전부 종료하였으므로 폐회한다고 선언하다(회의 종료시각 11시). 위 의사의 경과요령과 결과를 명확히 하기 위하여 이 의사록을 작성하고 의장과 출석한 이사 및 감사가 기명날인하다.

2016. 11. 9.
주식회사 율도

의장　대표이사　홍길동

사내이사　김철수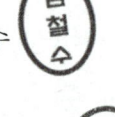

사내이사　이영희[583]

---

583) 정관, 주식발행사항동의서, 주식인수증, 조사보고서, 의사록(공증인으로부터 인증받지 않는 경우)에는 막 도장을 찍어도 되고 취임승낙서에 찍은 도장, 서명과 달라도 무방하다.

## (9) 취임승낙서

도장을 찍을 경우 (개인)인감도장을 찍어야 하고, 서명할 경우 본인서명사실확인서 상의 서명과 같아야 한다.

---

### 취임승낙서

2016년 11월 9일 발기인회에서 사내이사로 선임되었고, 2016년 11월 9일 이사회에서 대표이사로 선임되었으므로 그 취임을 승낙함.

2016년 11월 9일

사내이사 및 대표이사 홍길동 (개인인감도장 날인)

사내이사 김철수 (개인인감도장 날인)

사내이사 이영희 **이영희**

주식회사 율도 귀하

---

## (10) (개인)인감증명서

홍길동, 김철수가 각 1부씩 준비한다. 등기신청서 제출일 기준 최근 3개월 이내에 발행되어야 한다.

## (11) 본인서명사실확인서

이영희가 1부 준비한다. 등기신청서 제출일 기준 최근 3개월 이내에 발행되어야 한다.

## (12) 주민등록초본

홍길동, 김철수, 이영희가 각 1부씩 준비한다. 등기신청서 제출일 기준 최근 3개월 이내에 발행되어야 한다.

## (13) (법인)인감신고서 및 인감대지

### (a) (법인)인감신고서

# 인감 · 개인(改印) 신고서

(신고하는 인감날인란)　　(인감제출자에 관한 사항)

| 상호(명칭) | | 주식회사 율도 | 등기번호 | |
|---|---|---|---|---|
| 본점(주사무소) | | 서울특별시 강남구 테헤란로 101, 501호 (역삼동, 리즈타워) | | |
| 인감제출자 | 자격/성명 | 대표이사 홍길동 | | |
| | 주민등록번호 | 000000-0000000 | | |
| | 주소 | 서울특별시 서초구 서초대로45길 22, 108동 1102호 (서초동, 삼일아파트) | | |

☑ 위와 같이 인감을 신고합니다.　　☐ 위와 같이 개인(改印)하였음을 신고합니다.

2016년 11월 23일

신고인 본 인 성 명 대표이사 홍길동 (인)<sup>#</sup> (전화: 　　　　 )

대리인 성 명 변호사 김상균 (인)* (전화: 00-000-0000)

서울중앙지방법원 등기국 귀중

---

주 1. 인감 · 개인(改印) 신고서의 **신고인의 날인란**([#])에는 「인감증명법」에 따라 신고한 인감을 날인하고 그 인감증명서(발행일로부터 3개월 이내의 것)를 첨부하거나, 등기소에 제출한 유효한 종전 인감(법인인감)을 날인하여야 합니다. 또한 인감제출자가 기명날인 또는 서명하였다는 공증인의 인증서면으로 갈음할 수 있습니다.
　2. 인감 · 개인신고서에는 신고하는 인감을 날인한 인감대지를 첨부하여야 합니다.
　3. 지배인이 인감을 신고하는 경우에는 인감제출자의 주소란에 지배인을 둔 장소를 기재하고, **위 1. 의 방법 대신** 「상업등기규칙」 제35조 제3항의 보증서면(영업주가 등기소에 제출한 인감날인)을 첨부하여야 합니다. 위 보증서면은 아래의 보증서면란에 기재하는 것으로 갈음할 수 있습니다.
　4. **위임에 의한 대리인**이 인감을 신고하거나 개인(改印)을 신고하는 경우에는 위 1. 대신에 **위임인의 날인란**([**])에 「인감증명법」에 따라 신고한 인감을 날인한 위임장을 첨부하고 그 인감증명서를 첨부하거나 등기소에 제출한 유효한 종전 인감을 날인한 위임장을 첨부하여야 하고 **신고인의 날인란**([*])에는 대리인이 기명날인 하여야 합니다.
　5. **법인인감증명서 발급사실 등 문자전송 서비스**를 신청하면, 발급사실을 휴대폰 문자로 통보받을 수 있습니다(전국 등기소 및 인터넷등기소에서 별도 신청해야 합니다).

### 보 증 서 면

(법인인감 날인란)

위 신고하는 인감은 지배인 _____의 인감임이 틀림없음을 보증합니다.

대표이사 _____

### 위 임 장

성 명 : 변호사 김상균  생년월일: (0000.00.00) (전화 00-000-0000)

주 소 : 서울특별시 서초구 서초대로 259, 5층 (서초동, 서원빌딩)

위의 사람에게, 위 인감(개인)신고에 관한 일체의 권한을 위임함.

2016년 11월 23일

인감(개인) 신고인 성 명 대표이사 홍길동 (**대표이사의 개인인감도장**)**

## (b) 인감대지

별지 제2호 양식(인감대지)

# 인 감 대 지

신고하는 인감날인란

상 호(명 칭) : 주식회사 율도

자격 및 성명 : 대표이사 홍길동

주1. 자격은 대표이사(이사), 이사장, 지배인, 대리인, 상호사용자, 미성년자, 법정대리인 등으로 기재합니다.

주2. 인감의 규격은 가로·세로 각각 1.0센티미터 이상 2.4센티미터 이내이어야 합니다.

## (14) 등기신청위임장

<table>
<tr><td colspan="2" align="center"><h1>위 임 장</h1></td></tr>
<tr>
<td>법인의 표시</td>
<td>상호       주식회사 율도<br>본지점구분  본점<br>본점 주소    서울특별시 강남구 테헤란로 101, 501호 (역삼동,<br>               리즈타워)</td>
</tr>
<tr>
<td>등기의 목적</td>
<td>주식회사 발기설립</td>
</tr>
<tr>
<td>등기의 사유</td>
<td>발기인이 정관을 작성하여 기명날인한 후 회사설립시에 발행하는 주식의 총수를 인수하고 2016년 11월 9일 상법 제298조의 절차를 종료하였으므로, 다음 사항의 설립등기를 구함.</td>
</tr>
<tr>
<td>대리인</td>
<td>성 명    변호사 김상균 (전화 : 00-000-0000)<br><br>주 소   서울특별시 서초구 서초대로 259, 5층 (서초동, 서원빌딩)</td>
</tr>
<tr>
<td colspan="2">본인은 위 사람을 대리인으로 정하고 다음의 사항의 권한을 위임한다.<br>1. 위 법인등기신청 및 취하에 관한 일체의 행위.<br>2. 원본 환부청구 및 수령행위.<br><br> 2016년 11월 9일 <br>상 호  주식회사 율도<br>본 점  서울특별시 강남구 테헤란로 101, 501호 (역삼동, 리즈타워)<br>성 명  대표이사 홍길동       (전화:          )<br>주 소  서울특별시 서초구 서초대로45길 22, 108동 1102호 (서초동, 삼일아파트)</td>
</tr>
</table>

**Ⅲ** **신청서 작성사례3** (사내이사 2명, 감사 1명이고 사내이사 중 1명이 대표이사, 중과세 예외)

## 1. 사례 설명

자본금 5,000만원으로 주식회사 율도를 설립하고자 한다. 대표이사 홍길동이 60% 지분, 사내이사 김철수가 40% 지분을 소유하고 감사 이영희는 지분이 없다.

사업목적은 게임 소프트웨어 개발 및 공급업, 컴퓨터 프로그래밍 서비스업, 시스템 소프트웨어 개발 및 공급업이고, 본점은 서울특별시 강남구 테헤란로 101, 501호(역삼동, 리즈타워)에 둔다. 공고는 yuldo.co.kr에 전자공고하고 전산장애 시 매일경제신문에 공고한다. 주식매수선택권 규정도 둔다. 2016년 11월 9일 자 잔액을 증명하는 신한은행(논현역지점) 잔고증명서로 자본금을 증명한다.

## 2. 사전준비사항과 비용

### (1) 발기인과 임원이 사전에 준비할 사항

| 내 용 | 비 고 |
|---|---|
| (개인)인감증명서: 홍길동, 김철수, 이영희 각 1부 | 최근 3개월 이내 발행 |
| 주민등록초본: 홍길동, 김철수, 이영희 각 1부 | 최근 3개월 이내 발행 |
| 취임승낙서에 (개인)인감도장을 찍음: 홍길동, 김철수, 이영희 | |
| (법인)인감도장 제작 | |
| (법인)인감신고서에 (법인)인감도장과 홍길동의 (개인)인감도장을 찍음 | |
| 잔액증명일이 2016년 11월 9일인 신한은행(논현역지점) 잔고증명서 1부 | 5,000만원 또는 그 이상의 잔액을 증명하는 증명서 |
| 도메인(yuldo.co.kr) 등록 | |

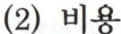

## (2) 비용

### (a) 등기신청수수료(e-Form): 25,000원

### (b) 등록면허세 및 지방교육세: 240,000원

등록면허세 및 지방교육세는 중과세 예외사유(사업목적이 소프트웨어사업)에 해당하여 24만원이 된다. 산업단지 이외의 중과세 예외사유이므로 등록면허세 및 지방교육세를 온라인(서울시ETAX)으로 납부할 수 없고 강남구청에 가거나 우편으로 신고·납부해야 한다.

## 3. 등록면허세 및 지방교육세 납부

주식회사 변경등기신청서 사본과 정관 사본을 첨부하여 강남구청에 가거나 우편으로 신고·납부한다.

### 등록에 대한 등록면허세 신고서

[기한 내 신고( √ )  기한 후 신고(    )]

| 접수번호 | | 접수일자 | | | 관리번호 |
|---|---|---|---|---|---|
| 신고인 | ① 성 명<br>(법인명) | ② 주민(법인)<br>등록번호 | ③ 주소(영업소) | | ④ 전화번호 |
| | 주식회사 율도 | 000000-0000000 | 서울특별시 강남구 테헤란로 101, 501호<br>(역삼동, 리즈타워) | | 000-000-0000 |

**등기·등록물건 내역**

| ⑤ 소재지 | 서울특별시 강남구 테헤란로 101, 501호 (역삼동, 리즈타워) | | |
|---|---|---|---|
| ⑥ 물건명 | ⑦ 등기·등록종류 | ⑧ 등기·등록원인 | ⑨ 등기·등록가액 |
| | 법인등기 | 영리법인 설립 | 50,000,000원 |
| | | | |
| | | | |

**납부할 세액**

| 세 목 | ⑩과세표준 | ⑪세율 | ⑫산출세액 | ⑬감면세액 | ⑭기납부세액 | 가산세 무신고 또는 과소신고 | 가산세 납부지연 | ⑮계 | 신고세액합계<br>(⑫-⑬-⑭+⑮) |
|---|---|---|---|---|---|---|---|---|---|
| 합계 | | | 240,000원 | | | | | | 240,000원 |
| 등록면허세 | 50,000,000원 | 0.4% | 200,000원 | | | | | | 200,000원 |

| 지방교육세 | 200,000원 | 20% | 40,000원 | | | | | 40,000원 |
|---|---|---|---|---|---|---|---|---|
| 농어촌<br>특별세 | | | | | | | | |

| ※ 구비서류 | 1. 전세계약서 등 등록가액 등을 증명할 수 있는 서류 사본 1부<br>2. 「지방세특례제한법 시행규칙」 별지 제1호 서식의 지방세 감면 신청서 1부<br>3. 별지 제8호 서식의 취득세 비과세 확인서 1부<br>4. 별지 제10호 서식의 등록면허세(등록) 납부서 납세자 보관용 영수증 사본 1부<br>(기타) 주식회사 변경등기신청서 사본, 정관 사본 |
|---|---|

| 「지방세법」 제30조 및 같은 법 시행령 제48조 제3항에 따라 위와 같이 신고합니다.<br>2016년 11월 10일<br>신고인  주식회사 율도 대표이사 홍길동 (서명 또는 날인)<br>대리인 변호사 김상균 (서명 또는 날인) | 접수(영수)일자<br><br>(인) |
|---|---|

**특별자치시장 · 특별자치도지사 · 시장 · 군수 · 구청장  귀하**

<h3 style="text-align:center">위 임 장</h3>

위의 신고인 본인은 위임받는 사람에게 등록에 대한 등록면허세 신고에 관한 모든 권리와 의무를 위임합니다.

위임자(신고인) 주식회사 율도 대표이사 홍길동        (서명 또는 인)

| 위임<br>받는 사람 | 성명 | 변호사 김상균 | 주민등록번호 | | 위임자와의 관계  등기대리 |
|---|---|---|---|---|---|
| | 주소 | 서울특별시 서초구 서초대로 259, 5층(서초동, 서원빌딩) | | | 전화번호  00-000-0000 |

<h3 style="text-align:center">접수증 (등록면허세 신고서)</h3>

| 신고인 (대리인) | 접수연월일 | 과세물건 신고내용 | 접 수 번 호 |
|---|---|---|---|
| 「지방세법」 제30조 및 같은 법 시행령 제48조 제3항에 따라 신고한 신고서의 접수증입니다. | | | 접수자<br>(서명 또는 인) |  접수일 |

## 4. 주식회사 설립등기신청서(e-Form) 및 첨부서류

### (1) 주식회사 설립등기신청서(e-Form)

| 즉시접수 | 당일접수 |
|---|---|
| 제출자 | 변호사 김상균 |
| 총 | 1            건 |

전자표준양식번호(e-Form)번호: 1101-2016-0123456-1

# 주식회사 설립등기신청

| 접수 | 년 월 일 | | | 처리인 | 접수 | 조사 | 인감 | 기입 | 교합 | 통지 |
|---|---|---|---|---|---|---|---|---|---|---|
| | 제 | | 호 | | | | | | | |

본 신청서 상의 정보와 전자표준양식(e-Form)으로 저장된 정보는 동일함을 확인합니다.　　작성완료일시: 2016. 11. 10.  16:25:52

본 신청서는 최초 작성 후 3개월까지만 등기소에 제출 가능합니다.　　최초작성일시: 2016. 11. 10.  16:10:27

| | |
|---|---|
| 등기의 목적 | 주식회사 발기설립 |
| 등기의 사유 | 발기인이 정관을 작성하여 기명날인한 후 회사설립시에 발행하는 주식의 총수를 인수하고 2016년 11월 9일 상법 제298조의 절차를 종료하였으므로, 다음 사항의 설립등기를 구함. |
| 본/지점신청구분 | **1.본점신청■**　2.지점신청□　3.본·지점일괄신청□ |
| 등 기 할 사 항 | |
| 상호 | 주식회사 율도 (Yuldo, Inc.) |
| 본점 | 서울특별시 강남구 테헤란로 101, 501호 (역삼동, 리즈타워) |
| 공고의방법 | 본 회사의 공고는 회사의 인터넷 홈페이지(yuldo.co.kr)에 게재한다. 다만, 전산장애 또는 그 밖의 부득이한 사유로 회사의 인터넷 홈페이지에 공고할 수 없을 때는 서울특별시에서 발행하는 일간 매일경제신문에 한다. |
| 1주의 금액 | 1,000원 |
| 발행할 주식의 총수 | 1,000,000주 |
| 발행주식내역/<br>자본금의 액 | 발행주식의 총수 :　50,000주<br>보통주식 :　50,000주<br><br>자본금의 액 :　50,000,000원 |
| 목적 | 1. 게임 소프트웨어 개발 및 공급업<br>1. 컴퓨터 프로그래밍 서비스업<br>1. 시스템 소프트웨어 개발 및 공급업<br>1. 각 호에 관련된 부대사업 일체 |
| 임원에 관한 사항 | 사내이사 홍길동 (000000-0000000)<br><br>사내이사 김철수 (000000-0000000) |

| | |
|---|---|
| | 감사 이영희 (000000-0000000)<br>대표이사 홍길동 (000000-0000000)<br>서울특별시 서초구 서초대로45길 22, 108동 1102호 (서초동, 삼일아파트) |
| 주식매수선택권 | 1. 일정한 경우 주식매수선택권을 부여할 수 있다는 뜻<br> 본 회사는 임직원에게 발행주식총수의 100분의 10의 범위 내에서 주식매수선택권을 주주총회의 특별결의에 의하여 부여할 수 있다.<br><br>1. 주식매수선택권의 행사로 발행하거나 양도할 주식의 종류와 수<br> 주식매수선택권의 행사로 교부할 주식(주식매수선택권의 행사가격과 시가와의 차액을 현금 또는 자기주식으로 교부하는 경우에는 그 차액의 산정기준이 되는 주식을 말한다)은 보통주식으로 한다. 단, 임원 또는 직원 1인에 대하여 부여하는 주식매수선택권은 발행주식총수의 100분의 10을 초과할 수 없다.<br><br>1. 주식매수선택권을 부여받을 자의 자격요건<br> 주식매수선택권을 부여받을 자는 회사의 설립, 경영과 기술혁신 등에 기여하거나 기여할 수 있는 임직원으로 하되 다음 각호의 1에 해당하는 자는 제외한다.<br>가. 의결권 없는 주식을 제외한 발행주식총수의 100분의 10 이상의 주식을 가진 주주<br>나. 이사, 집행임원, 감사의 선임과 해임 등 회사의 주요 경영사항에 대하여 사실상 영향력을 행사하는 자<br><br>1. 주식매수선택권의 행사기간<br> 주식매수선택권은 이를 부여하는 주주총회 특별결의일부터 2년이 지난 날부터 3년 이내에 행사할 수 있다.<br><br>1. 일정한 경우 이사회결의로 주식매수선택권의 부여를 취소할 수 있다는 뜻<br> 다음 각호의 어느 하나에 해당하는 경우에는 이사회의 결의로 주식매수선택권의 부여를 취소할 수 있다.<br>가. 당해 주식매수선택권을 부여받은 자가 주식매수선택권을 부여받은 후 임의로 사임 또는 퇴직한 경우<br>나. 당해 주식매수선택권을 부여받은 자가 고의 또는 과실로 회사에 |

| | |
|---|---|
| | 중대한 손해를 초래하게 한 경우 |
| | 다. 기타 주식매수선택권 부여계약에서 정한 취소사유가 발생한 경우 |

## 신청등기소 및 등록면허세/수수료

| 순번 | 신청등기소 | 구분 | 등록면허세<br>지방교육세 | 농어촌특별세 | 세액합계 | 등기신청수수료 |
|---|---|---|---|---|---|---|
| 1 | 서울중앙지방<br>법원 등기국 | 본점 | 금 200,000원<br>금 40,000원 | 금 0원 | 금 240,000원 | 금 25,000원 |

| 등기신청수수료 납부번호 | （전자）16-00-01234567-4 |
|---|---|
| 과세표준액 | 50,000,000원 |

### 첨부서면

| | | | |
|---|---|---|---|
| 1.등록면허세 납부확인서 | 1통 | 1.조사보고서 | 1통 |
| 1.등기신청수수료 영수필확인서 | 1통 | 1.취임승낙서 | 1통 |
| 1.정관 | 1통 | 1.(개인)인감증명서 | 3통 |
| 1.주식발행사항동의서 | 1통 | 1.주민등록초본 | 3통 |
| 1.주식인수증 | 2통 | 1.(법인)인감신고서 및 인감대지 | 1통 |
| 1.잔고증명서 | 1통 | 1.등기신청위임장 | 1통 |
| 1.발기인회 의사록 | 1통 | | |

2016년 11월 10일

신청인 상 호 주식회사 율도

　　　　본 점 서울특별시 강남구 테헤란로 101, 501호 （역삼동, 리즈타워）

　　　　성 명 대표이사 홍길동　　　　　　　（인）（전화:　　　　　　　）

　　　　주 소 서울특별시 서초구 서초대로45길 22, 108동 1102호 （서초동, 삼일아파트）

대리인 성 명 변호사 김상균　　　　　　　（인）전화:00-000-0000　　　）

　　　　주 소 서울특별시 서초구 서초대로 259, 5층 （서초동, 서원빌딩）

서울중앙지방법원 등기국 귀중

#### - 신청서 작성요령 -

1. 해당란이 부족할 때에는 별지를 이용합니다.
1. 해당 등기신청과 관계없는 사항에 대해서는 "해당없음"으로 기재하거나 삭제하고, 필요한 사항은 추가로 기재합니다.

**(2) 등기신청수수료 영수필확인서 (25,000원)**

**(3) 등록면허세 납부확인서 (240,000원)**

**(4) 정관**

「신청서 작성사례1」의 정관 중 제2조, 제7조와 발기인 기명날인 부분을 다음과 같이 바꾼다.

---

# 정 관

2016. 11. 9. 제정

## 제1장 총 칙

**제1조 (상호)** 본 회사는 '주식회사 율도'라 한다. 영문으로는 'Yuldo, Inc.'라 표기한다.

**제2조 (목적)** 본 회사는 다음 사업을 경영함을 목적으로 한다.
1. 게임 소프트웨어 개발 및 공급업
1. 컴퓨터 프로그래밍 서비스업
1. 시스템 소프트웨어 개발 및 공급업
1. 각 호에 관련된 부대사업 일체

(중략)

**제7조 (회사설립시 주식발행사항)** 본 회사가 회사설립시에 발행하는 주식의 총수는 50,000주로 한다.

(중략)

이상과 같이 정관을 작성하고 발기인이 이에 서명 또는 기명날인한다.

2016년 11월 9일

발기인 홍길동 (000000-0000000)
서울특별시 서초구 서초대로45길 22, 106동 1102호 (서초동, 삼일아파트)

---

발기인 김철수 (000000-0000000)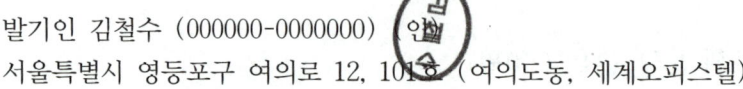
서울특별시 영등포구 여의로 12, 101호 (여의도동, 세계오피스텔)

## (5) 주식발행사항동의서

### 주식발행사항동의서

발기인 전원은 회사설립시에 발행할 주식을 아래와 같이 정하기로 동의한다.

1. 주식의 종류와 수: 보통주식 50,000주

2. 주식의 발행가액: 1주에 대하여 금1,000원

　　위 동의사항을 확실히 하기 위하여 발기인 전원이 기명날인한다.

2016년 11월 9일

주식회사 율도

발기인 홍길동 (인)

발기인 김철수 (인)

## (6) 주식인수증

## (a) 발기인 홍길동

# 주 식 인 수 증

상호: 주식회사 율도

인수할 주식의 종류와 수: 보통주식 30,000주
위 인수 총액: 금30,000,000원

1주의 금액: 1,000원

납입을 맡을 금융기관과 납입장소: 신한은행 (논현역지점)

발기인은 위의 주식을 인수합니다.

2016년 11월 9일

발기인 홍길동

서울특별시 서초구 서초대로45길 22, 108동 1102호 (서초동, 삼일아파트)


주식회사 율도
발기인대표 귀하

## (b) 발기인 김철수

# 주 식 인 수 증

상호: 주식회사 율도

인수할 주식의 종류와 수: 보통주식 20,000주

위 인수 총액: 금20,000,000원

1주의 금액: 1,000원

납입을 맡을 금융기관과 납입장소: 신한은행 (논현역지점)

발기인은 위의 주식을 인수합니다.

2016년 11월 9일

발기인 김철수 (인)

서울특별시 영등포구 여의로 12, 101호 (여의도동, 세계오피스텔)

주식회사 율도
발기인대표 귀하

## (7) 잔고증명서

신한은행 논현역지점을 방문하여 잔액증명일이 2016년 11월 9일이고 잔액이 5,000만원 또는 그 이상 있음을 증명하는 홍길동 계좌의 잔고증명서를 발급받아 첨부한다. 김철수가 홍길동의 계좌로 2,000만원을 이체하였음을 증명할 필요 없고 자본금 총액만 증명하면 된다.

## (8) 발기인회 의사록

주식회사 율도는 자본금이 10억원 미만이고 이사가 2명 이하이므로 상법 389조 1항 2문,

정관 33조 및 44조 2항에 따라 주주총회에서 대표이사를 선임한다. 회사설립 시에는 발기인 회에서 대표이사를 선임한다.

---

# 발기인회 의사록

2016년 11월 9일 09시 서울특별시 강남구 테헤란로 101, 501호 (역삼동, 리즈타워) 창립사무소에서 발기인회를 개최하다.

발기인총수 　 2명, 　 이들의 인수주식총수 　 50,000주
출석발기인수 　 2명, 　 이들의 인수주식 수 　 50,000주

발기인대표 홍길동은 위와 같이 법정수에 달하는 발기인들이 출석하였으므로 본 총회는 유효하게 성립됨을 고하고, 의사를 진행하기 전에 의장을 선임할 것을 구한바 발기인들은 만장일치로 발기인대표를 의장으로 선임, 동인은 그 취임을 승낙하고 의장석에 등단하여 개회를 선언한 후 다음 의안의 심의를 구하다.

### 제1호 의안: 창립사항 보고의 건

의장은 발기인을 대표하여 본 발기인회까지의 경과를 소상히 설명하여 보고한바 발기인들은 만장일치로 이를 승인하다.

### 제2호 의안: 이사 선임의 건

의장은 본 회사의 정관규정에 따라 사내이사를 선임하겠다고 말하고 의견을 구한바 발기인들은 다음 사람을 사내이사로 선임하는 것을 박수로 찬성하여 만장일치로 가결하다.

사내이사 홍길동 (000000-0000000), 사내이사 김철수 (000000-0000000)

위 피선자들은 즉석에서 그 취임을 승낙하다.

### 제3호 의안: 감사 선임의 건

의장은 본 회사의 정관규정에 따라 감사를 선임하겠다고 말하고 의견을 구한바 발기인들은 다음 사람을 감사로 선임하는 것을 박수로 찬성하여 만장일치로 가결하다. 단, 감사의 선임에는 상법 제409조 제2항의 규정에 따라 발행주식총수의 100분의 3을 초과하는 수의 주식을 가진 주주는 그 초과하는 주식에 관하여는 의결권을 행사하지 아니하다.

　　　감사 이영희 (000000-0000000)

　　위 피선자는 즉석에서 그 취임을 승낙하다.


### 제4호 의안: 대표이사 선임의 건

　　의장은 본 회사의 정관규정에 따라 이사 중에서 본 회사를 대표할 대표이사를 선임한다는 취지를 말하고 의견을 구한바 발기인들은 다음 사람을 대표이사로 선임하는 것을 박수로 찬성하여 만장일치로 가결하다.

　　　대표이사 홍길동 (000000-0000000)

　　위 피선자는 즉석에서 그 직에 취임함을 승낙하다.


### 제5호 의안: 본점설치장소 결정의 건

　　본 회사의 정관에 본점을 서울특별시에 둔다고만 정해져 있으므로 본점설치장소에 대한 의견을 구한바 발기인들은 다음 본점설치장소를 박수로 찬성하여 만장일치로 가결하다.

　　　본점: 서울특별시 강남구 테헤란로 101, 501호 (역삼동, 리즈타워)


　　이상으로 금일의 의안 전부를 종료하였으므로 의장은 폐회를 선언하다(회의 종료시각 10시). 위 의사의 경과요령과 결과를 명확히 하기 위하여 이 의사록을 작성하고 의장과 출석한 발기인이 기명날인하다.

2016년 11월 9일

주식회사 율도

의장 발기인대표 홍길동 (인)

발기인 김철수 (인)

## (9) 조사보고서

지분이 없는 이사·감사 이영희뿐이므로 조사보고서는 감사 이영희 명의로 작성한다.

# 조사보고서

주식회사 율도

  2016년 11월 9일 발기인회에서 본인을 감사로 선임하였으므로 상법 제298조의 규정 사항을 다음과 같이 조사 보고합니다.

1. 설립시에 발행한 주식 총수에 대한 인수의 정확 여부
  본 회사가 발행할 주식의 총수는 1,000,000주이며, 설립 시에 발행한 주식의 총수는 50,000주, 1주의 금액은 1,000원인데 그 인수 내용은 다음과 같음.

발기인이 인수한 주식 수: 보통주식 50,000주 (2016년 11월 9일 인수완료)

2. 인수주식에 대한 납입의 정확 여부
  설립시에 발행한 주식 총수 50,000주에 대한 주금 50,000,000원의 납입이 2016년 11월 9일 완료되었는바, 그 납입을 맡은 신한은행(논현역지점)의 잔액증명으로 이를 명확히 확인함.

3. 현물출자 이행의 정확 여부나 검사인 보고서의 정확 여부 등
  현물출자를 한 자가 없고 정관에 상법 제290조 소정사항을 정하지 아니하여 검사인을 선임할 필요가 없었음. 그러므로 이에 대한 정확 여부를 조사할 여지가 없었음.

  기타 설립에 관한 모든 사항이 법령, 정관에 어긋나지 아니함.

위와 같이 조사, 보고합니다.

2016년 11월 9일

감사 이영희

## (10) 취임승낙서

도장을 찍는 경우 (개인)인감도장을 찍어야 하고, 서명할 경우 본인서명사실확인서 상의 서명과 같아야 한다.

---

# 취임승낙서

2016년 11월 9일 발기인회에서 사내이사, 감사, 대표이사로 선임되었으므로 그 취임을 승낙함.

2016년 11월 9일

사내이사 및 대표이사 홍길동 (개인인감도장 날인)

사내이사 김철수 (개인인감도장 날인)

감사 이영희 (개인인감도장 날인)

주식회사 율도 귀하

---

## (11) (개인)인감증명서

홍길동, 김철수, 이영희가 각 1부씩 준비한다. 등기신청서 제출일을 기준 최근 3개월 이내에 발행되어야 한다.

## (12) 주민등록초본

홍길동, 김철수, 이영희가 각 1부씩 준비한다. 등기신청서 제출일을 기준 최근 3개월 이내에 발행되어야 한다.

## (13) (법인)인감신고서 및 인감대지

### (a) (법인)인감신고서

# 인감·개인(改印) 신고서

(신고하는 인감날인란)　　　(인감제출자에 관한 사항)

| 상호(명칭) | 주식회사 율도 | 등기번호 | |
|---|---|---|---|
| 본점(주사무소) | 서울특별시 강남구 테헤란로 101, 501호 (역삼동, 리즈타워) | | |
| 인감제출자 | 자격/성명 | 대표이사 홍길동 | |
| | 주민등록번호 | 000000-0000000 | |
| | 주소 | 서울특별시 서초구 서초대로45길 22, 108동 1102호 (서초동, 삼일아파트) | |

☑ 위와 같이 인감을 신고합니다.　　☐ 위와 같이 개인(改印)하였음을 신고합니다.

2016년 11월 10일

신고인 본 인　성 명 대표이사 홍길동　(인)# 　(전화:　　　)

대리인　성 명 변호사 김상균 (인)* 　(전화: 00-000-0000)

서울중앙지방법원 등기국 귀중

주 1. 인감·개인(改印) 신고서의 **신고인의 날인란**(#)에는 「인감증명법」에 따라 신고한 인감을 날인하고 그 인감증명서(발행일로부터 3개월 이내의 것)를 첨부하거나, 등기소에 제출한 유효한 종전 인감(법인인감)을 날인하여야 합니다. 또한 인감제출자가 기명날인 또는 서명하였다는 공증인의 인증서면으로 갈음할 수 있습니다.
　2. 인감·개인신고서에는 신고하는 인감을 날인한 인감대지를 첨부하여야 합니다.
　3. 지배인이 인감을 신고하는 경우에는 인감제출자의 주소란에 지배인을 둔 장소를 기재하고, 위 1. 의 **방법 대신** 「상업등기규칙」 제35조 제3항의 보증서면(영업주가 등기소에 제출한 인감날인)을 첨부하여야 합니다. 위 보증서면은 아래의 보증서면란에 기재하는 것으로 갈음할 수 있습니다.
　4. **위임에 의한 대리인이** 인감을 신고하거나 개인(改印)을 신고하는 경우에는 위 1. 대신에 **위임인의 날인란**(**)에 「인감증명법」에 따라 신고한 인감을 날인한 위임장을 첨부하고 그 인감증명서를 첨부하거나 등기소에 제출한 유효한 종전 인감을 날인한 위임장을 첨부하여야 하고 **신고인의 날인란**(*)에는 대리인이 기명날인 하여야 합니다.
　5. **법인인감증명서 발급사실 등 문자전송 서비스**를 신청하면, 발급사실을 휴대폰 문자로 통보받을 수 있습니다(전국 등기소 및 인터넷등기소에서 별도 신청해야 합니다).

**보 증 서 면**　　　　　　　（법인인감 날인란）

위 신고하는 인감은 지배인 _____의 인감임이 틀림없음을 보증합니다.

　　　　　　　　　　　　　대표이사 _____

---

**위 임 장**

성 명 : 변호사 김상균　　　생년월일: (0000.00.00) (전화 00-000-0000)

주 소 : 서울특별시 서초구 서초대로 259, 5층 (서초동, 서원빌딩)

　위의 사람에게, 위 인감(개인)신고에 관한 일체의 권한을 위임함.

　　　　　　　　　　2016년 11월 10일

　　인감(개인) 신고인 성 명 대표이사 홍길동 **(대표이사의 개인인감도장)**＊＊

## (b) 인감대지

별지 제2호 양식(인감대지)

# 인 감 대 지

신고하는 인감날인란

상 호(명 칭) : 주식회사 율도
자격 및 성명 : 대표이사 홍길동

주1. 자격은 대표이사(이사), 이사장, 지배인, 대리인, 상호사용자, 미성년자, 법정대리인 등으로 기재합니다.

주2. 인감의 규격은 가로·세로 각각 1.0센티미터 이상 2.4센티미터 이내이어야 합니다.

## (14) 등기신청위임장

<table>
<tr><td colspan="2" align="center"># 위 임 장</td></tr>
<tr><td>법인의 표시</td><td>상호　　　　주식회사 율도<br>본지점구분　본점<br>본점 주소　　서울특별시 강남구 테헤란로 101, 501호 (역삼동, 리즈타워)</td></tr>
<tr><td>등기의 목적</td><td>주식회사 발기설립</td></tr>
<tr><td>등기의 사유</td><td>발기인이 정관을 작성하여 기명날인한 후 회사설립시에 발행하는 주식의 총수를 인수하고 2016년 11월 9일 상법 제298조의 절차를 종료하였으므로, 다음 사항의 설립등기를 구함.</td></tr>
<tr><td>대리인</td><td>성　명　　변호사 김상균 (전화 : 00-000-0000)　(김상균 인)<br><br>주　소　　서울특별시 서초구 서초대로 259, 5층 (서초동, 서원빌딩)</td></tr>
<tr><td colspan="2">본인은 위 사람을 대리인으로 정하고 다음의 사항의 권한을 위임한다.<br>1. 위 법인등기신청 및 취하에 관한 일체의 행위.<br>2. 원본 환부청구 및 수령행위.<br><br>　　　　　　　　　　2016년 11월 10일<br><br>상　호　주식회사 율도<br>본　점　서울특별시 강남구 테헤란로 101, 501호 (역삼동, 리즈타워)<br>성　명　대표이사 홍길동　　　(인)　(전화:　　　　　　　)<br>주　소　서울특별시 서초구 서초대로45길 22, 108동 1102호 (서초동, 삼일아파트)</td></tr>
</table>

## Ⅳ  신청서 작성사례4 (개인사업자의 법인전환, 모집설립)

### 1. 사례 설명

홍길동은 기존에 자신이 운영하던 개인사업자(상호: 율도에프앤비)를 현물출자하여 주식회사를 설립하고자 한다. 대표이사는 홍길동, 사내이사는 김철수와 이영희, 감사는 정갑동이 맡는다. 발기인은 홍길동이고 모집주주는 김철수와 이영희이다.

사업목적은 일반음식점업, 커피 전문점업, 주점업, 실내인테리어공사업, 경영컨설팅업, 통신판매업 및 전자상거래업 등이고, 「서울특별시 강남구 테헤란로 101, 501호 (역삼동, 리즈타워)」에 본점을 둔다. 공고는 yuldo.co.kr에 전자공고하고 전산장애 시 매일경제신문에 공고한다.

### 2. 스케줄

| 절차 | 일정 | 비고 |
| --- | --- | --- |
| 개인사업자가 체결한 계약의 승계 여부 확인 | | 주요 거래처 |
| 현물출자할 부동산을 담보로 하는 근저당채무의 승계 여부 확인 | | 채권자(주로 금융권) |
| 토지거래허가 필요 여부 확인 | | 지자체 |
| 사업용부동산에 대하여 감면받은 조세의 추징 여부 확인 | | 세무서 |
| 각종 인허가/면허의 승계 여부 확인 | | 주무부서 |
| 감정평가서 의뢰 | D-45 | 감정평가사 |
| 감정평가서 수령 | D-31 | 감정평가사 |
| 개인사업자의 재무상태표(대차대조표) 및 승계자산목록 작성 | D-30 | 세무사·회계사 |
| 감정결과보고서 의뢰 | D-30 | 회계사 |
| 감정결과보고서 수령 | D-16 | 회계사 |
| 정관 작성, 현물출자약정, 정관 인증 및 설립비용조사 | D-15 | 공증사무소 |
| 모집주주의 주식청약, 인수, 납입 | D-14 | |
| 주금납입보관증명서 발급 | D-14 | 은행 |
| 모집설립 조사신청서 제출 | D-9 | 법원 |

| 절차 | 일정 | 비고 |
|---|---|---|
| 법원으로부터 감정결과보고서, 감정평가서, 조사보고서 부본을 수령 | D-2 | 접수일자가 표기됨 |
| 창립총회 및 이사회 | D-1 | |
| 주식회사 설립등기신청 | D | 등기소 |
| 법인설립신고 및 사업자등록 | | 세무서 |
| 부동산 취득세감면신청 | 감면대상을 취득한 날부터 60일 이내 | 지자체 |
| 토지거래허가신청 | | 지자체 |
| 부동산소유권 이전등기신청 | | 등기소 |
| 개인사업자의 소득세 및 부가가치세 납부 | | 세무서 |
| 양도소득세 및 개인지방소득세 이월과세 신청 | | 세무서 |
| 각종 면허의 이전 | | 주무부서 |
| 공장등록 이전 | | 지자체 또는 관리기관 |
| 각종 권리와 의무(부동산근저당채무 포함), 차량 및 동산의 이전절차 | | |

## 3. 정관 작성 및 공증, 설립비용조사

### (1) 정관 (원본 2부 작성)

「신청서 작성사례1」의 정관을 기본으로 하되 목적, 회사가 발행할 주식의 총수, 회사설립 시 발행하는 주식의 총수를 바꾼다. 주식매수선택권 규정은 두지 않는다. 현물출자와 설립 비용은 변태설립사항이므로 현물출자를 하는 자의 성명과 그 목적인 재산의 종류, 수량, 가격과 이에 대하여 부여할 주식의 종류와 수(상법 290조 2호) 및 회사가 부담할 설립비용(상법 290조 3호)을 정관에 기재해야 한다.

# 정 관

2016. 11. 8. 제정

## 제1장 총 칙

**제1조 (상호)** 본 회사는 '주식회사 율도에프앤비'라 한다. 영문으로는 'Yuldo F&B, Inc.'
라 표기한다.

**제2조 (목적)** 본 회사는 다음 사업을 경영함을 목적으로 한다.
   1. 일반음식점업
   1. 커피 전문점업
   1. 주점업
   1. 실내인테리어공사업
   1. 경영컨설팅업
   1. 통신판매업 및 전자상거래업
   1. 각 호에 관련된 수출입 및 무역업
   1. 각 호에 관련된 부대사업 일체

**제3조 (본점의 소재지)** 본 회사의 본점은 서울특별시내에 둔다. 단, 이사회의 결의로 각지
에 지점 및 영업소를 둘 수 있다.

**제4조 (공고방법)** 본 회사의 공고는 회사의 인터넷 홈페이지(yuldo.co.kr)에 게재한다. 다
만, 전산장애 또는 그 밖의 부득이한 사유로 회사의 인터넷 홈페이지에 공고할 수 없을
때는 서울특별시에서 발행하는 일간 매일경제신문에 한다.

## 제2장 주식과 주권

**제5조 (회사가 발행할 주식의 총수)** 본 회사가 발행할 주식의 총수는 10,000,000주로 한다.

**제6조 (1주의 금액)** 본 회사가 발행하는 주식 1주의 금액은 금1,000원으로 한다.

**제7조 (회사설립시 발행하는 주식의 총수)** 본 회사가 회사설립시에 발행하는 주식의 총수
는 974,000주로 한다.

(주식매수선택권은 두지 않음)

(중략)

**제53조 (설립제비용)** 법인설립에 따라 회사가 부담할 설립 제비용은 금30,000,000원을 한도로 하며 다음 각 항의 경우에 한한다.

1. 회계 및 감정에 관한 비용
2. 설립절차 및 등기에 관한 비용
3. 기타 회사 설립에 직접 소요되는 비용

**제54조 (현물출자)** 현물출자를 하는 자의 성명과 그 목적인 재산의 종류, 수량, 가격과 이에 대하여 부여할 주식의 종류와 수는 별지와 같다.

이상과 같이 정관을 작성하고 발기인이 이에 서명 또는 기명날인한다.

2016년 11월 8일

발기인 홍길동 (000000-0000000) (홍길동 인)
서울특별시 서초구 서초대로45길 22, 108동 1102호 (서초동, 삼일아파트)

[별지 1] 현물출자에 관한 사항

## 현물출자에 관한 사항

1. 현물출자자: 홍길동 (000000-0000000)

2. 재산의 종류, 수량, 가격 (2016. 11. 8. 현재)

(단위: 원)

| 과목 | 금액 | 명세 |
|---|---|---|
| 자산 | | |
| I. 유동자산 | 275,000,000 | |
| (1) 당좌자산 | 275,000,000 | |
| 1. 현금및현금성자산 | 53,200,000 | 별지 2 |
| 2. 매출채권 | 200,000,000 | 별지 2 |
| 3. 선급금 | 21,800,000 | 별지 2 |

| 과목 | 금액 | 명세 |
|---|---|---|
| Ⅱ. 비유동자산 | 875,000,000 | |
| (1) 유형자산 | 875,000,000 | |
| 1. 건물 | 950,000,000 | 별지 2 |
| (감가상각누계액) | (75,000,000) | |
| **자산총계** | 1,150,000,000 | |
| **부채** | | |
| Ⅰ. 유동부채 | | |
| Ⅱ. 비유동부채 | 196,000,000 | |
| 1. 장기차입금 | 196,000,000 | 별지 3 |
| **부채총계** | 196,000,000 | |

3. 이에 대하여 부여할 주식의 종류와 수

가. 현물출자 재산가액: 금954,000,000원 (=자산총계 1,150,000,000원 - 부채총계 196,000,000원)

나. 부여할 주식의 종류와 수: 보통주식 954,000주

[별지 2] 과목별 명세서 (자산)

## 과목별 명세서 (자산)

1. 현금및현금성자산

| 종류 | 금융기관 | 금액 (단위: 원) |
|---|---|---|
| 보통예금 | 신한은행 (법조타운지점) | 20,200,000 |
| 보통예금 | 기업은행 (역삼역금융센터지점) | 33,000,000 |
| **합계** | | 53,200,000 |

2. 매출채권

| 거래처명 | 내용 | 금액 (단위: 원) |
|---|---|---|
| ㈜알파고인더스트리 | 매출채권 | 110,000,000 |
| 엠디파운더리㈜ | 매출채권 | 70,000,000 |

| 거래처명 | 내용 | 금액 (단위: 원) |
|---|---|---|
| ㈜엘이아이지산업 | 매출채권 | 20,000,000 |
| 합계 | | 200,000,000 |

3. 선급금

| 거래처명 | 내용 | 금액 (단위: 원) |
|---|---|---|
| ㈜유아이소프트 | 선급금 | 21,800,000 |
| 합계 | | 21,800,000 |

4. 건물

(1동의 건물의 표시)
서울특별시 송파구 신천동 7-13
[도로명주소] 서울특별시 송파구 올림픽로35길 125
철근콘크리트구조 (철근)콘크리트지붕 9층 업무시설, 근린생활시설
1층 466.4823㎡
2층 466.4823㎡
3층 466.4823㎡
4층 466.4823㎡
5층 466.4823㎡
6층 466.4823㎡
7층 466.4823㎡
8층 466.4823㎡
9층 466.4823㎡
지1층 61.399㎡

(대지권의 목적인 토지의 표시)
서울특별시 송파구 신천동 7-13 대 715.5㎡

(전유부분 건물의 표시)
제5층 제502호 철근콘크리트구조 84.9716㎡

(대지권의 표시)
소유권 대지권 715.5분의 38.59. 끝.

[별지 3] 과목별 명세서 (부채)

## 과목별 명세서 (부채)

1. 장기차입금

| 채권자 | 종류 | 금액(단위: 원) | 이자율(%) | 비고 |
|---|---|---|---|---|
| 신한은행 (법조타운지점) | 기업운전일반대출 | 36,000,000 | 7.5% | |
| 기업은행 (역삼역금융센터지점) | 부동산근저당대출 | 160,000,000 | 5.5% | |
| 합계 | | 196,000,000 | | |

## (2) 공증촉탁서

# 공 증 촉 탁 서

| 접수번호 | - | 문서명 | 1. 정 관 |
|---|---|---|---|
| 증서등부번호 | - | | 2. 회사가 부담할 설립비용 조사 |

아래 촉탁인은 위 공정증서 작성 □ 을 촉탁합니다.

인증 ■

2016년  11월  8일

사무소  귀중

| | | | | | | |
|---|---|---|---|---|---|---|
| 1. 촉탁인 | 성명 (법인명) | 홍길동 (인) | 2. 촉탁인 | 성명 (법인명) | | (인) |
| | 생년월일 (대표이사명) | 0000. 00. 00. | | 생년월일 (대표이사명) | | |
| | 주소 (소재지) | 서울특별시 서초구 서초대로45길 22, 108동 1102호 (서초동, 삼일아파트) | | 주소 (소재지) | | |
| | 연락처 | | | 연락처 | | |
| | 위출석확인 | (인) | | 위출석확인 | | (인) |

| 3.<br>대<br>리<br>인 | 성명<br>(법인명) | 김상균 (인) | | 4 | 성명<br>(법인명) | | (인) |
|---|---|---|---|---|---|---|---|
| | 생년월일<br>(대표이사명) | 0000. 00. 00. | | | 생년월일<br>(대표이사명) | | |
| | 주소<br>(소재지) | 서울특별시 서초구 서초<br>대로 259, 5층 | | | 주소<br>(소재지) | | |
| | 연락처 | 000-0000-0000 | | | | | |
| | 위출석확인 | 김상균 (인) | | | 위출석확인 | | (인) |
| 비고 | | | | 주식회사 율도 | | | |

| 수령<br>사항 | 구분 | 통수 | 수령자확인 | 대<br>촉 리<br>탁 인<br>인 인<br>확 확<br>인 인 | 주민등록증 | | 증인성명 |
|---|---|---|---|---|---|---|---|
| | 증서정본 | | (인) | | 운전면허증 | | 증인성명 |
| | 증서정본 | | (인) | | 공무원증 | | 면식번호 |
| | 인증서 | 1 | 김상균 (인) | | 여 권 | | |
| | | | | | 영사증명서 | | |
| | 법률행위의 목적가액<br>원 | | 수수료<br>원 | 주임 | | 사무장 | 공증인 |

## (3) 설립비용계산서

# 설립비용 계산서

회사설립시에 회사가 부담할 설립비용은 다음과 같습니다.

1. 회계 및 감정에 관한 비용
   가. 회계감사비용: 3,300,000원
   나. 감정평가비용: 2,200,000원
   소계: 5,500,000원

2. 설립절차 및 등기에 관한 비용
   가. 등록면허세: 11,688,000원 (자본금 974,000,000원, 중과세 적용)

나. 지방교육세: 2,337,600원

다. 등기신청수수료: 25,000원

라. 정관 및 의사록 인증료: 572,000원

마. 공증인의 설립비용 조사보고 보수: 2,386,000원

바. 변호사비용: 3,300,000원

소계: 18,308,600원

3. 기타 회사 설립에 직접 소요되는 비용

가. 정관등 인쇄비: 100,000원

나. 복사비: 100,000원

다. 도장: 50,000원

라. 등기부등본, 인감증명 등 제증명 발급: 10,000원

소계: 260,000원

총계: 24,068,600원

위와 같은 설립비용이 소요되는 바, 정관 부칙 제53조에 정한 금30,000,000원 범위의 금액으로 지출됨.

2016년 11월 8일

발기인 홍길동 (000000-0000000) (인)
서울특별시 서초구 서초대로45길 29 108동 1102호 (서초동, 삼일아파트)

## (4) 공증위임장

발기인 전원이 (개인)인감도장을 찍는다.

<table>
<tr><td colspan="2" align="center"><h2>위 임 장</h2></td></tr>
<tr><td>수임인</td><td>변호사 김상균<br>서울특별시 서초구 서초대로 259, 5층 (서초동, 서원빌딩)</td></tr>
<tr><td colspan="2">위의 사람을 본인의 대리인으로 정하여 (　　　　　　　　　)에서 다음 사서증서의 인증<br>및 회사가 부담할 설립비용 조사를 촉탁하는 일체의 권한을 위임합니다.<br><br> 다음 1. 정관</td></tr>
<tr><td colspan="2" align="center">2016년 11월 8일</td></tr>
<tr><td>위임인</td><td>발기인 홍길동 (개인인감도장 날인)<br>서울특별시 서초구 서초대로45길 22, 108동 1102호 (서초동, 삼일아파트)</td></tr>
</table>

## (5) (개인)인감증명서 (공증사무소 제출일 기준 최근 3개월 이내 발행): 발기인 전원이 각 1부

## 4. 현물출자약정

<table>
<tr><td><h2 align="center">현물출자약정서</h2><br>갑: 홍길동<br>을: 설립중인 주식회사 율도<br>　　발기인 홍길동<br><br><br></td></tr>
</table>

1. 갑은 별지목록 자산과 부채를 을에 현물출자하고 을로부터 보통주식 954,000주를 액면가(1,000원)로 부여받는다.

2. 갑은 납입기일에 지체없이 출자의 목적인 재산을 을에게 인도하고 등기, 등록 기타 권리의 설정 또는 이전이 필요한 서류를 완비하여 을에게 교부해야 한다.

2016년 11월 8일

갑: 홍길동 (000000-0000000) (인)

을: 설립중인 주식회사 율도에프앤비
   발기인 홍길동 (인)

[별지 1]

현물출자 목적인 재산의 표시

(단위: 원)

| 과목 | 금액 | 명세 |
|---|---|---|
| 자산 | | |
| I. 유동자산 | 275,000,000 | |
| (1) 당좌자산 | 275,000,000 | |
| 1. 현금및현금성자산 | 53,200,000 | 별지 2 |
| 2. 매출채권 | 200,000,000 | 별지 2 |
| 3. 선급금 | 21,800,000 | 별지 2 |
| II. 비유동자산 | 875,000,000 | |
| (1) 유형자산 | 875,000,000 | |
| 1. 건물 | 950,000,000 | 별지 2 |
| (감가상각누계액) | (75,000,000) | |
| 자산총계 | 1,150,000,000 | |
| 부채 | | |
| I. 유동부채 | | |
| II. 비유동부채 | 196,000,000 | |
| 1. 장기차입금 | 196,000,000 | 별지 3 |
| 부채총계 | 196,000,000 | |

[별지 2] 과목별 명세서 (자산)

## 과목별 명세서 (자산)

### 1. 현금및현금성자산

| 종류 | 금융기관 | 금액 (단위: 원) |
|---|---|---|
| 보통예금 | 신한은행 (법조타운지점) | 20,200,000 |
| 보통예금 | 기업은행 (역삼역금융센터지점) | 33,000,000 |
| 합계 | | 53,200,000 |

### 2. 매출채권

| 거래처명 | 내용 | 금액 (단위: 원) |
|---|---|---|
| ㈜알파고인더스트리 | 매출채권 | 110,000,000 |
| 엠디파운더리㈜ | 매출채권 | 70,000,000 |
| ㈜엘이아이지산업 | 매출채권 | 20,000,000 |
| 합계 | | 200,000,000 |

### 3. 선급금

| 거래처명 | 내용 | 금액 (단위: 원) |
|---|---|---|
| ㈜유아이소프트 | 선급금 | 21,800,000 |
| 합계 | | 21,800,000 |

### 4. 건물

(1동의 건물의 표시)
서울특별시 송파구 신천동 7-13
[도로명주소] 서울특별시 송파구 올림픽로35길 125
철근콘크리트구조 (철근)콘크리트지붕 9층 업무시설, 근린생활시설
1층 466.4823㎡
2층 466.4823㎡
3층 466.4823㎡
4층 466.4823㎡
5층 466.4823㎡
6층 466.4823㎡
7층 466.4823㎡
8층 466.4823㎡

9층 466.4823㎡

지1층 61.399㎡

(대지권의 목적인 토지의 표시)
서울특별시 송파구 신천동 7-13 대 715.5㎡

(전유부분 건물의 표시)
제5층 제502호 철근콘크리트구조 84.9716㎡

(대지권의 표시)
소유권 대지권 715.5분의 38.59. 끝.

[별지 3] 과목별 명세서 (부채)

## 과목별 명세서 (부채)

1. 장기차입금

| 채권자 | 종류 | 금액(단위: 원) | 이자율(%) | 비고 |
|---|---|---|---|---|
| 신한은행 (법조타운지점) | 기업운전일반대출 | 36,000,000 | 7.5% | |
| 기업은행 (역삼역금융센터지점) | 부동산근저당대출 | 160,000,000 | 5.5% | |
| 합계 | | 196,000,000 | | |

## 5. 주금납입보관증명서 발급

발기인회 의사록 사본, 공증인으로부터 인증받은 정관의 사본, 주식청약서 사본, 주식인수증 사본, 주식배정통지서 사본, 발기인대표의 신분증 및 (개인)인감도장을 가지고 은행을 방문하여 발급받는다. 대리인 갈 경우 위임장에 발기인대표의 (개인)인감도장을 찍고 (개인)인감증명서를 첨부한다. 자세한 발급절차는 「제4장 주식회사 운영」「제5절 신주발행 (실권주배정, 자본금 10억원 이상인 경우)」「Ⅲ. 서식」「3. 주금납입보관 의뢰서 및 첨부서류」를 참고한다. 발기인회 의사록은 모집설립 시 필수 서식은 아니나, 은행이 발기인대표의 자격을 확인하기 위해 제출을 요구하는 서류이므로 발기인대표를 선임하는 발기인회 의사록을 별도로 작성한다.

발기인회 의사록

# 발기인회 의사록

2016. 11. 9. 9시 서울특별시 강남구 테헤란로 101, 501호(역삼동, 리즈타워) 창립사무소에서 발기인총회를 개최하다.

발기인총수　　1명,　이들의 인수주식총수　100,000주
출석발기인수　1명,　이들의 인수주식 수　　100,000주

발기인 전원의 호선에 의하여 발기인 홍길동을 임시 의장으로 선출하다. 의장은 즉석에서 이를 승낙하고 의장석에 등단하여 개회를 선언하다.

제1호 의안 발기인대표 선임의 건
의장은 본 회사의 설립 절차 진행을 위하여 발기인을 대표할 자를 선임해야 함을 설명하고 발기인의 의견을 구하다. 발기인은 다음 사람을 발기인대표로 선임하는 것을 박수로 찬성하여 만장일치로 가결하다.

피선자: 발기인대표 홍길동 (000000-0000000)
피선자는 즉석에서 취임을 승낙하다.

이상으로 금일의 의안 전부를 종료하였으므로 의장은 폐회를 선언하다(회의 종료시각 9시 30분). 위 의사의 경과요령과 결과를 명확히 하기 위하여 이 의사록을 작성하고 의장과 출석한 발기인이 기명날인하다.

2016.　11.　9.
주식회사 율도에프앤비

의장 발기인대표 홍길동 (인)

## 6. 모집설립 조사신청

모집설립 조사신청서는 본점 소재지의 지방법원 합의부(비송사건절차법 72조 1항)에 제출한다. 신청서에 ① 공증인이 작성한 조사보고서, ② 회계사가 작성한 감정결과보고서, ③ 감정평가사가 작성한 감정평가서를 모두 첨부한다. 조사보고서, 감정결과보고서, 감정평가서에는 아래 사항을 기재하고 공증인·회계사·감정평가사가 기명날인한다[584].

1. 조사·감정을 위임한 이사(상법 299조의2, 422조) 또는 발기인(상법 310조)의 성명·주소·전화번호
2. 상법 299조의2의 규정에 의한 조사·감정의 경우 발기인의 성명·주소·전화번호
3. 상법 422조의 규정에 의한 감정의 경우 현물출자자의 성명·주소·전화번호
4. 조사·감정의 목적
5. 조사·감정 사항
6. 공증인·감정인의 주소·전화번호
7. 작성연월일
8. 법원의 표시

발기설립이라면 법원이 심사를 거쳐 인가 또는 변경결정을 내릴 수 있지만, 모집설립은 법원이 이를 심사하지 않고 원본 및 부본 표지의 적당한 여백에 「0000. 00. 00. 접수」라고 기재하고 재판장이 기명날인한 후 신청인(발기인)에게 부본을 송달하고 끝난다[585].

## 모집설립조사 신청서

신 청 인 　홍길동 　(000000-0000000)
　　　　　　서울특별시 서초구 서초대로45길 22, 108동 1102호 (서초동, 삼일아파트)
　　　　　　신청대리인 변호사 김상균
　　　　　　서울특별시 서초구 서초대로 259, 5층 (서초동, 서원빌딩)

---

584) 검사인의 조사보고서 등 처리 요령(재민 99-3) [대법원 재판예규 제719호, 1999. 5. 20. 제정, 1999. 5. 24. 시행] 5조
585) 검사인의 조사보고서 등 처리 요령(재민 99-3) [대법원 재판예규 제719호, 1999. 5. 20. 제정, 1999. 5. 24. 시행] 7조 1항

사건본인　　설립중인 주식회사 율도에프앤비
　　　　　　서울특별시 강남구 테헤란로 101, 501호 (역삼동, 리즈타워)
　　　　　　대표이사 홍길동

## 신 청 취 지

　사건본인에 대하여 상법 제290조 소정의 변태설립사항에 대한 조사보고를 접수하여 주시기 바랍니다.

## 신 청 이 유

1. 사건본인은 회사의 설립목적을 1. 일반음식점업, 1. 커피 전문점업, 1. 주점업, 1. 실내인테리어공사업, 1. 경영컨설팅업, 1. 통신판매업 및 전자상거래업 , 1. 각 호에 관련된 수출입 및 무역업, 1. 각 호에 관련된 부대사업 일체로 정하고, 회사가 발행할 주식의 총수 10,000,000주, 회사가 설립시 발행할 주식의 수 974,000주, 1주의 금액 1,000원으로 하여 발기인과 모집주주가 발행주식총수를 전부 인수하여 회사를 설립하고자 합니다.

2. 현물출자
　회사가 설립시 발행할 주식의 인수와 관련하여 다음 발기인은 현물출자하였으므로 그 출자재산의 평가를 위하여 다음과 같이 공인된 감정인을 선임하고 그 평가액 상당의 주식을 부여하기로 하였습니다.

가. 현물출자
1) 현물출자자: 홍길동
　서울특별시 서초구 서초대로45길 22, 108동 1102호 (서초동, 삼일아파트)
2) 현물출자 재산의 표시:　별첨 감정평가서와 같음.
3) 감정평가액:　금954,000,000원
4) 현물출자자에게 부여하는 주식의 종류와 수: 보통주식 954,000주

나. 다음 공인된 감정인이 감정 및 조사를 하였고 그 내용은 별첨 감정결과보고서(회계사) 및 감정평가서(감정평가사)와 같습니다.
1) 제일회계법인 회계사 김영남
　서울특별시 서초구 00로 00
　전화번호: 02-000-0000

2) 천하감정평가법인 감정평가사 이대현
　서울특별시 서초구 00로 00
　전화번호: 02-000-0000

3. 회사가 부담할 설립비용

　회사의 설립과 관련하여 소요되는 각종 비용의 내용을 조사하기 위하여 다음 공증인을 선임하여 조사하였고 그 내용은 별첨 조사보고서(공증인)와 같습니다.

공증인　한성공증사무소 변호사 박성호
　　　　　서울특별시 서초구 00로 00
　　　　　전화번호: 02-000-0000

4. 따라서 상법 제290조, 제299조의2 및 대법원 재판예규 제719호에 의하여 본점 소재지 를 관할하는 귀 법원에 보고합니다.

## 첨 부 서 류

1. 감정결과보고서(회계사) 및 부본　　　각 1부
1. 감정평가서(감정평가사) 및 부본　　　각 1부
1. 조사보고서(공증인) 및 부본　　　각 1부
1. 정관　　　　　　　　　　　　　　1부
1. 부동산등기사항증명서　　　　　　　1부
1. 현물출자약정서　　　　　　　　　　1부
1. 재산인도증　　　　　　　　　　　　1부
1. 공인회계사등록증 사본　　　　　　　1부
1. 감정평가사등록증 사본　　　　　　　1부
1. 위임장　　　　　　　　　　　　　　1부

2016.　11.　14.
신청인의 대리인
변호사 김상균　(인)

**서울중앙지방법원　귀중**

## 7. 의사록 작성 및 공증

### (1) 창립총회 의사록 (원본 2부 작성)

의사록을 공증인으로부터 인증받아야 하므로 임원들이 의사록에 (개인)인감도장을 날인·간인한다. 발기인은 법원으로부터 송달받은 검사인·공증인의 조사보고서 또는 공인된 감정인의 감정서를 창립총회에 제출한다[586].

---

# 창립총회 의사록

주식회사 율도에프앤비

2016. 11. 22. 10시 서울특별시 강남구 테헤란로 101, 501호(역삼동, 리즈타워) 창립사무소에서 창립총회를 개최하다.

주주 총수　3명,　　이의 인수주식 총수　974,000주
출석 주주수 3명,　　이의 인수주식 수　　974,000주

발기인 홍길동은 위와 같이 상법 제309조 소정의 법정수에 달하는 주주가 출석하였으므로 본 총회가 적법히 성립되었음을 알리고 회의진행상 의장을 선임할 것을 구한바 주식인수인들은 만장일치로 발기인을 의장으로 선임하였다. 동인은 즉석에서 그 취임을 승낙하고 창립총회의 개회를 선언한 후 다음 의안을 부의하고 심의를 구하다.

### 제1호 의안:　창립사항 보고의 건

의장은 본회사 설립시에 발행하는 주식의 총수가 미리 지정된 금융기관에 납입이 완료되었음을 알리고, 발기인으로서 별첨 창립사항보고서와 같이 창립에 관한 경과를 상세히 설명하고 보고한바 주식인수인들은 만장일치로 이를 승인하다.

### 제2호 의안:　이사 선임의 건

의장은 본 회사의 정관규정에 따라 사내이사를 선임하겠다고 말하고 의견을 구한바 주식인수인들은 다음 사람을 사내이사로 선임하는 것을 박수로 찬성하여 만장일치로 가결하다.

사내이사 홍길동 (000000-0000000), 사내이사 김철수 (000000-0000000),
사내이사 이영희 (000000-0000000)

---

586) 상업등기실무(Ⅱ), 92쪽

위 피선자들은 즉석에서 그 직의 취임을 승낙하다.

### 제3호 의안: 감사 선임의 건[587]

의장은 본 회사의 정관규정에 따라 감사를 선임하겠다고 말하고 의견을 구한바 주식인수인들은 다음 사람을 감사로 선임하는 것을 박수로 찬성하여 만장일치로 가결하다.

감사 정갑동 (000000-0000000)

위 피선자는 즉석에서 그 직의 취임을 승낙하다.

### 제4호 의안: 상법 제290조 변태설립사항 승인의 건

의장은 현물출자 목적재산의 종류, 수량 및 그 평가가격과 회사가 부담할 설립비용에 대하여 법원으로부터 송달받은 감정결과보고서(회계사), 감정평가서(감정평가사), 조사보고서(공증인)의 내용을 설명하고 그 적정 여부에 대하여 심의를 구한바, 주식인수인들은 만장일치로 적정함을 인정하고 이를 박수로 승인하다.

### 제5호 의안: 상법 제313조 소정사항 조사보고의 건

의장은 상법 제313조 소정의 회사설립에 관한 조사보고는 상법 제313조 제2항 및 제298조 규정에 따라 발기인이 아니었던 이사·감사가 하거나 공증인이 하여야 함을 설명하고 이에 대한 의견을 구하다. 주식인수인들은 만장일치로 이사와 감사 중에서 발기인이 아니었던 다음 사람이 조사보고하도록 가결하다. 동인은 즉석에서 이를 승낙하고 조사에 착수하다.

조사보고자    감사 정갑동

의장은 위 감사가 위 사항을 조사보고하도록 휴회한다고 선언한 다음 조사보고 절차를 종료한 후에 속회를 선언하다.

감사는 조사보고서와 같이 설립에 관한 사항이 법규 및 정관에 위반됨이 없고 출자가 이행되었음을 보고한바 주식인수인들은 만장일치로 이를 승인하다.

의장은 이상으로 의안 심의를 전부 종료하였으므로 폐회한다고 선언하다(회의 종료시각 11시). 위 의사의 경과요령과 결과를 명확히 하기 위하여 이 의사록을 작성하고 의장과 선임된 이사가 기명날인 또는 서명한다.

---

587) 모집설립시 창립총회는 상법 409조 2항을 준용하지 않으므로(상법 308조 2항) 감사 선임시 주주의 의결권을 제한하지 않는다(상업등기실무(Ⅱ), 94쪽).

첨부서면: 창립사항보고서

2016. 11. 22.
주식회사 율도에프앤비

의장 겸 사내이사  홍길동 (홍길동)

사내이사  김철수 (김현수)

사내이사  이영희 (임영희)

**[별첨]**

# 창립사항보고서[588]

주식회사 율도에프앤비

 본인은 본 회사의 발기인으로서 회사 창립에 관한 사항을 다음과 같이 보고합니다.

1. 발기인 전원은 회사의 사업목적을 정관 제2조와 같이 정하고, 회사가 발행할 주식의 총수 10,000,000주, 회사가 설립시에 발행하는 주식의 총수는 974,000주, 각종 주식의 종류와 수는 보통주식 974,000주, 1주의 금액 금1,000원으로 하는 주식회사를 설립하고자 기획하였음.

2. 발기인 전원이 2016. 11. 8. 정관을 작성하고 2016. 11. 8. 공증인가 한성공증사무소로부터 그 인증을 받았음.

3. 회사가 설립시에 발행하는 주식총수 974,000주 중 954,000주를 2016. 11. 8. 발기인 홍길동이 인수하고 잔여주식 20,000주는 주주모집에 착수했던 바, 2016. 11. 9.까지 잔여주식 전부에 대한 주식청약(김철수 10,000주, 이영희 10,000주)이 있어 만주에 달하였음.

4. 위 주식인수인들에게 주금을 납입받을 은행인 신한은행(법조타운지점)에 2016. 11. 9.까지 그 주식금 전액을 납입할 것을 통지한바, 2016. 11. 9. 그 납입이 완료되었음. 위 은행 별단예금에 그 납입금을 보관하였고 위 은행의 주금납입보관증명서에 의하여 납입을 확증함.

---

588) 창립사항보고서에는 주식인수에 관한 제반상황과 변태설립사항에 관한 실태를 명확히 기재해야 한다(상법 311조 2항).

5. 발기인 홍길동은 회사의 보통주식 954,000주를 인수하는 조건으로 금954,000,000원에 상응하는 현물을 출자하기로 하고 재산인도증과 부동산소유권이전 등기신청위임장, 인감증명서, 등기필증 등 등기, 등록 기타 권리의 설정 또는 이전에 관한 서류를 완비하여 교부하였음.

6. 변태설립사항에 대하여 상법 제310조 제3항 및 제299조의2에 따라 공인된 감정인 및 조사인인 제일회계법인과 천하감정평가법인, 공증인가 한성공증사무소를 선임하여 감정 및 조사를 실시함. 서울중앙지방법원에 모집설립 조사신청서 및 감정결과보고서(회계사), 감정평가서(감정평가사), 조사보고서(공증인)를 접수하고, 부본을 송달받음.

   이상과 같이 인수와 납입을 완료하였으므로 본인은 속히 회사를 성립시키고자 주식인수인 전원의 동의를 얻어 금일 창립총회를 개최하였음.

2016.  11.  22.

발기인 홍길동 (인)

## (2) 이사회 의사록 (원본 2부 작성)

   이사회 의사록을 공증인으로부터 인증받아야 하므로 임원들이 이사회 의사록에 (개인) 인감도장을 날인·간인한다. 의장은 추가로 (법인)인감도장을 날인·간인한다.

# 이사회 의사록

주식회사 율도에프앤비

   2016. 11. 22. 11시 30분 본 회사 본점 사무실에서 다음과 같이 이사회를 개최하다.

이사 총수 3명, 출석 이사수 3명
감사 총수 1명, 출석 감사수 1명

### 제1호 의안: 대표이사 선임의 건

   이사 전원의 호선에 의하여 이사 홍길동을 임시 의장으로 선출하다.

   의장은 즉석에서 이를 승낙하고 의장석에 등단하여 개회를 선언한 후 이사 중에서 본 회사를 대표할 대표이사를 선임한다는 취지를 말하고 의견을 구한바 이사들은 다음 사람을 대표이사로 선임하는 것을 만장일치로 가결하다.

　　대표이사 홍길동 (000000-0000000)

　　위 피선자는 즉석에서 그 직에 취임함을 승낙하다.

**제2호 의안:　본점설치장소 결정의 건**
　　의장은 정관에 본점을 서울특별시에 둔다고만 정해져 있으므로 본점설치장소에 대한
의견을 구한바 이사들은 다음 본점설치장소를 만장일치로 가결하다.

　　본점: 서울특별시 강남구 테헤란로 101, 501호(역삼동, 리즈타워)

　　의장은 이상으로 의안 심의를 전부 종료하였으므로 폐회한다고 선언하다(회의 종료시
각 12시 30분). 위 의사의 경과요령과 결과를 명확히 하기 위하여 이 의사록을 작성하고
의장과 출석한 이사 및 감사가 기명날인한다.

2016. 11. 22.
주식회사 율도에프앤비

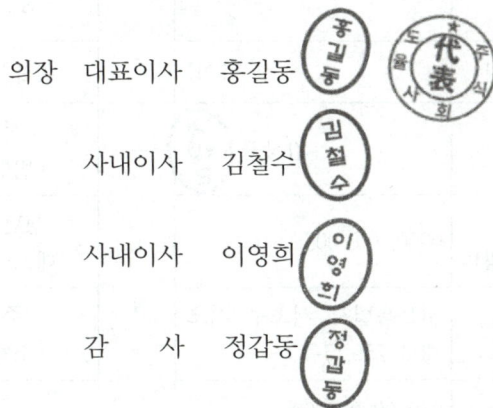

## (3) 공증촉탁서

<table>
<tr><th colspan="8" style="text-align:center">공 증 촉 탁 서</th></tr>
<tr><td>접수번호</td><td colspan="3">-</td><td rowspan="2">문서명</td><td colspan="3">1. 창립총회 의사록</td></tr>
<tr><td>증서등부번호</td><td colspan="3">-</td><td colspan="3">2. 이사회 의사록</td></tr>
<tr>
<td colspan="8" style="text-align:center">아래 촉탁인은 위 공정증서 작성 □ 을 촉탁합니다.<br>인증 ■<br>2016년 11월 22일<br>사무소 귀중</td>
</tr>
<tr>
<td rowspan="5">1.<br>촉<br>탁<br>인</td>
<td>성명<br>(법인명)</td><td colspan="2">홍길동 외 3인    (인)</td>
<td rowspan="5">2.<br>촉<br>탁<br>인</td>
<td>성명<br>(법인명)</td><td colspan="2">(인)</td>
</tr>
<tr>
<td>생년월일<br>(대표이사명)</td><td colspan="2">0000. 00. 00.</td>
<td>생년월일<br>(대표이사명)</td><td colspan="2"></td>
</tr>
<tr>
<td>주소<br>(소재지)</td><td colspan="2">서울특별시 서초구 서초대로45길 22, 108동 1102호 (서초동, 삼일아파트)</td>
<td>주소<br>(소재지)</td><td colspan="2"></td>
</tr>
<tr>
<td>연락처</td><td colspan="2"></td>
<td>연락처</td><td colspan="2"></td>
</tr>
<tr>
<td>위출석확인</td><td colspan="2">(인)</td>
<td>위출석확인</td><td colspan="2">(인)</td>
</tr>
<tr>
<td rowspan="5">3.<br>대<br>리<br>인</td>
<td>성명<br>(법인명)</td><td colspan="2">김상균 (인)</td>
<td rowspan="5">4</td>
<td>성명<br>(법인명)</td><td colspan="2">(인)</td>
</tr>
<tr>
<td>생년월일<br>(대표이사명)</td><td colspan="2">0000. 00. 00.</td>
<td>생년월일<br>(대표이사명)</td><td colspan="2"></td>
</tr>
<tr>
<td>주소<br>(소재지)</td><td colspan="2">서울특별시 서초구 서초대로 259, 5층</td>
<td>주소<br>(소재지)</td><td colspan="2"></td>
</tr>
<tr>
<td>연락처</td><td colspan="2">000-0000-0000</td>
<td></td><td colspan="2"></td>
</tr>
<tr>
<td>위출석확인</td><td colspan="2">김상균 (인)</td>
<td>위출석확인</td><td colspan="2">(인)</td>
</tr>
<tr>
<td colspan="2">비고</td><td colspan="6">주식회사 율도</td>
</tr>
<tr>
<td rowspan="3">수령<br>사항</td>
<td>구분</td><td>통수</td><td>수령자확인</td>
<td rowspan="3">촉 대<br>탁 리<br>인 인</td>
<td>주민등록증</td><td></td><td>증인성명</td>
</tr>
<tr>
<td>증서정본</td><td></td><td>(인)</td>
<td>운전면허증</td><td></td><td>증인성명</td>
</tr>
<tr>
<td>증서정본</td><td></td><td>(인)</td>
<td>공무원증</td><td></td><td>면식번호</td>
</tr>
</table>

| 인증서 | 2 | 김상균 (인) 확 인 | 여 권 | | |
|---|---|---|---|---|---|
| | | | 영사증명서 | | |

| 법률행위의 목적가액 | 수수료 | 주임 | 사무장 | 공증인 |
|---|---|---|---|---|
| 원 | 원 | | | |

## (4) 진술서

# 진 술 서

| 법인명 | 주식회사 율도에프앤비 |
|---|---|
| 소재지 | 서울특별시 강남구 테헤란로 101, 501호 (역삼동, 리즈타워) |
| 회의의 종류 | 1. 창립총회<br>2. 이사회 |
| 소집일시 | 1. 창립총회: 2016. 11. 22.<br>2. 이사회: 2016. 11. 22. |
| 소집장소 | 서울특별시 강남구 테헤란로 101, 501호 (역삼동, 리즈타워) |

본인은 (                    )에서 위 법인 의사록의 인증을 촉탁함에 있어서, 위 법인의 **촉탁대리인**으로서 위 회의가 적법하게 소집되었으며, 결의의 절차와 내용이 진실에 부합함을 진술합니다.

2016년  11월  22일

위 진술인: 변호사 김상균

서울특별시 서초구 서초대로 259, 5층 (서초동, 서원빌딩)

## (5) 정관 사본

공증인으로부터 인증받은 정관의 사본 첫 장부터 마지막 장까지 (법인)인감도장으로 간인한 뒤, 마지막 장에 다음과 같이 기재하고 (법인)인감도장을 찍는다.

---

# 정　관

2016. 11. 8. 제정

### 제1장 총　칙

제1조 (상호) 본 회사는 '주식회사 율도에프앤비'라 한다. 영문으로는 'Yuldo F&B, Inc.'라 표기한다.

(중략)

2016년 11월 22일 원본대조필

주식회사 율도에프앤비
대표이사 홍길동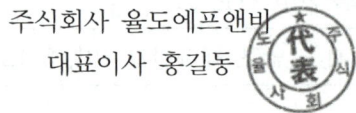

---

## (6) 확인서

# 확 인 서

| 법인명 | 주식회사 율도에프앤비 |
|---|---|
| 회의 종류 | 1. 창립총회<br>2. 이사회 |
| 소집일시 | 1. 창립총회: 2016. 11. 22.<br>2. 이사회: 2016. 11. 22. |
| 소집통지발송일 | 1. 창립총회: 주식인수인 전원이 동의하여 소집통지절차 생략<br>2. 이사회: 이사와 감사 전원이 동의하여 소집통지절차 생략 |

| | 1. 창립총회 |
| --- | --- |
| 회의안건 | 제1호 의안  창립사항 보고의 건<br>제2호 의안  이사 선임의 건<br>제3호 의안  감사 선임의 건<br>제4호 의안  상법 제290조 변태설립사항 승인의 건<br>제5호 의안  상법 제313조 소정사항 조사보고의 건<br><br>2. 이사회<br>제1호 의안  대표이사 선임의 건<br>제2호 의안  본점설치장소 결정의 건 |

본인은 위 의사록에 관하여 위 법인의 대표이사로서 이 회의가 적법하게 소집되었으며 결의의 절차와 내용이 진실에 부합함을 확인합니다.

2016년  11월  22일

위 확인인 대표이사 홍길동

주소: 서울특별시 00구 00로 00

(                    ) 귀중

## (7) 기간단축동의서

### (a) 창립총회

## 기간단축동의서

주식회사 율도에프앤비의 주식인수인 전원은 소집절차를 생략하고 2016년 11월 22일 창립사무소에서 창립총회를 개최하는 데 동의합니다.

2016년 11월 22일

주식인수인  홍길동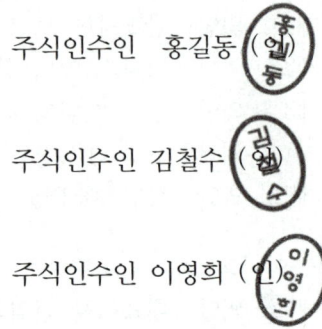

주식인수인  김철수 (인)

주식인수인  이영희 (인)

## (b) 이사회

# 기간단축동의서

　주식회사 율도에프앤비의 이사와 감사 전원은 소집절차를 생략하고 2016년 11월 22일 창립사무소에서 이사회를 개최하는 데 동의합니다.

2016년 11월 22일

사내이사  홍길동(인)

사내이사  김철수 (인)

사내이사  이영희 (인)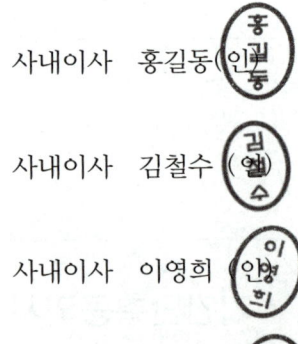

감　　사  정갑동 (인)

## (8) 공증위임장

주주와 이사들 전원이 (개인)인감도장을 찍고, 대표이사는 추가로 (법인)인감도장을 찍는다.

| | 위 임 장 | |
|---|---|---|
| 수임인 | 변호사 김상균<br>서울특별시 서초구 서초대로 259, 5층 (서초동, 서원빌딩) | |
| 위의 사람을 본인의 대리인으로 정하여 ( )에서 다음 사서증서의 인증을 촉탁하는 일체의 권한을 위임합니다.<br><br>다음<br><br>1. 창립총회 의사록<br>1. 이사회 의사록 | | |
| 2016년 11월 22일 | | |
| 위임인 | 주주, 대표이사 홍길동 (개인인감도장 날인) (법인인감도장 날인)<br>서울특별시 00구 00로 00 | |
| 위임인 | 주주, 사내이사 김철수 (개인인감도장 날인)<br>서울특별시 00구 00로 00 | |
| 위임인 | 주주, 사내이사 이영희 (개인인감도장 날인)<br>서울특별시 00구 00로 00 | |
| 위임인 | 감사 정갑동 (개인인감도장 날인)<br>서울특별시 00구 00로 00 | |

## (9) (개인)인감증명서

홍길동, 김철수, 이영희, 정갑동 모두 각 1부씩 준비한다. 공증사무소 제출일을 기준으로 최근 3개월 이내에 발행되어야 한다.

## 8. 주식회사 설립등기신청서(e-Form) 및 첨부서류

### (1) 주식회사 설립등기신청서(e-Form)

| 즉시접수 | 당일접수 | |
|---|---|---|
| | | |
| 제출자 | 변호사 김상균 | |
| 총 | 1 | 건 |

전자표준양식번호(e-Form)번호: 1101-2016-0123456-1

# 주식회사 설립등기신청

| 접수 | 년 월 일 | 처리인 | 접수 | 조사 | 인감 | 기입 | 교합 | 통지 |
|---|---|---|---|---|---|---|---|---|
| | 제 호 | | | | | | | |

본 신청서 상의 정보와 전자표준양식(e-Form)으로 저장된 정보는 동일함을 확인합니다.
본 신청서는 최초 작성 후 3개월까지만 등기소에 제출 가능합니다.

작성완료일시: 2016. 11. 23. 16:25:52
최초작성일시: 2016. 11. 23. 16:10:27

| 등기의 목적 | 주식회사 모집설립 |
|---|---|
| 등기의 사유 | 정관을 작성하고 공증인의 인증을 받아 발기인이 회사설립시에 발행하는 주식의 일부를 인수하고 주주를 모집하여 주금납입을 완료함. 2016. 11. 21. 법원으로부터 감정결과보고서, 감정평가서 및 조사보고서 부본을 수령하고 2016. 11. 22. 창립총회 및 상법 제290조의 변태설립사항에 대한 조사보고절차를 종결하여 주식회사 모집설립 절차를 종료하였으므로 다음 사항의 등기를 구함. |
| 본/지점신청구분 | **1.본점신청■**  2.지점신청☐  3.본·지점일괄신청☐ |
| 등 기 할 사 항 | |
| 상호 | 주식회사 율도에프앤비 (Yuldo F&B, Inc.) |
| 본점 | 서울특별시 강남구 테헤란로 101, 501호 (역삼동, 리즈타워) |
| 공고의방법 | 본 회사의 공고는 회사의 인터넷 홈페이지(yuldo.co.kr)에 게재한다. 다만, 전산장애 또는 그 밖의 부득이한 사유로 회사의 인터넷 홈페이지에 공고할 수 없을 때는 서울특별시에서 발행하는 일간 매일경제신문에 한다. |

| 1주의 금액 | 1,000원 |
|---|---|
| 발행할 주식의 총수 | 10,000,000주 |
| 발행주식내역/<br>자본금의 액 | 발행주식의 총수 : 974,000주<br>보통주식 : 974,000주<br><br>자본금의 액 : 974,000,000원 |
| 목적 | 1. 화장품 도소매업<br>1. 비누 및 세정제 도소매업<br>1. 가정용 섬유, 의복 및 의복액세서리 도소매업<br>1. 신발 도소매업<br>1. 상품종합도매업<br>1. 통신판매업 및 전자상거래업<br>1. 각 호에 관련된 무역업<br>1. 각 호에 관련된 부대사업 일체 |
| 임원에 관한 사항 | 사내이사 홍길동 (000000-0000000)<br><br>사내이사 김철수 (000000-0000000)<br><br>사내이사 이영희 (000000-0000000)<br><br>감사 정갑동 (000000-0000000)<br><br>대표이사 홍길동 (000000-0000000)<br>서울특별시 서초구 서초대로45길 22, 108동 1102호 (서초동, 삼일아파트) |

## 신청등기소 및 등록면허세/수수료

| 순번 | 신청등기소 | 구분 | 등록면허세<br>지방교육세 | 농어촌특별세 | 세액합계 | 등기신청수수료 |
|---|---|---|---|---|---|---|
| 1 | 서울중앙지방법원<br>등기국 | 본점 | 금11,688,000원<br>금2,337,600원 | 금    0원 | 금14,025,600원 | 금25,000원 |
| 등기신청수수료 납부번호 | | | | (전자) 16-00-01234567-4 | | |

| 과세표준액 | 974,000,000원 |
|---|---|

첨부서면

| | | | |
|---|---|---|---|
| 1.등록면허세 납부확인서 | 1통 | 1.감정결과보고서(회계사) | 1통 |
| 1.등기신청수수료 영수필확인서 | 1통 | 1.감정평가서(감정평가사) | 1통 |
| 1.정관 | 1통 | 1.조사보고서(공증인) | 1통 |
| 1.주식발행사항동의서 | 1통 | 1.이사회 의사록 | 1통 |
| 1.주식청약서 | 2통 | 1.취임승낙서 | 1통 |
| 1.주식인수증 | 2통 | 1.(개인)인감증명서 | 4통 |
| 1.재산인도증 | 1통 | 1.주민등록초본 | 4통 |
| 1.주금납입보관증명서 | 1통 | 1.(법인)인감신고서 및 인감대지 | 1통 |
| 1.창립총회 의사록 | 1통 | 1.등기신청위임장 | 1통 |
| 1.조사보고서 | 1통 | | |

2016년 11월 23일

신청인  상 호  주식회사 율도에프앤비

　　　　　본 점  서울특별시 강남구 테헤란로 101, 501호 (역삼동, 리즈타워)

　　　　　성 명  대표이사 홍길동　　　　　　(인) (전화:　　　　　　　)

　　　　　주 소  서울특별시 서초구 서초대로45길 22, 108동 1102호 (서초동,

　　　　　　　　　삼일아파트)

대리인  성 명  변호사  김상균　　　　　　(인) (전화:00-000-0000　　)

　　　　　주 소  서울특별시 서초구 서초대로 259, 5층 (서초동, 서원빌딩)

서울중앙지방법원 등기국 귀중

- 신청서 작성요령 -

1. 해당란이 부족할 때에는 별지를 이용합니다.
1. 해당 등기신청과 관계없는 사항에 대해서는 "해당없음"으로 기재하거나 삭제하고, 필요한 사항은 추가로 기재합니다.

## (2) 등기신청수수료 영수필확인서 (25,000원)

## (3) 등록면허세 납부확인서 (14,025,600원)

① 수도권 과밀억제권역에서 부가가치세법 또는 소득세법에 따른 사업자등록을 하고 5년 이상 제조업(소득세법 19조 1항 3호에 따른 제조업)을 경영한 개인기업이, ② 그 지역에서 법인으로 전환하고, ③ 법인전환에 따라 취득한 부동산의 개별공시지가가 법인전환 전의 부동산가액을 초과하지 않으면 법인설립등기 또는 증자등기 시 등록면허세를 중과세하지 않는다(지방세법 28조 2항 단서, 같은 법 시행령 44조, 26조 1항 10호, 같은 법 시행규칙 5조). 주식회사 율도에프앤비는 제조업이 아니므로 중과세 대상에 해당한다.

## (4) 정관 (공증인으로부터 인증받은 것)

## (5) 주식발행사항동의서

---

### 주식발행사항동의서

발기인 전원은 회사설립시에 발행할 주식을 아래와 같이 정하기로 동의한다.

1. 주식의 종류와 수: 보통주식 974,000주

2. 주식의 발행가액: 1주에 대하여 금1,000원

위 동의사항을 확실히 하기 위하여 발기인 전원이 기명날인한다.

2016년 11월 8일
주식회사 율도에프앤비

발기인 홍길동

---

## (6) 주식청약서

### (a) 주주 김철수

<table>
<tr><td colspan="2" align="center"><h1>주 식 청 약 서</h1></td></tr>
<tr><td>상호</td><td>주식회사 율도에프앤비</td></tr>
<tr><td>인수할 주식의 종류와 수</td><td>보통주식 10,000주</td></tr>
<tr><td>1주의 금액</td><td>금1,000원</td></tr>
<tr><td>신주식의 발행가액</td><td>금1,000원</td></tr>
<tr><td>인수총액</td><td>금10,000,000원</td></tr>
<tr><td colspan="2">

　　귀 회사의 정관과 이 청약서에 기재한 사항을 승낙하고 위 주식을 청약합니다.

2016년 11월 9일

　　　주식청약인 김철수 (인)
　　　서울특별시 영등포구 여의로 12, 101호 (여의도동, 세계오피스텔)

주식회사 율도에프앤비 발기인대표 귀하
</td></tr>
<tr><td>정관의 인증연월일<br>및 공증인의 성명</td><td>2016년 11월 8일<br>공증인가 한성공증사무소 변호사 박승호</td></tr>
<tr><td>목적</td><td>1. 일반음식점업<br>1. 커피 전문점업<br>1. 주점업<br>1. 실내인테리어공사업<br>1. 경영컨설팅업<br>1. 통신판매업 및 전자상거래업<br>1. 각 호에 관련된 수출입 및 무역업<br>1. 각 호에 관련된 부대사업 일체</td></tr>
<tr><td>상호</td><td>주식회사 율도에프앤비</td></tr>
<tr><td>회사가 발행할 주식의<br>총수</td><td>10,000,000주</td></tr>
</table>

| 1주의 금액 | 금1,000원 |
|---|---|
| 회사의 설립시에 발행하는 주식의 총수 | 974,000주 |
| 본점의 소재지 | 서울특별시 강남구 테헤란로 101, 501호 (역삼동, 리즈타워) |
| 회사가 공고를 하는 방법 | 본 회사의 공고는 회사의 인터넷 홈페이지(yuldo.co.kr)에 게재한다. 다만, 전산장애 또는 그 밖의 부득이한 사유로 회사의 인터넷 홈페이지에 공고할 수 없을 때는 일간 매일경제신문에 한다. |
| 발기인의 성명·주민등록번호 및 주소 | 발기인 홍길동 (000000-0000000)<br>서울특별시 서초구 서초대로45길 22, 108동 1102호 (서초동, 삼일아파트) |
| 발기인이 받을 특별이익과 이를 받을 자의 성명 | 없음 |
| 현물출자를 하는 자의 성명과 그 목적인 재산의 종류, 수량, 가격과 이에 대하여 부여할 주식의 종류와 수 | 별지와 같음 |
| 회사성립 후에 양수할 것을 약정한 재산의 종류, 수량, 가격과 그 양도인의 성명 | 없음 |
| 회사가 부담할 설립비용과 발기인이 받을 보수액 | 별지와 같음 |
| 회사의 존립기간 또는 해산사유를 정한 때에는 그 규정 | 없음 |
| 각 발기인이 인수한 주식의 종류와 수 | 발기인 홍길동: 보통주식 954,000주 |
| 주식의 종류와 수 | 보통주식 974,000주 |
| 액면 이상의 주식을 발행할 때에는 그 수와 금액 | 액면발행 |

| 주식의 양도에 관하여 이사회의 승인을 얻도록 정한 때에는 그 규정 | 없음 |
|---|---|
| 주주에게 배당할 이익으로 주식을 소각할 것을 정한 때에는 그 규정 | 없음 |
| 일정한 시기까지 창립총회를 종결하지 아니한 때에는 주식의 인수를 취소할 수 있다는 뜻 | 2016. 12. 1.까지 창립총회가 종결하지 않을 때에는 이 청약을 취소할 수 있다. |
| 납입을 맡을 은행 기타 금융기관과 납입장소 | 신한은행 법조타운지점<br>서울특별시 서초구 법원로 15 |
| 명의개서대리인을 둔 때에는 그 성명·주소 및 영업소 | 없음 |
| (별지 생략) ||

## (b) 주주 이영희

| 주 식 청 약 서 ||
|---|---|
| 상호 | 주식회사 율도에프앤비 |
| 인수할 주식의 종류와 수 | 보통주식 10,000주 |
| 1주의 금액 | 금1,000원 |
| 신주식의 발행가액 | 금1,000원 |
| 인수총액 | 금10,000,000원 |

귀 회사의 정관과 이 청약서에 기재한 사항을 승낙하고 위 주식을 청약합니다.
2016년 11월 9일

주식청약인 이영희 (인)

서울특별시 마포구 신촌로 22, 1층 (상수동)

주식회사 율도에프앤비 발기인대표 귀하

| | |
|---|---|
| 정관의 인증연월일 및 공증인의 성명 | 2016년 11월 8일<br>공증인가 한성공증사무소 변호사 박승호 |
| 목적 | 1. 일반음식점업<br>1. 커피 전문점업<br>1. 주점업<br>1. 실내인테리어공사업<br>1. 경영컨설팅업<br>1. 통신판매업 및 전자상거래업<br>1. 각 호에 관련된 수출입 및 무역업<br>1. 각 호에 관련된 부대사업 일체 |
| 상호 | 주식회사 율도에프앤비 |
| 회사가 발행할 주식의 총수 | 10,000,000주 |
| 1주의 금액 | 금1,000원 |
| 회사의 설립시에 발행하는 주식의 총수 | 974,000주 |
| 본점의 소재지 | 서울특별시 강남구 테헤란로 101, 501호 (역삼동, 리즈타워) |
| 회사가 공고를 하는 방법 | 본 회사의 공고는 회사의 인터넷 홈페이지(yuldo.co.kr)에 게재한다. 다만, 전산장애 또는 그 밖의 부득이한 사유로 회사의 인터넷 홈페이지에 공고할 수 없을 때는 일간 매일경제신문에 한다. |
| 발기인의 성명 · 주민등록번호 및 주소 | 발기인 홍길동 (000000-0000000)<br>서울특별시 서초구 서초대로45길 22, 108동 1102호 (서초동, 삼일아파트) |
| 발기인이 받을 특별이익과 이를 받을 자의 성명 | 없음 |

| | |
|---|---|
| 현물출자를 하는 자의 성명과 그 목적인 재산의 종류, 수량, 가격과 이에 대하여 부여할 주식의 종류와 수 | 별지와 같음 |
| 회사성립 후에 양수할 것을 약정한 재산의 종류, 수량, 가격과 그 양도인의 성명 | 없음 |
| 회사가 부담할 설립비용과 발기인이 받을 보수액 | 별지와 같음 |
| 회사의 존립기간 또는 해산사유를 정한 때에는 그 규정 | 없음 |
| 각 발기인이 인수한 주식의 종류와 수 | 발기인 홍길동: 보통주식 954,000주 |
| 주식의 종류와 수 | 보통주식 974,000주 |
| 액면 이상의 주식을 발행할 때에는 그 수와 금액 | 액면발행 |
| 주식의 양도에 관하여 이사회의 승인을 얻도록 정한 때에는 그 규정 | 없음 |
| 주주에게 배당할 이익으로 주식을 소각할 것을 정한 때에는 그 규정 | 없음 |
| 일정한 시기까지 창립총회를 종결하지 아니한 때에는 주식의 인수를 취소할 수 있다는 뜻 | 2016. 12. 1.까지 창립총회가 종결하지 않을 때에는 이 청약을 취소할 수 있다. |
| 납입을 맡을 은행 기타 금융기관과 납입장소 | 신한은행 법조타운지점<br>서울특별시 서초구 법원로 15 |

| 명의개서대리인을 둔 때에는 그 성명·주소 및 영업소 | 없음 |
|---|---|
| (별지 생략) | |

## (7) 주식인수증

현물출자자인 발기인은 주식인수증을 별도로 작성하지 않는다.

### (a) 주주 김철수

# 주 식 인 수 증

상호: 주식회사 율도에프앤비

인수할 주식의 종류와 수: 보통주식 10,000주

위 인수 총액:  금10,000,000원

1주의 금액: 1,000원

주식청약인은 위의 주식을 인수합니다.

2016년 11월 9일

주식청약인 김철수 (인)
서울특별시 영등포구 여의로 12, 101호 (여의도동, 세계오피스텔)

주식회사 율도에프앤비
발기인대표 귀하

## (b) 주주 이영희

# 주 식 인 수 증

상호: 주식회사 율도에프앤비

인수할 주식의 종류와 수: 보통주식 10,000주

위 인수 총액:  금10,000,000원

1주의 금액: 1,000원

주식청약인은 위의 주식을 인수합니다.

2016년 11월 9일

주식청약인 이영희

서울특별시 마포구 신촌로 22, 1층 (상수동)

주식회사 율도에프앤비

발기인대표 귀하

## (8) 재산인도증

# 재 산 인 도 증

1. 상 호:  주식회사 율도에프앤비

1. 인수할 주식의 종류와 수:  보통주식  954,000주

1. 위 총액:  금954,000,000원

1. 1주의 금액 : 금1,000원

본인은 2016. 11. 8. 위의 주식을 인수하고 별지목록재산을 현물출자하였으므로 그 출자재산을 귀사에 확실히 인도함과 동시에 상법 제295조 제2항 소정의 일체의 서류를 교부합니다.

2016년 11월 8일

현물출자자 홍길동 (인)

서울특별시 서초구 서초대로45길 22, 108동 1102호 (서초동, 삼일아파트)

주식회사 율도에프앤비 발기인대표 귀하

[별지]

## 현물출자목적인 재산의 표시

(생략)

## (9) 주금납입보관증명서

신한은행 법조타운지점에서 2016년 11월 9일에 발급받은 것을 첨부한다.

## (10) 창립총회 의사록 (공증인으로부터 인증받은 것)

## (11) 조사보고서

## 조사보고서

주식회사 율도에프앤비

본인은 2016. 11. 22. 본 회사의 창립총회에서 상법 제313조 소정의 회사설립사항의 조사보고자로 선임되었는 바 이를 조사하여 다음과 같이 보고합니다.

## 1. 정관의 작성 및 효력발생요건의 충족 여부

본 회사의 설립은 발기인이 회사의 근본규약인 정관을 작성하고 그 말미에 각 기명날인한 후 공증인가 한성공증사무소의 인증을 받음으로써 정관의 효력발생요건이 충족되었음.

동 정관에서 정한 회사의 사업목적은 강행규정이나 사회상규에 어긋나지 아니하는 적법한 영리사업으로 인정되고, 기관의 구성, 각종 회의의 소집과 의결방법, 정족수 등 제반 규정들이 정관 및 상법 기타 법령에 반하지 아니하여 적정한 것으로 인정됨.

## 2. 주식발행사항의 적정 여부

회사가 설립시에 발행하는 주식의 총수는 보통주식 974,000주로서 이는 회사가 발행할 예정주식의 총수 10,000,000주를 초과하지 아니하여 적정하고, 기타 주식의 발행 및 배정 방법 등이 정관 및 법령에 위반되지 아니함.

## 3. 회사설립시에 발행하는 주식의 총수에 대한 인수의 정확 여부

회사설립시에 발행하는 주식의 총수는 보통주식 974,000주로서 1주의 금액 금1,000원으로 하여 2016. 11. 9.까지 다음과 같이 인수가 완료됨.

발기인이 인수한 주식 수     954,000주  (2016. 11. 8. 인수완료)
모집주주가 인수한 주식 수   20,000주  ·(2016. 11. 9. 인수완료)

## 4. 주식에 대한 납입과 현물출자이행의 정확 여부

가. 납입

금전출자분 20,000주에 대한 주금 20,000,000원은 2016. 11. 9. 자로 납입이 완료되었음이 그 납입을 맡은 신한은행(법조타운지점)이 발행한 주금납입보관증명서에 의하여 명확히 확인됨.

나. 현물출자이행

현물출자분 954,000주에 대한 출자목적재산은 2016. 11. 8. 회사에 인도되었고 현물출자자가 재산인도증과 부동산소유권이전 등기신청위임장, 인감증명서, 등기필증 등 등기, 등록 기타 권리의 설정 또는 이전에 관한 서류를 완비하여 교부하였음을 실사로 확인하였음.

## 5. 상법 제290조 소정 변태설립사항에 대한 검사인·공증인 또는 감정인의 조사보고서 또는 감정서의 정확 여부

가. 현물출자에 관한 사항

회사설립과 관련하여 현물출자를 한 사람은 발기인 홍길동으로서 그 출자목적인 재산의 종류와 수량, 가격은 감정결과보고서(회계사), 감정평가서(감정평가사)와 같은바, 그 종류와 수량에 대한 가격평가는 적정하므로 감정결과보고서(회계사) 및 감정평가서(감정평가사)의 내용은 정확함.

나. 회사가 부담할 설립비용 등에 관한 사항

회사의 설립과 관련하여 소요되는 각종 비용의 내용은 조사보고서(공증인)와 같은바, 이상의 비용 부담은 회사설립과 관련한 필요비용으로 인정되므로 조사보고서(공증인)의 내용은 정확함.

### 6. 기타 사항

기타 설립에 관한 모든 사항이 법령과 정관의 규정에 어긋나지 아니하고 적정함.

위와 같이 보고합니다.

2016년 11월 22일

감사 정갑동 (인)

## (12) 감정결과보고서(회계사)

법원으로부터 송달받은 부본을 제출한다.

## (13) 감정평가서(감정평가사)

법원으로부터 송달받은 부본을 제출한다.

## (14) 조사보고서(공증인)

법원으로부터 송달받은 부본을 제출한다.

## (15) 이사회 의사록 (공증인으로부터 인증받은 것)

## (16) 취임승낙서

### 취임승낙서

2016년 11월 22일 창립총회에서 사내이사 및 감사로 선임되었고, 2016년 11월 22일 이사회에서 대표이사로 선임되었으므로 그 취임을 승낙함.

2016년 11월 22일

사내이사 및 대표이사 홍길동 (개인인감도장 날인)

사내이사 김철수 (개인인감도장 날인)

사내이사 이영희 (개인인감도장 날인)

감사 정갑동 (개인인감도장 날인)

주식회사 율도에프앤비 귀하

## (17) (개인)인감증명서

홍길동, 김철수, 이영희, 정갑동 모두 각 1부씩 준비한다. 등기신청서 제출일을 기준 최근 3개월 이내에 발행되어야 한다.

## (18) 주민등록초본

홍길동, 김철수, 이영희, 정갑동 모두 각 1부씩 준비한다. 등기신청서 제출일을 기준 최근 3개월 이내에 발행되어야 한다.

## (19) (법인)인감신고서 및 인감대지

### (a) (법인)인감신고서

# 인감 · 개인(改印) 신고서

(신고하는 인감날인란)　　(인감제출자에 관한 사항)

| 상호(명칭) | 주식회사 율도에프앤비 | 등기번호 | |
|---|---|---|---|
| 본점(주사무소) | 서울특별시 강남구 테헤란로 101, 501호 (역삼동, 리즈타워) | | |
| 인감제출자 | 자격/성명 | 대표이사 홍길동 | |
| | 주민등록번호 | 000000-0000000 | |
| | 주소 | 서울특별시 서초구 서초대로45길 22, 108동 1102호 (서초동, 삼일아파트) | |

☑ 위와 같이 인감을 신고합니다.　　□ 위와 같이 개인(改印)하였음을 신고합니다.

2016년 11월 23일

신고인 본 인 성 명 대표이사 홍길동 (인)<sup>#</sup> (전화: )
대리인 성 명 변호사 김상균 (인)* (전화: 00-000-0000)

서울중앙지방법원 등기국 귀중

주 1. 인감 · 개인(改印) 신고서의 **신고인의 날인란**(<sup>#</sup>)에는 「인감증명법」에 따라 신고한 인감을 날인하고 그 인감증명서(발행일로부터 3개월 이내의 것)를 첨부하거나, 등기소에 제출한 유효한 종전 인감(법인인감)을 날인하여야 합니다. 또한 인감제출자가 기명날인 또는 서명하였다는 공증인의 인증서면으로 갈음할 수 있습니다.
2. 인감 · 개인신고서에는 신고하는 인감을 날인한 인감대지를 첨부하여야 합니다.
3. 지배인이 인감을 신고하는 경우에는 인감제출자의 주소란에 지배인을 둔 장소를 기재하고, **위 1. 의 방법 대신** 「상업등기규칙」제35조 제3항의 보증서면(영업주가 등기소에 제출한 인감날인)을 첨부하여야 합니다. 위 보증서면은 아래의 보증서면란에 기재하는 것으로 갈음할 수 있습니다.
4. **위임에 의한 대리인이** 인감을 신고하거나 개인(改印)을 신고하는 경우에는 위 1. 대신에 **위임인의 날인란**(<sup>**</sup>)에 「인감증명법」에 따라 신고한 인감을 날인한 위임장을 첨부하고 그 인감증명서를 첨부하거나 등기소에 제출한 유효한 종전 인감을 날인한 위임장을 첨부하여야 하고 **신고인의 날인란**(<sup>*</sup>)에는 대리인이 기명날인 하여야 합니다.
5. **법인인감증명서 발급사실 등 문자전송 서비스**를 신청하면, 발급사실을 휴대폰 문자로 통보받을 수 있습니다(전국 등기소 및 인터넷등기소에서 별도 신청해야 합니다).

**보 증 서 면**　　　　　　　　　(법인인감 날인란)

위 신고하는 인감은 지배인 _____의 인감임이 틀림없음을 보증합니다.

대표이사 _____

**위 임 장**

성 명 : 변호사 김상균　　　　생년월일: (0000.00.00) (전화 00-000-0000)
주 소 : 서울특별시 서초구 서초대로 259, 5층 (서초동, 서원빌딩)
위의 사람에게, 위 인감(개인)신고에 관한 일체의 권한을 위임함.
2016년 11월 23일
인감(개인) 신고인 성 명 대표이사 홍길동 **(대표이사의 개인인감도장)\*\***

## (b) 인감대지

별지 제2호 양식(인감대지)

# 인 감 대 지

신고하는 인감날인란

상 호(명 칭) : 주식회사 율도에프앤비
자격 및 성명 : 대표이사 홍길동

주1. 자격은 대표이사(이사), 이사장, 지배인, 대리인, 상호사용자, 미성년자, 법정대리인
　　등으로 기재합니다.
주2. 인감의 규격은 가로·세로 각각 1.0센티미터 이상 2.4센티미터 이내이어야 합니다.

## (20) 등기신청위임장

<table>
<tr><td colspan="2" align="center">위 임 장</td></tr>
<tr>
<td>법인의 표시</td>
<td>상호 　　　 주식회사 율도에프앤비<br>본지점구분　본점<br>본점 주소　 서울특별시 강남구 테헤란로 101, 501호 (역삼동, 리즈타워)</td>
</tr>
<tr>
<td>등기의 목적</td>
<td>주식회사 모집설립</td>
</tr>
<tr>
<td>등기의 사유</td>
<td>정관을 작성하고 공증인의 인증을 받아 발기인이 회사설립시에 발행하는 주식의 일부를 인수하고 주주를 모집하여 주금납입을 완료함. 2016. 11. 21. 법원으로부터 감정결과보고서, 감정평가서 및 조사보고서 부본을 수령하고 2016. 11. 22. 창립총회 및 상법 제290조의 변태설립사항에 대한 조사보고절차를 종결하여 주식회사 모집설립 절차를 종료하였으므로 다음 사항의 등기를 구함.</td>
</tr>
<tr>
<td>대리인</td>
<td>성　명　변호사 김상균 (전화 : 00-000-0000)<br><br>주　소　서울특별시 서초구 서초대로 259, 5층 (서초동, 서원빌딩)</td>
</tr>
</table>

본인은 위 사람을 대리인으로 정하고 다음의 사항의 권한을 위임한다.
1. 위 법인등기신청 및 취하에 관한 일체의 행위.
2. 원본 환부청구 및 수령행위.

2016년 11월 23일

상　호　주식회사 율도에프앤비
본　점　서울특별시 강남구 테헤란로 101, 501호 (역삼동, 리즈타워)
성　명　대표이사 홍길동　　　　(전화:　　　　　　　 )
주　소　서울특별시 서초구 서초대로4길 22, 108동 1102호 (서초동, 삼일아파트)

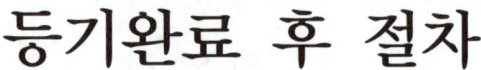

# 등기완료 후 절차

## I 인감카드 발급

법인 설립등기신청서를 접수하면 등기관의 조사를 거쳐(상업등기규칙 54조) 보정사항이 없으면 대략 3일 이내에 등기신청이 교합·완료된다. 등기신청이 완료되면 가까운 등기소를 방문하여(관할등기소가 아니어도 된다) 인감카드를 발급받는다[589].

## II 작성할 서류

### 1. 주주명부

「신청서 작성사례 2」의 주주명부는 다음과 같이 작성한다.

<table>
<tr><th colspan="9">주 주 명 부</th></tr>
<tr>
<th>주주<br>번호</th>
<th>주주<br>이름</th>
<th>주민등록번호/<br>사업자등록번호</th>
<th>주소</th>
<th>전자우편<br>주소</th>
<th>주식의<br>종류</th>
<th>주식의<br>수</th>
<th>주식의<br>취득연월일</th>
<th>주권<br>번호</th>
</tr>
<tr>
<td>1</td>
<td>홍길동</td>
<td>000000-0000000</td>
<td>서울특별시 서초구 서초대로45길 22, 108동 1102호 (서초동, 삼일아파트)</td>
<td>hong@<br>gmail.com</td>
<td>보통<br>주식</td>
<td>6,000</td>
<td>2016. 11. 23.</td>
<td>주권<br>미발행</td>
</tr>
<tr>
<td>2</td>
<td>김철수</td>
<td>000000-0000000</td>
<td>서울특별시 영등포구 여의로 12, 101호 (여의도동, 세계오피스텔)</td>
<td>cskim@<br>naver.com</td>
<td>보통<br>주식</td>
<td>4,000</td>
<td>2016. 11. 23.</td>
<td>주권<br>미발행</td>
</tr>
<tr>
<td colspan="9">1주의 금액(액면가): 1,000원<br>발행주식의 총수: 보통주식 10,000주</td>
</tr>
</table>

---

589) 「제1장 총론」「제5절 등기」「Ⅶ. (법인)인감과 인감카드」「3. 인감카드 발급 및 계속사용신청」「(1) 인감카드 발급신청」

0000년 00월 00일

주식회사 율도
대표이사 홍길동

## 2. 주권과 주권미발행확인서

주주가 주권불소지 신고를 하지 않는 한, 주식회사는 회사설립 후 지체없이 주주에게 주권을 발행해 주어야 한다. 그러나 상당수 비상장 주식회사들이 주권을 발행하지 않는다는 점은 앞서 살펴본 바와 같다[590]. 주권을 발행하지 않더라도 실무상 주주에게 주권미발행확인서를 작성해준다.

① 주주 홍길동에게 교부하는 주권미발행확인서 (신청서 작성사례 2)

### 주권미발행확인서

1. 주 주 명: 홍길동 (주민등록번호: 000000-0000000)

2. 주    소: 서울특별시 서초구 서초대로45길 22, 108동 1102호 (서초동, 삼일아파트)

3. 위 주주가 소유한 주식
   - 1주의 금액(액면가): 금1,000원
   - 주식의 종류: 보통주식
   - 소유주식 수: 6,000주

당 회사는 현재 상기 주주가 보유한 당 회사 주식의 주권을 발행하지 않았습니다. 당 회사는 상기 주주에게 주권을 발행해 드릴 것을 확인합니다.

0000년 00월 00일

주식회사 율도
대표이사 홍길동

---

590) 「제1장 총론」 「제2절 주식회사」 「Ⅱ. 주식과 주주」 「1. 주식과 주권의 구별」

② 주주 김철수에게 교부하는 주권미발행확인서 (신청서 작성사례 2)

---

# 주권미발행확인서

1. 주 주 명: 김철수 (주민등록번호: 000000-0000000)

2. 주     소: 서울특별시 영등포구 여의로 12, 101호 (여의도동, 세계오피스텔)

3. 위 주주가 소유한 주식
   - 1주의 금액(액면가): 금1,000원
   - 주식의 종류: 보통주식
   - 소유주식 수: 4,000주


   당 회사는 현재 상기 주주가 보유한 당 회사 주식의 주권을 발행하지 않았습니다. 당 회사는 상기 주주에게 주권을 발행해 드릴 것을 확인합니다.

0000년 00월 00일

주식회사 율도
대표이사 홍길동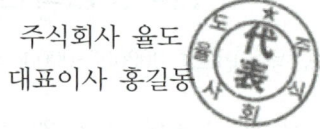

---

## 3. 전자우편 소집통지 동의서

주주총회를 소집하려면 주주에게 서면으로 통지서를 발송하거나 각 주주의 동의를 얻어 전자문서로 통지내용을 발송해야 한다. 주식회사가 전자문서로 통지내용을 발송할 수 있도록 다음과 같이 사전 서면동의서를 받는다(신청서 작성사례 2).

---

# 전자우편 소집통지 동의서

본인은 회사가 주주명부에 등재된 본인의 아래 전자우편주소로 주주총회 소집통지서를 발송하는 데 동의합니다.

---

전자우편주소:
1) 홍길동: hong@gmail.com
2) 김철수: cskim@naver.com

0000년  00월  00일

주주 홍 길 동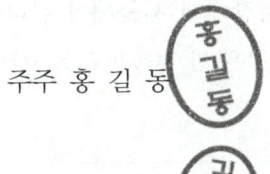

주주 김 철 수

주식회사 율도 귀중

 **Ⅲ  법인전환시 각종 신청**

## 1. 소득세 및 부가가치세 납부

개인사업체를 폐업하므로 개인사업자의 소득세와 부가가치세를 납부한다.

## 2. 취득세면제신청, 토지거래허가신청, 부동산 소유권이전등기신청

개인사업자가 사업용 부동산을 현물출자하였다면 부동산을 취득한 법인은 취득한 날부터 60일 이내에 관할 시장·군수에게 감면신청서를 제출해야 한다(지방세특례제한법 57조의2 4항, 183조 1항, 같은 법 시행령 126조 1항 1호). 감면받는 취득세의 20%를 농어촌특별세로 납부한다. 현물출자한 부동산이 토지거래허가구역 내에 있다면 토지거래허가신청도 해야 한다. 현물출자에 따른 부동산 소유권이전등기신청 시 등기원인은 「현물출자」 또는 「조세특례제한법 제32조 제1항에 의한 현물출자」[591]로 한다.

---

591) 사업양수도를 등기원인으로 한 소유권이전등기 가능여부(적극) [등기선례 제7-230호, 2002. 10. 21. 제정]

## 3. 이월과세신청

출자자 또는 양도인이 양도소득세 이월과세를 적용받으려면 현물출자 또는 사업양수도를 한 날이 속하는 과세연도의 과세표준신고(예정신고를 포함한다) 시 새로 설립되는 법인과 함께 사업용고정자산에 대한 양도소득세 및 양도소득분 개인지방소득세의 이월과세적용 신청서를 납세지 관할세무서장에게 제출해야 한다(조세특례제한법 32조, 같은 법 시행령 29조 4항, 지방세특례제한법 120조 1항, 같은 법 시행령 73조 3항).

## 인허가 · 등록 · 신고

일부 업종은 소비자보호, 환경보호, 국가의 관리필요성 등 때문에 국가에 등록·신고하거나 국가로부터 인·허가를 받은 뒤에야 사업자등록과 영업을 할 수 있다. 따라서 등록·신고·인가·허가의 요건은 등기신청 전부터 점검해야 한다.

## 법인설립신고 및 사업자등록

## 1. 신청서 작성

내국법인은 설립등기일(사업의 실질적 관리 장소를 두게 되는 경우에는 그 실질적 관리 장소를 두게 된 날)부터 2개월 이내에 세무서에 법인설립신고 및 사업자등록신청을 해야 한다(법인세법 109조 1항, 111조). 사업장을 관할하는 세무서에 법인설립신고 및 사업자등록신청서를 제출하는 것이 가장 빠르다[592]. 관할이 아닌 세무서에 제출할 수도 있으나 결과적으로 관할 세무서로 신청서를 넘기기 때문에 시간이 더 걸린다. 홈택스 웹사이트(www.hometax.go.kr)에서 온라인 신청도 가능하다.

법인설립신고 및 사업자등록신청서는 다음과 같이 작성한다(법인세법 시행규칙 별지 73호 서식). 설립등기 전이라도 주주등의 명세서를 첨부하여 사업자등록부터 먼저 신청할 수 있다(법인세법 111조 1항 후문, 부가가치세법 8조 1항 단서, 같은 법 시행령 11조 4항).

---

592) 관할세무서 검색: https://www.nts.go.kr/nts/taxSrch/taxSrchPage.do

사업자등록신청을 받은 사업장 관할 세무서장은 사업자의 인적사항과 그 밖에 필요한 사항을 적은 사업자등록증을 신청일부터 2일 이내(휴일 제외)에 신청자에게 발급해야 한다. 다만, 사업장시설이나 사업현황을 확인하기 위하여 국세청장이 필요하다고 인정하는 경우에는 발급기한을 5일 이내에서 연장하고 조사한 사실에 따라 사업자등록증을 발급할 수 있다(부가가치세법 시행령 11조 5항).

■ 법인세법 시행규칙 [별지 제73호 서식]                                    (앞쪽)

| 접수번호 | [ O ] 법인설립신고 및 사업자등록신청서 | 처리기간 |
|---|---|---|
|  | [    ] 국내사업장설치신고서(외국법인) | 3일<br>(보정기간은 불산입) |

귀 법인의 사업자등록신청서상의 내용은 사업내용을 정확하게 파악하여 근거과세의 실현 및 사업자등록 관리업무의 효율화를 위한 자료로 활용됩니다. 아래의 사항에 대하여 사실대로 작성하시기 바라며 신청서에 서명 또는 인감(직인) 날인하시기 바랍니다.

## 1. 인적사항

| 법 인 명(단체명) | 주식회사 율도 | 승인법인고유번호<br>(폐업당시 사업자등록번호) | |
|---|---|---|---|
| 대 표 자 | 홍길동 | 주민등록번호 | 000000-0000000 |
| 사업장(단체)소재지 | 서울특별시 강남구 테헤란로 101, 501호 (역삼동, 리즈타워) | | |
| 전 화 번 호 | (사업장) 00-000-0000    (휴대전화) 000-0000-0000 | | |

## 2. 법인현황

| 법인등록번호 | 000000-0000000 | 자본금 | 10,000천원 | 사업연도 | 1월1일~12월31일 |
|---|---|---|---|---|---|

| 법 인 성 격 (해당란에 ○표) |
|---|

| 내 국 법 인 | | | | | | | 외 국 법 인 | | | 지점(내국법인의 경우) | | 분할신설법인 | | |
|---|---|---|---|---|---|---|---|---|---|---|---|---|---|---|
| 영리<br>일반 | 영리<br>외투 | 신<br>탁<br>재<br>산 | 비<br>영<br>리 | 국가<br>지방<br>자치 | 법인으로<br>보는 단체 | | 지점<br>(국내<br>사업장) | 연락<br>사무소 | 기타 | 여 | 부 | 본점<br>사업자<br>등록번호 | 분할전<br>사업자<br>등록번호 | 분할<br>연월일 |
|  |  |  |  |  | 승인<br>법인 | 기타 |  |  |  |  |  |  |  |  |
| ○ |  |  |  |  |  |  |  |  |  |  |  |  |  |  |

| 조합법인<br>해당 여부 | | 사업자<br>단위과세<br>여부 | | 법인과세<br>신탁재산 | | 공 익 법 인 | | | | 외국·<br>외투법인 | 국<br>적 | 투자<br>비율 |
|---|---|---|---|---|---|---|---|---|---|---|---|---|
| 여 | 부 | 여 | 부 | 여 | 부 | 해당 여부 | 사업유형 | 주무부처명 | 출연자산 여부 | | | |
|  | ○ |  | ○ |  | ○ | 여    부 |  |  | 여    부 |  |  |  |

## 3. 법인과세 신탁재산의 수탁자(법인과세 신탁재산의 설립에 한함)

| 법 인 명(상호) | | 사업자등록번호 | |
|---|---|---|---|
| 대 표 자 | | 주민등록번호 | |
| 사업장소재지 | | | |

## 4. 외국법인 내용 및 관리책임자(외국법인에 한함)

| 외 국 법 인 내 용 | | | | |
|---|---|---|---|---|
| 본점 | 상 호 | 대 표 자 | 설 치 연 월 일 | 소 재 지 |
| | | | | |

| 관 리 책 임 자 | | | |
|---|---|---|---|
| 성 명<br>(상 호) | 주민등록번호<br>(사업자등록번호) | 주 소<br>(사업장소재지) | 전 화 번 호 |
| | | | |

## 5. 사업장현황

| 사 업 의 종 류 | | | | | | | 사업(수익사업) |
|---|---|---|---|---|---|---|---|
| 주업태 | 주 종 목 | 주업종코드 | 부업태 | 부 종 목 | 부업종코드 | | 개 시 일 |
| | 응용 소프트웨어 개발 및 공급업 | | | 광고 대행업 | | | 2016년 12월 1일 |

| 사이버몰 명칭 | | | 사이버몰 도메인 | | | |
|---|---|---|---|---|---|---|

| 사업장 구분 및 면적 | | 도면첨부 | | 사업장을 빌려준 사람(임대인) | | | |
|---|---|---|---|---|---|---|---|
| 자가 | 타가 | 여 | 부 | 성 명(법인명) | 사업자등록번호 | 주민(법인)등록번호 | 전화번호 |
| ㎡ | 66 ㎡ | | ○ | (주)한진산업 | 000-00-00000 | 000000-0000000 | |

| 임 대 차 계 약 기 간 | | (전세)보증금 | 월 세(부가세 포함) |
|---|---|---|---|
| 2016. 11. 5. ~ 2018. 11. 4. | | 20,000,000원 | 3,300,000원 |

| 개 별 소 비 세 | 주 류 면 허 | 부가가치세 과세사업 | 인 · 허가 사업 여부 |
|---|---|---|---|
| | | | |

| 제 조 | 판 매 | 장 소 | 유 흥 | 면허번호 | 면허신청 | 여 | 부 | 신고 | 등록 | 인 · 허가 | 기타 |
|---|---|---|---|---|---|---|---|---|---|---|---|
| | | | | | 여 부 | ○ | | | | | |

| 설립등기일 현재 기본 재무상황 등 | | | | | | |
|---|---|---|---|---|---|---|
| 자산 계 | 유동자산 | 고정자산 | 부채 계 | 유동부채 | 고정부채 | 종업원수 |
| 30,000천원 | 30,000천원 | 천원 | 0천원 | 천원 | 천원 | 3 명 |

| 전자우편주소 | hong@gmail.com | 국세청이 제공하는 국세정보 수신동의 여부 | [O] 문자(SMS) 수신에 동의함(선택)<br>[O] 이메일 수신에 동의함(선택) |
|---|---|---|---|

(뒤 쪽)

## 6. 사업자등록신청 및 사업시 유의사항(아래 사항을 반드시 읽고 확인하시기 바랍니다)

가. 사업자등록 **명의를 빌려주는 경우** 해당 법인에게 부과되는 각종 세금과 과세자료에 대하여 소명 등을 해야 하며, 부과된 세금의 체납 시 소유재산의 압류·공매처분, 체납내역 금융회사 통보, 여권발급제한, 출국규제 등의 불이익을 받을 수 있습니다.

나. 내국법인은 주주(사원)명부를 작성하여 비치해야 합니다. 주주(사원)명부는 사업자등록신청 및 법인세 신고 시 제출되어 지속적으로 관리되므로 사실대로 작성해야 하며, 주주명의를 대여하는 경우에는 **양도소득세 또는 증여세가 과세**될 수 있습니다.

다. 사업자등록 후 정당한 사유 없이 6개월이 경과할 때까지 사업을 개시하지 아니하거나 부가가치세 및 법인세를 신고하지 아니하거나 사업장을 무단 이전하여 실지사업여부의 확인이 어려울 경우에는 **사업자등록이 직권으로 말소**될 수 있습니다.

라. 실물거래 없이 세금계산서 또는 계산서를 발급하거나 수취하는 경우 「조세범처벌법」 제10조 제3항 또는 제4항에 따라 해당 법인 및 대표자 또는 관련인은 3년 이하의 징역 또는 공급가액 및 그 부가가치세액의 3배 이하에 상당하는 벌금에 처하는 처벌을 받을 수 있습니다.

마. 신용카드 가맹 및 이용은 반드시 사업자 본인 명의로 해야 하며 **사업상 결제목적 이외의 용도로 신용카드를 이용할 경우** 「여신전문금융업법」 제70조 제2항에 따라 3년 이하의 징역 또는 2천만원 이하의 벌금에 처하는 처벌을 받을 수 있습니다.

바. 공익법인의 경우 공익법인에 해당하게 된 날부터 3개월 이내에 **전용계좌를 개설하여 신고**해야 하며, 공익목적사업과 관련한 수입과 지출금액은 반드시 신고한 **전용계좌를 사용**해야 합니다.(미이행시 가산세가 부과될 수 있습니다.)

사. 「정보통신망 이용촉진 및 정보보호 등에 관한 법률」 제2조 제1항 제1호에 따른 정보통신망을 이용하여 가상의 업무공간에서 사업을 수행하는 사업자의 경우 그 법인의 등기부에 따른 본점이나 주사무소의 소재지(국내에 본점 또는 주사무소가 있지 않은 경우에는 사업을 실질적으로 관리하는 장소의 소재지)를 "사업장(단체)소재지"란에 기재할 수 있습니다.

| 신청인의 위임을 받아 대리인이 사업자등록신청을 하는 경우 아래 사항을 적어 주시기 바랍니다. | | | | |
|---|---|---|---|---|
| 대 리 인<br>인적사항 | 성 명 | | 주민등록번호 | |
| | 주 소 지 | | | |
| | 전화 번호 | | 신청인과의 관계 | |
| 신청구분 | ☐ 사업자등록만 신청　　■ 사업자등록신청과 확정일자를 동시에 신청<br>☐ 확정일자를 이미 받은 자로서 사업자등록신청 (확정일자 번호 :　　　　　) | | | |

신청서에 적은 내용과 실제 사업내용이 일치함을 확인하고, 「법인세법」 제109조·제111조, 같은 법 시행령 제152조부터 제154조까지, 같은 법 시행규칙 제82조 제3항 제11호 및 「상가건물 임대차보호법」 제5조 제2항에 따라 법인설립 및 국내사업장설치 신고와 사업자등록 및 확정일자를 신청합니다.

2016년 12월 1일

신 청 인 주식회사 울도 대표이사 홍길동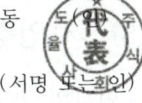

위 대리인　　　　　　　　　　　　　(서명 또는 인)

세무서장 귀하

| 첨부서류 | 1. 정관 1부(외국법인만 해당합니다) |
|---|---|
| | 2. 임대차계약서 사본(사업장을 임차한 경우만 해당합니다) 1부 |
| | 3. 「상가건물 임대차보호법」의 적용을 받는 상가건물의 일부를 임차한 경우에는 해당 부분의 도면 1부 |
| | 4. 주주 또는 출자자명세서 1부 |
| | 5. 사업허가 · 등록 · 신고필증 사본(해당 법인만 해당합니다) 또는 설립허가증사본(비영리법인만 해당합니다) 1부 |
| | 6. 현물출자명세서(현물출자법인의 경우만 해당합니다) 1부 |
| | 7. 자금출처명세서(금지금 도 · 소매업, 액체 · 기체연료 도 · 소매업, 재생용 재료 수집 및 판매업, 과세유흥장소에서 영업을 하려는 경우에만 제출합니다) 1부 |
| | 8. 본점 등의 등기에 관한 서류(외국법인만 해당합니다) 1부 |
| | 9. 국내사업장의 사업영위내용을 입증할 수 있는 서류(외국법인만 해당하며, 담당 공무원 확인사항에 의하여 확인할 수 없는 경우만 해당합니다) 1부 |
| | 10. 신탁 계약서(법인과세 신탁재산의 경우만 해당합니다) 1부 |
| | 11. 사업자단위과세 적용 신고자의 종된 사업장 명세서(법인사업자용)(사업자단위과세 적용을 신청한 경우만 해당합니다) 1부 |
| 작성방법 | |
| 사업장을 임차한 경우 「상가건물 임대차보호법」의 적용을 받기 위하여서는 사업장 소재지를 임대차계약서 및 건축물관리대장 등 공부상의 소재지와 일치되도록 구체적으로 적어야 합니다.<br>(작성 예) ○○동 ○○○○번지 ○○호 ○○상가(빌딩) ○○동 ○○층 ○○○○호 | |

신청서 작성시 유의사항은 다음과 같다.

## (1) 「인적사항」란

법인명, 대표자명, 대표자의 주민등록번호, 사업장 주소지(임대차계약서, 등기사항전부증명서 상의 주소와 일치해야 함), 전화번호, 휴대전화번호를 기재한다.

## (2) 「법인현황」란

등기사항전부증명서를 참고하여 작성한다. 사업연도는 정관에 정한대로 기재한다(예: 1월 1일~12월 31일). 일반적인 국내 회사라면 [법인성격] → [내국법인] → [영리일반]에 ○표 하고, 조합법인 해당 여부는 [부]에 ○표, 공익법인 해당 여부도 [부]에 ○표 한다.

## (3) 「사업장현황」란

회사의 사업목적 범위에서 실제로 회사가 시행할 사업을 기재한다. 주종목과 주업종코드는 한국표준산업분류(통계청고시 제2017-13호) 상의 분류명과 분류코드를 기재한다(부가가치세법 시행령 4조 참고). 분류명과 분류코드를 잘 모르면 국세청 귀속경비율책자를 참고한다.

정확히 일치하는 분류명이 없으면 가장 유사한 분류명과 분류코드를 선택한다. 필수는 아니지만 부종목과 부업종코드도 추가할 수 있다.

사업장을 임차한 경우 임대차계약서를 참고하여 임대면적(타가), 임대인(이름과 주민등록번호), 임대기간, 보증금, 월세 등을 기재한다. 무상임대라면 보증금과 월세를 전부 0원으로 기재한다.

인·허가, 등록, 신고가 필요한 업종은 체크하고 인·허가증/등록증/신고증 사본을 첨부한다.

### (4) 상가건물 임대차보호법을 적용받는 경우

사업자등록신청서 2쪽의 「신청구분」 항목에서 「사업자등록신청과 확정일자를 동시에 신청」을 체크한다.

## 2. 첨부서류

사업자등록신청서에 첨부하는 서류는 다음과 같다(부가가치세법 8조 1항, 같은 법 시행령 11조 3항).

### (1) 정관 1부

외국법인만 해당한다.

### (2) 임대차계약서 원본 1부 및 사본 1부

상가건물 임대차보호법을 적용받는 경우 임대차계약서 원본을 세무서에 제시하고 임대차계약서에 확정일자부여 도장을 찍는다. 임대차계약서 사본은 세무서에 제출한다.

### (3) 도면 1부

상가건물 임대차보호법을 적용받는 상가건물의 일부를 임차한 경우 해당 부분의 도면 1부를 제출한다.

## (4) 주주등의 명세서 1부[593]

주주명부를 참고하여 작성한다.

| 사업 연도 | · · · ~ · · · | 주주등의 명세서 | 법 인 명 | 주식회사 율도 |
|---|---|---|---|---|
| | | | 사업자등록번호 | (印) |

| ①성명 (법인명) ③주소 | ②주민등록번호 (사업자등록번호) | ④전화 번호 (휴대 전화) | 지분 또는 출자관계 | | | | ⑨ 대주주 와의 관계 | 비고 |
|---|---|---|---|---|---|---|---|---|
| | | | ⑤주식수 | ⑥주당 액면가액 | ⑦금액 | ⑧지분율 (%) | | |
| 홍길동 서울특별시 서초구 서초대로 45길 22, 108동 1102호 (서초동, 삼일아파트) | 000000-0000000 | | 6,000 | 1,000 | 6,000,000 | 60% | 본인 | |
| 김철수 서울특별시 영등포구 여의로 12, 101호 (여의도동, 세계오피스텔) | 000000-0000000 | | 4,000 | 1,000 | 4,000,000 | 40% | | |
| | | | | | | | | |
| | | | | | | | | |
| 계 | | | 10,000 | 1,000 | 10,000,000 | 100% | | |

## (5) 사업인허가 · 등록 · 신고필증 사본

인허가 · 등록 · 신고 업종으로 사업자등록을 하는 경우만 해당한다. 다만, 부가통신사업, 통신판매업 신고는 사업자등록 후에 한다.

## (6) 현물출자명세서 1부

현물출자법인만 해당한다.

---

593) 법인세법 시행규칙 별지 74호 서식

## (7) 자금출처명세서 1부

금지금 도·소매업, 액체·기체연료 도·소매업, 재생용 재료 수집 및 판매업, 과세유흥 장소에서의 영업만 해당한다.

## (8) 본점 등의 등기에 관한 서류 1부

외국법인만 해당한다.

## (9) 국내사업장의 사업영위내용을 입증할 수 있는 서류 1부

외국법인이고, 담당 공무원 확인사항에 의하여 확인할 수 없는 경우만 해당한다.

## (10) 사업자단위과세 적용 신고자의 종된 사업장 명세서 1부

사업자단위과세 적용을 신청한 경우만 해당한다.

## (11) 신탁 계약서 1부

법인과세 신탁재산의 경우만 해당한다.

## (12) 외국인투자신고서 사본 및 외국환매입/예치증명서 사본

외국인이 외환을 출자한 외국인투자기업인 경우에 해당한다.

 ## VI  기 타

사업자등록 후에 필요한 후속 절차들은 다음과 같다.

### 1. 은행계좌개설 및 자본금이체

법인은 사업자등록을 마쳐야 은행에 법인계좌를 개설할 수 있다. 법인계좌를 개설하면 발기인(발기인이 여러 명이라면 발기인대표)의 계좌로 모아둔 자본금 또는 은행에 납입금 보관을 의뢰한 자본금을 법인계좌로 이체한다.

## 2. 통신판매업 신고

통신판매란 우편·전기통신, 광고물·광고시설물·전단지·방송·신문·잡지 또는 판매자와 직접 대면하지 아니하고 우편환·우편대체·지로 및 계좌이체 등을 이용하는 방법으로, 재화 또는 용역의 판매에 관한 정보를 제공하고 소비자의 청약을 받아 재화 또는 용역을 판매하는 것을 말한다(전자상거래 등에서의 소비자보호에 관한 법률 2조 2호, 같은 법 시행규칙 2조). <u>일반적으로 온라인으로 무엇인가를 판다면 통신판매업에 해당한다.</u>

통신판매업을 하려면 공정거래위원회 또는 특별자치도지사·시장·군수·구청장에게 신고해야 한다(전자상거래 등에서의 소비자보호에 관한 법률 12조 1항). 통신판매업 신고는 방문 신고뿐만 아니라 정부24 웹사이트(www.gov.kr)를 통한 온라인 신고도 가능하다. 통신판매업 신고를 하려면 통신판매업자는 구매안전서비스 이용확인증[594]을 발급받거나 소비자피해보상보험계약등을 체결해야 한다(전자상거래 등에서의 소비자보호에 관한 법률 24조).

## 3. 부가통신사업 신고

부가통신서비스란 통신서비스에 통신속도변환, 매체변환, 정보의 축적·가공, 데이터베이스 제공 등 부가가치를 덧붙인 통신서비스를 뜻한다. 법적으로는, 전기통신설비를 이용하여 타인의 통신을 매개하거나 전기통신설비를 타인의 통신용으로 제공하는 서비스 중에서 기간통신역무를 제외한 서비스를 뜻한다(전기통신사업법 2조 12호). 부가통신서비스의 범위가 꽤 넓어서 온라인상 청약·결제를 하는 <u>인터넷쇼핑몰도 부가통신서비스에 해당</u>하는 것으로 본다.

회사의 자본금이 1억원을 초과하는 부가통신사업자는 과학기술정보통신부장관에게 부가통신사업 신고를 해야 하고(전기통신사업법 22조 1항, 같은 법 시행령 29조, 제30조). 특수한 유형의 부가통신사업자(문자메시지발송업체, 웹하드업체 등)는 자본금액과 상관없이 특수한 유형의 부가통신사업자 등록을 해야 한다(전기통신사업법 22조 2항, 2조 14호).

---

594) 국민은행이나 기업은행에 법인계좌를 개설하면 은행 웹사이트에서 온라인으로 구매안전서비스 인증서를 발급받을 수 있다.

부가통신사업 신고는 ① 과학기술정보통신부 전자민원센터 웹사이트(www.emsit.go.kr)를 통해 온라인으로 신고하거나, ② 관할 지역전파관리소에 우편으로 신고하거나, ③ 관할 지역전파관리소를 방문하여 신고한다. 결과적으로 자본금 1억원을 초과하는 회사가 인터넷 쇼핑몰을 하려면 통신판매업 신고와 부가통신사업 신고를 모두 해야 한다[595].

---

595) 통신판매업 신고 외에 추가로 부가통신사업자 신고의무를 부과하는 것은 불필요한 규제로 보인다. 같은 취지로 박경신, "'별풍선' 때려잡자? 인터넷 규제론의 다섯 가지 문제점", 2016. 4. 28., 오픈넷, (http://opennet.or.kr/11646) 참고

# 제 **4** 장

# 주식회사 운영

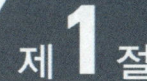

# 신주발행 (보통주식 주주배정)

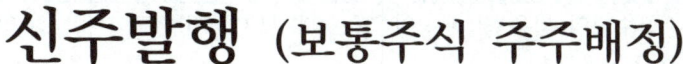

 ## Ⅰ 사례 설명

주식회사 율도(발행주식의 총수 10,000주, 1주의 금액 1,000원, 자본금 1,000만원)는 현재 대표이사 홍길동이 6,000주, 사내이사 김철수가 4,000주를 소유하고 있고, 사내이사 이영희는 지분이 없다. 주식회사 율도는 기존 주주를 대상으로 보통주식 20,000주를 1주당 2,500원에 발행하고자 한다. 기존 주주의 지분율대로 홍길동이 12,000주를 인수하고 김철수가 8,000주를 인수할 예정이다.

이사회를 소집하려면 이사회일의 1주일 전(D-8)까지 소집통지서를 발송해야 한다. 신주발행을 위한 이사회는 대표이사 홍길동과 사내이사 김철수만 출석할 예정이다. 주주에 대한 실권예고부 청약최고 절차는 주주 전원이 동의하여 생략하고, 투자금은 2016년 4월 27일에 주식회사 율도의 신한은행 계좌로 납부한다. 2016년 4월 27일 당일 신주발행을 위한 이사회 → 주식청약 → 주식배정 → 투자금 납부를 순차적으로 모두 진행한다. 투자금이 납부되면 신한은행 역삼역금융센터지점을 방문하여 잔고증명서를 발급받을 계획이다.

 ## Ⅱ 스케줄, 사전준비사항과 비용

### 1. 스케줄

| 절 차 | 일 정 | 비 고 |
|---|---|---|
| 이사회 | 2016. 4. 9.(D-18) | 1. 신주인수권의 내용 및 배정일의 지정·공고를 위한 이사회<br>2. 이사와 감사 전원이 동의하여 소집절차를 생략함 |

| 절 차 | 일 정 | 비 고 |
|---|---|---|
| 신주인수권의 내용 및 배정일의 지정·공고 | 2016. 4. 11.(D-16) | 1. 신주배정기준일의 2주 전<br>2. 등기신청서에 공고문을 첨부하지 않음 |
| 이사회 소집통지 | 2016. 4. 19.(D-8) | 이사와 감사 전원이 동의하면 생략가능 |
| 신주배정기준일 | 2016. 4. 26.(D-1) | 신주인수권자를 확정하는 기준일 |
| 이사회 | 2016. 4. 27.(D)[596] | 신주발행을 위한 이사회 |
| 주주에 대한 실권예고부 청약최고 | 2016. 4. 27.(D) | 1. 주식청약일의 2주 전<br>2. 주주 전원이 동의하여 기간을 단축함 |
| 주식청약 및 주식배정 | 2016. 4. 27.(D) | |
| 투자금 납부 | 2016. 4. 27.(D) | |
| 이사회 의사록 공증 | 2016. 4. 27.(D)부터 | |
| 등기신청서 제출 (본점) | 2016. 4. 28.(D+1) 오전 0시부터 2주 이내 | |

## 2. 사전준비사항

주주, 임원, 회사가 사전에 준비할 사항은 다음과 같다.

| 준비사항 | 비 고 |
|---|---|
| 공고문 | 1. 회사 공고방법에 따라 신문공고하거나 홈페이지에 전자공고함<br>2. 등기신청서에 공고문을 첨부하지 않음 |
| 공증위임장 (이사회) | 의장을 포함한 의결정족수 이상의 이사들, 출석한 감사가 (개인)인감도장을 찍고 의장은 추가로 (법인)인감도장을 찍음 |
| (개인)인감증명서: 공증위임장에 도장을 찍은 임원들 모두 각 1부 | 최근 3개월 이내 발행 |
| (법인)인감증명서 1부 | 최근 3개월 이내 발행 |
| 등기사항전부증명서 1부 | 최근 3개월 이내 발행 |
| (법인)인감도장 | |
| 정관 사본 | |

---

596) 주주 전원이 동의하여 주주에 대한 실권예고부 청약최고기간을 단축하지 않는다면 이사회는 2016년 4월 12일에 소집되어야 한다.

| 준비사항 | 비 고 |
|---|---|
| 주주명부 사본 | |
| 기간단축동의서: 주주 전원(홍길동, 김철수) 이 도장을 찍음 | (개인)인감도장이 아닌 막도장을 찍을 수 있음 |
| 주식청약서: 홍길동 2부, 김철수 2부 | 1부는 회사에 보관하고, 1부는 등기신청서에 첨부 |
| 잔액증명일이 2016년 4월 27일인 신한은행 (역삼역금융센터지점) 잔고증명서 | 5,000만원 또는 그 이상의 잔액을 증명하는 증명서 |

## 3. 비 용

### (1) 등기신청수수료(e-Form): 4,000원

「발행주식의 총수와 그 종류 및 각각의 수」와 「자본금의 액」 변경에 따른 등기신청수수료 4,000원을 서울중앙지방법원 등기국에 낸다.

### (2) 등록면허세 및 지방교육세: 405,000원

과세표준액은 2천만원이고 중과세를 적용하였다. 과세표준액은 투자금인 5천만원이 아니라 등기부상 「자본금의 액」 항목에 늘어날 금액인 2천만원이다. 등록면허세 및 지방교육세는 최저세액인 405,000원이다. 서울시ETAX 웹사이트를 통하여 서울특별시 강남구에 낸다.

### (3) 이사회 의사록 인증수수료 (공증사무소에 납부): 30,000원

### (4) 신문공고 시 신문광고비용

회사의 공고방법이 전자공고라면 비용이 별도로 들지 않지만 신문공고라면 신문사에 광고비용을 내야 한다.

## Ⅲ 서 식

### 1. 신주배정기준일 지정 및 공고

### (1) 이사회 의사록

신주배정기준일을 지정하는 이사회의 의사록은 등기소나 공증사무소에 제출하지 않는다.

---

# 이사회 의사록

주식회사 율도는 2016. 4. 9. 오전 10시 본점 회의실에서 이사회를 개최한다.

총이사 수: 3명,　출석 이사 수: 3명

총감사 수: 0명,　출석 감사 수: 0명

의장은 위와 같이 성원이 되었음을 알리고 의안심의에 들어갈 것을 제의하다.

**제1호 의안: 신주배정기준일 지정**

의장은 신주발행을 위하여 신주배정기준일을 정해야 함을 설명하고 이에 대한 가부결의를 구한바 이사들은 다음 날짜를 신주배정기준일로 정하고 신주배정기준일 현재 주주명부에 등재된 주주에게 그 소유주식 비율로 신주를 배정하기로 만장일치로 가결하다.

신주배정기준일: 2016년 4월 26일 17시

**제2호 의안: 신주인수권증서 발행의 건**

의장은 신주발행과 더불어 회사가 기존 주주 등에게 상법 제420조의2 규정에 의한 신주인수권증서를 발행해야 하나 절차상의 업무번잡을 피하여 이 증서의 발행을 요구하는 주주에 한하여 이를 발행하는 것이 좋겠다고 설명하고 이에 대한 가부결의를 구한바 이사들은 주주의 청구가 있는 경우에만 이를 발행하기로 만장일치로 가결하다.

의장은 이상으로 의안 심의를 전부 종료하였으므로 폐회를 선언하다(회의 종료시각 11시). 위 의사의 경과요령과 결과를 명확히 하기 위하여 이 의사록을 작성하고 의장과 출석한 이사가 기명날인하다.

---

2016. 4. 9.
주식회사 율도

의장 대표이사 홍길동

사내이사 김철수

사내이사 이영희

## (2) 공고문

회사의 공고방법에 따라 아래 공고문을 신문공고하거나 홈페이지에 전자공고한다. 공고문은 등기소나 공증사무소에 제출하지 않는다.

# 공고문

당사는 2016년 4월 9일 이사회 결의에 따라 2016년 4월 26일 17시(신주배정기준일) 현재 주주명부에 등재된 주주에게 그 소유주식 비율로 신주를 배정할 예정입니다. 신주인수권증서는 발행을 요구한 주주에 한하여 발행하며 신주인수권의 양도는 신주인수권증서의 교부에 의해서만 허용됩니다.

2016년 4월 11일

주식회사 율도
서울특별시 강남구 테헤란로 101, 501호 (역삼동, 리즈타워)
대표이사 홍길동

## 2. 이사회 소집통지서

2016년 4월 27일에 이사회를 개최하므로 2016년 4월 19일까지 이사와 감사 전원에게 이사회 소집통지서를 발송해야 한다. 우편발송뿐만 아니라 이메일발송도 가능하다. 이사회 소집통지서는 등기소에 제출하지 않는다. 공증사무소에서 이사회 의사록을 인증받을 때도 일반적으로 이사회 소집통지서 사본을 제출하지 않으나, 예외적으로 적법하게 소집통지했는지 확인하고자 공증사무소에서 (법인)인감도장을 찍은 이사회 소집통지서를 요구하기도 한다.

### 이사회 소집통지

　　임원들의 건승과 댁내 평안을 기원합니다. 당사는 상법 및 정관 규정에 따라 아래와 같이 이사회를 개최하오니 참석하여 주시기 바랍니다.

아　래

1. 일시 : 2016. 4. 27. 오전 10시

2. 장소 : 서울특별시 강남구 테헤란로 101, 501호 (역삼동, 리즈타워)
　　　　　본점 회의실

3. 의안 : 제1호 의안　신주식발행의 건
　　　　　제2호 의안　신주인수권증서 발행의 건

2016년 4월 19일

주식회사 율도
대표이사 홍길동

## 3. 이사회 의사록 및 공증서류

등기신청서에 첨부하는 의사록은 공증인의 인증을 받아야 한다. 대리인은 대리인 신분증과 대리인 도장 및 아래 서류를 갖추고 공증사무소에 가서 이사회 의사록을 인증받는다.

## (1) 이사회 의사록 **(원본 2부)**

<br>

# 이사회 의사록

주식회사 율도는 2016. 4. 27. 오전 10시 본점 회의실에서 이사회를 개최한다.

총이사 수: 3명,    출석 이사 수: 2명

총감사 수: 0명,    출석 감사 수: 0명

의장은 위와 같이 성원이 되었음을 알리고 의안심의에 들어갈 것을 제의하다.

### 제1호 의안:  신주식 발행의 건

의장은 본 회사의 사업규모가 팽창하여 현재의 자본금만으로는 사업을 수행하기 어려우므로 신주식을 발행하여 자본을 증가할 필요가 있음을 설명하고 그 가부결의 및 주식발행사항에 대한 결의를 구한바 이사들은 신중히 논의한 끝에 다음과 같이 신주식을 발행할 것을 만장일치로 가결하다.

1) 신주식의 종류와 수: 보통주식 20,000주
2) 신주식의 발행가액: 1주 금2,500원
3) 납입기일: 2016. 4. 27.
4) 납입을 맡을 금융기관과 납입장소: 신한은행 (역삼역금융센터지점)
5) 신주식의 인수방법: 각 주주가 가진 주식 수의 비율에 따라 신주식을 배정함을 원칙으로 하되 주주는 인수권의 일부 또는 전부를 포기할 수 있으며, 이 경우 인수포기한 주식은 일반으로부터 공모하거나 다른 주주가 이를 인수할 수 있다.

### 제2호 의안:  신주인수권증서 발행의 건

의장은 신주발행과 더불어 회사가 기존 주주 등에게 상법 제420조의2 규정에 의한 신주인수권증서를 발행해야 하나 절차상의 업무빈잡을 피하여 이 증서의 발행을 요구하는 주주에 한하여 이를 발행하는 것이 좋겠다고 설명하고 이에 대한 가부결의를 구한바 이사들은 주주의 청구가 있는 경우에만 이를 발행하기로 만장일치로 가결하다.

　　의장은 이상으로 의안 심의를 전부 종료하였으므로 폐회를 선언하다(회의 종료시각 11시). 위 의사의 경과요령과 결과를 명확히 하기 위하여 이 의사록을 작성하고 의장과 출석한 이사가 기명날인하다.

2016. 4. 27.

주식회사 율도

의장 대표이사 홍길동

사내이사 김철수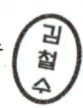

## (2) 공증촉탁서

# 공 증 촉 탁 서

| 접수번호 | - | 문서명 | 이사회 의사록 |
|---|---|---|---|
| 증서등부번호 | - | | |

아래 촉탁인은 위 공정증서 작성 □ 을 촉탁합니다.

인증 ■

2016년　4월　28일

사무소　귀중

| | 성명<br>(법인명) | 홍길동 외 1인　　　(인) | | 성명<br>(법인명) | (인) |
|---|---|---|---|---|---|
| 1.<br>촉<br>탁<br>인 | 생년월일<br>(대표이사명) | 0000. 00. 00. | 2.<br>촉<br>탁<br>인 | 생년월일<br>(대표이사명) | |
| | 주소<br>(소재지) | 서울특별시 00구 00로 00 | | 주소<br>(소재지) | |
| | 연락처 | | | 연락처 | |
| | 위출석확인 | (인) | | 위출석확인 | (인) |

| | 성명<br>(법인명) | 김상균 (인) | | | 성명<br>(법인명) | | (인) |
|---|---|---|---|---|---|---|---|
| 3.<br>대<br>리<br>인 | 생년월일<br>(대표이사명) | 0000. 00. 00. | | 4 | 생년월일<br>(대표이사명) | | |
| | 주소<br>(소재지) | 서울특별시 서초구 서초<br>대로 259, 5층 | | | 주소<br>(소재지) | | |
| | 연락처 | 000-0000-0000 | | | | | |
| | 위출석확인 | 김상균 (인) | | | 위출석확인 | | (인) |
| 비고 | | 주식회사 율도 | | | | | |

| | 구분 | 통수 | 수령자확인 | 촉 대<br>탁 리<br>인 인<br>확 인 | 주민등록증 | | 증인성명 |
|---|---|---|---|---|---|---|---|
| 수령<br>사항 | 증서정본 | | (인) | | 운전면허증 | | 증인성명 |
| | 증서정본 | | (인) | | 공무원증 | | 면식번호 |
| | 인증서 | 1 | 김상균 (인) | | 여 권 | | |
| | | | | | 영사증명서 | | |
| | 법률행위의 목적가액<br>원 | 수수료<br>원 | | 주임 | | 사무장 | 공증인 |

## (3) 진술서

<table>
<tr><td colspan="2" align="center">진 술 서</td></tr>
<tr><td>법인명</td><td>주식회사 율도</td></tr>
<tr><td>소재지</td><td>서울특별시 강남구 테헤란로 101, 501호 (역삼동, 리즈타워)</td></tr>
<tr><td>회의의 종류</td><td>이사회</td></tr>
<tr><td>소집일시</td><td>2016. 4. 27.</td></tr>
<tr><td>소집장소</td><td>본점 회의실</td></tr>
</table>

본인은 (                    )에서 위 법인 의사록의 인증을 촉탁함에 있어서, 위 법인의 촉탁대리인으로서 위 회의가 적법하게 소집되었으며, 결의의 절차와 내용이 진실에 부합함을 진술합니다.

2016년 4월 28일

위 진술인: 변호사 김상균

서울특별시 서초구 서초대로 259, 5층 (서초동, 서원빌딩)

## (4) 등기사항전부증명서

1부를 준비한다. 공증사무소 제출일 기준으로 최근 3개월 이내에 발행되어야 한다.

## (5) 정관 사본

정관의 첫 장부터 마지막 장까지 (법인)인감도장으로 간인한 뒤, 마지막 장에 다음과 같이 기재하고 (법인)인감도장을 찍는다.

2016년 4월 27일 원본대조필

주식회사 율도
대표이사 홍길동

## (6) 확인서

<table>
<tr><td colspan="2" align="center">**확 인 서**</td></tr>
<tr><td>법인명</td><td>주식회사 율도</td></tr>
<tr><td>회의 종류</td><td>이사회</td></tr>
<tr><td>소집일시</td><td>2016. 4. 27.</td></tr>
<tr><td>소집통지발송일</td><td>2016. 4. 19.</td></tr>
<tr><td>회의안건</td><td>제1호 의안 　신주식 발행의 건<br>제2호 의안 　신주인수권증서 발행의 건</td></tr>
</table>

　본인은 위 의사록에 관하여 위 법인의 대표이사로서 이 회의가 적법하게 소집되었으며 결의의 절차와 내용이 진실에 부합함을 확인합니다.

2016년 　4월 　28일

위 확인인 대표이사 홍길동

주소: 서울특별시 00구 00로 00

(　　　　　　　) 귀중

## (7) 공증위임장

의장을 포함한 의결정족수 이상의 이사들, 출석한 감사가 (개인)인감도장 찍고 의장은 추가로 (법인)인감도장을 찍는다.

<table>
<tr><td colspan="2" align="center"># 위 임 장</td></tr>
<tr><td>수임인</td><td>변호사 김상균<br>서울특별시 서초구 서초대로 259, 5층 (서초동, 서원빌딩)</td></tr>
<tr><td colspan="2">위의 사람을 본인의 대리인으로 정하여 (　　　　　　　)에서 다음 사서증서의 인증을 촉탁하는 일체의 권한을 위임합니다.<br><br> 다음 <br>1. 이사회 의사록</td></tr>
<tr><td colspan="2" align="center">2016년 4월 27일</td></tr>
<tr><td>위임인</td><td>대표이사 홍길동 <u>(개인인감도장 날인)</u>　<u>(법인인감도장 날인)</u><br>서울특별시 00구 00로 00</td></tr>
<tr><td>위임인</td><td>사내이사 김철수 <u>(개인인감도장 날인)</u><br>서울특별시 00구 00로 00</td></tr>
<tr><td>위임인</td><td></td></tr>
</table>

## (8) (개인)인감증명서

홍길동, 김철수가 각 1부씩 준비한다. 공증사무소 제출일 기준으로 최근 3개월 이내에 발행되어야 한다.

## (9) (법인)인감증명서

1부를 준비한다. 공증사무소 제출일 기준으로 최근 3개월 이내에 발행되어야 한다.

## (10) 이사회 소집통지서 ((법인)인감도장 날인)

## 4. 주식회사 변경등기신청서(e-Form) 및 첨부서류

### (1) 주식회사 변경등기신청서(e-Form)

| 즉시접수 | 당일접수 |
|---|---|
| 제출자 | 변호사 김상균 |
| 총 | 1 건 |

전자표준양식번호(e-Form)번호: 1101-2016-0123456-1

# 주식회사변경등기신청

| 접수 | 년 월 일 | 처리인 | 접수 | 조사 | 인감 | 기입 | 교합 | 통지 |
|---|---|---|---|---|---|---|---|---|
| | 제 호 | | | | | | | |

본 신청서 상의 정보와 전자표준양식(e-Form)으로 저장된 정보는 동일함을 확인합니다.
본 신청서는 최초 작성 후 3개월까지만 등기소에 제출 가능합니다.

작성완료일시: 2016. 4. 28. 13:25:52
최초작성일시: 2016. 4. 28. 13:10:27

| 상호 | 주식회사 율도 (Yuldo, Inc.) | 등기번호 | 51001호 |
|---|---|---|---|
| 본점 | 서울특별시 강남구 테헤란로 101, 501호 (역삼동, 리즈타워) | | |
| 등기의 목적 | 주식회사 변경등기 | | |
| 등기의 사유 | 2016. 4. 27. 이사회에서 보통주식 20,000주를 발행하기로 결의하여 회사 발행주식내역, 자본금의 액이 변경되었으므로 그 변경등기를 구함. | | |
| 본/지점신청구분 | **1.본점신청**■ 2.지점신청□ 3.본·지점일괄신청□ | | |
| 등 기 할 사 항 | | | |
| 발행주식내역/ 자본금의 액 | 발행주식의 총수 : 30,000주[597]<br><br>보통주식 : 30,000주<br><br>자본금의 액 : 30,000,000원<br>2016년 4월 28일 변경 | | |

---

597) 발행주식의 총수와 보통주식수, 자본금의 액은 신주발행 후 등기부에 표시되어야 할 <u>최종 결과</u>를 기재한다.

## 신청등기소 및 등록면허세/수수료

| 순번 | 신청등기소 | 구분 | 등록면허세<br>지방교육세 | 농어촌특별세 | 세액합계 | 등기신청수수료 |
|---|---|---|---|---|---|---|
| 1 | 서울중앙지방<br>법원 등기국 | 본점 | 금 337,500원<br>금 67,500원 | 금 0원 | 금 405,000원 | 금 4,000원 |

| 등기신청수수료 납부번호 | (전자) 16-00-01234567-4 |
|---|---|
| 과세표준액 | 20,000,000원 |

### 첨부서면

| | | | |
|---|---|---|---|
| 1.등기신청수수료 영수필확인서 | 1통 | 1.잔고증명서 | 1통 |
| 1.등록면허세 납부확인서 | 1통 | 1.주주명부 | 1통 |
| 1.이사회 의사록 | 1통 | 1.기간단축동의서 | 1통 |
| 1.주식청약서 | 2통 | 1.등기신청위임장 | 1통 |
| 1.주식배정표 | 1통 | | |

2016년 4월 28일

신청인 상 호 주식회사 율도
    본 점 서울특별시 강남구 테헤란로 101, 501호 (역삼동, 리즈타워)
    성 명 사내이사 홍길동            (인) (전화:            )
    주 소 서울특별시 서초구 서초대로45길 22, 108동 1102호 (서초동,
       삼일아파트)
대리인 성 명 변호사  김상균        (인) (전화:00-000-0000    )
    주 소 서울특별시 서초구 서초대로 259, 5동 (서초동, 서원빌딩)

서울중앙지방법원 등기국 귀중

- 신청서 작성요령 -
1. 해당란이 부족할 때에는 별지를 이용합니다.
1. 해당 등기신청과 관계없는 사항에 대해서는 "해당없음"으로 기재하거나 삭제하고, 필요한 사항은
   추가로 기재합니다.

(2) 등기신청수수료 영수필확인서 (4,000원)

(3) 등록면허세 납부확인서 (405,000원)

(4) 이사회 의사록 (공증인으로부터 인증받은 것)

(5) 주식청약서

  (a) 주주 홍길동의 주식청약서

<table>
<tr><td colspan="2" align="center">주 식 청 약 서</td></tr>
<tr><td>상호</td><td>주식회사 율도</td></tr>
<tr><td>인수할 주식의 종류와 수</td><td>보통주식 12,000주</td></tr>
<tr><td>1주의 금액</td><td>금1,000원</td></tr>
<tr><td>신주식의 발행가액</td><td>금2,500원</td></tr>
<tr><td>인수총액</td><td>금30,000,000원</td></tr>
</table>

귀 회사의 정관과 이 청약서에 기재한 사항을 승낙하고 위 주식을 청약합니다.

2016년 4월 27일

주식청약인 홍길동

서울특별시 서초구 서초대로45길 22, 108동 1102호 (서초동, 삼일아파트)

<table>
<tr><td>상호</td><td>주식회사 율도</td></tr>
<tr><td>회사가 발행할 주식의 총수</td><td>1,000,000주</td></tr>
<tr><td>1주의 금액</td><td>금1,000원</td></tr>
<tr><td>신주의 발행결의일</td><td>2016. 4. 27.</td></tr>
<tr><td>신주식의 종류와 수</td><td>보통주식 20,000주</td></tr>
</table>

| 신주식의 발행가액 | 금2,500원 |
|---|---|
| 납입을 맡을 금융기관과 납입장소 | 신한은행 (역삼역금융센터지점) |
| 명의개서대리인 | 없음 |
| 신주식의 인수방법 | 각 주주가 가진 주식 수의 비율에 따라 신주식을 배정함을 원칙으로 하되 주주는 인수권의 일부 또는 전부를 포기할 수 있으며, 이 경우 인수포기한 주식은 일반으로부터 공모하거나 다른 주주가 이를 인수할 수 있다. |
| 납입기일 | 2016. 4. 27. |

### (b) 주주 김철수의 주식청약서

<table>
<tr><td colspan="2" align="center">주 식 청 약 서</td></tr>
<tr><td>상호</td><td>주식회사 율도</td></tr>
<tr><td>인수할 주식의 종류와 수</td><td>보통주식 8,000주</td></tr>
<tr><td>1주의 금액</td><td>금1,000원</td></tr>
<tr><td>신주식의 발행가액</td><td>금2,500원</td></tr>
<tr><td>인수총액</td><td>금20,000,000원</td></tr>
<tr><td colspan="2">귀 회사의 정관과 이 청약서에 기재한 사항을 승낙하고 위 주식을 청약합니다.<br>2016년 4월 27일<br><br>　　주식청약인 김철수 <br><br>　　서울특별시 영등포구 여의로 12, 101호 (여의도동, 세계오피스텔)</td></tr>
<tr><td>상호</td><td>주식회사 율도</td></tr>
<tr><td>회사가 발행할 주식의 총수</td><td>1,000,000주</td></tr>
<tr><td>1주의 금액</td><td>금1,000원</td></tr>
<tr><td>신주의 발행결의일</td><td>2016. 4. 27.</td></tr>
</table>

| 신주식의 종류와 수 | 보통주식 20,000주 |
|---|---|
| 신주식의 발행가액 | 금2,500원 |
| 납입을 맡을 금융기관과 납입장소 | 신한은행 (역삼역금융센터지점) |
| 명의개서대리인 | 없음 |
| 신주식의 인수방법 | 각 주주가 가진 주식 수의 비율에 따라 신주식을 배정함을 원칙으로 하되 주주는 인수권의 일부 또는 전부를 포기할 수 있으며, 이 경우 인수포기한 주식은 일반으로부터 공모하거나 다른 주주가 이를 인수할 수 있다. |
| 납입기일 | 2016. 4. 27. |

## (6) 주식배정표

# 주 식 배 정 표

(단위: 주)

| 주주성명 | 구 주식수 | 배정주식수 | 포기주식수 | 인수주식수 | 현재주식수 |
|---|---|---|---|---|---|
| 홍길동 | 보통주식 6,000주 | 12,000 | 0 | 12,000 | 18,000 |
| 김철수 | 보통주식 4,000주 | 8,000 | 0 | 8,000 | 12,000 |
| 합계 | 10,000 | 20,000 | 0 | 20,000 | 30,000 |

위와 같이 주식회사 율도의 주주명부에 의하여 신주식을 배정하고 각 인수를 완료하였습니다.

2016년 4월 27일

주식회사 율도
대표이사 홍길동

## (7) 잔고증명서

주식회사 율도는 이번 신주발행의 결과 자본금이 3천만원이 되므로 여전히 자본금 총액이 10억원 미만이다. 신한은행 역삼역금융센터지점을 방문하여 잔액증명일이 2016년 4월 27일이고 잔액이 5천만원 또는 그 이상 있음을 증명하는 주식회사 율도 계좌의 잔고증명서를 발급받는다. 2016년 4월 27일에 잔고증명서를 발급받으면 해당 계좌는 2016년 4월 27일 자정까지 입출금이 정지된다. 반면, 2016년 4월 27일을 잔액증명일로 하는 잔고증명서를 2016년 4월 28일에 발급받으면 입출금이 정지되지 않는다.

## (8) 주주명부

### 주 주 명 부

| 주주<br>번호 | 주주<br>이름 | 주민등록번호/<br>사업자등록번호 | 주소 | 전자우편<br>주소 | 주식의<br>종류 | 주식의<br>수 | 주식의<br>취득연월일 | 주권<br>번호 |
|---|---|---|---|---|---|---|---|---|
| 1 | 홍길동 | 000000-0000000 | 서울특별시 서초구 서초<br>대로45길 22, 108동 1102호<br>(서초동, 삼일아파트) | hong@<br>gmail.com | 보통<br>주식 | 6,000 | 2015. 11. 9. | 주권<br>미발행 |
| 2 | 김철수 | 000000-0000000 | 서울특별시 영등포구<br>여의로 12, 101호<br>(여의도동, 세계오피스텔) | cskim@<br>naver.com | 보통<br>주식 | 4,000 | 2015. 11. 9. | 주권<br>미발행 |

1주의 금액(액면가): 1,000원
발행주식의 총수: 보통주식 10,000주

2016년 4월 27일

주식회사 율도
대표이사 홍길동

## (9) 기간단축동의서

### 기간단축동의서

　주식회사 율도의 주주 전원은 회사 자본금을 증자하기 위하여 신주식을 발행함에 있어서 상법 제418조 및 제419조에 규정한 신주식인수권의 내용 및 배정일 지정·공고와 실권예고부 최고기간을 단축하여 신주식을 즉시 발행함에 동의합니다.

2016년　4월　27일

주　주　홍길동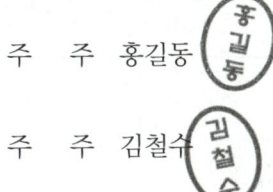

주　주　김철수

## (10) 등기신청위임장

| 위 임 장 | |
|---|---|
| 법인의 표시 | 상호　　　　　주식회사 율도<br>본지점구분　본점<br>등기번호　　　51001호 |
| 등기의 목적 | 주식회사 변경등기 |
| 등기의 사유 | 2016. 4. 27. 이사회에서 보통주식 20,000주를 발행하기로 결의하여 회사 발행주식내역, 자본금의 액이 변경되었으므로 그 변경등기를 구함. |
| 대리인 | 성　명　　변호사 김상균 (전화 : 00-000-0000)<br>주　소　　서울특별시 서초구 서초대로 259, 5층 (서초동, 서원빌딩) |

본인은 위 사람을 대리인으로 정하고 다음의 사항의 권한을 위임한다.
1. 위 법인등기신청 및 취하에 관한 일체의 행위.
2. 원본 환부청구 및 수령행위.

2016년 4월 28일

상   호   주식회사 율도
본   점   서울특별시 강남구 테헤란로 101, 501호 (역삼동, 리즈타워)
성   명   대표이사 홍길동                    (인) (전화:              )
주   소   서울특별시 서초구 서초대로45길 22, 108동 1102호 (서초동, 삼일아파트)

## Ⅳ 등기완료 후 절차

### 1. 주주명부 변경

발행된 신주를 반영하여 주주명부를 변경한다. 변경된 주주명부는 본점에 비치·공시한
다(상법 396조).

## 주 주 명 부

| 주주<br>번호 | 주주<br>이름 | 주민등록번호/<br>사업자등록번호 | 주소 | 전자우편<br>주소 | 주식의<br>종류 | 주식의<br>수 | 주식의<br>취득연월일 | 주권<br>번호 |
|---|---|---|---|---|---|---|---|---|
| 1 | 홍길동 | 000000-0000000 | 서울특별시 서초구 서초대로45길 22, 108동 1102호 (서초동, 삼일아파트) | hong@<br>gmail.com | 보통<br>주식 | 18,000 | 2015. 11. 9.<br>(6,000)<br>2016. 4. 28.<br>(12,000) | 주권<br>미발행 |
| 2 | 김철수 | 000000-0000000 | 서울특별시 영등포구 여의로 12, 101호 (여의도동, 세계오피스텔) | cskim@<br>naver.com | 보통<br>주식 | 12,000 | 2015. 11. 9.<br>(4,000)<br>2016. 4. 28.<br>(8,000) | 주권<br>미발행 |

1주의 금액(액면가) : 1,000원
발행주식의 총수 : 보통주식 30,000주

2016년 4월 28일

주식회사 율도
대표이사 홍길동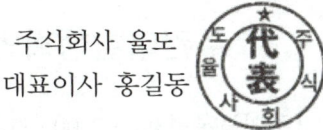

## 2. 주권 또는 주권미발행확인서 교부

원칙적으로 주주에게 신주에 대한 주권을 발행해 주어야 하나 주권을 발행하지 않을 경우 주권미발행확인서를 작성·교부해준다.

## (1) 주주 홍길동

### 주권미발행확인서

1. 주 주 명:  홍길동   (주민등록번호: 000000-0000000)

2. 주    소: 서울특별시 서초구 서초대로45길 22, 108동 1102호 (서초동, 삼일아파트)

3. 위 주주가 소유한 주식
   - 1주의 금액(액면가): 금1,000원
   - 주식의 종류: 보통주식
   - 소유주식 수: 18,000주

당 회사는 현재 상기 주주가 보유한 당 회사 주식의 주권을 발행하지 않았습니다. 당 회사는 상기 주주에게 주권을 발행해 드릴 것을 확인합니다.

2016년 4월 28일

주식회사 율도
대표이사 홍길동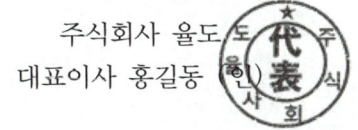

## (2) 주주 김철수

# 주권미발행확인서

1. 주 주 명: 김철수   (주민등록번호: 000000-0000000)

2. 주    소: 서울특별시 영등포구 여의로 12, 101호 (여의도동, 세계오피스텔)

3. 위 주주가 소유한 주식
   - 1주의 금액(액면가): 금1,000원
   - 주식의 종류: 보통주식
   - 소유주식 수: 12,000주

당 회사는 현재 상기 주주가 보유한 당 회사 주식의 주권을 발행하지 않았습니다. 당 회사는 상기 주주에게 주권을 발행해 드릴 것을 확인합니다.

2016년 4월 28일

주식회사 율도
대표이사 홍길동 (인)

## 3. 의사록 보관

회사는 주주의 이사회 의사록 열람·등사 청구에 대비하여 2016년 4월 27일 자 이사회 의사록을 본점에 보관한다.

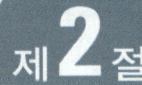

# 제 2 절

# 신주발행 (가수금 출자전환 및 발행할 주식의 총수 증가, 서면동의서)

## I   사례 설명

주식회사 율도(발행주식의 총수 10,000주, 1주의 금액 1,000원, 자본금 1,000만원, 발행할 주식의 총수 40,000주)는 현재 사내이사 홍길동이 지분 100%를 가지고 있다. 사내이사 홍길동 외에 감사 이영희가 있고 이사회는 설치되지 않았다.

주식회사 율도는 홍길동에게 보통주식 50,000주를 1주당 2,000원에 발행하고자 한다. 현재, 발행할 주식의 총수(＝수권주식)가 40,000주 밖에 안되어 정관변경이 없다면 30,000주의 신주만 발행할 수 있으므로, 발행할 주식의 총수 또한 1,000,000주로 늘리고자 한다. 홍길동이 보통주식 50,000주를 1주당 2,000원에 인수하려면 1억원이 필요하다. 그런데 홍길동은 지금까지 주식회사 율도에 1억원을 빌려주었다. 따라서 홍길동은 주식인수대금을 현금으로 낼 필요 없이 주식회사 율도와 합의하여 양 채무(홍길동의 주금납입채무와 주식회사 율도의 대여금 채무)를 상계하여 주금납입의무를 이행할 수 있다.

주식회사 율도는 자본금이 10억원 미만이고 주주가 홍길동 1명뿐이므로 신주발행절차를 간소화하기 위해 서면결의로써 주주총회 결의를 갈음한다(상법 363조 4항). 실무상 서면동의서는 공증인의 인증을 받지 않는 대신 주주 전원이 인감도장을 찍고 인감증명서를 첨부한다.

주주에 대한 실권예고부 청약최고기간은 주주 전원이 동의하여 기간을 단축한다. 2016년 4월 27일 당일에 신주발행을 위한 주주 전원의 서면동의 → 주식청약 → 주식배정 → 상계합의를 순차적으로 모두 진행한다.

## Ⅱ 스케줄, 사전준비사항과 비용

### 1. 스케줄

| 절 차 | 일 정 | 비 고 |
|---|---|---|
| 신주인수권의 내용 및 배정일의 지정·공고 | 2016. 4. 11.(D-16) | 1. 신주배정기준일의 2주 전<br>2. 등기신청서에 공고문을 첨부하지 않음 |
| 신주배정기준일 | 2016. 4. 26.(D-1) | 신주인수권자를 확정하는 기준일 |
| 주주 전원의 서면동의 | 2016. 4. 27.(D) | 주주총회 결의를 갈음하여 신주를 발행 |
| 주주에 대한 실권예고부 청약 최고 | 2016. 4. 27.(D) | 1. 주식청약일의 2주 전<br>2. 주주 전원이 동의하여 기간을 단축함 |
| 주식청약 및 주식배정 | 2016. 4. 27.(D) | |
| 상계합의 | 2016. 4. 27.(D) | 주주와 회사가 상계합의 |
| 등기신청서 제출 (본점) | 2016. 4. 28.(D+1) 오전 0시부터 2주 이내 | |

### 2. 사전준비사항

주주, 임원, 회사가 사전에 준비할 사항은 다음과 같다.

| 준비사항 | 비 고 |
|---|---|
| 공고문 | 1. 회사 공고방법에 따라 신문공고하거나 홈페이지에 전자공고함<br>2. 등기신청서에 공고문을 첨부하지 않음 |
| (개인)인감증명서: 주주 전원(홍길동)이 모두 1부 | 최근 3개월 이내 발행 |
| (개인)인감도장: 주주 전원(홍길동) | |
| (법인)인감도장 | |
| 주주명부 사본 | |
| 금전소비대차계약서 | 대표이사의 대여금 확인 |

## 3. 비 용

### (1) 등기신청수수료(e-Form): 8,000원

「발행할 주식의 총수」 변경에 따른 등기신청수수료 4,000원과 「발행주식내역/자본금의 액」 변경에 따른 등기신청수수료 4,000원을 합친 8,000원을 서울중앙지방법원 등기국에 낸다.

### (2) 등록면허세 및 지방교육세: 720,000원

과세표준액 5천만원을 기준으로 등록면허세 중과세율을 적용하였다. 주식회사 증자등기를 신청할 때 회사가 발행할 주식의 총수가 부족하여 그 변경등기도 같은 신청서로 함께 신청한다면 증자등기에 필요한 등록면허세 및 지방교육세만을 내면 된다. 따라서 이 사례는 「발행할 주식의 총수」 변경에 따른 등록면허세 및 지방교육세 48,240원을 추가하지 않았다. 등록면허세 및 지방교육세 720,000원을 서울시ETAX 웹사이트를 통하여 서울특별시 강남구에 낸다.

### (3) 신문공고 시 신문광고비용

회사의 공고방법이 전자공고라면 비용이 별도로 들지 않지만 신문공고라면 신문사에 광고비용을 내야 한다.

## Ⅲ 서 식

### 1. 신주배정기준일 지정 및 공고

### (1) 이사결정서

주식회사 율도는 이사회가 없으므로 신주배정기준일 지정은 사내이사가 결정한다. 이사결정서는 등기소나 공증사무소에 제출하지 않는다.

---

# 이사결정서

주식회사 율도의 사내이사 홍길동은 다음과 같이 결정하다.

**제1호: 신주배정기준일 지정**

다음 날짜를 신주배정기준일로 정하고 신주배정기준일 현재 주주명부에 등재된 주주에게 그 소유주식 비율로 신주를 배정한다.

신주배정기준일: 2016년 4월 26일 17시

**제2호: 신주인수권증서 발행**

상법 제420조의2 규정에 의한 신주인수권증서 발행은 절차상의 업무번잡을 피하여 이 증서의 발행을 요구하는 주주에 한하여 이를 발행한다.

2016. 4. 9.

주식회사 율도

의장 사내이사 홍길동

---

### (2) 공고문

회사의 공고방법에 따라 아래 공고문을 신문공고하거나 홈페이지에 전자공고한다. 공고문은 등기소나 공증사무소에 제출하지 않는다.

# 공고문

　당사는 2016년 4월 26일 17시(신주배정기준일) 현재 주주명부에 등재된 주주에게 그 소유주식 비율로 신주를 배정할 예정입니다. 신주인수권증서는 발행을 요구한 주주에 한하여 발행하며 신주인수권의 양도는 신주인수권증서의 교부에 의해서만 허용됩니다.

2016년 4월 11일

주식회사 율도
서울특별시 강남구 테헤란로 101, 501호 (역삼동, 리즈타워)
대표자 사내이사 홍길동

## 2. 주식회사 변경등기신청서(e-Form) 및 첨부서류

### (1) 주식회사 변경등기신청서(e-Form)

| 즉시접수 | 당일접수 |
|---|---|
|  |  |
| 제출자 | 변호사 김상균 |
| 총 | 1　　　　건 |

전자표준양식번호(e-Form)번호: 1101-2016-0123456-1

# 주식회사변경등기신청

| 접<br>수 | 년　월　일 |  |  | 처<br>리<br>인 | 접수 | 조사 | 인감 | 기입 | 교합 | 통지 |
|---|---|---|---|---|---|---|---|---|---|---|
|  | 제 |  | 호 |  |  |  |  |  |  |  |

본 신청서 상의 정보와 전자표준양식(e-Form)으로 저장된 정보는 동일함을 확인합니다.
본 신청서는 최초 작성 후 3개월까지만 등기소에 제출 가능합니다.

작성완료일시: 2016. 4. 28.  13:25:52
최초작성일시: 2016. 4. 28.  13:10:27

| 상호 | 주식회사 율도 (Yuldo, Inc.) | 등기번호 | 51001호 |
|---|---|---|---|
| 본점 | 서울특별시 강남구 테헤란로 101, 501호 (역삼동, 리즈타워) |  |  |

| 등기의 목적 | 주식회사 변경등기 |
|---|---|
| 등기의 사유 | 2016. 4. 27. 주주 전원의 서면동의로 발행주식의 총수를 1,000,000주로 변경하고 보통주식 50,000주를 발행하기로 결의하여 발행주식의 총수, 회사 발행주식내역, 자본금의 액이 변경되었으므로 그 변경등기를 구함. |
| 본/지점신청구분 | **1.본점신청**■ 2.지점신청□ 3.본·지점일괄신청□ |
| 등 기 할 사 항 | |
| 발행할 주식의 총수 | 1,000,000주<br>2016년 4월 27일 변경[598] |
| 발행주식내역/<br>자본금의 액 | 발행주식의 총수 : 60,000주<br>보통주식 : 60,000주<br><br>자본금의 액 : 60,000,000원<br>2016년 4월 28일 변경 |

**신청등기소 및 등록면허세/수수료**

| 순번 | 신청등기소 | 구분 | 등록면허세<br>지방교육세 | 농어촌특별세 | 세액합계 | 등기신청수수료 |
|---|---|---|---|---|---|---|
| 1 | 서울중앙지방법원 등기국 | 본점 | 금 600,000원<br>금 120,000원 | 금 0원 | 금 720,000원 | 금 8,000원 |
| 등기신청수수료 납부번호 | | | | (전자) 16-00-01234567-4 | | |
| 과세표준액 | | | 50,000,000원 | | | |
| 첨부서면 | | | | | | |

| 1.등기신청수수료 영수필확인서 | 1통 | 1.금전소비대차계약서 | 1통 |
|---|---|---|---|
| 1.등록면허세 납부확인서 | 1통 | 1.상계동의서 | 1통 |

598) 2016년 4월 27일 자 주주 전원의 서면동의로 「발행할 주식의 총수」를 변경하였으므로 변경일은 2016년 4월 27일이 된다. 반면 「발행주식내역/자본금의 액」 변경일은 2016년 4월 28일이 된다. 신주발행시 납입기일의 다음 날부터 주주의 권리·의무가 생기기 때문이다. 다만, 변경등기신청서를 2016년 4월 28일에 접수하므로 등기의 효력은 모두 2016년 4월 28일부터 발생한다.

| 1.가수금 계정별원장 | 1통 | 1.주식인수증 | 1통 |
| 1.서면동의서 | 1통 | 1.주주명부 | 1통 |
| 1.(개인)인감증명서 | 1통 | 1.기간단축동의서 | 1통 |
| 1.주식청약서 | 1통 | 1.등기신청위임장 | 1통 |

2016년  4월  28일

신청인  상  호  주식회사 율도
       본  점  서울특별시 강남구 테헤란로 101, 501호 (역삼동, 리즈타워)
       성  명  사내이사 홍길동              (인) (전화:              )
       주  소  서울특별시 서초구 서초대로45길 22, 108동 1102호 (서초동,
               삼일아파트)
대리인  성  명  변호사   김상균              (인) (전화:00-000-0000    )
       주  소  서울특별시 서초구 서초대로 259, 5층 (서초동, 서원빌딩)

서울중앙지방법원 등기국 귀중

- 신청서 작성요령 -
1. 해당란이 부족할 때에는 별지를 이용합니다.
1. 해당 등기신청과 관계없는 사항에 대해서는 "해당없음"으로 기재하거나 삭제하고, 필요한 사항은 추가로 기재합니다.

## (2) 등기신청수수료 영수필확인서 (8,000원)

## (3) 등록면허세 납부확인서 (720,000원)

## (4) 서면동의서

서면동의서는 반드시 <u>주주 전원이 (개인)인감도장을 찍어야</u> 한다. 서면동의서가 2장 이상이면 장마다 간인한다.

---

# 서면동의서

주식회사 율도의 주주 전원은 상법 제363조 제4항에 따라 서면에 의한 결의로써 임시주주총회 결의를 갈음한다.

총주주 수: 1명    총주식 수: 10,000주 (의결권 있는 주식 수: 10,000주)
서면동의한 주주 수: 1명    서면동의한 주주의 주식 수: 10,000주

### 제1호:  발행할 주식의 총수 변경의 건

본 회사는 신주를 발행해야 하나, 정관에 규정된 발행할 주식의 총수가 부족하므로 이를 더 늘릴 필요가 있어 해당 정관 조문을 다음과 같이 변경함.

| 정관 신구조문대비표 | |
|---|---|
| 변경 전 | 변경 후 |
| 제5조 (회사가 발행할 주식의 총수) 본 회사가 발행할 주식의 총수는 <u>40,000주</u>로 한다. | 제5조 (회사가 발행할 주식의 총수) 본 회사가 발행할 주식의 총수는 <u>1,000,000주</u>로 한다. |

### 제2호:  신주식 발행의 건

본 회사는 다음과 같이 신주식을 발행함.

1) 신주식의 종류와 수: 보통주식 50,000주
2) 신주식의 발행가액: 1주 금2,000원
3) 납입기일: 2016. 4. 27.
4) <u>납입을 맡을 금융기관과 납입장소: 신한은행(역삼역금융센터지점)에 주금납입 또는 신주인수인의 주금납입채무와 회사의 신주인수인에 대한 채무를 상계</u>
5) 신주식의 인수방법: 각 주주가 가진 주식 수의 비율에 따라 신주식을 배정함을 원칙으로 하되 주주는 인수권의 일부 또는 전부를 포기할 수 있으며, 이 경우 인수포기한 주식은 일반으로부터 공모하거나 다른 주주가 이를 인수할 수 있다.
6) 신주발행과 관련하여 구주주에 대한 배정기일 지정공고와 실권예고부 최고기간은 주주 전원의 동의로 이를 단축하여 신주발행한다.

주주 전원은 위 의안에 모두 찬성합니다. 동의내용을 명확히 하기 위하여 이 동의서 작성하고 주주 전원이 기명날인합니다.

2016년 4월 27일

주식회사 율도

주주 홍길동 (개인인감도장 날인)

## (5) (개인)인감증명서

주주 전원(홍길동)이 각 1부씩 준비한다. 등기신청서 제출일 기준으로 최근 3개월 이내에 발행되어야 한다.

## (6) 주식청약서

| 주 식 청 약 서 | |
|---|---|
| 상호 | 주식회사 율도 |
| 인수할 주식의 종류와 수 | 보통주식 50,000주 |
| 1주의 금액 | 금1,000원 |
| 신주식의 발행가액 | 금2,000원 |
| 인수총액 | 금100,000,000원 |
| 귀 회사의 정관과 이 청약서에 기재한 사항을 승낙하고 위 주식을 청약합니다.<br><br>2016년 4월 27일<br><br>주식청약인 홍길동 <br><br>서울특별시 서초구 서초대로45길 22, 108동 1102호 (서초동, 삼일아파트) | |
| 상호 | 주식회사 율도 |

| | |
|---|---|
| 회사가 발행할 주식의 총수 | 1,000,000주 |
| 1주의 금액 | 금1,000원 |
| 신주의 발행결의일 | 2016. 4. 27. |
| 신주식의 종류와 수 | 보통주식 50,000주 |
| 신주식의 발행가액 | 금2,000원 |
| 납입을 맡을 금융기관과 납입장소 | 신한은행(역삼역금융센터지점)에 주금납입 또는 신주인수인의 주금납입채무와 회사의 신주인수인에 대한 채무를 상계 |
| 명의개서대리인 | 없음 |
| 신주식의 인수방법 | 각 주주가 가진 주식 수의 비율에 따라 신주식을 배정함을 원칙으로 하되 주주는 인수권의 일부 또는 전부를 포기할 수 있으며, 이 경우 인수포기한 주식은 일반으로부터 공모하거나 다른 주주가 이를 인수할 수 있다. |
| 납입기일 | 2016. 4. 27. |

## (7) 주식인수증

주식의 인수를 증명하는 정보로서 주식인수증 또는 대표이사가 작성한 주식배정표를 첨부해야 한다. 이 사례는 주식인수증을 작성한다.

# 주 식 인 수 증

인수할 주식의 종류와 수: 보통주식 50,000주

1주의 금액: 1,000원

발행가액: 2,000원

위 인수 총액:  금100,000,000원

납입을 맡을 금융기관과 납입장소: 신한은행(역삼역금융센터지점)에 주금납입 또는 신

주인수인의 주금납입채무와 회사의 신주인수인에 대한 채무를 상계

주주가 청약한 위의 주식을 인수합니다.

2016년 4월 27일

주주 홍길동

서울특별시 서초구 서초대로45길 22, 108동 1102호 (서초동, 삼일아파트)

주식회사 율도 귀하

## (8) 금전소비대차계약서

# 금전소비대차계약서

대여인과 차용인은 다음과 같이 금전소비대차계약을 체결한다.

**제1조(금액)** 대여인은 차용인에게 금100,000,000원을 빌려주고 차용인은 이를 빌린다.

**제2조(변제기일)** 차용인은 위 차용원리금을 2016년 1월 1일까지 모두 갚기로 한다.

2015년 12월 1일

대여인: 홍길동 (인)

서울특별시 서초구 서초대로45길 22, 108동 1102호 (서초동, 삼일아파트)

차용인: 주식회사 율도 사내이사 홍길동 (代表)

서울특별시 강남구 테헤란로 101, 501호 (역삼동, 리즈타워)

## (9) 가수금 계정별원장

대여금액과 채권자가 기재된 가수금 또는 장·단기차입금 계정별 원장이다. 세무사 또는 회계사가 기명날인한다.

## (10) 상계동의서

# 상계동의서

1. 주식회사 율도는 홍길동에게 금100,000,000원의 대여금을 지급할 의무를 부담하고 있고, 그 지급기한은 2016년 1월 1일이다.

2. 홍길동은 주식회사 율도가 발행하는 신주를 인수하였으므로 2016년 4월 27일 납입해야 하는 주식인수대금이 금100,000,000원이다.

3. 주식회사 율도와 홍길동은 대여금채무와 주금납입채무를 대등액에 관하여 상계하는 데 동의한다.

2016년 4월 27일

대여금채무자: 주식회사 율도 사내이사 홍길동

주금납입채무자: 홍길동

## (11) 주주명부

| 주주 번호 | 주주 이름 | 주민등록번호/ 사업자등록번호 | 주소 | 전자우편 주소 | 주식의 종류 | 주식의 수 | 주식의 취득연월일 | 주권 번호 |
|---|---|---|---|---|---|---|---|---|
| 1 | 홍길동 | 000000-0000000 | 서울특별시 서초구 서초 대로45길 22, 108동 1102 호 (서초동, 삼일아파트) | hong@ gmail.com | 보통 주식 | 10,000 | 2015. 11. 9. | 주권 미발행 |

1주의 금액(액면가) : 1,000원

발행주식의 총수: 보통주식 10,000주

2016년 4월 27일

주식회사 율도

사내이사 홍길동

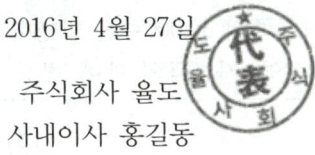

## (12) 기간단축동의서

### 기간단축동의서

주식회사 율도의 주주 전원은 회사 자본금을 증자하기 위하여 신주식을 발행함에 있어서 상법 제418조 및 제419조에 규정한 신주식인수권의 내용 및 배정일 지정·공고와 실권예고부 최고기간을 단축하여 신주식을 즉시 발행함에 동의합니다.

2016년  4월  27일

주   주   홍길동

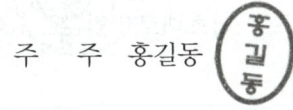

## (13) 등기신청위임장

<table>
<tr>
<td colspan="2" align="center">위 임 장</td>
</tr>
<tr>
<td>법인의 표시</td>
<td>상호　　　　주식회사 율도<br>본지점구분　본점<br>등기번호　　51001호</td>
</tr>
<tr>
<td>등기의 목적</td>
<td>주식회사 변경등기</td>
</tr>
<tr>
<td>등기의 사유</td>
<td>2016. 4. 27. 주주 전원의 서면동의로 발행주식의 총수를 1,000,000주로 변경하고 보통주식 50,000주를 발행하기로 결의하여 발행주식의 총수, 회사발행주식내역, 자본금의 액이 변경되었으므로 그 변경등기를 구함.</td>
</tr>
<tr>
<td>대리인</td>
<td>성　명　변호사 김상균 (전화 : 00-000-0000)<br>주　소　서울특별시 서초구 서초대로 259, 5층 (서초동, 서원빌딩)</td>
</tr>
<tr>
<td colspan="2">　본인은 위 사람을 대리인으로 정하고 다음의 사항의 권한을 위임한다.<br>1. 위 법인등기신청 및 취하에 관한 일체의 행위.<br>2. 원본 환부청구 및 수령행위.</td>
</tr>
<tr>
<td colspan="2"> 2016년 4월 28일 <br>상　호　주식회사 율도<br>본　점　서울특별시 강남구 테헤란로 101 501호 (역삼동, 리즈타워)<br>성　명　사내이사 홍길동　　　　　　전화:　　　　　　　　)<br>주　소　서울특별시 서초구 서초대로45길 22, 108동 1102호 (서초동, 삼일아파트)</td>
</tr>
</table>

**등기완료 후 절차**

## 1. 주주명부 변경

발행된 신주를 반영하여 주주명부를 변경한다. 변경된 주주명부는 본점에 비치·공시한다(상법 396조).

<table>
<tr><td colspan="11" align="center">주 주 명 부</td></tr>
<tr>
<td>주주<br>번호</td>
<td>주주<br>이름</td>
<td>주민등록번호/<br>사업자등록번호</td>
<td>주소</td>
<td>전자우편<br>주소</td>
<td>주식의<br>종류</td>
<td>주식의<br>수</td>
<td>주식의<br>취득연월일</td>
<td>주권<br>번호</td>
</tr>
<tr>
<td>1</td>
<td>홍길동</td>
<td>000000-0000000</td>
<td>서울특별시 서초구 서초<br>대로45길 22, 108동 1102<br>호 (서초동, 삼일아파트)</td>
<td>hong@<br>gmail.com</td>
<td>보통<br>주식</td>
<td>60,000</td>
<td>2015. 11. 9.<br>(10,000)<br>2016. 4. 28.<br>(50,000)</td>
<td>주권<br>미발행</td>
</tr>
<tr>
<td colspan="9">1주의 금액(액면가) : 1,000원<br>발행주식의 총수: 보통주식 60,000주</td>
</tr>
<tr>
<td colspan="9" align="center">2016년 4월 28일<br><br>주식회사 율도<br>대표이사 홍길동 </td>
</tr>
</table>

## 2. 주권 또는 주권미발행확인서 교부

원칙적으로 주주에게 신주에 대한 주권을 발행해 주어야 하나 주권을 발행하지 않을 경우 주권미발행확인서를 작성·교부해준다.

---

### 주권미발행확인서

1. 주 주 명: 홍길동   (주민등록번호: 000000-0000000)

2. 주    소: 서울특별시 서초구 서초대로45길 22, 108동 1102호 (서초동, 삼일아파트)

3. 위 주주가 소유한 주식
   - 1주의 금액(액면가): 금1,000원
   - 주식의 종류: 보통주식
   - 소유주식 수: 60,000주

당 회사는 현재 상기 주주가 보유한 당 회사 주식의 주권을 발행하지 않았습니다. 당 회사는 상기 주주에게 주권을 발행해 드릴 것을 확인합니다.

2016년 4월 28일

주식회사 율도
대표이사 홍길동 (인)

---

## 3. 서면동의서 및 변경된 정관의 비치 · 공시

2016년 4월 27일 자 서면동의서는 주주총회 의사록에 준하여 본점과 지점에 비치 · 공시하고, 변경된 정관도 본점과 지점에 비치 · 공시한다(상법 396조, 363조 6항). 변경된 정관은 다음과 같다.

---

# 정　관

2015. 11. 9. 제정
2016. 4. 27. 개정

(중략)

제5조 (회사가 발행할 주식의 총수) 본 회사가 발행할 주식의 총수는 1,000,000주로 한다.
[2016. 4. 27. 개정]

(중략)

## 부칙 (2016. 4. 27.)

제1조 (시행일) 이 정관은 2016년 4월 27일부터 시행한다.

---

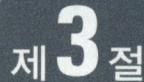

## 제3절

# 신주발행 (보통주식 제3자배정, 주주간계약에 따른 사전동의)

## I 사례 설명

주식회사 율도(발행주식의 총수 30,000주, 1주의 금액 1,000원, 자본금 3,000만원)는 대표이사 홍길동이 보통주식 15,000주, 사내이사 김철수가 보통주식 12,000주를 가지고 있고 사내이사 이영희는 지분이 없다. 그 밖에 투자사인 포춘인베스트먼트 주식회사가 보통주식 3,000주를 가지고 있다.

주식회사 율도는 재무구조 개선을 위하여 보통주식 2,000주를 1주당 50,000원에 엔젤투자자 왕대박씨에게 제3자배정하고자 한다. 그런데 포춘인베스트먼트 주식회사와의 기존 투자계약서를 검토하던 중 다음과 같은 동의권 및 사전협의권 약정을 확인하였다[599].

---

제20조 (경영사항에 대한 동의권 및 사전협의권) ① 회사 및 이해관계인은 다음 각호의 사항에 관하여 투자자에게 <u>각 사항의 시행일로부터 2주 전까지 서면으로 통지한 뒤 각 사항의 시행일의 전일까지 투자자로부터 서면동의</u>를 얻어야 한다.

1. 정관의 변경
2. <u>신주발행(유무상증자), 주식관련사채, 옵션 등의 발행 또는 부여</u>
3. 해산, 청산, 합병, 분할, 분할합병, 주식의 포괄적 교환 또는 이전, 영업의 양도, 영업의 양수, 타회사의 인수, 경영임대차, 위탁경영 기타 회사조직의 근본적인 변경
4. 건당 전년도 자산총계의 [30]% 이상 또는 연간 누계액 기준 전년도 자산총계의 [50]% 이상의 소유자산을 구매, 매각, 대체, 처분 등을 하는 행위
5. 제3자에 대한 건당 전년도 자산총계의 [30]% 이상 또는 연간 누계액 기준 전년도 자산총계의 [50]% 이상의 투자(주식 및 사채인수 포함), 자금대여, 담보 제공, 보증 등
6. 건당 전년도 자산총계 [30]% 이상의 회사의 권리 및 의무를 제3자에게 양도

---

599) 동의권의 효력은 「제2장 주주간계약과 M&A계약」 「제2절 주주간계약」 「II. 전형적인 주주간계약 조항」 「2. 동의권」 참고

7. 본건 투자 당시 사업계획에 명시한 것과 현저히 다른 사업에 착수하거나, 주요사업의 중단, 포기

8. 건당 전년도 자산총계의 [30]% 이상 또는 연간 누계액 기준 전년도 자산총계의 [50]% 이상의 신규 자금차입 또는 채무의 부담

9. 계열회사(독점규제 및 공정거래에 관한 법률상 계열회사의 범위에 포함되는 회사를 말한다), 임직원, 주주, 그 특수관계인(자본시장 및 금융투자업에 관한 법률상의 특수관계인의 범위에 해당하는 자를 말한다)과의 거래

10. 현금, 주식 또는 기타 회사의 재산으로 이루어지는 배당의 의결 또는 지급

11. 이해관계인의 주식 처분, 임직원에 대한 주식매수선택권의 부여

12. 대표이사의 선임 및 해임

② 회사는 다음 각호의 사항에 관하여 <u>투자자와 사전에 협의하고 투자자에게 업무처리에 따른 결과를 서면으로 통지해야 한다.</u>

<u>1. 주주총회의 안건 및 이사회의 안건</u>

2. 주식보유상황의 변동에 관한 사항, 단, 제3자의 주식보유상황의 변동은 사후 통지만 한다.

주식회사 율도는 포춘인베스트먼트 주식회사로부터 이사회 개최, 신주발행 등에 대하여 주주동의서를 받을 계획이다. 제3자배정이므로 신주배정기준일을 지정·공고할 필요는 없으나 기존 주주에게 신주발행의 요점사항을 통지하거나 공고해야 한다(상법 418조 4항). 신주발행의 요점사항 통지 또는 공고 절차는 원래대로 진행하되 이사회 소집통지절차는 이사와 감사 전원이 동의하여 생략한다. 제3자배정이므로 왕대박씨에게 실권예고부 청약최고는 하지 않는다. 2016년 5월 12일에 신주발행을 위한 이사회를 열고 2016년 5월 27일에 주식청약 → 주식배정 및 인수 → 투자금 납부를 순차적으로 진행한다.

## II 스케줄, 사전준비사항과 비용

### 1. 스케줄

| 절 차 | 일 정 | 비 고 |
|---|---|---|
| 투자계약 체결 | 2016. 4. 26.(D-31) | 왕대박 |
| 기존 투자자의 주주동의 | 2016. 4. 27.(D-30) | 포춘인베스트먼트 주식회사 |
| 이사회 소집통지 | 2016. 5. 4.(D-23) | 이사와 감사 전원이 동의하여 생략 |
| 이사회 | 2016. 5. 12.(D-15) | 신주발행 결의 |
| 이사회 의사록 공증 | 2016. 5. 12.(D-15)부터 | |
| 신주발행사항의 통지 또는 공고 | 2016. 5. 12.(D-15) | 1. 납입기일의 2주 전<br>2. 주주 전원이 동의하면 생략가능<br>3. 등기신청서에 통지 또는 공고문을 첨부하거나, 주주 전원이 동의하여 생략할 경우 기간단축동의서를 첨부함 |
| 주식청약 및 주식배정 | 2016. 5. 27.(D) | |
| 투자금 납부 | 2016. 5. 27.(D) | |
| 등기신청서 제출 (본점) | 2016. 5. 28.(D+1) 오전 0시부터 2주 이내 | |

### 2. 사전준비사항

주주, 임원, 회사가 사전에 준비할 사항은 다음과 같다.

| 준비사항 | 비 고 |
|---|---|
| 투자계약서 사본 (왕대박) | 등기사항 확인 |
| 공증위임장 (이사회) | 의장을 포함한 의결정족수 이상의 이사들, 출석한 감사가 (개인)인감도장을 찍고 의장은 추가로 (법인)인감도장을 찍음 |
| (개인)인감증명서: 공증위임장에 도장을 찍은 임원들 모두 각 1부 | 최근 3개월 이내 발행 |
| (법인)인감증명서 1부 | 최근 3개월 이내 발행 |

| 준비사항 | 비 고 |
|---|---|
| 등기사항전부증명서 1부 | 최근 3개월 이내 발행 |
| (법인)인감도장 | |
| 정관 사본 | |
| 주주명부 사본 | |
| 주식청약서: 왕대박 2부 | 1부는 회사에 보관하고, 1부는 등기신청서에 첨부 |
| 잔액증명일이 2016년 5월 27일인 신한은행(역삼역금융센터지점) 잔고증명서 | 1억원 또는 그 이상의 잔액을 증명하는 증명서 |

## 3. 비 용

### (1) 등기신청수수료(e-Form): 4,000원

「발행주식의 총수와 그 종류 및 각각의 수」와 「자본금의 액」 변경에 따른 등기신청수수료 4,000원을 서울중앙지방법원 등기국에 낸다.

### (2) 등록면허세 및 지방교육세: 405,000원

과세표준액은 200만원이고 중과세율을 적용하였다. 과세표준액은 투자금인 1억원이 아니라 등기부상 「자본금의 액」 항목에 늘어날 금액인 200만원이다. 등록면허세 및 지방교육세는 최저세액인 405,000원이다. 서울시ETAX 웹사이트를 통하여 서울특별시 강남구에 낸다.

### (3) 이사회 의사록 인증수수료 (공증사무소에 납부): 30,000원

### (4) 신주발행사항의 통지 또는 공고 비용

회사의 공고방법이 전자공고라면 비용이 별도로 들지 않지만 신문공고라면 신문사에 광고비용을 내야 한다. 신주발행사항을 공고하는 대신 기존 주주에게 통지한다면 통지서 발송비용(우편요금)이 들 것이다.

## Ⅲ 서 식

### 1. 주주동의서 및 신주발행사항 통지서

#### (1) 주주동의서

# 주주동의서

본인은 주식회사 율도의 주주로서 다음 사항에 모두 동의합니다.

1. 이사회 개최
1) 일시: 2016년 5월 12일 10시
2) 장소: 본점 회의실
3) 회의목적 (부의안건)

제1호 의안 신주식 발행의 건 (제3자배정)
1) 신주식의 종류와 수: 보통주식 2,000주
2) 신주식의 발행가액: 1주 금50,000원
3) 납입기일: 2016년 5월 27일
4) 납입을 맡을 금융기관과 납입장소: 신한은행 (역삼역금융센터지점)
5) 신주식의 인수방법: 이 회사의 정관 제10조 제1항 제2호의 규정에 따라 특정한 자(이 회사의 주주를 포함한다)에게 신주를 배정하기 위하여 신주인수의 청약을 할 기회를 부여하는 방식으로 한다.
6) 기타 신주발행에 관한 필요한 절차적 세부사항은 대표이사에게 일임한다.

2. 신주발행
1) 제3자배정방식
2) 신주인수인: 왕대박
3) 신주의 세부발행사항: 위 이사회 회의목적과 같음

2016년 4월 27일
주주 포춘인베스트먼트 주식회사
대표이사 홍은보 (인)

## (2) 신주발행사항 통지서

주주들(3명)에게 신주발행사항 통지서를 내용증명으로 보낸다. 아래는 주주 김철수에게 보낸 통지서(내용증명)이다.

시행일자: 2016년 5월 12일

발　신: 주식회사 율도 (대표이사 홍길동)

　　　　서울특별시 강남구 테헤란로 101, 501호 (역삼동, 리즈타워)

수　신: 김철수

　　　　서울특별시 영등포구 여의로 12, 101호 (여의도동, 세계오피스텔)

제　목: 신주발행사항 통지

　본 회사는 2016. 5. 12. 이사회에서 신기술의 도입, 재무구조의 개선 등 회사의 경영상 목적을 달성하기 위하여 아래와 같이 제3자배정으로 신주를 발행하기로 결의하였으므로 이를 주주께 알려드립니다. 제3자배정이므로 주주께서는 신주인수에 참여하실 수 없사오니 이점 양해해 주시기 바랍니다.

| 항 목 | 내 용 |
|---|---|
| 신주의 종류와 수 | 보통주식 2,000주 |
| 신주의 발행가액 | 1주 금50,000원 |
| 납입기일 | 2016년 5월 27일 |
| 신주의 인수방법 | 이 회사의 정관 제10조 제1항 제2호의 규정에 따라 특정한 자(이 회사의 주주를 포함한다)에게 신주를 배정하기 위하여 신주인수의 청약을 할 기회를 부여하는 방식으로 한다. |

2016년 5월 12일

주식회사 율도
대표이사 홍길동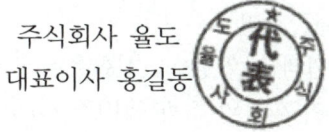

## 2. 이사회 의사록 및 공증서류

등기신청서에 첨부하는 이사회 의사록은 공증인의 인증을 받아야 한다. 대리인은 대리인 신분증과 대리인 도장 및 아래 서류를 갖추고 공증사무소에 가서 이사회 의사록을 인증받는다.

## (1) 이사회 의사록 (원본 2부)

---

# 이사회 의사록

주식회사 율도는 2016. 5. 12. 오전 10시 본점 회의실에서 이사와 감사 전원이 동의하여 소집절차를 생략하고 이사회를 개최한다.

총이사 수: 3명,  출석 이사 수: 3명

총감사 수: 0명,  출석 감사 수: 0명

의장은 위와 같이 성원이 되었음을 알리고 의안심의에 들어갈 것을 제의하다.

### 제1호 의안 신주식 발행(제3자배정)의 건

의장은 본 회사의 사업규모가 팽창하여 현재의 자본금만으로는 사업을 수행하기가 어려우므로 신기술의 도입, 재무구조의 개선 등 회사의 경영상 목적을 달성하기 위하여 주주 외의 자에게 신주식을 발행하여 자본을 증가할 필요가 있음을 설명하고 그 가부결의 및 주식발행사항에 대한 결의를 구한바 이사들은 신중히 논의한 끝에 다음과 같이 신주식을 발행할 것을 만장일치로 가결하다.

1) 신주식의 종류와 수: 보통주식 2,000주
2) 신주식의 발행가액: 1주 금50,000원
3) 납입기일: 2016년 5월 27일
4) 납입을 맡을 금융기관과 납입장소: 신한은행 (역삼역금융센터지점)
5) 신주식의 인수방법: 이 회사의 정관 제10조 제1항 제2호의 규정에 따라 특정한 자(이 회사의 주주를 포함한다)에게 신주를 배정하기 위하여 신주인수의 청약을 할 기회를 부여하는 방식으로 한다.
6) 기타 신주발행에 관한 필요한 절차적 세부사항은 대표이사에게 일임한다.

의장은 이상으로 의안 심의를 전부 종료하였으므로 폐회를 선언하다(회의 종료시각

---

11시). 위 의사의 경과요령과 결과를 명확히 하기 위하여 이 의사록을 작성하고 의장과 출석한 이사가 기명날인한다.

2016. 5. 12.

주식회사 율도

의장 대표이사 홍길동

사내이사 김철수

사내이사 이영희

## (2) 공증촉탁서

# 공 증 촉 탁 서

| 접수번호 | - | 문서명 | 이사회 의사록 |
|---|---|---|---|
| 증서등부번호 | - | | |

아래 촉탁인은 위 공정증서 작성 □ 을 촉탁합니다.

인증 ■

2016년 5월 28일

사무소 귀중

| | | | | | | |
|---|---|---|---|---|---|---|
| 1. 촉 탁 인 | 성명<br>(법인명) | 홍길동 외 2인 　　(인) | 2. 촉 탁 인 | 성명<br>(법인명) | | 　(인) |
| | 생년월일<br>(대표이사명) | 0000. 00. 00. | | 생년월일<br>(대표이사명) | | |
| | 주소<br>(소재지) | 서울특별시 00구 00로 00 | | 주소<br>(소재지) | | |
| | 연락처 | | | 연락처 | | |
| | 위출석확인 |  | | 위출석확인 | | (인) |

| 3.<br>대<br>리<br>인 | 성명<br>(법인명) | 김상균 (인) | | 4 | 성명<br>(법인명) | | (인) |
|---|---|---|---|---|---|---|---|
| | 생년월일<br>(대표이사명) | 0000. 00. 00. | | | 생년월일<br>(대표이사명) | | |
| | 주소<br>(소재지) | 서울특별시 서초구 서초대로 259, 5층 | | | 주소<br>(소재지) | | |
| | 연락처 | 000-0000-0000 | | | | | |
| | 위출석확인 | 김상균 (인) | | | 위출석확인 | | (인) |

| | 비고 | 주식회사 율도 | | | | | |
|---|---|---|---|---|---|---|---|

| 수령<br>사항 | 구분 | 통수 | 수령자확인 | 촉 대<br>탁 리<br>인 인<br>인 인<br>확 인 | 주민등록증 | | 증인성명 | |
|---|---|---|---|---|---|---|---|---|
| | 증서정본 | | (인) | | 운전면허증 | | 증인성명 | |
| | 증서정본 | | (인) | | 공무원증 | | 면식번호 | |
| | 인증서 | 1 | 김상균 (인) | | 여 권 | | | |
| | | | | | 영사증명서 | | | |
| | 법률행위의 목적가액<br>원 | 수수료<br>원 | | 주임 | | 사무장 | | 공증인 |

## (3) 진술서

# 진 술 서

| 법인명 | 주식회사 율도 |
|---|---|
| 소재지 | 서울특별시 강남구 테헤란로 101, 501호 (역삼동, 리즈타워) |
| 회의의 종류 | 이사회 |
| 소집일시 | 2016. 5. 12. |
| 소집장소 | 본점 회의실 |

본인은 (                    )에서 위 법인 의사록의 인증을 촉탁함에 있어서, 위 법인의
촉탁대리인으로서 위 회의가 적법하게 소집되었으며, 결의의 절차와 내용이 진실에 부합함

을 진술합니다.

2016년 5월 28일

위 진술인: 변호사 김상균 (인)

서울특별시 서초구 서초대로 259, 5층 (서초동, 서원빌딩)

## (4) 등기사항전부증명서

1부를 준비한다. 공증사무소 제출일 기준으로 최근 3개월 이내에 발행되어야 한다.

## (5) 정관 사본

정관의 첫 장부터 마지막 장까지 (법인)인감도장으로 간인한 뒤, 마지막 장에 다음과 같이 기재하고 (법인)인감도장을 찍는다.

# 정 관

(중략)

**제10조 (주식의 발행과 배정)** ① 본 회사가 이사회의 결의로 신주를 발행하는 경우 다음 각호의 방식에 의한다.
1. 주주에게 그가 가진 주식 수에 따라서 신주를 배정하기 위하여 신주인수의 청약을 할 기회를 부여하는 방식
2. 신기술의 도입, 재무구조의 개선 등 회사의 경영상 목적을 달성하기 위하여 필요한 경우 제1호 외의 방법으로 특정한 자(이 회사의 주주를 포함한다)에게 신주를 배정하기 위하여 신주인수의 청약을 할 기회를 부여하는 방식

(중략)

2016년 5월 12일 원본대조필

주식회사 율도
대표이사 홍길동 (인)

## (6) 확인서

# 확 인 서

| | |
|---|---|
| 법인명 | 주식회사 율도 |
| 회의 종류 | 이사회 |
| 소집일시 | 2016. 5. 12. |
| 소집통지발송일 | 이사와 감사 전원이 동의하여 소집절차를 생략 |
| 회의안건 | 제1호 의안 신주식 발행(제3자배정)의 건 |

　　본인은 위 의사록에 관하여 위 법인의 대표이사로서 이 회의가 적법하게 소집되었으며 결의의 절차와 내용이 진실에 부합함을 확인합니다.

2016년 5월 28일

위 확인인 대표이사 홍길동

주소: 서울특별시 00구 00로 00

(　　　　　　　) 귀중

## (7) 공증위임장

의장을 포함한 의결정족수 이상의 이사들, 출석한 감사가 (개인)인감도장 찍고 의장은 추가로 (법인)인감도장을 찍는다.

<table>
<tr><td colspan="2" style="text-align:center"><h2>위 임 장</h2></td></tr>
<tr><td>수임인</td><td>변호사 김상균<br>서울특별시 서초구 서초대로 259, 5층 (서초동, 서원빌딩)</td></tr>
<tr><td colspan="2">위의 사람을 본인의 대리인으로 정하여 (　　　　　　　　)에서 다음 사서증서의 인증을 촉탁하는 일체의 권한을 위임합니다.<br><br> 다음 <br>1. 이사회 의사록</td></tr>
<tr><td colspan="2" style="text-align:center">2016년 5월 12일</td></tr>
<tr><td>위임인</td><td>대표이사 홍길동 <u>(개인인감도장 날인)</u>　<u>(법인인감도장 날인)</u><br>서울특별시 00구 00로 00</td></tr>
<tr><td>위임인</td><td>사내이사 김철수 <u>(개인인감도장 날인)</u><br>서울특별시 00구 00로 00</td></tr>
<tr><td>위임인</td><td>사내이사 이영희 <u>(개인인감도장 날인)</u><br>서울특별시 00구 00로 00</td></tr>
</table>

## (8) (개인)인감증명서

홍길동, 김철수, 이영희가 각 1부씩 준비한다. 공증사무소 제출일 기준으로 최근 3개월 이내에 발행되어야 한다.

## (9) (법인)인감증명서

1부를 준비한다. 공증사무소 제출일 기준으로 최근 3개월 이내에 발행되어야 한다.

## 3. 주식회사 변경등기신청서(e-Form) 및 첨부서류

### (1) 주식회사 변경등기신청서(e-Form)

| 즉시접수 | 당일접수 |
|---|---|
|  |  |
| 제출자 | 변호사 김상균 |
| 총 | 1 건 |

전자표준양식번호(e-Form)번호: 1101-2016-0123456-1

### 주식회사변경등기신청

| 접수 | 년 월 일 | 처리인 | 접수 | 조사 | 인감 | 기입 | 교합 | 통지 |
|---|---|---|---|---|---|---|---|---|
|  | 제 호 |  |  |  |  |  |  |  |

본 신청서 상의 정보와 전자표준양식(e-Form)으로 저장된 정보는 동일함을 확인합니다.  작성완료일시 : 2016. 5. 28.  13:25:52
본 신청서는 최초 작성 후 3개월까지만 등기소에 제출 가능합니다.  최초작성일시 : 2016. 5. 28.  13:10:27

| 상호 | 주식회사 율도 (Yuldo, Inc.) | 등기번호 | 51001호 |
|---|---|---|---|
| 본점 | 서울특별시 강남구 테헤란로 101, 501호 (역삼동, 리즈타워) | | |
| 등기의 목적 | 주식회사 변경등기 | | |
| 등기의 사유 | 2016. 5. 12. 이사회에서 보통주식 2,000주를 발행하기로 결의하고 2016. 5. 27. 납입이 완료되어 회사 발행주식의 내역, 자본금의 액이 변경되었으므로 그 변경등기를 구함. | | |
| 본/지점신청구분 | **1.본점신청**■  2.지점신청□  3.본·지점일괄신청□ | | |
| 등 기 할 사 항 | | | |
| 발행주식내역/ 자본금의 액 | 발행주식의 총수 : 32,000주<br>보통주식 :  32,000주<br><br>자본금의 액 :  32,000,000원<br>2016년 5월 28일 변경 | | |

# 신청등기소 및 등록면허세/수수료

| 순번 | 신청등기소 | 구분 | 등록면허세<br>지방교육세 | 농어촌특별세 | 세액합계 | 등기신청수수료 |
|---|---|---|---|---|---|---|
| 1 | 서울중앙지방<br>법원 등기국 | 본점 | 금 337,500원<br>금 67,500원 | 금 0원 | 금 405,000원 | 금 4,000원 |

| 등기신청수수료 납부번호 | (전자) 16-00-01234567-4 |
|---|---|
| 과세표준액 | 2,000,000원 |

## 첨부서면

| | | | |
|---|---|---|---|
| 1.등기신청수수료 영수필확인서 | 1통 | 1.잔고증명서 | 1통 |
| 1.등록면허세 납부확인서 | 1통 | 1.신주발행사항 통지서 사본 | 3통 |
| 1.이사회 의사록 | 1통 | 1.정관 | 1통 |
| 1.주식청약서 | 1통 | 1.등기신청위임장 | 1통 |
| 1.주식배정표 | 1통 | | |

2016년 5월 28일

신청인 상 호 주식회사 율도
　　　　본 점 서울특별시 강남구 테헤란로 101, 501호 (역삼동, 리즈타워)
　　　　성 명 사내이사 홍길동　　　　　　　(인) (전화:　　　　　　)
　　　　주 소 서울특별시 서초구 서초대로45길 22, 108동 1102호 (서초동,
　　　　　　　삼일아파트)
대리인 성 명 변호사 김상균　　　　　　(인) (전화:00-000-0000　　)
　　　　주 소 서울특별시 서초구 서초대로 259, 5층 (서초동, 서원빌딩)

서울중앙지방법원 등기국 귀중

- 신청서 작성요령 -

1. 해당란이 부족할 때에는 별지를 이용합니다.
1. 해당 등기신청과 관계없는 사항에 대해서는 "해당없음"으로 기재하거나 삭제하고, 필요한 사항은
   추가로 기재합니다.

(2) 등기신청수수료 영수필확인서 (4,000원)

(3) 등록면허세 납부확인서 (405,000원)

(4) 이사회 의사록 (공증인으로부터 인증받은 것)

(5) 주식청약서

<table>
<tr><td colspan="2" align="center">주 식 청 약 서</td></tr>
<tr><td>상호</td><td>주식회사 율도</td></tr>
<tr><td>인수할 주식의 종류와 수</td><td>보통주식 2,000주</td></tr>
<tr><td>1주의 금액</td><td>금1,000원</td></tr>
<tr><td>신주식의 발행가액</td><td>금50,000원</td></tr>
<tr><td>인수총액</td><td>금100,000,000원</td></tr>
<tr><td colspan="2">

귀 회사의 정관과 이 청약서에 기재한 사항을 승낙하고 위 주식을 청약합니다.

2016년 5월 27일

주식청약인 왕대박 (인)

인천광역시 연수구 컨벤시아대로 69, 302호 (송도동)
</td></tr>
<tr><td>상호</td><td>주식회사 율도</td></tr>
<tr><td>회사가 발행할 주식의 총수</td><td>1,000,000주</td></tr>
<tr><td>1주의 금액</td><td>금1,000원</td></tr>
<tr><td>신주의 발행결의일</td><td>2016. 5. 12.</td></tr>
<tr><td>신주식의 종류와 수</td><td>보통주식 2,000주</td></tr>
<tr><td>신주식의 발행가액</td><td>금50,000원</td></tr>
<tr><td>납입을 맡을 금융기관과 납입장소</td><td>신한은행 (역삼역금융센터지점)</td></tr>
</table>

| 명의개서대리인 | 없음 |
|---|---|
| 신주식의 인수방법 | 이 회사의 정관 제10조 제1항 제2호의 규정에 따라 특정한 자(이 회사의 주주를 포함한다)에게 신주를 배정하기 위하여 신주인수의 청약을 할 기회를 부여하는 방식으로 한다. |
| 납입기일 | 2016. 5. 27. |

## (6) 주식배정표

### 주 식 배 정 표

(단위: 주)

| 신주인수인 | 구 주식수 | 배정주식수 | 포기주식수 | 인수주식수 | 현재주식수 |
|---|---|---|---|---|---|
| 왕대박 | 보통주식<br>0주 | 보통주식<br>2,000 | 보통주식<br>0 | 보통주식<br>2,000 | 보통주식<br>2,000 |
| **합계** | 0 | 2,000 | 0 | 2,000 | 2,000 |

위와 같이 주식회사 율도의 신주식을 배정하고 각 인수를 완료하였습니다.

2016년 5월 27일

주식회사 율도
대표이사 홍길동

## (7) 잔고증명서

주식회사 율도는 이번 신주발행의 결과 자본금이 3,200만원이 되므로 여전히 자본금 총액이 10억원 미만이다. 신한은행 역삼역금융센터지점을 방문하여 잔액증명일이 2016년 5월 27일이고 잔액이 1억원 또는 그 이상 있음을 증명하는 주식회사 율도 계좌의 잔고증명서를 발급받아 첨부한다.

## (8) 신주발행사항 통지서 사본

주주들(3명)에게 내용증명으로 보낸 신주발행사항 통지서 사본을 첨부한다.

## (9) 정관 사본

# 정 관

(중략)

제10조 (주식의 발행과 배정) ① 본 회사가 이사회의 결의로 신주를 발행하는 경우 다음 각호의 방식에 의한다.
　1. 주주에게 그가 가진 주식 수에 따라서 신주를 배정하기 위하여 신주인수의 청약을 할 기회를 부여하는 방식
　2. 신기술의 도입, 재무구조의 개선 등 회사의 경영상 목적을 달성하기 위하여 필요한 경우 제1호 외의 방법으로 특정한 자(이 회사의 주주를 포함한다)에게 신주를 배정하기 위하여 신주인수의 청약을 할 기회를 부여하는 방식

(생략)

## (10) 등기신청위임장

<table>
<tr><td colspan="2" align="center">위 임 장</td></tr>
<tr>
<td>법인의 표시</td>
<td>상호　　　　　주식회사 율도<br>본지점구분　본점<br>등기번호　　　51001호</td>
</tr>
<tr>
<td>등기의 목적</td>
<td>주식회사 변경등기</td>
</tr>
<tr>
<td>등기의 사유</td>
<td>2016. 5. 12. 이사회에서 보통주식 2,000주를 발행하기로 결의하고 2016. 5. 27. 납입이 완료되어 회사 발행주식의 내역, 자본금의 액이 변경되었으므로 그 변경등기를 구함.</td>
</tr>
<tr>
<td>대리인</td>
<td>성　명　　변호사 김상균 (전화 : 00-000-0000)<br>주　소　　서울특별시 서초구 서초대로 259, 5층 (서초동, 서원빌딩)</td>
</tr>
<tr>
<td colspan="2">
본인은 위 사람을 대리인으로 정하고 다음의 사항의 권한을 위임한다.<br>
1. 위 법인등기신청 및 취하에 관한 일체의 행위.<br>
2. 원본 환부청구 및 수령행위.<br><br>
2016년 5월 12일 <br>
상　호　주식회사 율도<br>
본　점　서울특별시 강남구 테헤란로 101, 601호 (역삼동, 리즈타워)<br>
성　명　대표이사 홍길동　　(인) (전화:　　　　　　　)<br>
주　소　서울특별시 서초구 서초대로45길 22, 108동 1102호 (서초동, 삼일아파트)
</td>
</tr>
</table>

## Ⅳ 등기완료 후 절차

### 1. 주주명부 변경

발행된 신주를 반영하여 주주명부를 변경한다. 변경된 주주명부는 본점에 비치·공시한다(상법 396조).

# 주 주 명 부

| 주주<br>번호 | 주주<br>이름 | 주민등록번호/<br>사업자등록번호 | 주소 | 전자<br>우편주소 | 주식의<br>종류 | 주식의<br>수 | 주식의<br>취득연월일 | 주권<br>번호 |
|---|---|---|---|---|---|---|---|---|
| 1 | 홍길동 | 000000-0000000 | 서울특별시 서초구 서초대로45길 22, 108동 1102호 (서초동, 삼일아파트) | hong@<br>gmail.com | 보통<br>주식 | 15,000 | 2015. 11. 9. | 주권<br>미발행 |
| 2 | 김철수 | 000000-0000000 | 서울특별시 영등포구 여의로 12, 101호 (여의도동, 세계오피스텔) | cskim@<br>naver.com | 보통<br>주식 | 12,000 | 2015. 11. 9. | 주권<br>미발행 |
| 3 | 포춘인베스트먼트주식회사 | 000-00-00000 | 서울특별시 강남구 테헤란로 27, 1105호 (역삼동, 태양빌딩) | contact@<br>fortuneinvest.com | 보통<br>주식 | 3,000 | 2015. 11. 9. | 주권<br>미발행 |
| 4 | 왕대박 | 000000-0000000 | 인천광역시 연수구 컨벤시아대로 69, 302호 (송도동) | wang@<br>hotmail.com | 보통<br>주식 | 2,000 | 2016. 5. 28. | 주권<br>미발행 |

1주의 금액(액면가) : 1,000원
발행주식의 총수 : 보통주식 32,000주

2016년 5월 28일

주식회사 율도
대표이사 홍길동

## 2. 주권 또는 주권미발행확인서 교부

원칙적으로 주주에게 신주에 대한 주권을 발행해 주어야 하나 주권을 발행하지 않을 경우 주권미발행확인서를 작성·교부해준다.

---

### 주권미발행확인서

1. 주 주 명: 왕대박   (주민등록번호: 000000-0000000)

2. 주    소: 인천광역시 연수구 컨벤시아대로 69, 302호 (송도동)

3. 위 주주가 소유한 주식
   - 1주의 금액(액면가): 금1,000원
   - 주식의 종류: 보통주식
   - 소유주식 수: 2,000주

당 회사는 현재 상기 주주가 보유한 당 회사 주식의 주권을 발행하지 않았습니다. 당 회사는 상기 주주에게 주권을 발행해 드릴 것을 확인합니다.

2016년 5월 28일

주식회사 율도
대표이사 홍길동 (인)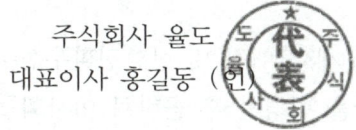

---

## 3. 의사록 보관

회사는 주주의 이사회 의사록 열람·등사 청구에 대비하여 2016년 5월 12일 자 이사회 의사록을 본점에 보관한다.

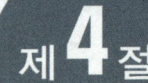

# 제4절

# 사업목적 변경 및 신주발행
## (상환전환우선주식 제3자배정,
## 기간단축, 여러 등기사항의 일괄변경)

 **I  사례 설명**

주식회사 율도(발행주식의 총수 30,000주, 1주의 금액 1,000원, 자본금 3,000만원)는 대표이사 홍길동이 보통주식 15,000주, 사내이사 김철수가 보통주식 12,000주를 가지고 있고 사내이사 이영희는 지분이 없다. 그 밖에 투자사인 포춘인베스트먼트 주식회사가 보통주식 3,000주를 가지고 있다.

주식회사 율도는 재무구조 개선을 위하여 한강글로벌투자조합(벤처투자 촉진에 관한 법률 2조 11호에 해당하는 벤처투자조합이다. 업무집행조합원은 주식회사 한강파트너스)에 상환전환우선주식 2,000주를 1주당 50,000원에 발행하고자 한다. 투자계약서의 내용은 「제2장 주주간계약과 M&A계약」 「제3절 M&A계약」 「Ⅲ. M&A계약서」 「2. 계약서 (상환전환우선주식 발행, 주주간계약 포함)」에서 설명한 계약서와 같다.

주식회사 율도는 정관에 제3자배정 및 상환전환우선주식 발행에 관한 조항이 없으므로, 임시주주총회를 열어 정관을 변경한 후 곧바로 이사회를 열어서 신주를 발행할 예정이다. 주식회사 율도는 임시주주총회를 여는 김에 컴퓨터 주변장치 유통업에 진출하고자 정관에 관련 사업목적을 추가하고자 한다. 사업목적 추가에 관하여 주식회사 한강파트너스(한강글로벌투자조합의 업무집행조합원)와 포춘인베스트먼트 주식회사의 사전 동의를 받았다.

1개의 변경등기신청서로 「목적」, 「발행주식의 총수와 그 종류 및 각각의 수」 및 「자본금의 액」, 「종류주식의 내용」 등 여러 등기사항을 일괄하여 변경한다.

제3자배정이므로 신주배정기준일 지정·공고와 신주인수권자에 대한 실권예고부 청약최고를 할 필요 없다. 다만, 기존 주주에게 신주발행사항을 통지 또는 공고(상법 418조 4항)해야 하나 주주 전원이 동의하여 이를 생략한다. 이사회 소집통지절차는 이사와 감사 전원이 동의하여 생략하고 임시주주총회 소집통지절차도 주주 전원이 동의하여 생략한다.

2016년 5월 27일에 정관변경을 위한 임시주주총회 → 신주발행을 위한 이사회 → 주식청약 → 주식배정 및 인수 → 투자금 납부를 순차적으로 모두 진행한다.

 ## Ⅱ 스케줄, 사전준비사항과 비용

### 1. 스케줄

| 절 차 | 일 정 | 비 고 |
|---|---|---|
| 임시주주총회 소집통지 | 2016. 5. 12.(D-15) | 주주 전원이 동의하여 생략 |
| 신주발행사항에 대한 통지 또는 공고 | 2016. 5. 12.(D-15) | 1. 납입기일의 2주 전<br>2. 주주 전원이 동의하여 생략<br>3. 등기신청서에 통지 또는 공고문을 첨부하거나, 주주 전원이 동의하여 생략할 경우 기간단축동의서를 첨부함 |
| 이사회 소집통지 | 2016. 5. 19.(D-8) | 이사와 감사 전원이 동의하여 생략 |
| 투자계약 체결 | 2016. 5. 27.(D) | 한강글로벌투자조합 |
| 임시주주총회 | 2016. 5. 27.(D) | 정관 변경 |
| 이사회 | 2016. 5. 27.(D) | 신주발행 결의 |
| 주식청약 및 주식배정 | 2016. 5. 27.(D) | |
| 투자금 납부 | 2016. 5. 27.(D) | |
| 임시주주총회 의사록 및 이사회 의사록 공증 | 2016. 5. 27.(D)부터 | |
| 등기신청서 제출 (본점) | 2016. 5. 28.(D+1) 오전 0시부터 2주 이내 | |

### 2. 사전준비사항

주주와 임원, 회사가 사전에 준비할 사항은 다음과 같다.

| 준비사항 | 비 고 |
|---|---|
| 투자계약서 사본 (한국벤처투자조합) | 등기사항 확인 |
| 공증위임장 (이사회) | 의장을 포함한 의결정족수 이상의 이사들, 출석한 감사가 (개인)인감도장을 찍고 의장은 추가로 (법인)인감도장을 찍음 |
| 공증위임장 (주주총회) | 1. 의장과 출석 이사, 의결정족수 이상의 주주들이 인감도장을 찍고 의장은 (법인)인감도장을 추가로 찍음<br>2. 공증위임장(이사회)과 합쳐서 작성할 수 있음 |
| (개인)인감증명서: 공증위임장에 도장을 찍은 이사, 감사, 주주들 모두 각 1부. 주주가 법인이면 (법인)인감증명서 | 최근 3개월 이내 발행 |
| (법인)인감증명서 1부 | 최근 3개월 이내 발행 |
| 등기사항전부증명서 1부 | 최근 3개월 이내 발행 |
| (법인)인감도장 | |
| 정관 사본 | |
| 주주명부 사본 | |
| 주식청약서: 한강글로벌투자조합 2부 | 1부는 회사에 보관하고, 1부는 등기신청서에 첨부 |
| 잔액증명일이 2016년 5월 27일인 신한은행 (역삼역금융센터지점) 잔고증명서 | 1억원 또는 그 이상의 잔액을 증명하는 증명서 |
| 기간단축동의서 2부 | 1. 임시주주총회 소집통지절차 생략<br>2. 신주발행사항에 대한 통지 또는 공고 생략<br>3. 1부는 공증사무소에 제출하고 1부는 등기소에 제출 |

## 3. 비 용

### (1) 등기신청수수료(e-Form): 8,000원

「목적」변경에 따른 등기신청수수료 4,000원과 「발행주식의 총수와 그 종류 및 각각의 수」 및 「자본금의 액」변경에 따른 등기신청수수료 4,000원을 합친 등기신청수수료 8,000원을 서울중앙지방법원 등기국에 낸다. 「종류주식의 내용」변경에 따른 등기신청수수료는 별도의 수수료를 납부 할 필요가 없다[600].

---

600) 종류주식의 발행에 따른 변경등기 시 수수료 [상업등기선례 제201911-1호, 2019. 11. 28. 제정]

## (2) 등록면허세 및 지방교육세: 405,000원

자본금 변경에 따른 등록면허세 및 지방교육세의 과세표준액은 투자금인 1억원이 아니라 등기부상 늘어날 「자본금의 액」인 200만원이므로 중과세율을 적용할 경우 최저세액인 405,000원이 된다. 등록면허세 및 지방교육세 405,000원을 서울시ETAX 웹사이트를 통하여 서울특별시 강남구에 낸다.

## (3) 임시주주총회 및 이사회 의사록 인증수수료 (공증사무소에 납부): 60,000원

 **III** **서 식**

### 1. 임시주주총회 의사록, 이사회 의사록 및 공증서류

등기신청서에 첨부하는 임시주주총회 의사록과 이사회 의사록은 공증인의 인증을 받아야 한다. 대리인은 대리인 신분증과 대리인 도장 및 아래 서류를 갖추고 공증사무소에 가서 의사록을 인증받는다.

## (1) 임시주주총회 의사록 (원본 2부)

---

### 임시주주총회 의사록

주식회사 율도

위 회사는 서기 2016. 5. 27. 9시 본점 회의실에서 주주 전원이 동의하여 주주총회 소집 절차를 생략하고 임시주주총회를 개최하다.

총주주 수: 3명　총주식 수: 30,000주 (의결권 있는 주식 수: 30,000주)
출석 주주 수: 2명 (대리출석: 0명)　출석 주주의 주식 수: 27,000주

---

　　대표이사(홍길동)는 정관규정에 따라 이 회의 진행을 위하여 의장석에 등단하여 위와 같이 법정수에 달하는 주식 수를 보유한 주주 전원이 출석하였으므로 본 총회가 적법히 성립되었음을 알리고 개회를 선언한 후 다음 의안을 부의하고 심의를 구하다.

### 제1호 의안: 목적변경의 건

　　의장은 본 회사의 목적을 다음과 같이 변경할 필요가 있음을 설명하고 그 가부를 물은 바, 주주들은 해당 정관을 다음과 같이 변경할 것을 박수로 찬성하여 만장일치로 가결하다.

제2조 (목적) 본 회사는 다음 사업을 경영함을 목적으로 한다.

〈변경 없는 부분 생략〉

1. 각 호에 관련된 부대사업 일체[601] [삭제]
1. 컴퓨터 및 주변장치, 소프트웨어 도매업 [추가]
1. 컴퓨터 및 주변장치, 소프트웨어 소매업 [추가]
1. 각 호에 관련된 통신판매업 및 전자상거래업 [추가]
1. 각 호에 관련된 무역업 [추가]
1. 각 호에 관련된 부대사업 일체 [추가]

### 제2호 의안: 상환전환우선주식 발행을 위한 정관 변경의 건

　　의장은 본 회사가 상환전환우선주식을 발행하려면 정관 일부를 변경해야 함을 별첨한 정관 신구조문대비표 제8조의2에 따라 설명하고 그 가부를 물은바, 주주들은 정관 변경을 박수로 찬성하여 만장일치로 가결하다.

### 제3호 의안: 주식 제3자배정을 위한 정관 변경의 건

　　의장은 본 회사가 신기술의 도입, 재무구조의 개선 등 회사의 경영상 목적을 달성하기 위하여 주주 외의 자에게 주식을 발행하려면 정관 일부를 변경해야 함을 별첨한 정관 신구조문대비표 제10조에 따라 설명하고 그 가부를 물은바, 주주들은 정관 변경을 박수로 찬성하여 만장일치로 가결하다.

　　의장은 이상으로 의안 심의를 전부 종료하였으므로 폐회한다고 선언하다(회의 종료시 각 10시). 위 의사의 경과요령과 결과를 명확히 하기 위하여 이 의사록을 작성하고 의장과 출석한 이사가 기명날인 또는 서명하다.

---

601) 일반적으로 정관 및 등기부의 목적사항의 맨 마지막에 「각 호에 관련된 부대사업 일체」라고 기재한다. 따라서 정관 및 등기부에 목적사항을 추가할 때는 「각 호에 관련된 부대사업 일체」를 맨 마지막 행으로 밀기 위해 「각 호에 관련된 부대사업 일체」라는 문구를 삭제한 후, 맨 마지막 행에 다시 추가한다.

2016. 5. 27.

주식회사 율도

의장 대표이사 홍길동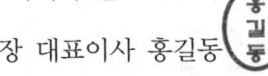

사내이사 김철수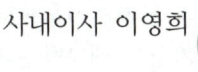

사내이사 이영희

[별첨]

| 정관 신구조문대비표 | | |
|---|---|---|
| 변경 전 | 변경 후 | 비고 |
| 제2조 (목적) 본 회사는 다음 사업을 경영함을 목적으로 한다.<br><br>〈변경 없는 부분 생략〉<br><br>1. 각 호에 관련된 부대사업 일체 [삭제] | 제2조 (목적) 본 회사는 다음 사업을 경영함을 목적으로 한다.<br><br>〈변경 없는 부분 생략〉<br><br>1. 컴퓨터 및 주변장치, 소프트웨어 도매업 [추가]<br>1. 컴퓨터 및 주변장치, 소프트웨어 소매업 [추가]<br>1. 각 호에 관련된 통신판매업 및 전자상거래업 [추가]<br>1. 각 호에 관련된 무역업 [추가]<br>1. 각 호에 관련된 부대사업 일체 [추가] | 목적 변경 |
| | 제8조의2 (이익배당, 잔여재산분배, 의결권 배제·제한, 주식의 상환 및 전환에 관한 종류주식)<br>① 본 회사는 이사회의 결의로 이익배당, 잔여재산분배, 의결권 배제 또는 제한, 주식의 상환 및 전환에 관한 종류주식 및 이들의 전부 또는 일부를 혼합한 종류주식(이하 본 조에서 '종류주식'이라 한다)을 발행할 수 있다.<br>② 이 정관 제5조의 회사가 발행할 주식의 총수 중 종류주식의 발행한도는 500,000주로 한다. 단, 의결권 배제 또는 제한에 관한 종류주식은 발행주식총수의 4분의 1을 초과하지 못한다.<br>③ 본 회사는 이사회 결의로 우선배당권이 있는 종류 | 상환전환우선주식 발행을 위한 조문 추가 |

주식을 발행할 수 있다.

1. 우선배당권 있는 종류주식에 대한 현금 배당은 1주 당 발행가액을 기준으로 연 0% 이상 10%(복리) 이내에서 발행시에 이사회가 정한 배당률에 따라 지급한다.

2. 보통주의 배당률이 제1호에 따른 우선배당률을 초 과할 경우에는 초과하는 부분에 대하여 우선배당 권이 있는 종류주식은 보통주와 동일한 배당률로 함께 참가하여 배당받는다.

3. 주식 배당은 우선주와 보통주를 합한 발행주식총 수에 대한 비율에 따라, 같은 종류의 우선주 주식 으로 배당을 받을 권리를 갖는다. 다만 단주가 발 생하는 경우에는 현금으로 지급받는다.

④ 본 회사는 이사회 결의로 청산시 잔여재산 우선분 배권이 있는 종류주식을 발행할 수 있다.

1. 우선분배권이 있는 종류주식은 주당 발행가액 및 이에 대하여 이사회에서 정한 연리(복리) 8% 이하 의 비율로 산정한 금액을 합한 금원에 대하여 보통 주에 우선하여 잔여재산을 분배받을 권리가 있다.

2. 본 회사가 청산 이전까지 미지급 배당금이 있는 경 우 동 금원에 대하여도 우선분배권이 있는 종류주 식은 보통주에 우선하여 잔여재산을 분배받을 권 리가 있다.

3. 우선분배권이 있는 종류주식에 대한 분배를 한 후 보통주에 대한 주당 분배금액이 우선분배권이 있 는 종류주식에 대한 주당 분배금액을 초과하는 경 우에 우선분배권이 있는 종류주식은 초과하는 부 분에 대하여 보통주와 동일한 분배율로 함께 참가 하여 잔여재산을 분배받을 권리가 있다.

⑤ 의결권이 없는 종류주식은 종류주식에 대하여 제3 항에 따른 배당을 하지 아니한다는 결의가 있는 주주 총회의 다음 주주총회부터 그 우선배당을 한다는 결 의가 있는 주주총회의 종료시까지는 의결권이 있다.

⑥ 이 회사는 이사회 결의로 주주의 상환청구 또는 회사의 선택에 따라 회사의 이익으로써 소각할 수 있 는 종류주식(이하 본 조에서 '상환주식'이라 한다)을

발행할 수 있다.

1. 상환주식을 회사의 선택으로 상환하는 경우에는 회사는 이사회 결의로 상환주식 전부를 일시에 또는 분할하여 상환할 수 있다.

2. 주주에게 상환청구권이 부여된 경우 주주는 자신의 선택으로써 상환주식 전부를 일시에 또는 분할하여 상환해 줄 것을 청구할 수 있다. 이 때 주주는 상환할 뜻 및 상환 대상주식을 회사에 통지해야 한다. 단, 회사는 현존 이익으로 상환 대상주식 전부를 일시에 상환하기 충분하지 않을 경우 이를 분할하여 상환할 수 있다.

3. 상환가액은 발행가액 또는 이에 가산금액을 더한 금액으로 하며 가산금액은 이자율, 시장상황 기타 상환주식의 발행에 관련된 제반사정을 고려하여 상환주식의 발행시에 이사회 결의로 정한다. 다만, 상환가액을 조정하려는 경우 이사회에서 조정할 수 있다는 뜻, 조정사유, 조정방법 등을 정해야 한다.

4. 상환기간(또는 상환청구 기간)은 종류주식의 발행 후 1개월이 경과한 날부터 10년이 되는 날의 범위 내에서 발행시 이사회 결의로 정한다. 단, 다음 각 목의 1에 해당하는 사유가 발생하는 경우에는 그 사유가 해소될 때까지 상환기간은 연장된다.

   가. 상환주식에 대하여 우선적 배당이 완료되지 아니한 경우

   나. 회사의 이익이 부족하여 상환기간 내에 상환하지 못한 경우

5. 회사는 주식 취득의 대가로 현금 이외의 유가증권이나(다른 종류의 주식은 제외한다) 그 밖의 자산을 교부할 수 있다.

6. 기타 세부적인 상환가액, 상환방법, 상환기간(상환청구기간), 상환할 주식수는 발행시 이사회 결의로 정한다.

⑦ 본 회사는 이사회 결의로 주주 또는 회사의 선택에 따라 보통주로 전환되는 종류주식(이하 본 조에서 '전환주식'이라 한다)을 발행할 수 있다.

1. 전환비율은 종류주식 1주 당 보통주식 1주로 하되,

다음 사유 발생시 전환비율을 조정할 수 있다.

가. 주식분할 또는 병합, 주식배당, 무상증자, 무상
감자 기타 법률이 허용하는 조정 사유가 발생
하는 경우

나. 회사의 IPO 공모단가에 발행시 이사회에서 정
한 비율을 곱한 금액이 그 당시의 발행시 전환
가격을 하회하는 경우

다. 전환주식의 전환 전에 해당 전환주식의 전환가
격을 하회하는 발행가격으로 유상증자 또는 주
식관련사채(전환사채, 신주인수권부사채 및 기
타 주식으로 전환될 수 있는 종류의 사채)를 발
행할 경우

라. 회사가 타사와 합병 시 교환비율 산정을 위한
평가가액이 전환가격을 하회하는 경우

2. 전환기간(또는 전환청구기간)은 종류주식 발행일
익일부터 10년 이내 범위에서 발행시 이사회가 정
하며 주주 또는 회사가 전환청구하지 않더라도 전
환기간(또는 전환청구기간) 만료일에 보통주식으
로 자동전환된다.

3. 기타 세부적인 전환사유, 전환조건, 전환기간(전환
청구기간), 전환으로 인하여 발행할 주식의 수 등
은 발행시 이사회 결의로 정한다.

⑧ 본 회사가 신주를 발행하는 경우 종류주식에 대한
신주의 배정은 유상증자 및 주식배당을 할 경우에는
보통주식에 배정하는 주식과 동일한 주식으로, 무상
증자의 경우에는 그와 같은 종류의 주식으로 한다. 다
만, 이사회가 발행시에 이와 다르게 정할 수 있다.

| | | |
|---|---|---|
| 제10조(신주인수권) 주주는 회사가 신주식을 발행함에 있어 그가 소유한 주식수에 비례하여 신주를 배정받을 권리를 가진다. 그러나 신주인수권을 포기 또는 상실하거나 신주배정에서 단주가 발생하는 경우 그 처 | 제10조 (주식의 발행과 배정) ① 본 회사가 이사회의 결의로 신주를 발행하는 경우 다음 각호의 방식에 의한다.<br><br>1. 주주에게 그가 가진 주식 수에 따라서 신주를 배정하기 위하여 신주인수의 청약을 할 기회를 부여하는 방식<br><br>2. 신기술의 도입, 재무구조의 개선 등 회사의 경영상 목적을 달성하기 위하여 필요한 경우 제1호 외의 방법으로 특정한 자(이 회사의 주주를 포함한다) | 제3자 배정을 위한 변경 |

| 리 방법은 이사회의 결의에 의한다. | 에게 신주를 배정하기 위하여 신주인수의 청약을 할 기회를 부여하는 방식<br>② 주주가 신주인수권을 포기 또는 상실하거나 신주배정에서 단주가 발생하는 경우에 그 처리방법은 이사회의 결의로 정한다. |
|---|---|

## (2) 이사회 의사록 (원본 2부)

상환전환우선주식의 세부적인 내용은 등기부의 「종류주식의 내용」란에 등기한다. 따라서 「종류주식의 내용」란에 기재될 상환전환우선주식의 내용을 이사회 의사록에 별첨하여 넣어주는 것이 좋다. 상환전환우선주식의 내용은 투자계약서에서 의결권에 관한 조항, 신주인수권에 관한 조항, 배당우선권에 관한 조항, 전환권에 관한 조항, 상환권에 관한 조항, 잔여재산 우선배분권에 관한 조항을 찾아서 이사회 의사록에 옮기면 된다. 이 사례는 「제2장 주주간계약과 M&A계약」「제3절 M&A계약」「Ⅲ. M&A계약서」「2. 계약서(상환전환우선주식 발행, 주주간계약 포함)」에서 설명한 계약서의 8조부터 12조를 사용하였다. 회사의 권리·의무에 관한 내용만 등기하므로 투자계약서의 내용 중 회사의 권리·의무에 아닌 내용(예: 이해관계자의 권리·의무에 관한 내용)은 상환전환우선주식의 내용으로 등기하지 않는다.

## 이사회 의사록

주식회사 율도는 2016. 5. 27. 오전 10시 30분 본점 회의실에서 이사와 감사 전원이 동의하여 소집절차를 생략하고 이사회를 개최한다.

총이사 수: 3명,    출석 이사 수: 3명
총감사 수: 0명,    출석 감사 수: 0명

의장은 위와 같이 성원이 되었음을 알리고 의안심의에 들어갈 것을 제의하다.

**제1호 의안: 상환전환우선주식 발행(제3자배정)의 건**

의장은 본 회사의 사업규모가 팽창하여 현재의 자본금만으로는 사업을 수행하기가 어려우므로 신기술의 도입, 재무구조의 개선 등 회사의 경영상 목적을 달성하기 위하여 주주 외의 자에게 신주식을 발행하여 자본을 증가할 필요가 있음을 설명하고 그 가부결의 및 주식발행사항에 대한 결의를 구한바 이사들은 신중히 논의한 결과 다음과 같이 신주식을 발행할 것을 만장일치로 가결하다.

1) 신주식의 종류와 수: 상환전환우선주식 2,000주
2) 신주식의 발행가액: 1주 금50,000원
3) 납입기일: 2016. 5. 27.
4) 납입을 맡을 금융기관과 납입장소: 신한은행 (역삼역금융센터지점)
5) 신주발행과 관련하여 주주 전원의 동의로 상법 제418조 제2항 및 제4항에 따른 기간을 단축하고 통지 또는 공고를 생략한다.
6) 신주식의 인수방법: 이 회사의 정관 제10조 제1항 제2호의 규정에 따라 특정한 자(이 회사의 주주를 포함한다)에게 신주를 배정하기 위하여 신주인수의 청약을 할 기회를 부여하는 방식으로 한다.
7) <u>상환전환우선주식의 구체적인 발행내용은 [별첨] 상환전환우선주식의 내용과 같다.</u>
8) 기타 신주발행에 관한 필요한 절차적 세부사항은 대표이사에게 일임한다.

　의장은 이상으로 의안 심의를 전부 종료하였으므로 폐회를 선언하다(회의 종료시각 11시 30분). 위 의사의 경과요령과 결과를 명확히 하기 위하여 이 의사록을 작성하고 의장과 출석한 이사가 기명날인하다.

2016. 5. 27.
주식회사 율도

의장 대표이사 홍길동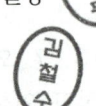

사내이사 김철수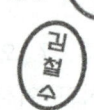

사내이사 이영희

[별첨]

# 상환전환우선주식의 내용

**제1조 (의결권에 관한 사항)** ① 본건 우선주식의 주주는 주식 1주당 보통주와 동일하게 1개의 의결권을 갖는다. 보통주로 전환되는 경우 전환 후의 보통주식은 1주당 1개의 의결권을 갖는다.

② 본건 우선주식에 불리한 주주총회 결의 등이 있는 때는 전체 주주총회와 별도로 그 안건에 대하여 본건 우선주식의 종류주주총회 결의를 거쳐야 한다.

**제2조 (배당에 있어서 우선권에 관한 사항)** ① 본건 우선주식은 참가적, 누적적 우선주로 인수인은 본건 우선주식을 보유하는 동안 1주당 발행가액 기준 연 [1]%의 배당을 누적적으로 우선 배당받고, 보통주의 배당률이 우선주의 배당률을 초과할 경우에는 초과하는 부분에 대하여 보통주와 동일한 배당률로 함께 참가하여 배당받는다.

② 주식배당의 경우, 우선주와 보통주를 합한 발행주식총수에 대한 비율에 따라, 같은 종류의 우선주 주식으로 배당받을 권리를 갖는다. 다만 단주가 발생하는 경우에는 현금으로 지급받는다.

③ 배당금의 지급시기를 주주총회에서 따로 정하지 아니한 경우 회사는 주주총회에서 이익잉여금처분계산서의 승인이 있는 날부터 [1]개월 이내에 본건 우선주식의 주주에게 배당금을 지급해야 한다. 회사는 위 사항에 대하여 주주총회의 승인을 얻어야 한다.

④ 본건 우선주식의 전부 또는 일부에 대하여 전환권이 행사된 경우, 전환된 주식에 대하여 전환 전까지의 기간 동안 배당결의 되었으나 그 배당금이 지급되지 아니하였다면 동 미지급 배당금에 해당하는 금액을 회사가 당해 주식의 주주에게 별도로 지급하기로 한다.

**제3조 (잔여재산분배에 관한 사항)** ① 회사가 청산에 의하여 잔여재산을 분배하는 경우 본건 우선주식은 본건 우선주식의 주당 발행가액 및 이에 대한 연리(복리) 6%의 비율로 산정한 금액을 합한 금원에 대하여 보통주에 우선하여 잔여재산을 분배받을 권리가 있다.

② 회사가 청산 이전까지 본건 우선주식에 대하여 미지급한 배당금이 있는 경우 본건 우선주식은 동 금원에 대하여도 보통주에 우선하여 잔여재산을 분배받을 권리가 있다.

③ 본건 우선주식에 잔여재산분배를 한 후 보통주에 대한 주당 잔여재산분배금액이 본건 우선주식에 대한 주당 잔여재산분배금액을 초과하는 경우에 본건 우선주식은 초과하는 부분에 대하여 보통주와 동일한 분배율로 함께 참가하여 잔여재산을 분배받을 권리가 있다.

제4조 (전환권에 관한 사항) ① 전환기간: 본건 우선주식의 주주는 그 발행일 익일부터 [10]년 경과일 전일까지 언제든지 본건 우선주식을 보통주로 전환할 수 있는 권리를 갖는다. 본건 우선주식의 주주는 본건 우선주식의 존속기간 만료일까지 전환권을 행사하지 않는 경우에 본건 우선주식은 그 만료일에 보통주식으로 자동전환된다.

② 전환방법은 다음과 같다.

1. 본건 우선주식의 주주는 본건 우선주식을 보통주식으로 전환하기 위하여, 우선주식 전환청구서에 전환하고자 하는 주식의 종류, 수, 청구연월일을 기재하여 기명 또는 서명날인하고 주권을 첨부하여 회사에 제출한다.

2. 전환청구를 한 경우 전환은, 본건 우선주식의 주주가 전환될 본건 우선주식의 주권을 제출한 날짜의 영업시간 종료 직전에 효력이 발생하는 것으로 본다.

3. 본건 우선주식의 주주가 전환에 의하여 보통주식을 부여받게 되는 경우 상기 제2호의 날짜를 기준으로 주주명부상의 주주로 간주한다.

4. 회사는 본건 우선주식의 주권을 인도받은 후, 가능한 한 신속하게 당해 본건 우선주식의 주주에게 그가 부여받을 권리가 있는 수만큼의 보통주식에 대한 주권을 발행하여 인도해야 한다.

③ 전환비율은 다음과 같다.

1. 본건 우선주식의 보통주로의 전환비율은 우선주 1주당 보통주 1주로 한다.

2. 회사의 IPO 공모단가의 [70]%에 해당하는 금액이 그 당시의 본건 우선주식의 전환가격을 하회하는 경우는 전환비율을 다음과 같이 조정한다.

   조정 후 우선주 1주당 전환하는 보통주의 수 = 조정 전 우선주 1주당 전환되는 보통주의 수 × 조정 전 본건 우선주식의 전환가격 / 회사의 IPO 공모단가의 [70]%에 해당하는 금액

3. 회사가 본건 우선주식의 전환 전에 그 당시의 본건 우선주식의 전환가격을 하회하는 발행가격으로 유상증자 또는 주식관련사채(전환사채, 신주인수권부사채 및 기타 주식으로 전환될 수 있는 종류의 사채)를 발행할 경우에는 전환가격은 그 하회하는 발행가격으로 조정한다.

4. 본건 우선주식의 발행 이후 주식배당, 무상증자 등으로 인해 발행주식수가 증가하는 경우, 본건 우선주식의 주주는 회사로부터 주주가 보유한 주식과 같은 조건 및 종류의 우선주식으로 무상지급을 받도록 하되 아래의 수식을 따른다.

   $$Ni = Bi × \{(Ac/Bc) - 1\}$$
   Ni : 본건 우선주식의 주주에게 무상지급 되는 우선주식수
   Bi : 발행 전 본건 우선주식의 주주 보유 우선주식수

Ac : 발행 후 회사 발행주식총수 (우선주와 보통주를 합한)

Bc : 발행 전 회사 발행주식총수 (우선주와 보통주를 합한)

5. 회사가 타사와 합병 시 교환비율 산정을 위한 평가가액이 그 당시의 본건 우선주식의 전환가격을 하회하는 경우, 본건 우선주식의 전환가격이 변경된 평가가액과 일치하도록 전환비율을 조정한다.

6. 회사의 주식을 분할 또는 병합하는 경우 전환비율은 그 분할 또는 병합의 비율에 따라 조정된다. 단주의 평가는 주식의 분할 또는 병합 당시 본건 우선주식의 전환가격을 기준으로 한다.

7. 회사가 전환 전에 무상감자를 할 경우에는 전환비율은 그 감자의 비율에 따라 조정한다. 단, 경영과실 등의 사유로 특정 주주에 대해서만 차등적으로 무상감자를 하는 경우는 전환비율을 조정하지 않기로 한다.

④ 미발행 수권주식의 유보: 본건 우선주식의 전환청구기간 만료시까지 회사가 발행할 수권주식의 총수에 본건 우선주식의 전환으로 발행가능한 주식수를 유보한다.

⑤ 기타 전환주식의 발행, 전환의 청구, 기타 전환에 관한 사항은 상법 제346조 내지 제351조의 규정을 따른다.

**제5조 (상환권에 관한 사항)** ① 상환청구권: 본건 우선주식의 주주(회사는 상환청구권을 보유하지 아니한다)는 본건 우선주식의 납입기일 다음날(발행일, 본건 우선주식의 효력발생일)로부터 [3]년이 경과한 날부터 회사에 대하여 본 조에 따라 본건 우선주식의 전부 또는 일부의 상환을 청구할 권리를 가지며, 회사는 법적으로 상환가능한 최대한의 자금으로 이를 상환해야 한다. 이후 본건 우선주식의 상환에 합법적으로 사용가능한 추가 자금이 발생하는 때는 회사는 동 자금을 본건 우선주식의 주주가 상환청구하였으나 미상환된 주식을 상환하는데 우선적으로 사용해야 한다. 다만, 상환청구가 있었음에도 상환되지 아니한 경우에는 상환기간은 상환이 완료될 때까지 연장되는 것으로 한다. 상환청구권의 행사는 상환청구일까지 미지급 배당금의 청구에 영향을 미치지 아니한다.

② 상환조건: 본건 우선주식의 주주가 우선주식의 존속기간까지 본건 주식의 상환을 요청하는 경우, 회사는 감사보고서상의 이익잉여금(이익준비금 제외) 한도 내에서 상환하기로 한다.

③ 상환방법: 회사는 주주의 상환요구가 있는 날부터 [30]일 이내에 현금상환하기로 한다. 단, 주주의 서면요청이 있는 경우 예외적으로 현금 이외의 유가증권 및 기타 자산으로 상환할 수 있다.

④ 상환금액: 주당 상환가액은 (1) 본건 우선주식의 인수단가와 동 금액에 대하여 발

행일부터 상환일까지 연리(복리) [8]%를 적용하여 산출한 이자 금액의 합계액 또는 (2) 상환 청구일 직전 사업연도의 주가수익률(PER)이 [6]이 되는 본건 우선주식의 1주당 가격과 상환 대상 본건 우선주식의 수를 곱한 금액의 합계액 중 큰 금액으로 하되 본건 우선주식 발행일부터 상환일까지 지급된 배당금이 있을 경우 차감하여 계산하기로 한다.

⑤ 지연배상금: 회사가 배당가능이익이 있음에도 불구하고 상환을 청구한 본건 우선주식의 주주에게 상환가액을 지급하지 아니하는 경우에는 회사는 3항에 따라 상환을 해야 하는 날의 다음날부터 실제 지급하는 날까지 상환가액에 대하여 연리(복리) [12]%의 이율에 의한 지연배상금을 지급해야 한다.

**제6조 (신주인수권에 관한 사항)** 본건 우선주식은 보통주와 동등한 신주인수권이 있으며, 무상증자의 경우에는 같은 종류의 우선주로, 유상증자의 경우에는 회사가 발행키로 한 종류의 주식으로 배정받을 권리가 있다.

## (3) 공증촉탁서

<table>
<tr><td colspan="8" style="text-align:center">공 증 촉 탁 서</td></tr>
<tr>
<td>접수번호</td>
<td colspan="2">-</td>
<td rowspan="2">문서명</td>
<td colspan="4">1. 임시주주총회 의사록</td>
</tr>
<tr>
<td>증서등부번호</td>
<td colspan="2">-</td>
<td colspan="4">2. 이사회 의사록</td>
</tr>
<tr>
<td colspan="8">아래 촉탁인은 위 공정증서 작성 □ 을 촉탁합니다.<br>인증 ■<br>2016년 5월 28일<br>사무소 귀중</td>
</tr>
<tr>
<td rowspan="5">1.<br>촉<br>탁<br>인</td>
<td>성명<br>(법인명)</td>
<td>홍길동 외 2인 (인)</td>
<td rowspan="5">2.<br>촉<br>탁<br>인</td>
<td>성명<br>(법인명)</td>
<td colspan="3">(인)</td>
</tr>
<tr>
<td>생년월일<br>(대표이사명)</td>
<td>0000. 00. 00.</td>
<td>생년월일<br>(대표이사명)</td>
<td colspan="3"></td>
</tr>
<tr>
<td>주소<br>(소재지)</td>
<td>서울특별시 00구 00로 00</td>
<td>주소<br>(소재지)</td>
<td colspan="3"></td>
</tr>
<tr>
<td>연락처</td>
<td></td>
<td>연락처</td>
<td colspan="3"></td>
</tr>
<tr>
<td>위출석확인</td>
<td>(인)</td>
<td>위출석확인</td>
<td colspan="3">(인)</td>
</tr>
<tr>
<td rowspan="5">3.<br>대<br>리<br>인</td>
<td>성명<br>(법인명)</td>
<td>김상균 (인)</td>
<td rowspan="5">4</td>
<td>성명<br>(법인명)</td>
<td colspan="3">(인)</td>
</tr>
<tr>
<td>생년월일<br>(대표이사명)</td>
<td>0000. 00. 00.</td>
<td>생년월일<br>(대표이사명)</td>
<td colspan="3"></td>
</tr>
<tr>
<td>주소<br>(소재지)</td>
<td>서울특별시 서초구 서초<br>대로 259, 5층</td>
<td>주소<br>(소재지)</td>
<td colspan="3"></td>
</tr>
<tr>
<td>연락처</td>
<td>000-0000-0000</td>
<td></td>
<td colspan="3"></td>
</tr>
<tr>
<td>위출석확인</td>
<td>김상균 (인)</td>
<td>위출석확인</td>
<td colspan="3">(인)</td>
</tr>
<tr>
<td></td>
<td>비고</td>
<td colspan="6">주식회사 율도</td>
</tr>
<tr>
<td rowspan="5">수령<br>사항</td>
<td>구분</td>
<td>통수</td>
<td>수령자확인</td>
<td rowspan="4">촉 대<br>탁 리<br>인 인<br>확 인</td>
<td>주민등록증</td>
<td>증인성명</td>
<td></td>
</tr>
<tr>
<td>증서정본</td>
<td></td>
<td>(인)</td>
<td>운전면허증</td>
<td>증인성명</td>
<td></td>
</tr>
<tr>
<td>증서정본</td>
<td></td>
<td>(인)</td>
<td>공무원증</td>
<td>면식번호</td>
<td></td>
</tr>
<tr>
<td rowspan="2">인증서</td>
<td rowspan="2">2</td>
<td rowspan="2">김상균 (인)</td>
<td>여 권</td>
<td></td>
<td></td>
</tr>
<tr>
<td>영사증명서</td>
<td></td>
<td></td>
</tr>
<tr>
<td colspan="2">법률행위의 목적가액</td>
<td colspan="2">수수료</td>
<td colspan="2">주임</td>
<td>사무장</td>
<td>공증인</td>
</tr>
<tr>
<td colspan="2" style="text-align:right">원</td>
<td colspan="2" style="text-align:right">원</td>
<td></td>
<td></td>
<td></td>
<td></td>
</tr>
</table>

## (4) 진술서

임시주주총회와 이사회를 합쳐서 작성한다.

<table>
<tr><td colspan="2" align="center"># 진 술 서</td></tr>
<tr><td>법인명</td><td>주식회사 율도</td></tr>
<tr><td>소재지</td><td>서울특별시 강남구 테헤란로 101, 501호 (역삼동, 리즈타워)</td></tr>
<tr><td>회의의 종류</td><td>1. 임시주주총회<br>2. 이사회</td></tr>
<tr><td>소집일시</td><td>1. 임시주주총회: 2016. 5. 27.<br>2. 이사회: 2016. 5. 27.</td></tr>
<tr><td>소집장소</td><td>본점 회의실</td></tr>
<tr><td colspan="2">본인은 (                    )에서 위 법인 의사록의 인증을 촉탁함에 있어서, 위 법인의 **촉탁대리인**으로서 위 회의가 적법하게 소집되었으며, 결의의 절차와 내용이 진실에 부합함을 진술합니다.<br><br>2016년 5월 28일<br><br>위 진술인: 변호사 김상균<br><br>서울특별시 서초구 서초대로 259, 5층 (서초동, 서원빌딩)</td></tr>
</table>

## (5) 주주명부

# 주 주 명 부

2016년 5월 27일 현재

| 주주명 | 소유주식수 | 회의출석 | 의결찬성 | 인증촉탁 | 비고 |
|---|---|---|---|---|---|
| 홍길동 | 15,000 | ○ | ○ | ○ | |
| 김철수 | 12,000 | ○ | ○ | ○ | |
| 포춘인베스트먼트 주식회사 | 3,000 | X | | X | |

| 총주식수 | 출석주식수 | 의결찬성주식수 | 인증촉탁주식수 | 1주당금액 |
|---|---|---|---|---|
| 30,000 | 27,000 | 27,000 | 27,000 | 1,000원 |

위 주주명부는 본사에 비치된 주주명부와 대조하여 틀림이 없음을 증명합니다.

2016년  5월  27일

주식회사 율도
서울특별시 강남구 테헤란로 101, 501호 (역삼동, 리즈타워)

대표이사 홍길동

## (6) 등기사항전부증명서

1부를 제출한다. 공증사무소 제출일 기준으로 최근 3개월 이내에 발행되어야 한다.

## (7) 정관 사본

정관의 첫 장부터 마지막 장까지 (법인)인감도장으로 간인한 뒤, 마지막 장에 다음과 같이 기재하고 (법인)인감도장을 찍는다. 구 정관(2016년 5월 27일 자 임시주주총회 결의로 변경되기 전의 것) 사본을 제출한다.

2016년 5월 27일 원본대조필

주식회사 율도
대표이사 홍길동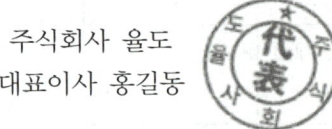

## (8) 확인서

임시주주총회와 이사회를 합쳐서 작성한다.

| 확 인 서 | |
|---|---|
| 법인명 | 주식회사 율도 |
| 회의 종류 | 1. 임시주주총회<br>2. 이사회 |
| 소집일시 | 1. 임시주주총회: 2016. 5. 27.<br>2. 이사회 2016. 5. 27. |
| 소집통지발송일 | 1. 임시주주총회: 주주 전원이 동의하여 소집절차 생략<br>2. 이사회: 이사와 감사 전원이 동의하여 소집통지 생략 |
| 회의안건 | 1. 임시주주총회<br>제1호 의안 목적변경의 건<br>제2호 의안 상환전환우선주식 발행을 위한 정관 변경의 건<br>제3호 의안 주식 제3자배정을 위한 정관 변경의 건<br><br>2. 이사회<br>제1호 의안 상환전환우선주식 발행(제3자배정)의 건 |

본인은 위 의사록에 관하여 위 법인의 대표이사로서 이 회의가 적법하게 소집되었으며 결의의 절차와 내용이 진실에 부합함을 확인합니다.

2016년 5월 28일

위 확인인 대표이사 홍길동

주소: 서울특별시 00구 00로 00

(                    ) 귀중

## (9) 공증위임장

임시주주총회와 이사회 공증위임장을 합쳐서 작성한다. 주주, 이사, 감사가 (개인)인감도장을 찍고 의장은 추가로 (법인)인감도장을 찍는다.

| 위 임 장 | |
|---|---|
| 수임인 | 변호사 김상균<br>서울특별시 서초구 서초대로 259, 5층 (서초동, 서원빌딩) |
| 위의 사람을 본인의 대리인으로 정하여 (                    )에서 다음 사서증서의 인증을 촉탁하는 일체의 권한을 위임합니다.<br><br>다음<br><br>1. 임시주주총회 의사록<br>2. 이사회 의사록 | |
| 2016년 5월 27일 | |
| 위임인 | 대표이사, 주주 홍길동 <u>(개인인감도장 날인)</u> <u>(법인인감도장 날인)</u><br>서울특별시 00구 00로 00 |
| 위임인 | 사내이사, 주주 김철수 <u>(개인인감도장 날인)</u><br>서울특별시 00구 00로 00 |
| 위임인 | 사내이사 이영희 <u>(개인인감도장 날인)</u><br>서울특별시 00구 00로 00 |

### (10) (개인)인감증명서

홍길동, 김철수, 이영희가 각 1부씩 제출한다. 공증사무소 제출일 기준으로 최근 3개월 이내에 발행되어야 한다.

### (11) (법인)인감증명서

1부를 제출한다. 공증사무소 제출일 기준으로 최근 3개월 이내에 발행되어야 한다.

### (12) 기간단축동의서

임시주주총회 개최 시 주주 전원이 동의하여 소집절차를 생략하였으나 포춘인베스트먼트 주식회사가 공증위임을 하지 않았기 때문에, 주주 전원이 동의하여 소집절차를 생략하였음을 소명하는 자료로 기간단축동의서를 공증사무소에 제출한다.

---

# 기간단축동의서

주식회사 율도의 주주 전원은 다음 사항에 동의합니다.

#### 다 음

1. 2016년 5월 27일 자 임시주주총회를 개최함에 있어 소집절차를 생략함.

2. 주식회사 율도가 신주를 발행하고 그 신주 전부를 주주 이외의 자에게 배정함에 있어 상법 제418조 제2항 및 제4항에 따른 기간을 단축하고 통지 또는 공고를 생략함.

2016년 5월 27일

주주 홍길동 (인)

주주 김철수 (인)

주주 포춘인베스트먼트 주식회사
대표이사 홍은보

---

## 2. 주식회사 변경등기신청서(e-Form) 및 첨부서류

### (1) 주식회사 변경등기신청서(e-Form)

| 즉시접수 | 당일접수 |
|---|---|
|  |  |
| 제출자 | 변호사 김상균 |
| 총 | 1           건 |

전자표준양식번호(e-Form)번호: 1101-2016-0123456-1

# 주식회사변경등기신청

| 접 수 | 년    월    일 | 처 리 인 | 접수 | 조사 | 인감 | 기입 | 교합 | 통지 |
|---|---|---|---|---|---|---|---|---|
|  | 제            호 |  |  |  |  |  |  |  |

본 신청서 상의 정보와 전자표준양식(e-Form)으로 저장된 정보는 동일함을 확인합니다.
본 신청서는 최초 작성 후 3개월까지만 등기소에 제출 가능합니다.

작성완료일시: 2016. 5. 28.  13:25:52
최초작성일시: 2016. 5. 28.  13:10:27

| 상호 | 주식회사 율도 (Yuldo, Inc.) | 등기번호 | 51001호 |
|---|---|---|---|
| 본점 | 서울특별시 강남구 테헤란로 101, 501호 (역삼동, 리즈타워) | | |
| 등기의 목적 | 주식회사 변경등기 | | |
| 등기의 사유 | 2016. 5. 27. 임시주주총회에서 목적을 변경하고, 2016. 5. 27. 이사회에서 상환전환우선주식 2,000주를 발행하기로 결의하고 2016. 5. 27. 납입을 완료하여 회사의 목적, 발행주식내역, 자본금의 액이 변경되었으므로 그 변경등기를 구함. | | |
| 본/지점신청구분 | **1.본점신청■**  2.지점신청□  3.본·지점일괄신청□ | | |
| 등 기 할  사 항 | | | |
| 목적 | 1. 각 호에 관련된 부대사업 일체<br>2016년 05월 27일 삭제 | | |
|  | 1. 컴퓨터 및 주변장치, 소프트웨어 도매업<br>2016년 05월 27일 추가 | | |
|  | 1. 컴퓨터 및 주변장치, 소프트웨어 소매업<br>2016년 05월 27일 추가 | | |

| | |
|---|---|
| | 1. 각 호에 관련된 통신판매업 및 전자상거래업<br>2016년 05월 27일 추가 |
| | 1. 각 호에 관련된 무역업<br>2016년 05월 27일 추가 |
| | 1. 각 호에 관련된 부대사업 일체<br>2016년 05월 27일 추가 |
| 발행주식내역/<br>자본금의 액 | 발행주식의 총수 : 32,000주<br>보통주식 :   30,000주<br>상환전환우선주식 : 2,000주<br><br>자본금의 액 :   32,000,000원<br>2016년 5월 28일 변경 |
| 종류주식의 내용 | 주식의 종류: 상환전환우선주식<br>발행주식의 내용:<br>제1조 (의결권에 관한 사항) ① 본건 우선주식의 주주는 주식 1주당 보통주와 동일하게 1개의 의결권을 갖는다. 보통주로 전환되는 경우 전환 후의 보통주식은 1주당 1개의 의결권을 갖는다.<br>② 본건 우선주식에 불리한 주주총회 결의 등이 있는 때는 전체 주주총회와 별도로 그 안건에 대하여 본건 우선주식의 종류주주총회 결의를 거쳐야 한다.<br><br>제2조 (배당에 있어서 우선권에 관한 사항) ① 본건 우선주식은 참가적, 누적적 우선주로 인수인은 본건 우선주식을 보유하는 동안 1주당 발행가액 기준 연 [1]%의 배당을 누적적으로 우선 배당받고, 보통주의 배당률이 우선주의 배당률을 초과할 경우에는 초과하는 부분에 대하여 보통주와 동일한 배당률로 함께 참가하여 배당받는다.<br>② 주식배당의 경우, 우선주와 보통주를 합한 발행주식총수에 대한 비율에 따라, 같은 종류의 우선주 주식으로 배당받을 권리를 갖는다. 다만 단주가 발생하는 경우에는 현금으로 지급받는다.<br>③ 배당금의 지급시기를 주주총회에서 따로 정하지 아니한 경우 회사는 주주총회에서 이익잉여금처분계산서의 승인이 있는 날부터 [1]개월 이내에 본건 우선주식의 주주에게 배당금을 지급해야 한다. 회사는 위 사항에 대하여 주주총회의 승인을 얻어야 한다.<br>④ 본건 우선주식의 전부 또는 일부에 대하여 전환권이 행사된 경우, |

전환된 주식에 대하여 전환 전까지의 기간 동안 배당결의 되었으나 그 배당금이 지급되지 아니하였다면 동 미지급 배당금에 해당하는 금액을 회사가 당해 주식의 주주에게 별도로 지급하기로 한다.

**제3조 (잔여재산분배에 관한 사항)** ① 회사가 청산에 의하여 잔여재산을 분배하는 경우 본건 우선주식은 본건 우선주식의 주당 발행가액 및 이에 대한 연리(복리) 6%의 비율로 산정한 금액을 합한 금원에 대하여 보통주에 우선하여 잔여재산을 분배받을 권리가 있다.
② 회사가 청산 이전까지 본건 우선주식에 대하여 미지급한 배당금이 있는 경우 본건 우선주식은 동 금원에 대하여도 보통주에 우선하여 잔여재산을 분배받을 권리가 있다.
③ 본건 우선주식에 잔여재산분배를 한 후 보통주에 대한 주당 잔여재산분배금액이 본건 우선주식에 대한 주당 잔여재산분배금액을 초과하는 경우에 본건 우선주식은 초과하는 부분에 대하여 보통주와 동일한 분배율로 함께 참가하여 잔여재산을 분배받을 권리가 있다.

**제4조 (전환권에 관한 사항)** ① 전환기간: 본건 우선주식의 주주는 그 발행일 익일부터 [10]년 경과일 전일까지 언제든지 본건 우선주식을 보통주로 전환할 수 있는 권리를 갖는다. 본건 우선주식의 주주는 본건 우선주식의 존속기간 만료일까지 전환권을 행사하지 않는 경우에 본건 우선주식은 그 만료일에 보통주식으로 자동전환된다.
② 전환방법은 다음과 같다.

1. 본건 우선주식의 주주는 본건 우선주식을 보통주식으로 전환하기 위하여, 우선주식전환청구서에 전환하고자 하는 주식의 종류, 수, 청구연월일을 기재하여 기명 또는 서명날인하고 주권을 첨부하여 회사에 제출한다.

2. 전환청구를 한 경우 전환은, 본건 우선주식의 주주가 전환될 본건 우선주식의 주권을 제출한 날짜의 영업시간 종료 직전에 효력이 발생하는 것으로 본다.

3. 본건 우선주식의 주주가 전환에 의하여 보통주식을 부여받게 되는 경우 상기 제2호의 날짜를 기준으로 주주명부상의 주주로 간주한다.

4. 회사는 본건 우선주식의 주권을 인도받은 후, 가능한 한 신속하게 당해 본건 우선주식의 주주에게 그가 부여받을 권리가 있는 수만큼의 보통주식에 대한 주권을 발행하여 인도해야 한다.

③ 전환비율은 다음과 같다.

1. 본건 우선주식의 보통주로의 전환비율은 우선주 1주당 보통주 1주로 한다.

2. 회사의 IPO 공모단가의 [70]%에 해당하는 금액이 그 당시의 본건우선주식의 전환가격을 하회하는 경우는 전환비율을 다음과 같이 조정한다.

   조정 후 우선주 1주당 전환하는 보통주의 수 = 조정 전 우선주 1주당 전환되는 보통주의 수 × 조정 전 본건 우선주식의 전환가격 / 회사의 IPO 공모단가의 [70]%에 해당하는 금액

3. 회사가 본건 우선주식의 전환 전에 그 당시의 본건 우선주식의 전환가격을 하회하는 발행가격으로 유상증자 또는 주식관련사채(전환사채, 신주인수권부사채 및 기타 주식으로 전환될 수 있는 종류의 사채)를 발행할 경우에는 전환가격은 그 하회하는 발행가격으로 조정한다.

4. 본건 우선주식의 발행 이후 주식배당, 무상증자 등으로 인해 발행주식수가 증가하는 경우, 본건 우선주식의 주주는 회사로부터 주주가 보유한 주식과 같은 조건 및 종류의 우선주식으로 무상지급을 받도록 하되 아래의 수식을 따른다.

   $$Ni = Bi × \{(Ac/Bc)-1\}$$
   Ni : 본건 우선주식의 주주에게 무상지급 되는 우선주식수
   Bi : 발행 전 본건 우선주식의 주주 보유 우선주식수
   Ac : 발행 후 회사 발행주식총수 (우선주와 보통주를 합한)
   Bc : 발행 전 회사 발행주식총수 (우선주와 보통주를 합한)

5. 회사가 타사와 합병 시 교환비율 산정을 위한 평가가액이 그 당시의 본건 우선주식의 전환가격을 하회하는 경우, 본건 우선주식의 전환가격이 변경된 평가가액과 일치하도록 전환비율을 조정한다.

6. 회사의 주식을 분할 또는 병합하는 경우 전환비율은 그 분할 또는 병합의 비율에 따라 조정된다. 단주의 평가는 주식의 분할 또는 병합당시 본건 우선주식의 전환가격을 기준으로 한다.

7. 회사가 전환 전에 무상감자를 할 경우에는 전환비율은 그 감자의 비율에 따라 조정한다. 단, 경영과실 등의 사유로 특정 주주에 대해서만 차등적으로 무상감자를 하는 경우는 전환비율을 조정하지 않기로 한다.

④ 미발행 수권주식의 유보: 본건 우선주식의 전환청구기간 만료시까지 회사가 발행할 수권주식의 총수에 본건 우선주식의 전환으로 발행가능한 주식수를 유보한다.

⑤ 기타 전환주식의 발행, 전환의 청구, 기타 전환에 관한 사항은 상법 제346조 내지 제351조의 규정을 따른다.

**제5조 (상환권에 관한 사항)** ① 상환청구권: 본건 우선주식의 주주(회사는 상환청구권을 보유하지 아니한다)는 본건 우선주식의 납입기일 다음날(발행일, 본건 우선주식의 효력발생일)로부터 [3]년이 경과한 날부터 회사에 대하여 본 조에 따라 본건 우선주식의 전부 또는 일부의 상환을 청구할 권리를 가지며, 회사는 법적으로 상환가능한 최대한의 자금으로 이를 상환해야 한다. 이후 본건 우선주식의 상환에 합법적으로 사용가능한 추가 자금이 발생하는 때는 회사는 동 자금을 본건 우선주식의 주주가 상환청구하였으나 미상환된 주식을 상환하는데 우선적으로 사용해야 한다. 다만, 상환청구가 있었음에도 상환되지 아니한 경우에는 상환기간은 상환이 완료될 때까지 연장되는 것으로 한다. 상환청구권의 행사는 상환청구일까지 미지급 배당금의 청구에 영향을 미치지 아니한다.

② 상환조건: 본건 우선주식의 주주가 우선주식의 존속기간까지 본건 주식의 상환을 요청하는 경우, 회사는 감사보고서상의 이익잉여금(이익준비금 제외) 한도 내에서 상환하기로 한다.

③ 상환방법: 회사는 주주의 상환요구가 있는 날부터 [30]일 이내에 현금상환하기로 한다. 단, 주주의 서면요청이 있는 경우 예외적으로 현금 이외의 유가증권 및 기타 자산으로 상환할 수 있다.

④ 상환금액: 주당 상환가액은 (1) 본건 우선주식의 인수단가와 동 금액에 대하여 발행일부터 상환일까지 연리(복리) [8]%를 적용하여 산출한 이자 금액의 합계액 또는 (2) 상환 청구일 직전 사업연도의 주가수익률(PER)이 [6]이 되는 본건 우선주식의 1주당 가격과 상환 대상 본건 우선주식의 수를 곱한 금액의 합계액 중 큰 금액으로 하되 본건 우선주식 발행일부터 상환일까지 지급된 배당금이 있을 경우 차감하여 계산하기로 한다.

⑤ 지연배상금: 회사가 배당가능이익이 있음에도 불구하고 상환을 청구한 본건 우선주식의 주주에게 상환가액을 지급하지 아니하는 경우에는 회사는 3항에 따라 상환을 해야 하는 날의 다음날부터 실제 지급하는 날까지 상환가액에 대하여 연리(복리) [12]%의 이율에 의

한 지연배상금을 지급해야 한다.

**제6조 (신주인수권에 관한 사항)** 본건 우선주식은 보통주와 동등한 신주인수권이 있으며, 무상증자의 경우에는 같은 종류의 우선주로, 유상증자의 경우에는 회사가 발행키로 한 종류의 주식으로 배정받을 권리가 있다.

2016년 5월 28일 설정

---

## 신청등기소 및 등록면허세/수수료

| 순번 | 신청등기소 | 구분 | 등록면허세<br>지방교육세 | 농어촌특별세 | 세액합계 | 등기신청수수료 |
|---|---|---|---|---|---|---|
| 1 | 서울중앙지방<br>법원 등기국 | 본점 | 금 337,500원<br>금 67,500원 | 금　　　0원 | 금 405,000원 | 금 8,000원 |

| 등기신청수수료 납부번호 | （전자） 16-00-01234567-4 |
|---|---|
| 과세표준액 | 2,000,000원 |

### 첨부서면

| | | | |
|---|---|---|---|
| 1.등기신청수수료 영수필확인서 | 1통 | 1.잔고증명서 | 1통 |
| 1.등록면허세 납부확인서 | 1통 | 1.주주명부 | 1통 |
| 1.주주총회 의사록 | 1통 | 1.기간단축동의서 | 1통 |
| 1.이사회 의사록 | 1통 | 1.정관 사본 | 1통 |
| 1.주식청약서 | 1통 | 1.등기신청위임장 | 1통 |
| 1.주식배정표 | 1통 | | |

2016년　5월　28일

신청인　상　호　주식회사 율도
　　　　본　점　서울특별시 강남구 테헤란로 101, 501호 (역삼동, 리즈타워)
　　　　성　명　대표이사 홍길동　　　　　　　（인）（전화:　　　　　　）

```
      주  소   서울특별시 서초구 서초대로45길 22, 108동 1102호 (서초동,
              삼일아파트)
대리인  성  명  변호사  김상균              (인)  (전화:00-000-0000    )
      주  소   서울특별시 서초구 서초대로 259, 5층 (서초동, 서원빌딩)


              서울중앙지방법원 등기국 귀중
```

───────────────────────────────────────────

- 신청서 작성요령 -

1. 해당란이 부족할 때에는 별지를 이용합니다.
1. 해당 등기신청과 관계없는 사항에 대해서는 "해당없음"으로 기재하거나 삭제하고, 필요한 사항은
   추가로 기재합니다.

**(2) 등기신청수수료 영수필확인서** (8,000원)

**(3) 등록면허세 납부확인서** (405,000원)

**(4) 임시주주총회 의사록** (공증인으로부터 인증받은 것)

**(5) 이사회 의사록** (공증인으로부터 인증받은 것)

## (6) 주식청약서

전환주식은 상법 347조에 따라 주식청약서에 ① 주식을 다른 종류의 주식으로 전환할 수 있다는 뜻, ② 전환의 조건, ③ 전환으로 인하여 발행할 주식의 내용, ④ 전환청구기간 또는 전환의 기간을 추가로 기재해야 한다. 실무상 종류주식의 내용 전부를 주식청약서에 별지로 첨부해도 된다. 주식청약서가 여러 장이면 장마다 간인한다.

# 주 식 청 약 서

| 상호 | 주식회사 율도 |
|---|---|
| 인수할 주식의 종류와 수 | 상환전환우선주식 2,000주 |
| 1주의 금액 | 금1,000원 |
| 신주식의 발행가액 | 금50,000원 |
| 인수총액 | 금100,000,000원 |

귀 회사의 정관과 이 청약서에 기재한 사항을 승낙하고 위 주식을 청약합니다.

2016년 5월 27일

주식청약인 한강글로벌투자조합
　　　　　　업무집행조합원 주식회사 한강파트너스
　　　　　　서울특별시 서초대로 35, 201호 (서초동, 영산빌딩)
　　　　　　대표이사 김득구 (인)

| 상호 | 주식회사 율도 |
|---|---|
| 회사가 발행할 주식의 총수 | 1,000,000주 |
| 1주의 금액 | 금1,000원 |
| 신주의 발행결의일 | 2016. 5. 27. |
| 신주식의 종류와 수 | 상환전환우선주식 2,000주 |
| 신주식의 발행가액 | 금50,000원 |

| 납입을 맡을 금융기관과 납입장소 | 신한은행 (역삼역금융센터지점) |
|---|---|
| 명의개서대리인 | 없음 |
| 신주식의 인수방법 | 이 회사의 정관 제10조 제1항 제2호의 규정에 따라 특정한 자(이 회사의 주주를 포함한다)에게 신주를 배정하기 위하여 신주인수의 청약을 할 기회를 부여하는 방식으로 한다. |
| 납입기일 | 2016. 5. 27. |

위 주식은 다음과 같이 보통주식으로 전환할 수 있다.

I. 전환의 조건 및 전환으로 인하여 발행할 주식의 내용
① 전환방법
1. 위 주식의 주주는 위 주식을 보통주식으로 전환하기 위하여, 우선주식전환청구서에 전환하고자 하는 주식의 종류, 수, 청구연월일을 기재하여 기명 또는 서명날인하고 주권을 첨부하여 회사에 제출한다.
2. 전환청구를 한 경우 전환은, 위 주식의 주주가 전환될 위 주식의 주권을 제출한 날짜의 영업시간 종료 직전에 효력이 발생하는 것으로 본다.
3. 위 주식의 주주가 전환에 의하여 보통주식을 부여받게 되는 경우 상기 제2호의 날짜를 기준으로 주주명부상의 주주로 간주한다.
4. 회사는 위 주식의 주권을 인도받은 후, 가능한 한 신속하게 위 주식의 주주에게 그가 부여받을 권리가 있는 수만큼의 보통주식에 대한 주권을 발행하여 인도해야 한다.

② 전환비율
1. 위 주식의 보통주로의 전환비율은 우선주 1주당 보통주 1주로 한다.
2. 회사의 IPO 공모단가의 [70]%에 해당하는 금액이 그 당시의 위 주식의 전환가격을 하회하는 경우는 전환비율을 다음과 같이 조정한다.

   조정 후 우선주 1주당 전환하는 보통주의 수 = 조정 전 우선주 1주당 전환되는 보통주의 수 × 조정 전 본건 우선주식의 전환가격 / 회사의 IPO 공모단가의 [70]%에 해당하는 금액
3. 회사가 위 주식의 전환 전에 그 당시의 위 주식의 전환가격을 하회하는 발행가격으로 유상증자 또는 주식관련사채(전환사채, 신주인수권부사채 및 기타 주식으로 전환될 수 있는 종류의 사채)를 발행할 경우에는 전환가격은 그 하회하는 발행가격으로 조정한다.
4. 위 주식의 발행 이후 주식배당, 무상증자 등으로 인해 발행주식수가 증가하는 경우, 위 주식의 주주는 회사로부터 주주가 보유한 주식과 같은 조건 및 종류의 우선주식으로 무

상지급을 받도록 하되 아래의 수식을 따른다.

$Ni = Bi \times \{(Ac/Bc)-1\}$

Ni : 위 주식의 주주에게 무상지급 되는 우선주식수
Bi : 발행 전 위 주식의 주주 보유 우선주식수
Ac : 발행 후 회사 발행주식총수 (우선주와 보통주를 합한)
Bc : 발행 전 회사 발행주식총수 (우선주와 보통주를 합한)

5. 회사가 타사와 합병 시 교환비율 산정을 위한 평가가액이 그 당시의 위 주식의 전환가격을 하회하는 경우, 위 주식의 전환가격이 변경된 평가가액과 일치하도록 전환비율을 조정한다.

6. 회사의 주식을 분할 또는 병합하는 경우 전환비율은 그 분할 또는 병합의 비율에 따라 조정된다. 단주의 평가는 주식의 분할 또는 병합 당시 위 주식의 전환가격을 기준으로 한다.

7. 회사가 전환 전에 무상감자를 할 경우에는 전환비율은 그 감자의 비율에 따라 조정한다. 단, 경영과실 등의 사유로 특정 주주에 대해서만 차등적으로 무상감자를 하는 경우는 전환비율을 조정하지 않기로 한다.

II. 전환청구기간 또는 전환의 기간
위 주식의 주주는 그 발행일 익일부터 [10]년 경과일 전일까지 언제든지 위 주식을 보통주로 전환할 수 있는 권리를 갖는다. 위 우선주식의 주주가 위 주식의 존속기간 만료일까지 전환권을 행사하지 않는 경우에 위 주식은 그 만료일에 보통주식으로 자동전환된다.

## (7) 주식배정표

### 주 식 배 정 표

(단위: 주)

| 주식청약인 | 구 주식수 | 배정주식수 | 포기주식수 | 인수주식수 | 현재주식수 |
|---|---|---|---|---|---|
| 한강글로벌 투자조합 | 0 | 상환전환우선 주식 2,000 | 0 | 상환전환우선 주식 2,000 | 상환전환우선 주식 2,000 |
| 합계 | 0 | 2,000 | 0 | 2,000 | 2,000 |

위와 같이 주식회사 율도의 신주식을 배정하고 각 인수를 완료하였습니다.

2016년 5월 27일

주식회사 율도
대표이사 홍길동

## (8) 잔고증명서

신한은행 역삼역금융센터지점을 방문하여 잔액증명일이 2016년 5월 27일이고 잔액이 1억원 또는 그 이상 있음을 증명하는 주식회사 율도 계좌의 잔고증명서를 발급받아 첨부한다.

## (9) 주주명부

### 주 주 명 부

| 주주 번호 | 주주 이름 | 주민등록번호/ 사업자등록번호 | 주소 | 전자우편 주소 | 주식의 종류 | 주식의 수 | 주식의 취득연월일 | 주권 번호 |
|---|---|---|---|---|---|---|---|---|
| 1 | 홍길동 | 000000-0000000 | 서울특별시 서초구 서초대로45길 22, 108동 1102호 (서초동, 삼일아파트) | hong@ gmail.com | 보통 주식 | 15,000 | 2015. 11. 9. | 주권 미발행 |
| 2 | 김철수 | 000000-0000000 | 서울특별시 영등포구 여의로 12, 101호 (여의도동, 세계오피스텔) | cskim@ naver.com | 보통 주식 | 12,000 | 2015. 11. 9. | 주권 미발행 |
| 3 | 포춘인베스트먼트 주식회사 | 000000-0000000 | 서울특별시 강남구 테헤란로 27, 1105호 (역삼동, 태양빌딩) | contact@ fortuneinvest.com | 보통 주식 | 3,000 | 2015. 12. 10. | 주권 미발행 |

| |
|---|
| 1주의 금액(액면가) : 1,000원<br>발행주식의 총수 : 보통주식 30,000주 |
| 2016년 5월 27일<br><br>주식회사 율도 <br>대표이사 홍길동 |

## (10) 기간단축동의서

# 기간단축동의서

주식회사 율도의 주주 전원은 다음 사항에 동의합니다.

### 다 음

1. 2016년 5월 27일 자 임시주주총회를 개최함에 있어 소집절차를 생략함.

2. 주식회사 율도가 신주를 발행하고 그 신주 전부를 주주 이외의 자에게 배정함에 있어 상법 제418조 제2항 및 제4항에 따른 기간을 단축하고 통지 또는 공고를 생략함.

2016년 5월 27일

주주  홍길동

주주  김철수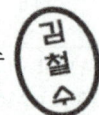

주주  포춘인베스트먼트 주식회사<br>대표이사 홍은보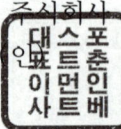

## (11) 정관 사본

정관은 <u>신 정관(2016. 5. 27. 임시주주총회 결의로 변경된 것) 사본</u>을 제출한다.

---

# 정    관

2015. 11. 9. 제정
2016. 5. 27. 개정

(중략)

**제2조 (목적)** 본 회사는 다음 사업을 경영함을 목적으로 한다.
1. 소프트웨어 개발 및 공급업
1. 컴퓨터 프로그래밍, 시스템 통합 및 관리업
1. 데이터베이스 및 온라인정보 제공업
1. 컴퓨터 및 주변장치, 소프트웨어 도매업
1. 컴퓨터 및 주변장치, 소프트웨어 소매업
1. 각 호에 관련된 통신판매업 및 전자상거래업
1. 각 호에 관련된 무역업
1. 각 호에 관련된 부대사업 일체
[2016. 5. 27. 개정]

(중략)

**제8조의2 (이익배당, 잔여재산분배, 의결권 배제·제한, 주식의 상환 및 전환에 관한 종류주식)** ① 본 회사는 이사회의 결의로 이익배당, 잔여재산분배, 의결권 배제 또는 제한, 주식의 상환 및 전환에 관한 종류주식 및 이들의 전부 또는 일부를 혼합한 종류주식(이하 본 조에서 '종류주식'이라 한다)을 발행할 수 있다.
② 이 정관 제5조의 회사가 발행할 주식의 총수 중 종류주식의 발행한도는 500,000주로 한다. 단, 의결권 배제 또는 제한에 관한 종류주식은 발행주식총수의 4분의 1을 초과하지 못한다.
③ 본 회사는 이사회 결의로 우선배당권이 있는 종류주식을 발행할 수 있다.
1. 우선배당권 있는 종류주식에 대한 현금 배당은 1주당 발행가액을 기준으로 연 0% 이상 10%(복리) 이내에서 발행시에 이사회가 정한 배당률에 따라 지급한다.
2. 보통주의 배당률이 제1호에 따른 우선배당률을 초과할 경우에는 초과하는 부분에

---

대하여 우선배당권이 있는 종류주식은 보통주와 동일한 배당률로 함께 참가하여 배당받는다.

3. 주식 배당은 우선주와 보통주를 합한 발행주식총수에 대한 비율에 따라, 같은 종류의 우선주 주식으로 배당을 받을 권리를 갖는다. 다만 단주가 발생하는 경우에는 현금으로 지급받는다.

④ 본 회사는 이사회 결의로 청산시 잔여재산 우선분배권이 있는 종류주식을 발행할 수 있다.

1. 우선분배권이 있는 종류주식은 주당 발행가액 및 이에 대하여 이사회에서 정한 연리(복리) 8% 이하의 비율로 산정한 금액을 합한 금원에 대하여 보통주에 우선하여 잔여재산을 분배받을 권리가 있다.

2. 본 회사가 청산 이전까지 미지급 배당금이 있는 경우 동 금원에 대하여도 우선분배권이 있는 종류주식은 보통주에 우선하여 잔여재산을 분배받을 권리가 있다.

3. 우선분배권이 있는 종류주식에 대한 분배를 한 후 보통주에 대한 주당 분배금액이 우선분배권이 있는 종류주식에 대한 주당 분배금액을 초과하는 경우에 우선분배권이 있는 종류주식은 초과하는 부분에 대하여 보통주와 동일한 분배율로 함께 참가하여 잔여재산을 분배받을 권리가 있다.

⑤ 의결권이 없는 종류주식은 종류주식에 대하여 제3항에 따른 배당을 하지 아니한다는 결의가 있는 주주총회의 다음 주주총회부터 그 우선배당을 한다는 결의가 있는 주주총회의 종료시까지는 의결권이 있다.

⑥ 본 회사는 이사회 결의로 주주의 상환청구 또는 회사의 선택에 따라 회사의 이익으로써 소각할 수 있는 종류주식(이하 본 조에서 '상환주식'이라 한다)을 발행할 수 있다.

1. 상환주식을 회사의 선택으로 상환하는 경우에는 회사는 이사회 결의로 상환주식 전부를 일시에 또는 분할하여 상환할 수 있다.

2. 주주에게 상환청구권이 부여된 경우 주주는 자신의 선택으로써 상환주식 전부를 일시에 또는 분할하여 상환해 줄 것을 청구할 수 있다. 이 때 주주는 상환할 뜻 및 상환 대상주식을 회사에 통지해야 한다. 단, 회사는 현존 이익으로 상환 대상주식 전부를 일시에 상환하기 충분하지 않을 경우 이를 분할하여 상환할 수 있다.

3. 상환가액은 발행가액 또는 이에 가산금액을 더한 금액으로 하며 가산금액은 이자율, 시장상황 기타 상환주식의 발행에 관련된 제반사정을 고려하여 상환주식의 발행시에 이사회 결의로 정한다. 다만, 상환가액을 조정하려는 경우 이사회에서 조정할 수 있다는 뜻, 조정사유, 조정방법 등을 정해야 한다.

4. 상환기간(또는 상환청구기간)은 종류주식의 발행 후 1개월이 경과한 날부터 10년이 되는 날의 범위 내에서 발행시 이사회 결의로 정한다. 단, 다음 각목의 1에 해당하는 사유가 발생하는 경우에는 그 사유가 해소될 때까지 상환기간은 연장된다.

　　　가. 상환주식에 대하여 우선적 배당이 완료되지 아니한 경우

　　　나. 회사의 이익이 부족하여 상환기간 내에 상환하지 못한 경우

5. 회사는 주식 취득의 대가로 현금 이외의 유가증권이나(다른 종류의 주식은 제외한다) 그 밖의 자산을 교부할 수 있다.

6. 기타 세부적인 상환가액, 상환방법, 상환기간(상환청구기간), 상환할 주식수는 발행시 이사회 결의로 정한다.

⑦ 본 회사는 이사회 결의로 주주 또는 회사의 선택에 따라 보통주로 전환되는 종류주식(이하 본 조에서 '전환주식'이라 한다)을 발행할 수 있다.

1. 전환비율은 종류주식 1주 당 보통주식 1주로 하되, 다음 사유 발생시 전환비율을 조정할 수 있다.

　　　가. 주식분할 또는 병합, 주식배당, 무상증자, 무상감자 기타 법률이 허용하는 조정 사유가 발생하는 경우

　　　나. 회사의 IPO 공모단가에 발행시 이사회에서 정한 비율을 곱한 금액이 그 당시의 발행시 전환가격을 하회하는 경우

　　　다. 전환주식의 전환 전에 해당 전환주식의 전환가격을 하회하는 발행가격으로 유상증자 또는 주식관련사채(전환사채, 신주인수권부사채 및 기타 주식으로 전환될 수 있는 종류의 사채)를 발행할 경우

　　　라. 회사가 타사와 합병 시 교환비율 산정을 위한 평가가액이 전환가격을 하회하는 경우

2. 전환기간(또는 전환청구기간)은 종류주식 발행일 익일부터 10년 이내 범위에서 발행시 이사회가 정하며 주주 또는 회사가 전환청구하지 않더라도 전환기간(또는 전환청구기간) 만료일에 보통주식으로 자동전환된다.

3. 기타 세부적인 전환사유, 전환조건, 전환기간(전환청구기간), 전환으로 인하여 발행할 주식의 수 등은 발행시 이사회 결의로 정한다.

⑧ 본 회사가 신주를 발행하는 경우 종류주식에 대한 신주의 배정은 유상증자 및 주식배당을 할 경우에는 보통주식에 배정하는 주식과 동일한 주식으로, 무상증자의 경우에는 그와 같은 종류의 주식으로 한다. 다만, 이사회가 발행시에 이와 다르게 정할 수 있다. [2016. 5. 27. 신설]

(중략)

제10조 (주식의 발행과 배정) ① 본 회사가 이사회의 결의로 신주를 발행하는 경우 다음 각호의 방식에 의한다.

1. 주주에게 그가 가진 주식 수에 따라서 신주를 배정하기 위하여 신주인수의 청약을 할 기회를 부여하는 방식

2. 신기술의 도입, 재무구조의 개선 등 회사의 경영상 목적을 달성하기 위하여 필요한 경우 제1호 외의 방법으로 특정한 자(이 회사의 주주를 포함한다)에게 신주를 배정하기 위하여 신주인수의 청약을 할 기회를 부여하는 방식

② 주주가 신주인수권을 포기 또는 상실하거나 신주배정에서 단주가 발생하는 경우에 그 처리방법은 이사회의 결의로 정한다.

[2016. 5. 27. 개정]

(중략)

부칙 (2016. 5. 27.)

제1조 (시행일) 이 정관은 2016년 5월 27일부터 시행한다.

## (12) 등기신청위임장

| 위 임 장 | |
|---|---|
| 법인의 표시 | 상호          주식회사 율도<br>본지점구분  본점<br>등기번호     51001호 |
| 등기의 목적 | 주식회사 변경등기 |
| 등기의 사유 | 2016. 5. 27. 임시주주총회에서 목적을 변경하고, 2016. 5. 27. 이사회에서 상환전환우선주식 2,000주를 발행하기로 결의하고 2016. 5. 27. 납입을 완료하여 회사의 목적, 발행주식내역, 자본금의 액이 변경되었으므로 그 변경등기를 구함. |

| 대리인 | 성 명  변호사 김상균 (전화 : 00-000-0000) 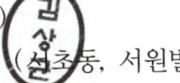<br>주 소  서울특별시 서초구 서초대로 259, 5층 (서초동, 서원빌딩) |
|---|---|

본인은 위 사람을 대리인으로 정하고 다음의 사항의 권한을 위임한다.

1. 위 법인등기신청 및 취하에 관한 일체의 행위.
2. 원본 환부청구 및 수령행위.

2016년 5월 28일

상 호  주식회사 율도<br>
본 점  서울특별시 강남구 테헤란로 101, 501호 (역삼동, 리즈타워)<br>
성 명  대표이사 홍길동                   (전화:              )<br>
주 소  서울특별시 서초구 서초대로45길 22, 108동 1102호 (서초동, 삼일아파트)

##  등기완료 후 절차

### 1. 주주명부 변경

발행된 신주를 반영하여 주주명부를 변경한다. 상환전환우선주식을 발행하면 상법 347조에 규정한 사항도 주주명부에 기재해야 한다. 변경된 주주명부는 본점에 비치·공시한다 (상법 396조).

주 주 명 부

| 주주<br>번호 | 주주<br>이름 | 주민등록번호/<br>사업자등록번호 | 주소 | 전자우편<br>주소 | 주식의<br>종류 | 주식의<br>수 | 주식의<br>취득연월일 | 주권<br>번호 |
|---|---|---|---|---|---|---|---|---|
| 1 | 홍길동 | 000000-0000000 | 서울특별시 서초구 서초대로45길 22, 108동 1102호 (서초동, 삼일아파트) | hong@<br>gmail.com | 보통<br>주식 | 15,000 | 2015. 11. 9. | 주권<br>미발행 |

| 2 | 김철수 | 000000-0000000 | 서울특별시 영등포구 여의로 12, 101호 (여의도동, 세계오피스텔) | cskim@naver.com | 보통주식 | 12,000 | 2015. 11. 9. | 주권미발행 |
| 3 | 포춘인베스트먼트 주식회사 | 000-00-00000 | 서울특별시 강남구 테헤란로 27, 1105호 (역삼동, 태양빌딩) | contact@fortuneinvest.com | 보통주식 | 3,000 | 2015. 12. 10. | 주권미발행 |
| 4 | 한강글로벌 투자조합 (업무집행 조합원 (주)한강파트너스) | 000-00-00000 | 서울특별시 서초대로 35, 201호 (서초동, 영산빌딩) | invest@hangangpartners.kr | 상환전환우선주식 | 2,000 | 2016. 5. 28. | 주권미발행 |

상환전환우선주식은 다음과 같이 보통주식으로 전환할 수 있다.

I. 전환의 조건 및 전환으로 인하여 발행할 주식의 내용

① 전환방법

1. 상환전환우선주식의 주주는 상환전환우선주식을 보통주식으로 전환하기 위하여, 우선주식전환청구서에 전환하고자 하는 주식의 종류, 수, 청구연월일을 기재하여 기명 또는 서명날인하고 주권을 첨부하여 회사에 제출한다.

2. 전환청구를 한 경우 전환은, 상환전환우선주식의 주주가 전환될 상환전환우선주식의 주권을 제출한 날짜의 영업시간 종료 직전에 효력이 발생하는 것으로 본다.

3. 상환전환우선주식의 주주가 전환에 의하여 보통주식을 부여받게 되는 경우 상기 제2호의 날짜를 기준으로 주주명부상의 주주로 간주한다.

4. 회사는 상환전환우선주식의 주권을 인도받은 후, 가능한 한 신속하게 상환전환우선주식의 주주에게 그가 부여받을 권리가 있는 수만큼의 보통주식에 대한 주권을 발행하여 인도해야 한다.

② 전환비율

1. 상환전환우선주식의 보통주로의 전환비율은 우선주 1주당 보통주 1주로 한다.

2. 회사의 IPO 공모단가의 [70]%에 해당하는 금액이 그 당시의 상환전환우선주식의 전환가격을 하회하는 경우는 전환비율을 다음과 같이 조정한다.

조정 후 우선주 1주당 전환하는 보통주의 수 = 조정 전 우선주 1주당 전환되는 보통주의 수 × 조정 전 본건 우선주식의 전환가격 / 회사의 IPO 공모단가의 [70]%에 해당하는 금액

3. 회사가 상환전환우선주식의 전환 전에 그 당시의 상환전환우선주식의 전환가격을 하회하는 발행가격으로 유상증자 또는 주식관련사채(전환사채, 신주인수권부사채 및 기타

주식으로 전환될 수 있는 종류의 사채)를 발행할 경우에는 전환가격은 그 하회하는 발행가격으로 조정한다.

4. 상환전환우선주식의 발행 이후 주식배당, 무상증자 등으로 인해 발행주식수가 증가하는 경우, 상환전환우선주식의 주주는 회사로부터 주주가 보유한 주식과 같은 조건 및 종류의 우선주식으로 무상지급을 받도록 하되 아래의 수식을 따른다.

$Ni = Bi \times \{(Ac/Bc)-1\}$

Ni : 상환전환우선주식의 주주에게 무상지급 되는 우선주식수
Bi : 발행 전 상환전환우선주식의 주주 보유 우선주식수
Ac : 발행 후 회사 발행주식총수 (우선주와 보통주를 합한)
Bc : 발행 전 회사 발행주식총수 (우선주와 보통주를 합한)

5. 회사가 타사와 합병 시 교환비율 산정을 위한 평가가액이 그 당시의 상환전환우선주식의 전환가격을 하회하는 경우, 상환전환우선주식의 전환가격이 변경된 평가가액과 일치하도록 전환비율을 조정한다.

6. 회사의 주식을 분할 또는 병합하는 경우 전환비율은 그 분할 또는 병합의 비율에 따라 조정된다. 단주의 평가는 주식의 분할 또는 병합 당시 상환전환우선주식의 전환가격을 기준으로 한다.

7. 회사가 전환 전에 무상감자를 할 경우에는 전환비율은 그 감자의 비율에 따라 조정한다. 단, 경영과실 등의 사유로 특정 주주에 대해서만 차등적으로 무상감자를 하는 경우는 전환비율을 조정하지 않기로 한다.

Ⅱ. 전환청구기간 또는 전환의 기간

상환전환우선주식의 주주는 그 발행일 익일부터 [10]년 경과일 전일까지 언제든지 상환전환우선주식을 보통주로 전환할 수 있는 권리를 갖는다. 위 우선주식의 주주가 상환전환우선주식의 존속기간 만료일까지 전환권을 행사하지 않는 경우에 상환전환우선주식은 그 만료일에 보통주식으로 자동전환된다.

---

1주의 금액(액면가) : 1,000원
발행주식의 총수 : 32,000주
　　　보통주식 : 30,000주
상환전환우선주식 : 2,000주

---

2016년 5월 28일

주식회사 율도
대표이사 홍길동

## 2. 주권 또는 주권미발행확인서 교부

원칙적으로 주주에게 신주에 대한 주권을 발행해 주어야 하나 주권을 발행하지 않을 경우 주권미발행확인서를 작성·교부해준다.

---

# 주권미발행확인서

1. 주 주 명: 한강글로벌투자조합 (업무집행조합원 주식회사 한강파트너스)

2. 주     소: 서울특별시 서초대로 35, 201호 (서초동, 영산빌딩)

3. 위 주주가 소유한 주식
   - 1주의 금액(액면가): 금1,000원
   - 주식의 종류: 상환전환우선주식
   - 소유주식수: 2,000주

당 회사는 현재 상기 주주가 보유한 당 회사 주식의 주권을 발행하지 않았습니다. 당 회사는 상기 주주에게 주권을 발행해 드릴 것을 확인합니다.

2016년 5월 28일

주식회사 율도
대표이사 홍길동 (인)

---

## 3. 의사록과 변경된 정관의 비치·공시, 보관

회사는 주주의 이사회 의사록 열람·등사 청구에 대비하여 2016년 5월 27일 자 이사회 의사록을 본점에 보관한다. 또한, 2016년 5월 27일 자 임시주주총회 의사록과 변경된 정관은 본점과 지점에 비치·공시한다(상법 396조). 변경된 정관은 다음과 같다.

---

# 정 관

2015. 11. 9. 제정
2016. 5. 27. 개정

(생략)

**제2조 (목적)** 본 회사는 다음 사업을 경영함을 목적으로 한다.
1. 소프트웨어 개발 및 공급업
1. 컴퓨터 프로그래밍, 시스템 통합 및 관리업
1. 데이터베이스 및 온라인정보 제공업
1. <u>컴퓨터 및 주변장치, 소프트웨어 도매업</u>
1. <u>컴퓨터 및 주변장치, 소프트웨어 소매업</u>
1. <u>각 호에 관련된 통신판매업 및 전자상거래업</u>
1. <u>각 호에 관련된 무역업</u>
1. 각 호에 관련된 부대사업 일체
[2016. 5. 27. 개정]

(중략)

**제8조의2 (이익배당, 잔여재산분배, 의결권 배제·제한, 주식의 상환 및 전환에 관한 종류주식)** ① 본 회사는 이사회의 결의로 이익배당, 잔여재산분배, 의결권 배제 또는 제한, 주식의 상환 및 전환에 관한 종류주식 및 이들의 전부 또는 일부를 혼합한 종류주식(이하 본 조에서 '종류주식'이라 한다)을 발행할 수 있다.

② 이 정관 제5조의 회사가 발행할 주식의 총수 중 종류주식의 발행한도는 500,000주로 한다. 단, 의결권 배제 또는 제한에 관한 종류주식은 발행주식총수의 4분의 1을 초과하지 못한다.

③ 본 회사는 이사회 결의로 우선배당권이 있는 종류주식을 발행할 수 있다.
1. 우선배당권 있는 종류주식에 대한 현금 배당은 1주당 발행가액을 기준으로 연 0%

---

이상 10%(복리) 이내에서 발행시에 이사회가 정한 배당률에 따라 지급한다.

2. 보통주의 배당률이 제1호에 따른 우선배당률을 초과할 경우에는 초과하는 부분에 대하여 우선배당권이 있는 종류주식은 보통주와 동일한 배당률로 함께 참가하여 배당받는다.

3. 주식 배당은 우선주와 보통주를 합한 발행주식총수에 대한 비율에 따라, 같은 종류의 우선주 주식으로 배당을 받을 권리를 갖는다. 다만 단주가 발생하는 경우에는 현금으로 지급받는다.

④ 본 회사는 이사회 결의로 청산시 잔여재산 우선분배권이 있는 종류주식을 발행할 수 있다.

1. 우선분배권이 있는 종류주식은 주당 발행가액 및 이에 대하여 이사회에서 정한 연리(복리) 8% 이하의 비율로 산정한 금액을 합한 금원에 대하여 보통주에 우선하여 잔여재산을 분배받을 권리가 있다.

2. 본 회사가 청산 이전까지 미지급 배당금이 있는 경우 동 금원에 대하여도 우선분배권이 있는 종류주식은 보통주에 우선하여 잔여재산을 분배받을 권리가 있다.

3. 우선분배권이 있는 종류주식에 대한 분배를 한 후 보통주에 대한 주당 분배금액이 우선분배권이 있는 종류주식에 대한 주당 분배금액을 초과하는 경우에 우선분배권이 있는 종류주식은 초과하는 부분에 대하여 보통주와 동일한 분배율로 함께 참가하여 잔여재산을 분배받을 권리가 있다.

⑤ 의결권이 없는 종류주식은 종류주식에 대하여 제3항에 따른 배당을 하지 아니한다는 결의가 있는 주주총회의 다음 주주총회부터 그 우선배당을 한다는 결의가 있는 주주총회의 종료시까지는 의결권이 있다.

⑥ 본 회사는 이사회 결의로 주주의 상환청구 또는 회사의 선택에 따라 회사의 이익으로써 소각할 수 있는 종류주식(이하 본 조에서 '상환주식'이라 한다)을 발행할 수 있다.

1. 상환주식을 회사의 선택으로 상환하는 경우에는 회사는 이사회 결의로 상환주식 전부를 일시에 또는 분할하여 상환할 수 있다.

2. 주주에게 상환청구권이 부여된 경우 주주는 자신의 선택으로써 상환주식 전부를 일시에 또는 분할하여 상환해 줄 것을 청구할 수 있다. 이 때 주주는 상환할 뜻 및 상환 대상주식을 회사에 통지해야 한다. 단, 회사는 현존 이익으로 상환 대상주식 전부를 일시에 상환하기 충분하지 않을 경우 이를 분할하여 상환할 수 있다.

3. 상환가액은 발행가액 또는 이에 가산금액을 더한 금액으로 하며 가산금액은 이자율, 시장상황 기타 상환주식의 발행에 관련된 제반사정을 고려하여 상환주식의 발행시에 이사회 결의로 정한다. 다만, 상환가액을 조정하려는 경우 이사회에서 조정할 수 있다는 뜻, 조정사유, 조정방법 등을 정해야 한다.

4. 상환기간(또는 상환청구기간)은 종류주식의 발행 후 1개월이 경과한 날부터 10년

이 되는 날의 범위 내에서 발행시 이사회 결의로 정한다. 단, 다음 각목의 1에 해당하는 사유가 발생하는 경우에는 그 사유가 해소될 때까지 상환기간은 연장된다.

　가. 상환주식에 대하여 우선적 배당이 완료되지 아니한 경우

　나. 회사의 이익이 부족하여 상환기간 내에 상환하지 못한 경우

5. 회사는 주식 취득의 대가로 현금 이외의 유가증권이나(다른 종류의 주식은 제외한다) 그 밖의 자산을 교부할 수 있다.

6. 기타 세부적인 상환가액, 상환방법, 상환기간(상환청구기간), 상환할 주식수는 발행시 이사회 결의로 정한다.

⑦ 본 회사는 이사회 결의로 주주 또는 회사의 선택에 따라 보통주로 전환되는 종류주식(이하 본 조에서 '전환주식'이라 한다)을 발행할 수 있다.

1. 전환비율은 종류주식 1주 당 보통주식 1주로 하되, 다음 사유 발생시 전환비율을 조정할 수 있다.

　가. 주식분할 또는 병합, 주식배당, 무상증자, 무상감자 기타 법률이 허용하는 조정 사유가 발생하는 경우

　나. 회사의 IPO 공모단가에 발행시 이사회에서 정한 비율을 곱한 금액이 그 당시의 발행시 전환가격을 하회하는 경우

　다. 전환주식의 전환 전에 해당 전환주식의 전환가격을 하회하는 발행가격으로 유상증자 또는 주식관련사채(전환사채, 신주인수권부사채 및 기타 주식으로 전환될 수 있는 종류의 사채)를 발행할 경우

　라. 회사가 타사와 합병 시 교환비율 산정을 위한 평가가액이 전환가격을 하회하는 경우

2. 전환기간(또는 전환청구기간)은 종류주식 발행일 익일부터 10년 이내 범위에서 발행시 이사회가 정하며 주주 또는 회사가 전환청구하지 않더라도 전환기간(또는 전환청구기간) 만료일에 보통주식으로 자동전환된다.

3. 기타 세부적인 전환사유, 전환조건, 전환기간(전환청구기간), 전환으로 인하여 발행할 주식의 수 등은 발행시 이사회 결의로 정한다.

⑧ 본 회사가 신주를 발행하는 경우 종류주식에 대한 신주의 배정은 유상증자 및 주식배당을 할 경우에는 보통주식에 배정하는 주식과 동일한 주식으로, 무상증자의 경우에는 그와 같은 종류의 주식으로 한다. 다만, 이사회가 발행시에 이와 다르게 정할 수 있다.

[2016. 5. 27. 신설]

(중략)

**제10조 (주식의 발행과 배정)** ① 본 회사가 이사회의 결의로 신주를 발행하는 경우 다음 각호의 방식에 의한다.

1. 주주에게 그가 가진 주식 수에 따라서 신주를 배정하기 위하여 신주인수의 청약을 할 기회를 부여하는 방식
2. 신기술의 도입, 재무구조의 개선 등 회사의 경영상 목적을 달성하기 위하여 필요한 경우 제1호 외의 방법으로 특정한 자(이 회사의 주주를 포함한다)에게 신주를 배정하기 위하여 신주인수의 청약을 할 기회를 부여하는 방식

② 주주가 신주인수권을 포기 또는 상실하거나 신주배정에서 단주가 발생하는 경우에 그 처리방법은 이사회의 결의로 정한다.

[2016. 5. 27. 개정]

(중략)

## 부칙 (2016. 5. 27.)

제1조 (시행일) 이 정관은 2016년 5월 27일부터 시행한다.

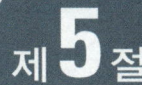

# 제5절 신주발행 (실권주배정, 자본금 10억원 이상인 경우)

## I 사례 설명

주식회사 율도(발행주식의 총수 90만주, 1주의 금액 1,000원, 자본금 9억원)는 대표이사 홍길동이 60% 지분, 사내이사 김철수가 40% 지분을 소유하고 있고, 사내이사 이영희와 감사 정갑동은 지분이 없다. 주식회사 율도는 실권주배정 방식으로 대표이사 홍길동에게 보통주식 200,000주를 액면가에 발행하고자 한다(인수대금 총액 2억원). 주식회사 율도는 신주발행의 결과 자본금 총액이 10억원 이상이 되므로 은행에 주금납입보관을 의뢰하고 주금납입보관증명서를 발급받아야 한다.

주식회사 율도는 대전광역시에 2020년 11월 9일 설립한 소프트웨어개발 회사이다. 회사설립 시 창업중소기업으로 인정받아 등록면허세를 면제받았다. 과밀억제권역 밖에 설립한 회사가 창업일부터 4년 이내에 증자를 하므로 등록면허세 및 지방교육세를 면제받고 농어촌특별세도 내지 않는다.

주주에 대한 실권예고부 청약최고절차는 주주 전원이 동의하여 기간을 단축한다. 2021년 4월 27일 신주발행을 위한 이사회를 개최하고, 홍길동 외의 다른 주주들이 주식인수를 포기하면 2021년 4월 28일 당일 실권주 처리를 위한 이사회 → 실권주식청약 → 실권주식배정 → 주금납입 및 주금납입보관증명서 발급 → 창업중소기업 지방세 감면신청 절차를 순차적으로 모두 진행한다.

## Ⅱ 스케줄, 사전준비사항과 비용

### 1. 스케줄

| 절 차 | 일 정 | 비 고 |
|---|---|---|
| 이사회 | 2021. 4. 9.(D-19) | 1. 신주인수권의 내용 및 배정일의 지정·공고를 위한 이사회<br>2. 이사와 감사 전원이 동의하여 소집통지절차를 생략함 |
| 신주인수권의 내용 및 배정일의 지정·공고 | 2021. 4. 11.(D-17) | 1. 신주배정기준일의 2주 전<br>2. 등기신청서에 공고문을 첨부하지 않음 |
| 이사회 소집통지(신주발행을 위한 이사회 및 실권주처리를 위한 이사회) | 2021. 4. 19.(D-9) | 이사와 감사 전원이 동의하여 생략 |
| 신주배정기준일 | 2021. 4. 26.(D-2) | 신주인수권자를 확정하는 기준일 |
| 이사회(신주발행) | 2021. 4. 27.(D-1) | 신주발행을 위한 이사회 |
| 주주에 대한 실권예고부 청약최고 | 2021. 4. 27.(D-1) | 1. 주식청약일의 2주 전<br>2. 주주 전원이 동의하여 기간을 단축함 |
| 주식청약 및 배정 | 2021. 4. 27.(D-1) | |
| 이사회(실권주 처리) | 2021. 4. 28.(D) | 실권주처리를 위한 이사회 |
| 이사회 의사록 공증 | 2021. 4. 28.(D)부터 | |
| 실권주청약 및 배정 | 2021. 4. 28.(D) | |
| 투자금 납부 | 2021. 4. 28.(D) | |
| 주금납입보관증명서 발급 | 2021. 4. 28.(D) | |
| 창업중소기업 지방세 감면신청 | 2021. 4. 28.(D) | |
| 등기신청서 제출(본점) | 2021. 4. 29.(D+1) 오전 0시부터 2주 이내 | |
| 납입금을 법인계좌로 돌려받음 | 등기완료 후 | |

## 2. 사전준비사항

주주와 임원, 회사가 사전에 준비할 사항은 다음과 같다.

| 준비사항 | 비 고 |
|---|---|
| 공고문 | 1. 회사 공고방법에 따라 신문공고하거나 홈페이지로 전자공고함<br>2. 등기신청서에 공고문을 첨부하지 않음 |
| 공증위임장 | 이사와 감사 전원이 (개인)인감도장을 찍고 의장은 추가로 (법인)인감도장을 찍음 |
| (개인)인감증명서: 공증위임장에 도장을 찍은 임원들 모두 각 1부 | 최근 3개월 이내 발행 |
| (법인)인감증명서 1부 | 최근 3개월 이내 발행 |
| 등기사항전부증명서 1부 | 최근 3개월 이내 발행 |
| (법인)인감도장 | |
| 정관 사본 | |
| 주주명부 사본 | |
| 이사와 감사 전원의 동의서: 이사와 감사 전원이 도장을 찍음 | 공증사무소에 제출 |
| 기간단축동의서: 홍길동, 김철수 각 날인 | (개인)인감도장이 아닌 막도장을 찍을 수 있음 |
| 신주인수포기서: 김철수 1부 | 회사에서 보관하고 등기신청서에 첨부하지 않음[602] |
| 1. 주식청약서(2021년 4월 27일 자): 홍길동 2부<br>2. 주식청약서(2021년 4월 28일 자): 홍길동 2부 | 1부는 회사에 보관하고, 1부는 등기신청서에 첨부 |
| 사업자등록증 **원본** | 주금납입의뢰 시 은행에 제출하고 복사 후 돌려받음 |
| 2021년 4월 28일 자 신한은행(노은지점) 주금납입보관증명서 | 2억원 |

---

602) 주식회사의 신주발행시 신주인수권을 가진 주주가 신주인수권을 포기한 경우 변경등기신청서에 신주인수포기서를 첨부하여야 하는지 여부 [상업등기선례 제1-207호, 2002. 6. 24. 제정]

## 3. 비 용

### (1) 등기신청수수료(e-Form): 4,000원

「발행주식의 총수와 그 종류 및 각각의 수」와 「자본금의 액」 변경에 따른 등기신청수수료 4,000원을 대전지방법원 등기과에 낸다.

### (2) 등록면허세 및 지방교육세: 0원

과세표준액이 2억원이므로 원래는 등록면허세 및 지방교육세가 96만원이나 창업중소기업의 증자로서 등록면허세 및 지방교육세를 면제받고(지방세특례제한법 58조의3 3항 1호) 농어촌특별세도 내지 않는다(농어촌특별세법 4조 3호).

### (3) 이사회 의사록 2건의 인증수수료 (공증사무소에 납부): 60,000원

### (4) 신문공고 시 신문광고비용

회사의 공고방법이 전자공고라면 비용이 별도로 들지 않지만 신문공고라면 신문사에 광고비용을 내야 한다.

서 식

## 1. 신주배정기준일 지정 및 공고

### (1) 이사회 의사록

신주배정기준일을 지정하는 이사회의 의사록은 등기소나 공증사무소에 제출하지 않는다.

# 이사회 의사록

주식회사 율도는 2021. 4. 9. 오전 10시 본점 회의실에서 이사와 감사 전원이 동의하여 소집절차를 생략하고 이사회를 개최한다.

총이사 수: 3명,  출석 이사 수: 3명
총감사 수: 1명,  출석 감사 수: 1명

의장은 위와 같이 성원이 되었음을 알리고 의안심의에 들어갈 것을 제의하다.

**제1호 의안: 신주배정기준일 지정**

의장은 신주발행을 위하여 신주배정기준일을 정해야 함을 설명하고 이에 대한 가부결의를 구한바 이사들은 다음 날짜를 신주배정기준일로 정하고 신주배정기준일 현재 주주명부에 등재된 주주에게 그 소유주식 비율로 신주를 배정하기로 만장일치로 가결하다.

신주배정기준일: 2021년 4월 26일 17시

**제2호 의안: 신주인수권증서 발행의 건**

의장은 신주발행과 더불어 회사가 주주에게 상법 제420조의2 규정에 의한 신주인수권증서를 발행해야 하나 절차상의 업무번잡을 피하여 이 증서의 발행을 요구하는 주주에 한하여 이를 발행하는 것이 좋겠다고 설명하고 이에 대한 가부결의를 구한바 이사들은 주주의 청구가 있는 경우에만 이를 발행하기로 만장일치로 가결하다.

의장은 이상으로 의안 심의를 전부 종료하였으므로 폐회를 선언하다(회의 종료시각 11시). 위 의사의 경과요령과 결과를 명확히 하기 위하여 이 의사록을 작성하고 출석한 이사, 감사가 기명날인하다.

2021. 4. 9.

주식회사 율도

의장 대표이사 홍길동

사내이사 김철수

사내이사 이영희

감사 정갑동

## (2) 공고문

회사의 공고방법에 따라 아래 공고문을 신문공고하거나 홈페이지에 공고한다. 공고문은 등기소나 공증사무소에 제출하지 않는다.

---

## 공고문

당사는 2021년 4월 9일 이사회 결의에 따라 2021년 4월 26일 17시(신주배정기준일) 현재 주주명부에 등재된 주주에게 그 소유주식 비율로 신주를 배정할 예정입니다. 신주인수권증서는 발행을 요구한 주주에 한하여 발행하며 신주인수권의 양도는 신주인수권증서의 교부에 의해서만 허용됩니다.

2021년 4월 11일

주식회사 율도
대전광역시 유성구 유성대로 23, 108호 (원내동)
대표이사 홍길동

---

## 2. 이사회 의사록 및 공증서류

등기신청서에 첨부하는 의사록은 공증인의 인증을 받아야 한다. 대리인은 대리인 신분증과 대리인 도장 및 아래 서류를 갖추고 공증사무소에 가서 이사회 의사록을 인증받는다.

### (1) 신주발행을 위한 이사회 의사록 <u>(원본 2부)</u>

---

# 이사회 의사록

주식회사 율도는 2021. 4. 27. 오전 10시 본점 회의실에서 이사와 감사 전원이 동의하여 소집절차를 생략하고 이사회를 개최한다.

총이사 수: 3명,　출석 이사 수: 3명

총감사 수: 1명,　출석 감사 수: 1명

의장은 위와 같이 성원이 되었음을 알리고 의안심의에 들어갈 것을 제의하다.

**제1호 의안: 신주식 발행의 건**

의장은 본 회사의 사업규모가 팽창하여 현재의 자본금만으로는 사업을 수행하기가 어려우므로 신주식을 발행하여 자본을 증가할 필요가 있음을 설명한바 이사들은 신중히 논의한 끝에 다음과 같이 신주식을 발행할 것을 만장일치로 가결하다.

1) 신주식의 종류와 수: 보통주식 200,000주
2) 신주식의 발행가액: 1주 금1,000원
3) <u>청약기일</u>: 2021. 4. 27.
4) <u>납입기일</u>: 2021. 4. 28.
5) 납입을 맡을 금융기관과 납입장소: 신한은행 (노은지점)
6) 신주식의 인수방법: 각 주주가 가진 주식 수의 비율에 따라 신주식을 배정함을 원칙으로 하되 주주는 인수권의 일부 또는 전부를 포기할 수 있으며, 이 경우 인수포기한 주식은 일반으로부터 공모하거나 다른 주주가 이를 인수할 수 있다.

**제2호 의안: 신주인수권증서 발행의 건**

의장은 신주발행과 더불어 회사가 주주에게 상법 제420조의2 규정에 의한 신주인수권증서를 발행해야 하나 절차상의 업무번잡을 피하여 이 증서의 발행을 요구하는 주주에

---

한하여 이를 발행하는 것이 좋겠다고 설명하고 이에 대한 가부결의를 구한바 이사들은 주주의 청구가 있는 경우에만 이를 발행하기로 만장일치로 가결하다.

의장은 이상으로 의안 심의를 전부 종료하였으므로 폐회를 선언하다(회의 종료시각 11시). 위 의사의 경과요령과 결과를 명확히 하기 위하여 이 의사록을 작성하고 출석한 이사, 감사가 기명날인한다.

2021. 4. 27.
주식회사 율도

의장 대표이사 홍길동

사내이사 김철수

사내이사  이영희

감사 정갑동

## (2) 실권주처리를 위한 이사회 의사록 (원본 2부)

# 이사회 의사록

주식회사 율도는 2021. 4. 28. 오전 10시 본점 회의실에서 이사와 감사 전원이 동의하여 소집절차를 생략하고 이사회를 개최한다.

총이사 수: 3명,  출석 이사 수: 3명
총감사 수: 1명,  출석 감사 수: 1명

의장은 위와 같이 성원이 되었음을 알리고 의안심의에 들어갈 것을 제의하다.

### 제1호 의안: 실권주처리에 따른 신주식 발행의 건

의장은 당 회사가 2021. 4. 27. 이사회결의에 따라 청약기일을 2021. 4. 27.로 하는 신주발행을 결의하였으나 청약기일까지 청약된 주식은 보통주식 120,000주(주주 홍길동)이고 실권된 주식은 보통주식 80,000주이므로 실권주를 다음과 같은 내용으로 배정처리하고자 함을 설명하고 그 가부결의 및 주식발행사항에 대한 결의를 구한바 이사들은 신중히 논의한 끝에 다음과 같이 신주식을 발행할 것을 만장일치로 가결하다.

1) 실권주식의 종류와 수: 보통주식 80,000주
2) 신주식의 발행가액: 1주 금1,000원
3) 청약기일: 2021. 4. 28
4) 납입기일: 2021. 4. 28.
5) 납입을 맡을 금융기관과 납입장소: 신한은행 (노은지점)
6) 실권주의 배정방법: 실권주는 주주 또는 제3자에게 배정한다.

  의장은 이상으로 의안 심의를 전부 종료하였으므로 폐회를 선언하다(회의 종료시각 11시). 위 의사의 경과요령과 결과를 명확히 하기 위하여 이 의사록을 작성하고 출석한 이사, 감사가 기명날인하다.

2021. 4. 28.
주식회사 율도

의장 대표이사 홍길동 ㊞ ㊞

사내이사 김철수 ㊞

사내이사 이영희 ㊞

감사 정갑동 ㊞

## (3) 공증촉탁서

<table>
<tr><td colspan="8" align="center">공 증 촉 탁 서</td></tr>
<tr>
<td>접수번호</td>
<td colspan="2">-</td>
<td rowspan="2">문서명</td>
<td colspan="4">1. 이사회 의사록 (2021. 4. 27.)</td>
</tr>
<tr>
<td>증서등부번호</td>
<td colspan="2">-</td>
<td colspan="4">2. 이사회 의사록 (2021. 4. 28.)</td>
</tr>
<tr>
<td colspan="8" align="center">아래 촉탁인은 위 공정증서 작성 □ 을 촉탁합니다.<br>인증 ■<br>2021년 4월 28일<br>사무소 귀중</td>
</tr>
<tr>
<td rowspan="5">1.<br>촉<br>탁<br>인</td>
<td>성명<br>(법인명)</td>
<td>홍길동 외 3인 (인)</td>
<td rowspan="5">2.<br>촉<br>탁<br>인</td>
<td>성명<br>(법인명)</td>
<td colspan="3">(인)</td>
</tr>
<tr>
<td>생년월일<br>(대표이사명)</td>
<td>0000. 00. 00.</td>
<td>생년월일<br>(대표이사명)</td>
<td colspan="3"></td>
</tr>
<tr>
<td>주소<br>(소재지)</td>
<td>대전광역시 00구 00로 00</td>
<td>주소<br>(소재지)</td>
<td colspan="3"></td>
</tr>
<tr>
<td>연락처</td>
<td></td>
<td>연락처</td>
<td colspan="3"></td>
</tr>
<tr>
<td>위출석확인</td>
<td>(인)</td>
<td>위출석확인</td>
<td colspan="3">(인)</td>
</tr>
<tr>
<td rowspan="5">3.<br>대<br>리<br>인</td>
<td>성명<br>(법인명)</td>
<td>김상균 (인)</td>
<td rowspan="5">4</td>
<td>성명<br>(법인명)</td>
<td colspan="3">(인)</td>
</tr>
<tr>
<td>생년월일<br>(대표이사명)</td>
<td>0000. 00. 00.</td>
<td>생년월일<br>(대표이사명)</td>
<td colspan="3"></td>
</tr>
<tr>
<td>주소<br>(소재지)</td>
<td>서울특별시 서초구 서초대로 259, 5층</td>
<td>주소<br>(소재지)</td>
<td colspan="3"></td>
</tr>
<tr>
<td>연락처</td>
<td>000-0000-0000</td>
<td></td>
<td colspan="3"></td>
</tr>
<tr>
<td>위출석확인</td>
<td>김상균 (인)</td>
<td>위출석확인</td>
<td colspan="3">(인)</td>
</tr>
<tr>
<td colspan="2">비고</td>
<td colspan="6">주식회사 율도</td>
</tr>
<tr>
<td rowspan="5">수령<br>사항</td>
<td>구분</td>
<td>통수</td>
<td>수령자확인</td>
<td rowspan="5">촉 대<br>탁 리<br>인 인<br>인 인<br>확 인</td>
<td>주민등록증</td>
<td>증인성명</td>
<td></td>
</tr>
<tr>
<td>증서정본</td>
<td></td>
<td>(인)</td>
<td>운전면허증</td>
<td>증인성명</td>
<td></td>
</tr>
<tr>
<td>증서정본</td>
<td></td>
<td>(인)</td>
<td>공무원증</td>
<td>면식번호</td>
<td></td>
</tr>
<tr>
<td rowspan="2">인증서</td>
<td rowspan="2">2</td>
<td rowspan="2">김상균 (인)</td>
<td>여 권</td>
<td></td>
<td></td>
</tr>
<tr>
<td>영사증명서</td>
<td></td>
<td></td>
</tr>
<tr>
<td colspan="2">법률행위의 목적가액<br>원</td>
<td>수수료<br>원</td>
<td colspan="2">주임</td>
<td>사무장</td>
<td>공증인</td>
</tr>
</table>

## (4) 진술서

<table>
<tr><td colspan="2" align="center">진 술 서</td></tr>
<tr><td>법인명</td><td>주식회사 율도</td></tr>
<tr><td>소재지</td><td>대전광역시 유성구 유성대로 23, 108호 (원내동)</td></tr>
<tr><td>회의의 종류</td><td>1. 이사회(신주발행을 위한)<br>2. 이사회(실권주처리를 위한)</td></tr>
<tr><td>소집일시</td><td>1. 이사회(신주발행을 위한) : 2021. 4. 27.<br>2. 이사회(실권주처리를 위한) : 2021. 4. 28.</td></tr>
<tr><td>소집장소</td><td>본점 회의실</td></tr>
</table>

본인은 (                    )에서 위 법인 의사록의 인증을 촉탁함에 있어서, 위 법인의 **촉탁대리인**으로서 위 회의가 적법하게 소집되었으며, 결의의 절차와 내용이 진실에 부합함을 진술합니다.

2021년 4월 28일

위 진술인: 변호사 김상균 (인)

서울특별시 서초구 서초대로 259, 5층 (서초동, 서원빌딩)

## (5) 등기사항전부증명서

1부를 제출한다. 공증사무소 제출일 기준으로 최근 3개월 이내에 발행되어야 한다.

## (6) 정관 사본

정관의 첫 장부터 마지막 장까지 (법인)인감도장으로 간인한 뒤, 마지막 장에 다음과 같이 기재하고 (법인)인감도장을 찍는다.

2021년 4월 28일 원본대조필

주식회사 율도
대표이사 홍길동

## (7) 확인서

<table>
<tr><td colspan="2" align="center"><h2>확 인 서</h2></td></tr>
<tr><td>법인명</td><td>주식회사 율도</td></tr>
<tr><td>회의 종류</td><td>1. 이사회(신주발행을 위한)<br>2. 이사회(실권주처리를 위한)</td></tr>
<tr><td>소집일시</td><td>1. 이사회(신주발행을 위한) : 2021. 4. 27.<br>2. 이사회(실권주처리를 위한) : 2021. 4. 28.</td></tr>
<tr><td>소집통지발송일</td><td>1. 이사회(신주발행을 위한) : 이사와 감사 전원이 동의하여 소집절차 생략<br>2. 이사회(실권주처리를 위한) : 이사와 감사 전원이 동의하여 소집절차 생략</td></tr>
<tr><td>회의안건</td><td>1. 이사회(신주발행을 위한)<br>제1호 의안　신주식 발행의 건<br>제2호 의안　신주인수권증서 발행의 건<br><br>2. 이사회(실권주처리를 위한)<br>제1호 의안 실권주처리에 따른 신주식 발행의 건</td></tr>
<tr><td colspan="2">　본인은 위 의사록에 관하여 위 법인의 대표이사로서 이 회의가 적법하게 소집되었으며 결의의 절차와 내용이 진실에 부합함을 확인합니다.<br><br> 2021년　4월　28일 </td></tr>
</table>

위 확인인 대표이사 홍길동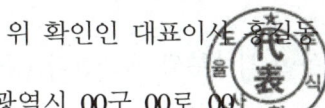

주소: 대전광역시 00구 00로 00

(                    ) 귀중

## (8) 공증위임장

이사와 감사 전원이 참석하였으므로, 이사와 감사 전원이 (개인)인감도장 찍고 의장은 추가로 (법인)인감도장을 찍는다.

| 위 임 장 | |
|---|---|
| 수임인 | 변호사 김상균<br>서울특별시 서초구 서초대로 259, 5층 (서초동, 서원빌딩) |
| 위의 사람을 본인의 대리인으로 정하여 (            )에서 다음 사서증서의 인증을 촉탁하는 일체의 권한을 위임합니다.<div align=center>다음</div>1. 이사회(신주발행을 위한)<br>2. 이사회(실권주처리를 위한) | |
| 2021년 4월 28일 | |
| 위임인 | 대표이사 홍길동 **(개인인감도장 날인) (법인인감도장 날인)**<br>대전광역시 00구 00로 00 |
| 위임인 | 사내이사 김철수 **(개인인감도장 날인)**<br>대전광역시 00구 00로 00 |
| 위임인 | 사내이사 이영희 **(개인인감도장 날인)**<br>대전광역시 00구 00로 00 |
| 위임인 | 감사 정갑동 **(개인인감도장 날인)**<br>대전광역시 00구 00로 00 |

## (9) (개인)인감증명서

홍길동, 김철수, 이영희, 정갑동이 각 1부씩 제출한다. 공증사무소 제출일 기준으로 최근 3개월 이내에 발행되어야 한다.

## (10) (법인)인감증명서

1부를 준비한다. 공증사무소 제출일 기준으로 최근 3개월 이내에 발행되어야 한다.

## 3. 주금납입보관 의뢰서 및 첨부서류

### (1) 주금납입보관 의뢰서

---

# 주금납입보관 의뢰서

본 회사의 이사회는 아래와 같이 신주발행을 결의하고 주금납입기한을 2021. 4. 28.까지로 정하여 그 납입금을 맡을 금융기관으로 귀 은행을 지정하였으니 이를 취급하여 주시기 바랍니다.

1. 상 호: 주식회사 율도

1. 본 점: 대전광역시 유성구 유성대로 23, 108호 (원내동)

1. 회사가 발행할 신주식의 총수: 보통주식 200,000주

1. 1주의 금액 (액면가): 금1,000원

1. 신주의 발행가액: 금1,000원

1. 납입할 주금액: 금200,000,000원

2021. 4. 28.
주식회사 율도
대표이사 홍길동

신한은행 (노은지점) 귀하

---

**(2) 위임장 및 대리인 신분증 (대리신청할 경우)**

# 위 임 장

수임인: 변호사 김상균

　　　　서울 서초구 서초대로 259, 5층 (서초동, 서원빌딩)

위 사람을 대리인으로 정하여 다음의 사항을 위임한다.

다　　　음

1. 위임인 회사의 별단예금계좌 개설, 주금납입보관 의뢰신청, 변경 및 취하.
1. 원본 환부 및 수령.
1. 기타 이에 부수하는 일체의 행위.

2021. 4. 28.

주식회사 율도

대표이사 홍길동

신한은행 (노은지점) 귀하

**(3) 이사회 의사록 사본**

**(4) 정관 사본**

## (5) 주식청약서 사본

### (a) 주주 홍길동의 주식청약서 사본 (2021년 4월 27일 자 신주발행에 따른)

<table>
<tr><td colspan="2" align="center">주 식 청 약 서</td></tr>
<tr><td>상호</td><td>주식회사 율도</td></tr>
<tr><td>인수할 주식의 종류와 수</td><td>보통주식 120,000주</td></tr>
<tr><td>1주의 금액</td><td>금1,000원</td></tr>
<tr><td>신주식의 발행가액</td><td>금1,000원</td></tr>
<tr><td>인수총액</td><td>금120,000,000원</td></tr>
<tr><td colspan="2">귀 회사의 정관과 이 청약서에 기재한 사항을 승낙하고 위 주식을 청약합니다.<br><br>2021년 4월 27일<br><br>주식청약인 홍길동 <br><br>대전광역시 유성구 한밭대로 213, 702동 1105호 (노은동, 한밭아파트)</td></tr>
<tr><td>상호</td><td>주식회사 율도</td></tr>
<tr><td>회사가 발행할 주식의 총수</td><td>10,000,000주</td></tr>
<tr><td>1주의 금액</td><td>금1,000원</td></tr>
<tr><td>신주의 발행결의일</td><td>2021. 4. 27.</td></tr>
<tr><td>신주식의 종류와 수</td><td>보통주식 200,000주</td></tr>
<tr><td>신주식의 발행가액</td><td>금1,000원</td></tr>
<tr><td>납입을 맡을 금융기관과 납입장소</td><td>신한은행 (노은지점)</td></tr>
<tr><td>명의개서대리인</td><td>없음</td></tr>
<tr><td>신주식의 인수방법</td><td>각 주주가 가진 주식 수의 비율에 따라 신주식을 배정함을 원칙으로 하되 주주는 인수권의 일부 또는 전부를 포기할 수 있으며, 이 경우 인수포기한 주식은 일반으로부터 공모하거나 다른 주주가 이를 인수할 수 있다.</td></tr>
<tr><td>납입기일</td><td>2021. 4. 28.</td></tr>
</table>

**(b) 주주 홍길동의 주식청약서 사본** (2021년 4월 28일 자 실권주처리에 따른)

<table>
<tr><td colspan="2" align="center">주 식 청 약 서</td></tr>
<tr><td>상호</td><td>주식회사 율도</td></tr>
<tr><td>인수할 주식의 종류와 수</td><td>보통주식 80,000주</td></tr>
<tr><td>1주의 금액</td><td>금1,000원</td></tr>
<tr><td>신주식의 발행가액</td><td>금1,000원</td></tr>
<tr><td>인수총액</td><td>금80,000,000원</td></tr>
</table>

귀 회사의 정관과 이 청약서에 기재한 사항을 승낙하고 위 주식을 청약합니다.

2021년 4월 28일

주식청약인 홍길동 (인)

대전광역시 유성구 한밭대로 213, 702동 1105호 (노은동, 한밭아파트)

<table>
<tr><td>상호</td><td>주식회사 율도</td></tr>
<tr><td>회사가 발행할 주식의 총수</td><td>10,000,000주</td></tr>
<tr><td>1주의 금액</td><td>금1,000원</td></tr>
<tr><td>신주의 발행결의일</td><td>2021. 4. 28.</td></tr>
<tr><td>신주식의 종류와 수</td><td>보통주식 80,000주</td></tr>
<tr><td>신주식의 발행가액</td><td>금1,000원</td></tr>
<tr><td>납입을 맡을 금융기관과 납입장소</td><td>신한은행 (노은지점)</td></tr>
<tr><td>명의개서대리인</td><td>없음</td></tr>
<tr><td>신주식의 인수방법</td><td>주주 또는 제3자에게 배정한다.</td></tr>
<tr><td>납입기일</td><td>2021. 4. 28.</td></tr>
</table>

## (6) 신주배정통지서 사본

### 주식배정통지서

주식회사 율도는 아래와 같이 주식배정통지를 합니다.

-아 래-

| 신청인 | 신청 주식수 | 배정 주식수 | 액면가 | 발행가액 |
|---|---|---|---|---|
| 홍길동 | 보통주식 200,000주 | 보통주식 200,000주 | 금1,000원 | 금1,000원 |

2021년 4월 28일
주식회사 율도
대표이사 홍길동

## (7) 사업자등록증 원본

사업자등록증 원본을 은행에 제출하고, 복사한 뒤 돌려받는다.

## (8) (법인)인감증명서

1부를 준비한다. 은행 제출일 기준으로 최근 3개월 이내에 발행되어야 한다.

## (9) 등기사항전부증명서

1부를 준비한다. 은행 제출일 기준으로 최근 3개월 이내에 발행되어야 한다.

## (10) 증권신고서 사본

이 사례는 증권을 모집하는 경우가 아니므로 증권신고 대상이 아니다. 따라서 증권신고서 사본은 첨부하지 않는다.

## 4. 창업중소기업 지방세 감면신청서

### (1) 창업중소기업 지방세 감면신청서

| 창업(벤처)중소기업 지방세 감면 신청서 |||
|---|---|---|
| | | (앞쪽) |

| 접수번호 | 접수일 | 처리기간 |
|---|---|---|
| | | 5일 |

| 신청인 | 성명(법인)<br>주식회사 율도 | 주민(법인)등록번호<br>000000-0000000 |
|---|---|---|
| | 주소<br>대전광역시 유성구 유성대로 23, 108호 (원내동) ||
| | 전자우편주소<br>hong@gmail.com | 전화번호(휴대전화번호)<br>010-000-0000 |

| 감면대상 | 종류<br>주식회사 증자등기 | 면적(수량) |
|---|---|---|
| | 소재지<br>대전광역시 유성구 유성대로 23, 108호 (원내동) ||

| 감면세액 | 감면세목<br>등록면허세 | 과세연도<br>2021 | 기분<br>2 |
|---|---|---|---|
| | 과세표준액<br>2억원 | 감면구분<br>100% 과세면제 ||
| | 당초 결정세액<br>80만원 | 감면받으려는 세액<br>80만원 ||

| 감면 신청 사유<br>(「지방세특례제한<br>법」 제58조의3) | (뒤쪽 참조) |
|---|---|

| 감면 결정<br>통지 방법 | 직접교부[  ]   등기우편[  ]   전자우편 [○] |
|---|---|

신청인은 본 신청서의 유의사항 등을 충분히 검토했고, 향후에 신청인이 기재한 사항과 사실이 다른 경우에는 감면된 세액이 추징되며 별도의 이자상당액 및 가산세가 부과됨을 확인했습니다.

「지방세특례제한법」 제58조의3, 같은 법 시행령 제29조의2 및 같은 법 시행규칙 제3조의2에 따라 위와 같이 지방세 감면을 신청합니다.

2021년  4월  28일

신청인 주식회사 율도 대표이사 홍길동 (서명 또는 인)

특별자치시장 · 특별자치도지사 ·

시장 · 군수 · 구청장   귀하

| 담당공무원<br>확인사항 | 1. 사업자등록증<br>2. 법인 등기사항증명서<br>2. 벤처기업확인서(창업벤처중소기업의 경우만 해당합니다) | 수수료<br>없음 |
|---|---|---|

| 행정정보 공동이용 동의서 |
|---|
| 본인은 이 건 업무처리와 관련하여 담당 공무원이 「전자정부법」 제36조에 따른 행정정보의 공동이용을 통하여 위의 담당 공무원 확인 사항을 확인하는 것에 동의합니다.  *동의하지 아니하거나 확인이 되지 아니하는 경우에는 신청인이 직접 관련 서류를 제출하여야 합니다.<br><br>신청인 주식회사 율도 대표이사 홍길동 (서명) 또는 인) |

(뒷쪽)

| 감면 신청 사유<br>(「지방세특례제한법」 제58조의3) | ※ 창업중소기업에 해당하는지의 여부 확인을 위한 기재사항입니다.<br>아래의 사항을 확인 후 해당란을 기재하십시요<br>① 기업을 새로이 설립하였는지의 여부 (예 [ ○ ] 아니오 [   ])<br>※ 최초 설립이 아닌, 기업조직 및 형태 변경, 사업승계, 사업이전, 사업확장, 업종추가 등에 해당하는 경우에는 새로운 설립으로 보지 않습니다.<br>② 법인인 경우 대표자, 임원 등의 인적사항을 기재합니다. |
|---|---|

| 관계 | 성명 | 주민등록번호 | 주소 | 연락처 |
|---|---|---|---|---|
| 대표 | 홍길동 | 000000-0000000 | 대전광역시 00구 00로 00 | 000-0000-0000 |
| 임원 | 김철수 | 000000-0000000 | 대전광역시 00구 00로 00 | 000-0000-0000 |
| 임원 | 이영희 | 000000-0000000 | 대전광역시 00구 00로 00 | 000-0000-0000 |
| 임원 | 정갑동 | 000000-0000000 | 대전광역시 00구 00로 00 | 000-0000-0000 |

※ 법인의 대표자 등의 동종 사업 영위 여부, 법인전환 등을 확인하기 위해 기재합니다.

③ 새로이 설립된 기업이 중소기업의 범위에 해당될 것 (예 [○] 아니오 [   ])

④ 창업하는 업종이 「지방세특례제한법」 제58조의3 제4항에 따른 업종에 해당될 것 (예 [○] 아니오 [   ])

※ 「지방세특례제한법」 제58조의3 제4항 각 호의 업종에 속하지 않는 경우에는 창업중소기업 영위 업종으로 보지 않습니다.

⑤ 창업(벤처)중소기업이 「지방세특례제한법」 제58조의3 제6항 각 호에 규정된 다음의 어느 하나에 해당하지 않을 것 (해당함 [   ] 해당하지 않음 [○])

1. 합병·분할·현물출자·사업양수를 통하여 종전 사업을 승계하거나 종전 사업에 사용되던 자산을 인수·매입하여 같은 종류의 사업을 하는 경우

   ※ 다만, 종전 사업에 사용되던 자산을 인수하거나 매입하여 같은 종류의 사업을 하는 경우 그 자산가액의 합계가 「부가가치세법」 제5조 제2항에 따른 사업 개시 당시 토지·건물 및 기계장치 등 「지방세특례제한법 시행령」 제29조의2 제8항에서 정하는 사업용자산의 총가액에서 차지하는 비율이 100분의 30 이하인 경우는 제외합니다.

2. 거주자가 하던 사업을 법인으로 전환하여 새로운 법인을 설립하는 경우

3. 폐업 후 사업을 다시 개시하여 폐업 전의 사업과 같은 종류의 사업을 하는 경우

4. 사업을 확장하거나 다른 업종을 추가하는 경우 등 새로운 사업을 최초로 개시하는 것으로 보기 곤란한 경우

⑥「지방세특례제한법」제58조의3 제1항 제2호, 제2항 제2호 및 같은 법 시행령 제29조의2 제3항에 따른 공장입지기준면적 또는 용도지역별 적용배율 이내에 해당하는지 여부 (예 [○] 아니오 [   ])

| 유 의 사 항 |
| --- |

1. 신청인이 작성·기재한 감면신청서는「지방세기본법」제78조에 따라 진실한 것으로 추정합니다.
2. 다만, 향후에 신청인이 작성·기재한 사항이 사실과 다르거나 사후관리를 통해 감면요건을 준수 하지 않은 사항이 확인되는 경우에는「지방세기본법」제53조부터 제55조까지에 따라 감면받은 세액 이외에도 가산세(10~40%)가 추가되어 추징대상에 해당될 수 있음을 유의하시기 바랍니다.
3. 위에서 열거한 사례 이외에도 창업(벤처)기업의 동종업종 추가 등의 대한 다양한 개별적 사례가 발생할 수 있으므로 감면대상 해당 여부를 반드시 확인하시어 추징 등 불이익을 받지 않도록 유의하시기 바랍니다.
4. 감면 결정 통지 방법: 직접교부, 등기우편, 전자우편 중 하나를 선택합니다.

| 처 리 절 차 |
| --- |

| 신청서 작성 | → | 관계증명서류 | → | 접수 | → | 증명서류<br>확인 및 검토 | → | 지방세 감면안내 |
| --- | --- | --- | --- | --- | --- | --- | --- | --- |
| (신청인) | | (신청인) | | (특별자치시·<br>특별자치도·<br>시·군·구) | | (특별자치시·<br>특별자치도·<br>시·군·구) | | (특별자치시·<br>특별자치도·<br>시·군·구) |

## (2) 등기사항전부증명서

1부를 준비한다. 시·군·구청 제출일 기준으로 최근 3개월 이내에 발행되어야 한다.

## (3) 주식회사 변경등기신청서 사본: 1부

## 5. 주식회사 변경등기신청서(e-Form) 및 첨부서류

## (1) 주식회사 변경등기신청서(e-Form)

| 즉시접수 | 당일접수 |
| --- | --- |
| | |
| 제출자 | 변호사 김상균 |
| 총 | 1          건 |

전자표준양식번호(e-Form)번호: 1101-2021-0123456-1

# 주식회사변경등기신청

| 접<br>수 | 년    월    일<br><br>제              호 | 처<br>리<br>인 | 접수 | 조사 | 인감 | 기입 | 교합 | 통지 |
|---|---|---|---|---|---|---|---|---|
| | | | | | | | | |

본 신청서 상의 정보와 전자표준양식(e-Form)으로 저장된 정보는 동일함을 확인합니다.

본 신청서는 최초 작성 후 3개월까지만 등기소에 제출 가능합니다.

작성완료일시: 2021. 4. 29.  13:25:52

최초작성일시: 2021. 4. 29.  13:10:27

| 상호 | 주식회사 율도 (Yuldo, Inc.) | 등기번호 | 51001호 |
|---|---|---|---|
| 본점 | 대전광역시 유성구 유성대로 23, 108호 (원내동) | | |
| 등기의 목적 | 주식회사 변경등기 | | |
| 등기의 사유 | 2021. 4. 27. 및 2021. 4. 28. 이사회에서 보통주식 200,000주를 발행하기로 결의하고 2021. 4. 28. 납입을 완료하여 회사 발행주식내역, 자본금의 액이 변경되었으므로 그 변경등기를 구함. | | |
| 본/지점신청구분 | **1.본점신청■**  2.지점신청☐  3.본·지점일괄신청☐ | | |
| 등 기 할  사 항 | | | |
| 발행주식내역/<br>자본금의 액 | 발행주식의 총수 : 1,100,000주<br>보통주식 :   1,100,000주<br><br>자본금의 액 :  1,100,000,000원<br>2021년 4월 29일 변경 | | |

| 신청등기소 및 등록면허세/수수료 | | | | | | |
|---|---|---|---|---|---|---|
| 순번 | 신청등기소 | 구분 | 등록면허세<br>지방교육세 | 농어촌특별세 | 세액합계 | 등기신청수수료 |
| 1 | 대전지방법원<br>등기과 | 본점 | 금       0원<br>금       0원 | 금       0원 | 금 0원 | 금 4,000원 |
| 등기신청수수료 납부번호 | | | (전자) 16-00-01234567-4 | | | |
| 과세표준액 | | | 200,000,000원 | | | |
| 첨부서면 | | | | | | |
| 1.등기신청수수료 영수필확인서      1통 | | | 1.주식배정표                         1통 | | | |

| | | | |
|---|---|---|---|
| 1.등록면허세 납부확인서 및 지방세감면확 인서 | 1통 | 1.주금납입보관증명서 | 1통 |
| 1.이사회 의사록 | 2통 | 1.주주명부 | 1통 |
| 1.주식청약서 | 2통 | 1.기간단축동의서 | 1통 |
| | | 1.등기신청위임장 | 1통 |

2021년  4월  29일

신청인  상  호  주식회사 율도
　　　　본  점  대전광역시 유성구 유성대로 23, 108호 (원내동)
　　　　성  명  대표이사 홍길동　　　　　(인) (전화:　　　　　　　)
　　　　주  소  대전광역시 유성구 한밭대로 213, 702동 1105호 (노은동, 한밭아파트)


대리인  성  명  변호사　김상균　　　　　(인) (전화:00-000-0000　　)
　　　　주  소  서울특별시 서초구 서초대로 259, 5층 (서초동, 서원빌딩)


대전지방법원 등기과 귀중

- 신청서 작성요령 -
1. 해당란이 부족할 때에는 별지를 이용합니다.
1. 해당 등기신청과 관계없는 사항에 대해서는 "해당없음"으로 기재하거나 삭제하고, 필요한 사항은 추가로 기재합니다.


**(2) 등기신청수수료 영수필확인서 (4,000원)**

**(3) 등록면허세 납부확인서 및 지방세감면확인서**

**(4) 이사회 의사록 (공증인으로부터 인증받은 것)**

**(5) 주식청약서**

　**(a) 주주 홍길동의 주식청약서 (2021년 4월 27일 자 신주발행에 따른)**

# 주 식 청 약 서

| 상호 | 주식회사 율도 |
|---|---|
| 인수할 주식의 종류와 수 | 보통주식 120,000주 |
| 1주의 금액 | 금1,000원 |
| 신주식의 발행가액 | 금1,000원 |
| 인수총액 | 금120,000,000원 |

귀 회사의 정관과 이 청약서에 기재한 사항을 승낙하고 위 주식을 청약합니다.

2021년 4월 27일

주식청약인 홍길동 ㉡

대전광역시 유성구 한밭대로 213, 702동 1105호 (노은동, 한밭아파트)

| 상호 | 주식회사 율도 |
|---|---|
| 회사가 발행할 주식의 총수 | 10,000,000주 |
| 1주의 금액 | 금1,000원 |
| 신주의 발행결의일 | 2021. 4. 27. |
| 신주식의 종류와 수 | 보통주식 200,000주 |
| 신주식의 발행가액 | 금1,000원 |
| 납입을 맡을 금융기관과 납입장소 | 신한은행 (노은지점) |
| 명의개서대리인 | 없음 |
| 신주식의 인수방법 | 각 주주가 가진 주식 수의 비율에 따라 신주식을 배정함을 원칙으로 하되 주주는 인수권의 일부 또는 전부를 포기할 수 있으며, 이 경우 인수포기한 주식은 일반으로부터 공모하거나 다른 주주가 이를 인수할 수 있다. |
| 납입기일 | 2021. 4. 28. |

## (b) 주주 홍길동의 주식청약서 (2021년 4월 28일 자 실권주처리에 따른)

# 주 식 청 약 서

| 상호 | 주식회사 율도 |
|---|---|
| 인수할 주식의 종류와 수 | 보통주식 80,000주 |
| 1주의 금액 | 금1,000원 |
| 신주식의 발행가액 | 금1,000원 |
| 인수총액 | 금80,000,000원 |

귀 회사의 정관과 이 청약서에 기재한 사항을 승낙하고 위 주식을 청약합니다.

2021년 4월 28일

주식청약인 홍길동

대전광역시 유성구 한밭대로 213, 702동 1105호 (노은동, 한밭아파트)

| 상호 | 주식회사 율도 |
|---|---|
| 회사가 발행할 주식의 총수 | 10,000,000주 |
| 1주의 금액 | 금1,000원 |
| 신주의 발행결의일 | 2021. 4. 28. |
| 신주식의 종류와 수 | 보통주식 80,000주 |
| 신주식의 발행가액 | 금1,000원 |
| 납입을 맡을 금융기관과 납입장소 | 신한은행 (노은지점) |
| 명의개서대리인 | 없음 |
| 신주식의 인수방법 | 주주 또는 제3자에게 배정한다. |
| 납입기일 | 2021. 4. 28. |

### (c) 주주 김철수의 신주인수포기서

<u>주주 김철수의 신주인수포기서는 등기신청서의 첨부서면이 아니므로 회사가 보관한다.</u>
참고로, 신주인수포기서는 다음과 같은 형식으로 작성한다.

---

# 신주인수포기서

본인은 주식회사 율도의 주주로서 회사가 2021년 4월 27일 자 이사회 결의에 따라 발행하는 신주 중 본인이 가지는 신주인수권 전부(80,000주)를 포기합니다.

2021년 4월 27일

주주 김철수 (인)

주식회사 율도 귀중

---

## (6) 주식배정표

# 주 식 배 정 표

1. 2021. 4. 27. 신주배정

(주식의 종류: 보통주식, 단위: 주)

| 주주성명 | 구 주식수 | 배정주식수 | 포기주식수 | 인수주식수 | 현재주식수 |
|---|---|---|---|---|---|
| 홍길동 | 540,000 | 120,000 | 0 | 120,000 | 660,000 |
| 김철수 | 360,000 | 80,000 | 80,000 | 0 | 360,000 |
| 합계 | 900,000 | 200,000 | 80,000 | 120,000 | 1,020,000 |

2. 2021. 4. 28. 실권주배정

(주식의 종류: 보통주식, 단위: 주)

| 주주성명 | 배정주식수 | 포기주식수 | 인수주식수 | 현재주식수 |
|---|---|---|---|---|
| 홍길동 | 80,000 | 0 | 80,000 | 740,000 |
| 김철수 | 0 | 0 | 0 | 360,000 |
| 합계 | 80,000 | 0 | 80,000 | 1,100,000 |

    위와 같이 주식회사 율도의 주주명부에 의하여 신주식을 배정하고 각 인수를 완료하였습니다.

2021년 4월 28일

주식회사 율도
대표이사 홍길동

## (7) 주금납입보관증명서 (2021년 4월 28일 자)

## (8) 주주명부

# 주 주 명 부

| 주주<br>번호 | 주주<br>이름 | 주민등록번호/<br>사업자등록번호 | 주소 | 전자우편<br>주소 | 주식의<br>종류 | 주식의<br>수 | 주식의<br>취득연월일 | 주권<br>번호 |
|---|---|---|---|---|---|---|---|---|
| 1 | 홍길동 | 000000-0000000 | 대전광역시 00구<br>00로 00 | hong@<br>gmail.com | 보통<br>주식 | 540,000 | 2020. 11. 9. | 주권<br>미발행 |
| 2 | 김철수 | 000000-0000000 | 대전광역시 00구<br>00로 00 | cskim@<br>naver.com | 보통<br>주식 | 360,000 | 2020. 11. 9. | 주권<br>미발행 |

    1주의 금액(액면가) : 1,000원

    발행주식의 총수: 보통주식 900,000주

2021년 4월 27일

주식회사 율도
대표이사 홍길동

## (9) 기간단축동의서

# 기간단축동의서

주식회사 율도의 주주 전원은 회사 자본금을 증자하기 위하여 신주식을 발행함에 있어서 상법 제418조 및 제419조에 규정한 신주식인수권의 내용 및 배정일 지정·공고와 실권예고부 최고기간을 단축하여 신주식을 즉시 발행함에 동의합니다.

2021년  4월  27일

주    주   홍길동 ㊞

주    주   김철수 ㊞

## (10) 등기신청위임장

# 위 임 장

| 법인의 표시 | 상호　　　주식회사 율도<br>본지점구분　본점<br>등기번호　　51001호 |
|---|---|
| 등기의 목적 | 주식회사 변경등기 |
| 등기의 사유 | 2021. 4. 27. 및 2021. 4. 28. 이사회에서 보통주식 200,000주를 발행하기로 결의하고 2021. 4. 28. 납입을 완료하여 회사 발행주식내역, 자본금의 액이 변경되었으므로 그 변경등기를 구함. |
| 대리인 | 성  명  변호사 김상균 (전화 : 00-000-0000) ㊞<br>주  소  서울특별시 서초구 서초대로 259, 5층 (서초동, 서원빌딩) |

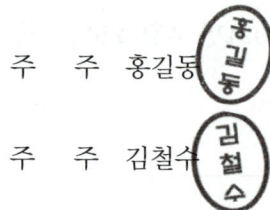

> 본인은 위 사람을 대리인으로 정하고 다음의 사항의 권한을 위임한다.
> 1. 위 법인등기신청 및 취하에 관한 일체의 행위.
> 2. 원본 환부청구 및 수령행위.
>
> 2021년 4월 29일
>
> 상 호 주식회사 율도
> 본 점 대전광역시 유성구 유성대로 23, 108호 (원내동)
> 성 명 대표이사 홍길동            (인) (전화:            )
> 주 소 대전광역시 유성구 한밭대로 213, 702동 1105호 (노은동, 한밭아파트)

## Ⅳ 등기완료 후 절차

### 1. 주주명부 변경

발행된 신주를 반영하여 주주명부를 변경한다. 변경된 주주명부는 본점에 비치·공시해야 한다(상법 396조).

## 주 주 명 부

| 주주<br>번호 | 주주<br>이름 | 주민등록번호/<br>사업자등록번호 | 주소 | 전자우편<br>주소 | 주식의<br>종류 | 주식의<br>수 | 주식의<br>취득연월일 | 주권<br>번호 |
|---|---|---|---|---|---|---|---|---|
| 1 | 홍길동 | 000000-0000000 | 대전광역시 00구<br>00로 00 | hong@<br>gmail.com | 보통<br>주식 | 740,000 | 2020. 11. 9.<br>(540,000)<br><br>2021. 4. 29.<br>(200,000) | 주권<br>미발행 |
| 2 | 김철수 | 000000-0000000 | 대전광역시 00구<br>00로 00 | cskim@<br>naver.com | 보통<br>주식 | 360,000 | 2015. 11. 9. | 주권<br>미발행 |
| 1주의 금액(액면가): 1,000원<br>발행주식의 총수: 보통주식 1,100,000주 | | | | | | | | |

2021년 4월 29일

주식회사 율도
대표이사 홍길동

## 2. 주권 또는 주권미발행확인서 교부

원칙적으로 주주에게 신주에 대한 주권을 발행해 주어야 하나 주권을 발행하지 않을 경우 주권미발행확인서를 작성·교부해준다.

---

# 주권미발행확인서

1. 주 주 명:  홍길동    (주민등록번호: 000000-0000000)

2. 주    소: 대전광역시 유성구 한밭대로 213, 702동 1105호 (노은동, 한밭아파트)

3. 위 주주가 소유한 주식
   - 1주의 금액(액면가): 금1,000원
   - 주식의 종류: 보통주식
   - 소유주식 수: 740,000주

당 회사는 현재 상기 주주가 보유한 당 회사 주식의 주권을 발행하지 않았습니다. 당 회사는 상기 주주에게 주권을 발행해 드릴 것을 확인합니다.

2021년 4월 29일

주식회사 율도
대표이사 홍길동 (인)

---

## 3. 법인계좌로 납입금을 돌려받음

등기가 완료되면 대표이사는 등기사항전부증명서, 법인인감도장, 신분증을 지참하고 주 금납입한 은행에 가서 납입금을 법인계좌로 돌려받는다. 대리인이 은행에 출석할 경우 위 임장(법인인감도장 날인), 법인인감증명서, 대리인 신분증을 추가로 준비한다.

## 4. 의사록 보관

회사는 주주의 이사회 의사록 열람·등사 청구에 대비하여 2021년 4월 27일 및 2021년 4월 28일 자 이사회 의사록을 본점에 보관한다.

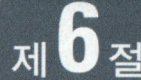

# 제6절 사업목적 변경 (지점이 있는 경우, 사용인감도장 날인방법)

## I 사례 설명

　주식회사 율도(발행주식의 총수 10,000주, 1주의 금액 1,000원, 자본금 1,000만원)는 소프트웨어 개발 및 공급업을 주업종으로 하는 회사이다. 주식회사 율도는 서울특별시 강남구에 본점이 있고, 서울특별시 서대문구, 대전광역시 유성구, 부산광역시 해운대구, 부산광역시 사상구에 각각 지점이 있다. 현재 대표이사 홍길동이 5,500주, 사내이사 김철수가 4,500주를 가지고 있고 감사 이영희는 지분이 없다. 주식회사 율도는 컴퓨터 주변장치 유통업에 진출하고자 관련 사업목적을 추가하고자 한다.

　주식회사 율도의 정관에 따르면, 회사의 자본금 총액이 10억원 미만인 경우 주주총회일 10일 전까지 소집통지서를 발송해야 한다. 다만, 신속한 절차진행을 위하여 주주 전원이 동의하여 소집통지를 생략하고 임시주주총회를 열어 정관을 변경할 예정이다.

　본점등기부와 지점등기부가 모두 변경되므로 등기신청수수료와 등록면허세, 지방교육세 계산에 유의해야 한다. 등기신청서는 본점관할 등기소에 본·지점일괄 제출한다. e-Form 신청을 하면 자동으로 본·지점일괄 신청되므로 신경쓸 필요 없다.

　법무부의 행정지도에 따르면 의사록 인증 시 주주총회 의사록에 의장은 (법인)인감도장과 (개인)인감도장을 함께 찍고, 출석한 이사는 (개인)인감도장을 찍어야 한다. 그러나 기존 실무는 주주총회 의사록에 의장은 (법인)인감도장만을 찍고 출석한 이사는 막도장을 찍는 것도 허용했으며, 공증사무소에 사용인감계를 제출하면 의장은 의사록에 (법인)인감도장 대신 사용인감도장(등기소에 등록하지 않은 도장)을 찍는 것도 허용했다. 기존 실무에 따른 서류 작성법을 설명한다.

## Ⅱ 스케줄, 사전준비사항과 비용

### 1. 스케줄

| 절 차 | 일 정 | 비 고 |
|---|---|---|
| (임시주주총회 소집통지) | 2016. 4. 15.(D-11) | 주주 전원이 동의하여 소집통지 절차 생략 |
| 임시주주총회 | 2016. 4. 26.(D) | |
| 임시주주총회 의사록 공증 | 2016. 4. 26.(D)부터 | |
| 등기신청서 제출 (본점) | 2016. 4. 26.(D)부터 2주 이내 | |

### 2. 사전준비사항

주주, 임원, 회사가 사전에 준비할 사항은 다음과 같다.

| 준비사항 | 비 고 |
|---|---|
| 공증위임장 (임시주주총회) | 의장과 출석 이사, 주주 전원이 인감도장을 찍고 의장은 (법인)인감도장을 추가로 찍음 |
| (개인)인감증명서: 공증위임장에 도장을 찍은 주주, 이사 모두 각 1부 | 최근 3개월 이내 발행 |
| (법인)인감증명서 1부 | 최근 3개월 이내 발행 |
| 등기사항전부증명서 1부 | 최근 3개월 이내 발행 |
| 등기신청위임장 1부 | 등기소에 제출하는 등기신청위임장에는 (법인)인감도장을 찍음 |
| 사용인감계 1부 | 공증사무소에 제출하는 서류로서 (법인)인감도장과 사용인감도장을 모두 찍음 |
| 사용인감도장 | |
| 주주명부 사본 | |
| 정관 사본 | |
| 기간단축동의서 | 주주 전원이 동의하여 주주총회 소집통지절차를 생략한 사실을 주주총회 의사록에 기재하고, 주주 전원이 공증 위임장에 인감도장을 찍었으므로 기간단축동의서를 별도로 작성하지 않음 |

723

## 3. 비 용

### (1) 등기신청수수료(e-Form): 12,000원

지점이 없다면「목적」변경에 따른 등기신청수수료는 4,000원이지만 이 사례는 지점이 여러 개이다. ① 서울특별시 강남구 본점과 서대문구 지점을 관할하는 서울중앙지방법원 등기국에 등기신청수수료 4,000원과 ② 대전광역시 유성구 지점을 관할하는 대전지방법원 등기과에 등기신청수수료 4,000원, ③ 부산광역시 해운대구 지점과 사상구 지점을 관할하는 부산지방법원 등기과에 등기신청수수료 4,000원이 발생하며, 이를 합친 등기신청수수료 12,000원을 본점 관할등기소인 서울중앙지방법원 등기국에 낸다.

### (2) 등록면허세 및 지방교육세: 144,720원

등기신청수수료를 계산할 때와 같은 논리로 법인이 여러 개의 지점을 설치하더라도 같은 등기소 관할구역마다 지점등기부가 1개씩 개설되므로 이를 전제로 등록면허세 및 지방교육세를 계산해야 한다.

| 본·지점 | 관할 등기소 | 등록면허세 및 지방교육세 (원) | 납세지 (납부방법) |
|---|---|---|---|
| 본점 (강남구) | 서울중앙지방법원 등기국 | 48,240 | 서울 강남구 (이택스ETAX) |
| 서울 서대문구 지점 | | | |
| 대전 유성구 지점 | 대전지방법원 등기과 | 48,240 | 대전 유성구 (위택스) |
| 부산 해운대구 지점 | 부산지방법원 등기과 | 48,240 | 부산 해운대구 선택 (위택스) |
| 부산 사상구 지점 | | | |
| 합계 | | 144,720 | |

### (3) 임시주주총회 의사록 인증수수료 (공증사무소에 납부): 30,000원

**서 식**

## 1. 임시주주총회 의사록 및 공증서류

등기신청서에 첨부하는 임시주주총회 의사록은 공증인의 인증을 받아야 한다. 대리인은 대리인 신분증과 대리인 도장 및 아래 서류를 갖추고 공증사무소에 가서 임시주주총회 의사록을 인증받는다.

## (1) 임시주주총회 의사록 (원본 2부)

대표이사 홍길동은 사용인감도장을 찍고 사내이사 김철수는 막도장을 찍는다.

---

### 임시주주총회 의사록

**주식회사 율도**

위 회사는 서기 2016. 4. 26. 9시 본점 회의실에서 주주 전원이 동의하여 주주총회 소집 절차를 생략하고 임시주주총회를 개최하다.

총주주 수: 2명   총주식 수: 10,000주 (의결권 있는 주식 수: 10,000주)
출석 주주 수: 2명 (대리출석: 0명)   출석 주주의 주식 수: 10,000주

대표이사(홍길동)는 정관규정에 따라 이 회의 진행을 위하여 의장석에 등단하여 위와 같이 법정수에 달하는 주식 수를 보유한 주주 전원이 출석하였으므로 본 총회가 적법히 성립되었음을 알리고 개회를 선언한 후 다음 의안을 부의하고 심의를 구하다.

**제1호 의안: 목적변경의 건**

의장은 본 회사의 목적을 다음과 같이 변경할 필요가 있음을 설명하고 그 가부를 물은바, 주주들은 해당 정관을 다음과 같이 변경할 것을 박수로 찬성하여 만장일치로 가결하다.

제2조 (목적) 본 회사는 다음 사업을 경영함을 목적으로 한다.

〈변경 없는 부분 생략〉

---

1. 각 호에 관련된 부대사업 일체 [삭제]
1. 컴퓨터 및 주변장치, 소프트웨어 도매업 [추가]
1. 컴퓨터 및 주변장치, 소프트웨어 소매업 [추가]
1. 각 호에 관련된 통신판매업 및 전자상거래업 [추가]
1. 각 호에 관련된 무역업 [추가]
1. 각 호에 관련된 부대사업 일체 [추가]

(별첨 정관 신구조문대비표 참조)

　의장은 이상으로 의안 심의를 전부 종료하였으므로 폐회한다고 선언하다(회의 종료시 각 10시). 위 의사의 경과요령과 결과를 명확히 하기 위하여 이 의사록을 작성하고 의장과 출석한 이사가 기명날인 또는 서명하다.

2016. 4. 26.
주식회사 율도

의장 대표이사 홍길동

사내이사 김철수 (막도장 날인)

[별첨]

| 정관 신구조문대비표 | | |
|---|---|---|
| 변경 전 | 변경 후 | 비고 |
| 제2조 (목적) 본 회사는 다음 사업을 경영함을 목적으로 한다.<br><br>〈변경 없는 부분 생략〉<br><br>1. 각 호에 관련된 부대사업 일체 [삭제] | 제2조 (목적) 본 회사는 다음 사업을 경영함을 목적으로 한다.<br><br>〈변경 없는 부분 생략〉<br><br>1. 컴퓨터 및 주변장치, 소프트웨어 도매업 [추가]<br>1. 컴퓨터 및 주변장치, 소프트웨어 소매업 [추가]<br>1. 각 호에 관련된 통신판매업 및 전자상거래업 [추가]<br>1. 각 호에 관련된 무역업 [추가]<br>1. 각 호에 관련된 부대사업 일체 [추가] | 사업목적 변경 |

## (2) 사용인감계

# 사용인감계

| 사용인감 | 법인인감 |
|---|---|
|  | 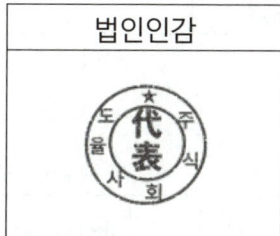 |

용도: 공증용

위 사용인감은 당사에서 사용하는 인감입니다. 당사는 위 인감사용으로 인한 모든 책임을 질 것을 확약하고 사용인감계를 제출합니다.

2016년  4월  27일

주식회사 율도
서울특별시 강남구 테헤란로 101, 501호 (역삼동, 리즈타워)

대표이사 홍길동

귀중

## (3) 공증촉탁서

<table>
<tr><td colspan="8" align="center">공 증 촉 탁 서</td></tr>
<tr>
<td>접수번호</td>
<td colspan="2">-</td>
<td rowspan="2">문서명</td>
<td colspan="4">임시주주총회 의사록</td>
</tr>
<tr>
<td>증서등부번호</td>
<td colspan="2">-</td>
</tr>
<tr>
<td colspan="8">아래 촉탁인은 위 공정증서 작성 □ 을 촉탁합니다.<br>인증 ■<br>2016년 4월 26일<br>사무소 귀중</td>
</tr>
<tr>
<td rowspan="5">1.<br>촉<br>탁<br>인</td>
<td>성명<br>(법인명)</td>
<td>홍길동 외 1인 (인)</td>
<td rowspan="5">2.<br>촉<br>탁<br>인</td>
<td>성명<br>(법인명)</td>
<td colspan="3">(인)</td>
</tr>
<tr>
<td>생년월일<br>(대표이사명)</td>
<td>0000. 00. 00.</td>
<td>생년월일<br>(대표이사명)</td>
<td colspan="3"></td>
</tr>
<tr>
<td>주소<br>(소재지)</td>
<td>서울특별시 00구 00로 00</td>
<td>주소<br>(소재지)</td>
<td colspan="3"></td>
</tr>
<tr>
<td>연락처</td>
<td></td>
<td>연락처</td>
<td colspan="3"></td>
</tr>
<tr>
<td>위출석확인</td>
<td>(인)</td>
<td>위출석확인</td>
<td colspan="3">(인)</td>
</tr>
<tr>
<td rowspan="5">3.<br>대<br>리<br>인</td>
<td>성명<br>(법인명)</td>
<td>김상균 (인)</td>
<td rowspan="5">4</td>
<td>성명<br>(법인명)</td>
<td colspan="3">(인)</td>
</tr>
<tr>
<td>생년월일<br>(대표이사명)</td>
<td>0000. 00. 00.</td>
<td>생년월일<br>(대표이사명)</td>
<td colspan="3"></td>
</tr>
<tr>
<td>주소<br>(소재지)</td>
<td>서울특별시 서초구 서초<br>대로 259, 5층</td>
<td>주소<br>(소재지)</td>
<td colspan="3"></td>
</tr>
<tr>
<td>연락처</td>
<td>000-0000-0000</td>
<td></td>
<td colspan="3"></td>
</tr>
<tr>
<td>위출석확인</td>
<td>김상균 (인)</td>
<td>위출석확인</td>
<td colspan="3">(인)</td>
</tr>
<tr>
<td>비고</td>
<td colspan="7">주식회사 율도</td>
</tr>
<tr>
<td rowspan="5">수령<br>사항</td>
<td>구분</td>
<td>통수</td>
<td>수령자확인</td>
<td rowspan="5">촉 대<br>탁 리<br>인 인<br>인 확인</td>
<td>주민등록증</td>
<td>증인성명</td>
<td></td>
</tr>
<tr>
<td>증서정본</td>
<td></td>
<td>(인)</td>
<td>운전면허증</td>
<td>증인성명</td>
<td></td>
</tr>
<tr>
<td>증서정본</td>
<td></td>
<td>(인)</td>
<td>공무원증</td>
<td>면식번호</td>
<td></td>
</tr>
<tr>
<td rowspan="2">인증서</td>
<td rowspan="2">1</td>
<td rowspan="2">김상균 (인)</td>
<td>여 권</td>
<td></td>
<td></td>
</tr>
<tr>
<td>영사증명서</td>
<td></td>
<td></td>
</tr>
<tr>
<td></td>
<td colspan="2">법률행위의 목적가액<br>원</td>
<td>수수료<br>원</td>
<td colspan="2">주임</td>
<td>사무장</td>
<td>공증인</td>
</tr>
</table>

## (4) 진술서

<table>
<tr><td colspan="2" align="center"><h2>진 술 서</h2></td></tr>
<tr><td>법인명</td><td>주식회사 율도</td></tr>
<tr><td>소재지</td><td>서울특별시 강남구 테헤란로 101, 501호 (역삼동, 리즈타워)</td></tr>
<tr><td>회의의 종류</td><td>임시주주총회</td></tr>
<tr><td>소집일시</td><td>2016. 4. 26.</td></tr>
<tr><td>소집장소</td><td>본점 회의실</td></tr>
</table>

본인은 (                    )에서 위 법인 의사록의 인증을 촉탁함에 있어서, 위 법인의 **촉탁대리인**으로서 위 회의가 적법하게 소집되었으며, 결의의 절차와 내용이 진실에 부합함을 진술합니다.

2016년  4월  26일

위 진술인: 변호사 김상균  (김상균)

서울특별시 서초구 서초대로 259, 5층 (서초동, 서원빌딩)

## (5) 주주명부

# 주 주 명 부

2016년 4월 26일 현재

| 주주명 | 소유주식수 | 회의출석 | 의결찬성 | 인증촉탁 | 비고 |
|--------|-----------|---------|---------|---------|------|
| 홍길동 | 5,500 | ○ | ○ | ○ | |
| 김철수 | 4,500 | ○ | ○ | ○ | |

| 총주식수 | 출석주식수 | 의결찬성주식수 | 인증촉탁주식수 | 1주당금액 |
|---------|-----------|--------------|--------------|----------|
| 10,000 | 10,000 | 10,000 | 10,000 | 1,000원 |

위 주주명부는 본사에 비치된 주주명부와 대조하여 틀림이 없음을 증명합니다.

2016년  4월  26일

주식회사 율도
서울특별시 강남구 테헤란로 101, 501호 (역삼동, 리즈타워)

대표이사 홍길동 (인)

## (6) 등기사항전부증명서

1부를 준비한다. 공증사무소 제출일 기준으로 최근 3개월 이내에 발행되어야 한다.

## (7) 정관 사본

정관의 첫 장부터 마지막 장까지 사용인감도장으로 간인한 뒤, 마지막 장에 다음과 같이 기재하고 사용인감도장을 찍는다. 구 정관(2016년 4월 26일 자 임시주주총회 결의로 변경되기 전의 것) 사본을 제출한다.

2016년 4월 26일 원본대조필

주식회사 율도
대표이사 홍길동

## (8) 확인서

# 확 인 서

| 법인명 | 주식회사 율도 |
|---|---|
| 회의 종류 | 임시주주총회 |
| 소집일시 | 2016. 4. 26. |
| 소집통지발송일 | 주주 전원이 동의하여 소집통지 생략 |
| 회의안건 | 제1호 의안 목적변경의 건 |

　본인은 위 의사록에 관하여 위 법인의 대표이사로서 이 회의가 적법하게 소집되었으며 결의의 절차와 내용이 진실에 부합함을 확인합니다.

2016년　4월　26일

위 확인인 대표이사 홍길동

주소: 서울특별시 00구 00로 00

(　　　　　　) 귀중

## (9) 공증위임장

의장 겸 주주인 홍길동은 (개인)인감도장과 (법인)인감도장을 찍고, 사내이사 겸 주주인 김철수는 (개인)인감도장을 찍는다.

<table>
<tr>
<td colspan="2" align="center"># 위 임 장</td>
</tr>
<tr>
<td>수임인</td>
<td>변호사 김상균<br>서울특별시 서초구 서초대로 259, 5층 (서초동, 서원빌딩)</td>
</tr>
<tr>
<td colspan="2">위의 사람을 본인의 대리인으로 정하여 (　　　　　　　　)에서 다음 사서증서의 인증을 촉탁하는 일체의 권한을 위임합니다.<br><br>　　　　　　　　　　　　　　　　다음<br>1. 임시주주총회 의사록</td>
</tr>
<tr>
<td colspan="2" align="center">2016년 4월 26일</td>
</tr>
<tr>
<td>위임인</td>
<td>대표이사, 주주 홍길동 (개인인감도장 날인) (법인인감도장 날인)<br>서울특별시 00구 00로 00</td>
</tr>
<tr>
<td>위임인</td>
<td>사내이사, 주주 김철수 (개인인감도장 날인)<br>서울특별시 00구 00로 00</td>
</tr>
<tr>
<td>위임인</td>
<td></td>
</tr>
</table>

## (10) (개인)인감증명서

홍길동, 김철수가 각 1부씩 준비한다. 공증사무소 제출일 기준으로 최근 3개월 이내에 발행되어야 한다.

## (11) (법인)인감증명서

1부를 준비한다. 공증사무소 제출일 기준으로 최근 3개월 이내에 발행되어야 한다.

## 2. 주식회사 변경등기신청서(e-Form) 및 첨부서류

### (1) 주식회사 변경등기신청서(e-Form)

| 즉시접수 | 당일접수 |
|---|---|
|  |  |
| 제출자 | 변호사 김상균 |
| 총 | 1        건 |

전자표준양식번호(e-Form)번호: 1101-2016-0123456-1

# 주식회사변경등기신청

| 접<br>수 | 년   월   일<br><br>제              호 | 처<br>리<br>인 | 접수 | 조사 | 인감 | 기입 | 교합 | 통지 |
|---|---|---|---|---|---|---|---|---|
|  |  |  |  |  |  |  |  |  |

본 신청서 상의 정보와 전자표준양식(e-Form)으로 저장된 정보는 동일함을 확인합니다.      작성완료일시: 2016. 4. 26. 13:25:52
본 신청서는 최초 작성 후 3개월까지만 등기소에 제출 가능합니다.      최초작성일시: 2016. 4. 26. 13:10:27

| 상호 | 주식회사 율도 (Yuldo, Inc.) | 등기번호 | 51001호 |
|---|---|---|---|
| 본점 | 서울특별시 강남구 테헤란로 101, 501호 (역삼동, 리즈타워) | | |
| 등기의 목적 | 주식회사 변경등기 | | |
| 등기의 사유 | 2016. 4. 26. 임시주주총회 결의로 사업목적이 변경되었으므로 그 변경등기를 구함. | | |
| 본/지점신청구분 | 1.본점신청□　2.지점신청□　**3.본·지점일괄신청■** | | |
| 등 기 할  사 항 | | | |
| 목적 | 1. 각 호에 관련된 부대사업 일체<br>2016년 04월 26일 삭제<br><br>.......................................................................................<br><br>1. 컴퓨터 및 주변장치, 소프트웨어 도매업<br>2016년 04월 26일 추가<br><br>.......................................................................................<br><br>1. 컴퓨터 및 주변장치, 소프트웨어 소매업 | | |

|  |  |  |
|---|---|---|
| 2016년 04월 26일 추가 | | |
| 1. 각 호에 관련된 통신판매업 및 전자상거래업<br>2016년 04월 26일 추가 | | |
| 1. 각 호에 관련된 무역업<br>2016년 04월 26일 추가 | | |
| 1. 각 호에 관련된 부대사업 일체<br>2016년 04월 26일 추가 | | |

## 신청등기소 및 등록면허세/수수료

| 순번 | 신청등기소 | 구분 | 등록면허세<br>지방교육세 | 농어촌특별세 | 세액합계 | 등기신청수수료 |
|---|---|---|---|---|---|---|
| 1 | 서울중앙지방법원 등기국 | 본점 | 금 40,200원<br>금 8,040원 | 금 0원 | 금 48,240원 | 금 4,000원 |
| 2 | 대전지방법원 등기과 | 지점 | 금 40,200원<br>금 8,040원 | 금 0원 | 금 48,240원 | 금 4,000원 |
| 3 | 부산지방법원 등기과 | 지점 | 금 40,200원<br>금 8,040원 | 금 0원 | 금 48,240원 | 금 4,000원 |
| 합 계 | | | 금 120,600원<br>금 32,160원 | 금 0원 | 금 144,720원 | 금 12,000원 |
| 등기신청수수료 납부번호 | | | (전자) 16-00-01234567-4 | | | |
| 과세표준액 | | | 0원 | | | |
| 첨부서면 | | | | | | |
| 1.등기신청수수료 영수필확인서 1통<br>1.등록면허세 납부확인서 3통 | | | 1.주주총회 의사록 1통<br>1.등기신청위임장 1통 | | | |

2016년 4월 26일

신청인 상 호 주식회사 율도
        본 점 서울특별시 강남구 테헤란로 101, 501호 (역삼동, 리즈타워)

| | |
|---|---|
| 성 명 대표이사 홍길동 (인) (전화: ) | |
| 주 소 서울특별시 서초구 서초대로45길 22, 108동 1102호 (서초동, 삼일아파트) | |
| 대리인 성 명 변호사 김상균 (인) (전화:00-000-0000 ) | |
| 주 소 서울특별시 서초구 서초대로 259, 3층 (서초동, 서원빌딩) | |

서울중앙지방법원 등기국 귀중

- 신청서 작성요령 -

1. 해당란이 부족할 때에는 별지를 이용합니다.
1. 해당 등기신청과 관계없는 사항에 대해서는 "해당없음"으로 기재하거나 삭제하고, 필요한 사항은 추가로 기재합니다.

## (2) 등기신청수수료 영수필확인서 (12,000원)

## (3) 등록면허세 납부확인서 3부 (서울특별시 강남구 48,240원 1부, 대전광역시 유성구 48,240원 1부, 부산광역시 해운대구 48,240원 1부)

## (4) 임시주주총회 의사록 (공증인으로부터 인증받은 것)

## (5) 등기신청위임장

반드시 (법인)인감도장을 찍는다.

<h2>위 임 장</h2>

| | |
|---|---|
| 법인의 표시 | 상호 주식회사 율도<br>본지점구분 본점<br>등기번호 51001호 |
| 등기의 목적 | 주식회사 변경등기 |
| 등기의 사유 | 2016. 4. 26. 임시주주총회 결의로 사업목적이 변경되었으므로 그 변경등기를 구함. |

| 대리인 | 성 명 변호사 김상균 (전화 : 00-000-0000)<br>주 소 서울특별시 서초구 서초대로 259, 5층 (서초동, 서원빌딩) 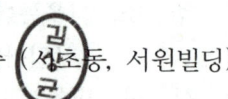 |
| --- | --- |

본인은 위 사람을 대리인으로 정하고 다음의 사항의 권한을 위임한다.

1. 위 법인등기신청 및 취하에 관한 일체의 행위.
2. 원본 환부청구 및 수령행위.

2016년 4월 26일

상 호 주식회사 율도
본 점 서울특별시 강남구 테헤란로 101, 501호 (역삼동, 리즈타워)
성 명 대표이사 홍길동            (인)     (전화:             )
주 소 서울특별시 서초구 서초대로45길 22, 108동 1102호 (서초동,
　　　삼일아파트)

**등기완료 후 절차**

2016년 4월 26일 자 임시주주총회 의사록과 변경된 정관은 본점과 지점에 비치·공시한다(상법 396조). 변경된 정관은 다음과 같다.

---

# 정    관

2015. 11. 9. 제정
2016. 4. 26. 개정

(중략)

**제2조 (목적)** 본 회사는 다음 사업을 경영함을 목적으로 한다.
  1. 소프트웨어 개발 및 공급업
  1. 컴퓨터 프로그래밍, 시스템 통합 및 관리업
  1. 데이터베이스 및 온라인정보 제공업
  1. <u>컴퓨터 및 주변장치, 소프트웨어 도매업</u>
  1. <u>컴퓨터 및 주변장치, 소프트웨어 소매업</u>
  1. <u>각 호에 관련된 통신판매업 및 전자상거래업</u>
  1. <u>각 호에 관련된 무역업</u>
  1. 각 호에 관련된 부대사업 일체
  [2016. 4. 26. 개정]

(중략)

## 부칙 (2016. 4. 26.)

**제1조 (시행일)** 이 정관은 2016년 4월 26일부터 시행한다.

---

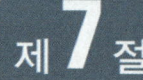
# 사업목적 변경 및 본점이전
## (사내이사 1명인 경우 이사결정서, 2개의 등기신청서를 연달아 제출)

 **Ⅰ 사례 설명**

주식회사 율도는 본점을 「경기도 성남시 분당구 판교로 264, 305동 (삼평동)」에서 「서울특별시 강남구 테헤란로 101, 501호 (역삼동, 리즈타워)」로 이전하고자 한다. 주식회사 율도는 성남시에 2015년 5월 7일에 설립한 회사이고 자본금은 5,000만원이며 사내이사 홍길동이 55%, 주주 김철수가 45% 지분을 가지고 있다. 사내이사 홍길동 외에 감사 이영희가 있고 이사회는 설치되지 않았다. 주식회사 율도의 본점 관련 정관규정은 다음과 같다.

---

**제3조 (본점의 소재지)** 본 회사의 본점은 경기도 성남시내에 둔다. 단, 이사회의 결의로 각지에 지점 및 영업소를 둘 수 있다.

(중략)

**제50조 (이사회에 관한 소규모회사 특례)** ① 본 회사의 자본금 총액이 10억원 미만으로서 이사가 1인 또는 2인인 경우 이사회를 두지 아니한다.
② 제1항의 경우 이 정관 제10조, 제17조부터 제19조, 제23조, 제31조부터 제33조, 제36조 제2항, 제47조 제2항의 이사회 의결사항은 주주총회 결의(제18조 제1항 제2호 및 제19조 제1항 제2호의 경우는 주주총회 특별결의)로 한다.
③ 제1항의 경우 이 정관 제3조, 제11조 제2항, 제15조 제3항, 제49조의 이사회 의결사항은 대표이사(대표이사가 없는 경우 사내이사 각자)가 결정한다.
④ 제1항의 경우 이 정관 제44조 제1항의 이사회 승인은 적용하지 아니한다.
⑤ 제1항부터 제4항까지 정한 것 외에 이 정관 또는 법령상 이사회 의결사항은 상법 제383조 제4항부터 제6항을 준용한다.

---

본점소재지를 경기도 성남시에서 서울특별시로 이전하려면 먼저 임시주주총회를 열어 정관 3조를 변경해야 한다. 정관 3조의 본점소재지를 「서울특별시내」로 변경하면 세부주소

는 이사회 결의로 정해야 하나, 주식회사 율도는 이사회가 설치되지 않았으므로 사내이사 홍길동이 단독으로 세부주소를 결정한다.

주식회사 율도는 임시주주총회를 여는 김에 컴퓨터 주변장치 유통업에 진출하고자 관련 사업목적을 추가하고자 한다. 따라서 등기사항 중 「본점」과 「목적」을 변경해야 하는데 본점이전으로 인해 관할등기소가 바뀌는 경우 1개의 등기신청서로 「본점」을 비롯한 여러 등기사항을 일괄변경할 수 없고, 본점이전에 대해서만 등기신청서를 별도로 작성해야 한다. 반면, 본점소재지가 강남구에서 성북구로 바뀌는 경우처럼 관할등기소에 변동이 없으면(관할내 이전), 「본점」을 비롯한 여러 등기사항이 변경되더라도 「제4장 주식회사 운영」 「제4절 사업목적 변경 및 신주발행 (상환전환우선주식 제3자배정, 기간단축, 여러 등기사항의 일괄변경)」의 사례처럼 1개의 등기신청서로 일괄변경할 수 있다.

정관에 따르면, 회사의 자본금 총액이 10억원 미만인 경우 주주총회일 10일 전까지 소집통지서를 발송하게 되어 있으나, 신속한 절차진행을 위하여 주주 전원이 동의하여 소집통지를 생략하고 임시주주총회를 열어 정관을 변경할 예정이다. 주주 김철수는 소집통지를 생략하고 임시주주총회를 개최하는데 동의하되, 임시주주총회에는 불참한다.

본점소재지를 관할하는 등기소가 수원지방법원 성남지원 등기소에서 서울중앙지방법원 등기국으로 변경되므로 등기신청수수료와 등록면허세, 지방교육세 계산에 유의해야 한다.

 ## 스케줄, 사전준비사항과 비용

### 1. 스케줄

| 절 차 | 일 정 | 비 고 |
|---|---|---|
| (임시주주총회 소집통지) | 2016. 4. 15.(D-11) | 주주 전원이 동의하여 소집절차 생략 |
| 임시주주총회 | 2016. 4. 26.(D) | |
| (본점을 이전하는) 이사의 결정 | 2016. 4. 26.(D) | |
| 임시주주총회 의사록 공증 | 2016. 4. 26.(D)부터 | |
| 등기신청서 2건 제출 | 2016. 4. 26.(D)부터 2주 이내 | |

## 2. 사전준비사항

주주, 임원, 회사가 사전에 준비할 사항은 다음과 같다.

| 준비사항 | 비 고 |
|---|---|
| 공증위임장 | 의장과 출석 이사, 의결정족수 이상의 주주들이 인감도장을 찍고 의장은 (법인)인감도장을 추가로 찍음 |
| (개인)인감증명서: 홍길동 1부 | 최근 3개월 이내 발행 |
| (법인)인감증명서 1부 | 최근 3개월 이내 발행 |
| 등기사항전부증명서 1부 | 최근 3개월 이내 발행 |
| (법인)인감도장 | |
| 주주명부 사본 | |
| 정관 사본 | |
| 기간단축동의서: 주주 전원(홍길동, 김철수)이 도장을 찍음 | (개인)인감도장이 아닌 막도장을 찍을 수 있음 |

## 3. 비 용

### (1) 등기신청수수료(e-Form): 33,000원

#### (a) 목적 변경: 4,000원

「목적」 변경에 따른 등기신청수수료 4,000원을 구본점 관할등기소(수원지방법원 성남지원 등기과)에 낸다.

#### (b) 관할외 본점이전: 29,000원

본점이전 시 '관할내' 이전과 '관할외' 이전은 등기신청수수료가 다르다. '관할내' 이전이란 같은 등기소 관할행정구역 내에서 본점을 이전하는 것이고, '관할외' 이전은 본점이전으로 관할등기소가 바뀌는 것이다. 주식회사 율도는 수원지방법원 성남지원 등기과 관할인 성남시에서 서울중앙지방법원 등기국 관할인 서울특별시로 본점을 이전하므로 '관할외' 이전이 된다. 이 경우 등기신청수수료는 4,000원(수원지방법원 성남지원 등기과)과 25,000원(서울중앙지방법원 등기국)의 합계금액인 29,000원이 되고 이를 구본점 관할등기소(수원지방법원 성남지원 등기과)에 함께 낸다.

## (2) 등록면허세 및 지방교육세: 합계 816,480원

### (a) 목적 변경: 48,240원

「목적」변경에 따른 등록면허세 및 지방교육세 48,240원을 성남시 분당구에 위택스로 낸다.

### (b) 관할외 본점이전: 합계 768,240원

서울특별시와 성남시는 모두 과밀억제권역 안이다. 그러나 과밀억제권역 안에서도 서울특별시로의 본점이전은 특별취급한다. 즉, 성남시에서 서울특별시로 본점이전하면 과밀억제권역 내의 본점이전임에도 불구하고 <u>신규법인 설립으로 간주하고 자본금 총액을 과세표준으로 하여 중과세</u>한다.

주식회사 율도의 자본금이 5,000만원이므로 등록면허세 및 지방교육세 합계액은 720,000원이 된다. 여기에 덧붙여 구본점 등기부의 「기타사항」에도 본점이전을 등기하므로, 구본점 소재지에도 「기타사항」변경에 따른 등록면허세 및 지방교육세 48,240원을 낸다. 즉, ① 이택스ETAX로 서울특별시 강남구에 720,000원을 내고 납부확인서를 발급받고 ② 위택스로 성남시 분당구에 48,240원을 내고 납부확인서를 발급받는다.

## (3) 임시주주총회 의사록 인증수수료 (공증사무소에 납부): 30,000원

# Ⅲ 서식

## 1. 임시주주총회 의사록 및 공증서류

등기신청서에 첨부하는 임시주주총회 의사록은 공증인의 인증을 받아야 한다. 대리인은 대리인 신분증과 대리인 도장 및 아래 서류를 갖추고 공증사무소에 가서 임시주주총회 의사록을 인증받는다.

## (1) 임시주주총회 의사록 (원본 2부)

### 임시주주총회 의사록

**주식회사 율도**

위 회사는 서기 2016. 4. 26. 9시 본점 회의실에서 주주 전원이 동의하여 주주총회 소집 절차를 생략하고 임시주주총회를 개최하다.

총주주 수: 2명     총주식 수: 10,000주 (의결권 있는 주식 수: 10,000주)
출석 주주 수: 1명 (대리출석: 0명)     출석 주주의 주식 수: 5,500주

사내이사(홍길동)는 정관규정에 따라 이 회의 진행을 위하여 의장석에 등단하여 위와 같이 법정수에 달하는 주식 수를 보유한 주주 전원이 출석하였으므로 본 총회가 적법히 성립되었음을 알리고 개회를 선언한 후 다음 의안을 부의하고 심의를 구하다.

**제1호 의안 : 목적 변경의 건**
의장은 본 회사의 목적을 다음과 같이 변경할 필요가 있음을 설명하고 그 가부를 물은바, 주주들은 해당 정관을 다음과 같이 변경할 것을 박수로 찬성하여 만장일치로 가결하다.

제2조 (목적) 본 회사는 다음 사업을 경영함을 목적으로 한다.

〈변경 없는 부분 생략〉

1. 각 호에 관련된 부대사업 일체 [삭제]
1. 컴퓨터 및 주변장치, 소프트웨어 도매업 [추가]
1. 컴퓨터 및 주변장치, 소프트웨어 소매업 [추가]

1. 각 호에 관련된 통신판매업 및 전자상거래업 [추가]
1. 각 호에 관련된 무역업 [추가]
1. 각 호에 관련된 부대사업 일체 [추가]

（별첨 정관 신구조문대비표 참조）

**제2호 의안 : 관할외 본점이전을 위한 정관 변경의 건**

　의장은 본 회사의 본점을 서울특별시 내로 이전하기 위하여 정관을 다음과 같이 변경해야 함을 설명하고 그 가부를 물은바, 주주들은 정관을 다음과 같이 변경할 것을 박수로 찬성하여 만장일치로 가결하다.

**제3조 (본점의 소재지)** 본 회사의 본점은 <u>서울특별시내</u>에 둔다. 단, 이사회의 결의로 각지에 지점 및 영업소를 둘 수 있다.

（별첨 정관 신구조문대비표 참조）

　의장은 이상으로 의안 심의를 전부 종료하였으므로 폐회한다고 선언하다(회의 종료시 각 10시). 위 의사의 경과요령과 결과를 명확히 하기 위하여 이 의사록을 작성하고 의장과 출석한 이사가 기명날인 또는 서명하다.

2016. 4. 26.
주식회사 율도

의장 사내이사 홍길동

[별첨]

| 정관 신구조문대비표 | | |
|---|---|---|
| 변경 전 | 변경 후 | 비고 |
| 제2조 (목적) 본 회사는 다음 사업을 경영함을 목적으로 한다.<br><br>〈변경 없는 부분 생략〉<br>1. 각 호에 관련된 부대사업 일체 [삭제] | 제2조 (목적) 본 회사는 다음 사업을 경영함을 목적으로 한다.<br><br>〈변경 없는 부분 생략〉<br>1. 컴퓨터 및 주변장치, 소프트웨어 도매업 [추가]<br>1. 컴퓨터 및 주변장치, 소프트웨어 소매업 [추가] | 목적변경 |

| | | |
|---|---|---|
| | 1. 각 호에 관련된 통신판매업 및 전자상거래업 [추가]<br>1. 각 호에 관련된 무역업 [추가]<br>1. 각 호에 관련된 부대사업 일체 [추가] | |
| 제3조 (본점의 소재지) 본 회사의 본점은 경기도 성남시내에 둔다. 단, 이사회의 결의로 각지에 지점 및 영업소를 둘 수 있다. | 제3조 (본점의 소재지) 본 회사의 본점은 서울특별시내에 둔다. 단, 이사회의 결의로 각지에 지점 및 영업소를 둘 수 있다. | 본점이전을 위한 정관 변경 |

## (2) 공증촉탁서

### 공 증 촉 탁 서

| 접수번호 | - | 문서명 | 임시주주총회 의사록 |
|---|---|---|---|
| 증서등부번호 | - | | |

아래 촉탁인은 위 공정증서 작성 □ 을 촉탁합니다.

인증 ■

2016년 4월 26일

사무소   귀중

| | 성명<br>(법인명) | 홍길동            (인) | | 성명<br>(법인명) | (인) |
|---|---|---|---|---|---|
| 1.<br>촉<br>탁<br>인 | 생년월일<br>(대표이사명) | 0000. 00. 00. | 2.<br>촉<br>탁<br>인 | 생년월일<br>(대표이사명) | |
| | 주소<br>(소재지) | 서울특별시 00구 00로 00 | | 주소<br>(소재지) | |
| | 연락처 | | | 연락처 | |
| | 위출석확인 | (인) | | 위출석확인 | (인) |
| 3.<br>대<br>리<br>인 | 성명<br>(법인명) | 김상균 (인) | 4 | 성명<br>(법인명) | (인) |
| | 생년월일<br>(대표이사명) | 0000. 00. 00. | | 생년월일<br>(대표이사명) | |
| | 주소<br>(소재지) | 서울특별시 서초구 서초대로 259, 5층 | | 주소<br>(소재지) | |

| | 연락처 | 000-0000-0000 | | | | | | |
|---|---|---|---|---|---|---|---|---|
| | 위출석확인 | 김상균 (인) | | | 위출석확인 | | | (인) |
| | 비고 | 주식회사 율도 | | | | | | |
| 수령사항 | 구분 | 통수 | 수령자확인 | 촉탁대리인인확인 | 주민등록증 | | 증인성명 | |
| | 증서정본 | | (인) | | 운전면허증 | | 증인성명 | |
| | 증서정본 | | (인) | | 공무원증 | | 면식번호 | |
| | 인증서 | 1 | 김상균 (인) | | 여 권 | | | |
| | | | | | 영사증명서 | | | |
| | 법률행위의 목적가액 원 | 수수료 원 | | 주임 | | 사무장 | | 공증인 |

## (3) 진술서

# 진 술 서

| 법인명 | 주식회사 율도 |
|---|---|
| 소재지 | 경기도 성남시 분당구 판교로 264, 305동 (삼평동) |
| 회의의 종류 | 임시주주총회 |
| 소집일시 | 2016. 4. 26. |
| 소집장소 | 본점 회의실 |

본인은 (                    )에서 위 법인 의사록의 인증을 촉탁함에 있어서, 위 법인의 **촉탁대리인**으로서 위 회의가 적법하게 소집되었으며, 결의의 절차와 내용이 진실에 부합함을 진술합니다.

2016년  4월  26일

위 진술인: 변호사 김상균 (인)

서울특별시 서초구 서초대로 259, 5층 (서초동, 서원빌딩)

## (4) 주주명부

# 주 주 명 부

2016년 4월 26일 현재

| 주주명 | 소유주식수 | 회의출석 | 의결찬성 | 인증촉탁 | 비고 |
|---|---|---|---|---|---|
| 홍길동 | 5,500 | O | O | O | |
| 김철수 | 4,500 | X | | X | |

| 총주식수 | 출석주식수 | 의결찬성주식수 | 인증촉탁주식수 | 1주당금액 |
|---|---|---|---|---|
| 10,000 | 5,500 | 5,500 | 5,500 | 5,000원 |

위 주주명부는 본사에 비치된 주주명부와 대조하여 틀림이 없음을 증명합니다.

2016년  4월  26일

주식회사 율도
경기도 성남시 분당구 판교로 264, 305동 (삼평동)

사내이사 홍길동

## (5) 등기사항전부증명서

1부를 준비한다. 공증사무소 제출일 기준으로 최근 3개월 이내에 발행되어야 한다.

## (6) 정관 사본

정관의 첫 장부터 마지막 장까지 (법인)인감도장으로 간인한 뒤, 마지막 장에 다음과 같이 기재하고 (법인)인감도장을 찍는다. 구 정관(2016년 4월 26일 자 임시주주총회 결의로 변경되기 전의 것) 사본을 제출한다.

2016년 4월 26일 원본대조필

주식회사 율도
사내이사 홍길동

## (7) 확인서

# 확 인 서

| 법인명 | 주식회사 율도 |
|---|---|
| 회의 종류 | 임시주주총회 |
| 소집일시 | 2016. 4. 26. |
| 소집통지발송일 | 주주 전원이 동의하여 소집통지 생략 |
| 회의안건 | 제1호 의안 목적 변경의 건<br>제2호 의안 관할외 본점이전을 위한 정관 변경의 건 |

　본인은 위 의사록에 관하여 위 법인의 사내이사로서 이 회의가 적법하게 소집되었으며 결의의 절차와 내용이 진실에 부합함을 확인합니다.

2016년　4월　26일

위 확인인 사내이사 홍길동

주소: 서울특별시 ○○구 ○○로 ○○

(　　　　　　　　) 귀중

## (8) 공증위임장

의장과 출석 이사, 의결정족수 이상의 주주들이 인감도장을 찍고 의장은 (법인)인감도장을 추가로 찍는다.

| | 위 임 장 | |
|---|---|---|
| 수임인 | 변호사 김상균<br>서울특별시 서초구 서초대로 259, 5층 (서초동, 서원빌딩) | |
| 위의 사람을 본인의 대리인으로 정하여 (　　　　　　　)에서 다음 사서증서의<br>인증을 촉탁하는 일체의 권한을 위임합니다.<br><br>　　　　　　　　　　　　　　　다음<br>1. 임시주주총회 의사록 | | |
| | 2016년 4월 26일 | |
| 위임인 | 사내이사, 주주 홍길동 **(개인인감도장 날인) (법인인감도장 날인)**<br>서울특별시 00구 00로 00 | |
| 위임인 | | |
| 위임인 | | |

## (9) (개인)인감증명서

홍길동이 1부를 준비한다. 공증사무소 제출일 기준으로 최근 3개월 이내에 발행되어야 한다.

## (10) (법인)인감증명서

1부를 준비한다. 공증사무소 제출일 기준으로 최근 3개월 이내에 발행되어야 한다.

## (11) 기간단축동의서

### 기간단축동의서

주식회사 율도의 주주 전원은 2016년 4월 26일 자 임시주주총회를 개최함에 있어 소집 절차를 생략함에 동의합니다.

2016년　4월　26일

주　　주　홍길동 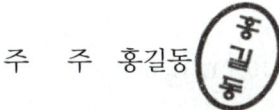

주　　주　김철수 

## 2. (목적변경) 주식회사 변경등기신청서(e-Form) 및 첨부서류

목적변경을 위한 주식회사 변경등기신청서(e-Form) 및 첨부서류를 구본점 관할등기소인 수원지방법원 성남지원 등기과에 제출한다. 3항에서 설명하겠지만 관할외 본점이전을 위한 주식회사 변경등기신청서(e-Form) 및 첨부서류도 구본점 관할등기소인 수원지방법원 성남지원 등기과에 연달아 함께 제출한다.

### (1) 주식회사 변경등기신청서(e-Form)

| 즉시접수 | 당일접수 |
|---|---|
| | |
| 제출자 | 변호사 김상균 |
| 총 | 2-1 건 |

전자표준양식번호(e-Form)번호: 1101-2016-0123456-1

# 주식회사변경등기신청

| 접 수 | 년 월 일 제 호 | 처 리 인 | 접수 | 조사 | 인감 | 기입 | 교합 | 통지 |
|---|---|---|---|---|---|---|---|---|
| | | | | | | | | |

본 신청서 상의 정보와 전자표준양식(e-Form)으로 저장된 정보는 동일함을 확인합니다.  작성완료일시: 2016. 4. 26.  13:25:52
본 신청서는 최초 작성 후 3개월까지만 등기소에 제출 가능합니다.  최초작성일시: 2016. 4. 26.  13:10:27

| 상호 | 주식회사 율도 (Yuldo, Inc.) | 등기번호 | 51001호 |
|---|---|---|---|
| 본점 | 경기도 성남시 분당구 판교로 264, 305동 (삼평동) | | |
| 등기의 목적 | 주식회사 변경등기 | | |
| 등기의 사유 | 2016. 4. 26. 임시주주총회 결의로 목적이 변경되었으므로 그 변경등기를 구함. | | |
| 본/지점신청구분 | **1.본점신청■**  2.지점신청□  3.본 · 지점일괄신청□ | | |
| 등 기 할 사 항 | | | |
| 목적 | 1. 각 호에 관련된 부대사업 일체<br>2016년 04월 26일 삭제<br>................................................................ | | |

| | |
|---|---|
| | 1. 컴퓨터 및 주변장치, 소프트웨어 도매업<br>2016년 04월 26일 추가<br><br>1. 컴퓨터 및 주변장치, 소프트웨어 소매업<br>2016년 04월 26일 추가<br><br>1. 각 호에 관련된 통신판매업 및 전자상거래업<br>2016년 04월 26일 추가<br><br>1. 각 호에 관련된 무역업<br>2016년 04월 26일 추가<br><br>1. 각 호에 관련된 부대사업 일체<br>2016년 04월 26일 추가 |

## 신청등기소 및 등록면허세/수수료

| 순번 | 신청등기소 | 구분 | 등록면허세<br>지방교육세 | 농어촌특별세 | 세액합계 | 등기신청수수료 |
|---|---|---|---|---|---|---|
| 1 | 수원지방법원<br>성남지원 등기과 | 본점 | 금 40,200원<br>금 8,040원 | 금 0원 | 금 48,240원 | 금 4,000원 |
| 합 계 | | | 금 40,200원<br>금 8,040원 | 금 0원 | 금 48,240원 | 금 4,000원 |

| 등기신청수수료 납부번호 | (전자) 16-00-01234567-4 |
|---|---|
| 과세표준액 | 0원 |

첨부서면

| 1.등기신청수수료 영수필확인서 | 1통 | 1.주주총회 의사록 | 1통 |
|---|---|---|---|
| 1.등록면허세 납부확인서 | 1통 | 1.등기신청위임장 | 1통 |

2016년 4월 26일

신청인 상 호 주식회사 율도
      본 점 경기도 성남시 분당구 판교로 264, 305동 (삼평동)
      성 명 사내이사 홍길동 　　　　(인) (전화: 　　　　)
      주 소 서울특별시 서초구 서초대로45길 22, 108동 1102호 (서초동,
          삼일아파트)
대리인 성 명 변호사 김상균 　　　(인) (전화:00-000-0000 　)
      주 소 서울특별시 서초구 서초대로 259, 3층 (서초동, 서원빌딩)

수원지방법원 성남지원 등기과 귀중

- 신청서 작성요령 -
1. 해당란이 부족할 때에는 별지를 이용합니다.
1. 해당 등기신청과 관계없는 사항에 대해서는 "해당없음"으로 기재하거나 삭제하고, 필요한 사항은 추가로 기재합니다.

## (2) 등기신청수수료 영수필확인서 (4,000원)

## (3) 등록면허세 납부확인서 (48,240원)

**(4) 임시주주총회 의사록 (공증인으로부터 인증받은 것)**

**(5) 등기신청위임장**

<table>
<tr><td colspan="2" align="center"><h2>위 임 장</h2></td></tr>
<tr><td>법인의 표시</td><td>상호　　　　주식회사 율도<br>본지점구분　본점<br>등기번호　　51001호</td></tr>
<tr><td>등기의 목적</td><td>주식회사 변경등기</td></tr>
<tr><td>등기의 사유</td><td>2016. 4. 26. 임시주주총회 결의로 목적이 변경되었으므로 그 변경등기를 구함.</td></tr>
<tr><td>대리인</td><td>성　명　변호사 김상균 (전화 : 00-000-0000)<br>주　소　서울특별시 서초구 서초대로 259, 5층 (서초동, 서원빌딩)</td></tr>
<tr><td colspan="2">
본인은 위 사람을 대리인으로 정하고 다음의 사항의 권한을 위임한다.<br>
1. 위 법인등기신청 및 취하에 관한 일체의 행위.<br>
2. 원본 환부청구 및 수령행위.<br><br>
2016년 4월 26일 <br>
상　호　주식회사 율도<br>
본　점　경기도 성남시 분당구 판교로 264, 305동 (삼평동)<br>
성　명　사내이사 홍길동　　　　　　(전화:　　　　　　　　)<br>
주　소　서울특별시 서초구 서초대로45길 22, 108동 1102호 (서초동, 삼일아파트)
</td></tr>
</table>

## 3. (관할외 본점이전) 주식회사 변경등기신청서(e-Form) 및 첨부서류

목적변경을 위한 주식회사 변경등기신청서(e-Form) 및 첨부서류에 이어서 관할외 본점이전을 위한 주식회사 변경등기신청서(e-Form) 및 첨부서류도 구본점 관할등기소인 수원지방법원 성남지원 등기과에 연달아 함께 제출한다.

## (1) 주식회사 본점이전(관할외)등기신청서(e-Form)

| 즉시접수 | 당일접수 |
|---|---|
| | |
| 제출자 | 변호사 김상균 |
| 총 | 2-2 건 |

전자표준양식번호(e-Form)번호: 1101-2016-0123456-1

# 주식회사본점이전(관할외)등기신청

| 접수 | 년 월 일 | 처리인 | 접수 | 조사 | 인감 | 기입 | 교합 | 통지 |
|---|---|---|---|---|---|---|---|---|
| 수 | 제 호 | | | | | | | |

본 신청서 상의 정보와 전자표준양식(e-Form)으로 저장된 정보는 동일함을 확인합니다.
본 신청서는 최초 작성 후 3개월까지만 등기소에 제출 가능합니다.

작성완료일시: 2016. 4. 26. 14:25:52
최초작성일시: 2016. 4. 26. 14:10:27

| 상호 | 주식회사 율도 (Yuldo, Inc.) | 등기번호 | 51001호 |
|---|---|---|---|
| 본점 | 경기도 성남시 분당구 판교로 264, 305동 (삼평동) | | |
| 등기의 목적 | 주식회사 본점이전(관할외)등기 | | |
| 등기의 사유 | 2016. 4. 26. 임시주주총회 결의 및 이사의 결정으로 본점을 이전하여 그 변경등기를 구함. | | |
| 본/지점신청구분 | **1.본점신청■** 2.지점신청□ 3.본·지점일괄신청□ | | |
| 구본점 관할등기소에 등기할 사항 | | | |
| 기타사항 | 1. 본점이전<br>서울특별시 강남구 테헤란로 101, 501호 (역삼동, 리즈타워)로 본점이전<br>2016년 4월 26일 변경 | | |

| 신본점 관할등기소에 등기할 사항 | |
|---|---|
| 본점 | 서울특별시 강남구 테헤란로 101, 501호 (역삼동, 리즈타워)<br>2016년 4월 26일 변경 |

## 신청등기소 및 등록면허세/수수료

| 순번 | 신청등기소 | 구분 | 등록면허세<br>지방교육세 | 농어촌특별세 | 세액합계 | 등기신청수수료 |
|---|---|---|---|---|---|---|
| 1 | 서울중앙지방<br>법원 등기국 | 본점 | 금 600,000원<br>금 120,000원 | 금 0원 | 금 720,000원 | 금 25,000원 |
| 2 | 수원지방법원<br>성남지원 등기과 | 본점 | 금 40,200원<br>금 8,420원 | 금 0원 | 금 48,240원 | 금 4,000원 |
| 합 계 | | | 금 640,200원<br>금 128,420원 | 금 0원 | 금 768,240원 | 금 29,000원 |

| 등기신청수수료 납부번호 | (전자) 16-00-01234567-5 |
|---|---|
| 과세표준액 | 50,000,000원 |

### 첨부서면

| | | | |
|---|---|---|---|
| 1.등기신청수수료 영수필확인서 | 1통 | 1.이사결정서 | 1통 |
| 1.등록면허세 납부확인서 | 2통 | 1.등기신청위임장 | 1통 |
| 1.주주총회 의사록 **전건첨부원용**[603] | | | |

2016년 4월 26일

신청인 상 호 주식회사 율도
　　　　본 점 서울특별시 강남구 테헤란로 101, 501호 (역삼동, 리즈타워)
　　　　성 명 사내이사 홍길동　　　　　(인) (전화:　　　　　)
　　　　주 소 서울특별시 서초구 서초대로45길 22, 108동 1102호 (서초동,
　　　　　　　　삼일아파트)
대리인 성 명 변호사 김상균　　　　　(인) (전화:00-000-0000　)
　　　　주 소 서울특별시 서초구 서초대로 259, 5층 (서초동, 서원빌딩)

수원지방법원 성남지원 등기과 귀중

---

- 신청서 작성요령 -

1. 해당란이 부족할 때에는 별지를 이용합니다.
1. 해당 등기신청과 관계없는 사항에 대해서는 "해당없음"으로 기재하거나 삭제하고, 필요한 사항은 추가로 기재합니다.

## (2) 등기신청수수료 영수필확인서 (29,000원)

## (3) 등록면허세 납부확인서 2부 (서울특별시 강남구 720,000원, 성남시 분당구 48,240원)

## (4) 이사결정서

이사결정서는 공증인으로부터 인증받지 않는다.

---

# 결 정 서

본 회사는 상법 제383조 제6항 및 제393조 제1항에 의하여 다음과 같이 결정한다.

### 결 정 사 항

1. 본점이전
이전장소 : 서울특별시 강남구 테헤란로 101, 501호 (역삼동, 리즈타워)
이전연월일 : 2016. 4. 26.

2016년 4월 26일

사내이사 홍길동

---

603) ① 목적변경을 위한 주식회사 변경등기신청서(e-Form) 및 첨부서류에 이어서 ② 관할외 본점이전을 위한 주식회사 변경등기신청서(e-Form) 및 첨부서류를 연달아 함께 제출하므로, 관할외 본점이전을 위한 주식회사 변경등기신청서는 목적변경을 위한 주식회사 변경등기신청서에 첨부된 서류들을 원용하여 첨부서류를 공유할 수 있다(상업등기규칙 53조 2항 본문).

## (5) 등기신청위임장

<table>
<tr>
<td colspan="2" align="center">위 임 장</td>
</tr>
<tr>
<td>법인의 표시</td>
<td>상호　　　　　주식회사 율도<br>본지점구분　본점<br>등기번호　　　51001호</td>
</tr>
<tr>
<td>등기의 목적</td>
<td>주식회사 본점이전(관할외)등기</td>
</tr>
<tr>
<td>등기의 사유</td>
<td>2016. 4. 26. 임시주주총회 결의 및 이사의 결정으로 본점을 이전하여 그 변경등기를 구함.</td>
</tr>
<tr>
<td>대리인</td>
<td>성　명　　변호사 김상균 (전화 : 00-000-0000)<br>주　소　　서울특별시 서초구 서초대로 259, 5층 (서초동, 서원빌딩)</td>
</tr>
</table>

　본인은 위 사람을 대리인으로 정하고 다음의 사항의 권한을 위임한다.
1. 위 법인등기신청 및 취하에 관한 일체의 행위.
2. 원본 환부청구 및 수령행위.

2016년 4월 26일

상　호　주식회사 율도
본　점　경기도 성남시 분당구 판교로 264, 305동 (삼평동)
성　명　사내이사 홍길동　　　　　　　(전화:　　　　　　　)
주　소　서울특별시 서초구 서초대로45길 22, 108동 1102호 (서초동, 삼일아파트)

# Ⅳ 등기완료 후 절차

　임시주주총회 의사록과 변경된 정관은 본점과 지점에 비치·공시해야 한다(상법 396조). 변경된 정관은 다음과 같다.

---

## 정　관

2015. 11. 9. 제정
2016. 4. 26. 개정

(중략)

제2조 (목적) 본 회사는 다음 사업을 경영함을 목적으로 한다.
　1. 소프트웨어 개발 및 공급업
　1. 컴퓨터 프로그래밍, 시스템 통합 및 관리업
　1. 데이터베이스 및 온라인정보 제공업
　1. 컴퓨터 및 주변장치, 소프트웨어 도매업
　1. 컴퓨터 및 주변장치, 소프트웨어 소매업
　1. 각 호에 관련된 통신판매업 및 전자상거래업
　1. 각 호에 관련된 무역업
　1. 각 호에 관련된 부대사업 일체
　[2016. 4. 26. 개정]

제3조 (본점의 소재지) 본 회사의 본점은 서울특별시내에 둔다. 단, 이사회의 결의로 각 지에 지점 및 영업소를 둘 수 있다.
　[2016. 4. 26. 개정]

(중략)

### 부칙 (2016. 4. 26.)

제1조 (시행일) 이 정관은 2016년 4월 26일부터 시행한다.

---

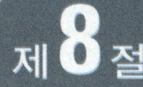

# 주식매수선택권(스톡옵션) 신설 및 주식매수선택권 부여

## Ⅰ 사례 설명

　주식회사 율도(발행주식의 총수 30,000주, 1주의 금액 1,000원, 자본금 3,000만원)는 대표이사 홍길동이 15,000주, 사내이사 김철수가 12,000주, 사내이사 이영희가 3,000주를 가지고 있고 감사 정갑동은 지분이 없다. 주식회사 율도는 주식매수선택권 규정을 신설하고 직원 5명에게 총 2,000주의 주식매수선택권을 부여하고자 한다.

　주식회사 율도의 정관에 따르면, 회사의 자본금 총액이 10억원 미만인 경우 주주총회일 10일 전까지 소집통지서를 발송해야 한다. 임시주주총회는 홍길동만 출석하였으나 홍길동의 지분이 50%이므로 주주총회 특별결의요건을 충족하였다.

## Ⅱ 스케줄, 사전준비사항과 비용

### 1. 스케줄

| 절 차 | 일 정 | 비 고 |
|---|---|---|
| 임시주주총회 소집통지 | 2016. 4. 15.(D-11) | 주주 전원이 동의하면 소집절차 생략가능 |
| 임시주주총회 | 2016. 4. 26.(D) | |
| 임시주주총회 의사록 공증 | 2016. 4. 26.(D)부터 | |
| 주식매수선택권 부여계약 체결 | **임시주주총회 후** | |
| 등기신청서 제출 | 2016. 4. 26.(D)부터 2주 이내 | |

## 2. 사전준비사항

주주와 임원, 회사가 사전에 준비할 사항은 다음과 같다.

| 준비사항 | 비 고 |
|---|---|
| 공증위임장 | 의장과 출석 이사, 의결정족수 이상의 주주들이 인감도장을 찍고 의장은 (법인)인감도장을 추가로 찍음 |
| (개인)인감증명서: 공증위임장에 도장을 찍은 이사, 주주 모두 각 1부, 주주가 법인이면 (법인)인감증명서 | 최근 3개월 이내 발행 |
| (법인)인감증명서 1부 | 최근 3개월 이내 발행 |
| 등기사항전부증명서 1부 | 최근 3개월 이내 발행 |
| (법인)인감도장 | |
| 주주명부 사본 | |
| 정관 사본 | |
| 임직원 별 주식매수선택권 부여 안 | |

## 3. 비 용

### (1) 등기신청수수료(e-Form): 4,000원

「주식매수선택권」 변경에 따른 등기신청수수료 4,000원을 서울중앙지방법원 등기국에 낸다.

### (2) 등록면허세 및 지방교육세: 48,240원

「주식매수선택권」 설정에 따른 등록면허세 및 지방교육세 48,240원을 이택스ETAX를 통해 서울특별시 강남구에 낸다.

### (3) 임시주주총회 의사록 인증수수료 (공증사무소에 납부): 30,000원

**서 식**

## 1. 임시주주총회 소집통지서

### 임시주주총회 소집통지

주주님의 건승과 댁내 평안을 기원합니다. 당사는 아래와 같이 임시주주총회를 개최하오니 참석하여 주시기 바랍니다.

아 래

1. 일시 : 2016년 4월 26일 오전 9시

2. 장소 : 서울특별시 강남구 테헤란로 101, 501호 (역삼동, 리즈타워) 본점 회의실

3. 회의 목적사항
   제1호 의안) 주식매수선택권 신설의 건 (별첨 정관변경안 참고)
   제2호 의안) 주식매수선택권 부여의 건 (대상자: 5명, 총 부여주식: 2,000주)

주주님께서는 총회에 참석하여 의결권을 직접 행사하시거나 위임장에 따라 의결권을 간접행사하실 수 있습니다.

2016년 4월 15일
주식회사 율도
대표이사 홍길동

[별첨]

### 정관변경안 (조문 신설)

제10조의2 (주식매수선택권) ① 본 회사는 주주총회 특별결의로 발행주식총수의 100분의 10 범위 내에서 임직원에게 주식매수선택권을 부여할 수 있다.
② 주식매수선택권의 행사로 교부할 주식(주식매수선택권의 행사가격과 시가와의 차액을 현금 또는 자기주식으로 교부하는 경우에는 그 차액의 산정기준이 되는 주식을

말한다)은 보통주식으로 한다. 단, 임원 또는 직원 1인에 대하여 부여하는 주식매수선택권은 발행주식총수의 100분의 10을 초과할 수 없다.

③ 주식매수선택권을 부여받을 자는 회사의 설립, 경영과 기술혁신 등에 기여하거나 기여할 수 있는 임직원으로 하되 다음 각호의 1에 해당하는 자는 제외한다.

1. 의결권 없는 주식을 제외한 발행주식총수의 100분의 10 이상의 주식을 가진 주주

2. 이사, 집행임원, 감사의 선임과 해임 등 회사의 주요 경영사항에 대하여 사실상 영향력을 행사하는 자

3. 제1호와 제2호에 규정된 자의 배우자와 직계존비속

④ 주식매수선택권은 이를 부여하는 주주총회 특별결의일부터 2년이 지난 날부터 3년 이내에 행사할 수 있다.

⑤ 다음 각호의 어느 하나에 해당하는 경우에는 이사회의 결의로 주식매수선택권의 부여를 취소할 수 있다.

1. 당해 주식매수선택권을 부여받은 자가 주식매수선택권을 부여받은 후 임의로 사임 또는 퇴직한 경우

2. 당해 주식매수선택권을 부여받은 자가 고의 또는 과실로 회사에 중대한 손해를 초래하게 한 경우

3. 기타 주식매수선택권 부여계약에서 정한 취소사유가 발생한 경우

## 2. 임시주주총회 의사록 및 공증서류

등기신청서에 첨부하는 임시주주총회 의사록은 공증인의 인증을 받아야 한다. 대리인은 대리인 신분증과 대리인 도장 및 아래 서류를 갖추고 공증사무소에 가서 임시주주총회 의사록을 인증받는다.

## (1) 임시주주총회 의사록 (원본 2부)

# 임시주주총회 의사록

**주식회사 율도**

위 회사는 서기 2016. 4. 26. 9시 본점 회의실에서 임시주주총회를 개최하다.

총주주 수: 3명    총주식 수: 30,000주 (의결권 있는 주식 수: 30,000주)
출석 주주 수: 1명 (대리출석: 0명)    출석 주주의 주식 수: 15,000주

대표이사(홍길동)는 정관규정에 따라 이 회의 진행을 위하여 의장석에 등단하여 위와 같이 법정수에 달하는 주식 수를 보유한 주주 전원이 출석하였으므로 본 총회가 적법히 성립되었음을 알리고 개회를 선언한 후 다음 의안을 부의하고 심의를 구하다.

**제1호 의안 : 주식매수선택권 신설의 건**

의장은 본회사의 임직원에 대한 주식매수선택권 규정을 둘 필요가 있음을 설명하고 그 가부를 물은바, 주주들은 정관에 다음 조문을 신설, 변경할 것을 박수로 찬성하여 만장일치로 가결하다.

제10조의2 (주식매수선택권) ① 본 회사는 주주총회 특별결의로 발행주식총수의 100분의 10 범위 내에서 임직원에게 주식매수선택권을 부여할 수 있다.

② 주식매수선택권의 행사로 교부할 주식(주식매수선택권의 행사가격과 시가와의 차액을 현금 또는 자기주식으로 교부하는 경우에는 그 차액의 산정기준이 되는 주식을 말한다)은 보통주식으로 한다. 단, 임원 또는 직원 1인에 대하여 부여하는 주식매수선택권은 발행주식총수의 100분의 10을 초과할 수 없다.

③ 주식매수선택권을 부여받을 자는 회사의 설립, 경영과 기술혁신 등에 기여하거나 기여할 수 있는 임직원으로 하되 다음 각호의 1에 해당하는 자는 제외한다.

1. 의결권 없는 주식을 제외한 발행주식총수의 100분의 10 이상의 주식을 가진 주주
2. 이사, 집행임원, 감사의 선임과 해임 등 회사의 주요 경영사항에 대하여 사실상 영향력을 행사하는 자
3. 제1호와 제2호에 규정된 자의 배우자와 직계존비속

④ 주식매수선택권은 이를 부여하는 주주총회 특별결의일부터 2년이 지난 날부터 3년 이내에 행사할 수 있다.

⑤ 다음 각호의 어느 하나에 해당하는 경우에는 이사회의 결의로 주식매수선택권의 부

여를 취소할 수 있다.

1. 당해 주식매수선택권을 부여받은 자가 주식매수선택권을 부여받은 후 임의로 사임 또는 퇴직한 경우
2. 당해 주식매수선택권을 부여받은 자가 고의 또는 과실로 회사에 중대한 손해를 초래하게 한 경우
3. 기타 주식매수선택권 부여계약에서 정한 취소사유가 발생한 경우

## 제2호 의안 : 주식매수선택권 부여의 건

의장은 본회사의 임직원에게 다음과 같이 주식매수선택권을 부여할 필요가 있음을 설명하고, 구체적인 행사가격은 회계법인의 자문을 받아 「별첨 주식매수선택권 행사가격 계산자료」와 같음을 설명한 후 동의를 구한바 주주들은 신중히 논의 끝에 박수로 찬성하여 만장일치로 가결하다.

가. 항목별 내용

| 항목 | | 내 용 |
|---|---|---|
| 1. 부여대상자 (명) | 해당 회사의 이사·감사 또는 피용자 | 5 |
| | 관계 회사의 이사·감사 또는 피용자 | - |
| 2. 당해 부여주식 (주) | 보통주식 | 2,000 |
| | 기타주식 | - |
| 3. 행사조건 | 행사기간 시작일 | 2018년 4월 27일 |
| | 행사기간 종료일 | 2021년 4월 27일 |
| | 행사가격 (원) 보통주식 | 2,500원 |
| | 행사가격 (원) 기타주식 | - |
| 4. 부여방법 | | 신주교부 |
| 5. 부여결의 기관 | | 주주총회 |
| 6. 부여일자 | | 2016년 4월 26일 |

나. 대상자별 부여내역

| 순번 | 성명 | 관계 | 부여주식 (주) | |
|---|---|---|---|---|
| | | | 보통주식 | 기타주식 |
| 1 | 김순형 | 직원 | 600 | - |
| 2 | 이상희 | 직원 | 500 | - |
| 3 | 홍재호 | 직원 | 300 | - |
| 4 | 구일승 | 직원 | 300 | - |
| 5 | 조철민 | 직원 | 300 | - |
| 합계 | | | 2,000 | |

다. 주식매수선택권의 부여방법

　신주 또는 자기주식을 교부한다. 다만, 주식매수선택권의 행사가액이 주식의 실질가액보다 낮은 경우에 회사는 그 차액을 금전으로 지급하거나 그 차액에 상당하는 자기의 주식을 양도할 수 있다.

라. 주식매수선택권의 행사가액과 그 조정에 관한 사항

　주식매수선택권의 행사가액은 금2,500원으로 하며, 주식매수선택권의 부여일 이후 행사일 이전에 자본 또는 주식발행사항에 변동이 있는 경우에는 주식매수선택권부여 계약 및 관계법령에 따라 행사가격 및 수량을 조정한다.

마. 주식매수선택권의 행사기간
시작일: 2018년 4월 27일
종료일: 2021년 4월 27일

(별첨 주식매수선택권 행사가격 계산자료 참조)


　의장은 이상으로 의안 심의를 전부 종료하였으므로 폐회한다고 선언하다(회의 종료시각 10시). 위 의사의 경과요령과 결과를 명확히 하기 위하여 이 의사록을 작성하고 의장과 출석한 이사가 기명날인 또는 서명하다.

2016. 4. 26.
주식회사 율도

의장 대표이사 홍길동

[별첨]

# 주식매수선택권 행사가격 계산자료

1. 주식매수선택권(스톡옵션) 행사가격 선정 기준

(중략)

5. 1주당 주식 평가
위 사항을 반영하여 산출한 2016년 4월 기준 주식평가 내역은 다음과 같습니다.

1주당 주식 평가액: 2,500원

## (2) 공증촉탁서

<table>
<tr><td colspan="8" style="text-align:center">공 증 촉 탁 서</td></tr>
<tr><td>접수번호</td><td colspan="4">-</td><td rowspan="2">문서명</td><td colspan="2" rowspan="2">임시주주총회 의사록</td></tr>
<tr><td>증서등부번호</td><td colspan="4">-</td></tr>
<tr><td colspan="8" style="text-align:center">아래 촉탁인은 위 공정증서 작성 □ 을 촉탁합니다.<br>인증 ■<br>2016년 4월 26일<br>사무소 귀중</td></tr>
<tr><td rowspan="5">1.<br>촉<br>탁<br>인</td><td>성명<br>(법인명)</td><td colspan="2">홍길동 (인)</td><td rowspan="5">2.<br>촉<br>탁<br>인</td><td>성명<br>(법인명)</td><td></td><td>(인)</td></tr>
<tr><td>생년월일<br>(대표이사명)</td><td colspan="2">0000. 00. 00.</td><td>생년월일<br>(대표이사명)</td><td></td><td></td></tr>
<tr><td>주소<br>(소재지)</td><td colspan="2">서울특별시 00구 00로 00</td><td>주소<br>(소재지)</td><td></td><td></td></tr>
<tr><td>연락처</td><td colspan="2"></td><td>연락처</td><td></td><td></td></tr>
<tr><td>위출석확인</td><td colspan="2">(인)</td><td>위출석확인</td><td></td><td>(인)</td></tr>
<tr><td rowspan="5">3.<br>대<br>리<br>인</td><td>성명<br>(법인명)</td><td colspan="2">김상균 (인)</td><td rowspan="5">4</td><td>성명<br>(법인명)</td><td></td><td>(인)</td></tr>
<tr><td>생년월일<br>(대표이사명)</td><td colspan="2">0000. 00. 00.</td><td>생년월일<br>(대표이사명)</td><td></td><td></td></tr>
<tr><td>주소<br>(소재지)</td><td colspan="2">서울특별시 서초구 서초<br>대로 259, 5층</td><td>주소<br>(소재지)</td><td></td><td></td></tr>
<tr><td>연락처</td><td colspan="2">000-0000-0000</td><td>연락처</td><td></td><td></td></tr>
<tr><td>위출석확인</td><td colspan="2">김상균 (인)</td><td>위출석확인</td><td></td><td>(인)</td></tr>
<tr><td>비고</td><td colspan="7">주식회사 율도</td></tr>
<tr><td rowspan="5">수령<br>사항</td><td>구분</td><td>통수</td><td>수령자확인</td><td rowspan="4">촉<br>탁<br>인<br></td><td rowspan="4">대<br>리<br>인<br>확<br>인</td><td>주민등록증</td><td>증인성명</td></tr>
<tr><td>증서정본</td><td></td><td>(인)</td><td>운전면허증</td><td>증인성명</td></tr>
<tr><td>증서정본</td><td></td><td>(인)</td><td>공무원증</td><td>면식번호</td></tr>
<tr><td>인증서</td><td>1</td><td>김상균 (인)</td><td>여 권</td><td rowspan="2"></td></tr>
<tr><td>법률행위의 목적가액</td><td colspan="2">수수료</td><td>영사증명서</td><td></td></tr>
<tr><td></td><td colspan="2">원</td><td colspan="2">원</td><td colspan="2">주임</td><td>사무장</td><td>공증인</td></tr>
</table>

## (3) 진술서

<table>
<tr><td colspan="2" align="center">진 술 서</td></tr>
<tr><td>법인명</td><td>주식회사 율도</td></tr>
<tr><td>소재지</td><td>서울특별시 강남구 테헤란로 101, 501호 (역삼동, 리즈타워)</td></tr>
<tr><td>회의의 종류</td><td>임시주주총회</td></tr>
<tr><td>소집일시</td><td>2016. 4. 26.</td></tr>
<tr><td>소집장소</td><td>본점 회의실</td></tr>
</table>

본인은 (                )에서 위 법인 의사록의 인증을 촉탁함에 있어서, 위 법인의 **촉탁대리인**으로서 위 회의가 적법하게 소집되었으며, 결의의 절차와 내용이 진실에 부합함을 진술합니다.

2016년 4월 26일

위 진술인: 변호사 김상균 (인)

서울특별시 서초구 서초대로 259, 5층 (서초동, 서원빌딩)

## (4) 주주명부

주 주 명 부

2016년 4월 26일 현재

| 주주명 | 소유주식수 | 회의출석 | 의결찬성 | 인증촉탁 | 비고 |
|--------|-----------|---------|---------|---------|------|
| 홍길동 | 15,000 | ○ | ○ | ○ | |
| 김철수 | 12,000 | X | | X | |
| 이영희 | 3,000 | X | | X | |

| 총주식수 | 출석주식수 | 의결찬성주식수 | 인증촉탁주식수 | 1주당금액 |
|---|---|---|---|---|
| 30,000 | 15,000 | 15,000 | 15,000 | 1,000원 |

위 주주명부는 본사에 비치된 주주명부와 대조하여 틀림이 없음을 증명합니다.

2016년  4월  26일

주식회사 율도
서울특별시 강남구 테헤란로 101, 501호 (역삼동, 리즈타워)

대표이사 홍길동

## (5) 등기사항전부증명서

1부를 준비한다. 공증사무소 제출일 기준으로 최근 3개월 이내에 발행되어야 한다.

## (6) 정관 사본

정관의 첫 장부터 마지막 장까지 (법인)인감도장으로 간인한 뒤, 마지막 장에 다음과 같이 기재하고 (법인)인감도장을 찍는다. 구 정관(2016년 4월 26일 자 임시주주총회 결의로 변경되기 전의 것) 사본을 제출한다.

2016년 4월 26일 원본대조필

주식회사 율도
대표이사 홍길동

## (7) 확인서

<table>
<tr><td colspan="2" align="center">확 인 서</td></tr>
<tr><td>법인명</td><td>주식회사 율도</td></tr>
<tr><td>회의 종류</td><td>임시주주총회</td></tr>
<tr><td>소집일시</td><td>2016. 4. 26.</td></tr>
<tr><td>소집통지발송일</td><td>2016. 4. 15.</td></tr>
<tr><td>회의안건</td><td>제1호 의안 주식매수선택권 신설의 건<br>제2호 의안 주식매수선택권 부여의 건</td></tr>
<tr><td colspan="2">
본인은 위 의사록에 관하여 위 법인의 대표이사로서 이 회의가 적법하게 소집되었으며 결의의 절차와 내용이 진실에 부합함을 확인합니다.<br><br>
2016년 4월 26일 <br>
위 확인인 대표이사 홍길동 (인)<br><br>
주소: 서울특별시 00구 00로 00<br><br>
(　　　　　　　) 귀중
</td></tr>
</table>

## (8) 공증위임장

의장과 출석 이사, 의결정족수 이상의 주주들이 인감도장을 찍고 의장은 (법인)인감도장을 추가로 찍는다.

| 위 임 장 | |
|---|---|
| 수임인 | 변호사 김상균<br>서울특별시 서초구 서초대로 259, 5층 (서초동, 서원빌딩) |
| 위의 사람을 본인의 대리인으로 정하여 (　　　　　　　)에서 다음 사서증서의 인증을 촉탁하는 일체의 권한을 위임합니다.<br><br>　　　　　　　　　　　다음<br><br>1. 임시주주총회 의사록 | |
| | 2016년 4월 26일 |
| 위임인 | 대표이사, 주주 홍길동 **(개인인감도장 날인)** **(법인인감도장 날인)**<br>서울특별시 00구 00로 00 |
| 위임인 | |
| 위임인 | |

## (9) (개인)인감증명서

홍길동이 1부를 준비한다. 공증사무소 제출일 기준으로 최근 3개월 이내에 발행되어야 한다.

## (10) (법인)인감증명서

1부를 준비한다. 공증사무소 제출일 기준으로 최근 3개월 이내에 발행되어야 한다.

## (11) 임시주주총회 소집통지서 ((법인)인감도장 날인)

## 3. 주식회사 변경등기신청서(e-Form) 및 첨부서류

### (1) 주식회사 변경등기신청서(e-Form)

| 즉시접수 | 당일접수 |
|---|---|
| | |
| 제출자 | 변호사 김상균 |
| 총 | 1 건 |

전자표준양식번호(e-Form) 번호: 1101-2016-0123456-1

## 주식회사변경등기신청

| 접수 | 년 월 일 | 처리인 | 접수 | 조사 | 인감 | 기입 | 교합 | 통지 |
|---|---|---|---|---|---|---|---|---|
| 수 | 제 호 | | | | | | | |

본 신청서 상의 정보와 전자표준양식(e-Form)으로 저장된 정보는 동일함을 확인합니다.  
본 신청서는 최초 작성 후 3개월까지만 등기소에 제출 가능합니다.

작성완료일시: 2016. 4. 26. 13:25:52  
최초작성일시: 2016. 4. 26. 13:10:27

| 상호 | 주식회사 율도 (Yuldo, Inc.) | 등기번호 | 51001호 |
|---|---|---|---|
| 본점 | 서울특별시 강남구 테헤란로 101, 501호 (역삼동, 리즈타워) | | |
| 등기의 목적 | 주식회사 변경등기 | | |
| 등기의 사유 | 2016. 4. 26. 임시주주총회 결의로 주식매수선택권이 신설되었으므로 그 변경등기를 구함. | | |
| 본/지점신청구분 | **1.본점신청■** 2.지점신청□ 3.본·지점일괄신청□ | | |
| 등 기 할 사 항 | | | |
| 주식매수선택권 | 1. 일정한 경우 주식매수선택권을 부여할 수 있다는 뜻<br>본 회사는 주주총회 특별결의로 발행주식총수의 100분의 10 범위 내에서 임직원에게 주식매수선택권을 부여할 수 있다.<br><br>1. 주식매수선택권의 행사로 발행하거나 양도할 주식의 종류와 수<br>주식매수선택권의 행사로 교부할 주식(주식매수선택권의 행사가격과 시가와의 차액을 현금 또는 자기주식으로 교부하는 경우에는 그 차액의 산정기준이 되는 주식을 말한다)은 보통주식으로 한다. 단, | | |

임원 또는 직원 1인에 대하여 부여하는 주식매수선택권은 발행주식 총수의 100분의 10을 초과할 수 없다.

1. 주식매수선택권을 부여받을 자의 자격요건
주식매수선택권을 부여받을 자는 회사의 설립, 경영과 기술혁신 등에 기여하거나 기여할 수 있는 임직원으로 하되 다음 각호의 1에 해당하는 자는 제외한다.
1) 의결권 없는 주식을 제외한 발행주식총수의 100분의 10 이상의 주식을 가진 주주
2) 이사, 집행임원, 감사의 선임과 해임 등 회사의 주요 경영사항에 대하여 사실상 영향력을 행사하는 자
3) 제1호와 제2호에 규정된 자의 배우자와 직계존비속

1. 주식매수선택권의 행사기간
주식매수선택권은 이를 부여하는 주주총회 특별결의일부터 2년이 지난 날부터 3년 이내에 행사할 수 있다.

1. 일정한 경우 주주총회의 결의로 주식매수선택권의 부여를 취소할 수 있다는 뜻
다음 각호의 어느 하나에 해당하는 경우에는 이사회의 결의로 주식매수선택권의 부여를 취소할 수 있다.
1) 당해 주식매수선택권을 부여받은 자가 주식매수선택권을 부여받은 후 임의로 사임 또는 퇴직한 경우
2) 당해 주식매수선택권을 부여받은 자가 고의 또는 과실로 회사에 중대한 손해를 초래하게 한 경우
3) 기타 주식매수선택권 부여계약에서 정한 취소사유가 발생한 경우

2016년 4월 26일 설정

## 신청등기소 및 등록면허세/수수료

| 순번 | 신청등기소 | 구분 | 등록면허세 | 농어촌특별세 | 세액합계 | 등기신청수수료 |
|---|---|---|---|---|---|---|
| | | | 지방교육세 | | | |
| 1 | 서울중앙지방법원 등기국 | 본점 | 금 40,200원 | 금 0원 | 금 48,240원 | 금 4,000원 |
| | | | 금 8,040원 | | | |

| 등기신청수수료 납부번호 | (전자) 16-00-01234567-4 |
|---|---|
| 과세표준액 | 0원 |

| 첨부서면 | | | |
|---|---|---|---|
| 1.등기신청수수료 영수필확인서 | 1통 | 1.주주총회 의사록 | 1통 |
| 1.등록면허세 납부확인서 | 1통 | 1.등기신청위임장 | 1통 |

2016년 4월 26일

신청인 상 호 주식회사 율도
　　　 본 점 서울특별시 강남구 테헤란로 101, 501호 (역삼동, 리즈타워)
　　　 성 명 대표이사 홍길동　　　　　　 (인) (전화:　　　　　　 )
　　　 주 소 서울특별시 서초구 서초대로45길 22, 108동 1102호 (서초동,
　　　　　　　 삼일아파트)
대리인 성 명 변호사 김상균　　　　　 (인) (전화:00-000-0000　 )
　　　 주 소 서울특별시 서초구 서초대로 259, 5층 (서초동, 서원빌딩)


서울중앙지방법원 등기국 귀중


- 신청서 작성요령 -

1. 해당란이 부족할 때에는 별지를 이용합니다.
1. 해당 등기신청과 관계없는 사항에 대해서는 "해당없음"으로 기재하거나 삭제하고, 필요한 사항은 추가로 기재합니다.

(2) 등기신청수수료 영수필확인서 (4,000원)

(3) 등록면허세 납부확인서 (48,240원)

(4) 임시주주총회 의사록 (공증인으로부터 인증받은 것)

(5) 등기신청위임장

| | 위 임 장 | |
|---|---|---|
| 법인의 표시 | 상호　　　　　주식회사 율도<br>본지점구분　본점<br>등기번호　　51001호 | |
| 등기의 목적 | 주식회사 변경등기 | |
| 등기의 사유 | 2016. 4. 26. 임시주주총회 결의로 주식매수선택권이 신설되었으므로 그 변경등기를 구함. | |
| 대리인 | 성　　명　　변호사 김상균 (전화 : 00-000-0000)<br>주　　소　　서울특별시 서초구 서초대로 259, 5층 (서초동, 서원빌딩) | |

　　본인은 위 사람을 대리인으로 정하고 다음의 사항의 권한을 위임한다.
　　1. 위 법인등기신청 및 취하에 관한 일체의 행위.
　　2. 원본 환부청구 및 수령행위.

2016년 4월 26일

　　상　호　주식회사 율도
　　본　점　서울특별시 강남구 테헤란로 101, 501호 (역삼동, 리즈타워)
　　성　명　대표이사 홍길동　　　　　　（인）（전화:　　　　　　　　　）
　　주　소　서울특별시 서초구 서초대로45길 22, 108동 1102호 (서초동,
　　　　　　삼일아파트)

**등기완료 후 절차**

## 1. 주식매수선택권 부여계약 체결

임시주주총회 결의가 끝나면 주식매수선택권을 받은 직원들과 계약을 체결한다. 다음은 주식매수선택권 600주를 부여받은 김순형 직원과 체결한 주식매수선택권 부여계약서이다.

---

### 주식매수선택권 부여계약서

주식회사 율도(이하 "갑"이라 한다)는 김순형(이하 "을"이라 한다)에게 2016년 4월 26일 자 임시주주총회 결의에 의하여 다음과 같이 주식매수선택권(이하 "선택권"이라 한다)을 부여한다.

**제1조 (교부할 주식의 종류와 수)** "을"의 선택권 행사에 대해 "갑"이 교부할 주식은 "갑"이 발행한 보통주식 600주로 한다.

**제2조 (선택권의 부여방법)** "을"이 선택권을 행사할 경우 "갑"은 제1조의 주식을 발행하거나 자기주식을 교부한다. 다만, 주식매수선택권의 행사가액이 주식의 실질가액보다 낮은 경우에 "갑"은 그 차액을 금전으로 지급하거나 그 차액에 상당하는 자기주식을 양도할 수 있다.

**제3조 (부여일)** 선택권의 부여일은 2016년 4월 26일로 한다.

**제4조 (행사가격)** "을"이 선택권을 행사함에 있어 "갑"에게 지급해야 할 1주당 금액(이하 "행사가격"이라 한다)은 금2,500원으로 한다.

**제5조 (행사가격과 부여할 주식의 수의 조정)** ① 선택권의 부여일 이후 선택권의 행사 전에 "갑"의 자본 또는 주식발행사항에 변동이 있는 경우에는 제1조의 교부할 주식의 수 또는 제4조의 행사가격은 다음 각호와 같이 조정한다.
1. 주식분할을 하는 경우: 행사가격은 액면가의 분할비율과 동등한 비율로 감소하고 교부할 주식의 수는 액면가의 분할비율의 역수로 증가한다.
2. 주식병합을 하는 경우: 행사가격은 액면가의 병합비율과 동등한 비율로 증가하고 교부할 주식의 수는 액면가의 병합비율의 역수로 감소한다.
3. 자본금 감소, 이익소각, 상환주식을 상환하여 발행주식총수가 감소하는 경우: 교부

---

할 주식의 수는 발행주식총수의 감소비율과 같은 비율로 감소한다.

② 제1항에 의한 조정은 제1항 각호의 사정이 생긴 때에 별도의 절차없이 이루어지는 것으로 하며, 이 경우 "갑"은 "을"에게 지체없이 그 내용을 통지해야 한다.

**제6조 (행사기간)** 선택권은 2018년 4월 27일부터 2021년 4월 27일까지 행사해야 하며, 이 기간에 행사하지 아니한 선택권은 부여하지 않은 것으로 본다.

**제7조 (행사방법 및 절차)** ① "을"은 제6조의 기간 내에 제1조가 정한 주식수 또는 제5조에 의해 조정된 주식수의 전부 또는 일부에 관해 선택권을 행사하거나 분할하여 행사할 수 있다.

② "을"이 선택권을 행사하고자 할 경우에는 "갑"이 작성한 신주발행청구서 2통에 선택권을 행사하고자 하는 주식의 종류와 수를 기재하고 기명날인 또는 서명을 하여 "갑"에게 제출하고 제4조의 행사가격 또는 제5조에 의해 조정된 행사가격을 제3항에서 규정하는 납입금 보관은행에 납입해야 한다.

③ "을"이 행사가격을 납입할 장소는 신한은행 법조타운지점으로 한다.

**제8조 (선택권행사의 효력)** "을"은 제7조 제2항의 납입을 한 때로부터 "갑"의 주주가 된다. 단, 납입을 한 날이 주주명부폐쇄 기간 중인 경우에는 선택권의 행사로 주주가 된 자는 해당 주주총회에서는 의결권을 행사하지 못한다.

**제9조 (양도 및 담보의 제한)** "을"은 선택권을 양도하거나 담보로 제공하여서는 아니 된다. 단, "을"이 선택권을 행사하기 전에 사망한 경우에는 그 상속인이 선택권을 승계한다.

**제10조 (취소사유)** ① 선택권을 부여받은 "을"이 이를 행사하기 전에 다음 각호의 1에 해당한 때는 "갑"은 이사회 결의로 선택권의 부여를 취소할 수 있다.

1. "을"이 2018년 4월 26일 전에 본인의 의사에 따라 퇴임하거나 퇴직한 경우. 이사 또는 감사인 "을"이 이사 또는 감사를 퇴직하고 계속 "갑"의 종업원으로 근무하거나, 종업원인 "을"이 이사 또는 감사로 선임된 경우에는 퇴임 또는 퇴직으로 보지 아니한다.

2. "을"이 임무를 해태하여 "갑"에게 손해를 가한 경우. 이사 또는 감사인 "을"이 제3자에 대하여 상법 제401조의 책임을 지게 된 경우에도 같다.

3. "갑"의 파산 또는 해산 등으로 "갑"이 선택권의 행사에 응할 수 없는 경우

4. "을"(이사, 집행임원 경우에 한한다)이 상법 제397조를 위반하여 경업 또는 겸직을 하거나 상법 제397조의2를 위반하여 회사의 기회 또는 자산을 유용하거나 상법 제398조를 위반하여 자기거래를 한 경우. "을"이 상근감사인 경우 상법 제397조가 규

정하는 경업 또는 겸직을 한 경우에도 같다.

5. 주주총회에서 상법 제385조가 정하는 정당한 사유로 "을"(이사 또는 감사인 경우에 한한다)을 해임하는 경우

6. "을"(종업원인 경우에 한한다)이 상법 제17조에서 규정하는 경업 또는 겸직을 한 경우

7. "을"이 선택권을 타인에게 양도하거나 담보로 제공한 경우

8. 선택권이 압류된 경우

9. 선택권 행사를 위해 "갑"의 미공개 정보를 이용하거나 시세조종 등 불공정 거래를 한 경우

② 제1항의 취소는 이사회의 결의로 하며, 이사회는 제1항의 사유가 발생한 경우에는 지체없이 취소의 결의를 하고 "을"에게 통지해야 한다.

③ 제1항의 사유의 존부 또는 이사회의 취소의 효력을 다투는 소가 제기되고 이 소송에서 "을"이 승소한 판결이 확정된 경우에는 선택권부여를 취소한 이사회결의는 취소 시에 소급하여 효력을 잃는다.

④ 상법 제385조에 의해 "을"의 해임을 청구하는 소가 제기되거나, "을"을 이사 또는 감사로 선임한 주주총회 결의의 효력을 다투는 소가 제기된 경우에는 당해 소에 대한 법원의 확정판결이 있을 때까지 "을"은 선택권을 행사할 수 없으며, 당해 소송에서 "을"을 해임하는 판결이 확정된 경우에는 선택권의 부여를 취소하며, "을"을 선임한 주주총회결의를 취소하는 판결(무효, 부존재판결을 포함한다)이 확정되는 경우에는 선택권을 부여하지 않은 것으로 본다.

**제11조 (합병, 분할로 인한 승계)** ① "갑"이 다른 회사에 흡수합병되는 경우에는 합병계약에 의해 다른 회사가 "을"에 대한 주식교부의무를 승계하지 않는 경우에는 "을"은 합병결의 후 2주간 내에 선택권을 행사해야 한다. 단, 합병이 "을"에 대한 선택권부여일 이후 3년 내에 이루어지는 경우에는 "갑"은 다른 회사가 "을"에 대한 의무를 승계할 것을 합병계약의 내용으로 해야 한다.

② "갑"이 분할(물적분할을 제외한다)로 인하여 회사를 신설하거나 "갑"의 일부가 다른 회사와 합병하는 경우에는 분할계획 또는 분할합병계약에 의해 다른 회사가 선택권자에 대한 의무를 승계하지 않는 경우에는 "을"은 분할계획서 또는 분할합병계약서를 승인하는 주주총회의 결의일부터 2주간 내에 선택권을 행사해야 한다. 단, 분할이 "을"에 대한 선택권부여일 이후 3년 내에 이루어지는 경우에는 "갑"은 다른 회사가 "을"에 대한 의무를 승계할 것을 분할계획 또는 분할합병계약의 내용으로 해야 한다.

**제12조 (준용)** 이 계약에서 정하지 아니한 사항은 이 계약 체결일 현재 시행중인 관련 법

규 및 "갑"의 정관과 당사자간의 합의에 따른다.

**제13조 (재판관할)** 이 계약에 관련된 소송은 "갑"의 본점소재지를 관할하는 법원에 제소해야 한다.

**제14조 (서명날인 및 보관)** 이 계약서는 2부 작성하여 "갑"과 "을"이 서명날인한 후 각 1부씩 보관하기로 한다.

2016년 4월 26일

갑    주식회사 율도
      대표이사   홍길동 (인)
      주소: 서울특별시 강남구 테헤란로 101, 501호(역삼동, 리즈타워)

을    이름: 김순형 (인)
      주민등록번호: 000000-0000000
      주소: 경기도 부천시 소사구 00로 00, 205호

## 2. 의사록과 변경된 정관의 비치 · 공시

임시주주총회 의사록과 변경된 정관은 본점과 지점에 비치 · 공시한다(상법 396조). 변경된 정관은 다음과 같다.

# 정    관

2015. 11. 9. 제정
2016. 4. 26. 개정

(중략)

**제10조의2 (주식매수선택권)** ① 본 회사는 주주총회 특별결의로 발행주식총수의 100분의 10 범위 내에서 임직원에게 주식매수선택권을 부여할 수 있다.
② 주식매수선택권의 행사로 교부할 주식(주식매수선택권의 행사가격과 시가와의 차

액을 현금 또는 자기주식으로 교부하는 경우에는 그 차액의 산정기준이 되는 주식을 말한다)은 보통주식으로 한다. 단, 임원 또는 직원 1인에 대하여 부여하는 주식매수선택권은 발행주식총수의 100분의 10을 초과할 수 없다.

③ 주식매수선택권을 부여받을 자는 회사의 설립, 경영과 기술혁신 등에 기여하거나 기여할 수 있는 임직원으로 하되 다음 각호의 1에 해당하는 자는 제외한다.

1. 의결권 없는 주식을 제외한 발행주식총수의 100분의 10 이상의 주식을 가진 주주
2. 이사, 집행임원, 감사의 선임과 해임 등 회사의 주요 경영사항에 대하여 사실상 영향력을 행사하는 자
3. 제1호와 제2호에 규정된 자의 배우자와 직계존비속

④ 주식매수선택권은 이를 부여하는 주주총회 특별결의일부터 2년이 지난 날부터 3년 이내에 행사할 수 있다.

⑤ 다음 각호의 어느 하나에 해당하는 경우에는 이사회의 결의로 주식매수선택권의 부여를 취소할 수 있다.

1. 당해 주식매수선택권을 부여받은 자가 주식매수선택권을 부여받은 후 임의로 사임 또는 퇴직한 경우
2. 당해 주식매수선택권을 부여받은 자가 고의 또는 과실로 회사에 중대한 손해를 초래하게 한 경우
3. 기타 주식매수선택권 부여계약에서 정한 취소사유가 발생한 경우

[2016. 4. 26. 신설]

(중략)

## 부칙 (2016. 4. 26.)

**제1조 (시행일)** 이 정관은 2016년 4월 26일부터 시행한다.

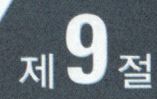

# 제9절

# 전환사채 발행

## Ⅰ 사례 설명

주식회사 율도(발행주식의 총수 30,000주, 1주의 금액 1,000원, 자본금 3,000만원)는 대표이사 홍길동이 15,000주, 사내이사 김철수가 12,000주, 사내이사 이영희가 3,000주를 가지고 있다. 감사 정갑동은 지분이 없다.

주식회사 율도는 재무구조 개선을 위하여 이사회 결의로 주식회사 한강파트너스에 제3자배정 방식으로 기명식 전환사채를 발행하고자 한다[604]. 주식회사 율도 정관의 전환사채 규정은 다음과 같다.

---

**제18조 (전환사채의 발행)** ① 본 회사가 이사회의 결의로 전환사채를 발행하는 경우 다음 각호의 방식에 의한다.
1. 주주에게 그가 가진 주식의 수에 따라서 전환사채를 배정하는 방식
2. 사채의 액면총액이 50억원을 초과하지 않는 범위 내에서 신기술의 도입, 재무구조의 개선 등 회사의 경영상 목적을 달성하기 위하여 필요한 경우 특정한 자(이 회사의 주주를 포함한다)에게 사채를 배정하기 위하여 사채인수의 청약을 할 기회를 부여하는 방식
② 전환사채의 발행에 관하여 상법 제513조 제2항 각호의 사항은 이사회의 결의로 정한다.
③ 제1항의 전환사채에 있어서 이사회는 그 일부에 대하여만 전환권을 부여하는 조건으로도 이를 발행할 수 있다.
④ 전환으로 인하여 발행하는 주식은 보통주식으로 하고 전환가액은 주식의 액면금액 또는 그 이상의 가액으로 사채발행시 이사회가 정한다.
⑤ 전환을 청구할 수 있는 기간은 당해 사채의 발행일 후 1년이 경과하는 날로부터 그 상환기일의 직전일까지로 한다. 그러나 위 기간 내에서 이사회의 결의로써 전환청

---

604) 상법 513조 3항 후문, 418조 2항 단서

> 구기간을 조정할 수 있다.

사채의 권면총액 및 발행가액 총액은 1억원으로 하고 3년 만기 전환사채로 발행한다. 이 자율은 표면금리 연4%, 보장수익률(만기보장수익률) 연7%이다. 따라서 주식회사 율도는 만기까지 사채권자에게 매년 4%의 이자를 지급하고, 만기에 원금과 (만기보장수익률 – 표면금리)의 3년 복리이자를 지급해야 한다. 결과적으로 매년 400만원의 이자를 지급하고, 만기시 1억원 × $(1.03)^3$ = 109,272,700원을 지급한다. 다만, 사채권자는 주당 2,500원으로 계산하여 사채를 보통주식으로 전환할 수 있다.

제3자배정이므로 전환사채 인수권자에 대한 최고는 하지 않는다(상법 513조의3 1항). 이사회 소집절차는 이사와 감사 전원이 동의하여 생략한다. 2016년 4월 27일 당일 이사회 → 전환사채 배정 → 사채총액 납입을 순차적으로 모두 진행한다.

## Ⅱ 스케줄, 사전준비사항과 비용

### 1. 스케줄

| 절 차 | 일 정 | 비 고 |
|---|---|---|
| 이사회 소집통지 | 2016. 4. 19.(D-8) | 이사와 감사 전원이 동의하여 생략함 |
| 전환사채 인수계약 체결 | 2016. 4. 27.(D) | 주식회사 한강파트너스 |
| 이사회 | 2016. 4. 27.(D) | 전환사채발행 결의 |
| 이사회 의사록 공증 | 2016. 4. 27.(D)부터 | |
| 전환사채 인수권자에 대한 실권예고부 청약최고 | 2016. 4. 27.(D) | 1. 사채청약일의 2주 전(주주 전원의 동의로 기간단축 가능)<br>2. 제3자배정이므로 전환사채 인수권자에 대한 최고는 하지 않는다. |
| 사채청약 및 배정 | 2016. 4. 27.(D) | 특정인이 회사와 계약하여 사채의 총액을 인수할 경우(총액인수방식) 사채청약서를 작성하지 않음 |
| 사채총액 납입 | 2016. 4. 27.(D) | |

| 절 차 | 일 정 | 비 고 |
|---|---|---|
| 등기신청서 제출 (본점) | 2016. 4. 27.(D)부터 2주 이내 | |

## 2. 사전준비사항

주주와 임원, 회사가 사전에 준비할 사항은 다음과 같다.

| 준비사항 | 비 고 |
|---|---|
| 전환사채 인수계약서 사본 | 등기사항 확인 |
| 공증위임장 | 의장을 포함한 의결정족수 이상의 이사들, 출석한 감사가 (개인)인감도장을 찍고 의장은 추가로 (법인)인감도장을 찍음 |
| (개인)인감증명서: 공증위임장에 도장을 찍은 임원들 모두 각 1부 | 최근 3개월 이내 발행 |
| (법인)인감증명서 1부 | 최근 3개월 이내 발행 |
| 등기사항전부증명서 1부 | 최근 3개월 이내 발행 |
| (법인)인감도장 | |
| 정관 사본 | |
| 사채청약서 2부: 주식회사 한강파트너스 | 1부는 회사에 보관하고, 1부는 등기신청서에 첨부 |

## 3. 비 용

### (1) 등기신청수수료(e-Form): 4,000원

「전환사채」 변경에 따른 등기신청수수료 4,000원을 서울중앙지방법원 등기국에 낸다.

### (2) 등록면허세 및 지방교육세: 48,240원

「전환사채」 변경에 따른 등록면허세 및 지방교육세 48,240원을 이택스ETAX로 서울특별시 강남구에 낸다.

### (3) 이사회 의사록 인증수수료 (공증사무소에 납부): 30,000원

# Ⅲ 서식

## 1. 전환사채 인수계약서

---

### 전환사채 인수계약서

주식회사 한강파트너스(이하 "갑"이라 한다)와 전환사채발행자인 주식회사 율도(이하 "을"이라 한다)는 다음과 같이 전환사채 인수계약을 체결하고 본 계약서에 규정된 각 조항을 성실히 이행한다.

**제1조 (용어의 정의)** 본 계약에서 사용하는 용어의 정의는 다음과 같다.
  1. '기한이익상실사유'란 제5조에 규정된 사유를 의미한다.
  2. '담보권'이란 저당권, 질권, 양도담보, 가등기담보, 우선특권 기타 파산절차에서 본 사채권보다 우선하는 순위를 가진 채권을 의미한다.

**제2조 (사채의 발행조건)** 본 사채의 발행조건은 다음과 같다.
  1. 사채의 명칭: 제1회 전환사채
  2. 사채의 종류: 기명식 전환사채
  3. 사채의 권면총액: 금100,000,000원정
  4. 사채의 발행가액: 사채 권면총액의 100%
  5. 사채발행가액의 총액: 금100,000,000원정
  6. 각 사채의 금액과 권종: 금50,000,000원권 1종
  7. 사채의 이율: 사채발행일부터 3년이 되는 날까지 표면금리 연 4.0%, 보장수익률(만기보장수익률) 연 7.0%
  8. 사채의 상환방법과 기한: 전환청구권 행사기간에 전환권을 행사하지 아니한 사채에 대하여는 사채발행일로부터 3년이 되는 날에 원리금을 일시에 상환한다. 단, 상환기일이 휴일인 경우에는 그 다음 영업일로 한다.
  9. 이자지급방법과 기한: 본사채의 이자는 발행일 익일부터 원금상환일까지의 이자를 매년 연이율을 적용하여 매월말 후급으로 지급한다. 이자지급일이 은행의 휴무인 경우에는 그 다음 영업일로 하고 이자지급일 이후의 이자는 계산하지 아니한다.
  10. 원리금 지급장소: 서울 신한은행 법조타운지점 및 각 광역시 및 도청소재지 모점
  11. 연체이율: 원금 상환 및 이자지급 연체시에는 원금상환일 또는 이자지급일 익일부

---

터 실제 지급일까지의 경과기간에 대하여 연15%의 연체이율을 적용한다.

12. 발행방식: 제3자배정방식

13. 주주이외의 자에게 발행할 전환사채의 액: 100,000,000원

14. 조달자금의 사용목적: 운영자금

15. 전환청구를 받을 장소: 발행인의 본점

16. 주주의 전환사채인수권의 목적인 전환사채의 액: 해당사항 없음

17. 전환의 조건:

가) 전환비율: 사채권면액(2이상의 사채권으로 전환청구시에는 그 권면 합산금액)의 100%를 전환가격으로 나눈 주식수를 전환주식으로 하고, 1주 미만의 단수주에 대하여는 단수주에 상당하는 현금으로 지급하며, 단수주 대금의 해당기간 이자는 지급하지 아니한다. 단, 사채권면액 일부에 대한 전환은 청구할 수 없다.

나) 전환가격: 금2,500원

다) 전환으로 인하여 발행할 주식의 내용: 보통주식

라) 전환가격의 조정:

① 전환청구 전에 전환가격을 하회하는 발행가격으로 유상증자를 하거나 주식배당, 준비금의 자본금 전입으로 주식을 발행하는 경우 다음과 같이 전환가격을 조정한다(다만, 유·무상 증자를 병행하는 경우 유상증자의 1주당 발행가액이 전환가격을 상회하는 때는 유상증자에 의한 신주발행 주식수는 전환조정가격에 적용하지 아니하고 무상증자에 의한 신주발행 주식만 적용한다).

조정후 전환가격 = {조정전 전환가격 × [기발행주식수 + 신발행주식수 × (1주당 발행가격 / 조정전 전환가격)] / [기발행주식수 + 신발행주식수]}

단, 위의 산식에 의한 기발행주식수는 조정후 전환가액의 적용일 직전 월말 현재의 주식수로 함.

② 합병, 분할, 분할합병, 자본금의 감소, 주식분할 및 병합 등에 의하여 전환가격의 조정이 필요한 경우에는 을과 사채권자가 협의하여 전환가격을 조정한다.

③ 제1항의 산식에 의한 조정후 전환가격의 원단위 미만은 절삭한다.

18. 전환을 청구할 수 있는 기간: 사채발행일로부터 1년이 지난날부터 상환기일 전날까지

19. 전환청구절차: 사채권자가 소정의 전환청구서 2통에 필요한 사항을 기재, 날인하여 발행인의 본점에 제출하여 청구한다.

20. 전환으로 발생된 주식의 최초배당금 및 이자: 전환으로 발행된 주식은 전환청구일이 속한 사업연도 말에 전환된 것으로 보아 배당의 효력을 가지며, 전환청구일이 속한 사업연도에 대한 이자는 소멸한다. 그러나 당해 전환사채 발행연도 중 주식으로 전환된 경우에는 당해 전환사채 발행일에 주식으로 전환된 것으로 본다.

21. 유·무상증자의 제한: 전환권 행사 이전에 유·무상증자를 함으로써 조정 후 전환 가액이 액면가액 미만이 될 경우에는 유·무상증자를 하지 아니한다.

22. 미발행주식의 보유: 사채권 소유자가 주식으로 전환청구를 할 수 있는 기간까지 을은 발행할 주식의 총수 중 전환청구에 의하여 발행될 주식(미발행주식) 수를 보유한다.

23. 전환청구에 의한 증자등기는 전환청구를 행사한 날이 속하는 달의 말일로부터 2주간 이내에 해야 한다.

24. 기타사항: 전 각호 사항 외에 사채발행을 위한 세부사항은 을의 대표이사에게 위임한다.

**제3조 (사채권의 양식 및 사채청약서의 기재사항)** 을은 본 사채의 사채권을 발행해야 하며, 본 계약의 주요내용을 요약기재하고, 사채권 이면의 기재사항을 사채청약서에도 기재해야 한다. 다만, 사채권을 발행하지 아니하기로 정한 경우에는 사채권의 발행을 생략할 수 있다.

**제4조 (발행회사의 원리금지급의무)** ① 을은 사채권자에게 본 사채의 발행조건 및 본 계약에서 정하는 시기와 방법으로 원리금을 지급할 의무가 있다.

② 을은 원리금지급의무를 이행하기 위하여 본 사채에 관한 지급대행계약을 체결하고 지급대행자에게 기한이 도래한 원금과 이자를 지급할 수 있는 지급자금을 예치할 수 있다.

③ 을이 원금 또는 이자지급의무를 이행하지 아니한 때는 동 연체금액에 대하여 제2조 제11호에서 규정한 연체이자를 지급해야 하며, 이 경우 연체이자는 지급할 날(본 계약 제5조에 따라 기한이익이 상실된 경우에는 기한이익상실에 따른 변제기일) 익일부터 실제 지급일까지의 경과기간에 대하여 지급한다.

**제5조 (기한이익상실)** 다음 각호의 사유가 발생한 경우에 을은 즉시 본 사채에 대한 기한의 이익을 상실하며, 갑은 을에게 원금과 이자의 일부 또는 전부에 대한 기한 전 상환을 요구할 수 있다.

1. 을이 파산, 회생절차개시의 신청을 하거나, 이에 동의한 경우 또는 을에게 파산이 선고되거나 회생절차가 개시된 경우

2. 을에게 존립기간의 만료 등 정관으로 정한 해산사유의 발생, 법원의 해산명령 또는 해산판결, 주주총회의 해산결의가 있는 경우

3. 을이 휴업 또는 폐업하는 경우

4. 을에게 어음교환소의 거래정지처분이 있는 때 및 채무불이행명부등재 신청이 있는 때 등 을이 지급불능 또는 지급정지의 상태에 이른 것으로 인정되는 경우

5. 원금의 일부를 상환해야 할 의무 또는 기한이 도래한 이자지급의무를 불이행하여, 갑이 을에게 서면통지한 변제유예기간 내에 을이 변제하지 못한 경우

**제6조 (정관 등 변경)** 을은 본 계약의 성실한 이행을 할 수 있도록 회사의 정관 및 내부 규칙 등 회사운영에 관한 규정 중 본 계약에 반하는 부분은 본 계약내용에 따라 변경해야 하며 본 계약의 이행에 필요한 상법상의 관련 절차를 밟아야 한다.

**제7조 (계약불이행에 대한 조치)** 본 계약의 당사자 중 일방이 계약상의 의무를 이행하지 아니할 때는 상대방 당사자는 30일간의 유예기간을 두어 이 계약의 해제 또는 해지를 예고하고 그 유예기간이 경과함에 따라 동시에 이 계약을 해제 또는 해지할 수 있으며, 계약상 의무를 이행하지 아니한 자는 계약불이행으로 인하여 발생한 손해를 배상하기로 한다.

**제8조 (계약의 유효기간)** 본 계약의 유효기간은 계약체결로부터 갑이 투자금을 완전히 회수하는 시기까지로 하되, 주식전환시는 갑이 원할 경우 이 계약내용을 기초로 주식인수계약을 별도로 체결할 수 있다.

**제9조 (기타)** 본 계약에 정하지 않은 사항은 관련 법률 및 일반 상관례에 따른다.

**제10조 (관할법원)** 본 계약과 관련하여 계약당사자간에 소송이 발생할 경우에는 서울중앙지방법원을 관할법원으로 한다.

이상과 같이 본 계약을 체결하여 당사자가 기명날인 후 갑과 을이 각 1통씩 보관한다.

2016년 4월 27일

갑: 주식회사 한강파트너스
대표이사 김득구
서울특별시 00구 00로 00

을: 주식회사 율도
대표이사 홍길동
서울특별시 강남구 테헤란로 101, 501호(역삼동, 리즈타워)

## 2. 이사회 의사록 및 공증서류

등기신청서에 첨부하는 의사록은 공증인의 인증을 받아야 한다. 대리인은 대리인 신분증과 대리인 도장 및 아래 서류를 갖추고 공증사무소에 가서 이사회 의사록을 인증받는다.

### (1) 이사회 의사록 (원본 2부)

---

# 이사회 의사록

주식회사 율도는 2016. 4. 27. 오전 10시 본점 회의실에서 이사회를 개최한다.

총이사 수: 3명,    출석 이사 수: 3명

총감사 수: 1명,    출석 감사 수: 1명

의장은 위와 같이 성원이 되었음을 알리고 의안심의에 들어갈 것을 제의하다.

**제1호 의안 : 전환사채발행(제3자배정)의 건**

의장은 본 회사의 재무구조 개선 및 업무확장을 위하여 아래와 같이 제3자배정 방식으로 전환사채발행의 필요성을 설명하고 그 가부를 물으니, 이사들은 이를 만장일치로 가결하다.

1. 사채의 명칭: 제1회 전환사채
2. 사채의 종류: 기명식 전환사채
3. 사채의 권면총액: 금100,000,000원정
4. 사채의 발행가액: 사채 권면총액의 100%
5. 사채발행가액의 총액: 금100,000,000원정
6. 각 사채의 금액과 권종: 금50,000,000원권 1종
7. 사채의 이율: 사채발행일부터 3년이 되는 날까지 표면금리 연 4.0%, 보장수익률(만기보장수익률) 연 7.0%
8. 사채의 상환방법과 기한: 전환청구권 행사기간에 전환권을 행사하지 아니한 사채에 대하여는 사채발행일로부터 3년이 되는 날에 원리금을 일시에 상환한다. 단, 상환기일이 휴일인 경우에는 그 다음 영업일로 한다.
9. 이자지급방법과 기한: 본사채의 이자는 발행일 익일부터 원금상환일까지의 이자를 매년 연이율을 적용하여 매월말 후급으로 지급한다. 이자지급일이 은행의 휴무인 경우에는 그 다음 영업일로 하고 이자지급일 이후의 이자는 계산하지 아니한다.

---

10. 원리금 지급장소: 서울 신한은행 법조타운지점 및 각 광역시 및 도청소재지 모점

11. 연체이율: 원금 상환 및 이자지급 연체시에는 원금상환일 또는 이자지급일 익일부터 실제 지급일까지의 경과기간에 대하여 연 15%의 연체이율을 적용한다.

12. 발행방식: 제3자배정 방식

13. 주주이외의 자에게 발행할 전환사채의 액: 100,000,000원

14. 조달자금의 사용목적: 운영자금

15. 전환청구를 받을 장소: 발행인의 본점

16. 주주의 전환사채인수권의 목적인 전환사채의 액: 해당사항 없음

17. 전환의 조건:

　가) 전환비율: 사채권면액(2이상의 사채권으로 전환청구시에는 그 권면 합산금액)의 100%를 전환가격으로 나눈 주식수를 전환주식으로 하고, 1주 미만의 단수주에 대하여는 단수주에 상당하는 현금으로 지급하며, 단수주대금의 해당기간 이자는 지급하지 아니한다. 단, 사채권면액 일부에 대한 전환은 청구할 수 없다.

　나) 전환가격: 금2,500원

　다) 전환으로 인하여 발행할 주식의 내용: 보통주식

　라) 전환가격의 조정:

　　① 전환청구 전에 전환가격을 하회하는 발행가격으로 유상증자를 하거나 주식배당, 준비금의 자본금 전입으로 주식을 발행하는 경우 다음과 같이 전환가격을 조정한다(다만, 유·무상 증자를 병행하는 경우 유상증자의 1주당 발행가액이 전환가격을 상회하는 때는 유상증자에 의한 신주발행 주식수는 전환조정가격에 적용하지 아니하고 무상증자에 의한 신주발행 주식만 적용한다).
조정후 전환가격 = {조정전 전환가격 × [기발행주식수 + 신발행주식수 × (1주당 발행가액 / 조정전 전환가격)] / [기발행주식수 + 신발행주식수]}
단, 위의 산식에 의한 기발행주식수는 조정후 전환가액의 적용일 직전 월말 현재의 주식수로 함.

　　② 합병, 분할, 분할합병, 자본금의 감소, 주식분할 및 병합 등에 의하여 전환가격의 조정이 필요한 경우에는 회사와 사채권자가 협의하여 전환가격을 조정한다.

　　③ 제1항의 산식에 의한 조정후 전환가격의 원단위 미만은 절삭한다.

18. 전환을 청구할 수 있는 기간: 사채발행일로부터 1년이 지난날부터 상환기일 전날까지

19. 전환청구절차: 사채권자가 소정의 전환청구서 2통에 필요한 사항을 기재, 날인하여 발행인의 본점에 제출하여 청구한다.

20. 전환으로 발생된 주식의 최초배당금 및 이자: 전환으로 발행된 주식은 전환청구일이 속한 사업연도 말에 전환된 것으로 보아 배당의 효력을 가지며, 전환청구일이 속한 사업연도에 대한 이자는 소멸한다. 그러나 당해 전환사채 발행연도 중 주식으로 전환

된 경우에는 당해 전환사채 발행일에 주식으로 전환된 것으로 본다.

21. 유·무상증자의 제한: 전환권 행사 이전에 유·무상증자를 함으로써 조정 후 전환가 액이 액면가액 미만이 될 경우에는 유·무상증자를 하지 아니한다.

22. 미발행주식의 보유: 사채권 소유자가 주식으로 전환청구를 할 수 있는 기간까지 회 사는 발행할 주식의 총수 중 전환청구에 의하여 발행될 주식(미발행주식) 수를 보유 한다.

23. 전환청구에 의한 증자등기는 전환청구를 행사한 날이 속하는 달의 말일로부터 2주간 이내에 해야 한다.

24. 사채청약일 및 납입일
사채청약 예정일: 2016. 4. 27.
사채납입 예정일: 2016. 4. 27.

25. 기타사항: 전 각호 사항 외에 사채발행을 위한 세부사항은 대표이사에게 위임한다.

의장은 이상으로 의안 심의를 전부 종료하였으므로 폐회를 선언하다(회의 종료시각 11시). 위 의사의 경과요령과 결과를 명확히 하기 위하여 이 의사록을 작성하고 출석한 이사, 감사가 기명날인하다.

2016. 4. 27.
주식회사 율도

의장 대표이사 홍길동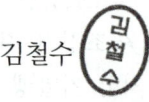

사내이사 김철수

사내이사 이영희

감사　정갑동

## (2) 공증촉탁서

<table>
<tr><td colspan="9" align="center">공 증 촉 탁 서</td></tr>
<tr>
<td colspan="2">접수번호</td>
<td colspan="3" align="center">-</td>
<td colspan="2" rowspan="2" align="center">문서명</td>
<td colspan="2" rowspan="2" align="center">이사회 의사록</td>
</tr>
<tr>
<td colspan="2">증서등부번호</td>
<td colspan="3" align="center">-</td>
</tr>
<tr>
<td colspan="9" align="center">아래 촉탁인은 위 공정증서 작성 □ 을 촉탁합니다.<br>인증 ■<br>2016년 4월 27일<br>사무소 귀중</td>
</tr>
<tr>
<td rowspan="5" align="center">1.<br>촉<br>탁<br>인</td>
<td align="center">성명<br>(법인명)</td>
<td colspan="2">홍길동 외 3인　　　(인)</td>
<td rowspan="5" align="center">2.<br>촉<br>탁<br>인</td>
<td align="center">성명<br>(법인명)</td>
<td colspan="3" align="right">(인)</td>
</tr>
<tr>
<td align="center">생년월일<br>(대표이사명)</td>
<td colspan="2">0000. 00. 00.</td>
<td align="center">생년월일<br>(대표이사명)</td>
<td colspan="3"></td>
</tr>
<tr>
<td align="center">주소<br>(소재지)</td>
<td colspan="2">서울특별시 00구 00로 00</td>
<td align="center">주소<br>(소재지)</td>
<td colspan="3"></td>
</tr>
<tr>
<td align="center">연락처</td>
<td colspan="2"></td>
<td align="center">연락처</td>
<td colspan="3"></td>
</tr>
<tr>
<td align="center">위출석확인</td>
<td colspan="2" align="right">(인)</td>
<td align="center">위출석확인</td>
<td colspan="3" align="right">(인)</td>
</tr>
<tr>
<td rowspan="5" align="center">3.<br>대<br>리<br>인</td>
<td align="center">성명<br>(법인명)</td>
<td colspan="2" align="center">김상균 (인)</td>
<td rowspan="5" align="center">4</td>
<td align="center">성명<br>(법인명)</td>
<td colspan="3" align="right">(인)</td>
</tr>
<tr>
<td align="center">생년월일<br>(대표이사명)</td>
<td colspan="2">0000. 00. 00.</td>
<td align="center">생년월일<br>(대표이사명)</td>
<td colspan="3"></td>
</tr>
<tr>
<td align="center">주소<br>(소재지)</td>
<td colspan="2">서울특별시 서초구 서초<br>대로 259, 5층</td>
<td align="center">주소<br>(소재지)</td>
<td colspan="3"></td>
</tr>
<tr>
<td align="center">연락처</td>
<td colspan="2">000-0000-0000</td>
<td></td>
<td colspan="3"></td>
</tr>
<tr>
<td align="center">위출석확인</td>
<td colspan="2" align="center">김상균 (인)</td>
<td align="center">위출석확인</td>
<td colspan="3" align="right">(인)</td>
</tr>
<tr>
<td colspan="2" align="center">비고</td>
<td colspan="7">주식회사 율도</td>
</tr>
<tr>
<td rowspan="5" align="center">수<br>령<br>사<br>항</td>
<td align="center">구분</td>
<td align="center">통수</td>
<td align="center">수령자확인</td>
<td rowspan="3" align="center">촉 대<br>탁 리<br>인 인<br>확 인</td>
<td align="center">주민등록증</td>
<td></td>
<td align="center">증인성명</td>
<td></td>
</tr>
<tr>
<td align="center">증서정본</td>
<td></td>
<td align="right">(인)</td>
<td align="center">운전면허증</td>
<td></td>
<td align="center">증인성명</td>
<td></td>
</tr>
<tr>
<td align="center">증서정본</td>
<td></td>
<td align="right">(인)</td>
<td align="center">공무원증</td>
<td></td>
<td align="center">면식번호</td>
<td></td>
</tr>
<tr>
<td align="center">인증서</td>
<td align="center">1</td>
<td align="center">김상균 (인)</td>
<td rowspan="2" align="center">확 인</td>
<td align="center">여 권</td>
<td></td>
<td colspan="2"></td>
</tr>
<tr>
<td align="center">영사증명서</td>
<td></td>
<td colspan="2"></td>
</tr>
<tr>
<td colspan="2" align="center">법률행위의 목적가액</td>
<td align="center">수수료</td>
<td colspan="2" align="center">주임</td>
<td align="center">사무장</td>
<td colspan="2" align="center">공증인</td>
</tr>
<tr>
<td colspan="2" align="right">원</td>
<td align="right">원</td>
<td colspan="2"></td>
<td></td>
<td colspan="2"></td>
</tr>
</table>

## (3) 진술서

<table>
<tr><td colspan="2" align="center">진 술 서</td></tr>
<tr><td>법인명</td><td>주식회사 율도</td></tr>
<tr><td>소재지</td><td>서울특별시 강남구 테헤란로 101, 501호 (역삼동, 리즈타워)</td></tr>
<tr><td>회의의 종류</td><td>이사회</td></tr>
<tr><td>소집일시</td><td>2016. 4. 27.</td></tr>
<tr><td>소집장소</td><td>본점 회의실</td></tr>
</table>

본인은 (                    )에서 위 법인 의사록의 인증을 촉탁함에 있어서, 위 법인의 **촉탁대리인**으로서 위 회의가 적법하게 소집되었으며, 결의의 절차와 내용이 진실에 부합함을 진술합니다.

2016년  4월  27일

위 진술인: 변호사 김상균 (김상균)

서울특별시 서초구 서초대로 259, 5층 (서초동, 서원빌딩)

## (4) 등기사항전부증명서

1부를 준비한다. 공증사무소 제출일 기준으로 최근 3개월 이내에 발행되어야 한다.

## (5) 정관 사본

정관의 첫 장부터 마지막 장까지 (법인)인감도장으로 간인한 뒤, 마지막 장에 다음과 같이 기재하고 (법인)인감도장을 찍는다.

2016년 4월 27일 원본대조필

주식회사 율도
대표이사 홍길동

## (6) 확인서

# 확 인 서

| 법인명 | 주식회사 율도 |
|---|---|
| 회의 종류 | 이사회 |
| 소집일시 | 2016. 4. 27. |
| 소집통지발송일 | 이사와 감사 전원이 동의하여 소집절차 생략 |
| 회의안건 | 제1호 의안 전환사채발행(제3자배정)의 건 |

　본인은 위 의사록에 관하여 위 법인의 대표이사로서 이 회의가 적법하게 소집되었으며 결의의 절차와 내용이 진실에 부합함을 확인합니다.

2016년 4월 27일

위 확인인 대표이사 홍길동

주소: 서울특별시 00구 00로 00

(　　　　　) 귀중

## (7) 공증위임장

의장을 포함한 의결정족수 이상의 이사들, 출석한 감사가 (개인)인감도장을 찍고 의장은 추가로 (법인)인감도장을 찍는다.

<table>
<tr><td colspan="2" style="text-align:center">위 임 장</td></tr>
<tr><td>수임인</td><td>변호사 김상균<br>서울특별시 서초구 서초대로 259, 5층 (서초동, 서원빌딩)</td></tr>
<tr><td colspan="2">위의 사람을 본인의 대리인으로 정하여 (　　　　　　　)에서 다음 사서증서의 인증을 촉탁하는 일체의 권한을 위임합니다.<br><br> 다음 <br>1. 이사회 의사록</td></tr>
<tr><td colspan="2" style="text-align:center">2016년 4월 27일</td></tr>
<tr><td>위임인</td><td>대표이사 홍길동 <u>(개인인감도장 날인)</u> <u>(법인인감도장 날인)</u><br>서울특별시 00구 00로 00</td></tr>
<tr><td>위임인</td><td>사내이사 김철수 <u>(개인인감도장 날인)</u><br>서울특별시 00구 00로 00</td></tr>
<tr><td>위임인</td><td>사내이사 이영희 <u>(개인인감도장 날인)</u><br>서울특별시 00구 00로 00</td></tr>
<tr><td>위임인</td><td>감사 정갑동 <u>(개인인감도장 날인)</u><br>서울특별시 00구 00로 00</td></tr>
</table>

## (8) (개인)인감증명서

홍길동, 김철수, 이영희, 정갑동이 각 1부씩 준비한다. 공증사무소 제출일 기준으로 최근 3개월 이내에 발행되어야 한다.

## (9) (법인)인감증명서

1부를 준비한다. 공증사무소 제출일 기준으로 최근 3개월 이내에 발행되어야 한다.

## 3. 주식회사 변경등기신청서(e-Form) 및 첨부서류

### (1) 주식회사 변경등기신청서(e-Form)

| 즉시접수 | 당일접수 |
|---|---|
| | |
| 제출자 | 변호사 김상균 |
| 총 | 1 건 |

전자표준양식번호(e-Form)번호: 1101-2016-0123456-1

# 주식회사변경등기신청

| 접수 | 년 월 일 | 처리인 | 접수 | 조사 | 인감 | 기입 | 교합 | 통지 |
|---|---|---|---|---|---|---|---|---|
| | 제 호 | | | | | | | |

본 신청서 상의 정보와 전자표준양식(e-Form)으로 저장된 정보는 동일함을 확인합니다.　　작성완료일시: 2016. 4. 27.　13:25:52
본 신청서는 최초 작성 후 3개월까지만 등기소에 제출 가능합니다.　　최초작성일시: 2016. 4. 27.　13:10:27

| 상호 | 주식회사 율도 (Yuldo, Inc.) | 등기번호 | 51001호 |
|---|---|---|---|
| 본점 | 서울특별시 강남구 테헤란로 101, 501호 (역삼동, 리즈타워) | | |
| 등기의 목적 | 주식회사 변경등기 | | |
| 등기의 사유 | 2016. 4. 27. 이사회에서 제1회 전환사채를 발행하기로 결의하여 그 변경등기를 구함. | | |
| 본/지점신청구분 | **1.본점신청■**　2.지점신청□　3.본·지점일괄신청□ | | |
| 등 기 할 사 항 | | | |
| 전환사채[605] | 제1회 전환사채<br><br>1. 전환사채의 총액: 금100,000,000원정<br>1. 각 전환사채의 금액: 금50,000,000원권 1종<br>1. 각 전환사채의 납입금액: 전액<br>1. 본 사채는 주식으로 전환할 수 있다.<br>1. 전환의 조건 | | |

---

605) 전환사채의 등기사항은 상법 제514조의2 2항에 정해져 있다. 참고로, <u>이자율은 등기사항이 아니다.</u>

1. 전환의 조건:

가) 전환비율: 사채권면액(2이상의 사채권으로 전환청구시에는 그 권면 합산금액)의 100%를 전환가격으로 나눈 주식수를 전환주식으로 하고, 1주 미만의 단수주에 대하여는 단수주에 상당하는 현금으로 지급하며, 단수주대금의 해당기간 이자는 지급하지 아니한다. 단, 사채권면액 일부에 대한 전환은 청구할 수 없다.

나) 전환가격: 금2,500원

다) 전환으로 인하여 발행할 주식의 내용: 보통주식

라) 전환가격의 조정:

① 전환청구 전에 전환가격을 하회하는 발행가격으로 유상증자를 하거나 주식배당, 준비금의 자본금 전입으로 주식을 발행하는 경우 다음과 같이 전환가격을 조정한다(다만, 유·무상 증자를 병행하는 경우 유상증자의 1주당 발행가액이 전환가격을 상회하는 때는 유상증자에 의한 신주발행 주식수는 전환조정가격에 적용하지 아니하고 무상증자에 의한 신주발행 주식만 적용한다).

조정후 전환가격 = {조정전 전환가격 × [기발행주식수 + 신발행주식수 × (1주당 발행가격 / 조정전 전환가격)] / [기발행주식수 + 신발행주식수]}

단, 위의 산식에 의한 기발행주식수는 조정후 전환가액의 적용일 직전 월말 현재의 주식수로 함.

② 합병, 분할, 분할합병, 자본금의 감소, 주식분할 및 병합 등에 의하여 전환가격의 조정이 필요한 경우에는 회사와 사채권자가 협의하여 전환가격을 조정한다.

③ 제1항의 산식에 의한 조정후 전환가격의 원단위 미만은 절삭한다.

1. 전환으로 발행할 주식의 내용: 기명식 보통주식

1. 전환청구기간: 2017년 4월 28일부터 2019년 4월 26일까지

2016년 4월 27일 발행

## 신청등기소 및 등록면허세/수수료

| 순번 | 신청등기소 | 구분 | 등록면허세 | 농어촌특별세 | 세액합계 | 등기신청수수료 |
|---|---|---|---|---|---|---|
| | | | 지방교육세 | | | |
| 1 | 서울중앙지방법원 등기국 | 본점 | 금 40,200원 | 금   0원 | 금 48,240원 | 금 4,000원 |
| | | | 금  8,040원 | | | |

| 등기신청수수료 납부번호 | （전자）16-00-01234567-4 |
|---|---|
| 과세표준액 | 0원 |

### 첨부서면

| | | | |
|---|---|---|---|
| 1.등기신청수수료 영수필확인서 | 1통 | 1.사채배정표 | 1통 |
| 1.등록면허세 납부확인서 | 1통 | 1.사채금액 납입증명서 | 1통 |
| 1.이사회 의사록 | 1통 | 1.정관 | 1통 |
| 1.사채청약서 | 1통 | 1.등기신청위임장 | 1통 |

2016년   4월   27일

신청인   상   호   주식회사 율도
　　　　본   점   서울특별시 강남구 테헤란로 101, 501호 （역삼동, 리즈타워）
　　　　성   명   대표이사 홍길동　　　　　（인）（전화:　　　　　　）
　　　　주   소   서울특별시 서초구 서초대로45길 22, 108동 1102호 （서초동,
　　　　　　　　　삼일아파트）
대리인   성   명   변호사   김상균　　　　　　　（전화:00-000-0000　　）
　　　　주   소   서울특별시 서초구 서초대로 259, 로층 （서초동, 서원빌딩）

서울중앙지방법원 등기국 귀중

- 신청서 작성요령 -

1. 해당란이 부족할 때에는 별지를 이용합니다.
1. 해당 등기신청과 관계없는 사항에 대해서는 "해당없음"으로 기재하거나 삭제하고, 필요한 사항은 추가로 기재합니다.

(2) 등기신청수수료 영수필확인서 (4,000원)

(3) 등록면허세 납부확인서 (48,240원)

(4) 임시주주총회 의사록 (공증인으로부터 인증받은 것)

(5) 사채청약서

---

# 사채청약서

1) 상호: 주식회사 율도
2) 사채의 명칭: 제1회 전환사채
3) 사채의 종류: 기명식 전환사채
4) 사채의 권면총액: 금100,000,000원정
5) 사채의 발행가액: 사채 권면총액의 100%
6) 사채발행가액의 총액: 금100,000,000원정
7) 각 사채의 금액과 권종: 금50,000,000원권 1종
8) 사채의 이율: 사채발행일부터 3년이 되는 날까지 표면금리 연 4.0%, 보장수익률(만기 보장수익률) 연 7.0%
9) 사채의 상환방법과 기한: 전환청구권 행사기간에 전환권을 행사하지 아니한 사채에 대하여는 사채발행일로부터 3년이 되는 날에 원리금을 일시에 상환한다. 단, 상환기일이 휴일인 경우에는 그 다음 영업일로 한다.
10) 이자지급방법과 기한: 본사채의 이자는 발행일 익일부터 원금상환일까지의 이자를 매년 연이율을 적용하여 매월말 후급으로 지급한다. 이자지급일이 은행의 휴무인 경우에는 그 다음 영업일로 하고 이자지급일 이후의 이자는 계산하지 아니한다.
11) 본 사채는 주식으로 전환할 수 있다.
12) 전환으로 인하여 발행할 주식의 내용: 기명식 보통주식
13) 전환을 청구할 수 있는 기간: 사채발행일로부터 1년이 지난날부터 상환기일 전날까지
14) 전환의 조건:
　가) 전환비율: 사채권면액(2이상의 사채권으로 전환청구시에는 그 권면 합산금액)의 100%를 전환가격으로 나눈 주식수를 전환주식으로 하고, 1주 미만의 단수주에 대하여는 단수주에 상당하는 현금으로 지급하며, 단수주대금의 해당기간 이자는 지급하지 아니한다. 단, 사채권면액 일부에 대한 전환은 청구할 수 없다.

---

나) 전환가격: 금2,500원

다) 전환으로 인하여 발행할 주식의 내용: 보통주식

라) 전환가격의 조정:

① 전환청구 전에 전환가격을 하회하는 발행가격으로 유상증자를 하거나 주식배당, 준비금의 자본금 전입으로 주식을 발행하는 경우 다음과 같이 전환가격을 조정한다(다만, 유·무상 증자를 병행하는 경우 유상증자의 1주당 발행가액이 전환가격을 상회하는 때는 유상증자에 의한 신주발행 주식수는 전환조정가격에 적용하지 아니하고 무상증자에 의한 신주발행 주식만 적용한다).

조정후 전환가격 = {조정전 전환가격 × [기발행주식수 + 신발행주식수 × (1주당 발행가액 / 조정전 전환가격)] / [기발행주식수 + 신발행주식수]}

단, 위의 산식에 의한 기발행주식수는 조정후 전환가액의 적용일 직전 월말 현재의 주식수로 함.

② 합병, 분할, 분할합병, 자본금의 감소, 주식분할 및 병합 등에 의하여 전환가격의 조정이 필요한 경우에는 회사와 사채권자가 협의하여 전환가격을 조정한다.

③ 제1항의 산식에 의한 조정후 전환가격의 원단위 미만은 절삭한다.

15) 주식의 양도에 관하여 이사회의 승인을 얻도록 정한 때에는 그 규정: 해당사항 없음

16) 자본금과 준비금의 총액: 2억 원

17) 최종의 대차대조표에 의하여 회사에 현존하는 순재산액: 2억 2천만 원

18) 사채 분납: 해당사항 없음

19) 전자등록기관의 전자등록부에 사채권 등록: 해당사항 없음

20) 전에 모집한 사채의 미상환금액: 해당사항 없음

21) 사채모집의 위탁을 받은 회사: 해당사항 없음

22) 사채관리회사: 해당사항 없음

23) 명의개서대리인: 해당사항 없음

2016년 4월 27일

사채청약인 주식회사 한강파톈토한
대표이사 김득구
서울특별시 00구 00로 00

## (6) 사채배정표

전환사채 모집으로 인한 발행등기를 신청하는 경우, 사채의 인수를 증명하는 정보를 제공해야 한다(상업등기규칙 144조 1항 1호). 사채의 인수를 증명하는 정보는 사채의 인수인이 작성한 사채인수증에 한정되는 것은 아니고 사채인수계약서나 사채배정표를 첨부하는 것도 가능하다[606].

### 사채배정표

(단위 : 원)

| 전환사채<br>인수권자 | 배정한<br>전환사채의<br>발행가액총액 | 인수한<br>전환사채의<br>발행가액총액 | 현재 전환사채의<br>발행가액총액 |
|---|---|---|---|
| 주식회사<br>한강파트너스 | 100,000,000 | 100,000,000 | 100,000,000 |
| 합계 | 100,000,000 | 100,000,000 | 100,000,000 |

위와 같이 주식회사 율도의 제1회 전환사채를 배정하고 각 인수를 완료하였습니다.

2016년 4월 27일

주식회사 율도

대표이사 홍길동

---

606) 상업등기실무(Ⅱ), 336쪽

## (7) 사채금액 납입증명서

전환사채 모집으로 인한 발행등기를 신청하는 경우, 사채 납입이 있음을 증명하는 정보를 제공해야 한다(상업등기규칙 144조 1항 3호). 사채 납입은 반드시 금융기관에 할 필요 없으므로 사채 납입을 증명하는 서면은 <u>발행회사가 작성한 것이어도 무방</u>하고, 사채 납입은 상계로도 가능하다[607].

---

### 사채금액 납입증명서

일금 일억원(100,000,000) 정

| 구 분 | 종 류 | 발행금액 (원) |
|:---:|:---:|---:|
| 제1회 | 기명식 전환사채 | 100,000,000 |

본 회사는 위 금액을 사채납입금으로 확실히 보존하고 있음을 증명합니다.

2016년 4월 27일

주식회사 율도

대표이사 홍길동

---

607) 대출금의 출자전환에 따른 변경등기 [상업등기선례 제1-190호, 1999. 8. 24. 제정]

## (8) 정관 사본

# 정 관

(중략)

**제18조 (전환사채의 발행)** ① 본 회사가 이사회의 결의로 전환사채를 발행하는 경우 다음 각호의 방식에 의한다.

1. 주주에게 그가 가진 주식의 수에 따라서 전환사채를 배정하는 방식
2. 사채의 액면총액이 50억원을 초과하지 않는 범위 내에서 신기술의 도입, 재무구조의 개선 등 회사의 경영상 목적을 달성하기 위하여 필요한 경우 특정한 자(이 회사의 주주를 포함한다)에게 사채를 배정하기 위하여 사채인수의 청약을 할 기회를 부여하는 방식

② 전환사채의 발행에 관하여 상법 제513조 제2항 각호의 사항은 이사회의 결의로 정한다.

③ 제1항의 전환사채에 있어서 이사회는 그 일부에 대하여만 전환권을 부여하는 조건으로도 이를 발행할 수 있다.

④ 전환으로 인하여 발행하는 주식은 보통주식으로 하고 전환가액은 주식의 액면금액 또는 그 이상의 가액으로 사채발행시 이사회가 정한다.

⑤ 전환을 청구할 수 있는 기간은 당해 사채의 발행일 후 1년이 경과하는 날로부터 그 상환기일의 직전일까지로 한다. 그러나 위 기간 내에서 이사회의 결의로써 전환청구기간을 조정할 수 있다.

(생략)

## (9) 등기신청위임장

<table>
<tr><td colspan="2" align="center">위 임 장</td></tr>
<tr><td>법인의 표시</td><td>상호　　　　주식회사 율도<br>본지점구분　본점<br>등기번호　　51001호</td></tr>
<tr><td>등기의 목적</td><td>주식회사 변경등기</td></tr>
<tr><td>등기의 사유</td><td>2016. 4. 27. 이사회에서 제1회 전환사채를 발행하기로 결의하여 그 변경등기를 구함.</td></tr>
<tr><td>대리인</td><td>성　명　변호사 김상균 (전화 : 00-000-0000)<br>주　소　서울특별시 서초구 서초대로 259, 5층 (서초동, 서원빌딩)</td></tr>
<tr><td colspan="2">본인은 위 사람을 대리인으로 정하고 다음의 사항의 권한을 위임한다.<br>1. 위 법인등기신청 및 취하에 관한 일체의 행위.<br>2. 원본 환부청구 및 수령행위.<br><br>　　　　　　　　　　2016년 4월 27일<br><br>상　호　주식회사 율도<br>본　점　서울특별시 강남구 테헤란로 101, 501호 (역삼동, 리즈타워)<br>성　명　대표이사 홍길동　　　　　　(인)(전화:　　　　　　)<br>주　소　서울특별시 서초구 서초대로45길 22, 108동 1102호 (서초동,<br>　　　　삼일아파트)</td></tr>
</table>

**Ⅳ 등기완료 후 절차**

## 1. 사채원부

등기가 완료되면 다음 사항이 기재된 사채원부를 작성한다(상법 488조, 514조). 사채원부는 본점에 비치해야 한다(상법 396조 1항).

1. 사채권자(무기명식 채권이 발행되어 있는 사채의 사채권자는 제외한다)의 성명과 주소
2. 채권의 번호
3. 상법 제474조 제2항 제4호, 제5호, 제7호부터 제9호까지, 제13호, 제13호의2 및 제13호의3에 규정된 사항
4. 각 사채의 납입금액과 납입연월일
5. 채권의 발행연월일 또는 채권을 발행하는 대신 전자등록기관의 전자등록부에 사채권자의 권리를 등록하는 때에는 그 뜻
6. 각 사채의 취득연월일
7. 무기명식 채권을 발행한 때에는 그 종류, 수, 번호와 발행연월일
8. 사채를 주식으로 전환할 수 있다는 뜻
9. 전환의 조건
10. 전환으로 인하여 발행할 주식의 내용
11. 전환을 청구할 수 있는 기간
12. 주식의 양도에 관하여 이사회의 승인을 얻도록 정한 때에는 그 규정

<table>
<tr><td colspan="4" align="center">사채원부</td></tr>
<tr><td>명칭</td><td colspan="3">제1회 전환사채</td></tr>
<tr><td>사채의 종류</td><td colspan="3">기명식 전환사채</td></tr>
<tr><td rowspan="3">사채권자의 성명과 주소, 채권번호</td><td>성명</td><td>주소</td><td>채권번호</td></tr>
<tr><td>주식회사 한강파트너스</td><td>서울특별시 00구 00로 00</td><td>2016042701</td></tr>
<tr><td>주식회사 한강파트너스</td><td>서울특별시 00구 00로 00</td><td>2016042702</td></tr>
</table>

| 사채의 총액 | 금100,000,000원 |
|---|---|
| 각 사채의 금액 | 금50,000,000원 1종 |
| 사채의 이율 | 사채발행일부터 3년이 되는 날까지 표면금리 연 4.0%,<br>보장수익률(만기보장수익률) 연 7.0% |
| 사채의 상환과 이자지급의 방법과 기한 | 가) 원금상환방법 및 기한: 전환청구권 행사기간에 전환권을 행사하지 아니한 사채에 대하여는 사채발행일로부터 3년이 되는 날에 원리금을 일시에 상환한다. 단, 상환기일이 휴일인 경우에는 그 다음 영업일로 한다.<br>나) 이자의 지급방법과 기한: 본사채의 이자는 발행일 익일부터 원금상환일까지의 이자를 매년 연이율을 적용하여 매월 말 후급으로 지급한다. 이자지급일이 은행의 휴무인 경우에는 그 다음 영업일로 하고 이자지급일 이후의 이자는 계산하지 아니한다. |
| 각 사채의 납입금액과 납입연월일 | 전액 (2016. 4. 27.) |
| 채권의 발행연월일 | 2016. 4. 27. |
| 각 사채의 취득연월일 | 2016. 4. 27. |
| 사채를 주식으로 전환할 수 있다는 뜻 | 본 사채는 주식으로 전환할 수 있다. |
| 전환의 조건 | 가) 전환비율: 사채권면액(2이상의 사채권으로 전환청구시에는 그 권면 합산금액)의 100%를 전환가격으로 나눈 주식수를 전환주식으로 하고, 1주 미만의 단수주에 대하여는 단수주에 상당하는 현금으로 지급하며, 단수주대금의 해당기간 이자는 지급하지 아니한다. 단, 사채권면액 일부에 대한 전환은 청구할 수 없다.<br>나) 전환가격: 금2,500원<br>다) 전환으로 인하여 발행할 주식의 내용: 보통주식<br>라) 전환가격의 조정:<br>① 전환청구 전에 전환가격을 하회하는 발행가격으로 유상증자를 하거나 주식배당, 준비금의 자본금 전입으로 주식을 발행하는 경우 다음과 같이 전환가격을 조정한다(다만, 유무상 증자를 병행하는 경우 유상증자의 1주당 발행가액이 전환가격을 상회하는 때는 유상증자에 의한 신주발행 주식수는 전환조정가격에 적용하지 아니하고 무상증자에 |

| | 의한 신주발행 주식만 적용한다).<br>조정후 전환가격 = {조정전 전환가격 × [기발행주식수 + 신발행주식수 × (1주당 발행가격 / 조정전 전환가격)] / [기발행주식수 + 신발행주식수]}<br>단, 위의 산식에 의한 기발행주식수는 조정후 전환가액의 적용일 직전 월말 현재의 주식수로 함.<br>② 합병, 분할, 분할합병, 자본금의 감소, 주식분할 및 병합 등에 의하여 전환가격의 조정이 필요한 경우에는 회사와 사채권자가 협의하여 전환가격을 조정한다.<br>③ 제1항의 산식에 의한 조정후 전환가격의 원단위 미만은 절삭한다. |
|---|---|
| 전환으로 인하여 발행할 주식의 내용 | 기명식 보통주식 |
| 전환을 청구할 수 있는 기간 | 사채발행일로부터 1년이 지난날부터 상환기일 전날까지 |
| 주식의 양도에 관하여 이사회의 승인을 얻도록 정한 때에는 그 규정 | 없음 |

본 회사의 사채원부임을 확인함

2016년 4월 27일

주식회사 율도

대표이사 홍길동

## 2. 채권 교부

사채권자에게 다음 사항이 기재된 채권을 교부한다(상법 478조 2항, 514조).

1. 채권의 번호
2. 상법 제474조 제2항 제1호·제4호·제5호·제7호·제8호·제10호·제13호·제13호 의2 및 제13호의3에 규정된 사항
3. 사채를 주식으로 전환할 수 있다는 뜻
4. 전환의 조건
5. 전환으로 인하여 발행할 주식의 내용
6. 전환을 청구할 수 있는 기간
7. 주식의 양도에 관하여 이사회의 승인을 얻도록 정한 때에는 그 규정

## (1) 채권 (채권번호: 제2016042701호)

### 주식회사 율도 전환사채권 (제1회)
# 금오천만원 (금50,000,000원)

제2016042701호
발행일: 2016년 4월 27일
상환일: 2019년 4월 27일

이 전환채권은 주식회사 율도가 2016년 4월 27일 개최한 이사회 결의에 의하여 상법 478 조에 따라 이면에 기재한 조건으로 발행합니다.

---

1. 상호: 주식회사 율도
2. 명칭: 제1회 전환사채
3. 사채의 종류: 기명식 전환사채
4. 사채의 총액: 금100,000,000원
5. 각 사채의 금액: 금50,000,000원 1종
6. 사채의 이율: 사채발행일부터 3년이 되는 날까지 표면금리 연 4.0%, 보장수익률(만기 보장수익률) 연 7.0%

7. 사채의 상환과 이자지급의 방법과 기한:

　가) 원금상환방법 및 기한: 전환청구권 행사기간에 전환권을 행사하지 아니한 사채에 대하여는 사채발행일로부터 3년이 되는 날에 원리금을 일시에 상환한다. 단, 상환기일이 휴일인 경우에는 그 다음 영업일로 한다.

　나) 이자의 지급방법과 기한: 본사채의 이자는 발행일 익일부터 원금상환일까지의 이자를 매년 연이율을 적용하여 매월 말 후급으로 지급한다. 이자지급일이 은행의 휴무인 경우에는 그 다음 영업일로 하고 이자지급일 이후의 이자는 계산하지 아니한다.

8. 본 전환사채는 주식으로 전환할 수 있다.

9. 전환의 조건:

　가) 전환비율: 사채권면액(2이상의 사채권으로 전환청구시에는 그 권면 합산금액)의 100%를 전환가격으로 나눈 주식수를 전환주식으로 하고, 1주 미만의 단수주에 대하여는 단수주에 상당하는 현금으로 지급하며, 단수주대금의 해당기간 이자는 지급하지 아니한다. 단, 사채권면액 일부에 대한 전환은 청구할 수 없다.

　나) 전환가격: 금2,500원

　다) 전환으로 인하여 발행할 주식의 내용: 기명식 보통주식

　라) 전환가격의 조정:

　　① 전환청구 전에 전환가격을 하회하는 발행가격으로 유상증자를 하거나 주식배당, 준비금의 자본전입으로 주식을 발행하는 경우 다음과 같이 전환가격을 조정한다(다만, 유무상 증자를 병행하는 경우 유상증자의 1주당 발행가액이 전환가격을 상회하는 때는 유상증자에 의한 신주발행 주식수는 전환조정가격에 적용하지 아니하고 무상증자에 의한 신주발행 주식만 적용한다).

　　조정후 전환가격 = {조정전 전환가격 × [기발행주식수 + 신발행주식수 × (1주당 발행가격 / 조정전 전환가격)] / [기발행주식수 + 신발행주식수]}

　　단, 위의 산식에 의한 기발행주식수는 조정후 전환가액의 적용일 직전 월말 현재의 주식수로 함.

　　② 합병, 분할, 분할합병, 자본금의 감소, 주식분할 및 병합 등에 의하여 전환가격의 조정이 필요한 경우에는 회사와 사채권자가 협의하여 전환가격을 조정한다.

　　③ 제1항의 산식에 의한 조정후 전환가격의 원단위 미만은 절삭한다.

10. 전환으로 인하여 발행할 주식의 내용: 기명식 보통주식

11. 전환을 청구할 수 있는 기간: 사채발행일로부터 1년이 지난날부터 상환기일 전날까지

12. 주식의 양도에 관하여 이사회의 승인을 얻도록 정한 때에는 그 규정: 없음

## (2) 채권 (채권번호: 제2016042702호)

---

### 주식회사 율도 전환사채권 (제1회)
# 금오천만원 (금50,000,000원)

제2016042702호
발행일: 2016년 4월 27일
상환일: 2019년 4월 27일

이 전환채권은 주식회사 율도가 2016년 4월 27일 개최한 이사회 결의에 의하여 상법 478조에 따라 이면에 기재한 조건으로 발행합니다.

---

1. 상호: 주식회사 율도
2. 명칭: 제1회 전환사채
3. 사채의 종류: 기명식 전환사채
4. 사채의 총액: 금100,000,000원
5. 각 사채의 금액: 금50,000,000원 1종
6. 사채의 이율: 사채발행일부터 3년이 되는 날까지 표면금리 연 4.0%, 보장수익률(만기보장수익률) 연 7.0%
7. 사채의 상환과 이자지급의 방법과 기한:
   가) 원금상환방법 및 기한: 전환청구권 행사기간에 전환권을 행사하지 아니한 사채에 대하여는 사채발행일로부터 3년이 되는 날에 원리금을 일시에 상환한다. 단, 상환기일이 휴일인 경우에는 그 다음 영업일로 한다.
   나) 이자의 지급방법과 기한: 본사채의 이자는 발행일 익일부터 원금상환일까지의 이자를 매년 연이율을 적용하여 매월 말 후급으로 지급한다. 이자지급일이 은행의 휴무인 경우에는 그 다음 영업일로 하고 이자지급일 이후의 이자는 계산하지 아니한다.
8. 본 전환사채는 주식으로 전환할 수 있다.
9. 전환의 조건:
   가) 전환비율: 사채권면액(2이상의 사채권으로 전환청구시에는 그 권면 합산금액)의 100%를 전환가격으로 나눈 주식수를 전환주식으로 하고, 1주 미만의 단수주에 대하여는 단수주에 상당하는 현금으로 지급하며, 단수주대금의 해당기간 이자는 지급하지 아니한다. 단, 사채권면액 일부에 대한 전환은 청구할 수 없다.
   나) 전환가격: 금2,500원
   다) 전환으로 인하여 발행할 주식의 내용: 기명식 보통주식
   라) 전환가격의 조정:

① 전환청구 전에 전환가격을 하회하는 발행가격으로 유상증자를 하거나 주식배당, 준비금의 자본전입으로 주식을 발행하는 경우 다음과 같이 전환가격을 조정한다(다만, 유무상 증자를 병행하는 경우 유상증자의 1주당 발행가액이 전환가격을 상회하는 때는 유상증자에 의한 신주발행 주식수는 전환조정가격에 적용하지 아니하고 무상증자에 의한 신주발행 주식만 적용한다).

조정후 전환가격 = {조정전 전환가격 × [기발행주식수 + 신발행주식수 × (1주당 발행가격 / 조정전 전환가격)] / [기발행주식수 + 신발행주식수]}

단, 위의 산식에 의한 기발행주식수는 조정후 전환가액의 적용일 직전 월말 현재의 주식수로 함.

② 합병, 분할, 분할합병, 자본금의 감소, 주식분할 및 병합 등에 의하여 전환가격의 조정이 필요한 경우에는 회사와 사채권자가 협의하여 전환가격을 조정한다.

③ 제1항의 산식에 의한 조정후 전환가격의 원단위 미만은 절삭한다.

10. 전환으로 인하여 발행할 주식의 내용: 기명식 보통주식

11. 전환을 청구할 수 있는 기간: 사채발행일로부터 1년이 지난날부터 상환기일 전날까지

12. 주식의 양도에 관하여 이사회의 승인을 얻도록 정한 때에는 그 규정: 없음

## 3. 세무서 신고

<u>전환사채</u>, 신주인수권부사채(신주인수권증권이 분리된 경우에는 신주인수권증권을 말한다) 또는 그 밖의 주식으로 전환·교환하거나 주식을 인수할 수 있는 권리가 부여된 사채(상속세 및 증여세법 40조 1항)<u>를 발행하는 법인</u>(자본시장과 금융투자업에 관한 법률에 따른 주권상장법인으로서 같은 법 9조 7항에 따른 유가증권의 모집방법으로 전환사채 등을 발행하는 법인은 제외하며, 같은 법에 따른 인수인은 포함한다)은 <u>전환사채 등의 발행 및 인수인의 구체적 사항을 발행한 날이 속하는 분기종료일의 다음 달 말일까지</u> 기획재정부령으로 정하는 바에 따라 해당 법인(자본시장과 금융투자업에 관한 법률에 따른 인수인을 포함한다)의 본점 또는 주된 사무소의 소재지를 관할하는 세무서장에게 제출해야 한다(상속세 및 증여세법 82조 6항, 같은 법 시행령 84조 5항).

## 4. 의사록 보관

회사는 주주의 이사회 의사록 열람·등사 청구에 대비하여 2016년 4월 27일 자 이사회 의사록을 본점에 보관한다.

# 제 10 절

# 비상장회사의 정기주주총회, 임원 변경

##  I 사례 설명

주식회사 율도(발행주식의 총수 30,000주, 1주의 금액 1,000원, 자본금 3,000만원)는 대표이사 홍길동이 15,000주, 사내이사 김철수가 12,000주를 가지고 있고 사내이사 이영희, 사외이사 존슨 윌리엄 데이비드(Johnson William David, 미국인, 1981년 5월 20일 생), 감사 정갑동은 지분이 없다. 그 밖에 투자사인 포춘인베스트먼트 주식회사가 3,000주를 가지고 있다.

이번 정기주주총회는 2016년 3월 31일에 개최할 예정이다. 사내이사 이영희는 2013년 4월 7일에 취임하였고 사외이사 존슨 윌리엄 데이비드는 2012년 12월 30일에 취임하였으며 감사 정갑동은 2013년 3월 2일에 취임하였다. 대표이사 홍길동과 사내이사 김철수는 임기가 6개월 이상 남아 있다. 주식회사 율도 정관의 임기관련 조항은 다음과 같다.

---

제30조 (이사 및 감사의 임기) ① 이사의 임기는 3년으로 하되, 그 임기 중의 최종의 결산기에 관한 정기주주총회의 종결에 이르기까지 연장된다.
② 감사의 임기는 취임 후 3년 내의 최종의 결산기에 관한 정기주주총회의 종결시까지로 한다.

---

주식회사 율도의 정기주주총회가 2016년 3월 31일에 열리므로 감사 정갑동은 2016년 3월 31일에 임기가 끝난다. 감사 정갑동은 중임하고, 사내이사 이영희도 중임(예선)하며 대표이사는 홍길동에서 김철수로 변경하고자 한다.

사외이사 존슨 윌리엄 데이비드는 2015년 12월 30일 24시에 임기가 만료하였으나 이를 간과하여 중임등기를 하지 못하였다. 주식회사 율도는 뒤늦게 이를 파악하여 사외이사 존슨 윌리엄 데이비드를 2015년 12월 30일 임기만료 처리하고 2016년 3월 31일에 다시 사외이사로 선임하기로 하였다. 존슨 윌리엄 데이비드는 국내에 장기체류하는 외국인으로서 출입국관리사무소에 외국인등록을 하였으나 (개인)인감도장은 등록하지 않아서 본인서명사실확인서를 제출하기로 하였다.

 **스케줄, 사전준비사항과 비용**

## 1. 스케줄

| 절 차 | 일 정 | 비 고 |
|---|---|---|
| 주주명부폐쇄기준일 | 2015. 12. 31. | |
| 재무제표 및 영업보고서 작성 | 2016. 1. 1.부터 | |
| 이사회 (결산을 위한) | 2016. 2. 17.까지 | 재무제표 및 영업보고서 승인 |
| 감사의뢰 | 2016. 2. 17.(D-43)까지 | 정기주주총회일의 6주 전 |
| 이사회 (주주총회 소집을 위한) | 2016. 3. 10.(D-21) | 정기주주총회 일시, 장소, 안건 등을 결의 |
| 주주총회 소집통지서 및 참석장 등 인쇄 의뢰 | 2016. 3. 11.(D-20) | |
| 정기주주총회 소집통지 | 2016. 3. 20.(D-11) | 주주 전원이 동의하면 소집절차 생략 가능 |
| 이사회 소집통지 | 2016. 3. 23.(D-8) | 이사와 감사 전원이 동의하면 소집절차 생략 가능 |
| 감사보고서 수령 | 2016. 3. 23.까지 | |
| 재무제표, 영업보고서, 감사보고서 비치·공시 | 2016. 3. 23.(D-8)부터 | |
| 주주총회 유인물인쇄 및 주주총회 예행연습 | 2016. 3. 23.(D-8) | |
| 정기주주총회 | 2016. 3. 31.(D) | |
| 이사회 | 2016. 3. 31.(D) | |
| 임시주주총회 의사록 및 이사회 의사록 공증 | 2016. 3. 31.(D)부터 | |
| 등기신청서 제출 (본점) | 2016. 3. 31.(D)부터 2주 이내에 제출해야 하나 사내이사 이영희를 예선하므로 사내이사 이영희의 중임일인 2016. 4. 8.부터 제출 가능 | |

| 절 차 | 일 정 | 비 고 |
|---|---|---|
| 재무상태표(대차대조표) 공고 | 2016. 4. 1. | 신문공고 또는 홈페이지 공고 |
| 인감카드 계속사용신청 | **등기완료 후** | |

## 2. 사전준비사항

주주와 임원, 회사가 사전에 준비할 사항은 다음과 같다. 참고로, 사내이사 이영희는 주주총회 의사록에 중임승낙함을 기재하고 도장을 찍고, 공증위임장에 (개인)인감도장을 찍고 공증사무소에 (개인)인감증명서를 제출하므로 등기소에 중임승낙서와 (개인)인감증명서를 별도로 제출하지 않아도 된다. 또한, 중임하는 임원들은 주민등록초본을 제출하지 않는다.

| 준비사항 | 비 고 |
|---|---|
| 공증위임장 (이사회) | 의장을 포함한 의결정족수 이상의 이사들, 출석한 감사가 (개인)인감도장을 찍고 의장은 추가로 (법인)인감도장을 찍음 |
| 공증위임장 (주주총회) | 1. 의장과 출석 이사, 의결정족수 이상의 주주들이 인감도장을 찍고 의장은 (법인)인감도장을 추가로 찍음<br>2. 공증위임장(이사회)과 합쳐서 작성할 수 있음 |
| (개인)인감증명서: 공증위임장에 도장을 찍은 이사, 감사, 주주들 모두 각 1부. 주주가 법인이면 (법인)인감증명서 | 최근 3개월 이내 발행 |
| (법인)인감증명서 1부 | 최근 3개월 이내 발행 |
| 등기사항전부증명서 1부 | 최근 3개월 이내 발행 |
| (법인)인감도장 | |
| 인감카드 | |
| 재무제표, 영업보고서, 감사보고서 사본 | |
| 정관 사본 | |
| 주주명부 사본 | 주주명부폐쇄기준일(2015. 12. 31.) 현재 주주명부 |
| 사외이사 취임승낙서: 존슨 윌리엄 데이비드 1부 | 본인서명사실확인서와 일치하는 서명 |
| 감사 중임승낙서: 정갑동 1부 | 정갑동의 (개인)인감도장 날인 |

| 준비사항 | 비 고 |
|---|---|
| 대표이사 사임서: 홍길동 1부 | 등기소에 (법인)인감을 제출한 대표자가 중임 또는 사임할 때는 (법인)인감을 찍은 중임승낙서 또는 사임서를 제출할 수 있음 |
| 대표이사 취임승낙서: 김철수 1부 | (개인)인감도장 날인 |
| 본인서명사실확인서: 존슨 윌리엄 데이비드 1부 | 최근 3개월 이내 발행 |
| (개인)인감증명서: 정갑동, 김철수 각 1부 | 최근 3개월 이내 발행 |
| 외국인등록사실 증명서: 존슨 윌리엄 데이비드 1부 | 최근 3개월 이내 발행 |
| 주민등록초본: 김철수 1부 | 최근 3개월 이내 발행 |

## 3. 비 용

### (1) 등기신청수수료(e-Form): 4,000원

「임원에 관한 사항」 변경에 따른 등기신청수수료 4,000원을 서울중앙지방법원 등기국에 낸다.

### (2) 등록면허세 및 지방교육세: 48,240원

「임원에 관한 사항」 변경에 따른 등록면허세 및 지방교육세 48,240원을 서울시ETAX 웹사이트를 통하여 서울특별시 강남구에 낸다.

### (3) 정기주주총회 및 이사회 의사록 인증수수료(공증사무소에 납부): 60,000원

### (4) 신문공고 시 신문광고비용

정기주주총회 후 재무상태표(대차대조표)를 공시해야 한다. 회사의 공고방법이 전자공고라면 비용이 별도로 들지 않지만 신문공고라면 신문사에 광고비용을 내야 한다.

### (5) 등기해태 과태료

사내이사 이영희를 예선하므로 사내이사 이영희의 중임일인 2016년 4월 8일부터 등기신청서 제출이 가능하다. 사외이사 존슨 윌리엄 데이비드의 임기만료 등기신청은 2016년 1월 13일까지 했어야 하나 2016년 4월 8일에야 등기신청서를 제출하므로 추후 등기해태 과태료를 내야 한다.

**서 식**

## 1. 정기주주총회 및 이사회 소집통지서

### (1) 정기주주총회 소집통지서 및 첨부서류

#### (a) 정기주주총회 소집통지서

# 정기주주총회(7기) 소집통지

　주주님의 건승과 댁내 평안을 기원합니다. 당사는 제7기(2015.1.1-2015.12.31) 정기주주총회를 아래와 같이 개최하오니 참석하여 주시기 바랍니다.

아　래

1. 일시 : 2016년 3월 31일 오전 9시

2. 장소 : 서울특별시 강남구 테헤란로 101, 501호 (역삼동, 리즈타워) 본점 회의실

3. 회의 목적사항
가. 보고사항
　제1호 영업보고
나. 결의사항
　제1호 의안) 제7기(2015.1.1-2015.12.31) 재무제표 승인의 건
　제2호 의안) 임원 변경의 건
　　제2-1호 의안) 사외이사 선임의 건
　　제2-2호 의안) 사내이사 중임(예선)의 건
　　제2-3호 의안) 감사 중임의 건
　제3호 의안) 이사보수한도 승인의 건

　주주님께서는 총회에 참석하여 의결권을 직접 행사하시거나 위임장에 따라 의결권을 간접 행사하실 수 있습니다.

2016년 3월 20일
주식회사 율도
대표이사 홍길동

## (b) 참석장

# 참 석 장

| 주주번호 | |
|---|---|

소유주식 현황

| 소유주식 수 | 보통주식          주 |
|---|---|
| 의결권 있는 주식 수 | 보통주식          주 |

주주 본인은 귀사의 아래 주주총회에 참석합니다.

총회의 명칭: 정기주주총회(제7기)

일시: 2016년 3월 31일 (화) 오전 9시

장소: 서울특별시 강남구 테헤란로 101, 501호 (역삼동, 리즈타워)

2016년  3월  31일

성명              (인)

주식회사 율도 귀중

## (c) 위임장

# 위 임 장

  본인은 2016년 3월 31일에 개최하는 주식회사 율도의 제7기 정기주주총회(그 속회, 연회 포함)에서 아래 사람을 대리인으로 정하고 다음과 같이 찬반표시에 따라 의결권을 행사할 것을 위임합니다.

다　음

| 주주번호 | |
|---|---|

소유주식 현황

| 소유주식 수 | 보통주식　　　주 |
|---|---|
| 의결권 있는 주식 수 | 보통주식　　　주 |
| 위임할 주식 수 | 보통주식　　　주 |

1. 대리인 성명:　　　　　　（주민등록번호:　　　　　　　）

2. 주주총회 목적사항 및 목적사항별 찬반 여부

| 번호 | 주주총회 목적사항 | 찬성 | 반대 |
|---|---|---|---|
| 제1호 | 제7기 (2015.1.1-2015.12.31) 재무제표 승인의 건 | | |
| 제2호 | 임원 변경의 건 | | |
| 제2-1호 | 사외이사 1인 선임의 건 | | |
| 제2-2호 | 사내이사 1인 중임(예선)의 건 | | |
| 제2-3호 | 감사 1인 중임의 건 | | |
| 제3호 | 이사 보수한도 승인의 건 | | |

3. 새로 상정된 안건이나 변경·수정 안건 등에 대한 의결권의 행사위임
　주주총회 시 새로 상정된 안건이나 각호 의안에 대한 수정안이 상정될 경우 대리인에게 의결권을 포괄적으로 위임합니다.

2016년 3월　일

주주 성명:　　　　　　　（주민등록번호:　　　　　　　　　）（인）

## (2) 이사회 소집통지서

# 이사회 소집통지

　이사님과 감사님의 건승과 댁내 평안을 기원합니다. 당사는 상법 및 정관 규정에 따라 아래와 같이 이사회를 개최하오니 참석하여 주시기 바랍니다.

아　래

1. 일시 :　2016. 3. 31. 오전 10시 30분

2. 장소 :　서울특별시 강남구 테헤란로 101, 501호(역삼동, 리즈타워) 본점 회의실

3. 의안 :　제1호 의안　대표이사 선임의 건

2016년 3월 23일

주식회사 율도
대표이사 홍길동

## 2. 정기주주총회 의사록, 이사회 의사록 및 공증서류

### (1) 정기주주총회 의사록 (원본 2부)

---

# 정기주주총회 의사록

주식회사 율도

위 회사는 서기 2016. 3. 31. 9시 본점 회의실에서 정기주주총회를 개최하다.

총주주 수: 3명　　총주식 수: 30,000주 (의결권 있는 주식 수: 30,000주)
출석 주주 수: 2명 (대리출석: 0명)　　출석 주주의 주식 수: 27,000주

대표이사(홍길동)는 정관규정에 따라 이 회의 진행을 위하여 의장석에 등단하여 위와 같이 법정수에 달하는 주식 수를 보유한 주주 전원이 출석하였으므로 본 총회가 적법히 성립되었음을 알리고 개회를 선언한 후 다음 의안을 부의하고 심의를 구하다.

### 가. 보고사항

**제1호: 영업보고**
의장은 업계의 현황과 회사의 영업경과 및 성과, 회사가 대처할 과제 등 회사 영업의 중요사항을 보고하다.

### 나. 결의사항

**제1호 의안: 제7기 (2015.1.1~2015.12.31) 재무제표 승인의 건**
의장은 재무제표 승인의 건을 상정하고, 감사가 결산보고서를 감사한 결과 일반적으로 인정되는 회계원칙에 따라 작성한 것으로 이의가 없다는 감사보고를 하다. 의장은 별첨 제7기 재무제표의 승인을 구한바, 주주들은 박수로 찬성하여 만장일치로 승인가결하다.

**제2호 의안: 임원 변경의 건**

**제2-1호 의안: 사외이사 1인 선임의 건**
의장은 본 회사의 사외이사를 새로 선임할 필요가 있음을 설명하고 이에 대한 의견을 구한바 주주들은 협의를 거쳐서 다음과 같이 임원을 선출, 영입하기로 박수로 찬성하여

---

만장일치로 가결하다.

사내이사 미합중국인 존슨윌리엄데이비드 (Johnson William David)

## 제2-2호 의안: 사내이사 1인 중임(예선)의 건

의장은 본 회사의 사내이사 이영희가 2016. 4. 7. 24:00 임기만료 될 예정이므로 후임 사내이사를 선임하기 위하여 의견을 구한바 주주들은 사내이사 이영희의 중임을 박수로 찬성하여 만장일치로 가결하다.

사내이사 이영희
중임연월일: 2016. 4. 8.

위 피선자는 즉석에서 그 직에 중임함을 승낙하다.

## 제2-3호 의안: 감사 1인 중임의 건

의장은 본 회사의 감사 정갑동이 임기가 만료되므로 후임 감사를 선임하기 위하여 의견을 구한바 주주들은 감사 정갑동의 중임을 박수로 찬성하여 만장일치로 가결하다.

감사 정갑동

위 피선자는 즉석에서 그 직에 중임함을 승낙하다.

## 제3호 의안: 이사보수한도 승인의 건

의장은 회사의 목표실적을 달성하려면 이사들의 노력을 끌어낼 수 있는 동기부여가 필요함을 설명하고 제8기의 이사보수한도를 다음과 같이 제안한바 주주들은 박수로 찬성하여 만장일치로 이사보수한도를 승인가결하다.

제8기 이사보수한도: 총 15억원 (일반보수한도 5억원, 성과보수한도 10억원)

의장은 이상으로 의안 심의를 전부 종료하였으므로 폐회한다고 선언하다(회의 종료시각 10시). 위 의사의 경과요령과 결과를 명확히 하기 위하여 이 의사록을 작성하고 의장과 출석한 이사가 기명날인 또는 서명하다.

[첨부서류] 재무상태표(대차대조표), 손익계산서, 자본변동표, 이익잉여금 처분계산서
(또는 결손금 처리계산서)

2016. 3. 31.
주식회사 율도

의장 대표이사 　홍길동

사내이사 　김철수

사내이사 　이영희

[별첨]

## 재무상태표(대차대조표)
(생략)

## 손익계산서
(생략)

## 자본변동표
(생략)

## 이익잉여금 처분계산서(또는 결손금 처리계산서)
(생략)

## (2) 이사회 의사록 (원본 2부)

# 이사회 의사록

주식회사 율도

위 회사는 서기 2016. 3. 31. 10시 30분 본점 회의실에서 이사회를 개최한다.

총이사 수: 4명,   출석 이사 수: 3명
총감사 수: 1명,   출석 감사 수: 0명

### 제1호 의안: 대표이사 변경의 건

의장은 본 회사의 대표이사 홍길동이 사임하므로 대표이사를 다시 선임하기 위하여 의견을 구한바 이사들은 다음 사람을 대표이사로 선임하는 것을 만장일치로 가결하였다.

대표이사 김철수

위 피선자는 즉석에서 그 직에 취임함을 승낙하였다.

의장은 이상으로 의안 심의를 전부 종료하였으므로 폐회를 선언하다(회의 종료시각 11시). 위 의사의 경과요령과 결과를 명확히 하기 위하여 이 의사록을 작성하고 의장과 출석한 이사가 기명날인하다.

2016. 3. 31.
주식회사 율도

의장 **대표이사 홍길동**

**대표이사 김철수**

사내이사 이영희

## (3) 공증촉탁서

<table>
<tr><th colspan="8" style="text-align:center">공 증 촉 탁 서</th></tr>
<tr><td>접수번호</td><td colspan="3">-</td><td rowspan="2">문서명</td><td colspan="3">1. 정기주주총회 의사록</td></tr>
<tr><td>증서등부번호</td><td colspan="3">-</td><td colspan="3">2. 이사회 의사록</td></tr>
<tr><td colspan="8" style="text-align:center">아래 촉탁인은 위 공정증서 작성 □ 을 촉탁합니다.<br>인증 ■<br>2016년 3월 31일<br>사무소 귀중</td></tr>
<tr><td rowspan="5">1.<br>촉<br>탁<br>인</td><td>성명<br>(법인명)</td><td colspan="2">홍길동 외 2인 　(인)</td><td rowspan="5">2.<br>촉<br>탁<br>인</td><td>성명<br>(법인명)</td><td colspan="2">(인)</td></tr>
<tr><td>생년월일<br>(대표이사명)</td><td colspan="2">0000. 00. 00.</td><td>생년월일<br>(대표이사명)</td><td colspan="2"></td></tr>
<tr><td>주소<br>(소재지)</td><td colspan="2">서울특별시 00구 00로 00</td><td>주소<br>(소재지)</td><td colspan="2"></td></tr>
<tr><td>연락처</td><td colspan="2"></td><td>연락처</td><td colspan="2"></td></tr>
<tr><td>위출석확인</td><td colspan="2">(인)</td><td>위출석확인</td><td colspan="2">(인)</td></tr>
<tr><td rowspan="5">3.<br>대<br>리<br>인</td><td>성명<br>(법인명)</td><td colspan="2">김상균 (인)</td><td rowspan="5">4</td><td>성명<br>(법인명)</td><td colspan="2">(인)</td></tr>
<tr><td>생년월일<br>(대표이사명)</td><td colspan="2">0000. 00. 00.</td><td>생년월일<br>(대표이사명)</td><td colspan="2"></td></tr>
<tr><td>주소<br>(소재지)</td><td colspan="2">서울특별시 서초구 서초<br>대로 259, 5층</td><td>주소<br>(소재지)</td><td colspan="2"></td></tr>
<tr><td>연락처</td><td colspan="2">000-0000-0000</td><td>　</td><td colspan="2"></td></tr>
<tr><td>위출석확인</td><td colspan="2">김상균 (인)</td><td>위출석확인</td><td colspan="2">(인)</td></tr>
<tr><td>비고</td><td colspan="3">주식회사 율도</td><td colspan="4"></td></tr>
<tr><td rowspan="5">수<br>령<br>사<br>항</td><td>구분</td><td>통수</td><td>수령자확인</td><td rowspan="5">촉<br>탁<br>인<br></td><td rowspan="5">대<br>리<br>인<br>확<br>인</td><td>주민등록증</td><td>증인성명</td></tr>
<tr><td>증서정본</td><td></td><td>(인)</td><td>운전면허증</td><td>증인성명</td></tr>
<tr><td>증서정본</td><td></td><td>(인)</td><td>공무원증</td><td>면식번호</td></tr>
<tr><td rowspan="2">인증서</td><td rowspan="2">2</td><td rowspan="2">김상균 (인)</td><td>여 권</td><td></td></tr>
<tr><td>영사증명서</td><td></td></tr>
<tr><td></td><td>법률행위의 목적가액<br>　원</td><td colspan="2">수수료<br>　원</td><td colspan="2">주임</td><td>사무장</td><td>공증인</td></tr>
<tr><td></td><td></td><td colspan="2"></td><td colspan="2"></td><td></td><td></td></tr>
</table>

## (4) 진술서

<table>
<tr><td colspan="2" align="center">진 술 서</td></tr>
<tr><td>법인명</td><td>주식회사 율도</td></tr>
<tr><td>소재지</td><td>서울특별시 강남구 테헤란로 101, 501호 (역삼동, 리즈타워)</td></tr>
<tr><td>회의의 종류</td><td>1. 정기주주총회<br>2. 이사회</td></tr>
<tr><td>소집일시</td><td>1. 정기주주총회: 2016. 3. 31.<br>2. 이사회: 2016. 3. 31.</td></tr>
<tr><td>소집장소</td><td>본점 회의실</td></tr>
<tr><td colspan="2">
본인은 (                    )에서 위 법인 의사록의 인증을 촉탁함에 있어서, 위 법인의 **촉탁대리인**으로서 위 회의가 적법하게 소집되었으며, 결의의 절차와 내용이 진실에 부합함을 진술합니다.

2016년 3월 31일

위 진술인: 변호사 김상균 ㉑

서울특별시 서초구 서초대로 259, 5층 (서초동, 서원빌딩)
</td></tr>
</table>

## (5) 주주명부

# 주 주 명 부

2015년 12월 31일 현재[608]

| 주주명 | 소유주식수 | 회의출석 | 의결찬성 | 인증촉탁 | 비고 |
|---|---|---|---|---|---|
| 홍길동 | 15,000 | ○ | ○ | ○ | |
| 김철수 | 12,000 | ○ | ○ | ○ | |
| 포춘인베스트먼트 주식회사 | 3,000 | × | | × | |

| 총주식수 | 출석주식수 | 의결찬성주식수 | 인증촉탁주식수 | 1주당금액 |
|---|---|---|---|---|
| 30,000 | 27,000 | 27,000 | 27,000 | 1,000원 |

위 주주명부는 본사에 비치된 주주명부와 대조하여 틀림이 없음을 증명합니다.

2016년  3월  31일

주식회사 율도
서울특별시 강남구 테헤란로 101, 501호 (역삼동, 리즈타워)

대표이사 김철수

## (6) 등기사항전부증명서

1부를 준비한다. 공증사무소 제출일 기준으로 최근 3개월 이내에 발행되어야 한다.

---

608) 주주명부 폐쇄기준일을 기준으로 주주명부를 작성한다.

## (7) 정관 사본

정관의 첫 장부터 마지막 장까지 (법인)인감도장으로 간인한 뒤, 마지막 장에 다음과 같이 기재하고 (법인)인감도장을 찍는다.

2016년 3월 31일 원본대조필

주식회사 율도
대표이사 김철수

## (8) 확인서

<table>
<tr><td colspan="2" align="center">**확 인 서**</td></tr>
<tr><td>법인명</td><td>주식회사 율도</td></tr>
<tr><td>회의 종류</td><td>1. 정기주주총회<br>2. 이사회</td></tr>
<tr><td>소집일시</td><td>1. 정기주주총회: 2016. 3. 31.<br>2. 이사회: 2016. 3. 31.</td></tr>
<tr><td>소집통지발송일</td><td>1. 정기주주총회: 2016. 3. 20.<br>2. 이사회: 2016. 3. 23.</td></tr>
<tr><td>회의 안건</td><td>1. 정기주주총회<br>가. 보고사항<br>　　제1호 영업보고<br>나. 결의사항<br>　　제1호 의안 제7기 (2015.1.1-2015.12.31) 재무제표 승인의 건<br>　　제2호 의안 임원 변경의 건<br>　　　제2-1호 의안 사외이사 1인 선임의 건<br>　　　제2-2호 의안 사내이사 1인 중임(예선)의 건</td></tr>
</table>

| | 제2-3호 의안 감사 1인 중임의 건<br>제3호 의안 이사보수한도 승인의 건<br><br>2. 이사회<br>제1호 의안 대표이사 변경의 건 |
|---|---|

　본인은 위 의사록에 관하여 위 법인의 대표이사로서 이 회의가 적법하게 소집되었으며 결의의 절차와 내용이 진실에 부합함을 확인합니다.


2016년　3월　31일

위 확인인 대표이사 김철수

주소: 서울특별시 00구 00로 00

(　　　　　　　　) 귀중


## (9) 공증위임장

　이사, 감사, 주주가 (개인)인감도장을 찍고 의장은 추가로 (법인)인감도장을 찍는다.

# 위 임 장

| 수임인 | 변호사 김상균<br>서울특별시 서초구 서초대로 259, 5층 (서초동, 서원빌딩) |
|---|---|

위의 사람을 본인의 대리인으로 정하여 (　　　　　　　　　)에서 다음 사서증서의 인증을 촉탁하는 일체의 권한을 위임합니다.

다음

1. 정기주주총회 의사록
2. 이사회 의사록

| 2016년 3월 31일 | |
|---|---|
| 위임인 | 대표이사, 주주 김철수 <u>(개인인감도장 날인)</u> <u>(법인인감도장 날인)</u><br>서울특별시 00구 00로 00 |
| 위임인 | 사내이사, 주주 홍길동 <u>(개인인감도장 날인)</u><br>서울특별시 00구 00로 00 |
| 위임인 | <u>사내이사 이영희 (개인인감도장 날인)</u><br>서울특별시 00구 00로 00 |

## (10) (개인)인감증명서

김철수, 홍길동, 이영희가 각 1부씩 준비한다. 공증사무소 제출일 기준으로 최근 3개월 이내에 발행되어야 한다.

## (11) (법인)인감증명서

1부를 준비한다. 공증사무소 제출일 기준으로 최근 3개월 이내에 발행되어야 한다.

## (12) 사임서 사본 (대표이사 홍길동)

---

# 사 임 서

본인은 귀 회사의 대표이사인바, 일신상의 형편으로 대표이사 직을 사직하고자 합니다.

2016년 3월 31일

대표이사 홍길동

주식회사 율도 귀하

---

## (13) 정기주주총회 소집통지서 ((법인)인감도장 날인)

## (14) 이사회 소집통지서 ((법인)인감도장 날인)

## 3. 주식회사 변경등기신청서(e-Form) 및 첨부서류

## (1) 주식회사 변경등기신청서(e-Form)

| 즉시접수 | 당일접수 |
|---|---|
| | |
| 제출자 | 변호사 김상균 |
| 총 | 1            건 |

전자표준양식번호(e-Form)번호: 1101-2016-0123456-1

# 주식회사변경등기신청

| 접<br>수 | 년    월    일<br>제              호 | 처<br>리<br>인 | 접수 | 조사 | 인감 | 기입 | 교합 | 통지 |
|---|---|---|---|---|---|---|---|---|
| | | | | | | | | |

본 신청서 상의 정보와 전자표준양식(e-Form)으로 저장된 정보는 동일함을 확인합니다.     작성완료일시: 2016. 4. 8.  13:25:52
본 신청서는 최초 작성 후 3개월까지만 등기소에 제출 가능합니다.     최초작성일시: 2016. 4. 8.  13:10:27

| 상호 | 주식회사 율도 (Yuldo, Inc.) | 등기번호 | 51001호 |
|---|---|---|---|
| 본점 | 서울특별시 강남구 테헤란로 101, 501호 (역삼동, 리즈타워) | | |
| 등기의 목적 | 주식회사 변경등기 | | |
| 등기의 사유 | 2016. 3. 31. 정기주주총회 및 이사회 결의로 임원이 변경되었으므로 그 변경등기를 구함. | | |
| 본/지점신청구분 | **1.본점신청■**  2.지점신청□  3.본·지점일괄신청□ | | |
| 등 기 할  사 항 | | | |
| 임원에 관한 사항 | 사외이사 미합중국인 존슨윌리엄데이비드(Johnson William David) (1981년 5월 20일생) <u>2015년 12월 30일 임기만료</u><br><br>사외이사 미합중국인 존슨윌리엄데이비드(Johnson William David) (1981년 5월 20일생) 2016년 3월 31일 취임<br><br>사내이사 이영희 (000000-0000000) | | |

<u>2016년 4월 8일 중임</u>

감사 정갑동 (000000-0000000)
2016년 3월 31일 중임

대표이사 홍길동 (000000-0000000)
서울특별시 서초구 서초대로45길 22, 108동 1102호 (서초동, 삼일아파트)
2016년 3월 31일 사임

대표이사 김철수 (000000-0000000)
서울특별시 영등포구 여의로 12, 101호 (여의도동, 세계오피스텔)
2016년 3월 31일 취임

## 신청등기소 및 등록면허세/수수료

| 순번 | 신청등기소 | 구분 | 등록면허세<br>지방교육세 | 농어촌특별세 | 세액합계 | 등기신청수수료 |
|---|---|---|---|---|---|---|
| 1 | 서울중앙지방법원 등기국 | 본점 | 금 40,200원<br>금 8,040원 | 금 0원 | 금 48,240원 | 금 4,000원 |

| 등기신청수수료 납부번호 | (전자) 16-00-01234567-4 |
|---|---|
| 과세표준액 | 0원 |

첨부서면

| | | | |
|---|---|---|---|
| 1.등기신청수수료 영수필확인서 | 1통 | 1.(개인)인감증명서 | 2통 |
| 1.등록면허세 납부확인서 | 1통 | 1.본인서명사실확인서 | 1통 |
| 1.정기주주총회 의사록 | 1통 | 1.주민등록초본 | 1통 |
| 1.이사회 의사록 | 1통 | 1.외국인등록사실 증명서 | 1통 |
| 1.취임(중임)승낙서 | 3통 | 1.(법인)인감신고서 | 1통 |
| 1.사임서 | 1통 | 1.등기신청위임장 | 1통 |

2016년 4월 8일

신청인  상  호  주식회사 율도
        본  점  서울특별시 강남구 테헤란로 101, 501호 (역삼동, 리즈타워)
        성  명  대표이사 김철수[609]        ( 인 ) (전화:            )
        주  소  서울특별시 영등포구 여의로 12, 101호 (여의도동, 세계오피스텔)
대리인  성  명  변호사  김상균        ( 인 ) (전화:00-000-0000    )
        주  소  서울특별시 서초구 서초대로 255, 5층 (서초동, 서원빌딩)


서울중앙지방법원 등기국 귀중

- 신청서 작성요령 -

1. 해당란이 부족할 때에는 별지를 이용합니다.
1. 해당 등기신청과 관계없는 사항에 대해서는 "해당없음"으로 기재하거나 삭제하고, 필요한 사항은 추가로 기재합니다.

## (2) 등기신청수수료 영수필확인서 (4,000원)

## (3) 등록면허세 납부확인서 (48,240원)

## (4) 임시주주총회 의사록 (공증인으로부터 인증받은 것)

## (5) 이사회 의사록 (공증인으로부터 인증받은 것)

## (6) 취임(중임)승낙서: 감사 정갑동, 사외이사 존슨 윌리엄 데이비드, 대표이사 김철수 각 1부

---

609) 전 대표이사 홍길동이 회사에 대표이사 사임서를 제출하여 사임의 효력이 발생하였기 때문에 등기신청인이 될 수 없다. 반면, 대표이사 김철수는 이사회의 선임결의와 김철수의 취임승낙으로 취임효력이 발생하였으므로 아직 대표이사로 등기되지 않았더라도 정당한 등기신청인이 된다(상업등기실무(Ⅱ), 202-203쪽).

## (a) 감사 정갑동

# 중 임 승 낙 서

본인은 2016년 3월 31일 정기주주총회에서 감사로 선임되었으므로 그 중임을 승낙함.

2016년 3월 31일

감사 정갑동 <u>(개인인감도장 날인)</u>

**주식회사 율도 귀하**

## (b) 사외이사 존슨 윌리엄 데이비드

# 취 임 승 낙 서

본인은 2016년 3월 31일 정기주주총회에서 사외이사로 선임되었으므로 그 취임을 승낙함.

2016년 3월 31일

사외이사 존슨 윌리엄 데이비드 (Johnson William David) <u>(**본인서명사실확인서 상의 서명**)</u>

**주식회사 율도 귀하**

## (c) 대표이사 김철수

---

# 취 임 승 낙 서

본인은 이사회에서 대표이사로 선임되었으므로 그 취임을 승낙함.


2016년  3월  31일

대표이사 김철수 <u>(개인인감도장 날인)</u>


**주식회사 율도 귀하**

---

## (7) 사임서: 대표이사 홍길동

등기소에 (법인)인감을 제출한 대표자가 중임 또는 사임할 때는 (법인)인감을 찍은 중임
승낙서 또는 사임서를 제출할 수 있다.

---

# 사 임 서

본인은 귀 회사의 대표이사인바, 일신상의 형편으로 대표이사 직을 사직하고자 합니다.

2016년  3월  31일

대표이사 홍길동

**주식회사 율도 귀하**

---

## (8) (개인)인감증명서

김철수와 정갑동이 각 1부씩 준비한다. 등기신청서 제출일 기준으로 최근 3개월 이내에

발행되어야 한다.

## (9) 본인서명사실확인서

존슨 윌리엄 데이비드가 1부를 준비한다. 등기신청서 제출일 기준으로 최근 3개월 이내에 발행되어야 한다.

## (10) 주민등록초본

김철수가 1부를 준비한다. 등기신청서 제출일 기준으로 최근 3개월 이내에 발행되어야 한다. 감사 정갑동과 사내이사 이영희는 중임하므로 주민등록초본을 제출하지 않아도 된다.

## (11) 외국인등록사실 증명서

존슨 윌리엄 데이비드가 1부를 준비한다. 등기신청서 제출일 기준으로 최근 3개월 이내에 발행되어야 한다.

## (12) (법인)인감신고서 및 인감대지

대표이사 홍길동이 사임하고 대표이사 김철수가 새로 선임되었으므로 (법인)인감을 다시 신고해야 한다. 기존의 (법인)인감도장을 다시 신고해도 무방하다. 인감신고 시 대표이사 김철수의 개인인감증명서를 첨부해야 하나 등기신청서에 이미 김철수의 개인인감증명서 1부를 첨부했으므로 2부를 첨부하지 않아도 된다.

### (a) (법인)인감신고서

## 인감 · 개인(改印) 신고서

(신고하는 인감날인란)　　(인감제출자에 관한 사항)

| 상호(명칭) | | 주식회사 율도 | 등기번호 | 000000 |
|---|---|---|---|---|
| 본점(주사무소) | | 서울특별시 강남구 테헤란로 101, 501호 (역삼동, 리즈타워) | | |
| 인감제 | 자격/성명 | 대표이사 김철수 | | |
| | 주민등록번호 | 000000-0000000 | | |

| 출자자 | 주소 | 서울특별시 영등포구 여의로 12, 101호 (여의도동, 세계오피스텔) |
|---|---|---|

☑ 위와 같이 인감을 신고합니다.　　□ 위와 같이 개인(改印)하였음을 신고합니다.

2016년　4월　8일

신고인 본 인　성 명 대표이사 김철수　(인)<sup>#</sup>　(전화:　　　　　)

대리인　성 명 변호사 김상균 (인)<sup>*</sup>　　　(전화: 00-000-0000)

서울중앙지방법원 등기국 귀중

---

주 1. 인감·개인(改印) 신고서의 **신고인의 날인란**(<sup>#</sup>)에는 「인감증명법」에 따라 신고한 인감을 날인하고 그 인감증명서(발행일로부터 3개월 이내의 것)를 첨부하거나, 등기소에 제출한 유효한 종전 인감(법인인감)을 날인하여야 합니다. 또한 인감제출자가 기명날인 또는 서명하였다는 공증인의 인증서면으로 갈음할 수 있습니다.
2. 인감·개인신고서에는 신고하는 인감을 날인한 인감대지를 첨부하여야 합니다.
3. 지배인이 인감을 신고하는 경우에는 인감제출자의 주소란에 지배인을 둔 장소를 기재하고, **위 1. 의 방법 대신** 「상업등기규칙」 제35조 제3항의 보증서면(영업주가 등기소에 제출한 인감날인)을 첨부하여야 합니다. 위 보증서면은 아래의 보증서면란에 기재하는 것으로 갈음할 수 있습니다.
4. **위임에 의한 대리인**이 인감을 신고하거나 개인(改印)을 신고하는 경우에는 위 1. 대신에 **위임인의 날인란**(<sup>**</sup>)에 「인감증명법」에 따라 신고한 인감을 날인한 위임장을 첨부하고 그 인감증명서를 첨부하거나 등기소에 제출한 유효한 종전 인감을 날인한 위임장을 첨부하여야 하고 **신고인의 날인란**(<sup>*</sup>)에는 대리인이 기명날인 하여야 합니다.
5. **법인인감증명서 발급사실 등 문자전송 서비스**를 신청하면, 발급사실을 휴대폰 문자로 통보받을 수 있습니다(전국 등기소 및 인터넷등기소에서 별도 신청해야 합니다).

---

## 보 증 서 면

(법인인감 날인란)

위 신고하는 인감은 지배인 _____의 인감임이 틀림없음을 보증합니다.

대표이사 _____

---

## 위 임 장

성 명 : 변호사 김상균　　　생년월일: (0000.00.00) (전화 00-000-0000)
주 소 : 서울특별시 서초구 서초대로 259, 5층 (서초동, 서원빌딩)
　위의 사람에게, 위 인감(개인)신고에 관한 일체의 권한을 위임함.

2016년 11월 23일

인감(개인) 신고인 성 명 대표이사 김철수 (**대표이사의 개인인감도장**)**

## (b) 인감대지

별지 제2호 양식(인감대지)

# 인 감 대 지

| <br>신고하는 인감날인란 | 상 호(명 칭) : 주식회사 율도<br>자격 및 성명 : 대표이사 김철수 |
|---|---|

주1. 자격은 대표이사(이사), 이사장, 지배인, 대리인, 상호사용자, 미성년자, 법정대리인 등으로 기재합니다.

주2. 인감의 규격은 가로·세로 각각 1.0센티미터 이상 2.4센티미터 이내이어야 합니다.

## (13) 등기신청위임장

# 위 임 장

| 법인의 표시 | 상호　　　　　주식회사 율도<br>본지점구분　본점<br>등기번호　　　51001호 |
|---|---|
| 등기의 목적 | 주식회사 변경등기 |
| 등기의 사유 | 2016. 3. 31. 정기주주총회 및 이사회 결의로 임원이 변경되었으므로 그 변경등기를 구함 |

| 대리인 | 성 명 변호사 김상균 (전화 : 00-000-0000) <br>주 소 서울특별시 서초구 서초대로 259, 5층 (서초동, 서원빌딩) |
| --- | --- |
| | 본인은 위 사람을 대리인으로 정하고 다음의 사항의 권한을 위임한다.<br>1. 위 법인등기신청 및 취하에 관한 일체의 행위.<br>2. 원본 환부청구 및 수령행위.<br><br>2016년 3월 31일<br><br>상 호 주식회사 율도<br>본 점 서울특별시 강남구 테헤란로 101, 501호 (역삼동, 리즈타워)<br>성 명 대표이사 김철수 (인) (전화: )<br>주 소 서울특별시 영등포구 여의로 12, 101호 (여의도동, 세계오피스텔) |

 ## 등기완료 후 절차

### 1. 인감카드 계속사용신청

대표이사가 변경되었고 대표이사 김철수가 (법인)인감을 다시 신고하였으므로 대표이사 김철수가 기존 인감카드를 사용할 수 있도록 기존 인감카드를 가지고 가까운 등기소를 방문하여 인감카드 계속사용신청을 한다.

# 인감카드 계속사용신청서

| 상호(명칭) | 주식회사 율도 | | 등기번호 | 000000 |
|---|---|---|---|---|
| 본점(주사무소) | 서울특별시 강남구 테헤란로 101, 501호 (역삼동, 리즈타워) | | | |
| 카드번호 | 0000000000 | 비밀번호(6자리) | | 000000 |
| 인감<br>제출자 | 종전<br>사용자 | 자격/성명 | 대표이사 홍길동 | |
| | | 생년월일 | 0000. 00. 00. | |
| | 계속<br>사용자 | 자격/성명 | 대표이사 김철수 | |
| | | 주민등록번호 | 000000-0000000 | |

2016년 4월 12일

신청인 계속사용자 (본 인) 성 명 대표이사 김철수  (전화: 00-000-0000)

(대리인) 성 명 변호사 김상균  (전화:          )

서울중앙지방법원 등기국 귀중

주 1. 비밀번호란에는 계속사용자가 사용하고자 하는 비밀번호를 기재합니다.
  2. **신청인의 날인란**(<sup>#</sup>)에는 등기소에 신고한 인감을 날인하여야 하고, 위임에 의한 대리인이
    신청하는 경우에는 **위임인의 날인란**(<sup>**</sup>)에 등기소에 신고한 인감을 날인한 위임장을 첨부
    하고 **신청인의 날인란**(<sup>*</sup>)에는 대리인이 기명날인 하여야 합니다.
  3. **법인인감증명서 발급사실 등 문자전송 서비스**를 신청하면, 발급사실을 휴대폰 문자로 통보
    받을 수 있습니다(전국 등기소 및 인터넷등기소에서 별도 신청해야 합니다).

## 위 임 장

성 명 : 변호사 김상균   생년월일: (0000. 00. 00) (전화: 00-000-0000)
주 소 : 서울특별시 서초구 서초대로 259, 5층 (서초동, 서원빌딩)

위의 사람에게, 위 인감카드의 계속사용신청에 관한 일체의 권한을 위임함.

2016년 3월 31일

인감카드 계속사용인 성 명 대표이사 김철수

## 2. 의사록 비치·공시, 보관

2016년 3월 31일 자 정기주주총회 의사록은 본점과 지점에 비치·공시해야 한다(상법 396조). 또한, 회사는 주주의 이사회 의사록 열람·등사 청구에 대비하여 2016년 3월 31일 자 이사회 의사록을 본점에 보관한다.

## 3. 재무상태표(대차대조표) 공고

정기주주총회에서 재무제표를 승인하면 이사는 지체없이 재무상태표(대차대조표)를 공고해야 한다.

# 잘못 기재된 사항을 경정

 **I** 사례 설명

　주식회사 율도는 자본금 총액이 10억원 미만으로 발기설립하여 2015년 11월 9일 주식회사 설립등기신청서를 제출하였다. 주식회사 율도는 이사회에서 본점주소를 「서울특별시 강남구 테헤란로 <u>101</u>, 501호 (역삼동, 리즈타워)」로 정했으나 주식회사 설립등기신청서에 본점주소를 착오[610)]로 잘못 기재하여 「서울특별시 강남구 테헤란로 <u>11</u>, 501호 (역삼동, 리즈타워)」로 등기되었다. 주식회사 율도는 뒤늦게 이를 발견하고 본점주소를 경정하고자 한다.

　경정등기를 신청하는 경우, 착오나 빠진 부분이 있음을 증명하는 정보를 제공해야 한다 (상업등기규칙 167조 1항). 다만 등기에 착오나 빠진 부분이 있음이 그 등기의 신청정보 또는 첨부정보에 의하여 명백하면, 경정등기 신청서에 그 뜻을 기재하고 증명정보를 제공하지 않을 수 있다(상업등기규칙 167조 2항).

　주식회사 율도는 주식회사 설립등기신청 시 제출했던 이사회 의사록 사본을 첨부하여 경정등기를 신청한다.

---

610) 등기에 착오가 있다고 함은 등기와 실체관계가 합치하지 않는 것을 말한다. <u>당사자가 의욕한 대로 등기가 되었더라도 실체관계와 일치하지 않으면 등기에 착오가 있는 것으로 해석한다</u>(상업등기실무(I), 319쪽) ; 본점 소재 지번에 관하여 착오를 일으켜 잘못된 지번으로 등기된 경우 이를 바로잡는 방법 [상업등기선례 제1-129호, 1999. 11. 30. 제정]

## Ⅱ 스케줄, 사전준비사항과 비용

### 1. 스케줄

경정등기는 등기를 진실한 법률관계와 합치시키거나 표시를 완전하게 하려는 등기이므로 주주총회나 이사회를 별도로 거치지 않고 바로 신청할 수 있다.

### 2. 사전준비사항

주주와 임원, 회사가 사전에 준비할 사항은 다음과 같다.

| 준비사항 | 비 고 |
|---|---|
| (법인)인감도장 | |
| 이사회 의사록 사본 | 주식회사 설립등기신청서에 첨부하였던 이사회 의사록의 사본. 자본금 총액이 10억원 미만인 주식회사를 발기설립하는 경우 의사록을 공증하지 않으므로 공증받지 않은 의사록 사본도 상관없다. 사본을 제출하므로 파일을 재출력하여 제출하는 것도 가능하다. |

### 3. 비 용

#### (1) 등기신청수수료(e-Form): 4,000원

경정할 사항이 1건이므로 등기신청수수료 4,000원을 서울중앙지방법원 등기국에 낸다[611].

#### (2) 등록면허세 및 지방교육세: 48,240원

경정할 사항이 1건이므로 등록면허세 및 지방교육세 48,240원을 이택스ETAX로 서울특별시 강남구에 낸다.

---

611) 반면, 행정구역·지번의 변경, 주민등록번호(또는 부동산등기용등록번호)의 정정, 등기관의 과오로 인한 등기의 착오 또는 유루를 원인으로 하는 경정 및 변경등기는 등기신청수수료를 받지 않는다(등기사항증명서 등 수수료규칙 [대법원규칙 제2743호, 2017. 5. 25. 개정, 2017. 7. 18. 시행] 5조의3 2항 3호).

## (3) 등기해태 과태료

최초 주식회사 설립등기신청서 제출일은 2015년 11월 9일이나 경정등기신청서는 2016년 4월 26일에야 제출하므로 추후 등기해태 과태료를 내야 한다.

 **Ⅲ 주식회사 경정등기신청서(e-Form) 및 첨부서류**

## 1. 주식회사 경정등기신청서(e-Form)

| 즉시접수 | 당일접수 |
|---|---|
|  |  |
| 제출자 | 변호사 김상균 |
| 총 | 1 건 |

전자표준양식번호(e-Form)번호: 1101-2016-0123456-1

# 주식회사경정등기신청

| 접<br>수 | 년　월　일<br><br>제　　　　호 | 처<br>리<br>인 | 접수 | 조사 | 인감 | 기입 | 교합 | 통지 |
|---|---|---|---|---|---|---|---|---|
|  |  |  |  |  |  |  |  |  |

본 신청서 상의 정보와 전자표준양식(e-Form)으로 저장된 정보는 동일함을 확인합니다.　　　　작성완료일시: 2016. 4. 26. 13:25:52
본 신청서는 최초 작성 후 3개월까지만 등기소에 제출 가능합니다.　　　　　　최초작성일시: 2016. 4. 26. 13:10:27

| 상호 | 주식회사 율도 (Yuldo, Inc.) | 등기번호 | 51001호 |
|---|---|---|---|
| 본점 | 서울특별시 강남구 테헤란로 11, 501호 (역삼동, 리즈타워) | | |
| 등기의 목적 | **주식회사 경정등기** | | |
| 등기의 사유 | 주식회사 율도의 본점은 서울특별시 강남구 테헤란로 101, 501호 (역삼동, 리즈타워)에 소재하고 있으나 서울특별시 강남구 테헤란로 11, 501호 (역삼동, 리즈타워)에 소재하는 것으로 잘못 기재하여 등기신청하였으므로 그 경정등기를 구함. | | |
| 본/지점신청구분 | <u>1.본점신청</u> ■　2.지점신청 □　3.본·지점일괄신청 □ | | |

| 등 기 할  사 항 | |
|---|---|
| 본점 | 서울특별시 강남구 테헤란로 101, 501호 (역삼동, 리즈타워)<br>**2015년 11월 9일 설립**[612]<br>**2016년 4월 26일 착오기재**[613] |

### 신청등기소 및 등록면허세/수수료

| 순번 | 신청등기소 | 구분 | 등록면허세 | 농어촌특별세 | 세액합계 | 등기신청수수료 |
|---|---|---|---|---|---|---|
| | | | 지방교육세 | | | |
| 1 | 서울중앙지방<br>법원 등기국 | 본점 | 금 40,200원 | 금     0원 | 금 48,240원 | 금 4,000원 |
| | | | 금  8,040원 | | | |

| 등기신청수수료 납부번호 | (전자) 16-00-01234567-4 |
|---|---|
| 과세표준액 | 0원 |

| 첨부서면 | | | |
|---|---|---|---|
| 1.등기신청수수료 영수필확인서 | 1통 | 1.이사회 의사록 사본 | 1통 |
| 1.등록면허세 납부확인서 | 1통 | 1.등기신청위임장 | 1통 |

2016년  4월  26일

신청인  상  호  주식회사 율도
　　　　본  점  서울특별시 강남구 테헤란로 101, 501호 (역삼동, 리즈타워)
　　　　성  명  대표이사 홍길동　　　　(인) (전화:　　　　　　)
　　　　주  소  서울특별시 서초구 서초대로45길 22, 108동 1102호 (서초동,
　　　　　　　　삼일아파트)
대리인  성  명  변호사 김상균　　　(인) (전화:00-000-0000　　)
　　　　주  소  서울특별시 서초구 서초대로 259, 5층 (서초동, 서원빌딩)

서울중앙지방법원 등기국 귀중

---

612) 등기원인일자 및 원인
613) 경정일자 및 경정사유

                    - 신청서 작성요령 -

1. 해당란이 부족할 때에는 별지를 이용합니다.
1. 해당 등기신청과 관계없는 사항에 대해서는 "해당없음"으로 기재하거나 삭제하고, 필요한 사항은 추가로 기재합니다.

## 2. 등기신청수수료 영수필확인서 (4,000원)

## 3. 등록면허세 납부확인서 (48,240원)

## 4. 이사회 의사록 사본

이사회 의사록 사본의 첫 장부터 마지막 장까지 (법인)인감도장으로 간인한 뒤, 마지막 장에 '원본대조필' 문구를 기재하고 (법인)인감도장을 찍는다.

# 이사회 의사록

주식회사 율도

  2015년 11월 9일 10시 30분 서울특별시 강남구 테헤란로 101, 501호 (역삼동, 리즈타워) 창립사무소에서 이사회를 개최하다.

                이사 총수 3명,     출석 이사수 3명
                감사 총수 0명,     출석 감사수 0명

### 제1호 의안: 대표이사 선임의 건

  이사 전원의 호선에 의하여 이사 홍길동을 임시 의장으로 선출하다.

  의장은 즉석에서 이를 승낙하고 의장석에 등단하여 개회를 선언한 후 이사 중에서 본 회사를 대표할 대표이사를 선임한다는 취지를 말하고 의견을 구한바 이사들은 다음 사람을 대표이사로 선임하는 것을 만장일치로 가결하였다.

    대표이사 홍길동

  위 피선자는 즉석에서 그 직에 취임함을 승낙하였다.

**제2호 의안: 본점설치장소 결정의 건**

　의장은 정관에 본점을 서울특별시에 둔다고만 정해져 있으므로 구체적 설치장소를 결정하자는 취지를 말한바 이사들은 만장일치로 본점설치장소를 다음과 같이 결정하다.

　본점: 서울특별시 강남구 테헤란로 101, 501호 (역삼동, 리즈타워)

　의장은 이상으로 의안 심의를 전부 종료하였으므로 폐회한다고 선언하다(회의 종료시 각 11시). 위 의사의 경과요령과 결과를 명확히 하기 위하여 이 의사록을 작성하고 의장과 출석한 이사 및 감사가 기명날인하다.

2015. 11. 9.
주식회사 율도

의장　대표이사　홍길동

사내이사　김철수

사내이사　이영희


2016년 4월 26일 원본대조필

주식회사 율도
대표이사 홍길동

## 5. 등기신청위임장

<table>
<tr><td colspan="2" align="center">위 임 장</td></tr>
<tr>
<td>법인의 표시</td>
<td>상호　　　　주식회사 율도<br>본지점구분　본점<br>등기번호　　51001호</td>
</tr>
<tr>
<td>등기의 목적</td>
<td>주식회사 경정등기</td>
</tr>
<tr>
<td>등기의 사유</td>
<td>주식회사 율도의 본점은 서울특별시 강남구 테헤란로 101, 501호 (역삼동, 리즈타워)에 소재하고 있으나 서울특별시 강남구 테헤란로 11, 501호 (역삼동, 리즈타워)에 소재하는 것으로 잘못 기재하여 등기신청하였으므로 그 경정등기를 구함.</td>
</tr>
<tr>
<td>대리인</td>
<td>성　명　변호사 김상균 (전화 : 00-000-0000)<br>주　소　서울특별시 서초구 서초대로 259, 5층 (서초동, 서원빌딩)</td>
</tr>
<tr>
<td colspan="2">본인은 위 사람을 대리인으로 정하고 다음의 사항의 권한을 위임한다.<br>1. 위 법인등기신청 및 취하에 관한 일체의 행위.<br>2. 원본 환부청구 및 수령행위.<br><br>　　　　　　　　　　　2016년 4월 26일<br><br>상　호　주식회사 율도<br>본　점　서울특별시 강남구 테헤란로 101, 501호 (역삼동, 리즈타워)<br>성　명　대표이사 홍길동　　　　　　(인)　(전화:　　　　　　　)<br>주　소　서울특별시 서초구 서초대로45길 22, 108동 1102호 (서초동, 삼일아파트)</td>
</tr>
</table>

## 색인

### 서식

■ 김 상 균 (변호사, 변리사)

• 서울과학고등학교 (1999년)
• 카이스트 전산학과 (2007년)
• 성균관대학교 법학전문대학원 (2012년)
• 김상균 법률사무소 (2012년- )
• 재단법인 홍합밸리 감사 (2015년-)

블로그: skkimlaw.tistory.com
사무실 주소: 서울특별시 서초구 서초중앙로 113, 9층 (서초동, 영한빌딩) [우편번호: 06644]

개정증보판　**상업등기실무**

2017년 5월 22일  초판 발행
2024년 4월 17일  5판 발행

저　　자 김　상　균
발 행 인 이　희　태
발 행 처 **삼일인포마인**

저자협의
인지생략

서울특별시 용산구 한강대로 273 용산빌딩 4층
등록번호 : 1995. 6. 26 제3-633호
전　　화 : (02) 3489-3100
F　A　X : (02) 3489-3141
I S B N : 979-11-6784-256-5  93320

♣ 파본은 교환하여 드립니다.

정가 75,000원

삼일인포마인 발간책자는 정확하고 권위있는 해설의 제공을 목적으로 하고 있습니다. 다만 그 완전성이 항상 보장되는 것은 아니고 또한 특정사안에 대한 구체적인 의견제시가 아니므로, 적용결과에 대하여 당사가 책임지지 아니합니다. 따라서 실제 적용에 있어서는 충분히 검토하시고, 저자 또는 능력있는 전문가와 상의하실 것을 권고합니다.